Heinz Zahrnt
Die Sache mit Gott

Zu diesem Buch

Heinz Zahrnt beschreibt in diesem schon längst zum Klassiker gewordenen Buch die an Spannungen reiche Geschichte der protestantischen Theologie in diesem Jahrhundert. Er schildert ihre grundsätzlichen Fragestellungen und läßt den Leser teilnehmen an den vielfältigen geistigen Prozessen, den Begegnungen und Streitgesprächen unter den großen Theologen. Das Werk der bedeutendsten protestantischen Theologen unseres Jahrhunderts, darunter Karl Barth, Paul Tillich, Dietrich Bonhoeffer, Rudolf Bultmann, Ernst Käsemann, Helmut Gollwitzer, Wolfhart Pannenberg, Jürgen Moltmann, wird im Zusammenhang dargestellt. Durch seine Gabe, auch komplizierte Sachverhalte verständlich und in brillantem Stil darstellen zu können, bietet Zahrnt einen Einstieg in das Denkgebäude der protestantischen Theologie, der sich nicht nur auf Fachleute beschränkt, sondern vielmehr allen nachdenklichen Zeitgenossen offensteht.

Heinz Zahrnt, geboren 1915, ist der vielleicht bekannteste theologische Schriftsteller in Deutschland. 25 Jahre lang war er theologischer Chefredakteur des »Deutschen Allgemeinen Sonntagsblattes« in Hamburg. Seit 1960 ist er im Präsidium des Deutschen Evangelischen Kirchentages. Er ist Mitglied im PEN-Club. Zahlreiche Veröffentlichungen.

Heinz Zahrnt

Die Sache mit Gott

**Die protestantische Theologie
im 20. Jahrhundert**

Piper München Zürich

Von Heinz Zahrnt liegen in der Serie Piper außerdem vor:
Geistes Gegenwart (165)
Gotteswende (1552)
Jesus aus Nazareth (1141)
Leben – als ob es Gott gibt (1947)

Unveränderte Taschenbuchausgabe
1. Auflage Mai 1988
3. Auflage Februar 1996
© 1966 R. Piper GmbH & Co. KG, München
Umschlag: Büro Hamburg
Simone Leitenberger, Susanne Schmitt
Umschlagabbildung: Satoshi Saikusa
Foto Umschlagrückseite: Ekko von Schwichow
Satz: C. H. Beck'sche Buchdruckerei, Nördlingen
Druck und Bindung: Clausen & Bosse, Leck
Printed in Germany   ISBN 3-492-20890-8

Inhalt

In memoriam Edo Osterloh
Hans Christoph Wasmuth

Vorwort zur Neuausgabe

Mit dieser Taschenbuchausgabe kehrt mein Buch »Die Sache mit Gott« in den ursprünglichen Verlag zurück.

Natürlich habe ich mir überlegt, ob ich das vor nunmehr zwanzig Jahren zum erstenmal erschienene Buch noch einmal unverändert herausgeben sollte. Wenn ich mich dazu entschlossen habe, so aus zwei Gründen:

1. Der in dem Buch geschilderte Zeitabschnitt bildet so etwas wie eine in sich geschlossene »klassische Epoche« innerhalb der Geschichte der protestantischen Theologie. Auch wenn inzwischen neue Fragestellungen aufgetaucht sind und die Entwicklung weitergegangen ist, so stehen wir doch nach wie vor auf dem in jener Epoche neugelegten theologischen Grund.

2. Es besteht nach dem Buch eine gleichbleibende Nachfrage. Während der anderthalb Jahre, in denen es nicht zu kaufen war, bin ich häufig nach seinem Verbleib gefragt und zu einer möglichst baldigen Wiederauflage ermuntert worden. Und eben dies geschieht hiermit.

Heinz Zahrnt

»Anders als durch Verwegenheit ist Theologie nicht wieder zu gründen.« Dieses Wort stammt von Franz Overbeck, jenem seltsamen Theologieprofessor und Freund Friedrich Nietzsches in Basel, der ein Leben lang einen theologischen Lehrstuhl innegehabt hat, ohne persönlich noch etwas zu glauben, der aber vielleicht gerade deshalb die Schäden der Theologie seiner Zeit tiefer erkannt hat als seine gläubigen Fachgenossen. Overbecks Wort kann man als Motto über die protestantische Theologie in unserem Jahrhundert setzen. Sie hat trotz allen Zögerns und Zauderns, trotz aller falschen Apologetik und Restauration, die es in ihr wahrhaftig auch gegeben hat, mit Verwegenheit Theologie neu gegründet.

Wie immer wir die Zeit, in der wir leben, benennen mögen, ob wir vom »welterschütternden Übergang«, vom »Zeitalter der Weltkriege«, vom »Ende aller Sicherheit«, von der »Lebenskrise eines Zeitalters«, vom »Zeitalter der Angst« oder vom »Ende der Neuzeit« sprechen – auf alle Fälle drücken wir damit das Gefühl aus, in einer umfassenden Krise und einem weltweiten Übergang zu stehen. In diese Krise und diesen Übergang ist auch der Glaube an Gott hineingerissen. Die Frage nach Gott bildet die innere Kehrseite unseres an äußeren Katastrophen, Umwälzungen und Entdeckungen so reichen Jahrhunderts, die eigentliche Tiefe des welterschütternden Übergangs, in dem wir uns befinden.

In seinem Aphorismen-Buch ›Stufen‹ notiert Christian Morgenstern einmal bei der Lektüre von Dostojewskijs ›Dämonen‹: »›Lassen wir das‹, ruft Schatoff, ›davon später, sprechen wir von der Hauptsache . . .‹ – und dann sprechen sie alle von der Hauptsache: Ob es einen Gott gibt oder nicht; was der Mensch tun muß, wenn es Gott nicht gibt; ob der Mensch überhaupt ohne Gott leben könne.« Diese Stelle kennzeichnet genau unsere Situation: Es geht heute nicht um dies oder das am christlichen Glauben, nicht um Einzelnes, um Jungfrauengeburt, Gottessohnschaft oder Himmelfahrt, sondern es geht um das Ganze, um die Hauptsache – um »die Sache mit Gott«. Und nur insofern es um das Ganze, um die Sache mit Gott geht, geht es auch um jenes Einzelne.

Die christliche Botschaft gibt, wenigstens in ihrer überlieferten

Gestalt, den meisten Menschen unserer Tage keine gültige Antwort mehr auf ihre Frage nach Gott und damit auch keine ausreichende Möglichkeit mehr, sich in der Welt zu verstehen und ihr Leben sinnvoll zu bewältigen. Ja, eben darin hat das Fragen der meisten Menschen nach Gott in unserer Zeit seinen Stachel: daß man sich mit den überlieferten christlichen Antworten nicht mehr begnügt. Darum muß die Theologie ihr Reden von Gott, und zwar sowohl vor Gott als auch vor der Welt, heute neu verantworten, wenn anders es zutreffendes – auf Gott und die Welt zutreffendes – Reden von Gott bleiben beziehungsweise wieder werden soll. Sie muß den christlichen Glauben in rücksichtsloser Wahrhaftigkeit mit der gewandelten Wirklichkeit der Welt konfrontieren, und nicht nur mit der gewandelten Wirklichkeit der Welt, sondern auch mit dem gewandelten Verhältnis des Menschen zur Wirklichkeit der Welt, mit dem gesamten Wahrheits- und Wirklichkeitsbewußtsein unserer Zeit. Das ist heute ihr wichtigstes Problem.

Diesem Problem hat sich die protestantische Theologie in unserem Jahrhundert gestellt. Und damit ist neue Bewegung in sie hineingekommen. Darum haben sich, abgesehen von den Naturwissenschaften, in keiner anderen wissenschaftlichen Disziplin vom Ersten Weltkrieg an bis heute so viele neue Entwicklungen angebahnt, ja Umstürze und Umbrüche ereignet wie in der Theologie. Davon will dieses Buch Bericht und Rechenschaft geben.

Dies soll nicht in der Form eines Kompendiums geschehen. Das verbieten sowohl die theologische Situation als auch das persönliche Engagement des Autors in dieser Situation. Die Situation ist dadurch gekennzeichnet, daß die Theologie sich heute in einem großen Dialog befindet. Und eben das hat dem Buch seinen Charakter und seine Gestalt gegeben: Es möchte sich an diesem Dialog beteiligen, indem es ihn in seinen Hauptlinien und Pointen nachzeichnet und in diesem Sinne einen »Leitfaden« durch die oft verwirrende Fülle der Gedanken bietet.

Die Frage, ob sich dieses Buch vornehmlich an Theologen oder an Nichttheologen wendet, hat sich mir beim Schreiben eigentlich niemals gestellt. Ich vermag hier keine scharfe Trennungslinie zu ziehen. Damit leugne ich keineswegs, daß es in der Kirche einen eigens ausgebildeten Stand geben muß, der die Aufgabe methodisch geordneten und begrifflich klaren Nachdenkens über die in der Bibel bezeugte Offenbarung Gottes wahrnimmt. Aber ich meine, daß auch hier wie überall in der Kirche das Prinzip der Stellvertretung herrschen muß und daß es der Theologie mehr als jeder anderen Wissenschaft verboten ist, nur eine Angelegenheit für Experten zu sein. Wie es in der Schweiz nur ein kleines Berufsheer gibt, das die einzige Aufgabe hat, eine große Miliz heranzubilden, so sollten auch die Theologen nur ein kleines Berufsheer in der Kirche sein, mit der Aufgabe, eine große theologische Miliz zu schaffen.

Fast mit Bestürzung haben wir in den letzten Jahren immer wieder erfahren, wie man der Gemeinde die Erkenntnisse der Theologie vorenthalten, ja sie ihr bewußt verschwiegen hat, wie groß daher die Verwirrung in ihr heute ist, wie leidenschaftlich aber auch das Verlangen nach einer gründlichen Information und ehrlichen Diskussion über die Wahrheiten des christlichen Glaubens. Beides zu bieten und damit so etwas wie eine »Erste Hilfe« zu leisten, ist die Absicht dieses Buches.

Hamburg, Ostern 1966   *Heinz Zahrnt*

Erstes Kapitel
Die große Wende

Gott hat geredet

Wer Bericht geben will von der protestantischen Theologie im 20. Jahrhundert, braucht nach dem Einsatzpunkt nicht lange zu suchen. Der ist gegeben mit dem Namen Karl Barth. Barth steht in der Theologiegeschichte ähnlich beherrschend am Anfang des 20. wie Schleiermacher am Beginn des 19. Jahrhunderts. Seit ihm datieren wir eine neue Epoche in der Geschichte der protestantischen Theologie: Mit Karl Barth hat die Theologie des 20. Jahrhunderts begonnen.

Historischer und kalendarischer Beginn des 20. Jahrhunderts fallen nicht zusammen. Historisch hat das 20. Jahrhundert im August 1914 mit dem Ausbruch des Ersten Weltkrieges begonnen. Und auch die Theologie des 20. Jahrhunderts hat nicht mit der kalendarischen Jahrhundertwende angefangen. Damals, im Wintersemester 1899/1900, hielt Adolf von Harnack an der Berliner Universität seine berühmt gewordene Vorlesung für Hörer aller Fakultäten über ›Das Wesen des Christentums‹. Harnacks – übrigens frei gehaltenes – Kolleg war ein geistiges Ereignis, höchster Ausdruck und vollendete Selbstdarstellung des bürgerlich-idealistischen Zeitalters, das, beseelt von einem optimistischen Glauben an den Geist und an den Fortschritt in der Geschichte, Gott und Welt, Religion und Kultur, Glauben und Denken, göttliche Gerechtigkeit und irdische Ordnung, Thron und Altar zu einer natürlichen, fast ungestörten Harmonie vereinen zu können meinte und darum zuversichtlich in die Zukunft blickte.

In seiner siebenten Vorlesung sagte Harnack: »Es ist ein hohes, herrliches Ideal, welches wir von der Grundlegung unserer Religion her erhalten haben, ein Ideal, welches unserer geschichtlichen Entwicklung als Ziel und Leitstern vorschweben soll. Ob die Menschheit es je erreichen wird, wer kann es sagen? Aber wir können und sollen uns ihm nähern, und heute fühlen wir bereits – anders als noch vor zwei- oder dreihundert Jahren – eine sittliche Verpflichtung in dieser Richtung, und die zarter und darum prophetisch unter uns Empfindenden blicken auf das Reich der Liebe und des Friedens nicht mehr wie auf eine bloße Utopie.«

Fünfzehn Jahre später, am Abend des 4. August 1914, entwarf derselbe Harnack den Aufruf des deutschen Kaisers an sein Volk, und wenige Tage darauf unterschrieb er zusammen mit 92 anderen Gelehrten und Künstlern das sogenannte ›Manifest der Intellektuellen‹. Außer Harnack hatten dieses Dokument unter anderem unterzeichnet die Theologen Wilhelm Herrmann, Adolf Deissmann, Friedrich Naumann, Reinhold Seeberg, Adolf Schlatter, die Philosophen Wilhelm Windelband, Rudolf Eucken, Wilhelm Wundt, die Historiker Eduard Meyer, Karl Lamprecht, Ulrich von Wilamowitz-Moellendorff, die Naturwissenschaftler Wilhelm Röntgen, Max Planck, Ernst Haeckel, Wilhelm Ostwald; aber auch die Namen von Max Klinger, Gerhart Hauptmann und Max Reinhardt standen darunter.

Das Manifest der 93 Intellektuellen manifestierte den Zusammenbruch des bürgerlich-idealistischen Denkens des 19. Jahrhunderts. Viele von denen, die in der nächsten Generation geistig führend werden sollten, haben es damals so empfunden, so Karl Jaspers, Paul Tillich, Emil Brunner und auch Karl Barth. Noch nach 40 Jahren erinnert sich Barth: »Mir persönlich hat sich ein Tag am Anfang des Augusts jenes Jahres als der *dies ater* eingeprägt, an welchem 93 deutsche Intellektuelle mit einem Bekenntnis zur Kriegspolitik Kaiser Wilhelms II. und seiner Ratgeber an die Öffentlichkeit traten, unter denen ich zu meinem Entsetzen auch die Namen so ziemlich aller meiner bis dahin gläubig verehrten theologischen Lehrer wahrnehmen mußte. Irre geworden an ihrem Ethos, bemerkte ich, daß ich auch ihrer Ethik und Dogmatik, ihrer Bibelauslegung und Geschichtsdarstellung nicht mehr werde folgen können, daß die Theologie des 19. Jahrhunderts jedenfalls für mich keine Zukunft mehr hatte.«[1]

Die Theologie konnte von Gott nicht mehr so weiter reden wie bisher. Sie mußte es auf eine andere, neue Weise zu tun versuchen, wenn ihr Reden von Gott verantwortliches und glaubwürdiges Reden bleiben oder wieder werden sollte. Ja, es fragte sich, ob und inwiefern es dem Theologen überhaupt noch erlaubt sei, von Gott zu reden. Und genau das war die Frage, mit der sich Karl Barth am Anfang seines Weges konfrontiert sah.

Barth war damals junger Landpfarrer in dem Schweizer Industriedorf Safenwil im Aargau, und Pfarrer wie er waren auch die meisten seiner ersten Weggenossen, Eduard Thurneysen, Emil Brunner, Friedrich Gogarten, Georg Merz. Im Rückblick auf die gemeinsamen »Anfänge« schreibt Barths treuester Freund, Eduard Thurneysen: »Damit hat alles begonnen, daß Karl Barth Landpfarrer war und daß er dies sein Landpfarramt in der ihm eigenen Bewegtheit und Ganzheit ernst genommen und ausgeübt hat« – und es ist, als respondiere Barth dem Freunde, wenn er schreibt: »Ja wohl, aus der Not meiner Aufgabe als Pfarrer bin ich dazu gekommen, es mit dem Verstehen- und Erklärenwollen der Bibel schärfer zu nehmen.«[2] Zeit seines Lebens hat Barth, wenn er gefragt wurde, was ihm den Anstoß zu seiner radikalen theologischen Wende gegeben habe, auf das »Gedränge« hingewiesen, in das er durch seine Aufgabe als Prediger geraten sei. Damit hat alles bei ihm angefangen, daraus hat sich alles Weitere für ihn ergeben, von daher hat sein theologisches Denken immer ein Gefälle zur Verkündigung hin behalten.

Die Erneuerung der protestantischen Theologie im 20. Jahrhundert ist aus der zentralen Aufgabe der Kirche, aus der Verkündigung erwachsen, genauer, aus dem »spezifischen *Pfarrerproblem der Predigt*«, aus der »bekannten Situation des Pfarrers am Samstag an seinem Schreibtisch, am Sonntag auf seiner Kanzel«, aus der »not- und verheißungsvollen Lage und Frage des christlichen Verkündigers«: Wie ist es möglich zu predigen, wenn man hier die Zeitung und dort das Neue Testament liegen hat – wo ist der organische Zusammenhang zwischen diesen beiden Welten, wie geht das beides zusammen? Wie jeder Pfarrer sucht Barth sich zurechtzufinden zwischen der »Problematik des Menschenlebens« auf der einen Seite und dem »Inhalt der Bibel« auf der anderen: Zu den *Menschen* möchte er reden, in den unerhörten Widerspruch ihres Lebens hinein, aber als Pfarrer soll er es tun, mit der nicht minder unerhörten Botschaft der *Bibel*.[3]

Es geht Barth mithin von Anfang an um die Frage des *rechten Verstehens der Heiligen Schrift* und damit um das »hermeneutische Problem«. Innerhalb dieses Problemkreises interessiert ihn aber nicht die methodische Frage: »Wie *macht* man das?«, sondern allein die grundsätzliche Frage: »Wie *kann* man das?«. Wie kann er, der Mensch, es überhaupt wagen, von Gott zu reden? Wie geht das zusammen: Gottes Wort in Menschenmund? Das war es, was jene jungen Pfarrer bedrängte, das war die entscheidende Frage ihrer »theologischen Existenz«! Was bisher das Alltäglichste und Selbstverständlichste auf der Welt schien – es geschah ja seit bald 2000 Jahren in der Kirche, und jeder Pfarrer tat es an jedem Sonntagmorgen auf der Kanzel – das wurde jetzt mit einemmal das ganz und gar Nicht-Selbstverständliche, das Fragwürdige, Problematische, für den Menschen schier Unmögliche: »Wir sollen als Theologen von Gott reden. Wir sind aber Menschen und können als solche nicht von Gott reden. Wir sollen Beides, unser Sollen und unser Nicht-Können, wissen und eben damit Gott die Ehre geben. Das ist unsere Bedrängnis. Alles Andre ist daneben Kinderspiel.«[4]

Kein Wunder darum, daß in dem Briefwechsel zwischen den Freunden Barth und Thurneysen in jenen Jahren immer wieder das Problem der Predigt auftaucht und daß dann meist mehr von der Bedrängnis, Last und Mühe der Sache als von Selbstzufriedenheit und Erfolg die Rede ist. Barth möchte »schöpfen«, »deuten«, »öffnen«, »Wege weisen«, mit vollen Händen; er spürt »die Sehnsucht in sich rumoren«, sich selbst und anderen »das Wesentliche« zu zeigen – und schafft dann doch kaum ein »packendes Predigtlein oder Vorträglein«: »Wären wir einfach erfüllt und getrieben, so müßten unsere Predigten einfach wirken. Denk, ich sah heute vor der zweiten Predigt zum Fenster hinaus, wie die Safenwiler fröhlich im Sonnenschein spazierengingen, statt noch einmal in die Kirche zu kommen, und begriff sie so gut, obwohl ich theoretisch dachte, sie sollten das von den Sündern und der Freude im Himmel noch hören. Ich kann es ihnen eben jetzt einfach noch nicht so sagen – und wer weiß, ob je? – daß sie hören *müssen*. Unterdessen gehen sie mit vollem Recht hemdärmlig spazieren.«[5]

Die Predigtnot frißt sich hinein in Barths bisherige theologische Überzeugungen. Barth kommt von der liberalen Theologie her. Er hat sie bei seinem »unvergessenen« Lehrer Wilhelm Herrmann in Marburg und bei Adolf von Harnack in Berlin gelernt, »aufgepfropft« auf die mehr unbewußt als bewußt übernommene reformierte Richtung seiner Heimat. Nicht nur wissenschaftliche, sondern auch freundschaftliche und verwandtschaftliche Beziehungen verbanden ihn mit dieser Theologie. Er war Redaktionshelfer bei der ›Christlichen Welt‹, der maßgeblichen Zeitschrift des freien Protestantismus, gewesen, und sein Bruder Peter hatte eine Tochter Martin Rades geheiratet, der nicht nur der Herausgeber dieser Zeitschrift war, sondern darüber hinaus der menschliche Mittelpunkt eines großen Freundeskreises, der sich um sie sammelte. Jetzt im Pfarramt aber geht Barth die Fragwürdigkeit dieser herrschenden theologischen Richtung seiner Zeit auf. Diese Theologie – das erfährt er jetzt – hält der Wirklichkeit nicht stand. Sie hilft einem nicht, wenn man in Safenwil jahraus jahrein, Sonntag für Sonntag den Gang auf die Kanzel antreten muß, »verstehen und erklären sollend und wollend und doch nicht könnend«[6].

Was ist einem denn schon auf der Universität beigebracht worden? »Ungefähr nichts als die berühmte ›Ehrfurcht vor der Geschichte‹!« Diese »Ehrfurcht vor der Geschichte« meint nicht nur eine besondere fachwissenschaftliche Methode, die möglichst saubere historisch-kritische Erforschung der Bibel und des Christentums, sondern sie bedeutet eine ganze Weltanschauung. Hinter dieser Weltanschauung steht ein bestimmtes Bild von der Geschichte, ein verschwommener Geschichtspantheismus, und dieser verschwommene Geschichtspantheismus wiederum ist geprägt von dem verklingenden milden humanistischen Idealismus des 19. Jahrhunderts. Nach ihm besteht das göttliche Ziel des Geschichtsprozesses darin, daß die Kräfte des Geistes, die die Geschichte durchwalten, allmählich den Sieg erringen und die Menschheit sich so Stufe um Stufe aus dem Naturzustand zur Kultur hinaufarbeitet. Der einzelne Mensch hat an diesem Ringen teil, indem er sich den geistigen Kräften erschließt und sich so aus dem Naturzustand zur freien Persönlichkeit entwickelt. Je und je erscheinen in der Geschichte Individuen, die in besonderer Weise geistig-göttliche Kräfte in sich tragen. Einer dieser Offenbarungsträger, ihr höchster und größter, ist Jesus von Nazareth gewesen. Indem der Mensch dem Vorbild Jesu folgt und an seinem inneren Leben teilnimmt, kräftigt sich sein Gottesbewußtsein und reift er zur freien geistig-sittlichen Persönlichkeit heran.

So sah die »Ehrfurcht vor der Geschichte« aus, die die herrschende Theologie der Zeit lehrte und die auch Barth bei seinen theologischen Lehrern auf der Universität gelernt hatte. Jetzt, in der Gemeinde, muß er erfahren, daß sie zum Verstehen und Erklären der Bibel nicht ausreicht. Diese »Ehrfurcht« bedeutet eher den Verzicht auf jedes ehrfürchtige Erklären und Verstehen.

So gelangt Barth, getrieben von der Aufgabe und Not des Predigers und enttäuscht von der herrschenden theologischen Methode der Zeit, die ihm angesichts dieser Aufgabe und Not keine Hilfe bot, zu einem völlig neuen theologischen Ansatz: Der Ehrfurcht vor der Geschichte stellt er die Ehrfurcht vor dem Worte Gottes entgegen, der Theologie des menschlichen Bewußtseins die Theologie der göttlichen Offenbarung. Das bedeutete eine theologische Wende um 180 Grad. Statt beim Menschen, bei seinem Reden und Denken über Gott, setzt Barth bei Gott, bei seinem Reden und Denken über den Menschen, ein: »Den Inhalt der Bibel bilden gar nicht die rechten Menschengedanken über Gott, sondern die rechten Gottesgedanken über den Menschen. Nicht wie wir von Gott reden sollen, steht in der Bibel, sondern was er zu uns sagt, nicht wie wir den Weg zu ihm finden, sondern wie er den Weg zu uns gesucht und gefunden hat... *Das* steht in der Bibel. Das Wort Gottes steht in der Bibel.«[7] Und so wiederholt Barth fortan in unzähligen Variationen den Satz: Die Aufgabe der Theologie ist das Wort Gottes; sie ist ihre einzige, ihre ebenso notwendige wie unmögliche Aufgabe.

»Dominus dixit« – der Herr hat geredet! Das ist für Barth der Ausgangspunkt. Das ist das eine, einzige, für den Menschen unverfügbare und doch entscheidende Offenbarungsereignis. Das ist die Sache, um die allein es in der Bibel und darum in der Theologie geht. Nachdem es Gott gefallen hat zu reden, kann alle Theologie als menschliche Rede von Gott immer nur ein Nachstammeln, ein Nachbuchstabieren der Rede Gottes sein, ein Nachdenken seiner Gedanken. Der Theologe kann die Wahrheit Gottes nicht historisch aus der Geschichte erschließen, er kann sie auch nicht psychologisch aus dem frommen Bewußtsein des Menschen ableiten und auch nicht spekulativ aus irgendeinem philosophischen Begriff des Unendlichen oder Absoluten gewinnen, sondern er kann nur eines tun: auf das Wort Gottes hören und es auslegen – *gegen* alle Historie, Psychologie und Spekulation.

Als Barth, von Georg Merz eingeladen, in einen Münchener Kreis kam, der die soziale Frage studierte, brachte er nicht wie üblich einen Vortrag mit, sondern las seine vorletzte Sonntagspredigt vor. Die Zuhörer waren »verblüfft«. Barths Verleger Albert Lempp erklärte, ihm unmittelbar ins Gesicht schauend: »Dös ist mir fabelhaft neu!«[8] Was hier so »fabelhaft neu« erschien, war im Grunde das Alte, mit dem die Theologie es immer zu tun gehabt hatte. Aber die Orthodoxen hatten sich daran gewöhnt, die Modern-Positiven hatten es dem Zeitgeist angepaßt, und die Liberalen hatten es ganz eingeebnet. Jetzt kam einer, der im Grunde nichts anderes tat, als daß er es wieder so sagte, wie es dastand, ohne Gewöhnung, Anpassung oder Einebnung. Aber eben damit wurde es so »fabelhaft neu«, damit wurde es wieder die »unerhörte Sache«, von der es in der Bibel heißt, daß sie kein Auge gesehen, kein Ohr gehört habe und in keines Menschen Herz gekommen sei. Weil diese Theologie Theologie der Offenbarung und des Wortes Gottes war, darum begann sie mit Furcht und Zittern, mit Staunen und Erschrecken.

Barth weist auf die »höchst außerordentliche Blickrichtung« hin, die wir an den biblischen Zeugen wahrnehmen. Wenn wir sie sehen, geht es uns wie einem, der von seinem Fenster aus die Menschen auf der Straße beobachtet. Plötzlich bemerkt er, wie sie haltmachen, die Köpfe zurückwerfen und, die Hände über die Augen gelegt, steil gen Himmel blicken auf etwas, was dem Zuschauer selbst durch das Dach verborgen ist. Dasselbe plötzliche Stillgestelltsein, Umgekehrtwerden, steile Aufwärtsblicken und angespannte Lauschen beobachtet Barth auch an den Menschen der Bibel. Mit ihren »sehr seltsam geöffneten Augen« und »sehr merkwürdig lauschenden Ohren« folgen sie alle derselben Bewegung. Das macht: »Gott hat die Aufmerksamkeit dieser Menschen auf sich gezogen.« Daher kommt ihrer aller »höchst außerordentliche Blickrichtung«[9]!

Gegen alle bloß historische, psychologische und spekulative Auffassung des Christentums hat Barth die Offenbarung Gottes als die entscheidende theologische Denkkategorie wiederentdeckt und der Theologie so ihr eigenes, abhanden gekommenes »Thema« zurückgegeben. Damit aber hat er dem Theologen zugleich seinen Platz angewiesen: »unterhalb« der Heiligen Schrift. Barth selbst will nichts anderes als ein Schrifttheologe sein, ein Schüler und Lehrer der Heiligen Schrift. Die Bibel bildet die Quelle, aus der allein er seine ganze Theologie schöpft.

Und so schreibt Barth denn am Ende des Ersten Weltkrieges in seinem Safenwiler Pfarramt sein erstes großes theologisches Werk. Es ist – wie kann es bei ihm anders sein? – die Auslegung einer biblischen Schrift, des Römerbriefes. Die erste Auflage erscheint im Jahre 1918, die zweite, in der, wie er selbst sagt, »kein Stein auf dem anderen geblieben« ist, im Jahre 1921. Von dieser Neubearbeitung ist die eigentliche Wirkung des Buches ausgegangen. Begleitet und unterstützt wurde sie von einer Reihe von Aufsätzen und Vorträgen, in denen Barth gleichzeitig theoretisch bedachte, was er in seinem ›Römerbrief‹ praktisch vollzog.

Im ›Römerbrief‹ hat Barth vorgemacht, wie es aussieht, wenn einer, wie er, die Bibel anders auslegen, es mit ihrem Verstehen und Erklären »schärfer« nehmen will, ohne die sogenannte »Ehrfurcht vor der Geschichte«. Nicht daß Barth die damals wie heute in der Theologie geltende historisch-kritische Methode grundsätzlich ablehnte.[10] Immer wieder versichert er, daß er ihr begrenztes, relatives Recht durchaus anerkenne. Die Frage ist nur, wo die Grenzlinie verläuft, und da wird man sagen müssen, daß Barth sie sehr weit zurückgenommen hat. Mag er in der Theorie auch noch so häufig beteuern, daß er die Probleme der historisch-kritischen Schriftforschung sehe und ernst nehme, in der Praxis hat er sie kaum beachtet. Er vermag die religiöse Begeisterung und das wissenschaftliche Pathos, das andere im Kampf gegen »starre Orthodoxie« und »toten Buchstabenglauben« aufbringen, nicht zu teilen, sondern ihm nur eine »etwas kühle Aufmerksamkeit« entgegenzubringen. Seinem Freunde Thurneysen verrät er einmal, daß ihm die nur historischen Fragen »schrecklich gleichgültig« seien.[11]

Die historische und religionsgeschichtliche Auseinandersetzung um die Bibel – daß die Bibel ein menschliches Dokument sei, das die Denkmäler einer vorderasiatischen Stammesreligion und einer hellenistischen Kulturreligion enthalte – hält Barth für »ein Gefecht, das seine Zeit gehabt hat« und das man darum möglichst bald abbrechen sollte. Das fruchtbare Gespräch über die Bibel fängt erst *jenseits* der Einsicht in ihren menschlichen, historisch-psychologischen Charakter an, dort, wo es um den sonderbaren *Inhalt* dieser menschlichen Dokumente geht, um ihre merkwürdige *Sache*, um das biblische *Objekt*. Dem grundsätzlich skeptischen Vorurteil der anderen setzt Barth sein eigenes entgegen, daß die Bibel ein gutes Buch sei und daß es sich lohne, ihre Gedanken mindestens ebenso ernst zu nehmen wie die eigenen.[12]

Hinter der Kritik Barths an der historischen Methode steht mehr als nur der Überdruß an der Einseitigkeit und Unfruchtbarkeit, mit der diese Methode in der damaligen Theologie weithin gehandhabt wurde. Es ist die Furcht, der Mensch versuche hier wieder einmal mehr mit Hilfe einer geschlossenen Methode den Text der Bibel in den Griff zu bekommen und sich so das Wort Gottes verfügbar zu machen. Damit würde die Theologie wieder mit einer menschlichen statt mit der göttlichen Voraussetzung beginnen.

So hat Barth sich von den schweren geschichtlichen Fragen und Problemen, die uns die christliche Offenbarung und ihre Überlieferung aufgeben, nie ernsthaft aufhalten lassen. Ihn interessierte immer nur der »Inhalt«, er drängte immer gleich zur »Sache« hin. Er will »das Wort in den Wörtern« erkennen. Er will mit seinem Verstehen bis zu jenem Punkt vorstoßen, wo das Rätsel der historischen Urkunde nahezu verschwindet und nur noch das Rätsel der theologischen Sache bleibt: »Meine ganze Aufmerksamkeit war darauf gerichtet, durch das Historische *hindurch* zu sehen in den Geist der Bibel, der der ewige Geist ist.«[13]

Aber verlangt nicht gerade die Bindung an den Geist der Bibel eine Kritik an ihrem Buchstaben, die noch viel radikaler ist als jede nur historisch-philologische Kritik? Es sieht auch so aus, als ob Barth zu einer solchen Kritik bereit wäre. Er scheint die übliche historisch-philologische Kritik noch durch eine theologische Hyperkritik überbieten zu wollen. »Kritischer müßten mir die Historisch-Kritischen sein!« ruft er aus.[14] Nur bleibt es leider auch hier wieder nur bei der Versicherung; in Barths Exegese spürt man nichts davon.

Darüber kommt es bereits im Anfang der zwanziger Jahre zu einer interessanten Auseinandersetzung mit Rudolf Bultmann, die Späteres vorwegzunehmen scheint. Bultmann hatte Barths ›Römerbrief‹ in der ›Christlichen Welt‹ im ganzen freundlich angezeigt.[15] Er stimmt Barth durchaus zu, daß es bei der Auslegung der Bibel auf das Verständnis der »Sache« ankomme. Aber das verlangt dann auch, daß die einzelnen Aussagen der Bibel an der Sache gemessen werden. Kein biblischer Schriftsteller, auch Paulus nicht, überhaupt kein Mensch redet immer nur aus der Sache heraus. Es gibt auch im Römerbrief Höhen und Tiefen, Spannungen und Widersprüche. In Paulus kommen auch andere Geister zu Wort als nur der Geist Christi: er ist abhängig von jüdischer Theologie und vom Vulgärchristentum, von hellenistischer Aufklärung und hellenistischem Sakramentsglauben. Die Sache, die der Apostel vertritt, ist größer als der Apostel selbst. Also geht es ohne Kritik nicht ab, gerade wenn man die Sache, die der Apostel vertritt, erfassen will.

Auf diese theologische Kritik Bultmanns antwortet Barth mit einer Art pneumatischer Hyperkritik: Wenn Bultmann den »Geist Christi« beschwört, so weist er auf die Krisis hin, in der sich aller Menschengeist befindet – und also geht bei Barth alle Kritik an der Bibel, philologisch-historische und theologisch-sachliche, unter in der allgemeinen Krisis, in die durch den Geist Christi jeglicher Menschengeist gerät.

Daß Barth bei diesem fast völligen Verzicht auf jegliche Kritik Gefahr läuft, den Buchstaben der Bibel unmittelbar mit dem Worte Gottes gleichzusetzen und so in die nächste Nähe der alten orthodoxen Lehre von der Verbalinspiration zu geraten, ficht ihn nicht an. Auf Bultmanns Vorwurf, daß er »ein modernes Inspirationsdogma« aufrichte, antwortet er mit dem Hinweis auf das, was er bereits im Vorwort zur ersten Auflage seines ›Römerbriefes‹ geschrieben hat: »Wenn ich wählen müßte zwischen der historisch-kritischen Methode und der alten Inspirationslehre, ich würde entschlossen zu der letzteren greifen: sie hat das größere, tiefere, *wichtigere* Recht.« Freilich ist Barth klug genug, sofort hinzuzufügen: »Ich bin froh, nicht wählen zu müssen zwischen beiden.«

Was Barth bei seiner Art der Bibelinterpretation gewinnt, ist, daß der Römerbrief wirklich wieder zu reden anfängt, so, als wäre er nicht vor 1900 Jahren geschrieben, sondern gerade erst eben, in dieser hektischen Nachkriegszeit. Die historische Distanz zwischen dem Schreiber einst und dem Leser heute wird beinahe aufgehoben, so daß die trennende Mauer der 1900 Jahre transparent wird und das Gespräch zwischen Urkunde und Leser ganz auf die Sache konzentriert ist. Da hat der Ausleger den Autor so gut verstanden, daß er in seinem Namen sprechen kann und nahezu vergißt, daß er selbst nicht der Autor ist. Mit Recht hat man Barths Methode der Auslegung im ›Römerbrief‹ mit dem Stil des Expressionismus in der Malerei verglichen. Hier wie dort wird der Abstand zwischen dem Künstler und seinem Gegenstand von dem Leben, das verborgen hinter beiden kocht, so fortgeschmolzen, daß beide zu einer lebendigen Einheit werden. In Barths ›Römerbrief‹ brodelt und wirbelt es wie in einem Vulkan. Er schleudert seine Gedanken und Sätze ähnlich aus sich heraus wie van Gogh seine Bilder.

Man darf Barth nicht als Systematiker, man muß ihn als Propheten nehmen. Sein ›Römerbrief‹ wirkt wie eine große Explosion.
Barth geht mit der einzigen Annahme an den Text heran: »daß
Gott Gott ist«. Daß Paulus dies weiß und daß er, Barth, weiß,
daß Paulus dies weiß, das ist seine »dogmatische Voraussetzung«.
Was er der herrschenden Theologie seiner Zeit vorwirft, ist, daß
sie dies vergessen habe und anstelle Gottes und seiner Offenbarung den Menschen und seinen Glauben, seine Frömmigkeit,
seine Religion, seine Kultur, seinen Geist und sein Gefühl in den
Mittelpunkt rücke. Und so eifert Barth wie ein alttestamentlicher
Prophet für Gottes Gottheit, für seine Heiligkeit und Jenseitigkeit, dafür, daß Gott *totaliter aliter*, ganz und gar anders ist als
der Mensch: »Wenn ich ein ›System‹ habe, so besteht es darin,
daß ich das, was Kierkegaard den ›unendlichen qualitativen
Unterschied‹ von Zeit und Ewigkeit genannt hat, in seiner
negativen und positiven Bedeutung möglichst beharrlich im
Auge behalte. ›Gott ist im Himmel und du auf Erden.‹ Die
Beziehung *dieses* Gottes zu *diesem* Menschen, die Beziehung
dieses Menschen zu *diesem* Gott ist für mich das Thema der
Bibel und die Summe der Philosophie in Einem. Die Philosophen
nennen diese Krisis des menschlichen Erkennens den Ursprung.
Die Bibel sieht an diesem Kreuzweg Jesus Christus.«[16]
Unendlicher qualitativer Unterschied: Gott im Himmel und
der Mensch auf der Erde – das ist das erste, beinahe einzige,
was Barth bei seinem »schärferen Verstehen und Erklären« der
Bibel aus dem Römerbrief und nicht nur aus dem Römerbrief,
sondern aus der ganzen christlichen Offenbarung herausliest.
Um jede Verwechslung, jede ehrfurchtslose Annäherung des
Menschen an Gott auszuschließen, spannt er beide, Gott und
Mensch, Himmel und Erde, Schöpfer und Geschöpf, durch
eine letzte Erhebung der Überlegenheit Gottes und eine letzte
Vertiefung der Unterlegenheit des Menschen auseinander. Es
gibt keinen irgendwie gearteten Übergang, Aufstieg oder Auf-
bau, keine irgendwie geartete Entwicklung, Brücke oder Kontinuität von hier nach dort. Zwischen Gott und uns liegt eine
»Gletscherspalte«, eine »Polarregion«, eine »Verwüstungszone«.
Gar nicht genug Bilder und Begriffe kann Barth häufen, um in
immer neuem Ansatz, in rollenden Perioden und zerbrechenden
Anakoluthen diese Diastase zu beschreiben. Man muß einmal
einen Satz wie den folgenden – es ist wirklich nur ein einziger

Satz! – auf sich wirken lassen, um von dem Pathos dieser Theologie und dem Temperament ihres Verfechters etwas zu spüren. So reden stilgewandte Propheten: »Gott, die reine Grenze und der reine Anfang alles dessen, was wir sind, haben und tun, in unendlichem qualitativem Unterschied dem Menschen und allem Menschlichen gegenüberstehend, nie und nimmer identisch mit dem, was wir Gott nennen, als Gott erleben, ahnen und anbeten, das unbedingte Halt! gegenüber aller menschlichen Unruhe und das unbedingte Vorwärts! gegenüber aller menschlichen Ruhe, das Ja in unserm Nein und das Nein in unserm Ja, der Erste und der Letzte und als solcher der Unbekannte, nie und nimmer aber eine Größe unter andern in der uns bekannten Mitte, Gott der Herr, der Schöpfer und Erlöser – das ist der lebendige Gott!«[17]

Die Diastase, der Abstand, der unendliche qualitative Unterschied, das ist für Barth die einzige Beziehung zwischen Gott und dem Menschen. Er kann diesen Gedanken steigern bis zu einem so paradoxen Satz wie dem, daß »die höchste *Entfernung* zwischen Gott und Mensch ihre wahre *Einheit*« sei, daß »in der Erkenntnis der grundsätzlichen *Entfernung* zwischen Gott und Welt sich die eine einzige mögliche *Gegenwart* Gottes in der Welt« zeige. Hier wird alles menschliche Denken, Fühlen und Lieben gegenüber Gott so streng aus dem Glauben ausgeschieden, daß man fast sagen kann, Barth lange aus christlicher Radikalität beim Atheismus an. Jedenfalls kann Barth die Atheisten gut verstehen: ob es einen Gott gibt, das ist »eine sehr wohl aufzuwerfende Frage«! »Der Schrei des Empörers gegen diesen Gott kommt der Wahrheit näher als die Künste derer, die ihn rechtfertigen wollen.«[18]

Manchmal gewinnt man den Eindruck, als habe Barth geradezu eine Lust daran, den Menschen möglichst gering zu achten. Aber er ist dieser Skeptiker nur um Gottes willen. Er will nur die falschen Götter stürzen, die der Mensch, gerade der fromme Mensch, zumal der kirchliche Mensch, errichtet hat, auf daß Gott wieder ganz Gott sei. Zu Recht hat man Barth mit Simson verglichen, der den Tempel der Philister einreißt, auch auf die Gefahr hin, selbst unter seinen Trümmern begraben zu werden.[19] Und zu Recht schreibt Friedrich Gogarten im Rückblick auf dieses riesige Zerstörungswerk, auf diese theologische Götterdämmerung, daß es nicht nur »eine andere Weise« gewesen sei, in der man hier nach Gott fragte, sondern daß es »ein anderer Gott« gewesen sei, nach dem hier gefragt wurde. Der Gott der überkommenen Theologie war der Vertreter alles Wahren, Guten und Schönen in der Welt, der höchste Gedanke oder das höchste Gut, das das menschliche Denken und Leben zum runden Abschluß brachte. Von dem Gott Barths dagegen wurden die Frage, der Riß, der Widerspruch, die durch alles menschliche Leben gehen, bis zum Unerträglichen offengehalten.[20]

Wenn man hört, wie der junge Barth von Gott redet, dann kann man begreifen, warum man seine Theologie als »*Theologie der Krisis*« bezeichnet hat. Im ›Römerbrief‹ selbst taucht der Ausdruck »Krisis« bald auf jeder Seite auf. Aber Barth gebraucht ihn nicht etwa im Sinne Jacob Burckhardts zur Bezeichnung eines vorübergehenden historischen Moments, eines innergeschichtlichen Strudels oder Umbruchs, in dem Altes zu Ende geht und Neues beginnt, sondern er versteht ihn streng theologisch: *Gottes* Offenbarung ist die Krisis der *Welt*. Der Gott, der der ganz Andere ist, der von jenseits der Welt wie »eine alle Aussicht versperrende Feuermauer«, wie eine »feindliche Festung«, wie eine »geballte Faust«, wie ein »Alarmruf« und »Feuerzeichen« in diese Welt hineinragt, wirkt »erschütternd«, »beunruhigend«, »untergrabend« auf alles Diesseitige. Mit der Statuierung des unendlichen qualitativen Unterschiedes zwischen Gott und Mensch rückt der Mensch mit allem, was er ist, hat und kann, mit seinem Bösen, aber auch mit seinem Guten, mit seinem Reichtum, aber auch mit seiner Armut, mit seinem Glauben, aber auch mit seinem Unglauben, mit den Höhen seiner Geschichte, aber auch mit ihren Tiefen, unter das Gericht Gottes, und dieses Gericht Gottes bedeutet für ihn und seine Welt das Nichts, das Ende, den Tod.

Diese Theologie war zeitgemäß. Manches, was Barth sagt, wirkt wie ein theologisches Gegenstück zu Spenglers ›Untergang des Abendlandes‹. Die »Erdbebensphäre«, die das Gericht Gottes über alle Kreatur erzeugt, schien aufs genaueste der Erschütterung des westeuropäischen Menschen und seines Kulturoptimismus nach dem Ersten Weltkrieg zu entsprechen. Man hat darüber gestritten, inwieweit die Theologie der Krisis von der allgemeinen Krise der Zeit beeinflußt worden sei. Barths Kritiker, etwa der schwedische Lutheraner Gustaf Wingren, haben behauptet, Barth sei »ganz einfach ein moderner Mensch gewesen, der ziemlich unkritisch eine Stimmungslage im Kulturleben seiner Zeit übernommen habe«[21]. Barths Verteidiger hingegen, etwa der holländische Reformierte G. C. Berkouwer, wehren sich mit allen Kräften dagegen, daß man Barths Theologie der Krisis als eine Art Verzweiflungstheologie aus der verzweifelten Situation des Menschen in der Nachkriegszeit abzuleiten sucht, und geben sich alle Mühe, sie allein aus sich selbst, richtiger, aus ihrem biblischen Grunde zu erklären.[22] Barth selbst hat in dieser Sache ein salomonisches Urteil gefällt: »Ich kann und will wirklich nicht beweisen, daß wir auch ohne den Weltkrieg da stünden, wo wir jetzt stehen. Aber wer kann denn beweisen, daß wir gerade durch den Weltkrieg dahin geführt wurden?«[23]

Natürlich nährte sich die Theologie der Krisis auch von der allgemeinen Krisenstimmung der Zeit mit ihren politischen und wirtschaftlichen Katastrophen, ihrem Zusammenbruch des bürgerlich-idealistischen Denkens, ihrer pessimistischen Kulturkritik und ihrem Atheismus. In alldem hatte sie ihren Erlebensuntergrund; ihre Vertreter selbst standen ja in der Krise. Anders wäre der plötzliche Erfolg des ›Römerbriefes‹ auch gar nicht zu erklären. Aber mehr als Hintergrund und Tönung lieferte die Zeitstimmung nicht. Geboren wird die Theologie der Krisis nicht *aus* der Krise der Zeit, wohl aber *in* der Krise der Zeit, aus einer neuen Begegnung mit der Bibel inmitten der Krise der Zeit. Und das führt zu jener Kritik Barths, die viel radikaler, unbürgerlicher und auch unkirchlicher ist als jede säkulare Kulturkritik der damaligen Jahre. Sie enthüllt die Relativität und Todesverfallenheit aller Weltgestalt schlechthin – »von der Mikrobe bis zum Saurier und bis zum theologischen Schulhaupt«.

Im Gegensatz zu dem verschwommenen idealistischen Geschichtspantheismus des 19. Jahrhunderts zeichnet Barth ein Bild von der Geschichte, das fast naturalistisch, ja materialistisch anmutet: Läßt sich die Geschichte des Menschengeschlechts letztlich nicht »aufrichtiger und getreuer vom Standpunkt des Magens als vom Standpunkt des Kopfes« schreiben? Lassen sich nicht selbst Urchristentum, Kreuzzüge und Reformation historisch-materialistisch plausibler erklären als irgendwie sonst? Gewiß, Kunst, Wissenschaft, Moral und heißes Verlangen nach Gemeinschaft mit dem Unendlichen zeichnen den Menschen aus – »aber weiß Gott auch Hunger und Durst, Geschlechtstrieb, Schläfrigkeit und Verdauungsprozeß – und wo ist die Grenze?« Die Geschichte des Menschen ist »eine unendliche Zweideutigkeit..., und auf weite Strecken ist sie ganz und gar eindeutig«[24]!

Krisis, Diastase, Abstand, Entfernung, unendlicher qualitativer Unterschied – alle diese Begriffe weisen in dieselbe Richtung und damit auf eine bestimmte theologische Tradition. Als Barth kurz nach Erscheinen seines ›Römerbriefes‹ vor den »Freunden der Christlichen Welt« einen Vortrag zu halten hat, da zählt er seine theologische »Ahnenreihe« auf. Er nennt Jeremia, Paulus, Luther, Calvin, Kierkegaard. Ausdrücklich macht er seine Zuhörer darauf aufmerksam, daß der Name Schleiermacher in dieser Reihe fehle. Was Barths »Ahnen« miteinander verbindet, ist, daß sie alle so von Gott reden, daß der Mensch und sein Universum dadurch aufgehoben werden: »ein Rätsel, eine Frage, nichts sonst«. Und eben weil Schleiermacher dies nicht tut, weil er nicht wie die anderen vom Menschen in seiner rettungslosen Not redet, darum fehlt sein Name in dieser Ahnenreihe. Denn Barth teilt damals, wenn auch aus anderem Grund, die Überzeugung Nietzsches: Der Mensch ist das, was überwunden werden muß.[25]

Als Barth vierzig Jahre später, im April 1963, aus Anlaß der Verleihung des Sonning-Preises in Kopenhagen die übliche Dankrede halten muß, ergreift er die Gelegenheit, um den Einfluß Kierkegaards auf seine Theologie darzulegen.[26] Zunächst nennt er eine Reihe von anderen Namen, die in seiner theologischen Frühzeit auf ihn gewirkt haben: Dostojewskij, Franz Overbeck, die beiden Blumhardts, Hermann Kutter, »der große Plato – ja, Sie haben recht gehört: Plato!«, und wir können hinzufügen, weil Barth es in anderem Zusammenhang selbst tut: Kant, präziser, der Neukantianismus, vertreten durch die Marburger Natorp und Cohen. Aber vor allem dann eben Sören Kierkegaard. Er war für Barth »einer von den Hähnen, deren Stimme den Anbruch eines wirklich neuen Tages anzukündigen schien«. Was Barth Kierkegaard verdankt, ist genau das, wovon jede Seite des ›Römerbriefes‹ Zeugnis ablegt: der gegen alle verwischende Spekulation, ästhetische Vergeßlichkeit und allzu billige Christlichkeit streng durchgehaltene »unendliche qualitative Unterschied« von Gott und Mensch.

Spätestens an dieser Stelle muß nun aber doch gefragt werden: Ist alles das, was Barth über Gott und den Menschen sagt, nicht unchristlich, mindestens vorchristlich, kaum schon alttestamentlich gedacht? Weiß Barth denn gar nichts von der Offenbarung Gottes in Jesus Christus? Die Antwort darauf muß lauten: Alles, was Barth über Gott und den Menschen sagt, meint er gerade von der Offenbarung Gottes in Christus her zu wissen, von dort her allein. Auch seine Deutung der Christusoffenbarung ist beherrscht durch den unendlichen qualitativen Unterschied von Gott und Mensch, durch die Dialektik von Zeit und Ewigkeit.[27]

In Christus wird die Ebene der uns bekannten menschlichen Wirklichkeit von der ganz anderen, unbekannten Ebene der göttlichen Wirklichkeit »senkrecht von oben« durchschnitten. Aber dieser Schnittpunkt hat auf der uns bekannten Ebene gar keine Ausdehnung; er gewinnt nie und nirgends historisch-psychologische Breite. Im Leben Jesu sind nur die »Einschlagstrichter« der unbekannten Wirklichkeit Gottes, nicht diese selbst erkennbar. Der Gang Jesu ist wesentlich ein »*Vorbei*gehen«, ein »*Ab*gang«, eine »*Ab*wandlung«, ein »*Ab*schreiten«. Anschaulich wird das Leben Christi »einzig und allein und ausschließlich in seinem Tod am Kreuz«; sein religiöses Bewußtsein ist das Bewußtsein seiner Gottverlassenheit.

Von der Menschwerdung Gottes weiß Barth eigentlich nichts. Bei ihm geht Gott nicht wirklich in die Geschichte ein; nur »wie die Tangente einen Kreis« berührt das Göttliche diese Welt, »ohne sie zu berühren«. Die Offenbarung Gottes ist »ein mathematischer Punkt« und eben darum »kein Standpunkt«, auf den man sich stellen kann. Sie ist nicht ein historisches Ereignis neben den anderen Ereignissen der Weltgeschichte, sondern die »Urgeschichte«, das »unhistorische Ereignis«, die »unzeitliche Zeit«, der »unräumliche Ort«, die »unmögliche Möglichkeit«. Sie ist nicht ein Licht, das im Dunkeln leuchtet, sondern ein Blitz, der in der Nacht zuckt, vielmehr, der eben schon gezuckt hat. Sie ist eine »submarine Insel«, die sich, sobald einer sie täppischen Fußes betreten will, sogleich aufs neue mit der alles verhüllenden Flut bedeckt. Alles in allem: die Offenbarung verhüllt mehr, als daß sie entbirgt; sie begrenzt mehr, als daß sie erschließt. »Unbekannt ist und bleibt uns Gott« – »›die direkte Kenntlichkeit ist gerade für die Götzen charakteristisch‹ (Kierkegaard).«

Barth zitiert gern das Wort Calvins: »Finitum non capax infiniti« – das Begrenzte faßt nicht das Unbegrenzte, die Zeit nicht die Ewigkeit. Aber wenn die Zeit die Ewigkeit nicht faßt, wenn die Offenbarung Gottes darum die »unzeitliche Zeit« ist, das »reine Ereignis«, das nur im Kierkegaardschen »Augenblick« aufblitzt, ohne Vorher und Nachher – wie kann man sie dann in Worte der Dauer fassen? Kann man etwa auch »einen Vogel im Flug nachzeichnen«? Es geht um das Sagen des Unsagbaren! Das war das Problem, vor das sich Barth angesichts dieses »permanenten Aktualismus« als Theologe gestellt sehen mußte: »Ist etwa ein einziges meiner Worte *das* Wort, das ich suche, das ich aus meiner großen Not und Hoffnung heraus eigentlich sagen möchte? Kann ich denn anders reden als so, daß ein Wort das andre wieder aufheben muß?«[28]

Die Herrschaft der Dialektik

So wird Barth zu seiner *Methode der Dialektik* geführt, nach der »irgendein Zuschauer«, wie er sich ironisch ausdrückt, seiner ganzen Theologie den Namen »dialektische Theologie« angehängt hat. Für diese dialektische Struktur des Redens von Gott erteilt Barth folgende Regieanweisung: »Wir können begreifen, daß wir Gott nicht anders als in der Zweiheit *begreifen* können, in der dialektischen Zweiheit, in der eins zwei werden muß, damit zwei wahrhaft eins ist.«[29]

Über Gott und seine Offenbarung kann man keine direkten Mitteilungen machen. Die Wahrheit Gottes läßt sich nie in *einem* menschlichen Wort ausdrücken, sondern immer nur in *Satz* und *Gegensatz*. Jede positive Aussage muß hier alsbald durch eine entgegengesetzte negative ergänzt und korrigiert werden. Das Ja ist am Nein zu verdeutlichen und das Nein am Ja. Wer z. B. von der Offenbarung Gottes in der Schöpfung spricht, muß sogleich auch von seiner Verborgenheit in ihr sprechen; wer von der Gottebenbildlichkeit des Menschen redet, muß sogleich auch von seiner Sünde und Hinfälligkeit reden, und wer vom Tod und von der Vergänglichkeit spricht, kann es wiederum nicht tun, ohne zugleich auch von dem ganz anderen Leben jenseits des Todes zu sprechen. So befindet sich das rechte Reden des Menschen von Gott in einer ständigen dialektischen Bewegung. Es ist, bald auf dieser, bald auf jener Seite einsetzend, ein unablässiges Gleiten vom Ja zum Nein und vom Nein zum Ja. Die Mitte selbst, von der Position und Negation ihren Sinn und ihre Bedeutung erhalten, bleibt unfaßbar und unanschaulich. Niemals vereinen sich Ja und Nein wie Thesis und Antithesis in der Synthesis als einer Art höherer Einheit. »Die Kunst der Synthese zu üben«, ist nur das Recht der Philosophen. Der Theologe hingegen gleicht Mose, der ins Gelobte Land schaut, aber nie hineinkommt. Das Schlußwort über Gott steht ihm nicht zu.

Die dialektische Methode soll die Unangemessenheit aller menschlichen Aussagen über Gott ausdrücken, die Ungleichheit zwischen dem theologischen Reden von Gott und dem göttlichen Reden selbst. Indem sie so auf den letzten Unernst aller Theologie hinweist, bekundet sie gerade ihren Ernst. Zwar ist der dialektische Weg der »weitaus beste«, aber auch er garantiert nicht, daß das Ziel erreicht wird. Gott selbst spricht erst, wo auch dieser Weg *abbricht*.

Nach Barths eigenen Worten sollte die Dialektik nur ein »Korrektiv« sein, nur das »bißchen Zimt zur Speise«. Aber eben das bleibt sie nicht! Barth macht die Dialektik zur Methode. Er erhebt die Standpunktlosigkeit zum Standpunkt. Bis zur Absurdität kann Barth die Dialektik treiben, bis zur Aufhebung der Dialektik aus Dialektik. Aber er wird dadurch nicht frei, offen und beweglich, sondern es tritt genau das ein, was Barth auf alle Fälle vermieden wissen wollte: Die dialektische Bewegung hört auf, sie wird statisch. Indem Barth alles Reden von Gott auf die Folter der dialektischen Methode spannt, versucht er nun doch, »den Vogel im Fluge zu zeichnen«. Er selbst hat einmal die dialektische Methode mit der Wanderung auf einem schmalen Felsgrat verglichen, auf dem man nicht stehen bleiben dürfe, wenn man nicht zur Rechten oder zur Linken hinunterfallen wolle. Barth selbst ist stehen geblieben und hinuntergefallen, und zwar zur Linken. Das Nein ist bei ihm stärker als das Ja. Das ist es, was Urs von Balthasar Barths »Tragödie« nennt. Ihr Ende: Barth »gestikuliert in Verzweiflung«[30].

In dieselbe Richtung weist bereits eine sehr frühe Kritik Paul Tillichs an Karl Barth.[31] Tillich wirft Barth kurzerhand vor, daß seine dialektische Theologie im Grunde gar nicht dialektisch sei. Zwar treibt sie alles in die dialektische Selbstaufhebung hinein, bis in die dialektische Aufhebung der Dialektik selbst – aber diese ganze unendliche Reihe der Selbstaufhebungen wird selbst nicht aufgehoben. Sie ist »die Position, auf der der Dialektiker steht, die aber selbst nicht mehr Dialektik ist«. Das hat zur Folge, daß die Krisis bei Barth nicht ein ständiger Durchgang bleibt, sondern konstant wird. Und das gibt seiner Theologie nun doch wieder die verbotene »Geste der Absolutheit«. Den tiefsten Grund für diesen Widerspruch sieht Tillich darin, daß in Barths Theologie die Position fehlt, auf deren Boden allein die Negation erst möglich ist; er vermißt in ihr die Erfassung des Ja, das die Voraussetzung des Nein bildet. Darum fordert er den »Rückgang vom kritischen zum positiven Paradox«.

Nun fehlt natürlich bei Barth die positive Seite nicht völlig. Es geht auch ihm um das Heil des Menschen, und darum ist auch das Ja bei ihm unter dem Nein durchaus vernehmbar, mehr noch, das Ja ist der verborgene Sinn im Nein, das Gericht geschieht um der Gnade willen: »Gericht ist nicht Vernichtung, sondern Aufrichtung« – »Sofern wir glauben, sehen wir den Menschen aufgehoben *von* Gott, aber eben darum auch aufgehoben bei Gott« – »Wir können das Nein, unter dem wir stehen, nicht mehr anders hören als aus dem göttlichen Ja heraus, die Stimme menschlicher Ehrfurchtslosigkeit und Unbotmäßigkeit nicht mehr anders als getragen von der tieferen Stimme der göttlichen Vergebung, den Schrei menschlichen Trotzes nicht mehr anders als übertönt von der ruhigen Harmonie des göttlichen Trotzdem.«[32] Wäre nicht in dieser Weise von Gottes Gnade im Gericht, von seinem Ja im Nein die Rede, dann wäre Barths ›Römerbrief‹ kein Kommentar zum Römerbrief mehr! Aber der Zug des Ganzen geht doch stärker in die andere Richtung: Der Akzent liegt mehr auf dem Gericht als auf der Gnade; die dialektische Bewegung gleitet nicht unablässig vom Nein zum Ja und vom Ja zum Nein, sondern sie ruht länger auf dem Nein. Dadurch droht die Krisis bei Barth zum selbständigen Thema zu werden und das Nein zur Dominante. Das wird von ihm selbst bestätigt, wenn er die dem Christen »bestimmte Stelle« folgendermaßen beschreibt: »Wir stehen tiefer im Nein als im Ja, tiefer in der Kritik und im Protest als in der Naivität, tiefer in der Sehnsucht nach dem Zukünftigen als in der Beteiligung an der Gegenwart.«[33]

Die Folge ist, daß der *Glaube* bei Barth fast völlig sprachlos wird, daß er fast keinen Inhalt mehr hat, daß er auf alle Fälle keine irgendwie geartete Position des Menschen darstellt, sondern nur noch seine Negation. So sieht nach Barths Beschreibung der christliche Glaube aus: Er ist »der Respekt vor dem göttlichen Inkognito, die Liebe zu Gott im Bewußtsein des qualitativen Unterschieds von Gott und Mensch«, »die Bejahung des göttlichen Nein im Christus, das erschütterte Haltmachen vor Gott«, »das bewegte Verharren in der Negation«. Nur »die vor Gott Respekt haben und den Abstand wahren, leben mit Gott«[34].

Damit bedeutet der Glaube »das Ende aller idealistischen Himmelstürmerei«, »das Ende aller Anschaulichkeit und Begreiflichkeit«. Der Glaube ist »kein Boden, auf den man sich stellen, keine Ordnung, die man befolgen, keine Luft, in der man atmen kann«, sondern er ist, wenn er rechter Glaube ist, immer nur »Hohlraum« und »Vakuum«, Seufzen, Warten und Entbehren, Offenheit, Zeichen und Hinweis – »ein Stand in der Luft«. Von diesem

»paradoxen Charakter« darf dem Glauben nichts genommen werden. Sofern der Glaube in irgendeinem Sinne mehr sein will als Hohlraum, ist er Unglaube. Fast wie ein Triumph klingt es bei Barth: »Credo, quia absurdum!«

Alles, was Barth über den Glauben sagt, trägt eine bestimmte Spitze. Sie richtet sich gegen jeden Versuch, der von der religiösen Erfahrung des Menschen ausgeht und auf diesem Wege die Frage nach der Gewißheit des christlichen Glaubens beantwortet. Eben diesen Weg hatte die protestantische Theologie seit Schleiermacher eingeschlagen: Sie setzte beim frommen Bewußtsein des Menschen ein und suchte seine Erfahrungen zu beschreiben und auf diese Weise die Inhalte des christlichen Glaubens zu gewinnen. Daß sie dies getan und damit den Glauben zu einer menschlichen Haltung gemacht, ja daß sie überhaupt das Gewißheitsproblem in den Mittelpunkt der theologischen Überlegungen gerückt hatte, das ist Barths Vorwurf gegen sie. Das war »Verrat an Christus«! Nie und nirgends gewinnt der Glaube im Leben des Menschen historisch-psychologische Breite: »Hier gibt's nichts zu erleben für Romantiker, nichts zu schwärmen für Rhapsoden, nichts zu analysieren für Psychologen, nichts zu erzählen für Geschichtenerzähler.« Der Glaubende steht immer nur harrend und wartend auf der Schwelle. Er darf nicht damit rechnen, daß er glaubt; selbst daß er glaubt, kann er nur glauben. Der »Gottesmann« Luther ist »unerbaulicherweise« mit dem Wort gestorben, daß wir Bettler seien und daß *das* wahr sei. Aber wehe dem Menschen, wenn er aus der Negation, aus seinem Warten, Seufzen und Entbehren nun wieder eine Haltung, einen Standpunkt machte! Das ergäbe einen neuen Triumph des Pharisäismus, fürchterlicher als jeder frühere.

Alles in allem: der Glaube hat keine Gestalt noch Schönheit. Eher als von Humanität ist an ihm etwas von den Grenzen der Humanität zu erkennen. Menschlich-anschaulich, historisch-psychologisch läßt sich die Grenze zwischen Glauben und Unglauben nicht bestimmen: »Unser aller Hände sind und bleiben – anschaulich leer.«

Was vom Glauben des Menschen gilt, das gilt auch von seinem Handeln. Wie alle Dogmatik, so hat auch alle *Ethik* ihren Sinn für Barth allein in dem »absoluten Angriff auf den Menschen«[35]. »Gut« sind menschliche Handlungen nur, insofern sie die »Überwindung des Menschen«, seiner Eigenart und Eigenmacht, seines Eigenwillens und Eigenrechts, bezeugen und damit Demonstrationen sind zur Ehre Gottes, Gleichnisse, Zeichen und Hinweise auf seine Herrschaft, auf sein Kommen, Wählen und Verwerfen – »was darüber ist, das ist vom Übel, und wenn es die Heiligkeit und Reinheit einer Märtyrerjungfrau wäre«.

Von dort her wird auch das Verhältnis des Christentums zur *Kultur* bestimmt. Hier befindet sich Barth im äußersten Gegensatz zu dem sogenannten »Kulturprotestantismus«, der das evangelische Bildungsbürgertum im ausgehenden 19. und im beginnenden 20. Jahrhundert geprägt hat. Während dieser das Christentum nahezu mit dem kulturellen Fortschritt gleichsetzte oder es gar in ihm aufgehen ließ, bezeichnet Barth das Verhältnis des Christentums zur Kultur als »eher kühl«. Sein Beitrag zur menschlichen Kultur und Ethik besteht nicht im Bestätigen und Bestärken, sondern im Protestieren und Fragenstellen. Das Christentum rückt die Welt mit ihrer Kultur und ihrer Unkultur in das Licht der »letzten Dinge«; es dient nicht der Verklärung der gegenwärtigen Welt, sondern bringt die Botschaft vom Kommen der zukünftigen. Darum sieht es an allem, was etwas ist und sein will, »eine große Hand rütteln«; darum hat es zu allem Bauen der Menschen »immer etwas Retardierendes zu bemerken«; darum erkennt es in allen kulturellen Leistungen schon das »Gleichnis des Todes«, und darum ist es überall, wo von Menschen Türme gebaut werden, »irgendwie nicht recht dabei«.

Vom Letzten her wird alles Vorletzte in Frage gestellt und in die »Sphäre der Relativität« getaucht: »Vielleicht – vielleicht auch nicht!« Sein Wissen um die göttliche Krisis aller Geschichte gibt dem Christen die Freiheit, mal so, mal so zu entscheiden und sein Ja und Nein verschieden zu verteilen. Weil das Christentum ein grundsätzliches Mißtrauen gegen alle »menschlichen Höhen« hegt, hat es eine gewisse Vorliebe für die Bedrückten und Zukurzgekommenen und fühlt sich daher dem russischen Menschen verwandter als seinen westeuropäischen Brüdern. Sobald aber die Niederungen wieder zu Höhen werden und die Kulturkritik zur Mode, fragt das Christentum umgekehrt, »ob nicht der unerschütterte bayrische Bauer dem Himmelreich näher ist als der russische Mensch«. »Mit starker Hand« hält sich die Kirche den Militarismus vom Leibe, »mit freundlicher Geste« aber auch den Pazifismus.

Das beste Beispiel für Barths kühl distanzierte Haltung gegenüber jedem allzu positiven und eindeutigen christlichen Handeln liefert seine Auslegung von Römer 13, jenem bekannten Kapitel, in dem der Apostel Paulus die römische Gemeinde zum Gehor-

sam gegenüber der Obrigkeit ermahnt.[36] Es ist dies jahrhunderte-
lang die klassische Stelle für die Begründung einer positiven
christlichen Staatslehre gewesen. Vor allem die lutherischen Kirchen, aber nicht nur sie, haben aus ihr das Verbot jeglicher Revolution abgeleitet und damit ihren politischen Konservativismus
begründet. Auch Barths Ausführungen muten auf den ersten
Blick überraschend konservativ an. Ihre Tendenz liegt in dem
Stichwort »Nicht-Revolution«. Doch schon die Überschrift, die
Barth diesem Abschnitt gibt, sollte uns vorsichtig machen. Sie
lautet »Die große negative Möglichkeit« und gibt damit das ganz
andere Motiv an, das Barth bei seiner Mahnung zur »Nicht-Revolution« leitet. Während etwa die konservativen Lutheraner
das Verbot jeglicher Revolution und damit den strikten Gehorsam gegenüber der Obrigkeit *positiv* mit der von Gott gewollten
Erhaltung der von ihm gestifteten Ordnungen begründeten,
rechtfertigt Barth seine Mahnung zur »Nicht-Revolution« gerade *negativ* mit der bereits in Gang befindlichen Aufhebung aller
bestehenden Ordnungen durch Gott. Sein »Präjudiz« ist, »daß
die wahre Revolution von Gott kommt und nicht von menschlichen Empörern«. Gott ist »das große Minus vor der Klammer«,
das alle Positionen innerhalb der Klammer aufhebt; dies zu erkennen und darum auf die blaue Blume der Romantik zu verzichten und von der gottähnlichen Gebärde des Revolutionärs
zu lassen, ist nach Barth der Sinn von Römer 13.

Darum trägt der Gehorsam gegenüber der Obrigkeit bei
Barth auch eine ganz andere Färbung als im üblichen christlichen Konservativismus. Er wird nur mit negativen Ausdrücken
beschrieben: als ein »Sich-Unterziehen«, »Zurücktreten«, »Ausweichen«, »Nicht-Handeln«, als »Nicht-Empörung« und »Nicht-
Umsturz«. Damit aber wird der Christ frei von aller falschen
»Gläubigkeit«, von allem »Feldpredigerelan und feierlichen
Humbug« und erkennt den »wesentlichen Spielcharakter« aller
Politik. Er wird ein »merkwürdig ruhiger«, »guter Bürger«, der
jetzt auch sachlich Recht und Unrecht in der Welt bedenken
kann, weil es sich für ihn dabei nicht mehr um letzte Behauptungen und Anklagen handelt. Aber auch diese christliche
Sachlichkeit bleibt im Schatten des Bösen, und die Mahnung
kann nur sein, nicht allzu tief in dies Schattenreich hineinzuge-
raten.

Das Reich Gottes enthüllt den Spielcharakter, die Relativität
und den Unernst alles menschlichen Tuns; es bedrängt den Menschen in allen seinen Positionen. Eben darum besteht der Sinn

der christlichen Ethik für Barth in dem absoluten Angriff Gottes auf den Menschen: »Die große Störung ist nicht mehr gut zu machen, sie betrifft die Heiligen und die Schweine.«

Die Kritik der Religion

Mit dem, was Barth über den christlichen Glauben und das christliche Handeln sagt, ist allem, was sich in der Geschichte als Religion und Sittlichkeit darstellt, das Urteil gesprochen. Es ist schlechthin ein Todesurteil. Wenn man überhaupt sagen kann, daß Barths strömende Beredsamkeit irgendwo einen Höhepunkt habe, dann liegt er hier. Hier spitzen sich die Vergleiche zu, hier überstürzen sich die Beispiele und Bilder, hier wird der Ton ironisch und sarkastisch, hier kann er bitter und peitschend scharf werden.

Die Religion bildet den äußersten Gegensatz zum Glauben.[37] Sie bedeutet das »Überschreiten der uns gesetzten Todeslinie«, die »trunkene Verwischung der Distanzen«, die »Aufrichtung der romantischen Unmittelbarkeit«, »die Vergöttlichung des Menschen und die Vermenschlichung Gottes«. Religion ist die »unverschämte Vorwegnahme« dessen, was immer nur von dem unbekannten Gott aus geschehen kann; sie ist der »Sklavenaufstand des Menschen«, der wie Gott sein will und der so die Zeit mit der Ewigkeit verwechselt und die Ewigkeit mit der Zeit. Der religiöse Mensch ist die »hartnäckigste Spezies der Gattung Mensch«, der »Sünder im anschaulichen Sinn des Wortes«. Aber als Gipfel der menschlichen Möglichkeiten ist die Religion gerade der Gipfel der menschlichen Unmöglichkeit Gott gegenüber. Alles, was Religion heißt – »von der plumpsten Deisidämonie bis zum feinsten Spiritualismus, von der ehrlichsten Aufgeklärtheit bis zur saftigsten Metaphysik« –, bleibt »diesseits des Abgrunds«, von Hunger, Schlafbedürfnis und Sexualität nur durch Gradunterschiede getrennt. Streckenweise meint man einen überzeugten Psychoanalytiker oder einen unbelehrbaren Materialisten zu hören.

Das Sinnbild der Religion ist Prometheus, der das Feuer des Zeus an sich reißt, aber eben das Feuer des Zeus und nicht das verzehrende Feuer Gottes. Und darum ist es überhaupt kein Feuer, sondern nur »der Herd einer bestimmten Art von Rauch«. Von diesem Herd sieht Barth sie alle aufsteigen, die Weltanschauungen, Religionen und Systeme, und ihre Dampf- und Nebelschwaden über die Ebene der Humanität breiten. In diesen selben Nebel und Dampf sieht er alles gehüllt, was sich religiös und weltanschaulich gebärdet, das Christentum so gut wie den Atheismus – »was sich im *Menschen* abspielt von den Exerzitien im Benediktinerkloster bis zum Weltanschauungszirkel des sozialdemokratischen Volkshauses, das sind alles Stufen an *einer* Leiter«.

Wie ganz anders hatte einst Schleiermacher und im Anschluß an ihn die protestantische Theologie des 19. und auch noch des 20. Jahrhunderts von der Religion geredet! Schleiermacher hatte sie »eine heilige Musik« genannt, die alles Tun des Menschen begleite. Gegen diese Verharmlosung der Religion protestiert Barth im Namen der Religion.[38] Er erinnert an die Psalmisten, an Mose, Hiob, Paulus, Luther, Calvin und Kierkegaard. Alle diese Männer »hatten« Religion, aber ihre Religion sieht völlig anders aus, als Schleiermacher sie beschreibt: Nicht Musik und Harmonie ist sie, nicht Krönung und Erfüllung wahrer Menschlichkeit, sondern deren Störung, Spaltung und Zerreißung.

Und nun entwirft Barth ein Bild von der Religion, das dem vorhin gezeichneten fast entgegengesetzt ist: Die Religion ist ein »hartes Joch«, das einem auferlegt wird und das man nicht abwerfen kann. Sie bricht »mit fataler Notwendigkeit«, wie »ein Unglück« über den Menschen herein; unter dem Druck dieses Unglücks geht Johannes der Täufer in die Wüste und wird die Physiognomie Calvins so, wie sie zuletzt gewesen ist. Darum kann man niemandem Religion wünschen.

So steht die Religion im »Zwielicht«: Auf der einen Seite ist sie der Aufstand des Menschen, der sein will wie Gott; auf der anderen Seite ist sie die subjektive Seite der Gottesbeziehung, die es notwendigerweise geben muß (der »unvermeidliche seelische Reflex des Wunders des Glaubens«) – aber eben diese subjektive Seite der Gottesbeziehung steht als solche notwendigerweise unter dem Gesetz des Todes. Aus diesem Zwielicht gibt es kein Entrinnen.

Barths Religionskritik richtet sich gegen jede Art von Religion, gegen alle Stufen an der Leiter. Aber ihre Spitze zielt doch auf die höchste Stufe, also nicht auf den Atheismus, sondern auf das Christentum und auf die *Kirche*.[39] Was Barth grundsätzlich über die Religion sagt, daß sie den Höhepunkt, den Superlativ der menschlichen Sünde darstelle, das wird hier, wenn möglich, noch gesteigert, quadriert: »Hier klafft der Abgrund wie nirgends sonst. Hier kommt die Krankheit des Menschen an Gott zum Ausbruch.« Auch die Kirche krankt daran, daß Gott Gott ist. Die ihr drohende unentrinnbare Gefahr ist die Direktheit: »höchst direkt« möchte sie die Offenbarung Gottes sein und haben. Das hat zur Folge, daß die Kirche der Ort ist, »wo diesseits des Abgrundes, der den Menschen von Gott trennt, Offenbarung soeben aus Ewigkeit zur Zeitlichkeit, soeben etwas Gegebenes, Gewohntes, Selbstverständliches geworden ist, der himmlische Blitz zu einem irdischen Dauerbrenner, das Entbehren und Entdecken zum Besitzen und Genießen ... das Jenseits zu einer bloßen Verlängerung des Diesseits«. Und so nennt Barth denn die Kirche geringschätzig »organisierte Religion« – »Organisation zur Wahrung der berechtigten Interessen des Menschen gegenüber Gott« – »menschlicher Apparat zur Herstellung, Aufrechterhaltung und Ordnung der Beziehung zu Gott«.

Kein Wunder daher, daß Barths ›Römerbrief‹ streckenweise zu einem kirchlichen Lasterkatalog wird: Die Kirche will »nicht Fremdling sein in der Welt«, sondern will sich »in Szene setzen«; sie mag »nicht warten«, sondern »sie hat große Eile, sie ist hungrig und durstig nach Positivitäten und Hochzeitsfreuden«. Sie fürchtet »die Einsamkeit und die Wüste« und entdeckt immer wieder neue »Schlupfwinkel«, wo sie »neutral« bleiben kann; »jeden etwa scharf geladenen Schuß zieht sie sorgfältig wieder aus dem Rohr«. Seit Anbeginn der Welt hat sie »mehr für das Einschlafen als für das Wachwerden der Gottesfrage getan«. So enthüllt sich der »Atheismus« als das eigentliche Wesen der Kirche. Das gilt nicht nur von dieser oder jener Kirche, sondern es gilt von jeder.

Dennoch muß es die Kirche geben, weil es das Evangelium gibt und weil das Evangelium den Menschen verkündigt werden muß.[40] Eben das ist das Dilemma: »Hier die Heilsbotschaft von Christus als das Eine, dort das Menschenwerk der Kirche als das Andere«. Das macht die Kirche, ähnlich wie die Religion, zu einem »zweideutigen Faktum«: Als religiös-kirchliches Unternehmen ist die Kirche unmöglich, und als religiös-kirchliche Möglichkeit ist sie unvermeidlich. Sie ist »die nicht zu umgehende geschichtliche Fassung, Leitung und Kanalisierung des selbst nie Geschichte werdenden göttlichen Tuns an den Menschen«. Darum wird der Christ auch nicht aus der Kirche austreten, sondern er wird »im vollen brennenden Bewußtsein des unendlichen Gegensatzes zwischen Evangelium und Kirche« in der Kirche bleiben, zwar »trauernd, bedenklich, fragend, erschrocken«, dennoch nicht als ein Zuschauer *neben* der Kirche, sondern als ein »Wissender und Leidender« *in* der Kirche.

So befindet sich die Kirche in einer »unvermeidlichen Katastrophe«, der Pfarrer steht auf einem »verlorenen Posten« – aber »die Posten, die der Mensch als Mensch behauptet, sind alle verlorene Posten«. Zugespitzt könnte man sagen: Der Pfarrer hat sich vor nichts so sehr zu fürchten wie vor der »Stabilität«, und er hat für nichts so sehr Sorge zu tragen wie dafür, daß sein Posten ein verlorener Posten bleibt. Das Vorbild der Kirche ist die Stiftshütte, das Wanderzelt in der Wüste, und sie darf nicht zum Tempel oder zur Pagode werden. »Eine wirklich *ernste* Kirche entzündet notwendig selber das Dynamit, das die Pagode in die Luft sprengt.«

Die Kirche gleicht dem Großinquisitor bei Dostojewskij. Aber der Großinquisitor wird von Christus auf seine blutleeren neunzigjährigen Lippen geküßt. Dostojewskij schreibt: »Das war seine ganze Antwort.« Und Barth fügt hinzu: »Und eben diese einzige, diese ganze Antwort ist die Hoffnung der Kirche.«

Die Umkehrung Schleiermachers

Karl Barths ›Römerbrief‹ ist von der ersten bis zur letzten Seite ein einziger großer Protest gegen die theologische Ära, die vor allem durch die Namen Schleiermacher, Ritschl, Harnack und Troeltsch bestimmt war. Aber an die Spitze dieser Reihe gehört doch – nicht nur chronologisch – Schleiermacher. Als sein Fakultätskollege August Neander den Studenten im Kolleg seinen Tod mitteilte, da tat er es mit den Worten: »Von ihm wird einst eine neue Periode in der Kirchengeschichte anheben.« Diese Voraussage hat sich erfüllt. Schleiermacher hat zwar keine eigene theologische Schule gegründet, aber auf ihn trifft zu, was er einmal selbst in seiner Akademierede ›Über den Begriff des großen Mannes‹ gesagt hat: »Nicht eine Schule stiftet er, sondern ein Zeitalter.« Das 19. Jahrhundert ist auf dem Gebiet der Theologie Schleiermachers Zeitalter geworden. Zu Recht hat man ihn den »Kirchenvater des 19. Jahrhunderts« genannt.

Um Schleiermachers theologisches Lebenswerk recht zu beurteilen, muß man es auf dem Hintergrund des veränderten neuzeitlichen Weltbildes sehen, das in demselben Augenblick, da durch die Entdeckung des Kopernikus die Erde aus dem Mittelpunkt gerückt war, den Menschen dorthin versetzte. Dem Kommando dieses Weltbildes folgten sie alle, die Aufklärung so gut wie die Klassik, die Romantik so gut wie der Idealismus. Und dem Kommando dieses Weltbildes folgend, hat auch Schleiermacher sein theologisches System entworfen. Es ist darum, ob notwendig oder nicht, anthropozentrisch ausgefallen. Für Schleiermacher stand das fromme Selbstbewußtsein des Menschen im Mittelpunkt seines Denkens. Es bildete den Ausgangspunkt und den zentralen Gegenstand seiner Theologie: Die Theologie hat systematisch zu beschreiben, was das fromme Selbstbewußtsein des Christen »ausdrückt«. Damit trat an die Stelle des Wortes Gottes und des Evangeliums von Jesus Christus die Religion oder Frömmigkeit des Menschen. Natürlich ging es auch Schleiermacher um Gott und seine Beziehung zum Menschen. Aber er setzte bei der Darstellung dieser Beziehung beim Menschen ein, bei seinem Glauben und religiösen Erleben; er ging den Weg von unten nach oben. Der Mensch war das Subjekt in seiner Theologie, Gott das Prädikat.

In dem glänzend geschriebenen Kapitel über Schleiermacher in seiner ›Protestantischen Theologie im 19. Jahrhundert‹ hat Barth dem Urteil von Heinrich Scholz zugestimmt, daß die Leistung Schleiermachers »nur durch eine entsprechende Gegenleistung, nicht durch spitze Einzelkritik, in ihrem Bestande bedroht werden« könne.[41] Diese »Gegenleistung« hatte Barth, als er jenes Wort zitierte, längst selbst vollbracht. Was um die Wende vom 18. zum 19. Jahrhundert Schleiermachers Reden ›Über die Religion‹ bedeutet haben, das hat nach dem Ersten Weltkrieg, zum Beginn des 20. Jahrhunderts, Barths Auslegung des Römerbriefes bedeutet, und wie auf Schleiermachers ›Reden‹ seine ›Glaubenslehre‹folgte, so auf Barths ›Römerbrief‹ die ›Kirchliche Dogmatik‹.

Barth stellt die Theologie des 19. Jahrhunderts genau auf den Kopf, er kehrt das Unterste zuoberst. Er geht nicht den Weg von unten nach oben, sondern von oben nach unten. Gott ist das Subjekt und Prädikat seiner Theologie in einem. So möbliert Barth innerhalb der Theologie kräftig um, falls man es überhaupt noch ein Ummöblieren nennen kann, wenn jemand eine Wohnung völlig auf den Kopf stellt. Doch trotz dieser radikalen Umkehrung wird man fragen müssen, ob Barth in seinem ›Römerbrief‹ nun wirklich einen völlig neuen und eigenständigen theologischen Ansatz gefunden hat. Barth selbst schreibt in seiner bereits erwähnten Darstellung Schleiermachers, daß heute noch kein Mensch sagen könne, »ob wir ihn wirklich schon überwunden haben, oder ob wir nicht bei allem nun allerdings laut und grundsätzlich gewordenen Protest gegen ihn noch immer im Tiefsten Kinder seines Jahrhunderts sind«[42]. Dieser Satz hört sich fast wie eine Selbsterkenntnis an: Barth erweist sich in seinem ›Römerbrief‹ trotz seines nun allerdings lauten und grundsätzlichen Protestes gegen Schleiermacher im Grunde noch als Kind seines Jahrhunderts; er bleibt der Fragestellung der Theologie des 19. Jahrhunderts verhaftet. Er beantwortet sie zwar umgekehrt, er sagt genau das Gegenteil von dem, was Schleiermacher gesagt hat, aber er läßt sich doch die Fragestellung von seinem Gegner vorschreiben. Indem er nur auf sie reagiert, bleibt er in ihr gefangen. Darum passiert ihm nun auch selbst gerade das, was er Schleiermacher gegenüber als entscheidende Kritik vorbringt: Seine Versicherung, daß auf keinen Fall der Mensch, sondern allein Gott das Subjekt der Theologie sei, lenkt durch ihre Lautstärke den Blick nun doch gerade wieder auf den Menschen. Auch im ›Römerbrief‹ gibt es nicht nur Bewegung Gottes von oben nach unten, sondern auch noch viel Bewegtheit des Menschen unten.

Der Katholik Hans Urs von Balthasar, der Barths Theologie besser und tiefer durchdacht und verstanden hat als viele der sogenannten »Barthianer«, zieht eine interessante geistesgeschichtliche Parallele: Schleiermacher sei für Barth dasselbe geworden, was Plato für die Denker der Renaissance, Spinoza für Herder und Goethe, Schopenhauer für Nietzsche gewesen ist: »der Prägstock, der ein nicht mehr auszulöschendes Zeichen aufdrückt, die Form, aus der man bei aller materiellen Entgegensetzung sich nicht mehr befreit«[43].

Barths ›Römerbrief‹ ist das bisher bedeutendste theologische Buch im 20. Jahrhundert. Aber genau wie Schleiermachers Reden ›Über die Religion‹ ist es nicht nur ein bedeutsames theologisches Werk, sondern auch eine mächtige religiöse Urkunde. Manchmal wirkt es geradezu gewalttätig prophetisch, mit einer unerhörten Energie, fast wie im Rausch geschrieben. Barth lehnt zwar alles »Virtuosentum« in der Religion streng ab. Aber sein eigenes Werk widerlegt ihn. Mag es dies auch in seiner Theologie nicht geben oder sogar verboten sein – Barth selbst ist ein »Virtuose der Religion«, ein religiös-schöpferisches Genie. Er spielt dasselbe Instrument wie Schleiermacher, nur daß er im Unterschied zu ihm die tiefen Töne und die Mollakkorde liebt und manchmal auch die Dissonanzen.

Ein so radikaler, fast gewalttätig prophetischer Protest gegen die herrschende Theologie der Zeit konnte nicht lange ohne Gegenprotest bleiben. Zu einem seiner ersten Wortführer machte sich Adolf von Harnack. Er verkörperte in seiner Person und seinem Werk alles das, wogegen Barth Sturm lief. Barth hatte einst in Berlin bei Harnack im Kolleg und Seminar gesessen. Jetzt trafen sich beide Männer im Jahre 1920 auf einer Studentenkonferenz in Aarau in der Schweiz wieder, Barth 34 Jahre, Harnack mehr als doppelt so alt. Es war eine historische Begegnung. Hier trafen nicht nur zwei Männer aufeinander, sondern zwei Richtungen, zwei theologische Epochen, ja zwei verschiedene Weisen, von Gott zu reden. Es schien nicht einen Satz, nicht einen Gedanken zu geben, den man noch gemeinsam denken oder sprechen konnte. So trennte man sich ohne Verständigung.[44] Dieses Erlebnis der totalen gegenseitigen Unverständlichkeit mußte auf eine Natur wie Harnack besonders erschütternd wirken. Es ließ ihn nicht los; Barths Vortrag erschien ihm in der Erinnerung »immer bedenklicher, ja in mancher Hinsicht empörender«. Und so richtete er drei Jahre später 15 Fragen an die *Verächter der wissenschaftlichen Theologie unter den Theologen*. Barth antwortete darauf, und so entspann sich ein öffentlicher Briefwechsel.[45]

Harnack schauderte es geradezu vor der neuen Theologie, die da im Anzug war. Was er als erstes an ihr vermißte, war genau das, was Barth bei seiner Predigtarbeit als die entscheidende Schwäche der liberalen Theologie empfunden hatte: die Ehrfurcht vor der Geschichte und damit der wissenschaftliche Charakter der Theologie überhaupt, begründet und ausgewiesen durch ihre Einfügung in den Kosmos der Gesamtwissenschaft. »Geschichtliches Wissen und kritisches Nachdenken« ist daher die oberste Forderung, die in Harnacks Briefen immer wieder auftaucht. Wer ohne sie die Offenbarung in der Bibel verstehen will, »tauscht einen erträumten Christus für den wirklichen ein« und »verwandelt den theologischen Lehrstuhl in einen Predigtstuhl«. Auf Grund seiner Kenntnis der Kirchengeschichte kann Harnack Barth nur voraussagen, daß ein solches Unternehmen »nicht zum Erbauen, sondern zum Auflösen« führen werde.

Gegen diese Behauptungen setzt Barth scharf seinen »Programmsatz«: »Die Aufgabe der Theologie ist eins mit der Aufgabe der Predigt.« Gerade wenn die Theologen wieder Mut zu ihrer eigenen Sache faßten und ihre Theologie wieder mit dem ärgerniserregenden Zeugnis von der Selbstoffenbarung Gottes anfangen ließen, würden die Vertreter der anderen Wissenschaften, die Juristen, Mediziner und Philosophen, wieder nach ihnen Ausschau halten, statt wie jetzt umgekehrt die Theologen nach diesen.

Harnack kann die christliche Offenbarung nicht so radikal von aller Kultur- und Geistesgeschichte trennen, wie Barth es mit seiner Theologie der Krisis tut. Er sieht als eine große Einheit an, was Barth streng voneinander scheidet. Ihm schiene es wie Goethe nicht der Mühe wert gewesen zu sein, siebzig Jahre alt zu werden, wenn alle Weisheit der Welt nur Torheit sein sollte vor Gott: »Wie darf man Scheidewände zwischen dem Gotteserlebnis und dem Guten, Wahren und Schönen aufrichten, statt durch geschichtliches Wissen und kritisches Nachdenken sie mit dem Gotteserlebnis zu verbinden?« Wer so wie Barth das Band zwischen Gott und Kultur, zwischen dem Glauben und dem Menschlichen zerschneidet, wird sich nach Harnacks Überzeugung auf die Dauer nicht vor der »Barbarei« und dem »Atheismus« schützen können.

Wieder setzt Barth hart dagegen: »*Nein*, Gott ist alles das schlechthin nicht, so gewiß der Schöpfer nicht das Geschöpf oder gar das Geschöpf des Geschöpfes ist.« Gerade die aus der Entwicklung der Kultur und ihrer Erkenntnis und Moral stammenden Aussagen über Gott schützen nicht vor dem Atheismus, sondern fördern ihn, weil sie selbst aus dem Polytheismus stammen. Was aber das Bangemachen vor der Barbarei betrifft, so ist es »als unwesentlich und unsachlich abzulehnen, weil das Evangelium mit der Barbarei so viel und so wenig zu tun hat wie mit der Kultur«.

Harnack sieht in Barths Methode der Dialektik die »quälendste Ausdeutung« des christlichen Glaubens und Erlebens. Sie schlägt alles, was sich als christliche Erfahrung gibt, mit »Keulenschlägen« nieder. Statt den Menschen Liebe, Freude und Frieden zu geben, läßt die Methode der Dialektik sie »zwischen Tür und Angel hängen« und »verewigt die Dauer ihrer Schrecknisse«. Barth dagegen will den christlichen Glauben von aller Vermischung mit menschlichen Erlebnissen und »Sentimentalitäten« reinhalten. Er beharrt auf seiner Methode der Dialektik. Für ihn bleibt es dabei, daß der schlechthinnige Gegensatz von Gott und Welt für den Menschen die einzige Art seiner Einheit mit Gott ist.

Der Briefwechsel zwischen Harnack und Barth verlief ebenso

ergebnislos wie drei Jahre zuvor ihr Streitgespräch in Aarau. Er zeigte nur aufs neue die Tiefe der Kluft, die beide Seiten voneinander trennte. Harnack fügte dem Briefwechsel noch ein Nachwort an. Darin bittet er, daß der Dialektiker doch auch die anderen mit ihrer Weise, von Gott zu reden, gelten lassen möchte, oder daß er doch wenigstens an seine eigenen Kinder und Freunde denken möchte, die nicht so wie er auf seiner »Gletscherbrücke« Fuß zu fassen vermöchten. Er schließt mit der Frage: »Täte nicht auch er, statt ein starres Entweder-Oder aufzurichten, besser, wenn er anerkennte, daß er *sein* Instrument spielt, Gott aber noch andere Instrumente hat?«

Zwischen den Zeiten

Inzwischen war aber längst ein großes theologisches Konzert im Gange, in dem jeder nur dasselbe Instrument zu spielen schien. Wie eine Sturmglocke hatte Barths ›Römerbrief‹ gleichgesinnte Freunde und Helfer herbeigerufen. Friedrich Gogarten, Emil Brunner, Rudolf Bultmann, Eduard Thurneysen, Heinrich Barth, Georg Merz gehörten dazu. Nach einem Bilde Thurneysens glichen sie Leuten, die auf die Straße liefen und Lärm schlugen, weil sie plötzlich bemerkt hatten, daß das Haus, in dem sie um den Tisch saßen, brannte.[46] Nicht, daß sie alle einfach Schüler oder gar Nachredner Barths gewesen wären – solche »regelrechten Barthianer« gab es natürlich auch: Barth selbst fühlte sich durch sie immer wie »gestraft«[47] –, sondern jeder von ihnen war auf eigenem Wege dorthin gelangt, wo Barth stand, und durchaus ein Eigenständiger. Dennoch herrschte zwischen ihnen eine weitgehende Übereinstimmung und Verwandtschaft. Was sie miteinander verband, war ihr Standort »zwischen den Zeiten«.

»Der Raum wurde frei für das Fragen nach Gott. Endlich. Die Zeiten fielen auseinander und nun steht die Zeit still. Einen Augenblick? Eine Ewigkeit? Müssen wir nun nicht Gottes Wort hören können? Müssen wir nun nicht seine Hand bei seinem Werk sehen können? Darum können wir nicht, dürfen wir noch nicht von der einen Zeit zur anderen gehen. Erst muß hier die Entscheidung gefallen sein. Solange stehen wir zwischen den Zeiten.«

Diese Worte stammen aus einem Aufsatz, den Friedrich Gogarten 1920 in der ›Christlichen Welt‹ unter dem Titel ›Zwischen den Zeiten‹ veröffentlicht hatte.[48] Doch es war mehr als ein Aufsatz, es war ein Manifest, ein Kampfruf, eine Mischung von Zeitdiagnose und Gerichtspredigt. Gogarten hält darin mit prophetischem Pathos eine erbarmungslose, stellenweise höhnische Abrechnung mit der Vergangenheit, mit der bürgerlich-liberalen Welt des 19. Jahrhunderts, nicht nur mit ihrer Theologie, sondern mit ihrer gesamten Wissenschaft und Kultur. Diese war bis ins letzte, »bis in den feinsten Gottesgedanken hinein« vom Menschen bestimmt gewesen, ein »flimmerndes Durcheinander von Göttlichem und Menschlichem« in allen ihren Gedanken, Worten und Werken. Schon lange hatte man dies geahnt und war »bis in die Fingerspitzen hinein mißtrauisch« gegen sie geworden. Jetzt, da diese Welt ihren »Todesstoß« empfangen hat, da ihre »Zersetzung« bis in die verborgensten Winkel hinein sichtbar wird, tritt ans Licht, was sie im Innersten gewesen ist: »Menschenwerk«! Und darum »sind wir des Untergangs nur froh . . . Darum ist ein Jubel in uns über das Spenglersche Buch.« Nicht daß Gott damit schon wieder da wäre! Noch kann, noch darf Gott nicht wieder gedacht werden. Was vorerst nur möglich scheint, ist eine Art negativer Gotteserkenntnis: was Gott nicht ist und was er nicht sein kann, und daß kein Gedanke über den menschlichen Kreis hinausreicht, nicht ein einziger. Darum wäre nichts falscher, als jetzt mit einem praktischen Vorschlag oder Programm zu kommen und irgend etwas tun zu wollen. Jetzt muß zunächst »das große Besinnen« anfangen. Jetzt ist nicht die Zeit für Programme, jetzt ist die »Stunde der Buße«: »Wir stehen in ihr nicht vor unserer Weisheit, sondern wir stehen vor Gott. Diese Stunde ist nicht unsere Stunde. *Wir* haben jetzt keine Zeit. *Wir* stehen zwischen den Zeiten.«

Gogartens Aufsatz spiegelt eindrucksvoll die Stimmung wider, die in dem Kreis der »dialektischen Theologie« damals herrschte. Nicht zufällig wurde sein Titel ›Zwischen den Zeiten‹ auf Thurneysens Vorschlag zwei Jahre später für die neugegründete gemeinsame Zeitschrift übernommen, die Barth, Gogarten und Thurneysen herausgaben, mit Georg Merz als Schriftleiter. Innerhalb eines und desselben Jahres 1921/22 erschienen: Barth: ›Römerbrief‹, 2. Auflage; Gogarten: ›Die religiöse Entscheidung‹; Brunner: ›Erlebnis, Erkenntnis und Glaube‹; Thurneysen: ›Dostojewskij‹. Das wirkte, obwohl es völlig unverabredet war, wie ein einheitlicher theologischer Vorstoß. Andere Vorträge, Aufsätze und Bücher waren bereits vorausgegangen oder folgten nach. Auch ihre Titel sehen fast nach einem verabredeten

Programm aus; alle behandeln dieselbe Thematik und weisen in dieselbe Richtung: ›Religion und Kultur‹ (Bultmann, 1920); ›Die Krisis unserer Kultur‹ (Gogarten, 1920); ›Die Grenzen der Humanität‹ (Brunner, 1922); ›Wider die romantische Theologie‹ (Gogarten, 1922); ›Schrift und Offenbarung‹ (Thurneysen, 1924); ›Die Mystik und das Wort‹ (Brunner, 1924); ›Welchen Sinn hat es, von Gott zu reden?‹ (Bultmann, 1925); ›Die Offenbarung als Grund und Gegenstand der Theologie‹ (Brunner, 1925).

Nicht nur Titel und Thematik der Veröffentlichungen sind ähnlich, sondern auch die in ihnen geäußerten Gedanken weisen – bei aller durchaus vorhandenen und auch gewahrten Eigenständigkeit ihrer Verfasser – eine solche Übereinstimmung auf, daß sich manche Sätze geradezu auswechseln lassen. Das zeigen die folgenden Beispiele:

GOTT UND OFFENBARUNG

»Worum es uns ging, war lediglich, dem, was einzig und allein das Thema einer rechtschaffenen Theologie sein kann, nämlich dem Worte Gottes die ihm gebührende Stellung zurückzugeben und sie ihm in der Durchführung der theologischen Arbeit zu lassen.« (Gogarten)

»Die Erkenntnis, in der alle christliche Theologie besteht, ist bedingt durch die Energie und Klarheit, mit der der Gedanke der Gottheit Gottes oder der göttlichen Offenbarung gedacht oder festgehalten wird ... Darum ist Offenbarung nicht nur Inhalt, sondern zugleich Grund aller Theologie.« (Brunner)

»Der Gegenstand der Theologie ist Gott, und der Vorwurf gegen die liberale Theologie ist der, daß sie nicht von Gott, sondern von Menschen gehandelt hat.« (Bultmann)

»Wir stehen vor der Heiligen Schrift und ihrem Anspruch. Das ist ihr einer, einziger Inhalt, daß Gott wirklich Gott sei ... Dieser Gott ist ganz und gar unseren Händen entnommen. Er ist gerade da, wo er sich offenbart, der uns völlig Überlegene, den wir nicht ergreifen und ergründen werden, der sich, gerade indem er sich offenbart, uns völlig entzieht.« (Thurneysen)[49]

DIASTASE UND KRISIS

»Hier, wo mit erschreckender Klarheit die Distanzen hervortreten, wo der Bindestrich zwischen Menschlichkeit und Göttlichkeit ausgelöscht wird und an seiner Stelle ein Zeichen der Trennung erscheint, ... – hier und hier allein wird Gott erkannt.« (Brunner)

»Wo Gottes Wirklichkeit erkannt ist, da ist in der Welt kein Platz mehr für den Menschen, da ist die Eigenexistenz des Menschen aufgehoben.« (Gogarten)

»Gott bedeutet die totale Aufhebung des Menschen, seine Verneinung, seine Infragestellung, das Gericht für den Menschen.« (Bultmann)[50]

RELIGION

»Von allen Anmaßungen des Menschen ist das, was man gemeinhin Religion nennt, die ungeheuerlichste. Denn sie ist die Anmaßung, einen absoluten Gegensatz, den zwischen Schöpfer und Geschöpf, vom Geschöpf her überbrücken zu wollen.« (Gogarten)

»Religion steht wie alles, was der Mensch unternimmt und was in ihm sich ereignet, unter dem Gericht des Absoluten ... Religion ist an sich die unhaltbarste aller Menschlichkeiten.« (Brunner)

»Die Parole Jahwe *oder* Baal! ist ausgegeben, und wer sie gehört hat, kann dieses ›oder‹ nicht mehr in ein ›und‹ verwandeln. Er kennt diese Götter vielleicht, aber sie sind ihm Nicht-Gott, sie sind ihm Dämon.« (Thurneysen)[51]

KULTUR

»Die Religion übt nicht nur an dieser oder jener Form der Kultur Kritik, sondern stellt sie selbst, die Humanität selbst in Frage, weil sie den Menschen in Frage stellt.« (Brunner)

»Das Gericht, das die Religion an der Kultur vollzieht, trifft nicht hier einen Fehler und da einen ... Sondern es trifft die Kultur als Kultur.« (Gogarten)

»Es gibt kein Tun, das sich direkt auf Gott und sein Reich beziehen könnte. Jede Form menschlichen Gemeinschaftslebens, die schlimmste wie die idealste, steht in gleicher Weise unter dem göttlichen Gericht.« (Bultmann)[52]

Man spürt: in allem, was diese Theologen schreiben, zittert ihre Erschütterung durch Krieg und Nachkriegszeit nach. Aber der Weltkrieg ist für sie nur ein »Vorzeichen« der wahren Erschütterung gewesen. Durch ihn ist mehr als nur eine äußere Ordnung zerbrochen worden. Alles, was als gut, wahr und schön, was als vernünftig, bürgerlich und liberal, was als edel und human gegolten, was für mehr als ein Jahrhundert eine Welt ausgemacht hatte, das war untergegangen. In ihrem Untergang hat sich diese

Welt als das enthüllt, was sie gewesen war, als das sehr feine und sehr kluge Gebilde von Menschen. Ganz gewiß war es nicht eine Welt ohne Gott gewesen, aber auch ihr Gott war ein »Menschgott« gewesen.

In dieser Situation fühlten sich die dialektischen Theologen von der »unheilbaren Not der Absolutheit«[53] überfallen: Was hält noch, was trägt, wenn überall der Boden der Wirklichkeit durchbricht? – aber dies nicht als Frage an die Welt, sondern als Frage des Menschen vor Gott an sich selbst gestellt. Das Gesicht aller dieser Theologen ist der Krisis, der äußersten Grenze aller menschlichen Existenz, dem Gericht Gottes, zugewandt. Eben darum warnen sie auch ständig vor allen Verbesserungsvorschlägen oder Kirchenreformen. Es kommt jetzt gerade darauf an, die unheilbare Not der Absolutheit nicht sofort wieder zu heilen, sondern vor Gott mit leeren Händen, in unbedingter Nacktheit und unbedingter Bloßheit zu verharren. Zwar reden sie alle viel in Kierkegaardscher Manier vom »Entweder-Oder« und von der »Entscheidung«, aber die Entscheidung besteht für sie gerade darin, sich jetzt nicht für etwas zu entscheiden, sondern die Situation auszuhalten und also »zwischen den Zeiten« stehen zu bleiben.

Der radikalste von allen, gleichsam der Rufer im Streit, war fraglos Friedrich Gogarten. Als Barth seinen Aufsatz ›Zwischen den Zeiten‹ gelesen hatte, schickte er ihm sogleich eine Begrüßung. Etwas später besuchte Gogarten Barth in der Schweiz. Nach seinem Besuch schrieb Barth über ihn an Thurneysen: »Das ist ein Dreadnought für uns und gegen unsere Widersacher. Er hat durchaus die Allüren und auch das Zeug, derjenige Mann, welcher zu sein«, und an Georg Merz: »Gogarten, o ho! ein Kreuzer erster Klasse, holländische Valuta, ohne Zweifel der Mann, der bei Euch in Deutschland der Rufer im Kampf sein wird.«[54]

Gogarten war Schüler von Ernst Troeltsch in Heidelberg gewesen. Aber er kam noch von weiter her als nur aus der liberalen Richtung der Theologie. Er hatte über Fichte als religiösen Denker gearbeitet und ein Buch mit dem Titel ›Religion weither‹ geschrieben. Darum konnte er, als Tillich ihn und Barth beschwor, doch nicht die Verbindung der Theologie zu allen anderen Kulturgebieten abreißen zu lassen, antworten, daß Tillichs Rede ihm wie »Heimatsruf« in die Ohren dringe, weil eben dort, in der Kultur, seine »Heimat« gewesen sei, daß er aber diese Heimat bewußt verlassen habe und »in die Fremde« gegangen sei, als er

»nach langem Zögern zum ersten Mal einen theologischen Hörsaal betrat«[55].

Den Beweis für den Verzicht auf die »Heimat« hatte Gogarten bereits drei Jahre zuvor angetreten, als er im Jahre 1920 auf der Wartburg vor den »Freunden der Christlichen Welt« einen Vortrag über ›Die Krisis unserer Kultur‹ hielt.[56] In diesem Vortrag spitzt Gogarten alles auf das strikte »Entweder-Oder« zu: »Entweder wir haben eine Religion, die die Seele dieser Kultur sein will ... Oder wir haben eine Religion, die eine unausgesetzte Krisis dieser und jeder Kultur ist.« Als ihre erste und letzte Botschaft hat die Religion zu verkünden, daß das Reich Gottes nahe herbeigekommen sei, und von diesem »absoluten Jenseits der Dinge« her ergibt sich eine absolute und permanente Krisis der Kultur. Was gegenwärtig als Krisis der Kultur erscheint, ist nur ein leises Vorzeichen und Gleichnis dieser totalen Krisis. Darum ist es auch nicht mit einzelnen kritischen Bemerkungen und Ratschlägen getan. Vielmehr gibt es nur einen Weg, und der heißt: »zurückkehren in die ursprüngliche Schöpfung, in den Ursprung«, »Wiedergeborenwerden aus dem Geist Gottes«. Luther wird zitiert: »Wenn Gott uns lebendig machen will, so tötet er uns«, und das Ganze schließt mit einem Bußruf: »Es geht nur so, daß wir da, genau da bleiben, wo wir uns nun endlich fanden: in Gottes vernichtender, schaffender Tat. Genau da, wo Jesus Christus spricht, heute wie vor zweitausend Jahren: Tut Buße, denn das Himmelreich ist nahe herbeigekommen.«

Die Wirkung des Vortrages war groß. Unter den Zuhörern befanden sich auch Wilhelm Schäfer und der Marburger Neukantianer Paul Natorp. Schäfer meinte Luther selbst zu hören; in einem Artikel in der ›Frankfurter Zeitung‹ schrieb er über Gogarten: »Es brannte göttliche Dämonie in ihm, wie sie in Jesus war, als er die Tische der Wechsler im Tempel umstürzte.«[57] Anders dagegen das Urteil von Ernst Troeltsch. Er schrieb über Gogartens Wartburgvortrag in der ›Christlichen Welt‹ unter dem Titel ›Ein Apfel vom Baume Kierkegaards‹[58]. Ihm, dem gegen alle historische Skepsis unermüdlichen Verfechter einer »europäischen Kultursynthese«, schien Gogarten es sich mit seinem schroffen Dualismus zu leicht zu machen, wenn er meinte, die »Vermittlungen«, um die sich andere – Troeltsch mit ihnen und an ihrer Spitze – bemühten, mit einem Schlage vernichten zu können: »So zerhaut er den Knoten ganz ähnlich wie Kierkegaard, den Knoten, an dem Jahrtausende aus guten Gründen geschürzt hatten, der in der modernen Welt allerdings recht verwickelt geworden ist und an dem nur Allzuviele ohne Ahnung von seiner Gefährlichkeit und Schwierigkeit mit braven, aber leichten Händen weiter schürzen.«

In der radikalen Absage der dialektischen Theologen an alle Traditionen der bürgerlichen Welt hat man etwas wiedererkannt vom Lebensgefühl der »lost generation«, der »verlorenen Generation« nach dem Ersten Weltkrieg. Klaus Scholder[59] hat diese Parallelen noch in einer bestimmten Richtung präzisiert; er hat die Frage aufgeworfen, ob die Gerichtsproklamationen der dialektischen Theologen, vorab Gogartens, nicht die theologische Entsprechung zur Ideenwelt der sogenannten »konservativen Revolutionäre« seien: hier wie dort das gleiche leidenschaftliche Todesurteil über die bürgerliche Welt, hier wie dort die gleiche vehemente Ablehnung aller relativen Besserungsvorschläge und Programme, hier wie dort die gleiche Forderung zum heroischen Aushalten der Situation. Scholder fragt, ob sich bei dem Kampf der dialektischen Theologen gegen alle ideologischen Bindungen des Wortes Gottes nicht durch die Hintertür eine neue Ideologie eingeschlichen habe, eine Ideologie der Krise: Die bisherigen positiv-ideologischen Bindungen, wie »christliche Kultur«, »christlicher Staat«, »christliche Gesellschaft« usw., werden nur gegen die entsprechenden negativ-ideologischen ausgetauscht; an die Stelle des absoluten Ja zur Geschichte tritt das absolute Nein. Diese Parallelen zwischen der theologischen Entwicklung und der politischen Situation sind nicht von der Hand zu weisen. Gogarten selbst hat ihnen in gewisser Weise zugestimmt, als er 1937 in der Einleitung zu seiner Streitschrift gegen Karl Barth, ›Gericht oder Skepsis‹, im Rückblick auf seine eigene theologische Vergangenheit schreibt: »Dieses radikale Denken brachte uns in gefährliche Nähe zu der allgemeinen Krise, die durch Kriegs- und Nachkriegszeit das menschliche Leben bis in den Grund erschütterte, und zu der Stimmung der Ausweglosigkeit und des Am-Ende-seins, die damals über viele Menschen gekommen war. Es ist kein Zweifel, daß diese allgemeine Krise nicht ohne Einfluß auf den Radikalismus unseres Denkens gewesen ist.«[60]

Über die kritischen historischen Parallelen hinaus muß die Kritik jedoch weiter vorgetrieben werden ins grundsätzlich Theologische. Die dialektische Theologie lebt von dem Pathos der Distanz zwischen Gott und Welt. Gar nicht genug kann sie betonen, daß es von der Welt zu Gott keine irgendwie beschaffene Brücke, Kontinuität oder Entwicklung gebe. Damit verbietet sich für sie von selbst auch jede Art von *analogia entis*, das heißt jedweder Versuch, vom Sein der Welt auf das Sein Gottes zu schließen. Aber gerade diese strenge Abweisung jeder positiven *analogia entis* läßt den Verdacht aufkommen, daß die dialektische Theologie nun ihrerseits eine negative *analogia entis* treibt. Indem sie inmitten der allgemeinen Misere der Zeit das Nein Gottes so laut betont und sein Gericht geradezu an sich reißt, droht ihr die geschichtliche Situation und damit ein Stück Zeit und Welt unter der Hand zum negativen Anknüpfungspunkt für das Offenbarungshandeln Gottes zu werden.

Aber trotz aller berechtigten Kritik behält die dialektische Theologie ihr unverlierbares Recht. Mit ihr hat sich die große, in unserem Jahrhundert notwendig gewordene Wende innerhalb der protestantischen Theologie vollzogen: die Wiederentdeckung der Gottheit Gottes. Niemand, der sich mit ihren Zeugnissen auch nur ein wenig befaßt, vermag sich dem Eindruck zu entziehen, daß hier wirklich etwas Neues angefangen hat, und unwillkürlich, ob man will oder nicht, gerät man unter seinen Einfluß. Mag die Rede von den »golden twenties« manchmal schon zum Gemeinplatz geworden sein, auf die protestantische Theologie trifft sie jedenfalls zu. Für sie sind die Jahre nach dem Ersten Weltkrieg wirklich »goldene Jahre« gewesen.

Die Wiederentdeckung der Gottheit Gottes

Natürlich hat sich die große theologische Wende nicht plötzlich vollzogen, die neue Theologie ist nicht vom Himmel gefallen oder durch eine Art Parthenogenese entstanden. Vielmehr wurde sie vorbereitet und begleitet von einer ganzen Reihe neuer theologischer Einsichten und Entdeckungen. Alle diese neuen Einsichten und Entdeckungen führten über die liberale Theologie hinaus, indem sie diese mit den von ihr selbst angewandten Mitteln der kritischen Forschung – der historischen, philosophischen, psychologischen und religionsgeschichtlichen – überwanden.

Da war zunächst die Wiederentdeckung des Heiligen durch Rudolf Otto. Sein Buch ›Das Heilige‹ erschien im Jahre 1917; bis 1936 erlebte es 25 Auflagen, 1958 erschien die 30. – damit ist es wahrscheinlich das bisher verbreitetste deutsche theologische Buch im 20. Jahrhundert. Seine Bedeutung liegt darin, daß

Rudolf Otto das Heilige entgegen der üblichen Gleichsetzung mit dem absolut Sittlich-Guten als eine eigenständige Kategorie bestimmt, jenseits der Sphäre des Ethischen und des Rationalen. Zur Bezeichnung dieses Heiligen »minus seines sittlichen und minus seines rationalen Moments« bildet er das Wort das »*Numinose*«. Das Numinose hat einen doppelten Charakter. Einmal ist es das »mysterium tremendum«. Dazu gehört alles, was den Menschen vor dem Numinosen erschauern und erschrecken läßt: das Unheimlich-Furchtbare, die Majestät, der Zorn, die Energie Gottes, kurzum das »ganz Andere«, das keinem irdisch-menschlichen Wesen vergleichbar ist. Zugleich aber ist das Numinose »etwas eigentümlich Anziehendes, Bestrickendes, Faszinierendes«, »Beseligendes«. Otto nennt diese Seite an ihm das »*Fascinans*«. Beide Seiten, das »tremendum« und das »fascinosum«, gehören unauflöslich zusammen; miteinander machen sie den Inhalt des Heiligen aus. Immer ruft das Heilige eine doppelte Bewegung im Menschen hervor: Er fühlt sich von ihm zugleich geheimnisvoll abgedrängt und angezogen.

Das Numinose lebt in allen Religionen, vom Kult der Primitiven bis hinauf zum Christentum, als »ihr eigentlich Innerstes«, ohne das sie überhaupt nicht Religionen wären. Von ihm aus ergibt sich als das wesentliche Moment aller Frömmigkeit das »Kreaturgefühl«: Es ist der Reflex, den das numinose Objekt im erlebenden Subjekt hervorruft, das Erleben des Versinkens und Vergehens im eigenen Nichts gegenüber dem, was aller Kreatur schlechthin überlegen ist.

Die Entdeckung des Numinosen als einer eigenständigen Kategorie führt nicht nur zu einer neuen Sicht der allgemeinen Religionsgeschichte, sondern auch zu einer teilweise neuen Schau der Bibel und des Christentums. An der biblischen Religion treten jetzt mit einemmal wieder Seiten ans Licht, die lange Zeit entweder unbeachtet geblieben oder aber bewußt übersehen worden waren. Im Alten Testament wird das Dämonische wiederentdeckt, der Grimm, Eifer und Zorn Jahwes, daß er ein lebendiger Gott und ein verzehrendes Feuer ist. Und im Neuen Testament ist das Evangelium nicht mehr die allzu plausible Verkündigung eines fast gemütlichen Gott-Vater-Glaubens; sein Inhalt, das Reich Gottes, ist vielmehr das »denkbar numinoseste Objekt«, die »Wundergröße schlechthin«, die »dunkel-dräuend aus den Tiefen des ›Himmels‹ herannaht«[61]. Auch bei Luther entdeckt Otto die irrationalen Momente und »fast unheimlichen Hintergründe« seiner Frömmigkeit wieder. Er stößt bei ihm genau auf das, was er als den Doppelcharakter des Numinosen erkannt hat: das »tremendum« in dem Erschrecken Luthers vor dem Zorn Gottes, in seinem Erschauern, Zittern, Zagen, Fürchten, Ängstlichsein und das »fascinosum« in seinem Vertrauen auf die Gnade Gottes, in seinem Pochen, Tanzen, Springen, Stolzieren, Fröhlichsein. Das sind nicht irgendwelche mittelalterlichen Reste, wie man gemeint hat, sondern »hier wallen elementare Urgefühle wieder auf«. Luthers theologische Nachfolger haben dies religiöse Erbe des Reformators freilich nicht bewahrt. Sie zwängten sein elementar religiöses Erlebnis in ein theologisches System und machten seinen durch und durch irrationalen Glauben zu etwas Rationalem, Wohltemperiertem: »Die Kirche wurde Schule, und ihre Mitteilungen gingen dem Gemüte mehr und mehr nur ›durch die schmale Ritze des Verstandes‹ zu.«[62]

Ottos Deutung dessen, was Religion ist, unterscheidet sich von der Auffassung Schleiermachers und steht im Gegensatz zu der Albrecht Ritschls. Gegen beider religiösen und sittlichen Optimismus betont er die dunkle, jenseits des Sittlichen liegende Seite an der Religion. Er entdeckt den von beiden vergessenen Zorn Gottes wieder, der von Haus aus nichts mit sittlichen Eigenschaften zu tun hat, sondern wie »eine verborgene Naturkraft« wirkt, wie »gespeicherte Elektrizität, die sich auf den entlädt, der ihr zu nahe kommt«[63]. Entsprechend ist auch die »Sünde« für ihn in erster Linie kein moralischer, auch kein dogmatischer, sondern ein religiöser Begriff. Sie ist das Gefühl des eigenen totalen Unwertes, den der Profane in der Gegenwart des Heiligen empfindet. Nur auf der religiösen und nicht auf sittlicher Grundlage erwächst das Bedürfnis nach »Erlösung« und nach »so sonderbaren Dingen« wie »Weihe«, »Bedeckung« oder »Entsühnung«. Typisch für den Unterschied zwischen Rudolf Ottos und Albrecht Ritschls Religionsauffassung ist ihre gegensätzliche Einschätzung von Luthers Schrift ›De servo arbitrio‹. Während Ritschl sie ein »unglückliches Machwerk« nennt, sieht Otto in ihr »geradezu den seelischen Schlüssel« zu Luthers religiösem Gefühl. An Luthers Schrift ist ihm das Wesen des Numinosen im Unterschied zum Rationalen aufgegangen, lange bevor er es im Alten Testament und in der Religionsgeschichte entdeckt hatte.[64]

Aber Rudolf Otto hat nicht nur die Theologie seiner Zeit wieder an bestimmte Seiten der Religion erinnert, die diese vergessen hatte. Er hat zugleich auch wieder die Freiheit der Religion als ganzer gegen die Philosophie seiner Zeit oder wenigstens gegen die Machtansprüche gewisser Philosophen behauptet. Indem er die Kategorie des »Heiligen« als eine Kategorie a priori beschreibt, gibt er der Religion ihr Recht als ein selbständiges Gebiet des menschlichen Geistes und Lebens zurück: »Religion geht nicht zu Lehen, weder beim Telos noch beim Ethos, und lebt nicht von Postulaten, und auch das Irrationale in ihr hat seine eigenen selbständigen Wurzeln in den verborgenen Tiefen des Geistes selber.«[65]

In Rudolf Ottos Buch über ›Das Heilige‹, besonders in seiner Wiederentdeckung der irrational-numinosen Seite an der Verkündigung Jesu und an dem Glauben Luthers, sind Einsichten und Erkenntnisse enthalten, zu denen vorher oder gleichzeitig auch die neutestamentliche und kirchengeschichtliche Forschung gelangte.

Der entscheidende Wendepunkt in der neutestamentlichen Forschung lag bereits ein bis zwei Jahrzehnte früher, wenn man daraus auch noch nicht sofort die theologischen Konsequenzen zog. Er wird markiert durch das Scheitern der sogenannten *»Leben-Jesu-Forschung«*[66]. Diese hatte, eingekeilt in den Zwiespalt zwischen historischer Pflicht und religiöser Neigung, zwischen den Anforderungen der historisch-kritischen Forschung und einer aufrichtigen Jesusfrömmigkeit, versucht, den Weg vom biblischen Christus zum historischen Jesus zurückzugehen, um durch solchen kritischen Rückgang auf das »echte« Bild von der Person und Lehre Jesu eine historisch unanfechtbare Grundlage für den gegenwärtigen Glauben zu gewinnen. Aber das Bild, das sie jeweils vom historischen Jesus entwarf, war in Wahrheit nicht nur aus den historischen Quellen geschöpft, sondern lebte weithin von weltanschaulichen Voraussetzungen, die in den Verfassern selbst begründet lagen. Die Folge war, daß sich die einzelnen Jesusbilder, die so entstanden, trotz ihrer Vielfalt und Verschiedenartigkeit fast alle von dem neuhumanistischen Mythos des 20. Jahrhunderts bestimmt zeigten. »Das Reich Gottes ist inwendig in euch« – das war das Wort Jesu, das man besonders liebte und an das man sich hielt. Und so wird das Reich Gottes, das Jesus verkündigt, zu einem inneren Reich der Werte, des Wahren, Guten und Schönen. Getragen von den Menschen, die in diesem Sinne den Willen Gottes tun, entfaltet es sich als eine innerweltliche Größe in allmählichem Fortschritt zu immer höherer Vollendung. Aber auf die Dauer war dies Bild, das man sich vom histori-

schen Jesus gemacht hatte, unhaltbar. In demselben Augenblick, in dem sich seine heimlichen weltanschaulichen Voraussetzungen enthüllten, mußte es in sich selbst zusammenfallen.
Eben darin lag die Leistung Albert Schweitzers: seine ›Geschichte der Leben-Jesu-Forschung‹ (1906; 2. Auflage 1913) war
die Geschichte ihres Scheiterns. Ihr »negatives Ergebnis« bestand darin, daß sie die heimliche Selbsttäuschung der liberalen
Leben-Jesu-Forschung aufdeckte und die historische Unhalt-
barkeit ihres historischen Jesus nachwies. Das Bild, das Schweitzer nun seinerseits wieder von dem historischen Jesus entwarf,
sah völlig anders aus. Nach ihm war Jesus ein Mann mit merkwürdig fremden, dunklen Ängsten und Ideen, ein weltferner
Apokalyptiker, der den baldigen Einbruch des Reiches Gottes
erwartet hatte, mit seinen Erwartungen und Hoffnungen aber
gescheitert war.

Dieses Bild von der Gestalt und Botschaft Jesu lag in der
Richtung der sogenannten »*konsequent-eschatologischen Deutung*«.
Ihr Initiator war bereits 14 Jahre vor Albert Schweitzers ›Ge-
schichte der Leben-Jesu-Forschung‹ der Neutestamentler Jo-
hannes Weiss mit seinem ebenso epochemachenden Buch ›Die
Predigt Jesu vom Reiche Gottes‹ (1892; 2. Auflage 1900) ge-
wesen. Weiss hatte die Erscheinung Jesu aus der spätjüdischen
Apokalyptik erklärt, mit ihrer Erwartung des nahen Weltendes
und ihrer Hoffnung auf den Menschensohn-Messias, der die
Welt verwandeln und das Reich Gottes heraufführen sollte.
Damit hatte er überzeugend die radikale Jenseitigkeit und Zu-
künftigkeit des Reiches Gottes bei Jesus nachgewiesen.

Mit einemmal zeigte es sich, daß Jesus uns gar nicht so nahe
steht und vertraut ist wie etwa Sokrates, Plato, Kant oder
Goethe. Das Reich Gottes, das dieser merkwürdig Fremde vom
See Genezareth verkündigt, ist nicht das Produkt einer inner-
weltlichen Entwicklung, sondern eine schlechthin überweltliche
Größe; es entfaltet sich nicht in stetigem Fortschritt in der Ge-
schichte, sondern wird in Bälde als kosmische Katastrophe vom
Himmel erwartet. Es bedeutet nicht die Verklärung der Ge-
schichte, sondern ihr Ende, und die Forderungen, die es an die
Menschen richtet, sind so radikal und absolut, daß sie unsere
Kultur und Moral eher stören als bestätigen.

Über diese Entdeckung des eschatologisch-apokalyptischen
Charakters der Gestalt und Botschaft Jesu zeigte sich die zeit-
genössische Theologie sehr erschrocken. Johannes Weiss und
Albert Schweitzer selbst suchten sich der von ihnen entdeckten

konsequenten Eschatologie durch Umdeutung zu entziehen. Rudolf Bultmann entsinnt sich, wie sein Dogmatiklehrer Julius Kaftan in Berlin sagte: »Wenn Johannes Weiss recht hat und der Gedanke von der Gottesherrschaft wirklich ein eschatologischer ist, dann ist es unmöglich, diese Vorstellung in der Dogmatik anzuwenden.«[67] Aber auch hier erwies sich die Wahrheit der Geschichte als stärker als alle dogmatischen Bedenken und Einwände. Die konsequent-eschatologische Deutung setzte sich durch, auch in der Dogmatik. Auf diese Weise trat das Fremde, Andersartige, ganz und gar Unweltliche der Gestalt und Botschaft Jesu wieder ans Licht. Verborgen bereitete sich darin ein tiefer theologischer Umschwung vor, der sich ganz anders auswirken sollte, als seine Initiatoren – Johannes Weiss und Albert Schweitzer – es sich gedacht hatten.

Bestätigt und weitergeführt wurde dieser erste Wendepunkt in der neutestamentlichen Forschung durch einen zweiten Neuansatz. Er bestand in der sogenannten »*formgeschichtlichen Methode*«, die vor allem an die Namen Karl Ludwig Schmidt, Martin Dibelius und Rudolf Bultmann geknüpft ist und deren Beginn in den Anfang der zwanziger Jahre fällt.[68] Die »Formgeschichtler« suchten die Überlieferung von Jesus so weit wie möglich, auch über unsere heutigen Evangelien und die in ihnen noch erkennbaren Quellen hinaus, bis in ihr mündliches Stadium zurückzuverfolgen, um so nach Möglichkeit ihre früheste und ursprüngliche Gestalt wiederzuentdecken. Dabei kamen sie übereinstimmend zu dem Ergebnis, daß die Motive und Gesetze der Entstehung und Formung der Überlieferung von Jesus im engsten Zusammenhang mit dem Glauben und Leben der ersten Gemeinden stehen. Das entscheidende Motiv für die Entstehung und Formung der ältesten Überlieferungen von Jesus ist die Predigt im weitesten Sinne des Wortes gewesen. Das bedeutet aber, daß die Tradition von Jesus ihre Entstehung, Formung und Erhaltung nicht historischen, sondern glaubensmäßigen Interessen verdankt und daß es ein vom Glauben freies Jesusbild nie gegeben hat. Entsprechend sind die Evangelien nicht historische Berichte oder Biographien, sondern Glaubensurkunden, Zeugnisse von geschehener Verkündigung, auf daß neu Verkündigung geschehe und also neu Glaube entstehe. Sie wollen nicht von einer historischen Gestalt der Vergangenheit berichten, sondern die Worte und Taten des gegenwärtigen Herrn als die entscheidende, Gehorsam heischende Anrede Gottes an die Menschen verkündigen. »Der Herr hat geredet« heißt: Der Herr redet heute. Immer haben wir Jesus nur im »Kerygma«, das heißt im Glauben und in der Verkündigung der Gemeinde. Aber gerade durch diese Relativierung des »Rein-Historischen« als des letzten Maßstabes aller göttlichen Wahrheit hat das Evangelium einen neuen, bedrängenden Ernst für die Gegenwart empfangen.

Schließlich kam es auf dem Gebiet der Kirchengeschichte zu einer Erneuerung der *Luther-Forschung*. Fast könnte man sagen: Jetzt erst wurde Luther richtig entdeckt. Das hatte seinen Grund nicht zuletzt darin, daß kurz nacheinander die ältesten Vorlesungen Luthers aufgefunden und veröffentlicht worden waren.

Den ersten großen Schritt tat der Berliner Kirchenhistoriker Karl Holl. Er gab 1921, also fast zur gleichen Zeit mit der zweiten Auflage von Barths ›Römerbrief‹, den ersten Band seiner ›Gesammelten Aufsätze zur Kirchengeschichte‹ heraus, der den Titel ›Luther‹ trug. In seiner Gedächtnisrede auf Karl Holl hat Hans Lietzmann von diesem Buch gesagt, daß es »wie eine plötzliche und gewaltige Offenbarung gewirkt habe«[69]. Eröffnet wurde die Aufsatzsammlung mit dem Festvortrag, den Holl beim Reformationsjubiläum 1917 vor der Berliner Universität gehalten hatte. Darin legte er unter dem bezeichnenden Thema ›Was verstand Luther unter Religion?‹ seine neue Gesamtschau der Theologie Luthers dar. Holl interpretiert Luthers Religion vornehmlich als »Gewissensreligion«. Damit liegt er zwar noch auf der Linie von Kant und Ritschl, aber er überschreitet ihre rationalistisch-ethische Deutung des Christentums doch schon am entscheidenden Punkt. Wenn er das Gewissen so stark betont, dann darum, weil ihm alles daran liegt, daß im Mittelpunkt der Religion nicht der Mensch steht, mit seinem Erleben, Genießen, Wollen, Wünschen und Bedürfen, sondern Gott, sein unablässiges Schaffen und Handeln, seine Lebendigkeit und Heiligkeit, seine Ehre und Majestät. Manches bei Holl mutet geradezu calvinistisch an. Für ihn ist die Theologie Luthers, vor allem die des jungen, eine einzige große Auslegung des Ersten Gebotes: »Ich bin der Herr, dein Gott!« Aber gerade daß Gott des Menschen Gott und Herr sein will, macht für Luther den Inhalt des Evangeliums aus: Gott erweist seine Ehre darin, daß er auch in den Menschen wird, was er in sich selber ist. Damit tritt die Rechtfertigungslehre Luthers wieder ins Zentrum, mit ihren tiefen Antinomien von Gesetz und Evangelium, Gericht und Gnade, Zorn und Liebe Gottes, Rechtfertigung und Heiligung des Menschen. Was Holl einmal über Luthers Ablehnung der Wittenberger Schwärmer schreibt, könnte man als Motto über seine ganze Lutherdeutung setzen: »Leute, denen wirklich einmal Gott begegnet ist, sehen anders aus und reden anders von Gott als jene Selbstbewußten, die sich so gemütlich mit ihm auf Du und Du stellen.«[70] Dies Wort charakterisiert nicht nur Martin Luther, sondern ebenso seinen Interpreten Karl Holl.

Angeregt durch Karl Holl, folgte eine Fülle von Arbeiten über Luther. Die meisten von ihnen waren zunächst rein historisch ausgerichtet; es ging in ihnen vornehmlich um den jungen Luther, um seine Studienzeit und die Anfänge seiner Theologie. Aber das alles blieb nicht bloße Historie. Luther war hier nicht mehr nur ein Stück vergangener Kirchengeschichte, spätes Mittelalter, auch nicht mehr nur ein Gegenstand vaterländisch-religiöser Verehrung, sondern Quelle und Richtpunkt gegenwärtiger Theologie. Darum pflegt man von der »Lutherrenaissance« zu sprechen, die am Ende des Ersten Weltkrieges einsetzte. Teilweise hat sie die dialektische Theologie vorbereitet, teilweise ist sie von ihr befruchtet worden.

Wiederentdeckung des Heiligen durch Rudolf Otto, Wiederentdeckung des eschatologischen Charakters der Predigt Jesu durch Johannes Weiss und Albert Schweitzer, Wiederentdeckung des Glaubens- und Verkündigungscharakters der Evangelien durch die formgeschichtliche Forschung, Wiederentdeckung der Theologie Luthers durch Karl Holl und andere – das alles bedeutet eine einzige große Konzentrationsbewegung. Das verborgene Zentrum aber, auf das alle diese einzelnen Wiederentdeckungen hinweisen, ist die Wiederentdeckung der Gottheit Gottes. Sie bildet das zentrale Thema Karl Barths und der dialektischen Theologie.

Zweites Kapitel
Trennungen und Scheidungen

Theologische Existenz 1933

Der Einfluß der dialektischen Theologie war in den zwanziger Jahren fast widerstandslos gewachsen. Sie hatte immer mehr Anhänger unter den Theologen gewonnen, an der Universität, aber mehr noch unter den Pfarrern, besonders unter den jüngeren, die aus dem Felde gekommen waren. Aber wohl niemals hätte sie eine so große kirchengeschichtliche Wirkung erzielt, wenn 1933 nicht die Stunde der Herausforderung für sie und die ganze Kirche gekommen wäre. Unvermutet wurde ihr Thema da auf eine neue Weise aktuell.

Der dialektischen Theologie war es um die rechte Gotteserkenntnis gegangen. Ihre scharfe Negation hatte darin bestanden, daß Gott Gott und der Mensch Mensch ist und daß der Mensch darum keinerlei Fähigkeit und Möglichkeit besitzt, von sich aus Gott zu erkennen, ihre etwas weniger scharfe Position darin, daß Gott sich dem Menschen allein in Jesus Christus offenbart hat und daß der einzige Ort, wo der Mensch der Offenbarung Gottes begegnet, daher die Heilige Schrift des Alten und Neuen Testamentes ist. Diese Negation und diese Position zusammen machten ihr Thema aus. Ihrer beider Verhältnis gab der Theologie ihre »Dialektik«.

Jetzt tauchte auf einmal alles wieder auf, wogegen man so energisch gekämpft und was man fast schon für überwunden gehalten hatte. Plötzlich wurde wieder die Frage aktuell, ob es neben Jesus Christus nicht doch noch andere göttliche Offenbarungsquellen gebe: das Leben der Geschichte – vor allem die gegenwärtige Stunde des »nationalen Aufbruchs« –, der Staat, das Volk, der Führer, die Rasse, die Nation. Das führte notwendigerweise sofort weiter zu der Frage nach dem Wesen und Auftrag der Kirche: ob die Kirche mit ihrem Auftrag, das Evangelium von Jesus Christus allen Menschen zu verkündigen, ihren Sinn und ihr Recht bereits in sich selbst habe und also eine eigenständige Größe gegenüber Volk und Staat bilde oder ob sie mit all ihrem Verkündigen und Tun nur dem völkisch-nationalen Leben religiöse Kräfte zuzuführen und also gleichsam nur als eine moralische Anstalt für den Staat zu dienen habe, gemäß dem Spruch, den sich damals manche Theologen über ihren Schreibtisch oder ihr Bett hängten: »Deutschland unsere Aufgabe – Christus unsere Kraft«.

Damit sah Karl Barth aufs neue die Frage nach der »*theologischen Existenz*« der Prediger und Lehrer der Kirche gestellt. Er beantwortete sie bereits im Juni 1933 mit einer knappen, in wenigen Tagen hingeworfenen Schrift: ›Theologische Existenz heute!‹ Sie wurde zur ersten Nummer einer Schriftenreihe, in der Karl Barth und die Theologen der Bekennenden Kirche während des Kirchenkampfes ihre theologischen und kirchenpolitischen Auseinandersetzungen mit ihren Gegnern führten.

Barth zeigt[1] »angesichts der großen Bewegung, die jetzt durch unser Volk geht«, genau so wenig Ehrfurcht vor der Geschichte wie früher vor dem heimlichen Geschichtspantheismus seiner liberalen theologischen Lehrer. Es ist auch diesmal wieder nichts in der Geschichte geschehen, was das Wort Gottes zu überbieten vermöchte. Das Wort Gottes hat bereits »ein für allemal« gesiegt – dieses heilsgeschichtliche Perfektum gibt Barth die Zuversicht, daß es auch künftig siegen und alles aus dem Felde schlagen wird, was ihm widerstehen will. »Theologische Existenz« ist daher überall dort, wo einer inmitten seiner sonstigen Existenz als Mann, Vater, Sohn, Deutscher oder Bürger das Wort Gottes das sein läßt, was es nun einmal ist, wo er es jeden Tag nirgendwo anders als in der Heiligen Schrift des Alten und Neuen Testaments sucht und die Heilige Schrift also »Meister« und Gott allein »Führer« sein läßt.

Es erinnert an Luthers Haltung gegenüber den Schwärmern im Bauernkrieg, wenn Barth angesichts der politischen und religiösen Aufgeregtheit vieler Zeitgenossen seine Schrift mit der Mahnung schließt: »Freund, laß uns *geistlich* und laß uns gerade so *real denken!*« Barth selbst hatte sich diesen geistlichen Realismus bewahrt. Er bemühte sich, mit seinen Studenten in den Vorlesungen und Übungen »nach wie vor und als wäre nichts geschehen« nur Theologie zu treiben – »vielleicht in leise erhöhtem Ton, aber ohne direkte Bezugnahmen«. Dabei denkt er von Bonn hinüber zum nahen Maria Laach, wo »der Horengesang der Benediktiner auch im Dritten Reich zweifellos ohne Unterbruch und Ablenkung ordnungsgemäß weitergegangen« ist. Das klingt fast nach Passivität, aber es gibt Augenblicke in der Geschichte, in denen solch scheinbare Passivität die einzige dem Christen erlaubte Haltung ist – Ausdruck seines Glaubens, seines Gehorsams und seiner Zuversicht. Daß diese Passivität nicht gleichbedeutend sein muß mit Tatenlosigkeit, hat Barth bereits ein Jahr darauf bewiesen, als er sich als einziger deutscher Theologieprofessor weigerte, den Beamteneid auf den Führer ohne jede Einschränkung zu leisten, deshalb sein Lehramt verlor und schließlich gezwungen wurde, Deutschland 1935 zu verlassen.

Aber es kam im Jahre 1933 nicht nur sofort zu der Absage Barths an seine theologischen und kirchenpolitischen Gegner – jetzt vollzogen sich auch Trennungen und Scheidungen unter den dialektischen Theologen selbst. Diese waren ja nie ein völlig einheitlicher Kreis gewesen, sondern von Anfang an hatten sehr verschiedenartige, eigenwillige Geister von unterschiedlicher theologischer Herkunft zu ihm gehört. In der Negation war man sich einiger gewesen als in der Position. Schon in den vergangenen Jahren waren deshalb immer wieder, mehr oder minder stark, Unterschiede und Widersprüche ans Licht getreten, die gemeinsame Gegnerschaft aber hatte sie immer wieder zugedeckt. Jetzt jedoch brachen sie offen hervor. Der Kreis um die Zeitschrift ›Zwischen den Zeiten‹ löste sich auf. Im Oktober 1933 gab Barth dem gemeinsamen Organ in einem Aufsatz den ›Abschied‹.

Daß Gogarten im Spätsommer 1933 den »Deutschen Christen« beigetreten war, spielte dabei für Barth noch nicht einmal die ausschlaggebende Rolle. In dieser äußeren Tatsache sah er nur den Schlußpunkt einer langen inneren Entwicklung.[2] Von Anfang an war Barth trotz des Gefühls, daß sie »an demselben Knochen herumbissen«, Gogarten gegenüber »irgendwo zu allerunterst« nie ein »gewisses Mißtrauen« losgeworden.[3] Jetzt erklärt er nachträglich die Gründung der gemeinsamen Zeitschrift für ein »Mißverständnis«, zwar ein »produktives«, »vielleicht sogar notwendiges Mißverständnis«, aber eben doch ein Mißverständnis. Nur scheinbar hatte man gemeinsam mit dem Programm einer bewußt biblisch-reformatorischen »Theologie des Wortes Gottes« begonnen, in Wahrheit jedoch haben Gogarten und auch Emil Brunner niemals ernsthaft die »anthropologische Richtung« der Theologie verlassen. Was Barth beiden vorwirft, ist nicht weniger als dies: die Rückkehr zur natürlichen Theologie des Neuprotestantismus! Die »Deutschen Christen«, denen sich Gogarten angeschlossen hat, sind nur »die letzte, vollendetste und schlimmste Ausgeburt des neuprotestantischen Wesens«[4].

Bereits im Herbst 1922, also zur gleichen Zeit, als sie mitein-

ander die Zeitschrift ›Zwischen den Zeiten‹ begründeten, hatte
Barth nach einem Vortrag Gogartens an Thurneysen geschrieben:»Das christologische Problem wird da mit Hilfe einer spekulativen Ich-Du-Philosophie behandelt und gelöst. Weiß der
Himmel, wo das noch hinführt. Ich bin auch in dieser Hinsicht
einfach besorgt um die Zukunft.«⁵ Mit einer fast prophetischen
Intuition bezeichnet Barth hier bereits in den allerersten Anfängen genau den Konfliktstoff, der 1933 zur Trennung zwischen ihm und Gogarten führen sollte.

Im Unterschied zu Barth war Gogartens Interesse von Anfang
an durch die Auseinandersetzung mit der Moderne in Anspruch
genommen. Ernst Troeltsch hatte ihm das Problem des Historismus nahegebracht, und das ist ihm sein Leben lang nicht wieder
aus dem Kopf gegangen: Die moderne historische Methode
unterwirft sich alles; auch die Theologie kann sich ihr nicht entziehen. Die durchgehende Historisierung des menschlichen
Denkens ist eine Tatsache, deren Problematik die Theologie in
ihrer ganzen Breite aufzugreifen hat; nur die gründlichste Besinnung kann ihr hier helfen.⁶

Bei der Erfüllung dieser Aufgabe bedient sich Gogarten der
Hilfe Ferdinand Ebners. Dieser, ein bis dahin unbekannter
österreichischer Volksschullehrer, hatte 1921 ein Buch veröffentlicht:›Das Wort und die geistigen Realitäten – Pneumatolo-
gische Fragmente‹. Es stellt eine sprachphilosophische Auseinandersetzung mit dem deutschen Idealismus dar: Der Ich-
Einsamkeit und Du-Verschlossenheit des Idealismus stellt Ebner
als die tiefste geistige Realität des menschlichen Lebens das Ich-
Du-Verhältnis entgegen, wie es sich in der Sprache ereignet.
Der Mensch ist ein sprechendes Wesen, und eben darin erweist
er sich als ein geistiges Wesen. So erfaßt Ebner alle menschliche
Existenz als dialogische Existenz.

Ebners Buch hat in den zwanziger Jahren und noch darüber
hinaus außerordentlich befruchtend gewirkt, nicht zuletzt auf
viele Theologen. Auch Gogarten ist von ihm beeinflußt. Er
läßt sich von Ebner die philosophischen Kategorien an die
Hand geben, um das hermeneutische Problem in der Theologie
zu lösen: wie das geschichtliche Wort Gottes vom Menschen in
seiner konkreten geschichtlichen Situation verstanden werden
kann. Das Problem der Wirklichkeit beginnt für den Menschen
dort, wo er es mit dem anderen Menschen als seinem Gegenüber
zu tun bekommt; alle Entscheidungen über sein Verhältnis zur
Wirklichkeit fallen in seinem Verhältnis zum Mitmenschen. Nur

im Anruf durch das Du entdeckt der Mensch sich selbst als ein Ich und erschließt sich ihm die Wirklichkeit als ein Feld der Entscheidung und Verantwortung. Nur so gewinnt er sein Selbstverständnis und seine Geschichtlichkeit. Und eben von dieser Dialektik der menschlichen Existenz her suchte Gogarten auch die christliche Offenbarung zu verstehen und die geschichtliche Wirklichkeit des Wortes Gottes zu erfassen.

Barth aber erblickte in dieser »anthropologischen Unterbauung« der Theologie nur den Versuch, neben dem Worte Gottes als der alleinigen, souveränen Instanz noch eine zweite, menschliche, Instanz aufzurichten. Was auf diese Weise entsteht, ist eine »Limonade«, nicht wert der Arbeit und Kämpfe, die die Erneuerung des theologischen Denkens und der kirchlichen Verkündigung seit nunmehr fast zwanzig Jahren gekostet hat. Und so erklärt er Gogarten klipp und klar: »Wir sind nun geschiedene Leute.« Künftig möchte Barth mit Gogarten so wenig zu tun haben wie der Apostel Johannes mit dem Ketzer Kerinth: Johannes stürzte davon, als er erfuhr, daß Kerinth sich mit ihm in derselben Badeanstalt befand – eine Anekdote, die in jenen Jahren der theologischen und kirchenpolitischen Scheidungen gern zitiert wurde.[7]

Eduard Thurneysen sekundierte seinem Freunde Barth. Auch er nahm »Abschied von ›Zwischen den Zeiten‹«[8]. Wie vor elf Jahren bei der Gründung der Zeitschrift sieht er sich wieder in die Lage eines Mannes versetzt, der Alarm schlagen muß. In neuer und verschärfter Weise geht es wie damals gegen denselben Feind – um die Freiheit des Wortes Gottes und der Kirche. Dem Schriftleiter Georg Merz blieb nichts anderes übrig, als in einem Schlußwort die Einstellung der gemeinsamen Zeitschrift bekanntzugeben.

Barth gebührt konkurrenzlos das Verdienst, daß er der protestantischen Theologie nach dem Ersten Weltkrieg ihr zentrales Thema wiedergegeben und es auch 1933 gegen die ihr neuerdings drohende Gefahr der Verwischung und Verdunklung durchgehalten hat. Mit der Einseitigkeit des Genies verficht er seine Wahrheit, daß es keinen Weg vom Menschen zu Gott gibt, sondern nur einen Weg Gottes zum Menschen, daß Gott diesen Weg allein in Jesus Christus gegangen ist und daß der Mensch auf Gott allein in der Heiligen Schrift trifft. Barth hat kein Ohr für irgendeine andere Stimme. Emil Brunner hat ihn deshalb mit einem treuen Soldaten auf nächtlichem Posten verglichen, der auftragsgemäß jeden niederschießt, der nicht die richtige Parole gibt, und der dabei gelegentlich auch einen guten Freund trifft, wenn er ihn nicht richtig verstanden hat.[9]

Aber wischt Barth nicht, und zwar nicht erst in diesem Augenblick, allzu rasch und unbesehen ein Problem vom Tisch, das keineswegs erst seit den Tagen des Neuprotestantismus, sondern schon vom Anfang der Kirche an auf dem Tisch der Theologen gelegen hat und auch auf ihn gehört? Das ist das Problem der sogenannten »*natürlichen Theologie*«. Barth hat es in einer Art Amoklauf einfach überrannt, er hat es *über*wältigt, aber nicht *be*wältigt. Es bleibt die Frage, ob Gott sich nicht auch auf andere Weise und an anderen Orten, wenn auch nur vorbereitend und darum unvollkommen, andeutend und darum zweideutig, offenbart als nur in Jesus Christus und der Bibel. Und das führt sofort weiter zu der Frage nach dem sogenannten »*Anknüpfungspunkt*«: Wie kann der Mensch die Offenbarung Gottes in Jesus Christus überhaupt als Offenbarung Gottes empfangen und vernehmen, wenn er nicht vorher schon irgendein Ahnen und Wissen von Gott hat, an das die Christusoffenbarung anknüpft? Unter den dialektischen Theologen ist es Emil Brunner gewesen, der das Problem der natürlichen Theologie wieder aufgegriffen hat; es ist Zeit seines Lebens in besonderer Weise sein Thema geblieben.

Natur und Gnade

Auch Emil Brunner war sein optimistischer Fortschrittsglaube im Ersten Weltkrieg zusammengebrochen. Seitdem war ihm jegliche Theologie, die sich auf die fromme Erfahrung des Menschen stützte, verdächtig; er kennzeichnete sie negativ als »Psychologismus«. Als der typische Vertreter dieses Psychologismus galt ihm Schleiermacher, mit dem er sich schon 1922 in seiner Habilitationsvorlesung in Zürich kritisch auseinandergesetzt und den er dabei in einem Nachwort reichlich unakademisch den »theologischen Paganini«, den »größten theologischen Begriffsvirtuosen des Jahrhunderts« genannt hatte.[10] 1924 schrieb Brunner dann sein Buch ›Die Mystik und das Wort‹ – es war ein Buch gegen Schleiermacher. Zwei Glaubensweisen stellt Brunner einander gegenüber: Entweder gründet sich der Glaube auf die fromme Erfahrung des Menschen, oder er kommt aus dem Hören auf Gottes Wort. Die erste Weise bezeichnet Brunner als »Mystik«: Sie ist für ihn das Kennwort für die gesamte Theologie des Neuprotestantismus, als ihr »klassisches Beispiel« gilt ihm Schleiermacher. Die zweite Weise findet Brunner in der Glaubenswelt der Apostel und Reformatoren: Ihre Theologie des Wortes gilt es heute zu erneuern. So lautet Brunners Devise: Entweder die Mystik oder das Wort! Er hat sein Buch geschrieben, um den »kolossalen Selbstbetrug«, der in dem Bündnis zwischen Christus und moderner Religion, zwischen mystischer Immanenzphilosophie und biblischem Christentum liegt, zu entlarven.[11]

Mit seiner Kritik an Schleiermacher und dem Neuprotestantismus lag Brunner ganz und gar auf der Linie Karl Barths. Dessen ›Römerbrief‹ hatte er schon in der ersten Auflage mit »Begeisterung« aufgenommen. Dennoch vertrat er gegenüber Barth von Anfang an eine selbständige Haltung, die in den folgenden Jahren immer deutlichere Umrisse gewann. Vollends deutlich wurde sie in seiner 1934 herausgegebenen Schrift ›Natur und Gnade‹. ›Zum Gespräch mit Karl Barth‹ fügte Brunner im Untertitel hinzu und gab damit von vornherein zu erkennen, daß es sich hier um eine Auseinandersetzung mit den Anschauungen Barths handle. Während Barth Natur und Gnade in einen ausschließlichen Gegensatz zueinander stellt und so jede Art von natürlicher Theologie scharf abweist, sieht Brunner die Aufgabe der gegenwärtigen theologischen Generation gerade darin, zu einer »rechten«, »christlichen Naturtheologie« zurückzufinden. Auch Brunner denkt nicht daran, Natur und Gnade als zwei gleichrangige Größen auf einer Ebene nebeneinander zu stellen, er will sie nur, unter voller Wahrung der Alleinwirksamkeit der Gnade, in der rechten Weise einander zuordnen. Barths Kritik an Brunners theologischen Ansichten hatte gelautet: unbiblisch, thomistisch-katholisch, unreformatorisch, aufklärerisch-protestantisch. Jetzt weist Brunner ihm nach, daß gerade er die Bibel und die Reformatoren auf seiner Seite habe, während Barth ihnen die Gefolgschaft verweigere.

Innerhalb der Bibel beruft sich Brunner vor allem auf jene beiden Stellen im Römerbrief, die von jeher als die klassische Begründung jeder natürlichen Theologie gegolten haben: Römer 1,18–20 und 2,14–15. In der ersten Stelle spricht Paulus davon, daß Gottes unsichtbares Wesen seit der Schöpfung der Welt an seinen Werken wahrgenommen werden könne, in der zweiten, daß Gott sein Gesetz den Heiden ins Herz geschrieben habe. Hinzu kommen Stellen aus den Missionspredigten in der

Apostelgeschichte (14, 8 ff.; 17, 22 ff.). Alle diese Bibelstellen sagen übereinstimmend aus, daß Gott sich den Menschen auch schon vor und außer Christus offenbart habe und daß sie eben darum unentschuldbar seien, wenn sie jetzt seine Offenbarung in Christus nicht annähmen. Der in diesem Punkt deutlichen Meinung der Bibel entspricht die in diesem Punkt ebenso deutliche Lehre der Reformatoren, sowohl Luthers als auch Calvins. Sie gehen in der Richtung, die Barth als »Thomismus« oder »Neuprotestantismus« verdächtigt, sogar noch weiter und reden zuversichtlicher von der Offenbarung Gottes in der Schöpfung, als Brunner dies je wagen würde. Innerhalb dieser von der Bibel und den Reformatoren gesteckten Grenzen siedelt Brunner seine christliche Naturtheologie an. Daß die Theologie diese Grenzen nicht überschreitet, ist das eine Anliegen, das er hat, daß sie sie aber auch wirklich ausfüllt, das andere. Und so lehrt Brunner denn im Anschluß an die Bibel und die Reformatoren eine Schöpfungsoffenbarung Gottes in der Natur, die seiner Versöhnungsoffenbarung in Jesus Christus vorausläuft.

Wie in jeder Schöpfung der Geist ihres Schöpfers »irgendwie« erkennbar ist, so auch in der Schöpfung Gottes: »Gott drückt dem, was er tut, den Stempel seines Wesens auf.« Darum ist die Schöpfung der Welt zugleich auch seine Offenbarung. Ausdrücklich versichert Brunner, daß dieser Satz nicht heidnisch, sondern ein christlicher Fundamentalsatz sei.[12] Zwar lügt der Mensch die Schöpfungsoffenbarung Gottes immer sofort in lauter eigene Götterbilder um, aber er könnte dies nicht tun, wenn Gott sich überhaupt nicht in seiner Schöpfung offenbart hätte. Eben weil Gott dies getan hat und der Mensch deshalb sehr wohl um ihn wissen könnte, ist sein Ungehorsam unentschuldbar.

Der objektiven Seite der Naturoffenbarung Gottes in der Schöpfung korrespondiert die subjektive in der Gottebenbildlichkeit des Menschen. Aber nur im »formalen«, nicht im »materialen« Sinn will Brunner etwas von der Gottebenbildlichkeit des Menschen wissen. Sie besteht für ihn lediglich in dem Humanum, das heißt in dem, was den Menschen, ob Sünder oder nicht, vor der gesamten übrigen Kreatur auszeichnet: daß er Subjekt ist und daß er als Subjekt »Wortmächtigkeit« und »Verantwortlichkeit« besitzt. Auch als Sünder hört er nicht auf, Subjekt zu sein und damit »einer, mit dem man reden kann, mit dem auch Gott reden kann«[13]. Durch die Sünde des Menschen wird die Erkennbarkeit Gottes in seinen Werken wohl »gestört«, aber sie wird nicht »zerstört«.

Damit taucht der »Anknüpfungspunkt« für die göttliche Gnade in der menschlichen Natur auf. Er besteht nicht in irgendeinem materialen »Rest« von Gottebenbildlichkeit, den der Mensch sich bewahrt hätte, sondern nur in seiner »rein formalen Ansprechbarkeit«, eben darin, daß die Menschen »nicht Steine und Klötze«, sondern menschliche Subjekte sind und darum ansprechbar, wortmächtig und wortempfänglich. Nur ansprechbare Wesen sind verantwortlich, können Entscheidungen treffen und überhaupt sündigen. Die Wortmächtigkeit des Menschen, die er auch durch die Sünde nicht verloren hat, bildet die Voraussetzung dafür, daß er das Wort göttlicher Offenbarung überhaupt hören kann. Aber Brunner wird nicht müde zu betonen, daß es sich hier um die rein *formale* Fähigkeit des Hörenkönnens handelt. Daß der Mensch das Wort Gottes im *Glauben* hört, das schafft nur das Wort Gottes selbst. Die Alleinwirksamkeit der Gnade soll durch diese Lehre vom Anknüpfungspunkt nicht angetastet werden.

In dem, was Brunner über den Anknüpfungspunkt sagt, kommt ans Licht, warum er überhaupt ein Interesse an der natürlichen Theologie hat. Nicht dogmatisch, sondern methodisch ist sie ihm wichtig. Er hat dabei die Verkündigungsaufgabe der Kirche im Auge, insbesondere das Gespräch mit den Nichtgläubigen, den Intellektuellen und der modernen Jugend. Damit dies in einer verständlichen Weise geführt werde, bedarf es der natürlichen Theologie. Das Wie der Verkündigung ist nie vom Was zu trennen: »Es könnte sein, daß ein Seelsorger wegen des Was in den Himmel, aber wegen des Wie in die Hölle käme.«[14] Die Erfahrung aber lehrt nun, daß überall dort, wo die natürliche Theologie mißachtet wird, die Frage nach dem Wie der Verkündigung meist zu kurz kommt. Die Mißachtung der natürlichen Theologie zieht fast immer eine Mißachtung des pädagogisch-seelsorgerlichen Momentes in der Verkündigung nach sich, insonderheit der begrifflich-intellektuellen Vorarbeit, die die Hindernisse für die Verkündigung auf die Seite räumt und nach der besten zeitgemäßen Ausdrucksform für sie sucht. Nicht um den Beweis Gottes handelt es sich dabei, sondern um die auf Gott hinweisende Unterredung. Eben dafür aber bilden die Wortmächtigkeit und die Verantwortlichkeit des Menschen den Anknüpfungspunkt. Man kann nur zu solchen von Gott reden, »in deren Vokabular das Wort Gott schon vorhanden ist«, und nur solchen Buße predigen, die schon »irgendwie« ein Gewissen haben. »Es gibt orthodoxe Prediger genug, die eine außerordentliche Fähigkeit haben, theologisch scheinbar korrekt – am Gewissen vorbeizureden!«[15] Die verhängnisvolle Folge solcher Verachtung der natürlichen Theologie und des mit ihr gegebenen Anknüpfungspunktes wird eines Tages die vollkommene geistige Isolierung der Kirche sein.

Ur-Offenbarung

Breiter und umfassender, aber auch radikaler und daher ungeschützter als Emil Brunner hat zur gleichen Zeit Paul Althaus eine »allgemeine Offenbarung« Gottes außerhalb seiner besonderen Offenbarung in Jesus Christus gelehrt. Er wollte damit zugleich, wie auch sonst in seiner Theologie, der lutherischen Lehrtradition zum Ausdruck verhelfen, als deren Wahrer er sich Zeit seines Lebens in besonderer Weise empfunden hat.

Von seinen wissenschaftlichen Anfängen an ist Althaus, wie er es einmal in einem persönlichen Zeugnis ausgesprochen hat[16], »gegen den theologischen Strom in Deutschland geschwommen«. Was ihm an der in Deutschland herrschenden Theologie »unerträglich« erschien, war die »Enge« ihrer Offenbarungslehre; er fand sie »unbiblisch und verkrampft«. Mit einer deutlichen Spitze gegen Karl Barth und die dialektische Theologie schreibt er: »Ich konnte es nie verstehen, wie man es kirchlich und theologisch verantworten wollte, die ganze Welt der Natur und Geschichte dem Skeptizismus und Säkularismus preiszugeben, nachzusprechen, was die atheistische Philosophie an Entgottung unseres Lebens geleistet hatte – mit dem Anspruche, dadurch die Ehre Christi zu wahren, daß er der einzige Weg zum Vater sei.« Den entscheidenden Grund für die Einseitigkeit und Enge der dialektischen Theologie sieht Althaus in ihrem Verzicht auf eine »allgemeine Offenbarung« Gottes. Und eben darum, in bewußtem Gegensatz dazu, ist die allgemeine Offenbarung Gottes für seine eigene Theologie so bestimmend geworden. Freilich will er nicht von »natürlicher Theologie« sprechen – diesen Begriff lehnt er bewußt ab –, sondern er redet von der »*Ur-Offenbarung*« Gottes. Mit seiner Lehre von der »Ur-Offenbarung« hat Althaus seinen charakteristischen Beitrag zur gegenwärtigen evangelischen Theologie geliefert.

Die »Ur-Offenbarung« soll nicht eine nur einmal im Anfang an das erste Menschengeschlecht ergangene Offenbarung bezeichnen, sondern sie meint die ursprüngliche, stets gegenwärtige Selbstbezeugung Gottes in der gesamten Wirklichkeit des Menschen und der Welt. Kraft dieser göttlichen Selbstbezeugung steht der Mensch auch »vor der Begegnung mit Jesus Christus und ohne das biblische Zeugnis in einem unentrinnbaren Gottesverhältnis«[17]. Gar nicht genug Beispiele und Beweise kann Althaus beibringen, um den ganzen weiten Umfang der göttlichen Ur-Offenbarung zu beschreiben: die Sprache, die Religion, die Ordnungen, das Gewissen, die Normen des Guten, Wahren, Schönen und Gerechten, die unverfügbare Gegebenheit des Daseins, die Lebendigkeit des Menschen, aber auch seine Sterblichkeit, die Natur mit ihrem kunstvollen Organismus, die Geschichte mit ihrem Gemeinschaftsleben, mit der Berufung zu Aufgaben und Ämtern, mit ihrem Geheimnis und Sinn, mit Schuld und Haftung, mit Schicksal und Verantwortung. Die ganze menschlich-geschichtliche Wirklichkeit ist »theomorph«, sie zeugt in sich selbst von Gottes Wirklichkeit.

Aber diese universale Ur-Offenbarung Gottes bildet nun keine eigenständige, selbstgenügsame Größe, sondern sie wird streng auf die Heils-Offenbarung Gottes in Jesus Christus bezogen. Diese Beziehung ist zwiefacher Art. Negativ erweist die Ur-Offenbarung den Unglauben des Menschen dem Evangelium gegenüber als Schuld, positiv seinen Glauben an das Evangelium als Erfüllung.

Die Aufnahme der Ur-Offenbarung geschieht in der Gotteserkenntnis des natürlichen Menschen niemals »neutral«, sondern sie wird von ihm im Augenblick des Empfangens immer sofort verdorben. Er verkehrt sie in Götzendienst und wird so an ihr schuldig. Die Folge ist, daß sich die Offenbarheit Gottes für den Menschen in Verborgenheit verwandelt. Und so kann Althaus gegen seine erste Reihe von Beispielen und Beweisen für die Selbstbezeugung Gottes in der gesamten Wirklichkeit des Menschen und der Welt jetzt eine zweite ebenso lange oder fast ebenso lange Reihe von Gegenbeweisen und Gegenbeispielen stellen: daß in der Natur ein grauenvoller Daseinskampf herrscht, daß es in der Geschichte nur Leben im Gegensatz zu anderem Leben gibt, daß wir dem Bösen und dem Tode verfallen sind und daß die Sinnfrage ungelöst bleibt. So stehen wir vor der Ur-Offenbarung immer nur als solche, die zugleich unter dem Zorn Gottes stehen. Die Ur-Offenbarung kann uns wohl Gottes innewerden lassen, aber sie gibt uns keine Gewißheit des Heils: »Das Heimweh zeugt von der Heimat, aber es verbürgt nicht das Heimkommen.« Darum ruft die Ur-Offenbarung nach der Heils-Offenbarung. Die natürliche Gotteserkenntnis kann durch das Evangelium »nicht ergänzt, sondern nur bekehrt werden«[18].

Das führt zur positiven Seite der Beziehung zwischen Ur-Offenbarung und Heils-Offenbarung. In der Verkündigung des Evangeliums von Jesus Christus wird die Ur-Offenbarung »erfüllt« und vom Menschen in der rechten Weise erkannt. Es handelt sich dabei um ein »Wiedererkennen«. Da die Ur-Offenbarung, die sich in der Heils-Offenbarung erfüllt, in der gesamten Wirklichkeit des Menschen und der Welt geschieht, bedeutet dies, daß auch die Heils-Offenbarung nicht in einem leeren Raum stattfindet oder einen abgesonderten, sakralen Bezirk schafft, sondern daß sie sich immer auf eine bestimmte Wirklichkeit des menschlichen Daseins und seiner Welterfahrung bezieht. Sie beschränkt sich nicht auf die Person und Geschichte Jesu Christi, sondern setzt alles, was zuvor schon da war, die Natur, die Geschichte, die menschliche Gemeinschaft, die Erfahrung des Gewissens, die Selbsterfassung des Menschen überhaupt ins rechte Licht. Indem Althaus die Ur-Offenbarung und die Heils-Offenbarung aufeinander bezieht, gelingt es ihm darzutun, daß Gott wirklich in der Welt offenbar ist und die Wirklichkeit der Welt seine Wirklichkeit ist: Der christliche Offenbarungsglaube meint also nicht eine andere, fremde Wirklichkeit, sondern diese Wirklichkeit unseres Lebens und unserer Welt.

Leider hat Althaus die Beziehung der Ur-Offenbarung auf die Heils-Offenbarung nicht immer mit der wünschenswerten Strenge durchgehalten. Die Ur-Offenbarung droht bei ihm manchmal der Heils-Offenbarung zu entwischen und sich selbständig zu machen. Althaus kann z. B. von der »unmittelbaren Gewißheit um die Gültigkeit und Heiligkeit der Ordnungen« reden oder sagen, daß »auch ohne die Wirkung der christlichen Botschaft immer wieder Gottesgewißheit im Durchleben der Geschichte entstehe«. Als Beispiel dafür nennt er die Bindung an das Volk, die viele Zeitgenossen neu ergriffen habe und sie gewiß mache, »darin dem Heiligen und Unbedingten zu begegnen«. Er warnt die kirchliche Verkündigung davor, diese »unmittelbare Gewißheit um die Gültigkeit und Heiligkeit der Ordnungen zu zerbrechen« und »diese angebliche Gottesbegegnung als Trug und Heidentum zu ächten und die Zeitgenossen von ihr *hinweg* zu rufen zu dem Gott der Bibel«. Wenn der Mensch sich dagegen wehrt, so ist dies nicht sein »sündiger Trotz gegen das Wort Gottes, sondern der von Gott selbst ihm gegebene Sinn für Wahrheit und Wirklichkeit«[19].

Hier hat die Ergriffenheit durch die Ereignisse der Geschichte bei Althaus offensichtlich die theologischen Sicherungen durchschlagen. Daß der Mensch die Ur-Offenbarung Gottes nie neutral empfängt, sondern sie im Augenblick des Empfangens immer schon in Götzendienst verkehrt, scheint er entweder plötzlich vergessen zu haben, oder es scheint ihm auf den deutschen Menschen der dreißiger Jahre nicht zuzutreffen. Man kann daher mit Recht fragen, ob es überhaupt richtig war, in jener Zeit so lautstark von der allgemeinen Offenbarung Gottes in der Form einer Ur-Offenbarung zu reden. Hätte nicht vielmehr gerade im Gegensatz zu dem, was damals alle sagten – welcher Volksgenosse sprach damals nicht vorübergehend von Gott? –, stärker die Besonderheit und Ausschließlichkeit der Offenbarung Gottes in Jesus Christus betont werden müssen? Als eines der obersten Gebote für die Theologie gilt, daß sie bei allem, was sie sagt, die jeweilige Situation ins Auge fassen muß. Darum kann sie nicht zu jeder Zeit jedes gleich laut sagen. Es hat auch in ihr ein jegliches seine Zeit: Christusoffenbarung und Naturoffenbarung.

Barths ›Nein!‹

Für Barth hatte die Naturoffenbarung nicht nur damals nicht ihre Zeit, nach ihm ist in der Theologie nie für sie Zeit. Er sagt zu ihr kurzerhand: *Nein!* Aus diesem einzigen Wort mit Ausrufungszeichen besteht denn auch der Titel seiner Entgegnung auf Brunner. Der Titel charakterisiert die Schrift. Es ist eine maßlose Schrift, maßlos in ihrer Polemik, maßlos in ihrem Nichtverstehenwollen und – in ihrer Christlichkeit. Barth fragt, ob man das Gespräch nicht als hoffnungslos abbrechen solle. In seinem Munde ist das eine rhetorische Frage, denn er ist in dieses Gespräch gar nicht erst eingetreten. Er bekundet gegenüber der natürlichen Theologie eine »letzte Uninteressiertheit«. In seinen Augen ist sie überhaupt kein selbständiges Thema und Problem, sondern nur die »große Versuchung und Fehlerquelle« in aller Theologie. Sie kommt vom Antichrist her. Darum ist sie »a limine: schon auf der Schwelle abzulehnen«. Man darf sich gar nicht erst auf sie einlassen, sondern muß ihr von vornherein den Rücken kehren und an ihr vorbeizukommen suchen wie an einem Abgrund. Man muß sie behandeln wie eine giftige Schlange: gar nicht »erst anstarren, um sich von ihr wieder anstarren, hypnotisieren und dann sicher beißen zu lassen, sondern indem man sie erblickt, hat man mit dem Stock schon zugeschlagen und totgeschlagen!«[20]

Ausdrücklich hatte Brunner versichert, daß die natürliche Theologie auch für ihn kein selbständiges Thema bilde, aber darauf hört Barth überhaupt nicht; und daß Brunner an ihr nicht dogmatisch, sondern methodisch interessiert ist, das macht für ihn die Sache nur noch schlimmer. Hier stoßen wir zum erstenmal auf eine jener Stellen bei Barth, an denen er seine Desinteressiertheit an der Frage nach der Form und Methode der Verkündigung mit Leidenschaft und Ironie bekundet. Das Wie ist für ihn nur eine »Randfrage«, eine Sorge, die man auf Gott werfen soll. Barth ist allein an dem Was, an der Sache des Evangeliums interessiert, und er traut es dieser Sache zu, daß sie sich vermöge der in ihr selbst gegründeten »Siegeskraft« durchsetzen werde. Das Evangelium ist ein Geschehen, das sich in seinem Vollzug selbst bezeugt. Wer sich, wie Brunner, um den Anknüpfungspunkt und die Form der Verkündigung sorgt, verrät damit, daß er anderswo Rat sucht als aus Gottes Offenbarung; er hat es »auf den Erfolg abgesehen« und bedient sich »nichtsnutziger Brücken und Krücken«, statt einfach dem Befehl Gottes zu gehorchen und seiner Verheißung zu trauen. Damit hat sich auch die Frage nach dem Anknüpfungspunkt erledigt: Der Heilige Geist setzt ihn selber! Entsprechend lautet Barths Rat für den Umgang mit den Nichtgläubigen, den Intellektuellen und der modernen Jugend, an denen Brunner so sehr gelegen ist: Man muß mit ihnen umgehen »in Erinnerung daran, daß Christus auch für sie gestorben und auferstanden ist«, und also so, »als ob ihrem Widerspruch gegen das ›Christentum‹ keinerlei ernste Bedeutung zukomme«[21].

Wir treffen hier bei Barth auf einen christlichen Radikalismus, bei dem wir uns fragen müssen, ob er noch christlich ist. Diese »maßlose Christlichkeit« verführt Barth dazu, die Geschichte nicht ernst zu nehmen. Er vertraut allein auf den Heiligen Geist. In diesem Vertrauen wird ihm kein Theologe widersprechen, sondern ihn hoffentlich höchstens noch zu übertreffen suchen. Aber auch der Heilige Geist handelt nicht auf eine magische, zauberische Weise, sondern durch konkret-geschichtliche Mittel.

Er wirkt an lebendigen Menschen, die ihre konkreten Erfahrungen, Fragen und Nöte und sicher auch Überzeugungen, Illusionen und Widersprüche haben und in bestimmten Kategorien denken, und er tut dies durch Menschen, die, bevor sie reden, nicht nur über das nachdenken müssen, *was* sie zu sagen haben, sondern auch darüber, *wie* sie es sagen sollen, in liebender Hinsicht auf diejenigen, denen sie es sagen wollen. Wer diese Stufe der Auslegung überspringt, traut dem Bibelwort magische Wirkkraft zu. Wo aber die Magie anfängt, dort hört die Geschichte auf.

Das Nein, das Barth Brunner entgegenschleuderte, wurde zum Symbol für seine kompromißlose Haltung im *Kirchenkampf.* In der »Vermittlungstheologie« erblickte Barth die Ursache allen Unglücks der evangelischen Kirche in Deutschland. Darum kämpft er so leidenschaftlich gegen jedes verbindende »Und«, gegen die »fröhlichen kleinen Bindestriche«, zwischen Natur und Gnade, Vernunft und Glaube, Geschichte und Offenbarung, modern und positiv, religiös und sozial, Deutsche und Christen. Um diese Haltung Barths richtig beurteilen zu können, muß man freilich berücksichtigen, daß er diesen Kampf bereits vor 1933 begonnen und daß er ihn nach 1945 fortgesetzt hat. Dabei richtete sich sein Zorn von jeher – mehr als gegen die Feinde der Kirche, die sie von außen her zu zerstören trachten – gegen ihre eigenen Vertreter, die sie mit einer allzu massiven Kirchlichkeit von innen her auszuhöhlen drohen.

Als Repräsentant einer solchen allzu bewußten, falschen Kirchlichkeit erschien ihm der damalige Generalsuperintendent der Kurmark, Otto Dibelius in Berlin. Dieser hatte ein vielbeachtetes Buch mit dem Titel ›Das Jahrhundert der Kirche‹ geschrieben. Barth sprach darauf ironisch vom »violetten« Jahrhundert. Was er aus Dibelius' Buch heraushörte, war die Selbstsicherheit und Selbstzufriedenheit einer Kirche, die, wie andere menschliche Institutionen, nur sich selbst will, baut und rühmt und damit in ihrer Verkündigung unglaubwürdig wird – »eine Marktbude neben anderen«. In diesem Sinne hielt Barth 1931 in Berlin einen Vortrag über ›Die Not der evangelischen Kirche‹. Acht Tage darauf antwortete Dibelius ihm mit einem Vortrag über ›Die Verantwortung der Kirche‹. Darin behauptete er, daß zwischen Barth und ihm kein grundsätzlicher Streit herrsche. Barth aber erwiderte: »Kein grundsätzlicher Streit? *Sehr* grundsätzlicher Streit, Herr Generalsuperintendent, verlassen Sie sich darauf!« Barth meint in der deutschen evangelischen Kirche »fast nicht mehr das Wort von Christus«, sondern »fast nur noch fremdes, feindseliges Heidenwort« zu hören. Wie ein »Giftgas« schlägt ihm aus ihrer Verkündigung der »Brodem von greulicher Selbstzufriedenheit und Selbstsicherheit« entgegen. Dibelius hatte seinen Vortrag mit den Worten geschlossen: »Ecclesiam habemus! Wir haben eine Kirche.« Das greift Barth auf, wendet es aber gegen Dibelius: »Ecclesiam habemus – Sie haben Recht, Herr Generalsuperintendent, eben darum kann ich mich gegen die heute noch ungebrochene Herrschaft Ihres Geistes und Ihrer Art in der Kirche nur auflehnen. Ich hoffe auf einen anderen, neuen Tag der deutschen evangelischen Kirche.«[22] Dieser andere, neue Tag der deutschen evangelischen Kirche ist für Barth bis auf diesen Tag noch nicht gekommen, weder 1933 noch 1945. Sein Mißtrauen gegen Dibelius aber schwand selbst dann noch nicht, als dieser sich auf die Seite der Bekennenden Kirche stellte und sein Generalsuperintendentenamt dadurch verlor; nach dem Kriege hat sich dieses Mißtrauen sogar eher noch verstärkt.

Was Barth an der deutschen evangelischen Kirche vor allem kritisierte, war der »Bindestrich zwischen Christentum und Volkstum«, zwischen »evangelisch und deutsch«. Er schien zu ihrem »eisernen Bestand« zu gehören und das »eigentliche Kriterium der kirchlichen Orthodoxie« zu bilden.[23] Wie sehr Barth mit dieser Kritik recht hatte, zeigte die Haltung, die die Kirche 1933 zunächst einnahm. Daß sich ein Teil von ihr dann doch noch besann, war nicht zuletzt auf Barths unermüdliches Nein zurückzuführen. Er war es vor allem, der der Bekennenden Kirche in Deutschland ihre theologischen Waffen lieferte. Unter seinem Rat und Einfluß formulierte sie 1934 die sogenannte ›Theologische Erklärung von Barmen‹. Mit Recht hat man Barth ihren »Vater« genannt. Die erste These der Barmer Erklärung stellt so etwas wie die Summe seiner Theologie dar: »Jesus Christus, wie er uns in der Heiligen Schrift bezeugt wird, ist das eine Wort Gottes, das wir zu hören, dem wir im Leben und im Sterben zu vertrauen und zu gehorchen haben. Wir verwerfen die falsche Lehre, als könne und müsse die Kirche als Quelle ihrer Verkündigung außer und neben diesem einen Worte Gottes auch noch andere Ereignisse und Mächte, Gestalten und Wahrheiten als Gottes Offenbarung anerkennen.«

Drittes Kapitel
Siehe da, der Mensch!

Eristische Theologie

Barths ganzes theologisches Denken und Arbeiten war von
seiner Sorge um die Identität der christlichen Botschaft bestimmt und von der Entschlossenheit, mit der er die Reinheit der
christlichen Lehre und die Eigenständigkeit der Kirche gegen
alle Auflösungs- und Erweichungsversuche verteidigte. Von
dieser Aufgabe war er so einseitig in Anspruch genommen, daß
die andere Seite der Theologie, die Variabilität der christlichen
Botschaft, die Frage, wie denn nun das Evangelium in der gegenwärtigen Situation der Menschheit verkündigt und von ihr
angeeignet werden könne, darüber zu kurz kam. Auf diese Seite
der theologischen Aufgabe richtete Emil Brunner sein ganzes
Interesse. Wenn wir seine eigene Unterscheidung zwischen
Credo im Sinne der objektiven Glaubenswahrheit und *credo* im
Sinne der subjektiven Glaubensaneignung aufnehmen, dann
können wir sagen: Barth in Basel war vor allem mit dem *Credo*
als objektiver Glaubenswahrheit beschäftigt, Brunner in Zürich
vor allem mit dem *credo* als subjektiver Glaubensaneignung.
»Ich war und bin in erster Linie Prediger des Evangeliums«,
schreibt Brunner in seiner autobiographischen Skizze. Das hätte
Barth ebenso von sich sagen können. Was Brunner jedoch von
Barth unterscheidet und seiner Stimme im Chor der Theologen
des 20. Jahrhunderts ihren eigenen Klang gibt, das ist die seel-
sorgerlich-missionarische Verantwortung, die er Zeit seines Lebens in besonderer Weise empfunden hat, besonders für die, die
vor der Tür der Kirche leben, für die Fragenden und Suchenden
und auch für die, die nicht mehr fragen und nicht mehr suchen,
die schon verstummt sind. Mit ihnen allen sucht Brunner das
Gespräch. Er macht Ernst mit der Mündigkeit des Menschen,
sieht aber zugleich die Entchristlichung, die ihr wie ein Schatten
folgt, und die immer stärker um sich greifende Rat- und Rich-
tungslosigkeit auf allen Lebensgebieten. Das hat seiner theologischen Arbeit, wiederum im Unterschied zu der Barths, ihre
Vielfalt und Weite gegeben. Neben seinen speziell dogmatischen
Werken hat er eine ganze Reihe von Büchern zur politischen und
sozialen Ethik verfaßt; ebenso wie die Weltmission interessiert

ihn die Weltpolitik, ebenso wie die Begegnung des Christentums mit der Philosophie die Auseinandersetzung mit dem totalen Staat, ebenso wie das Problem der anderen Religionen die Frage nach der sozialen Gerechtigkeit in der Welt. Die Hauptaufgabe der Theologie aber lag für ihn immer auf dem kerygmatisch-dogmatischen Gebiet: »Im Zentrum muß das Ringen um das rechte Verständnis des Christus-Glaubens stehen.«[1]

Brunner vergleicht die Aufgabe des Theologen gern mit der eines Frontoffiziers, der sich »am Feind« befindet. Er soll nicht in stiller Selbstgenügsamkeit dogmatische Lehrsätze entfalten, einzig auf ihre Richtigkeit bedacht, sondern er soll sich der wechselnden Situation anpassen und immer in Richtung auf ein konkretes Gegenüber reden; er befindet sich immer in der Auseinandersetzung und im Gespräch: »Jeder dogmatische Satz ist zugleich ein apologetisch-antithetischer.«[2] Um diesen Charakter der Theologie auszudrücken, spricht Brunner von »*eristischer Theologie*«. Mit einer deutlich erkennbaren Spitze gegen Barth schreibt er: »*Sie* ist das ›bißchen Zimt‹, *sie* ist das Salz, ohne das auch jede korrekte Dogmatik faul wird.«[3] Die theologische Eristik ist eine Art »christlicher Sokratik«. Sie unterscheidet sich von der philosophischen dadurch, daß sie aus dem Menschen nicht die Wahrheit herausfragt, sondern daß sie ihm das Geständnis der Unwahrheit entlockt. Ihr Ziel ist es, den Menschen seine eigene Frage nach Gott recht verstehen zu lehren, indem sie ihn einfach »zur Besinnung ruft«. Darum deckt sie ihm die Zweideutigkeit seiner Existenz auf; darum greift sie ihn bei seinen Lieblingsideen an und befragt ihn so lange dar-über, bis sie sie ihm zerfragt hat; darum treibt sie die menschliche Vernunft mit ihren Fragen vor sich her, bis sie sie in dem Eng-paß hat, wo sie, an die Wand gedrückt, entweder doch noch trotzig Nein sagt oder durch die enge Pforte des Glaubens schreitet.

Der Mensch im Widerspruch

Es geht Emil Brunner um die Ansprechbarkeit des modernen, weithin entchristlichten Menschen für die christliche Botschaft. Daher rührt auch sein starkes anthropologisches Interesse, das er schon 1934 in seiner Schrift ›Natur und Gnade‹ gezeigt und damit Barths großen Zorn erregt hatte. Schon ein Jahr darauf weitete er den dort gegebenen Ansatz zu dem umfassenden Entwurf einer christlichen Lehre vom Menschen aus. Es ist die erste christliche Anthropologie seit dem theologischen Umbruch im Ende des Ersten Weltkrieges. Brunner nennt sie ›Der Mensch im Widerspruch‹.

Auch Brunner war – wie viele protestantische und katholische Theologen in unserem Jahrhundert – von der Ich-Du-Philosophie Ferdinand Ebners und Martin Bubers beeinflußt. Beide suchten dadurch, daß sie die menschliche Person in ihrer Bezogenheit auf das göttliche Du erfaßten und deshalb sinngemäß zwischen der Ich-DuWelt und der Ich-Es-Welt unterschieden, das rationalistische Denkschema von Subjekt und Objekt zu überwinden. Brunner gesteht, daß er dadurch an die »Quintessenz des biblischen Menschenverständnisses« herangeführt worden sei.[4] Das lag für ihn um so näher, als namentlich Buber seine wichtigsten Erkenntnisse aus dem Alten Testament und aus der christlichen Philosophie Sören Kierkegaards geschöpft hat. Brunner selbst meint, daß die Theologie der Gegenwart, und zwar die katholische nicht minder als die evangelische, Kierkegaard mehr verdanke als irgendeinem Theologen oder Philosophen seit Martin Luther.

Brunner geht in seiner Anthropologie von der Tatsache aus, daß der Mensch ein Fragender ist, und daß ihn dies vor aller übrigen Kreatur auszeichnet. Das zeigt sich nicht so sehr, wenn er nach den Dingen seiner Umwelt fragt, als vielmehr dann, wenn er nach sich selbst fragt. In der Frage des Menschen nach sich selbst verrät sich, daß der Mensch »nicht bloß das ist, was er ist«, sondern daß er sich »in einem Höheren sucht«, daß er, ob er will oder nicht, »irgendwie über sich hinausgreifen« und »sein Denken, Wollen und Schaffen an etwas messen muß, das ihm überlegen ist«. Dieser Ruf zum wahren Selbstsein kommt dem Menschen entscheidend nicht vom Objekt, nicht vom Es, das dem Ich gegenübersteht, sondern vom Subjekt, vom Du, das dem Ich nicht nur gegenübersteht, sondern das das Ich in seinem Ichsein bestimmt. Erst in der Entdeckung seiner Bezogenheit auf das Du erkennt sich der Mensch als ein Ich und wird zur Person. »Und wenn alle Menschen auf der Erde stürben und ich bliebe einzig übrig, immer noch wäre mein Leben in seiner robinsonhaften Verkrüppelung ein Du-bezogenes in der Erinnerung, in der Sehnsucht und in der Hoffnung.«[5]

Ist es die Ich-Du-Bezogenheit, die das Wesen des Menschen ausmacht, dann erweist sich die Verantwortlichkeit als der

»Kernpunkt« aller Anthropologie. Die Verantwortlichkeit ist nicht nur ein Attribut, sondern die Substanz des Menschen: »Wahre Verantwortlichkeit ist dasselbe wie wahre Menschlichkeit.« Damit aber taucht die Frage auf, wer das Du ist, das den Menschen anruft und auf das er antwortet, und ob er überhaupt auf ein Du in Anruf und Antwort bezogen ist oder nicht nur um sein eigenes Ich kreist. An dieser Stelle gewinnt für Brunner die biblische Botschaft ihre entscheidende Bedeutung für die Anthropologie. Seine These lautet: »Im Verständnis des Menschseins entscheiden sich Glaube und Unglaube: darin, ob Gott oder der Mensch der Mittelpunkt sei.«[6]

Entsprechend unterscheidet Brunner zwischen dem »wahren Menschen« und dem »wirklichen Menschen«. Der *wahre* Mensch ist der, der seinen Ursprung im göttlichen Wort und damit seine Verantwortlichkeit so hat, daß er von diesem Wort her und auf dieses Wort hin existiert. Der *wirkliche* Mensch ist der, der seinen Ursprung zwar auch im göttlichen Wort hat, der dies aber leugnet und dessen Verantwortlichkeit sich deshalb verkehrt hat. Dieser wirkliche Mensch ist das Thema von Brunners Buch: er ist »*der Mensch im Widerspruch*«.

Der Widerspruch kommt dadurch zustande, daß der Mensch im Gegensatz zu seinem Ursprung lebt. Der Ursprung des Menschen besteht darin, daß Gott ihn nach seinem Ebenbild geschaffen hat. Der Mensch aber stellt sich in Gegensatz zu seinem Schöpfer: Statt auf Gott bezieht er sich auf sich selbst – nicht »sursum corda«, sondern »cor incurvatum in se«! Damit verläuft seine Existenz genau in der umgekehrten Richtung: Indem Gott ihm aus dem Zentrum gerückt ist, ist sein Leben »exzentrisch« geworden. Das hat sofort auch Folgen für sein Verhältnis zum Mitmenschen: Mit dem Verlust seiner Beziehung zum göttlichen Du verliert der Mensch auch seine Beziehung zum menschlichen Du. So lebt der wirkliche Mensch im Widerspruch von Ursprung und Gegensatz. Dieser Widerspruch ist nicht etwas am Menschen, sondern es ist der Mensch selbst. Der Widerspruch ist seine »Konstitution«.

Als Beweis für die Existenz des Menschen im Widerspruch zeigt Brunner lauter Widersprüche in der Existenz des Menschen auf. Der Mensch muß zum Beispiel die Idee des Absoluten bilden, er muß das Unbedingte denken – darin hält Gott ihn fest, darin zeigt sich, daß er auf Gott bezogen bleibt, auch wenn er sich ihm entfremdet hat. Aber er kann die Idee des Absoluten und Unbedingten immer nur entweder leer und abstrakt denken oder sie mit einem verkehrten Inhalt füllen – darin zeigt sich, daß er sich

Gott entfremdet hat, daß er aber auch in der Entfremdung noch auf ihn bezogen bleibt: »Auch die greulichste Götterfigur sagt noch etwas vom Geheimnis des Heiligen und der abscheulichste Kultus noch etwas davon, daß wir von Gott für Gott geschaffen sind.«[7] Und so ist es überall: die Gottesidee, die der Menschengeist bildet, die Idee des Vollkommenen, nach der er sich sehnt, die Sprache, in der er sich ausdrückt, das Gemeinschaftsideal, das er entwirft, sein moralisches Bewußtsein, sein Streben nach der Wahrheit – in allem spiegelt sich derselbe kranke, gespaltene Mensch, der Mensch, der seinen Ursprung in Gott hat, der aber im Gegensatz zu seinem Ursprung lebt und der sein Leben darum verkehrt hat, der dennoch nicht von seinem Ursprung loskommt, sondern noch im Gegensatz und in der Verkehrung von seinem Ursprung zeugen muß, der Mensch im Widerspruch von Ursprung und Gegensatz, von Schöpfung und Sünde – der *Rebell* Gottes, aber eben *Gottes* Rebell und damit in der Rebellion noch auf seinen Schöpfer und Herrn weisend.

Das ist Brunners Diagnose des »wirklichen« Menschen. Wie sieht nun die Therapie aus? Wie kann der wirkliche Mensch sein »wahres« Menschsein zurückgewinnen? Wie können Wahrheit und Wirklichkeit des Menschen wieder eins werden? Die Antwort darauf lautet für Brunner: durch die Offenbarung Gottes in Jesus Christus und durch den Glauben des Menschen an diese Offenbarung. Aber alles kommt darauf an, wie dieser Vorgang interpretiert wird. Und hier greift nun bei Brunner ein Gedanke ein, der in seiner Anthropologie bereits anklingt, den er 1937, als er die Olaus-Petri-Vorlesungen in Uppsala hielt, weiter ausgeführt und in den folgenden Jahren immer mehr vertieft hat und der nach seinem eigenen Urteil sein wichtigster Beitrag zur theologischen Erkenntnislehre geworden ist: Das ist sein Begriff der »*Wahrheit als Begegnung*«, von ihm erstmalig ausgesprochen und formuliert.

Wahrheit als Begegnung

Oft werden die Thesen eines Theologen erst wirklich lebendig und deutlich, wenn man erkennt, wofür sein Herz schlägt; und dies erkennt man wiederum oft erst am besten daran, wogegen es schlägt. Brunners Herz schlägt gegen den falschen »Objektivismus« in der Theologie und damit gegen das intellektuelle

Mißverständnis des christlichen Glaubens. Ihm gilt sein Kampf. Wenn sein klarer, ruhig dahinfließender Stil überhaupt jemals leidenschaftlich und erregt wird, dann hier. In der Verschiebung vom personalen Verständnis des Glaubens auf das intellektuelle sieht er »das verhängnisvollste Geschehen innerhalb der gesamten Kirchengeschichte«, das »kirchliche Grundübel«, das die heimliche Ursache aller anderen ist; durch nichts sonst ist seiner Ansicht nach das Zeugnis von der Offenbarung Gottes in Jesus Christus so belastet und das Ansehen der Kirche so geschädigt worden.[8]

Schon früh, schon in den ersten Jahrhunderten der Alten Kirche hat das intellektuelle Mißverständnis der Offenbarung und des Glaubens eingesetzt. Die Ursache dafür war das Eindringen des griechisch-philosophischen Denkens in die Kirche. Unter seinem Einfluß hat die christliche Theologie den allgemeinen, rationalen Wahrheitsbegriff auf die biblische Offenbarung übertragen und sie damit in die Zange des Subjekt-Objekt-Gegensatzes genommen. Nicht, daß man versucht hat, die Offenbarung entweder vom Subjekt oder vom Objekt aus zu erfassen, war das eigentliche Übel und Verhängnis, sondern daß man sie überhaupt in diese ihr völlig fremde Denkkategorie zwängte. Während die Bibel die Geschichte der Offenbarung Gottes in lauter Verben der Bewegung beschreibt, spekuliert die Theologie jetzt über die Trinität und über die Person Christi in lauter Seins- und Naturkategorien. Die Folge war, daß die göttliche Offenbarung zu der übernatürlichen Mitteilung von Lehrwahrheiten wurde, die der menschlichen Vernunft von sich aus nicht zugänglich sind, und der Glaube dementsprechend zum Fürwahrhalten dieser übernatürlich geoffenbarten Lehrwahrheiten.

So wird aus dem Glauben »ein zu Glaubendes«. Dabei macht es keinen Unterschied, ob das Dogma oder die Bibel der Gegenstand dieses Glaubens ist. »Bibelorthodoxie ist grundsätzlich genau dasselbe wie Dogmenorthodoxie.«[9] Hier wie dort handelt es sich um eine »geoffenbarte Wahrheit«, die geglaubt werden *muß*. Dieses »Muß« ist es, das das Wesen des Glaubens in seiner Wurzel zerstört. Der Glaube wird damit zu einer Leistung, die der Mensch zu erfüllen hat und von deren Erfüllung sein ewiges Heil abhängt. So wird die »Rechtgläubigkeit« zum Maßstab, an dem alles christliche Verhalten gemessen wird: »Wenn nur deine Haltung der Lehre gegenüber klar und eindeutig ist, so bist du ein Christ.«[10] Nicht zufällig hat sich darum die Orthodoxie immer durch eine besondere Liebesarmut ausgezeichnet.

Diese Verhaftung des theologischen Denkens im Subjekt-Objekt-Gegensatz will Brunner überwinden. Die biblische Offenbarung läßt sich weder vom Objekt aus nur als äußeres Ereignis noch vom Subjekt aus nur als inneren Vorgang erfassen, sondern sie liegt »jenseits von Objektivismus und Subjektivismus«. Parallelen zur Überwindung des traditionellen Subjekt-Objekt-Schemas erkennt Brunner heute überall, sowohl in der Philosophie als auch in der Naturwissenschaft, innerhalb der Philosophie vor allem bei Dilthey, Husserl, Kierkegaard und Heidegger, denen allen gemeinsam ist, daß sie nicht mehr scharf zwischen dem erkennenden Subjekt und dem erkannten Objekt trennen, innerhalb der Naturwissenschaft vor allem in der Einsteinschen Relativitätstheorie, die den Standort des erkennenden Subjekts in die Beschreibung der Welt der Objekte einbezieht. Damit sieht Brunner »eine neue Kopernikanische Umwälzung« heraufkommen, deren Resultate noch unabsehbar sind.[11]

Der Begriff »*Wahrheit als Begegnung*« zeigt die Überwindung des Subjekt-Objekt-Gegensatzes im Denken an. Er gibt vorzüglich die beiden entscheidenden Momente wieder, die in dem biblischen Verständnis von Wahrheit enthalten sind: ihre *Geschichtlichkeit* und ihre *Personalität*. Nach der Auffassung der Bibel ist die göttliche Wahrheit nicht etwas, was im Menschen oder in der Welt immer schon bereit liegt und dessen der Mensch nur innezuwerden braucht, sondern die göttliche Wahrheit *kommt* von außerhalb der Welt zu den Menschen und *ereignet* sich unter ihnen in Raum und Zeit. Als charakteristischen Ausdruck dieses biblischen Wahrheitsverständnisses zitiert Brunner gern den Vers aus dem angeblich griechisch gedachten Prolog zum Johannesevangelium: »Die Gnade und Wahrheit ist durch Jesus Christus *geworden*«. (1,17) Daß die Wahrheit geworden ist, daß sie also nicht ewig und zeitlos ist, sondern in die Geschichte hineingegeben und ihrem Wandel unterworfen, ist für griechische Ohren ein Widerspruch in sich selbst. Für die Bibel hingegen hängt für die Frage nach der Wahrheit alles gerade daran, daß sie nicht etwas Zeitloses, sondern etwas Gewordenes ist, Gottes Tat in Raum und Zeit.

Mit der Geschichtlichkeit der biblischen Wahrheit ist ihre Personalität gegeben. Daß Gott seine Wahrheit in einem geschichtlichen Ereignis in Raum und Zeit offenbart, bedeutet nicht, daß er eine Idee in die Welt setzt, die der Mensch nachzudenken hat, oder daß er eine Reihe von Tatsachen schafft, die der Mensch zur Kenntnis zu nehmen hat, sondern es bedeutet, daß er selbst, seine *Person*, der Inhalt dieses Ereignisses ist. Gottes Offenbarung ist »Selbstmitteilung«, sein Reden ist »Anrede«, sein Wort ist »kommunikatives Wort«. »Gott hält mir in seinem Wort kein Dogmatikkolleg, er legt mir nicht den Inhalt eines Glaubensbekenntnisses aus oder vor, sondern er erschließt mir sich selbst ... Er teilt mir nicht ›etwas‹, sondern ›sich‹ mit.«[12] Damit sind der Akt der Offenbarung und ihr Inhalt eins. Die Tatsache, *daß* Gott sich dem Menschen offenbart hat, schließt bereits ein, *was* er ihm offenbart hat: daß er den Menschen liebt und mit ihm Gemeinschaft haben will. Die Wahrheit Gottes ist darum in der Bibel immer identisch mit der Liebe Gottes. So gehören Geschichtlichkeit und Personalität im biblischen Wahrheitsverständnis zusammen; miteinander machen sie das Wesen der Offenbarung als Selbstmitteilung Gottes an den Menschen aus.

Was von der Offenbarung von seiten Gottes gilt, das gilt auch von ihrer Aufnahme auf seiten des Menschen. Auch sein Glauben und Erkennen ist ein durch und durch personales Geschehen. Der Offenbarung als souveräner Selbstmitteilung Gottes entspricht der Glaube als freie Selbsthingabe des Menschen. Indem Gott sich dem Menschen erschließt, lockt er ihn aus seiner »Ichburg« heraus und bringt ihn dazu, sich seinerseits Gott zu öffnen und sich ihm hinzugeben. Damit erweist sich der Glaube nicht als ein Gegenstand des Wissens, sondern als ein Akt des Vertrauens: Jetzt ist der Mensch bereit, sein Leben aus Gottes Hand zu empfangen und seine Verantwortlichkeit so zu haben, daß er auf Gottes Wort antwortet. Und so definiert Brunner denn das Personsein des Menschen als »responsorische Aktualität«. Wieder führt er in diesem Zusammenhang zur Kennzeichnung des biblischen Wahrheitsverständnisses mit Vorliebe ein Wort aus dem Johannesevangelium an: »die Wahrheit *tun*«. Diese Wortverbindung ist ebenso ungriechisch gedacht wie vorher die Aussage, daß die Wahrheit *geworden* sei. Aber sie entspricht ihr aufs genaueste. Sie besagt, daß die Wahrheit Gottes nicht ein Gegenstand ist, der vor mir liegt und den ich ergreife, so daß ich ihn dann *habe*, sondern daß sie eine Bewegung ist, die zu mir kommt und von der ich ergriffen werde, so daß ich dann in ihr *bin*.

So herrscht zwischen Gott und Mensch das Verhältnis einer *»personalen Korrespondenz«* – dieser Begriff faßt alles in sich, was

Brunner über die Wahrheit als Begegnung sagt, mehr noch, er ist die prägnanteste Wiedergabe seines theologischen Grundanliegens. In ihm sieht er die »Grundkategorie«, die »Urordnung«, die »formale Urrelation«, innerhalb deren alles verstanden werden muß, was die Bibel über Gott und den Menschen sagt. Das Verhältnis der personalen Korrespondenz ist eine »zweiseitige, aber einsinnige Beziehung«. Zweiseitig ist diese Beziehung, weil es sich in ihr (primär) um die Beziehung Gottes zu dem Menschen, (sekundär) um die Beziehung des Menschen zu Gott handelt; einsinnig ist diese Beziehung, weil sie, ob von Gott zum Menschen oder vom Menschen zu Gott hin, nur einen und denselben Sinn hat: das ist die Liebe, mit der Gott den Menschen zuerst geliebt hat und mit der der Mensch Gott echohaft wiederliebt. Damit bindet Brunner Erkenntnis und Gemeinschaft zu einer Einheit zusammen: Gott kennen heißt mit ihm eins sein.

Das 1800jährige Mißverständnis der Kirche

Wo der Glaube so streng personal gefaßt ist wie bei Brunner, dort ergeben sich mit Notwendigkeit Konsequenzen für den *Kirchenbegriff*. Und Brunner ist auch durchaus bereit, diese Konsequenzen zu ziehen.

In der Frage, was die Kirche ist, sieht Brunner »das ungelöste Problem des Protestantismus«. Es entspringt daraus, daß die Beziehung zwischen dem, was das Neue Testament »*Ekklesia*« nennt, und dem, was wir »*Kirche*« nennen, unklar ist. Wer heute – gleichgültig, ob Katholik oder Protestant, ob Lutheraner oder Calvinist – an »Kirche« denkt, stellt sich darunter etwas Unpersönliches vor, eine Institution, ein Etwas, das, ähnlich wie der Staat, über den einzelnen Menschen schwebt. Aber gerade das ist in Brunners Augen das »*1800jährige Mißverständnis der Kirche*«! Es besteht darin, daß man die Kirche als Institution aufgefaßt und diese Institution dann mit der Ekklesia, der Christusgemeinde des Neuen Testaments, einfach gleichgesetzt hat.

Dieses institutionelle Mißverständnis der Kirche kommt aus derselben Wurzel wie das intellektuelle Mißverständnis des Glaubens, nämlich aus dem falschen objektivistischen Denken. Indem Brunner das eine bekämpft, bekämpft er zugleich das andere. Schon in seinen Vorlesungen über die ›Wahrheit als

Begegnung‹ hat er die Linie vom intellektuellen Mißverständnis des Glaubens zum institutionellen Mißverständnis der Kirche hin ausgezogen. In den folgenden Jahren aber hat er seine Gedanken über die Kirche noch konsequenter durchdacht und radikaler gefaßt und sie schließlich in einer eigenen, stark umstrittenen Schrift unter dem Titel ›Das Mißverständnis der Kirche‹ veröffentlicht.

»Der Verfasser hofft auf die Zustimmung derer, denen Jesus Christus lieber ist als die Kirche« – dieser Satz aus dem Vorwort charakterisiert das Anliegen des ganzen Buches. Seine durchgehende Tendenz ist die Beschreibung der Kirche als persönliche Christusgemeinschaft und damit die Betonung des personalen Elements im Kirchenbegriff. Die entscheidende These, die Brunner leitet, von der er ausgeht und zu der er immer wieder zurücklenkt, lautet: Die Ekklesia, die Christusgemeinde des Neuen Testaments, ist »reine Personengemeinschaft«, sie hat nichts vom Charakter einer Institution an sich und ist daher noch nicht »Kirche«. Sie kommt allein dadurch zustande, daß Menschen von dem Wort Gottes, welches Jesus Christus selbst ist, ergriffen werden und so in eine persönliche Beziehung zu ihm gelangen. In der Vertikalen realisiert sich diese Beziehung als Gottesgemeinschaft, in der Horizontalen als Menschengemeinschaft, als Bruderschaft. Während man später für die Beschreibung dessen, was Kirche ist, mit den beiden objektiven Kriterien der »reinen Lehre« und der »richtigen Sakramentsverwaltung« auskommen zu können meinte, wird im Neuen Testament eine ganze Reihe von anderen Kennzeichen genannt, an denen die Zugehörigkeit zur Christusgemeinde zu erkennen ist: Lebendigkeit des Glaubens, Ertragen von Leiden, Eifer im Dienen, wahre Bruderliebe, gegenseitige Ermahnung – alles Kennzeichen, die die Kirche nicht als Anstalt und Institution, sondern als eine personale Gemeinschaft charakterisieren. Der Erweis liegt nicht in der Reinheit der Lehre, sondern in der Bewährung der Jüngerschaft.

In dem Bild, das Brunner von der neutestamentlichen Ekklesia zeichnet, verbindet sich mit der starken Betonung des personalen Elementes noch etwas anderes: eine positive Einschätzung des geistlichen Enthusiasmus, der in den ersten Gemeinden geherrscht hat. Die ersten Christen wußten sich im Besitz des Pneumas, des Heiligen Geistes, und darin steckten Kräfte außerrationaler Art. Der Geist packt nicht nur den Verstand, sondern auch das Herz und dringt durch das Herz bis in die unbewußten

Tiefen der Seele, ja sogar ins Leibliche. Die Theologie, die, wie schon ihr Name sagt, auf das Logische ausgerichtet ist, bildet kein geeignetes Instrument, um diese paralogische Wirksamkeit des Heiligen Geistes zu erfassen. Darum ist der Heilige Geist auch immer mehr oder weniger ein »Stiefkind der Theologie« gewesen und seine enthusiastische Wirkung ein »Schreckgespenst« für viele Theologen. Hier meldet sich wieder Brunners Protest gegen den einseitigen Intellektualismus der Theologie zu Wort: Aus Angst vor einem möglichen Überschwang mißachtet sie die Warnung des Apostels Paulus und »dämpft den Geist«. Auf diese Weise wird sie zu einem »Hindernis«, ja zu einem »Verschluß« für den Heiligen Geist, wenigstens für die Fülle seiner dynamisch-enthusiastischen Entfaltung.

Nun ist die neutestamentliche Ekklesia natürlich auch für Brunner nicht nur ein vom Geist getriebener, ungeordneter Haufe. Auch als die reine Persongemeinschaft, die sie ist, hat sie Ämter und gebraucht sie Sakramente. Man wird in Brunners Sinn so sagen müssen: Die Kirche im Neuen Testament *hat* zwar Institutionen, aber sie *ist* keine Institution; sie *hat* zwar eine Ordnung, aber sie *ist* keine Ordnung. Und die Ordnung in ihr bildet »etwas völlig Spontanes«, ohne das geringste Eigengewicht, immer nur ein »Provisorium«, das sich aus der Notwendigkeit des Augenblicks ergibt und mit ihm wieder vergeht. Das Messianische und das Pneumatische ist es, das die Verfestigung des Spontanen zum Institutionellen und damit die Entstehung eines festen Kirchenrechts verhindert. Wer für die Zukunft auf die Wiederkunft des Herrn hofft und in der Gegenwart kraft des Heiligen Geistes glaubt und liebt, benötigt kein Kirchenrecht, er verträgt es nicht. Und darum kann die Kirche nach Brunners Urteil im Neuen Testament noch keine »Institution«, und das heißt nach seiner Definition noch keine »Kirche« sein.

Aber die *Kirchwerdung der Ekklesia* setzt schon sehr bald ein. In dem Maße, in dem das Messianische und das Pneumatische entschwinden und man das Entschwindende zu sichern und zu ersetzen trachtet, wird die neutestamentliche Ekklesia zur Institution und damit zur Kirche. Die Sicherung und der Ersatz erfolgen in drei Richtungen: Das Wort Gottes wird gesichert und ersetzt durch das Dogma, die personale Gemeinschaft durch die Institution, der persönliche Glaube durch das Glaubens- und Moralgesetz. Dabei handelt es sich nicht nur, wie Brunner zu betonen nicht müde wird, um eine Entfaltung, sondern um eine Umgestaltung, um eine *Transformation:* Jetzt hat man reine

Lehre – aber ohne den Geist des Wortes Gottes; richtigen Glauben – aber ohne die Liebe der Bruderschaft; Gemeinden und Ämter – aber ohne die Verbundenheit im gegenseitigen Dienst. So wird in kleinen, aber stetigen Schritten aus der Gemeinde Jesu als reiner Persongemeinschaft die Kirche als institutionelle Organisation. Es mutet wie die Schilderung einer Tragödie an, wenn Brunner schreibt: »Aus der im Wort und Geist begründeten ›mystischen‹ Bruderschaft, aus dem Leib Christi, dessen Haupt allein Christus selbst ist, dessen Glieder darum gleichen Ranges sind – aus dem Volk von priesterlichen Brüdern ist die Kirche geworden, die aus einzelnen Gemeinden besteht, die zusammen das Kirchenganze bilden und von denen jede von einem Bischof geistlich regiert wird, der als spendender Priester dem empfangenden Laien gegenübersteht, weil er das Heilsgut, das Sakrament, verwaltet, das heilige Ding, das diese einzelnen Menschen zusammenhält und zu einem Kollektiv macht.«[13]

Die Kirchwerdung der Ekklesia setzt bereits im Neuen Testament ein, und sie vollendet sich unter Konstantin dem Großen. Mit ihm beginnt die »Kircheninflation im großen Maßstab«: Jetzt steht die Kirche als heilige Institution, als sakramentale Gnadenanstalt und hierarchisches Rechtsgebilde fertig da, um alle, die in sie hineinströmen, aufzunehmen.

Das Bild, das Brunner von der neutestamentlichen Gemeinde und ihrer schrittweisen Verwandlung in die Kirche zeichnet, ist nicht neu. Fast kann man sagen, es sei ebenso alt wie die Kirche selbst. Von den Anfängen der Kirchwerdung an ist in der Kirche selbst immer ein heftiger Protest gegen die Kirche vorhanden gewesen. Wie ein Schatten folgt dem Weg der »Großkirche« durch die Geschichte der »Spiritualismus« auf dem Fuß, der gegen jede Institutionalisierung und Verrechtlichung, ja bisweilen gegen jede konkret-geschichtliche Gestalt der Kirche überhaupt kämpft und sich gegen alle Vermittlung durch Sakramente, Ämter, Ordnungen und Institutionen auf die unmittelbare und persönliche Wirkung des Heiligen Geistes beruft. Und meist hat dieser Spiritualismus seine Polemik gegen die Großkirche dadurch gestützt, daß er ein idealisiertes Bild von der Urgemeinde entwarf und es der gegenwärtigen Kirche wie einen Spiegel vorhielt, um sie zur Reinheit ihres Ursprungs zurückzurufen. Hinter dieser Urkirchenromantik steht ein bestimmtes Bild von der Geschichte: die sogenannte Verfallsidee, die im Gegensatz zur Fortschrittsidee den Höhepunkt der Geschichte nicht an das Ende, sondern an den Anfang setzt und alle geschichtliche Entwicklung dementsprechend nicht als einen Fort-schritt, sondern als einen Verfall begreift.

Eine eigentümliche Anwendung hat diese Verfallsidee durch den Kirchenrechtler Rudolf Sohm gefunden, auf den sich Brun-ner ausdrücklich beruft. Nach Sohm ist die Kirche Gottes frei von jeglichem Recht und steht das Kirchenrecht mit dem Wesen der Kirche im Widerspruch. In der Verrechtlichung der Kirche sieht Sohm deshalb einen Verfall, ähnlich wie Harnack in der Dogmatisierung des Christentums.

Historisch sind die Aufstellungen Sohms von der Forschung längst widerlegt. Man kann nicht wie er scheiden: hier Pneuma, dort Recht. Vielmehr hat das Pneuma in der Kirche von Anfang an immer auch Recht gesetzt. Wenn zum Beispiel der Apostel Petrus als erster eine Erscheinung des Auferstandenen hat, dann ist dies fraglos ein pneumatisches Erlebnis. Aber dieses pneuma-tische Erlebnis hat sofort rechtliche Folgen: Es macht Petrus zum ersten Mann der Gemeinde von Jerusalem.

Dennoch wird man fragen müssen, ob Sohms Theorie, jen-seits ihrer mangelnden historischen Begründung, nicht ein sach-liches Recht besitzt und ob sie nicht nur das bekannte Körn-chen, sondern sogar ein sehr großes Korn Wahrheit enthält. Und eben dieses sachliche Recht und dieses große Korn Wahrheit scheinen uns auch Brunners Ausführungen über das 1800jährige Mißverständnis der Kirche zu enthalten. Das wird sofort deut-lich, wenn wir sehen, welche theologischen Konsequenzen er aus seinen historischen Erörterungen über das Verhältnis von Ekklesia und Kirche zieht.

Das entscheidende Resultat lautet: Keine der vorhandenen Kirchen und Sekten ist mit der neutestamentlichen Ekklesia identisch, aber auch keiner der vorhandenen Kirchen und Sek-ten ist ohne wesentliche Elemente der neutestamentlichen Ekklesia. Nichts wäre nun nach Brunners Meinung falscher, als die vorhandenen institutionellen Kirchen durch Reinigung oder Neuschaffung in die Ekklesia der Apostelzeit zurückverwandeln zu wollen. Ein solches Unternehmen ist unmöglich, denn man kann die Ekklesia nicht »machen«, so wenig, wie einst die neu-testamentliche Ekklesia »gemacht« worden ist. Was man von den vorhandenen institutionellen Kirchen erwarten kann, ist nur, daß sie dem Werden von Ekklesia dienen oder ihm doch zum mindesten nicht im Wege stehen. Mit anderen Worten: die in-stitutionellen Kirchen haben als Instrumente des Heiligen Gei-stes zu dienen, damit durch die Verkündigung des Wortes Gottes

Menschen zum Glauben an Jesus Christus kommen und so Ekklesia im Sinne einer reinen Persongemeinschaft entsteht. Diesem Ziel aber stehen auf seiten der vorhandenen institutionellen Kirchen schwere Hindernisse entgegen. Sie kommen für Brunner vor allem in zwei Schlagworten zum Ausdruck.

Das erste Schlagwort lautet: »*Laßt die Kirche Kirche sein!*« Dieses Wort hat einstmals in der Zeit des deutschen Kirchenkampfes gegen Hitlers Programm der politischen Gleichschaltung der Kirchen seine tiefe Berechtigung gehabt. Aber losgelöst von der damaligen akuten Not, wird es zu einem gefährlichen Schlagwort, das die Kirchen in ihrem ohnehin schon vorhandenen Streben nach Institutionalisierung nur noch unnütz bestärkt und sie zu einem neuen Klerikalismus verführt. Wer heute noch darauf besteht, »die Kirche Kirche sein zu lassen«, gerät in die Gefahr, sich dem Wirken Gottes zu verschließen, dessen Wille es augenscheinlich ist, in unserer Zeit die alten Kirchengefäße der Ekklesia zu zerbrechen oder sie zum mindesten durch andere, neue zu ergänzen. Zwar hält Brunner die vorhandenen Kirchen unter dem Gesichtspunkt der Kontinuität der Verkündigung und Lehre noch für unentbehrlich – aber: »Das Monopol der Christusverkündigung und erst recht das der Gemeinschaftsbildung haben sie längst verloren.«[14] Den entscheidenden Sinn der heute notwendig gewordenen kirchlichen Umbildungen sieht Brunner darin, »das unselige Erbe Konstantins zu liquidieren« und »die konstantinische Volkskirche durch die vorkonstantinische Kirche der Bekennenden abzulösen«[15]. Damit ist zugleich die Richtung gewiesen, in der die Bildung neuer kirchlicher Formen vor sich gehen muß. Der leitende Gesichtspunkt muß dabei sein, daß der falsche Objektivismus in den Kirchen überwunden und die durch ihn verdorbene personale Korrespondenz in dem Verhältnis zwischen Gott und Mensch wiederhergestellt wird. Als einen Weg dorthin schlägt Brunner vor, »lebendige Gemeinschaftszellen« zu schaffen, in denen sich das Wesen der neutestamentlichen Ekklesia verwirklicht: die Einheit von Christusgemeinschaft im Glauben und Bruderschaft in der Liebe. Ob die Volkskirche auch heute noch wert ist, erhalten zu werden, läßt Brunner dahingestellt sein; entscheidend ist, daß man sie nur noch als »eine Anstalt zur Bildung von gläubiger Gemeinde« versteht.

Das andere Schlagwort, in dem sich für Brunner eine gefährliche Tendenz gegenwärtiger Kirchlichkeit verrät, ist die vielgerühmte »*Wiederentdeckung der Kirche*«. Sie gilt, zweifellos zu

Recht, als eine der stärksten Ursachen für die Entstehung der ökumenischen Bewegung im 20. Jahrhundert. Trotzdem hält Brunner nicht viel von ihr: Diese »Wiederentdeckung der Kirche« bedeutet nicht die von ihm ersehnte Wiederentdeckung der neutestamentlichen Ekklesia, sondern nur »ein Wiedererstarken jener falschen Kirchlichkeit«, das von der Überschätzung der Kirche als Institution herrührt. Auch die *ökumenische Bewegung* muß von der Erkenntnis ausgehen, daß keine der vorhandenen institutionellen Kirchen die Ekklesia des Neuen Testamentes ist. In dem Maße, in dem diese Einsicht in den Kirchen Boden gewinnt, wird der Weg frei für die gegenseitige Achtung und brüderliche Zusammenarbeit. Zwar ist die *Vielheit* der miteinander konkurrierenden Kirchen ein Ärgernis, die *Vielfalt* der Formen der Christusgemeinschaft ist jedoch eine Notwendigkeit. Wie Gott in der Bibel »auf mancherlei Weise« geredet hat, so muß auch heute das Reden von Gott angesichts der mancherlei Arten von Menschen auf mancherlei Weise geschehen: dem einen dient ein hochkirchlicher liturgischer Gottesdienst dazu, dem anderen eine Heilsarmeeversammlung mit Händeklatschen und Posaunenchor. Brunner fragt: »Sollte der Herr nicht da wie dort ›mitten unter ihnen sein‹ können?«[16]

Wieder ist es Brunners personaler Kirchenbegriff, der hier durchschlägt. Darum besteht auch das Ziel der ökumenischen Bewegung für ihn nicht in der institutionellen *Einheit* der Kirchen, sondern in ihrer brüderlichen *Gemeinschaft*. Wo das Ziel der ökumenischen Bestrebungen der organisatorische Zusammenschluß der historisch gewordenen Kirchen ist, dort wird die falsche Gleichsetzung von Kirche und Ekklesia begünstigt, dort wird bei eventuellen Kirchenunionen der »kirchlichere« Typus immer über den weniger kirchlichen siegen, und dort wird man schließlich bei der »kirchlichsten« aller Kirchen, bei der römisch-katholischen, enden. Wo man aber als Ziel die brüderliche Gemeinschaft vor Augen hat, dort wird die Frage nach den Ordnungen und Formen nebensächlich, dort kann man sich eine Vielfalt kirchlicher Ordnungen und Formen leisten.

Alles, was Brunner über die Gestalt der Kirche in der Vergangenheit und in der Zukunft sagt, ist nicht ohne einen Hauch von Utopie. Es ist darin jener Zug zur Schwärmerei enthalten, der dem Spiritualismus so leicht anhaftet, wenn er in seiner einseitigen Betonung des personalen und pneumatischen Elementes in der Kirche ihre konkret-geschichtliche Gestalt ver-

achtet und die soziologischen Bedingungen ihrer Existenz vergißt. Dennoch wird man fragen müssen, ob die Kirche bei ihrem
Nachdenken über ihre Zukunft heute ohne jenen Hauch von
Utopie auskommt. Wenn sogar schon ein Leitender lutherischer
Bischof über den »Ordnungsfimmel« klagt, der in der Kirche
ausgebrochen sei, dann zeigt dies, daß der falsche Objektivismus
in der Kirche und damit ihre Institutionalisierung inzwischen
noch weiter fortgeschritten sind. Und das gibt Brunners Schrift
heute eine noch größere Aktualität als zur Zeit ihres Er-
scheinens.

In seinem Kampf gegen den in der Kirche und Theologie neu
zur Macht gekommenen Objektivismus schont Brunner auch
seinen Freund Karl Barth nicht. Er wirft ihm vor, daß er in
eine »neue Orthodoxie« und »Scholastik« abgeglitten sei. Den
Grund für diese »Wende« bei Barth sieht er in einer Verschiebung, die in seinem Verständnis des Glaubens eingetreten ist,
ganz ähnlich der, die sich schon früh in der Alten Kirche und
dann später wieder in der protestantischen Orthodoxie vollzogen hat. Brunner meint diese Verschiebung in Barths Glaubens-
verständnis sogar chronologisch genau fixieren zu können. Sie
hat seiner Ansicht nach im Jahre 1924 begonnen, als Barth das
altkirchliche »natus ex virgine – geboren von der Jungfrau
Maria« übernahm. Damit ist für Barth an die Stelle der Gottes-
wahrheit, die dem Menschen begegnet und sich an seinem Gewissen bezeugt, eine »übernatürliche Tatsache« getreten, »die
man auf Autorität hin glauben muß«[17].

Seitdem hat Barth sich von dem Objektiven, das heißt von
den Gegenständen des Glaubens, immer stärker in Bann ziehen lassen und für die Identität von Subjekt und Objekt im
Glauben, an der den Reformatoren in ihrem Gegenschlag gegen die Scholastik so sehr gelegen war, immer weniger Verständnis aufgebracht. Während Luther nicht müde wird zu betonen, daß »Gott und Glaube zuhauf gehen«, droht bei Barth
die Beziehung von Gott und Glaube zu zerreißen. Statt über
Glaube, Liebe und Hoffnung, das Geheimnis der Dreiheit
der christlichen Existenz, nachzudenken, hat er, die bekannte
Warnung der Reformatoren in den Wind schlagend, Hun-
derte von Seiten dem Geheimnis der göttlichen Trinität gewidmet. Barth hat einstmals zu Recht mit dem Kampf gegen
den Subjektivismus Schleiermachers begonnen. Auf diesem
Wege ist er selbst jetzt am Gegenpol angelangt. Aber sein eigener Objektivismus ist vom Zentrum der biblisch-reformatori-

schen Botschaft ebenso weit entfernt wie Schleiermachers Subjektivismus.

Hat Brunner mit dieser Kritik an Barth recht? Hat sich bei
Barth wirklich eine theologische Wende vollzogen? Was ist inzwischen geschehen?

Viertes Kapitel
Gott über sich selbst

Die Menschlichkeit Gottes

Im Jahre 1956 hält Karl Barth in demselben Saal in Aarau, in dem er vor fast vierzig Jahren seinem Lehrer Adolf von Harnack gegenübergestanden hat, wiederum einen Vortrag. Derselbe Ort, aber ein völlig verändertes Thema: Barth spricht diesmal über die ›Menschlichkeit Gottes‹[1]! Das veranlaßt ihn zu einem kritischen Rückblick auf die Wende, die er und seine Freunde einst in der Theologie heraufgeführt haben. Damals ist ihr Thema die *Göttlichkeit* Gottes gewesen.

Barth bekennt sich noch einmal ausdrücklich zu der damals vollzogenen theologischen »Wendung«. Diese »jähe Absetzbewegung« mit ihrem ausgesprochen kritisch-polemischen Charakter ist notwendig gewesen gegenüber einer zwei- bis dreihundertjährigen theologischen Tradition, die die Göttlichkeit Gottes vergessen und den Menschen auf Kosten Gottes groß gemacht hatte. Die damalige Theologie war »religionistisch«, »anthropozentrisch« und »humanistisch«: was wußte und sagte sie noch von der Göttlichkeit Gottes? Ihr Thema war nicht die »Bewegung Gottes«, sondern die »Bewegtheit des Menschen«. Und wenn sie von Gott redete, dann hieß das auch wiederum nur, daß sie »in erhöhtem Ton« vom Menschen sprach. Angesichts dieser totalen Verkehrung genügte nicht nur eine weitere Verschiebung innerhalb der überkommenen theologischen Fragestellung, sondern da mußte das Steuer radikal, um 180 Grad, herumgeworfen werden, wenn das Schiff der Kirche nicht auf Sand laufen sollte. Und so kam es zu der Entdeckung der *Göttlichkeit* Gottes als dem alles beherrschenden Thema der Bibel. Es war ein wahres Wort, das damit gesprochen wurde, ein Wort auch, das unbedingt stehen bleiben muß, aber es war nicht das letzte Wort, und es war nicht das ganze Wort. Überdies wurde es »lieblos« gesprochen, die Göttlichkeit Gottes wurde den Menschen »um die Ohren geschlagen«: »Senkrecht von oben«, »totaliter aliter«, »unendlicher qualitativer Unterschied«, »Hohlraum«, »Todeslinie«, »mathematischer Punkt«, »Tangente« – »was sind da für Formulierungen teils übernommen, teils neu erfunden worden! Wie wurde da aufgeräumt und eben fast nur aufgeräumt! Wie wurde da so spöttisch gelacht! Mochte das Ganze der Nachricht von einer enormen Hinrichtung nicht öfters ähnlicher sehen als der Botschaft von der Auferstehung, auf die es doch abzielte?« Es schien nur *einen* Weg in der Bibel zu geben, den von oben nach unten, von Gott zu den Menschen, aber keinen Weg von unten nach oben, von den Menschen zu Gott. Nachträglich kann Barth den Verdacht verstehen, den damals manche Zeitgenossen hegten, daß hier zur Abwechslung einmal Schleiermacher von den Füßen auf den Kopf gestellt und Gott auf Kosten des Menschen groß gemacht werden sollte. Es war »alles doch ein bißchen arg unmenschlich«[2].

Damals, vor nun rund vierzig Jahren, wären Barth und seine Freunde in Verlegenheit geraten, wenn man sie aufgefordert hätte, von der *Menschlichkeit* Gottes zu reden: »Wir hätten Arges vermutet hinter diesem Thema.«[3] Die eben wiederentdeckte Göttlichkeit Gottes hatte die Menschlichkeit Gottes »aus der Mitte an den Rand gerückt, aus dem betonten Hauptsatz in den weniger betonten Nebensatz«. Das macht: diese Erkenntnis war noch zu neu und zu frisch; sie war noch nicht konsequent zu Ende gedacht. Und eben das hat Barth in den dazwischen liegenden Jahren nachgeholt. Er ist den Weg, den er nach dem Ersten Weltkrieg betreten hatte, weitergegangen. Und so ist er von der Erkenntnis der Göttlichkeit Gottes zur Erkenntnis der Menschlichkeit Gottes gelangt: »Wer Gott, und was er in seiner Göttlichkeit ist, das erweist und offenbart er nicht im leeren Raum eines göttlichen Fürsichseins, sondern authentisch gerade darin, daß er als des Menschen (freilich schlechthin überlegener) *Partner* existiert, redet und handelt ... Eben Gottes recht verstandene *Göttlichkeit* schließt ein: seine Menschlichkeit.«[4] Die Divinität hat den Charakter von Humanität!

Damit wandelt sich für Barth auch die Thematik der Theologie. Sie hat sich weder mit »Gott an sich« noch mit dem »Menschen an sich« zu beschäftigen, sondern mit dem »dem Menschen begegnenden Gott« und mit dem »Gott begegnenden Menschen«, mit der Geschichte, in der ihre »Gemeinschaft« Ereignis wird und zum Ziel kommt, mit ihrem »Zusammensein«, ihrer »Zwiesprache«, ihrem »Verkehr«, ihrem »Bund«[5]. Schon im ›Römerbrief‹ hatte Barth »die Beziehung *dieses* Gottes zu *diesem* Menschen, die Beziehung *dieses* Menschen zu *diesem* Gott« als »das Thema der Bibel und die Summe der Philosophie in einem« bezeichnet. Aber damals hatte diese Beziehung für ihn vor allem in der Entfernung zwischen Gott und dem Menschen bestanden, jetzt besteht sie für ihn gerade in der Zuwendung Gottes zum Menschen: »Den in Jesus Christus geschlossenen Abgrund wieder aufzureißen kann nicht unsere Aufgabe sein.« Darum müßte man statt von »Theologie« eigentlich von »Theanthropologie« sprechen, »denn eine abstrakte ›Lehre von Gott‹ kann im christlichen Bereich nicht in Frage kommen, sondern nur eine ›Lehre von Gott und vom Menschen‹: vom Verkehr und von der Gemeinschaft zwischen Gott und dem Menschen.«[6] So tritt in Barths Theologie an die Stelle der Diastase der Dialog, an die Stelle des Abgrunds die Partnerschaft, an die Stelle der Dialektik die Analogie.

Von hier aus ergibt sich die Frage, ob sich in Barths theologischer Entwicklung eine »Wende«, womöglich ein »Bruch« vollzogen habe. Barth selbst hat zu dieser Frage mehrfach Stellung genommen. Seine Antworten darauf lauten immer sehr ähnlich: Er sei seinem Ansatz nach dem Ersten Weltkrieg im Grunde treu geblieben, er habe nur den Faden, den er damals zunächst herausgezupft, inzwischen weiter herausgezogen; dabei sei er immer stärker von seinen einseitigen Negationen abgekommen und habe »mehr und mehr Sinn für die Bejahungen gewonnen, von denen und mit denen der Mensch leben und sterben kann«[7]. Aber wäre nicht gerade die Theologie der Krisis, wie Barth sie nach dem Ersten Weltkrieg entwickelt hat, nach dem Zweiten Weltkrieg noch aktueller gewesen? Ein Freund hat Barth diese Frage einmal ausdrücklich gestellt. Er erzählt, wie er sich beim Untergang Würzburgs an den ›Römerbrief‹ erinnert habe, und fährt dann fort: »Ich komme mir vor wie eine Schildwache, die stehen geblieben ist bei der Sache von 1921, während Du weitergefahren bist.« Barth gab dem Freunde darauf zur Antwort: »Es hat keinen Sinn, eine solche Bombentheologie zu betreiben. Es ist jetzt Zeit, ›Ja!‹ zu sagen, und zwar aus der gleichen Erkenntnis heraus, aus der ich damals: ›Nein!‹ sagen mußte.«[8]

Damit ist auch ein neuer Ton in Barths Reden von Gott und dem Menschen gekommen. Es wird von ihm jetzt alles freudiger, freundlicher gesagt, mehr humorvoll als ironisch-sarkastisch. Überall tritt die Position kräftiger hervor als die Negation. Während andere Männer, gerade auch Christen und Theologen, im Alter oft resignieren und bitter, schroff und melancholisch werden, zeigt sich Barth milder, gütiger, heiterer, verständnis- und liebevoller gestimmt: das Jasagen wird ihm wichtiger als das Neinsagen und die Botschaft von Gottes Gnade dringlicher als die Botschaft von Gottes Gericht. Und so hat Barth, als er im

Wintersemester 1961/62 in Basel sein letztes Kolleg hielt und die Gelegenheit dieses »Schwanengesangs« ergriff, um sich selbst und den Zeitgenossen darüber Rechenschaft abzulegen, was er auf dem Feld der evangelischen Theologie fünf Jahre als Student, zwölf Jahre als Pfarrer und vierzig Jahre lang als Professor erstrebt, gelernt und vertreten hat, den jungen Theologiestudenten eingeschärft, daß der Gegenstand der Theologie »ein bestimmtes Gefälle« und »eine unumkehrbare Richtung« habe: vom Nein zum Ja hin. Und er ermahnte sie, das Ja nicht im Nein verschwinden zu lassen, sich die Hölle nicht interessanter werden zu lassen als den Himmel und sich über die Gottlosigkeit der Weltkinder nicht mehr zu erregen als über die Sonne der Gerechtigkeit, die auch jenen schon aufgegangen sei: »Daß sie im Argen liegt, das weiß die Welt auch so – nicht aber, daß sie in den guten Händen Gottes von allen Seiten gehalten ist.«[9]

Auf die Frage, ob sich in Barths Theologie eine »Wende« oder gar ein »Bruch« vollzogen habe, wird man so antworten müssen: Barths Eifer für die Gottheit Gottes ist geblieben, aber aus dem Eifer des Propheten ist der Eifer eines Evangelisten geworden. Das Feuer der göttlichen Absolutheit, das im ›Römerbrief‹ loderte, brennt weiter, aber es ist jetzt das Feuer der absoluten Liebe Gottes geworden. Barth hat die Freiheit Gottes als seine »*Freiheit zur Liebe*« erkannt, und daraus ist ihm die »neue Aufgabe« erwachsen, »alles vorher Gesagte noch einmal ganz anders, nämlich jetzt als eine Theologie der Gnade Gottes in Jesus Christus durchzudenken und auszusprechen«[10].

Die ›Kirchliche Dogmatik‹

Ihre endgültige Gestalt hat die zweite Phase der Barthschen Theologie allmählich in der ›Kirchlichen Dogmatik‹ gefunden. Sie bildet Barths umfangreichstes Werk; in ihr steckt die Arbeit seines Lebens – Spiegel und Niederschlag eines Denkprozesses, der ein halbes Jahrhundert umfaßt. Angesichts dieser immensen und konsequenten Lebensleistung hat Urs von Balthasar Barth mit einem Bergsteiger verglichen, der »unbeirrt Schritt vor Schritt gesetzt habe, unauffällig, mit einer Energie, wie sie heute zumeist nur noch Techniker haben, um zuletzt die vollendete Lebensleistung vorzustellen«[11].

Bereits 1927 erschien ein erster Entwurf der Dogmatik, damals noch unter dem Titel ›Christliche Dogmatik‹. Aber Barth verwarf ihn sogleich wieder und gestaltete ihn noch einmal völlig um, weil er darin noch zu sehr beim Menschen eingesetzt hatte und damit »den falschen Göttern Reverenz zu erweisen« fürchtete. 1932 erschien dann der neue Band, jetzt unter dem Titel ›Kirchliche Dogmatik‹. Die Änderung des Titels begründet Barth damit, daß er einmal in dem Kampf gegen den leichtfertigen Gebrauch des großen Wortes »christlich« mit gutem Beispiel vorangehen und zum anderen von vornherein darauf hinweisen wollte, daß Dogmatik »keine ›freie‹, sondern eine an den Raum der Kirche gebundene, da und nur da mögliche und sinnvolle Wissenschaft« sei.[12]

Seitdem ist von der ›Kirchlichen Dogmatik‹ Band um Band erschienen. Bisher sind es zehn mit insgesamt 8719, teilweise engbedruckten Seiten (hinzu kommen fast noch einmal ebenso viele Druckseiten anderer Werke und Schriften Barths). Aber noch ist das Ganze nicht vollendet. Lange Zeit hat man sich in Theologenkreisen zugeflüstert, Gott werde Barth nicht sterben lassen, bevor er seine ›Dogmatik‹ vollendet habe, weil er, Gott selbst, neugierig sei, was er darin noch alles über sich erfahren werde. Inzwischen aber hat Barth selbst erklärt, daß er mit einer Vollendung seines Werkes nicht mehr rechne. Dennoch ist die ›Kirchliche Dogmatik‹ kein Torso geblieben. Daß die »Barthianer« sie in hohen Tönen preisen und über sie Kollegs halten, ist verständlich. Aber auch der Lutheraner Gerhard Gloege hat Barths ›Kirchliche Dogmatik‹ als »eines der größten Werke der modernen Geisteswissenschaft und vielleicht die bedeutendste systematisch-theologische Denkleistung im 20. Jahrhundert« bezeichnet, und der dänische Theologe Regin Prenter, gleichfalls Lutheraner, hat sie sogar »vielleicht das gewaltigste System, das es in der Geschichte je gegeben hat«, genannt.[13]

In der ›Kirchlichen Dogmatik‹ ist der Verfasser des ›Römerbriefes‹ zum Systematiker geworden. Er entwirft in ihr ein umfassendes dogmatisches System. Aber auch dies besteht auf weiten Strecken aus biblischen Exegesen; dazu ist ein stupendes dogmen- und theologiegeschichtliches Wissen verarbeitet, aus allen Jahrhunderten der Kirchengeschichte. Das alles wird weitschweifig und breit dargeboten, mit einer ungewöhnlichen Beredsamkeit, die, mit oft komplizierten Wendungen und künstlichen Satzgebilden, in lang rollenden Perioden dahinströmt. Während Bultmann und Tillich den Leser in eine klare, strenge Denkbewegung hineinziehen, muß er sich von Barth faszinieren und auf den Wogen seiner Rede forttragen lassen.

Man hat Barths Theologie immer wieder auch in ästhetischer Hinsicht als »schön« bezeichnet und dabei nicht nur ihren äußeren Stil gemeint. Barths Theologie ist in der Tat auch ästhetisch schön. Ihre Schönheit ist dadurch bedingt, daß der, der hier schreibt, von der Sache, die er beschreibt, leidenschaftlich ergriffen ist. Barth ist, unberührt von jeder Sorge um Modernität oder Erfolg, ganz und gar nur vertieft in die Größe seines Gegenstandes. Und sein Gegenstand ist die Offenbarung der Gnade Gottes in ihrer Universalität und Unwiderstehlichkeit. Davon will er vor den Menschen Zeugnis ablegen, und das gibt seinem Stil etwas Triumphales. Es ist der Überschwang der Gnade Gottes, der Barths Sprache überschwenglich macht. Brunner behauptet einmal, daß man Barth nicht so sehr als »Systematiker« denn als »einen theologischen Dichter« nehmen müsse.[14] Daß Barth kein Systematiker ist, ist nicht richtig; aber es stimmt, daß er etwas von einem theologischen Dichter an sich hat. Barth dichtet die Offenbarung Gottes nach. Dadurch kommt in seine Dogmatik etwas »Spielerisches« hinein, nicht im niedlichen Sinne des Wortes, sondern in jenem, in dem von der Weisheit Gottes gesagt ist, daß sie auf dem Erdboden spiele und ihre Lust habe unter den Menschenkindern. Das Unabsichtliche, ganz und gar Nicht-Notwendige des Spiels macht es dem Lobe Gottes verwandt.

Barths Stil ist nur der äußere Ausdruck seiner theologischen *Methode*. Seine theologische Methode hat Barth endgültig in den Jahren zwischen 1927 und 1932 gefunden, zwischen der ›Christlichen Dogmatik‹ und der ›Kirchlichen Dogmatik‹. In diese Zeit fällt sein Buch über den Gottesbeweis des Anselm von Canterbury (1931), von dem er sagt, daß er es von allen seinen Büchern »mit der größten Liebe geschrieben« habe, daß es aber von allen seinen Büchern »am wenigsten gelesen« worden sei; in ihm und nicht in seiner Schrift ›Nein!‹ sieht er das eigentliche Dokument seiner »Vertiefung« und damit seines »Abschieds« von der ersten Phase seiner theologischen Entwicklung.[15] In seiner ›Kirchlichen Dogmatik‹ hat Barth nach seiner eigenen Meinung nur das theologische Programm des Anselm von Canterbury durchgeführt; es läßt sich auf die Formel bringen: »Fides quaerens intellectum« – der Glaube, der nach Erkenntnis trachtet. Ursprung und Gegenstand des Glaubens und seiner Erkenntnis ist die Offenbarung des dreieinigen Gottes in dem menschgewordenen Sohn, wie sie die Heilige Schrift bezeugt. Das ist die göttliche

Wirklichkeit, der Barth sich fügt und der er nachgeht, mit deren Bezeugung er den »Hohlraum« der Frühzeit jetzt positiv ausfüllt. Sich gehorsam an das Zeugnis der Heiligen Schrift anschmiegend, sucht er die göttliche Offenbarung *nach*zudenken und sie in ihrem inneren Zusammenhang und ihrer strengen gedanklichen Notwendigkeit darzustellen, um sie »einsichtig« zu machen. Barths Methode ist deduktiv und deskriptiv, ohne apologetische Absicht. Er will das Wort Gottes nur beschreibend darstellen; er will gewiß auch prüfen und kritisieren, aber nicht das Wort Gottes selbst, sondern nur frühere theologische Darstellungen von ihm. In einem Fernsehinterview 1964 in Paris hat Barth, nach der Arbeit an seiner ›Kirchlichen Dogmatik‹ befragt, sich mit einem Mann verglichen, der die Runde immer um den gleichen Berg mache, ihn bald von dieser, bald von jener Seite betrachtend, und der andere Menschen einlade, mit ihm um den Berg herumzugehen und sich seine Schönheiten zeigen zu lassen.[16]

Wenn die Aufgabe des Theologen einzig darin besteht, die Offenbarung Gottes wie einen hohen Berg unermüdlich zu umschreiten und bald von dieser, bald von jener Seite ihre Schönheiten zu zeigen, dann ist ihm zugleich sein Ort angewiesen: Er befindet sich in jedem Fall am *Fuße* des Berges, *unterhalb der biblischen Schriften*. Und so will Barth auch als Systematiker nichts anderes als ein Schrifttheologe sein. Als die amerikanische Zeitschrift ›Christian Century‹ ihm 1938 die Frage vorlegte, ob und in welcher Weise sich sein Denken in den letzten zehn Jahren, also in den Jahren, in denen die ersten Bände der ›Kirchlichen Dogmatik‹ erschienen, verändert habe, gab er zur Antwort: »Nun, mein Denken hat sich jedenfalls darin nicht verändert, daß sein Gegenstand, seine Quelle und sein Maßstab, so weit das in meiner Absicht liegen kann, nach wie vor gerade *nicht* die sogenannte Religion, sondern das *Wort Gottes* ist, das in der Heiligen Schrift *zum Menschen* redet.« Und er hoffe, fährt er fort, in dieser Sache bis an sein Lebensende »unerbittlich unverändert« gefunden zu werden.[17]

Daß Barth in dieser Sache bis heute »unerbittlich unverändert« geblieben ist, wird ihm niemand bestreiten können. Eher wird man fragen müssen, ob er darin nicht noch »unerbittlicher« geworden sei. Die bei ihm von Anfang an vorhandene gefährliche Neigung, zwischen der Offenbarung Gottes und dem Wort der Bibel nicht streng genug zu unterscheiden, sondern beide einfach gleichzusetzen und kritiklos als »wortwörtlich eines« zu nehmen, hat im Zuge seines allgemeinen »kräftigeren Jasagens« in der ›Kirchlichen Dogmatik‹ eher zu- als abgenommen. Vom geschichtlichen Verstehen der Bibel scheint Barth jetzt noch weiter entfernt zu sein als in seinen Anfängen. Zwar wird die Versicherung von früher wiederholt, daß die Bibel von Menschen geschrieben sei und die historische Kritik daher ihr grundsätzliches Recht habe, praktisch aber wird von dieser Erkenntnis kein Gebrauch gemacht. Ja, Barth kann das Recht zur historischen Kritik, das er grundsätzlich zugesteht, fast auch wieder zurücknehmen und einer unhistorischen Betrachtungsweise das Wort reden: »Man muß sich die Zwangsvorstellung von der Minderwertigkeit oder gar Verdächtigkeit oder gar Verwerflichkeit einer unhistorischen Darstellung und Beschreibung der Geschichte aus dem Kopf schlagen und bis auf den letzten Rest abgewöhnen. Sie ist eine im Grunde *nur* lächerliche, *nur* bourgeoise Gewohnheit des gerade in seiner krankhaften Phantasielosigkeit höchst phantastischen, modern abendländischen Geistes.«[18]

Nicht nur von einer historischen, sondern auch von einer theologisch-sachlichen Kritik an der Bibel will Barth nichts wissen. Ironisch vergleicht er solche Kritiker mit Gymnasiallehrern, die ihren Schülern über die Schulter ins Heft blicken und ihnen gute, mittlere oder schlechte Noten erteilen. Allen Ernstes kann Barth behaupten, daß auch »der kleinste, der seltsamste, der dunkelste« unter den biblischen Zeugen vor allen späteren Theologen einen »Vorsprung« besitze, weil er sich »in einer *direkten* Konfrontierung« mit dem Gegenstand, über den er denkt, redet und schreibt, befunden habe.[19] Aber stimmt das wirklich? Kann man im Ernst behaupten, daß sich etwa die Verfasser der Pastoralbriefe oder des zweiten Petrus- und des Judasbriefes – aber wahrhaftig nicht nur sie! – in einer »direkten Konfrontierung« und damit in einer grundsätzlich anderen Situation als alle späteren befunden haben? Und muß man das, was sie und *alle* biblischen Schriftsteller schreiben, nicht an der »Sache« messen, um die es auch ihnen gegangen ist, und also Unterschiede machen, nicht nur zwischen der Offenbarung Gottes und dem Wort der Bibel, sondern auch zwischen den Worten der einzelnen biblischen Zeugen? Wer so, wie Barth es tut (oder wenigstens zu tun Gefahr läuft), alles in der Bibel als gleich gültig nimmt, soll sich nicht wundern, wenn den Zeitgenossen bald die ganze Bibel gleichgültig wird!

Barths Augenmerk ist bei der Auslegung der Offenbarung so einseitig und streng auf das auszulegende Objekt gerichtet, daß das auslegende Subjekt dabei unbeachtet bleibt, ja, daß seine Beachtung sogar als Schaden erachtet wird. Dem extrem subjektivistischen Satz des 19. Jahrhunderts: »Ich, der Christ, bin mir, dem Theologen, eigenster Gegenstand meiner Wissenschaft« stellt Barth die ebenso extrem objektivistische These entgegen: »Ich und mein persönliches Christentum gehören nicht in das von mir zu Gehör zu bringende Kerygma.« Für diesen Ausschluß der Subjektivität beruft sich Barth auf die Tatsache, daß auch das apostolische Glaubensbekenntnis außer seinem ersten Wort »ich glaube« von der subjektiven Tatsache des Glaubens schweige und nur vom objektiven *Credo* rede.[20] Bei dieser Argumentation hat Barth jedoch den Stellenwert verkannt, den das »ich glaube« im Glaubensbekenntnis einnimmt. Es ist nicht nur numerisch »das erste Wort« in ihm, sondern es bildet das Vorzeichen vor der Klammer, das alles bestimmt, was innerhalb der Klammer steht.

Wer schon die subjektive Seite des christlichen Glaubens kaum beachtet, muß alles, was sich »*Religion*« nennt, vollends abtun. Hier bleibt es in der ›Kirchlichen Dogmatik‹ bei derselben strikten Verwerfung, wie wir sie aus den Anfängen Barths zur Zeit des ›Römerbriefes‹ kennen: »Wir beginnen mit dem Satz: Religion ist Unglaube; Religion ist eine Angelegenheit, man muß geradezu sagen, *die* Angelegenheit des gottlosen Menschen.«[21] Auch eine göttliche »Ur-Offenbarung«, wie Althaus sie annimmt, gibt es nicht; sie ist ein »vollkommen leerer (oder aber nur mit Illusionen zu füllender) Begriff«. Der Gott, den die Christen glauben und bekennen, ist »nicht ein Spezialfall innerhalb einer Art« – »Deus non est in genere« –, sondern »zum vornherein das grundsätzlich Andere«. Darum gibt es *vor* der Offenbarung keinen allgemeinen Begriff des Göttlichen und *nach* der Offenbarung nur die »radikalste Götterdämmerung«: »Olymp und Walhalla entvölkern sich, wenn wirklich die Botschaft von dem Gott laut und geglaubt wird, der der Einzige ist.«[22] Für das, was die Neuzeit »Toleranz« nennt, läßt Barths Religionskritik keinen Raum: Neben Gott gibt es nur falsche Götter, neben dem Glauben nur Aberglauben oder Unglauben. Das alles ist von Barth nicht abstrakt gedacht, sondern es füllt sich, wie seine Religionskritik nach dem Ersten Weltkrieg, auf dem zeitgeschichtlichen Hintergrund mit konkretem Inhalt. Nur daß dieser Hintergrund jetzt ein anderer ist. Das meiste von dem, was Barth in der ›Kirchlichen Dogmatik‹ über die Religion sagt, ist während des »Dritten Reiches« geschrieben worden. Und so heißt es denn auch an einer Stelle: »An der Wahrheit des Satzes, daß Gott Einer ist, wird das Dritte Reich Adolf Hitlers zuschanden werden.«[23] Hier ist der Dogmatiker Barth zum Propheten geworden, und seine Prophezeiung hat sich vor unseren Augen erfüllt.

Barths Religionskritik hat in der ›Kirchlichen Dogmatik‹ nichts von ihrer Radikalität eingebüßt, aber sie hat einen anderen Stellenwert bekommen: sie ist nur noch ein Nebenprodukt. Während die Bewegung der Dialektik sich im ›Römerbrief‹ ständig auf dem negativen Pol festzusetzen drohte, ist das Nein jetzt nur noch die schwächere Kehrseite des Ja. Das tiefe Dunkel, in das Barth die Religion gehüllt sieht, ist nur der Schatten des überhellen Lichtes, das die Offenbarung Gottes ausstrahlt. Daß die Offenbarung ganz und gar nur *Gottes* Werk ist, darauf kommt es Barth an, das will er schützen – zur Ehre Gottes und um des Heils des Menschen willen.

An dieser Stelle hat die *Jungfrauengeburt* in Barths Theologie ihren Platz. Sie spielt darum eine so große Rolle, weil sie die totale Ausschaltung des Menschen dokumentiert. Wohl ist der Mensch hier auch mit im Spiel, aber eben nur in der Gestalt der *Jungfrau* Maria, das heißt des »nicht wollenden, nicht vollbringenden, nicht schöpferischen, nicht souveränen Menschen«, »nicht als Werkgenosse Gottes, sondern gerade nur in seiner Bereitschaft für Gott« – und auch das nur, weil Gott sich ihm schon offenbart hat. ›Siehe, ich bin des Herrn Magd; mir geschehe, wie du gesagt hast!‹ – »das ist die Mitwirkung des Menschen in dieser Sache, das und nur das!«[24]

Christologischer Universalismus

Wer Barths dogmatisches System verstehen will, darf nicht, wie sonst üblich, vom Allgemeinen ausgehen und von dort zum Besonderen vordringen, sondern er muß, gerade umgekehrt, beim Besonderen einsetzen, beim Konkreten, beim ganz Konkreten. Dies ganz Konkrete ist die Offenbarung Gottes in Jesus Christus: »Wenn die Heilige Schrift von Gott redet, dann sammelt sie unsere Blicke und Gedanken auf einen einzigen Punkt... Und wenn wir noch genauer zusehen und fragen: wer und was ist an jenem einen Punkt, auf den die Schrift unsere Blicke und Gedanken versammelt, als Gott zu erkennen? . . . dann führt sie uns von ihrem Anfang und von ihrem Ende her auf den Namen *Jesus Christus* . . . Unsere Augen sehen Gott und unsere Gedanken haften an Gott, . . . indem sie auf Jesus Christus gerichtet werden.«[25]

Am Anfang und Ende aller Gotteserkenntnis steht nicht ein allgemeiner, abstrakter Begriff des Göttlichen, sondern die besondere Gestalt und das konkrete Dasein Jesu Christi. Wer Gott und was göttlich ist und auch wer der Mensch und was menschlich ist, haben wir nicht freischweifend zu erforschen, sondern allein dort abzulesen, wo Gott es selbst offenbart hat. Zum Beispiel: Wenn Gott »der Vater« und »der Allmächtige« genannt wird, dann haben wir, um das zu verstehen, nicht von dem auszugehen, was uns an Vaterschaft, Macht und Liebe unter den Menschen bekannt ist, und von dort aus auf Gottes Vaterliebe und Allmacht zurückzuschließen, sondern es ist gerade umgekehrt: daß Gott »der Vater« und »der Allmächtige« ist, ist uns allein in Jesus Christus offenbar, und alles, was uns an Vaterschaft, Macht und Liebe unter den Menschen bekannt ist, ist nur von dorther zu verstehen, als ein Ausfluß und Abbild der in Jesus Christus offenbarten Allmacht und Vaterliebe Gottes.

So vollzieht sich in Barths ›Kirchlicher Dogmatik‹ eine unerhörte, in der Kirchen- und Dogmengeschichte so noch niemals dagewesene »*christologische Konzentration*«[26]. Der Begriff des »Wortes Gottes« füllt sich für Barth mehr und mehr mit dem konkreten Namen Jesus Christus. Christozentrischer als bei Barth geht es nimmer! Bei ihm wird alle Theologie zur Christologie: Ausführung, Entfaltung und Erläuterung dessen, was in diesem Namen, in diesem einen Ereignis, in dem Gott und Mensch zusammen sind, beschlossen liegt. Außer der Christologie gibt es für Barth innerhalb der Theologie weder direkt noch indirekt irgendein selbständiges Thema. Die Christologie bestimmt alles, nicht nur die Lehre von der Rechtfertigung, Versöhnung und Erlösung, sondern ebenso die Lehre von der Schöpfung, vom Menschen, von der Erwählung, von der Kirche und von den letzten Dingen, ja nicht nur alle Erkenntnis des Menschen von Gott und seinem Heilswerk, sondern alle menschliche Erkenntnis und Weisheit überhaupt, die ganze Wirklichkeit der Welt. Wenn man Barth als einen großen Systematiker gerühmt und seine Dogmatik wegen der Strenge und Schönheit ihres architektonischen Aufbaus mit einer Kathedrale verglichen hat, so liegt der Grund dafür eben in seiner »radikalen Christozentrik«: die Christologie bildet die Mitte des Ganzen und verknüpft alles Einzelne zu einem einzigen großen Zusammenhang. Wenn das »Solus Christus« je von einer Theologie gegolten hat, dann von Barths ›Kirchlicher Dogmatik‹: wir sind in ihr gleichsam von allen Seiten von Jesus Christus umgeben.

Aber Barth setzt, wenn er mit Jesus Christus anfängt und mit Jesus Christus aufhört, nicht bei der Inkarnation Christi ein, nicht bei dem, was sich in den Jahren 1–30 in Palästina ereignet hat, sondern bei der Präexistenz Christi, bei dem, was zuvor in der Ewigkeit, im Himmel geschehen ist. Anders ausgedrückt: er setzt, wenn er über Jesus Christus nachdenkt, nicht, wie Luther es rät, »unten«, »im Fleische« an, bei dem Menschen Jesus von Nazareth, sondern »oben«, bei dem Sohn Gottes, der die zweite Person der Trinität ist. Wenn wir vorhin gesagt haben, daß wir Gottes Vatersein nicht an dem ablesen könnten, was es an Vaterschaft auf Erden gibt, sondern allein dort, wo Gott sich selbst uns als Vater offenbart hat, so müssen wir jetzt noch präziser sagen: Gott ist Vater zuerst darin, daß er der Vater seines Sohnes ist, und nur als solcher ist und offenbart er sich als unser Vater. Das aber bedeutet, daß Barth, indem er christologisch denkt, immer zugleich trinitarisch denkt. Seine Dogmatik ist als Lehre von Jesus Christus Lehre von der Trinität.

Damit wählt Barth seinen Standort so hoch im Himmel, daß er das ganze Panorama der göttlichen Heilsgeschichte überblickt. Aus dieser Höhe betrachtet, erscheint Jesus Christus nicht nur als ein Punkt in der Geschichte, dreißig Jahre umfassend, sondern als ein die ganze Geschichte zwischen Gott und Mensch umspannendes Geschehen, von der Ewigkeit her und in die Ewigkeit hinein. In ihm ist alles zusammengefaßt, was im Himmel und auf Erden ist, Anfang und Ende, das Erste und das Letzte, nicht nur die Zeit, sondern auch die Ewigkeit. In der Zeit, auf Erden, hat Gott nur für die Erkenntnis des Menschen realisiert, was er im Himmel, in der Ewigkeit, in seinem alles Zeitliche vorwegnehmenden Ratschluß schon vollstreckt hat.[27]

So führt die »christologische Konzentration« zu jener Denkweise Barths, die er selbst als *intensiven Universalismus* bezeichnet hat. Intensiv und universal zugleich ist diese Denkweise darum, weil sie alles, das ganze Welt- und Heilsgeschehen, in einem einzigen Punkt zusammengefaßt sieht und sich aus ihm entfalten läßt. Daß Gott und Mensch in Jesus Christus beisammen sind, ist das zentrale Faktum, das alles begründet und erklärt, was in der Ewigkeit beschlossen ist und in der Zeit geschieht. Haben wir vorhin gesagt: Christozentrischer als bei Barth geht es nimmer, so müssen wir jetzt hinzufügen: Universaler als bei Barth geht es nimmer. Beide Seiten zusammenfassend, sprechen wir von Barths *christologischem Universalismus*.

Der christologische Universalismus Barths zeigt das Gefälle seiner Theologie an: In ihr ist alles von der Freiheit Gottes zur Liebe beherrscht und darum auf die Gnade ausgerichtet. Barth behauptet die unbedingte *Priorität der Gnade Gottes*: »Sie und sie allein ist der Ort, von dem aus man christlich vorwärts und rückwärts denken kann, von dem aus christliche Gottes- und Menschenerkenntnis möglich ist.«[28] Diese unbedingte Priorität der Gnade verrät sich in der Art, wie Barth das Verhältnis zwischen *Schöpfung und Bund*, das heißt zwischen der Ordnung der Natur und der Ordnung der Gnade bestimmt. Er bringt es auf die bei ihm in verschiedenen Variationen wiederkehrende Formel: »Die Schöpfung ist der äußere Grund des Bundes, der Bund der innere Grund der Schöpfung.« Damit ist dem Menschen der Standort angewiesen, von dem aus er das ganze Werk Gottes zu betrachten hat: Er darf nicht zuerst auf die Schöpfung schauen, um seinen Blick dann von dort auf die Erlösung zu richten, sondern er muß auch die Schöpfung von vornherein schon von der Gnade Gottes in Jesus Christus aus sehen. Barth kämpft gegen die Verselbständigung der Schöpfung; nur von der Versöhnung und Erlösung her ist ihr Geheimnis zu erkennen und zu verstehen. Und so wird Barth nicht müde, in immer neuen Anläufen den Bund Gottes mit den Menschen als das Ziel aller Geschichte zu beschreiben und damit den Vorrang der Gnade vor der Natur und Schöpfung zu betonen: »Der Bund der Gnade ist *das* Thema der Geschichte, die Heilsgeschichte ist *die* Geschichte« – die Geschichte des Gnadenbundes ist »der Skopus der Schöpfung« – die Schöpfung zielt auf »die Geschichte des von Gott begründeten Bundes« – die Schöpfung ist »eine einzige Bereitstellung« – die Natur »ist nichts anderes als eine Zurüstung für die Gnade« – die Geschöpflichkeit ist »lauter Verheißung«. Das macht: »Die Welt ist geschaffen und getragen durch das Kindlein, das zu Bethlehem geboren wurde, durch den Mann, der am Kreuz von Golgatha gestorben und am dritten Tage wieder auferstanden ist.« So ist die ganze Schöpfung überkuppelt von der Gnade, die ganze Geschichte »ein Weg, der unter dem Zeichen des Mannes Jesus Christus« steht.[29]

Mit alldem kehrt Barth die geläufige Reihenfolge von Schöpfung und Erlösung, von Natur und Gnade um. Die Erlösung ist im Plane Gottes das Erstgewollte, die Schöpfung das Zweitgewollte. Gott hat die Welt um der Gnade willen geschaffen und nicht umgekehrt die Gnade um der Welt willen gestiftet. Barth kann in einem Absatz zunächst sagen: »Der Bund ist so alt wie die Schöpfung selber«, um sich dann sofort, noch innerhalb desselben Absatzes, nur wenige Zeilen weiter zu korrigieren und hinzuzufügen: »Der Bund ist nicht nur ebenso alt wie die Schöpfung, er ist älter als diese.« Barth selbst nennt dies »eine wunderbare Umkehrung unseres ganzen Denkens«, und er rät, daß wir uns durch die Schwierigkeit des Zeitbegriffs, der sich daraus ergeben möge, nicht beirren lassen. Wohl ist im Raume der geschaffenen Wirklichkeit die Schöpfung das erste Werk Gottes und die Erlösung das zweite, aber am ewigen Ratschluß Gottes gemessen geht die Schöpfung der Erlösung nicht voran, sondern folgt ihr nach.[30] Vom Himmel aus betrachtet – und dort ist nun einmal Barths Standort –, ist die Schöpfung nur »die Erstellung des Raumes für die Geschichte des Gnadenbundes«; sie ist »der in der ewigen Erwählung Jesu Christi vorgesehene« und dann »im Anfang aller Zeit in bestimmter Gestalt ins Dasein gerufene Schauplatz und Rahmen, Ort und Hintergrund der Geschichte und der vielen Geschichten, der ordentlichen und der außerordentlichen Vermittlungen seines Lebens und Werkes«[31].

So stellt die Gnade nicht etwas dar, das später zur Schöpfung hinzugekommen ist, womöglich nur die nachträgliche Reaktion Gottes auf den von ihm nicht vorgesehenen »Zwischenfall« der Sünde; die Gnade ist vielmehr auf Grund des ewigen Heilsratschlusses Gottes, des göttlichen »Urdekrets«, von vornherein als Ziel der Schöpfung mitgegeben und ihr also vorgegeben. Gott will und schafft nicht zuerst die Welt und den Menschen, um diese dann auch noch zum Heil zu bestimmen, sondern es ist gerade umgekehrt: Weil Gott in der Freiheit seiner Liebe vor aller Zeit beschlossen hat, Gnade zu üben, und um dieser Gnade nun einen Gegenstand und Empfänger zu geben und sich selbst einen Partner, *darum*, nur mit *diesem* Ziel und in *dieser* Absicht schafft, erhält und regiert Gott den Menschen und die Welt. Die in der Ewigkeit beschlossene und schon vollzogene Offenbarung Gottes in Jesus Christus ist das *eine* göttliche Werk, dessen Vorbereitung, Begleitung und Vollendung alle anderen göttlichen Werke dienen.[32] Die Schöpfung – Natur, Geschichte,

Welt und Mensch – hat daher keinen eigenen Wert und Sinn, sondern empfängt ihren Wert und Sinn allein von der künftigen Offenbarung und Erlösung her: »Wenn wir nach dem *Ziel* der Schöpfung fragen: Wozu das Ganze, wozu Himmel und Erde und alle Kreatur? so wüßte ich nichts anderes zu sagen: als Schauplatz seiner Herrlichkeit. Das ist der Sinn: daß Gott verherrlicht wird« – »Das – und das allein – ist der Sinn des Seins und der Existenz der von Gott geschaffenen Welt: der Schauplatz, der geeignete Raum der großen Taten zu sein, in denen Gott sich selbst, das heißt seine freie überströmende Liebe zum Menschen betätigt und kundtut, seinen Bund mit ihm begründet, erhält, durchführt und vollendet.«[33]

Das Ziel der Schöpfung Gottes garantiert auch ihre Güte. Welche Einwände und Beschwerden einer gegen die Welt auch immer vorbringen mag, ihre Güte ist unangreifbar: »Was Gott geschaffen hat, das ist als solches wohlgetan.« Um das zu erkennen, darf der Mensch nur nicht von sich aus wissen wollen, was gut oder schlecht ist, sondern er muß sich daran erinnern, wozu Gott die Welt gemacht hat. Gott hat die Welt gemacht, damit sie der Schauplatz seiner Herrlichkeit sei und der Mensch Zeuge dieser Herrlichkeit. Und »dazu, wozu Gott die Welt gemacht hat, ist sie auch gut«[34].

»Schauplatz der Herrlichkeit Gottes« – damit ist nun schon mehrfach das Calvin-Zitat gefallen, das man geradezu als ein Leitwort über die zweite theologische Phase Barths setzen kann. Stand über dem ›Römerbrief‹ das »Finitum non capax infiniti« – das Endliche faßt nicht das Unendliche, die Zeit nicht die Ewigkeit, so steht jetzt, über der ›Kirchlichen Dogmatik‹, das von Barth immer wiederholte Wort Calvins von der Schöpfung als dem »theatrum gloriae Dei« – dem Schauplatz der Herrlichkeit Gottes. Beide Worte schließen sich nicht gegenseitig aus, sondern ergänzen einander. Es bleibt dabei: das Endliche faßt nicht das Unendliche, Gott geht nicht in diese Welt ein – *aber*: diese Welt ist die Bühne, auf der Gott das in der Ewigkeit beschlossene Drama seiner Offenbarung in Jesus Christus aufführt – zu seiner Ehre und zum Heil des Menschen. Das Heil des Menschen, seine Aufgabe und seine Auszeichnung besteht darin, daß er dabei sein darf, wo Gott verherrlicht wird, ein Zuschauer und Zeuge von Gottes Majestät, bestätigend und wiederholend, was Gott selbst von seinem Tun und Schaffen gesagt hat: »Siehe da, es war sehr gut!«

Derselbe christologische Universalismus, der Barth dazu treibt, die übliche Reihenfolge von Schöpfung und Erlösung umzukehren, veranlaßt ihn auch, das Verhältnis, das zwischen Gesetz und Evangelium herrscht, neu und anders zu bestimmen. An die Stelle der traditionellen Reihenfolge von Gesetz und Evangelium setzt er die neue Reihenfolge von ›Evangelium und Gesetz‹. Auch hier ist es wieder die alles beherrschende Priorität der Gnade, die die Umkehrung bewirkt: Weil das Evangelium die Gnade zu seinem »besonderen direkten Inhalt« hat, erzwingt es sich die Priorität vor dem Gesetz. Wie die Erlösung der Schöpfung vorangeht und ich mich also an die Erlösung halten muß, um das Geheimnis der Schöpfung zu verstehen, so kann ich auch das Gesetz Gottes nur dort ablesen, wo sein Wille mir als Gnade sichtbar wird: »Das ist aber das Geschehen des Willens Gottes zu Bethlehem, zu Kapernaum und Tiberias, in Gethsemane, auf Golgatha, im Garten des Joseph von Arimathia.« Was an diesen Orten geschieht, ist lauter Gnade. Aber eben indem uns Gottes Gnade *offenbar* wird, wird uns das *Gesetz* offenbar: denn das, was Gott *für* uns tut, ist immer zugleich das, was Gott *von* uns will. Gott spricht also nicht zuerst durch das Gesetz zu uns und danach im Evangelium, sondern indem er im Evangelium zu uns redet, verkündet er uns zugleich sein Gesetz. Wieder ist es die Gnade, die an dieser Stelle in Barths Theologie triumphiert. Und so kann er entsprechend seinem Satz: »Die Schöpfung ist der äußere Grund des Bundes, der Bund der innere Grund der Schöpfung« jetzt formulieren: »Das Gesetz ist nichts anderes als die notwendige *Form* des Evangeliums, dessen *Inhalt* die Gnade ist.«[35]

In seiner klugen Deutung der Barthschen Theologie hat Urs von Balthasar das christozentrische Denken Barths mit einer Sanduhr verglichen.[36] Wie bei der Sanduhr aller Sand durch die eine enge Stelle in der Mitte hindurchlaufen muß, um aus dem oberen in das untere Gefäß zu gelangen, so wird auch bei Barth die ganze Wirklichkeit der Welt auf das eine zentrale Ereignis der Christusoffenbarung bezogen: Das ist Barths »christologische Konzentration« – anders gibt es für ihn keine Beziehung zwischen Gott und Mensch; und wie bei der Sanduhr der Sand nur von oben nach unten rinnt, so hat auch die Offenbarung Gottes nur die eine Bewegung von oben nach unten. Aber wie bei der Sanduhr die Bewegung von oben nach unten eine *Gegen*bewegung auslöst, indem nämlich der Sand im unteren Gefäß *ansteigt*, so ruft auch die Offenbarung Gottes eine Gegenbewegung hervor: Sie zieht die ganze Wirklichkeit der Welt an sich heran, in sich hinein – das ist Barths »intensiver Universalismus«. Alles aber hängt an der einen engen Stelle in der Mitte. Hier ereignet sich's: durch sie muß alles hindurch, aber durch sie entsteht auch eine Beziehung, eine Analogie. Damit stehen wir vor der Analogie als der entscheidend neuen Denkform, die mit Barths christologischem Universalismus gegeben ist und die in der ›Kirchlichen Dogmatik‹ an die Stelle der Dialektik im ›Römerbrief‹ tritt.

Die Methode der Analogie

Analogie, Gleichheit, Gleichnis, Bild, Abbild, Eindruck, Spiegelung, Abschattung, Hinweis, Entsprechung, Ähnlichkeit, Wiederholung, Zeugnis, Zeichen, Demonstration – schon im ›Römerbrief‹ kamen Begriffe dieser Art vor, aber erst andeutungsweise, unklar und verschwommen; in der ›Kirchlichen Dogmatik‹ häufen sie sich und gewinnen einen eindeutigen, beherrschenden Sinn. Sie weisen alle auf denselben Tatbestand hin: Die Sphäre der Schöpfung steht der Sphäre der Gnade nicht indifferent gegenüber, sondern ist mit allem, was sie enthält, ein Zeichen, Gleichnis und Hinweis auf sie. Zwischen Gott und Mensch, Natur und Gnade, Schöpfung und Erlösung waltet das Verhältnis einer umfassenden *Analogie*: »Das Weltgeschehen ist im Großen und im Kleinen Spiegel und Gleichnis des Heilsgeschehens.«[37]

Es sieht fast so aus, als ob Barth alles, was er früher gedacht und gesagt hat, vergessen und sich diesmal zur Abwechslung selbst von den Füßen auf den Kopf gestellt habe. Doch so ist es keineswegs. Auch in der Periode der Analogie bleibt Barth dabei, daß es keinen irgendwie gearteten Weg des Menschen zu Gott gibt. Die Analogie gründet nicht in irgendeiner Eigenschaft oder Disposition des Menschen, nicht etwa darin, daß Gott und Mensch an demselben Sein teilhätten und der Mensch darum die Fähigkeit besäße, von sich aus auf Gott zu schließen. Diesen Versuch, auf Grund eines vorher angenommenen allgemeinen Seinsbegriffes vom Sein des Menschen auf das Sein Gottes zurückzuschließen, unternimmt die sogenannte »analogia entis«. Aber eben darum lehnt Barth sie streng ab. Er behauptet von ihr, daß sie »*die* Erfindung des Antichrist« sei und den entscheidenden Grund bilde, warum man nicht römisch-katholisch werden könne (alle anderen Gründe, nicht katholisch zu werden, hält er für »kurzsichtig und unernsthaft«).[38]

Wenn für Barth eine Analogie zwischen Gott und Mensch besteht, dann allein darum, weil Gott sein göttliches Wesen dem Menschen offenbart hat; darum ist es auch niemals eine Analogie vom Geschöpf zum Schöpfer hin, sondern immer nur, in umgekehrter und unumkehrbarer Richtung, eine Analogie vom Schöpfer zum Geschöpf hin. Daß Barth in wachsendem Maße das Denkschema der Analogie anwendet und manchmal geradezu in Analogien schwelgen kann, hat seine Ursache wieder darin, daß ihm die Gnade Gottes übermächtig geworden ist. Deshalb begründet er auch seine strikte Abweisung jeder »analogia entis« nicht mehr so sehr negativ mit der unendlichen Distanz zwischen Gott und Mensch, die jeden Vergleich zwischen der Schöpfung und dem Schöpfer verbietet, als vielmehr positiv mit der Offenbarung der Gnade Gottes, die die Türen zur Erkenntnis Gottes und der Welt aufschließt. Nicht weil der Himmel so hoch über der Erde ist, gibt es für die Erkenntnis des Menschen keinen Weg von unten nach oben zu Gott, sondern weil Gott selbst die Initiative ergriffen hat und den Weg von oben nach unten zum Menschen gegangen ist. Befürchtete Barth früher den Übergriff von seiten des Menschen, so preist er jetzt den »Übergriff, der von seiten Gottes geschehen ist und geschieht«[39].

Um die Eigenart seines Analogiedenkens zu charakterisieren, spricht Barth im Gegensatz zur »analogia entis« von »analogia relationis« oder »analogia fidei«, auch von »analogia revelationis«: Alle diese Ausdrücke sollen besagen, daß auf Grund der *Beziehung* zwischen Gott und Welt zwar eine Analogie zwischen beiden besteht, daß aber Gott es ist, der diese Beziehung *offenbart*, und daß die Analogie daher allein im *Glauben* erkannt werden kann. Die Heilsgeschichte kann nicht für sich gesehen und verstanden werden, sondern nur in Beziehung auf die Weltgeschichte, und umgekehrt kann die Weltgeschichte nicht für sich gesehen und verstanden werden, sondern nur in Beziehung auf die Heilsgeschichte. Dabei ist die Heilsgeschichte die »Mitte« und der »Schlüssel« und die Weltgeschichte der »Umkreis um jene Mitte« und das »Schloß, zu dem jener Schlüssel gehört«[40].

Barth macht von diesem Schlüssel kräftig Gebrauch; er handhabt die Analogie als ein Prinzip, das ihm die ganze Welt aufschließt. Wie einen riesigen Bildteppich knüpft er zwischen Himmel und Erde einen einzigen großen Zusammenhang von Entsprechungen und Analogien, so daß man sich fast wieder an den mittelalterlichen Ordo erinnert fühlt, an jene universale göttliche Ordnung, die vom Thron Gottes bis hinab zu den tiefsten Örtern der Erde reichte und in der alles seinen ihm von Gott angewiesenen Stand und Platz hatte: »Indem innerhalb dieser Welt ein Oben und ein Unten sich gegenüberstehen, indem in jedem unserer Atemzüge, in jedem unserer Gedanken, in jeder großen und kleinen Erfahrung unseres Menschenlebens Himmel und Erde beieinander sind, sich grüßen, sich anziehen und abstoßen und doch zusammengehören, sind wir in unserer Existenz, deren Schöpfer Gott ist, ein Zeichen und Hinweis, eine Verheißung auf das, was in der Kreatur und an der Kreatur geschehen soll: der Begegnung, des Zusammenseins, der Gemeinschaft und in Jesus Christus der Einheit von Schöpfer und Geschöpf.«[41]

Ihren vollen Umfang und letzten Hintergrund zeigen diese Analogien aber erst, wenn wir uns daran erinnern, daß Barths Lehre von Jesus Christus Lehre von der Trinität ist und seine Lehre von der »analogia relationis« also Lehre von der Beziehung der drei göttlichen Personen untereinander und zur Welt, Anwendung und Vollzug der altkirchlichen Trinitätslehre. Alles, was wir über Gott aussagen, alle Worte und Begriffe, die wir dabei gebrauchen, sind bestimmt durch die Beziehung, die im Sein der Dreieinigkeit selbst waltet und die uns durch die Offenbarung erschlossen ist. Indem Gott dem Menschen sein göttliches Wesen offenbart, offenbart er ihm die Beziehung zwischen Vater, Sohn und Heiligem Geist und ist die Beziehung zwischen Gott und Mensch, Gott und Welt eine Analogie zu der Beziehung zwischen den drei Personen der Trinität. Dieses innertrinitarische Denken ist für Barth nicht so neu, wie es vielleicht den Anschein hat. Bereits 1924 – in demselben Jahr, in dem er nach Brunners Behauptung das »natus ex virgine« übernommen hat – schreibt er an seinen Freund Thurneysen: »Überhaupt die Trinitätslehre! Wenn ich da den rechten Schlüssel in die Hand bekäme, wäre einfach Alles gut... ›Zwischen den Zeiten‹ wird auch erst interessant werden, wenn einmal *diese* Großkampfschiffe ihre Rauchfahne am Horizont zeigen. Was wir jetzt treiben, ist noch Alles Geplänkel.«[42]

Inzwischen hat Barth den trinitarischen Schlüssel, nach dem er damals verlangte, in die Hand bekommen, und so kann er mit dessen Hilfe jetzt nach Herzenslust spekulieren. Zum Beispiel: Wie Gott in seinem inneren Leben und Wesen nicht tot, passiv und untätig ist, sondern als der Vater, der Sohn und der Heilige

Geist in einer inneren Beziehung und Bewegung existiert, die man sehr wohl als eine Geschichte bezeichnen kann, so ist auch das, was auf Erden als Geschichte Gottes mit den Menschen geschieht, eine Entsprechung und Analogie zum geschichtlichen Sein, Wesen und Handeln Gottes. – Oder: Die Distanz zwischen Gott und der Welt ist nichts anderes als eine Darstellung, Abbildung und Entsprechung der Verschiedenheit, in der Gott in sich selbst der Vater, der Sohn und der Heilige Geist ist – und der Übergang, die Vermittlung, die Kommunikation, die Gott im Bund mit dem Menschen Ereignis werden läßt, wiederum nichts anderes als die Darstellung, Abbildung und Entsprechung der Einigung von Vater und Sohn im Heiligen Geist. – Oder: Was Gott als der Schöpfer der Welt tut, das kann im christlichen Sinne nur gesehen und verstanden werden als Abglanz und Widerschein des inneren göttlichen Verhältnisses zwischen Gott dem Vater und dem Sohn, indem nämlich Gott der Vater den Sohn »gezeugt« hat. – Oder: Das Gegenüber, das in Gott selber als Vater, Sohn und Heiliger Geist ist, wiederholt sich in dem Gegenüber, das in der Zweiheit von Mann und Frau existiert; und wiederum ist dieses Gegenüber von Mann und Frau ein Abbild des Gegenübers von Christus und seiner Gemeinde.

So tritt in Barths ›Kirchlicher Dogmatik‹, von Band zu Band fortschreitend, an die Stelle der Methode der Dialektik die Methode der Analogie. Geleitet von der biblischen Regieanweisung »Wie im Himmel also auch auf Erden«, entwirft Barth ein Bild von der Welt und dem Menschen, das dem Bilde Gottes analog ist.

Der Kern aller Analogien, die Barth aufzeigt, ist die *Analogie zwischen Gott und Mensch* – denn um des Menschen willen ist ja alles geschehen, was Gott getan hat. Die Analogie zwischen Gott und Mensch gründet darin, daß in Jesus Christus der wahre *Gott* im wahren *Menschen* gegenwärtig und offenbar ist: In Analogie zu diesem Sachverhalt hat die Theologie ihre Aussagen über den Menschen zu machen. Was der wirkliche Mensch ist, kann allein am Menschsein Jesu Christi abgelesen werden. Die Inkarnation Christi schließt nicht nur das »Siehe da, euer Gott!« ein, sondern eben damit auch das »Ecce homo!«; sie ist nicht nur »der Spiegel des väterlichen Herzens Gottes«, sondern eben damit auch »der Spiegel der Eigentlichkeit des Menschen«. Darum hat christliches Denken über den Menschen nicht von einem allgemeinen Begriff der Humanität auszugehen, sondern von der konkreten Tatsache, »daß in der Mitte aller übrigen Menschen Einer der Mensch Jesus ist«: das ist »*die ontologische Bestimmung des Menschen*«. Von ihr aus ergibt sich alles Weitere: Wenn in der Mitte aller übrigen Menschen Einer der Mensch Jesus ist, dann bedeutet dies, »daß jeder Mensch als solcher der Mitmensch Jesu ist«. Es gehört zum Wesen jedes Menschen und damit zum menschlichen Wesen, daß er in Jesus seinen »Nachbarn, Genossen und Bruder« hat. Er mag das nicht wissen oder, wenn er es weiß, nicht wahrhaben wollen und dagegen protestieren – aber »er hat in dieser Hinsicht keine Wahl«: »Wir können diesen Nachbarn nicht los werden. Er *ist* nun einmal unser Nachbar. Wir *sind* nun einmal als Menschen die, in deren Mitte auch Jesus Mensch ist.«[44]

Die ontologische Bestimmung des Menschen durch das Menschsein Jesu ist für Barth so entscheidend und ihre Wirkung als Analogie so universal, daß er sich dadurch zu solch gefährlichen theologischen Spitzensätzen herausfordern läßt wie dem: »Gottlosigkeit ist infolgedessen keine Möglichkeit, sondern die ontologische Unmöglichkeit des Menschseins.« Man darf Barth hier nicht bei der Vokabel nehmen. Selbstverständlich weiß er, daß es Sünde und gottloses Menschsein gibt. Aber seine Abwehr dieses Einwandes besteht wieder nur in neuen Bekräftigungen: »Die Sünde ist keine Möglichkeit, sondern die ontologische Unmöglichkeit des Menschseins. Wir sind mit Jesus, wir sind also mit Gott zusammen. Das bedeutet, daß unser Sein die Sünde nicht ein- sondern ausschließt. Sein in der Sünde, Sein in der Gottlosigkeit ist ein Sein wider unser Menschsein.« Und wenn wir nach dieser Bekräftigung Barth noch einmal mit dem Einwand kommen, daß Sünde und Gottlosigkeit doch nun einmal zum Menschsein gehören, dann weist er uns wieder auf die ontologische Bestimmung des Menschen hin und versichert uns: »Der Mensch, der mit Jesus zusammen ist, ist mit Gott zusammen. Leugnet er Gott, so leugnet er sich selbst ... Er wählt dann seine eigene Unmöglichkeit.«[45] Natürlich verfährt Barth hier nicht logisch, natürlich überschreitet er hier auch die in der Bibel gezogene Grenze und redet theologisch »ungeschützt«. Aber immer wenn die Theologen »ungeschützt« reden, sagen sie ihr Eigentliches. Nicht an ihren Worten, sondern an ihren Motiven sollt ihr sie erkennen! Barths Motiv ist hier wie überall der »Vorgang« Christi in allem Geschehen. In der Menschwerdung Christi hat Gott den Menschen zu seinem Partner und Bundesgenossen erwählt – dieses Ereignis ist für Barth so bestimmend, daß er alles Menschsein nur in Analogie zu ihm sehen kann: »Die Inkarnation Christi, das ist die große Ehrung des Menschen. Damit ist prinzipiell jeder Mensch geadelt.«[46]

Die Analogie zwischen Gott und Mensch wird fortgesetzt in der Beziehung zwischen Mensch und Mensch. Auch unser Verhältnis zum Mitmenschen haben wir allein an der ontologischen Bestimmung des Menschen zu orientieren, daß in der Mitte aller übrigen Menschen Einer der Mensch Jesus ist und daß darum jeder Mensch als solcher der Mitmensch Jesu ist. Hier erfolgt bei Barth gleichsam die ethische Probe aufs dogmatische Exempel. Wie er jeden Menschen, ohne Ansehen der Person, von Gott betrachtet weiß als einen, mit dem er in Jesus Christus zusammen ist, so will er jeden Menschen, ohne Ansehen der Person, auch vom Menschen aus betrachtet wissen: »Wir haben jedes *menschliche Wesen*, auch das uns fremdartigste, verruchteste oder elendeste, darauf anzusehen und haben unter der Voraussetzung mit ihm umzugehen, daß auf Grund des ewigen Willensentscheides Gottes Jesus Christus auch *sein* Bruder, Gott selbst auch *sein* Vater ist... Es gibt von der Erkenntnis der Menschlichkeit Gottes her keine andere Einstellung zu irgendeinem Mitmenschen als diese.«[47] Hier, in dieser theologischen Tiefe, gründet auch Barths politische Ethik mit ihrer scharfen Ablehnung jedes Antisemitismus, jeder Rassendiskriminierung, jedes ideologischen Zwei-Fronten-Denkens. Doch davon wird in anderem Zusammenhang zu handeln sein.

Alles, was Barth über den Menschen, über die Menschlichkeit Gottes und die Mitmenschlichkeit des Menschen sagt, faßt sich für ihn zusammen in dem von ihm mehr und mehr geschätzten Begriff des »*Humanismus Gottes*«. Und so hat er denn, als im Spätsommer 1949 auf den »Rencontres Internationales« in Genf Vertreter der verschiedenen Fakultäten und Geistesrichtungen über den Humanismus zu reden hatten, seinerseits vom »Humanismus Gottes« gesprochen: »Die christliche Botschaft ist die Botschaft vom Humanismus Gottes.« Gegen den Versuch des Menschen, sich selbst zum Menschen zu machen, stellt Barth die »Menschlichkeit Gottes« als »die Quelle und Norm aller Menschenrechte und Menschenwürde« – aber die Menschlichkeit Gottes nun nicht als eine allgemeine, jedermann einsichtige und jederzeit verfügbare Eigenschaft Gottes, sondern die Menschlichkeit Gottes als Folge und Erweis der Selbstoffenbarung des dreieinigen Gottes in der Inkarnation Christi: »Von hier aus sehen wir den Menschen.« In den freundlichen, sieghaften Ton des Vortrages von Barth mischt sich dabei eine leise Resignation.

Er rechnet eigentlich nicht damit, daß seine weithin agnostischen oder atheistischen Zuhörer den von ihm angebotenen Humanismus Gottes übernehmen werden; umgekehrt vermag er seinerseits das, was sich heute als »neuer Humanismus« anbietet, nicht als wirklich neu zu empfinden – »soweit er sich bis jetzt bekanntgemacht hat, zeigt er ein merkwürdig zweifelndes und trauriges Gesicht«. Barth hatte wohl mit beidem recht.[48]

Es ist erstaunlich, wie positiv Barth vom Menschen denken und schreiben kann – und dies nicht *trotz* seiner christologischen Konzentration, sondern gerade *wegen* seiner christologischen Konzentration. Sie macht den Menschen nicht klein, sondern zeigt ihm erst seine wahre Größe; sie läßt ihn nicht in einer alles verschlingenden göttlichen Alleinwirksamkeit untergehen, sondern erhält ihm seine Selbständigkeit gegenüber Gott. Und darum liebt Barth den Begriff der »Partnerschaft« und das biblische Bild vom »Spiel«, in welchem zwar immer zuerst der Schöpfer, aber dann immer auch das Geschöpf zum Zuge kommt: »Und so darf auch der Mensch ausgehen an seine Arbeit und an sein Ackerwerk bis an den Abend, wozu dann gewiß auch dies gehört, daß er seine Sinne und seinen Verstand brauchen, zwei mal zwei vier sein lassen, aber auch dichten, denken und musizieren, aber auch essen und trinken, fröhlich und manchmal auch traurig sein, lieben und auch einmal hassen, jung sein und alt werden darf – das Alles in eigener Erfahrung und Tätigkeit, um es gerade so, nicht als halber, sondern als ganzer Mensch, erhobenen Hauptes, mit freiem Herzen und gutem Gewissen, wahr zu machen: ›Herr, wie sind *deine* Werke so groß und viel!‹ Nur die falschen Götter beneiden den Menschen. Der wahre Gott ... *erlaubt* es ihm, eben das zu sein, wozu er ihn gemacht hat.«[49] Kaum ein lutherischer Theologe schreibt heute mehr solche Sätze – um so erstaunlicher ist es, daß sie aus der Feder eines reformierten Theologen stammen. Und Barth selbst kann dann hier auch nur mit einem kritischen Bedauern an Calvin denken: »Wenn doch Calvin energischer weitergedacht hätte! Sein Genf wäre dann nicht eine so düstere Angelegenheit geworden. Seine Briefe hätten dann nicht so viel Bitterkeit enthalten.«[50]

Dem allen entspricht auch Barths persönliche Lebenserfahrung in diesen Jahren. Das Jahrzehnt, in das nicht nur die ersten Bände der ›Kirchlichen Dogmatik‹ mit ihrer christologischen Konzentration, sondern auch der Beginn des Kirchenkampfes mit Barths eigener Amtsenthebung fallen, ist zugleich dasselbe, in dem er Zeit und Lust gewinnt, sich mehr als früher mit der allgemeinen Geistesgeschichte zu beschäftigen, auf zwei Italien-reisen das klassische Altertum wie nie vorher zu sich sprechen zu lassen, ein neues Verhältnis zu Goethe zu gewinnen, zahlreiche Romane zu lesen (unter denen »die ausgezeichneten Hervorbrin-gungen der neueren englischen Kriminal-Romanliteratur« aus-drücklich zu erwähnen er nicht versäumt) und ein schlechter, aber passionierter Reiter zu werden: »Nie zuvor meine ich so fröhlich in der Welt gelebt zu haben wie gerade in der Zeit, die für meine Theologie jene Vielen so mönchisch erscheinende Konzentration mit sich brachte.«[51]

Wir dürfen alle diese theologischen und persönlichen Zeug-nisse Karl Barths nicht von vornherein dadurch entkräften, daß wir auf die bei Barth fraglos vorhandene optimistische Veranla-gung hinweisen. Sicher spielt diese in Barths Theologie auch mit, aber Barths optimistisch-universale Deutung der Welt und des Menschen ist nicht psychologisch-biographisch, sondern sachlich-theologisch bedingt. Indem Barth die Welt und den Menschen vom höchsten und zentralsten Punkt her erfaßt, gelingt es ihm, den ganzen Kosmos mit Himmel und Erde in das Geschehen der Christusoffenbarung einzubeziehen und in ein Netz von Analogien einzuspinnen. Dabei bieten sich über-raschende theologische Aspekte und religiöse Landschaften von außergewöhnlicher Schönheit. Wenn irgendwo, dann zeigt sich hier, daß Barths Theologie auch ästhetisch schön ist. Aber mit Recht fragt Regin Prenter, der, selbst ein Christozentriker, für diese Schönheit der Barthschen Theologie durchaus einen Sinn hat, ob es sich dabei um »die Schönheit der göttlichen Wahrheit« oder um »die Schönheit genialer menschlicher Erfindsamkeit« handle.[52] Ob es sich dabei immer auch um die Schönheit der göttlichen Wahrheit handelt, lassen wir dahingestellt, sicher aber ist, daß gerade Barths universales Analogiedenken der Ausdruck einer genialen religiösen Erfindungskraft ist. Manch-mal fühlt man sich, wenn man liest, was Barth schreibt, unwill-kürlich an jene Szene in der Apostelgeschichte erinnert, wo der Statthalter Festus zu Paulus sagt, nachdem dieser sich vor ihm in einer großen Rede verantwortet hat: »Paulus, du rasest! Die große Kunst macht dich rasend.« Es scheint nun einmal Barths Schicksal zu sein: er wehrt sich gegen alle Religion und religiöse Genialität des Menschen und ist doch selbst ein religiöses Genie, in der ›Kirchlichen Dogmatik‹ nicht weniger als im ›Römerbrief‹.

Aber die Frage ist nun, ob nicht auch Karl Barth durch seine »große Kunst« verführt wird. Barths gefährlich große Kunst besteht in seiner schrankenlosen Anwendung des Analogie-schemas. Dieses ergibt sich bei ihm aus seinem christologischen Ansatz, und dessen Richtigkeit wird heute niemand mehr bestrei-ten. Barths Fehler aber liegt darin, daß er den christologischen Ansatz überspannt. Die Folge ist, daß bei ihm zwischen Schöp-fung und Erlösung nicht genügend freier Raum zum Atmen bleibt, daß die Wirklichkeit der Erlösung die Wirklichkeit der Schöpfung – Natur, Geschichte, Welt und Mensch – in sich hineinschlingt und beinahe verschlingt, daß die Gnade wie eine Flutwelle die Welt überströmt und ihr jeden Eigenstand fort-reißt. Barth selbst wirft einmal die Frage auf, »wie es neben Jesus Christus, nach ihm, in seiner Umgebung, Zeit und Raum für uns überhaupt geben möchte« und »ob die in ihm geschehene Ver-söhnung der Welt mit Gott in etwas Anderem bestehen könne als darin, daß es mit ihr zu Ende ist«[53]. Natürlich spekuliert Barth hier nur, indem er eine letzte Konsequenz aufzeigt. Aber in der letzten Konsequenz enthüllt sich ein Schaden, der von Anfang an verborgen da ist. Kein an der Bibel geschulter Theo-loge wird Barth bestreiten, daß die Heilsgeschichte die »Mitte« und daß die Weltgeschichte der »Umkreis« ist. Aber jeder an der Bibel geschulte Theologe wird Barth bestreiten, daß die Welt-geschichte überhaupt keinen Eigensinn und keinen Eigenwert besitze, sondern nur als Analogie, Abbild, Hinweis, Entspre-chung und Abschattung der Heilsgeschichte zu dienen habe, und dies von Ewigkeit her. Derselbe Barth, der in seinem Kampf gegen die natürliche Theologie mit ihrem allgemeinen Begriff des Göttlichen so sehr die konkret-geschichtliche Gestalt Jesu Christi betont, handhabt in seinem Analogiedenken Jesus Chri-stus als allgemeines überzeitliches Prinzip, das ihm die Wirklich-keit der ganzen Welt aufschließen soll – mit dem Ergebnis, daß sich ihm die Wirklichkeit der Welt verflüchtigt.

Wir zeigen dies an zwei Beispielen: daran, was Barth über das Leiden und was er über die Ehe sagt. Alles *Leiden* in der Welt sieht Barth in Analogie zum Leiden Christi: »*Hier* wurde gelit-ten.« Verglichen damit ist alles andere Leid »uneigentliches Leid«. Allein vom Leiden Christi her ist zu erkennen, »daß und warum im geschöpflichen Kosmos überall im Verborgenen und im Öffentlichen gelitten wird: in der Teilnahme an dem Leiden, das Er gelitten hat«[54]. Sicherlich darf die seelsorgerliche Anrede es wagen, das Leiden des Menschen ins Licht des Leidens Christi zu rücken und als Teilnahme an ihm zu deuten. Aber darf man daraus eine allgemeine Wahrheit machen und behaupten, daß alles Leid, das in der Welt geschehen ist, geschieht und noch geschehen wird, abgesehen von Christus, »uneigentliches Leid« sei? Wie alle Schöpfung, so hat auch alles Leiden in der Schöpfung eine Würde in sich selbst und erheischt unseren Respekt. Es gibt ein christliches Übermaß, das ins Unmenschliche umzuschlagen droht.

Das andere Beispiel ist die *Ehe*. Barth deutet das Gegenüber von Mann und Frau in ihr als Wiederholung des Gegenübers in der Trinität und als Abbild der Beziehung zwischen Christus und seiner Gemeinde. Frage: Was ist hier das Erste und was das Zweite? Hat Gott die Ehe geschaffen, weil er die Ehe als Gegenüber von Mann und Frau gewollt hat, oder hat Gott die Ehe geschaffen, weil er eine Analogie zur Beziehung innerhalb der Trinität und zur Heilsgeschichte wollte? In dem einen Fall ist die Ehe eine von Gott gewollte irdische Ordnung, die ihren Sinn und ihre Ehre in sich selbst trägt, und wer Lust hat, mag über sie nebenbei auch noch als über eine Analogie zur himmlischen Ordnung spekulieren; in dem anderen Fall ist die Ehe nur ein irdischer Stoff, von Gott gebildet, um an ihm eine himmlische Ordnung abzubilden.

Indem Barth uns mit seinen trinitarischen Spekulationen in den Himmel hebt, zieht er uns den Erdboden unter den Füßen weg. Damit deutet sich wiederum, diesmal aber noch kräftiger als bisher, die Geschichtslosigkeit als der Grundschaden der ganzen Barthschen Theologie an.

Gottes Gnadenwahl

Nirgendwo kommt die theologische Absicht Barths, der christliche Impuls, der ihn beseelt und in seinem Denken vorantreibt und ihn nicht anhalten und stehen bleiben läßt, bis er das Äußerste, das Grenzenlose, das schon nicht mehr Erlaubte gedacht hat, stärker zum Ausdruck als in seiner Lehre von der *Prädestination*. Sie bildet die Krönung seiner Theologie, wenn man eine Krönung nennen kann, was der Anfang von allem ist. Hier haben die christologische Konzentration und der intensive Universalismus Barths ihren gemeinsamen Ursprung; hier ist der Punkt, von dem aus sich alles lichtet, hier wird das Licht ganz hell, ja grell. Barth selbst hat seine Erwählungslehre als den »Generalnenner« seiner Theologie bezeichnet.[55] Alles, was er über Gott und Welt,

Schöpfung und Erlösung, Vorsehung und Versöhnung, Kirche und Endzeit sagt, hat hier seinen Ausgangs- und Angelpunkt. Mit Recht hat daher Urs von Balthasar den Band der ›Kirchlichen Dogmatik‹, der von der Prädestinationslehre handelt, »das Herzstück der Barthschen Theologie, eine Art Dithyrambus von fast 600 Seiten« genannt.[56]

Wenn wir das Stichwort »Prädestination« hören, dann wird es uns gleichsam dunkel vor den Augen, dann stürzen wir hinein in die unendlichen Abgründe des verborgenen Gottes, dem es vor aller Zeit, schon vor dem Sündenfall, ja vor dem Beginn der Schöpfung, jenseits von Gut und Böse, gefallen hat, die einen zur ewigen Seligkeit und die anderen zur ewigen Verdammnis zu bestimmen. Und wir denken an das dunkle Frage- und Antwortspiel, das die Menschen mit dem ewigen Ratschluß Gottes getrieben haben, indem sie – theologische Astrologen – ängstlich nach Zeichen suchten, um an ihnen den Willen Gottes über ihr ewiges Schicksal abzulesen. Diesem Spiel macht Barth ein Ende: »Wir können dieses Spiel nicht länger mitmachen. Es ist ein unechtes, unerquickliches und jedenfalls tief unchristliches Mysterienspiel.«[57]

Barth wendet sich gegen die »architektonische Symmetrie« von Erwählung und Verwerfung; für ihn bedeutet die Prädestination nicht Finsternis *und* Licht, sondern nur Licht. Gar nicht genug Definitionen kann er ersinnen, um den hellen, lichten Charakter der Prädestination zu versichern: Sie ist »die Summe des Evangeliums«, »das Evangelium in nuce«, »die gute, die beste, die schlechterdings heilvolle Botschaft«, »der Inbegriff aller guten Nachricht«, »das Zeugnis, daß alle Wege und Werke Gottes ihren Anfang in seiner Gnade haben«. Darum spricht Barth auch, wenn er von der Prädestination redet, von Gottes »*Gnadenwahl*«. Wie die Freiheit Gottes seine Freiheit zur Liebe ist, wie die Göttlichkeit Gottes seine Menschlichkeit einschließt, wie die Schöpfung nur der äußere Grund des Bundes und das Gesetz nur die Form des Evangeliums ist, so ist auch Gottes Wahl nur der Ausdruck seiner Gnade. Das Wort »Gnadenwahl« bringt zum Ausdruck, daß am Anfang und vor dem Anfang alles Handelns Gottes mit seiner Kreatur eine Urentscheidung steht, und diese Urentscheidung lautet, daß Gott »gnädig und nicht ungnädig ist«[58].

Die Notwendigkeit zu dieser »Totalrevision« des Prädestinationsdogmas ergibt sich für Barth aus seiner christologischen Konzentration. Die ewige Erwählung bildet nicht ein Unter-

kapitel der Lehre vom *verborgenen* Gott, sondern sie ist das Haupt-
kapitel, ja das einzige Kapitel der Lehre vom *offenbaren* Gott: »Es
gibt keinen vom Willen Jesu Christi verschiedenen Willen Gottes.« Am Anfang steht nicht ein dunkles, selbständiges, abstraktes Urdekret Gottes, das sich in seiner Durchführung dann allmählich lichtete, sondern am Anfang steht auch hier die klare,
konkrete Offenbarung Gottes in Jesus Christus, die sofort alles
ins helle Licht setzt: »Im Anfang bei Gott war dieser Eine, Jesus
Christus. Und eben das ist die Prädestination.« Darum: »Wollen
wir wissen, was Erwählung, was ein von Gott erwähltes Menschsein ist, dann haben wir von allem Anderen weg ohne Seitenblick
und Nebengedanken dahin zu sehen: auf den Namen Jesus
Christus.«[59]

Jesus Christus ist zugleich Subjekt und Objekt der göttlichen
Erwählung. Auch hier denkt Barth wieder ganz und gar trinitarisch; auch seine Lehre von der Erwählung ist Anwendung und
Vollzug der Trinitätslehre: Jesus Christus ist zugleich der »er-
wählende Gott« und der »erwählte Mensch«. In ihm hat Gott
sich selber erwählt, aber in der Gestalt des Menschen.

An Jesus Christus werden beide Seiten der Prädestination
sichtbar, nicht nur, wer und was ein Erwählter, sondern auch,
wer und was ein Verworfener ist – nur mit dem entscheidenden
Akzent, daß Gott in Jesus Christus sich selbst für den Ungehorsam des Menschen verantwortlich und haftbar gemacht und die
ganze Folge seines Tuns, seine Verwerfung und seinen Tod, auf
sich genommen hat: »In der Erwählung Jesu Christi, die der
ewige Wille Gottes ist, hat Gott *dem Menschen das Erste, die Erwählung*, die Seligkeit und das Leben, *sich selber aber das Zweite, die
Verwerfung*, die Verdammnis und den Tod *zugedacht*.« Weil Gott
sich selber die Verwerfung angehen lassen wollte, darum geht
uns die Verwerfung nichts mehr an. Der einzige wirklich ver-
worfene Mensch ist nun Gottes eigener Sohn! Aber eben damit
hat die doppelte Prädestination für den Menschen aufgehört zu
bestehen: »Es ist die Prädestination, sofern in ihr auch ein Nein
ausgesprochen ist, auf alle Fälle kein den Menschen treffendes
Nein ... Darum heißt Glaube an Gottes Prädestination an sich
und *per se*: Glaube an die Nicht-Verwerfung des Menschen,
Nicht-Glaube an seine Verwerfung.«[60]

So wird Barth zum Systematiker der Gnade. Weil er alles auf
den einen Punkt der Erwählung in Jesus Christus konzentriert,
gelingt es ihm, die Machtstellung der doppelten Prädestination
zu brechen und ein lückenlos geschlossenes System der Gnade zu

schaffen: »Es gibt, wenn anders Gott uns in Jesus Christus sein Herz aufgetan hat, in Gott keinen höheren Willen als seinen Gnadenwillen.« Damit sind alle Wege und Werke Gottes »zum vornherein« von der Gnade bestimmt. Dieses »zum vornherein« kehrt bei Barth immer wieder. Es setzt die Gnade als das Vorzeichen vor die Klammer, die alle Werke Gottes in sich schließt. Fortan – und das heißt von Ewigkeit her! – ist alles, was Gott tut, »ohne Ausnahme« Gnade. Da ist nichts, was nicht Gnade wäre. »Gnädig ist und bleibt Gott auch in seiner Ungnade. Und anders als durch Gnade kann auch die Ungnade nicht erkannt werden.«[61] Es ist die Gnadenwahl Gottes, die das Christentum für Barth zu einer so triumphalen Angelegenheit macht und seiner theologischen Rede ihr sieghaftes Pathos gibt. Seine ganze ›Kirchliche Dogmatik‹ ist ein einziger großer Hymnus auf die Gnade Gottes.

Der Triumph der Gnade ist für Barth so mächtig und universal, daß er dadurch bis an die Grenze der Ketzerei getrieben wird. Unschwer lassen sich aus fast allen Bänden der ›Kirchlichen Dogmatik‹ und aus anderen gleichzeitigen Schriften Barths, und zwar in zunehmendem Maße, Aussagen zusammenstellen, die nicht nur eine Tendenz auf die sogenannte »*Apokatastasis*«, das heißt die Allversöhnung der Welt hin, enthalten, sondern die sie bereits unverhüllt auszusprechen scheinen: Gottes in der Ewigkeit getroffene Entscheidung für die Gnade ist unwiderruflich; durch nichts kann der Mensch sie umkehren oder rückgängig machen; er kann keine die Gnadenwahl Gottes aufhebende Tatsache schaffen. Glaube ist hier die einzige, Unglaube die »ausgeschlossene Möglichkeit«. Nachdem der Eine, Jesus Christus, verworfen worden ist, ist für die Vielen Verwerfung keine Möglichkeit mehr: »Sie mögen wählen, wie sie es tun – sie mögen laufen, soweit sie kommen: die Stellung und das Los der Verworfenen, nach welchem sie in ihrer Torheit die Hände ausstrecken, werden sie bestimmt nicht erlangen ... Sie können der göttlichen Gnadenwahl wohl Schande bereiten; sie können sie aber nicht umstoßen und rückgängig machen.« Barth leugnet nicht, daß es Unglauben in der Welt gibt, so wenig wie er leugnet, daß es Sünde und Gottlosigkeit in der Welt gibt. Aber der Unglaube kommt gegen Gottes Urentscheidung, daß er gnädig und nicht ungnädig sein will, nicht an. Und darum kann Barth ihm keinen letzten Ernst zubilligen. Barth antwortet auf den Einwand des Unglaubens mit einem Bild: Wenn ein König einem Untertan einen Orden verleiht und der Empfänger nimmt den Orden nicht an – hat dann der Empfänger den Orden vom König etwa nicht empfangen? Wer die Gnade Gottes nicht glaubt, ist wie einer, der hinter den Tatsachen herhinkt, der mit seiner subjektiven Erkenntnis noch nicht der objektiven Wirklichkeit nachgekommen ist. Barth leugnet nicht, daß es Strafe Gottes über den Menschen gibt, aber die Gnade übertrumpft bei ihm die Strafe: »Es wird auch der Zorn und die Strafe Gottes, die den Menschen treffen werden, keine Zurücknahme, sondern nur eine besondere Form und endlich und zuletzt die herrlichste Bestätigung der ihm gegebenen Verheißung bedeuten.«[62]

Solche und ähnliche Beispiele ließen sich noch eine ganze Reihe anführen. Ob Barth vom Menschen, von seiner Sünde, seinem Unglauben, seiner Gottlosigkeit, ob er von der Erwählung, von der Versöhnung, von der Erlösung und von der Kirche spricht, überall macht sich in seiner Theologie ein *universalistischer Zug* geltend. Wie Barth diese Universalität der Gnade mit der Möglichkeit des Menschen zur Entscheidung und damit auch zur möglichen Verdammnis vereinen und sich so der Konsequenz der Apokatastasis, der Allversöhnung, entziehen will, bleibt unverständlich. Dennoch versucht er es. Wo immer er auf die Apokatastasis zu sprechen kommt, verbietet er sie mit heftigen Worten. Er rettet sich vor ihr, indem er sich auf dieselbe Freiheit Gottes beruft, die seine Gnade so grenzenlos macht. Diese verbietet es dem Glauben, aus der *offenen* Vielheit der in Jesus Christus Erwählten nach Anweisung der klassischen Prädestinationslehre eine *geschlossene* Vielheit zu machen. Eine geschlossene Vielheit wäre es aber auch, wenn man mit der Rettung der Gesamtheit *aller* Menschen rechnen würde. Die Freiheit der Gnade Gottes verbietet hier jegliche Grenzziehung, wir können in keiner Richtung über sie verfügen, weder ihre Grenzen einengen noch sie erweitern.[63]

Die grundsätzliche Offenheit der Vielheit der Erwählten hat sich widerzuspiegeln in der »offenen Situation der Verkündigung«. Und darum ist Barths Antwort auf den Vorwurf der Apokatastasis immer wieder der Hinweis auf die Predigt: Die Kirche soll die Gnadenwahl Gottes nicht definieren und betrachten, sondern sie soll sie predigen und darin die Bestimmung der Erwählten erfüllen. Die Prädestination ist nicht ein Gegenstand der Erforschung und Darstellung, sondern des Glaubens und der Anrede: Du bist der Mann! Ohne diesen existentiellen Bezug würde die Gnade Gottes aus dem Glauben ausgeklammert und zu einer allgemeinen Weltanschauung werden. Die

Kirche wird dann keine Apokatastasis predigen, aber auch keine »ohn-mächtige Gnade Jesu Christi« und keine »übermächtige Bosheit des Menschen«. Zwar wird der Prediger faktisch zwischen Glaubenden und Nicht-Glaubenden scheiden, aber er wird diese Scheidung nie von vornherein vorsehen und nie ins Prinzipielle erheben, sondern die so Geschiedenen immer wieder zusammenrufen, indem er den Glaubenden ihre verdiente Verwerfung und den Nicht-Glaubenden ihre unverdiente Erwählung verkündigt, beiden zusammen aber den Einen, in welchem sie erwählt und nicht verworfen sind.[64]

Aber nun ist es geradezu ergreifend zu beobachten, wie Barth selbst immer wieder von dem Triumph der Gnade Gottes überwältigt und dazu verführt wird, die offene Vielheit der Erwählten in Richtung auf eine Allversöhnung hin auszuweiten und sie damit zu einer geschlossenen Vielheit zu machen. Auf alle Fälle ist seine Sorge in Richtung auf eine allzu strenge Einengung der Gnade größer als in Richtung auf eine allzu starke Ausweitung. Lieber will er, daß in der Kirche unter der Gefahr der Apokatastasis das lebendigmachende Evangelium als ohne diese Gefahr das tötende Gesetz gepredigt und so das Christentum zu einer »traurigen Angelegenheit« gemacht wird. Darum kann er sich sogar fragen, »ob der Begriff der Allversöhnung nicht vielleicht auch einen guten Sinn haben könnte«. Er könnte den Theologen zur Erinnerung daran dienen, daß sie nicht das Recht haben, »der in Jesus Christus erschienenen Menschenfreundlichkeit Gottes ihrerseits irgendwelche Grenzen zu setzen«, sondern nur die Pflicht, »sie als immer noch größer zu sehen und zu verstehen, als sie es vorher getan haben«. Gerade »das scheinbar Überkühne« ist »das Normale, das einzig Mögliche« – »merkwürdiges Christentum, dessen dringendste Sorge darin zu bestehen scheint, daß Gottes Gnade nach dieser Seite allzu frei sein, daß sich die Hölle, statt sich reichlich mit vielen andern Leuten zu bevölkern, vielleicht einmal als leer erweisen könnte!«[65]

Kein Wunder, daß sich an Barths kühner Aufhebung der Symmetrie des göttlichen Gerichtes eine heftige theologische Kritik entzündet hat. Aber glücklicherweise hat sich Barth durch solche Kritik in seinem Lobpreis der Universalität der Gnade Gottes nie beirren lassen. Fraglos herrscht bei ihm eine Spannung zwischen universaler Erwählung und menschlicher Entscheidung, und diese Spannung wird bei ihm nicht gelöst. Aber selbst wenn Barth seine Prädestinationslehre wirklich bis zur Konsequenz der Allversöhnung hin ausgezogen haben sollte, befände er sich damit in einer noblen theologischen Gesellschaft. Auch Origenes und Schleiermacher haben diese »Ketzerei« geteilt. Nun wird Barth selbst vermutlich keinen Wert darauf legen, sich ausgerechnet in der Gesellschaft dieser Theologen, womöglich noch zusammen mit ihnen in der Hölle, wiederzufinden. Aber ihn deshalb der Ketzerei zu zeihen, hieße zu gering von der Gnade Gottes und zu klein von der Theologie Karl Barths denken. Nein, nicht die Tendenz zur Allversöhnung als solche sollte man Barth kritisch zur Last legen. Sie erheischt unser volles Verständnis, zumal bei einem Theologen, für den das Christentum »eine einzige strahlende Frohbotschaft« ist, der darum das Thema von der Gnade Gottes mit einer unermüdlichen Beharrlichkeit variiert und dessen ganzes Lebenswerk wie das keines anderen einen einzigen großen Hymnus auf die Liebe Gottes bildet. Nur insofern hat die Kritik ein Recht, an dieser Stelle einzuhaken, als die Tendenz zur Allversöhnung nun allerdings das Symptom für einen Schaden ist, der tiefer liegt und in Barths gesamter Theologie steckt: das ist ihre *Geschichtslosigkeit*. Immer wieder sind wir auf sie gestoßen, hier am Schluß enthüllt sie sich uns endgültig.

Monolog im Himmel

In Barths Theologie herrscht ein merkwürdiger Widerspruch: Barth will Offenbarungstheologe sein, so streng wie kaum ein anderer; er erkennt für die Theologie nur eine einzige Voraussetzung an: das ist das »Dominus dixit« – der Herr hat geredet. Aber ausgerechnet er nun, der strenge Offenbarungstheologe, nimmt seinen Standort nicht unterhalb, sondern *oberhalb* der Offenbarung ein, nicht in der Zeit, sondern in der Ewigkeit. Zwar ist die Inkarnation Christi das zentrale Faktum seiner Theologie, ähnlich wie bei Bultmann Kreuz und Auferstehung und bei Tillich Pfingsten; er kann wie kaum ein anderer das »Wunder der Weihnacht« preisen, und die Jungfrauengeburt ist für ihn ein Fundamentalsatz des Christentums. Dennoch setzt er nicht eigentlich bei dem Ereignis der Inkarnation, sondern bei der Präexistenz Christi ein, bei seinem Sein, das er vor aller Zeit in der Ewigkeit hat. Darum hatte die ›Frankfurter Allgemeine Zeitung‹ recht, wenn sie ihrem Gedenkartikel zu Barths 70. Geburtstag die Überschrift gab: »Die Wiederentdeckung des Himmels«; sie hätte kaum einen Titel finden können, der die Theologie Barths treffender charakterisiert hätte. In der Tat hat Barth zur gleichen Zeit, da andere Theologen im Zusammenhang mit der totalen Verweltlichung der Welt die Weltlichkeit des Christentums wiederentdeckt haben, den Himmel wiederentdeckt.

Aber ist Barth damit wirklich, wie er es doch wollte, am *Fuße* des Berges geblieben? Hat er nicht vielmehr, statt immer nur um den Berg herumzugehen und den Menschen von unten her seine Schönheiten bald von dieser, bald von jener Seite zu zeigen, die Höhe des Berges bestiegen, und wandert er nun nicht auf seinem weiten Plateau dahin und zeigt den Menschen alle Schönheiten der göttlichen Offenbarung in einem einzigen, umfassenden Blick von oben her? Anders ausgedrückt: Barth schaut nicht, wie es den Menschen verordnet ist, in den Spiegel hinein, sondern er ist unversehens *hinter* den Spiegel geraten. Er blickt der Trinität ins Rollenbuch, ja manchmal hat man den Eindruck, daß er ihr soufffliert.

Schuld an diesem theologischen »Höhenflug« Barths trägt nicht seine christologische Konzentration, sondern seine Ansiedlung dieser christologischen Konzentration im Himmel, die nochmalige Konzentration der christologischen Konzentration auf einen innertrinitarischen Vorgang. Dadurch ist das Offenbarungsgeschehen auf einen Monolog reduziert, den Gott mit sich selbst in seiner Eigenschaft als Vater, Sohn und Heiliger Geist hält. Aus diesem innertrinitarischen Zirkel kommt Barth nicht mehr heraus. Damit ist in einem urzeitlichen Perfektum, fast müßte man sagen Plusquamperfektum, alles schon vorweggenommen. Es ist alles in der Ewigkeit nicht nur schon beschlossen, sondern auch bereits vollbracht; was in der Zeit geschieht, ist nur die Ausführung der göttlichen Urentscheidung, im Grunde nur die Abbildung des ewigen Urbilds. Zugespitzt können wir sagen: Die göttliche Dreieinigkeit hat in der Ewigkeit ein Drama geschaffen und unter sich, unter ihren drei Personen, uraufgeführt. Nun soll dieses Drama wie im Himmel auch auf Erden gespielt werden. Zu diesem Zweck schafft sie sich die Welt als Bühne und den Menschen als Zuschauer.

Erst durch diese innertrinitarische »Verewigung« der christologischen Konzentration kommt es zu dem, was Paul Althaus Barths »Christomonismus« und Urs von Balthasar seine »christologische Engführung« genannt hat. Jetzt wird die ganze Schöpfung – Natur, Welt, Mensch und Geschichte – hineingepreßt in das christologische Schema und so jedes eigenen Sinnes und

Standes beraubt. Alles geschieht von Christus her und auf Christus hin – diese Zusammenfassung des Anfangs und des Endes in Jesus Christus wird zum eigentlichen Antrieb des ganzen dazwischenliegenden Geschichtsprozesses. Niemand wird etwas dagegen einzuwenden haben, daß Karl Barth Anfang und Ende des ganzen Geschichtsprozesses in Jesus Christus zusammengefaßt sein läßt. Die Frage ist jedoch, ob es sich bei Barth überhaupt noch um einen Geschichts*prozeß* handelt: geht bei ihm in der Geschichte überhaupt noch etwas *vor*?

Aber wie kann in der Geschichte überhaupt noch etwas »vorgehen«, wenn alles schon in der Ewigkeit »vorgegangen« ist? Die Äternisierung der göttlichen Offenbarung führt notwendigerweise zu einer abstrakten Zeitlosigkeit. Die Gründung des Heilsgeschehens auf ein urzeitliches Perfektum trägt Barth einen unersetzbaren Verlust an konkreter geschichtlicher Wirklichkeit ein. Die Offenbarung Gottes ist bei ihm nicht mehr ein spannungsreiches, wechselvolles Drama zwischen Gott und Mensch mit Fortschritten, Rückschritten und Wendungen, mit Stufen, Phasen und Epochen, sondern nur noch die »Aufklärung« über einen schon längst geschehenen Vorgang. Die historische Perspektive verschwimmt in der Dimension der Ewigkeit. Es gibt kaum eine Theologie, in der so viel von Ereignis, Geschehen und Geschichte die Rede ist, wie die Barths, aber auch kaum eine Theologie, in der sich selbst so wenig ereignet und geschieht, weil sich alles schon in der Ewigkeit ereignet hat und geschehen ist. Thielicke hat recht, wenn er feststellt: »Hier ist nur ein bewegtes und darum geschichtsähnliches Wellenspiel über einem zeitlosen oder urzeitigen Grunde.«[66]

Besonders deutlich wird diese Entmächtigung der Geschichtlichkeit der Offenbarung wieder an dem, was Barth über die Inkarnation lehrt. Hier rächt sich sein Ansatz in der Ewigkeit am stärksten. Weil er im Unterschied zum Neuen Testament nicht in der Geschichte, beim Ereignis der Inkarnation selbst einsetzt und von dort aus auf die Präexistenz Christi zurückschließt, sondern statt dessen vom urzeitlichen Perfektum, von der Präexistenz Christi, ausgeht und aus ihr alles Künftige ableitet, darum ist Christus bei ihm bereits auf allen Stufen der Heilsgeschichte gleich gegenwärtig, darum aber ist die Inkarnation bei ihm auch kein wirklich neues Ereignis, kein neuer Eingriff Gottes, nicht die Peripetie der Geschichte, sondern nur eine neue Umkleidung von etwas immer schon Vorhandenem. »Das Wort ward Fleisch« heißt für Barth: »Das Wort nahm Fleisch an.« In der Menschwerdung Christi wird nur rekapituliert, verdeutlicht und offenbar gemacht, was immer schon gewesen ist. Thielicke drückt dies in einem Bilde so aus: »Aus Weihnachten ist ein Advent geworden, vielleicht ein besonders lichterreicher Adventssonntag mit fünf Kerzen, aber nicht das Christfest mit seiner Wende der Äonen.«[67]

Indem Barth alles Geschehen, die Offenbarungsgeschichte so gut wie die Weltgeschichte, von einem einzigen Punkt her entfaltet, gerät er in die Gefahr eines abstrakten *Monismus*. In dieser Gefahr hat er von Anfang an gestanden. Zunächst ist das Monon, das alles bei ihm bestimmt, die Krisis mit ihrer Dialektik von Zeit und Ewigkeit, später wird es dann die Gnade, komprimiert in der ewigen Gnadenwahl Gottes, aber das eine wie das andere ist gleich abstrakt zeitlos. Dieser Monismus rückt Karl Barth, so seltsam dies gerade bei einem Theologen wie ihm klingen mag, in die Nähe Hegels. Seine Verwandtschaft mit ihm verrät sich darin, daß er dieselben Schwierigkeiten hat wie jener, die Sünde in seinem monistischen System unterzubringen. Ohne Sünde keine Erlösung – aber wie, wann und wo kommt die Sünde in den ganz und gar von dem urzeitlichen Perfektum bestimmten Geschichtsprozeß hinein?

Barth tut sich mit der Wirklichkeit der *Sünde* schwer. Er muß hier kräftig spekulieren, um einerseits die Priorität der Gnade festzuhalten und nicht in einen Dualismus zu verfallen und um andererseits dem Bösen nicht seine Wirklichkeit zu nehmen und so in einen Monismus abzuleiten. Er denkt »supralapsarisch«, das heißt er nimmt auch hier seinen Standort »oberhalb des Sündenfalls« in der Ewigkeit ein und macht keinen entscheidenden Unterschied zwischen der Situation vor und nach dem Sündenfall. Das Böse ist nach Barth »die Möglichkeit, die Gott, indem er zur Schöpfung schritt, *übergangen* hat, an der er verachtend vorübergegangen ist, wie auch ein menschlicher Schöpfer, indem er ein bestimmtes Werk wählt, ein anderes *nicht* wählt und also verwirft«. So nennt Barth das Böse das »*Nichtige*«: »Es ist von Haus aus jenes Vergangene, das Gott in der Schöpfung sofort hinter sich gelassen hat ... es hat keine Substanz ... es hat nur seine Leere.« Das heißt jedoch nicht, daß das Böse einfach nichts wäre, daß das »Nichtige« gleichbedeutend wäre mit dem »Nichts«. Auch zu seiner Linken tut Gott nichts umsonst, auch sein Nicht-Wollen ist kräftig und darum nicht ohne reale Entsprechung. So lebt das Nichtige davon, daß Gott es *nicht* will. Aber eben davon lebt es auch! Es ist »nicht geschaffen, aber gesetzt«, dadurch gesetzt, daß Gott sich ihm »entgegengesetzt« hat. Das Nichtige ist die »unmögliche Möglichkeit«, eine »fatale Wirklichkeit«, aber eben doch eine Wirklichkeit, »die Realität hinter Gottes Rücken, an der er vorübergegangen ist, indem er die Welt geschaffen und sie gut geschaffen hat«[68].

So ist das Böse das Produkt einer gleichzeitig mit der Schöpfung vollzogenen Verwerfung Gottes. Aber im Grunde ist dies schon die zweite Verwerfung des Bösen respektive des Nichtigen gewesen. Seine erste Verwerfung hat – wenn man hier überhaupt mit dem Zeitbegriff arbeiten kann – bereits in der Erwählung Jesu Christi stattgefunden. Da sich diese Erwählung aber vor dem Anfang aller Zeit, in der Ewigkeit, ereignet hat, muß man eigentlich sagen, daß die Verwerfung des Bösen schon vor seiner Entstehung geschehen ist. Und Barth sagt dies auch: »Eben in diesem ersten und ewigen Wort Gottes ist sie [die Sünde] auch zum vornherein, von Ewigkeit her schon überholt, Lügen gestraft und erledigt.« Von hier aus gesehen, hat das Nichtige bei Barth keine »objektive Existenz« mehr. Die Priorität der Gnade nimmt dem Bösen seine geschichtliche Bedeutung. Es ist nur noch ein »Schatten«. Barth vergleicht es mit einer Wespe ohne Stachel. Der Mensch fürchtet die Bewegungen der Wespe nur, wenn er noch nicht weiß, daß sie keinen Stachel mehr hat.[69]

Die Priorität der Gnade nimmt dem Bösen seine reale geschichtliche Bedeutung. In demselben Maße aber, in dem das Böse an geschichtlicher Realität verliert, büßt auch die Erlösungstat Christi an geschichtlicher Realität ein. Wenn Jesus Christus allem *voraus* ist, dann ist er auch der Sünde voraus. Aber dann ist sein Kreuz »nicht eigentlich durch die Sünde bedingt, sondern durch seine von Ewigkeit beschlossene Selbstentäußerung«, und dann bildet der Sündenfall nur die dazu geschaffene notwendige Rahmenhandlung. Ja, dann ist auch das Kreuz letzten Endes nur ein Monolog Gottes des Vaters mit sich selbst als Gott dem Sohn und also »ein gespenstischer Spuk ohne Wirklichkeit«[70].

Bei Barth findet eigentlich kein Kampf Gottes gegen das Böse, kein Angriff seiner Liebe auf die Welt statt, sondern nur eine Kundmachung seiner Liebe, eine Aufklärung über sie, die zeichenhafte Demonstration und Mitteilung eines urzeitlichen Tatbestandes: »Es geschieht nicht etwas, sondern es geschieht Verdeutlichung von Etwas.«[71] Von da her gewinnen »*Wissen*« und »*Erkennen*« ihre große Bedeutung in Barths Theologie. Gläubige und Ungläubige unterscheiden sich darin voneinander, daß die Gläubigen bereits Kenntnis von einem bestimmten Sachverhalt haben, der den Ungläubigen noch unbekannt ist, und entsprechend besteht die Mission in der Mitteilung und Bekanntmachung eines bestimmten Sachverhaltes. Der schwedische Lutheraner Gustaf Wingren, einer der schärfsten, freilich ein nicht immer ganz gerechter Kritiker Barths, hat diese Verschiebung in Barths Theologie in einem Bilde einmal so beschrieben: Wenn jemand eine Postanweisung über 100 Mark erhält, dann ist das Wichtige daran für ihn, daß er das Geld bekommt; nach Barth aber besteht das Wichtige für ihn darin, daß er *Kenntnis* davon erhält, daß er 100 Mark bekommt.[72] Ohne Bild gesagt: Der Geschehnischarakter der Offenbarung wird bei Barth auf den Bereich der Erkenntnis reduziert; die Offenbarung *geschieht* eigentlich nicht mehr, sondern es wird nur noch eine bereits geschehene Offenbarung *mitgeteilt*; es wird nur offenbar gemacht, was immer schon gewesen ist.

Dieselbe Geschichtslosigkeit verführt Barth dazu, auch die konkret-geschichtliche Situation der Menschen schwärmerisch zu überfliegen. Sie wird ganz und gar nur aus dem Blickpunkt der Ewigkeit betrachtet. Wenn im Himmel schon alles vollbracht ist, dann kann auf Erden eigentlich nichts ernsthaft Bedrohliches mehr passieren, und dann kann man es sich auch leisten, Humor zu haben. Aber Barths vielgepriesener Humor hat doch auch seine bedenkliche Seite. Viele erfüllt es mit Unmut, wie hier der Erdenrest, den es zu tragen gilt, so leicht abgeworfen wird; sie können sich des Eindrucks nicht erwehren, daß die Sorgen und Nöte, die sie bedrohen, hier allzu eilig ins Licht der Ewigkeit getaucht werden und die Fragen und Probleme, die sie haben, eine allzu rasche und runde Antwort erhalten. Und so geben sie enttäuscht das Gespräch mit der Theologie auf.

In nichts anderem zeigt sich der Mangel an geschichtlicher Gegenwärtigkeit in der Barthschen Theologie so sehr wie darin, daß das Problem der *Sprache der Verkündigung* in ihr so gut wie gar keine Rolle spielt. Wenn Barth darauf zu sprechen kommt, so geschieht es fast nur in negativer, kritisch abwehrender Weise. Das ist um so erstaunlicher, als Barths ganzes theologisches Denken einst gerade von der Not der Verkündigung ausgegangen ist und er, nach seiner eigenen Versicherung, auch bei seiner dogmatischen Arbeit ständig die Aufgabe der Predigt vor Augen gehabt hat. Im ersten Band seiner ›Kirchlichen Dogmatik‹ schreibt er: »Das normale und zentrale Faktum, auf das sich die Dogmatik bezieht, wird doch sehr schlicht die kirchliche Sonntagspredigt von gestern und morgen sein und bleiben.«⁷³ Und noch als Barth in dem bereits erwähnten Fernsehinterview 1964 in Paris gefragt wurde, welches seine wichtigste Sorge sei, wenn er in Theologie unterrichte, antwortete er unter Hinweis auf seine eigenen Erfahrungen als Pfarrer, daß seine Theologie im Grunde nur ein Versuch sei, sich über das Rechenschaft abzulegen, was er auf der Kanzel zu tun habe, und dafür eine bessere Methode zu finden, als er sie selbst einst auf der Universität gelernt hätte – und er fährt fort: »Wenn ich jetzt vor den Studenten stehe, dann sehe ich alle in der Lage des künftigen Pfarrers. Und ich stelle mir vor, wie sie da im Talar auf der Kanzel stehen, vor sich die aufgeschlagene Bibel und die Zuhörer. Die große Aufgabe der Theologie ist, den Weg zu finden zuerst in die Bibel, dann von der Bibel ins Leben. Im Grunde ist das mein ganz einfaches Rezept.«⁷⁴

Aber von diesem Rezept hat Barth leider nur die erste Hälfte eingelöst: Er hat der Theologie wohl den Weg in die Bibel gewiesen, aber er hat ihr nicht mit der gleichen Intensität auch den Weg von der Bibel ins Leben gezeigt. Immer hat er der Frage nach dem Was der Verkündigung den Vorrang vor der Frage nach dem Wie gegeben, in der Überzeugung, daß sich mit der rechten Erkenntnis des Was das Wie von selbst einstellen werde. Als ob das so selbstverständlich wäre! Als ob man so einfach zwischen dem Was und dem Wie trennen dürfte! Als ob es je das Was ohne das Wie gäbe! Woran es der Barthschen Theologie mangelt, ist der Bezug auf die konkrete Existenz des Menschen und auf die faktische Entwicklung der Welt. Daß die Situation, in die das Wort Gottes hineinzusprechen ist, theologische Relevanz besitzt, daß, wie Martin Buber es einmal ausgedrückt hat, »die Situationen ein Wort mitzureden haben«, kommt in dieser Theologie des Wortes nicht genügend zu Wort.

Auch das ist wieder eine Folge ihrer Geschichtslosigkeit, und zwar sowohl in ihrer negativen als auch in ihrer positiven Ausprägung. Negativ: Wenn Barth von der »Beziehung« des Wortes Gottes auf die menschliche Existenz hört, steigt in ihm immer sofort die alte Furcht auf, Gott und die Existenz des Menschen könnten auf dieselbe Ebene zu stehen kommen, und es könnte sich so das Geschöpf mit dem Schöpfer verwechseln. Darum erklärt er: »Es ist nicht etwa so, daß die Theologie auf die Existenzfrage die theologische Antwort zu geben hätte ... Der Gegenstand der Dogmatik ist und bleibt das Wort Gottes und nichts sonst.«⁷⁵ Positiv: Wer so hoch oben ansetzt, wie Barth es tut, für den kommt die Aufgabe des Brückenschlags entweder überhaupt nicht erst in Sicht, oder er muß sie von vornherein verfehlen. Wie die Theologie ihr Reden von Gott nicht nur vor Gott selbst, sondern auch vor der Welt immer wieder neu zu verantworten hat, das ist eine Frage, die Barth nie ernsthaft beunruhigt hat. Und diese Frage braucht einen auch nicht zu beunruhigen, wenn man sich auf ein urzeitliches Perfektum berufen kann und überzeugt ist, daß in der Ewigkeit schon alles vollbracht sei und hier in der Welt nur noch enthüllt werden müsse. Weil Gottes Sache in der Welt schon gesiegt hat, darum braucht die Gemeinde diesen Sieg nur noch zu bezeugen; weil das Wort Gottes in eigener Freiheit und Kraft bei den Menschen schon »angekommen« ist, darum braucht sich die Gemeinde nicht mehr darum zu sorgen, wie sie mit dem Worte Gottes bei den Menschen »ankommt«. Sie soll »den Samen nur eben ausstreuen wie er ist«, unvermischt »mit den Sämereien ihrer eigenen Gedanken«. Jesus Christus kann nicht anders verkündigt werden als in der Weise, daß er sich selbst verkündigt. Wo dies geschieht, dort stellt sich der Bezug auf die Situation nach Barths Überzeugung gleichsam automatisch her.[76]

Barth leugnet nicht, daß der Anredecharakter der christlichen Botschaft auch gewisse Sprachüberlegungen verlangt, aber wo er darauf zu sprechen kommt, dort klingt es meist ironisch, fast verächtlich: »Ein bißchen ›nicht-religiöse‹ Zeitungs-, Literatur- und, wenn's hoch kommt, Philosophensprache mag also, wenn es um die Anrede geht, gelegentlich wohl am Platze sein. Ein Gegenstand besonderer Sorge sollte das aber auf keinen Fall werden.« Sätze wie diese verraten, daß Barth das Problem, um das es bei der Sprache der Verkündigung geht, in seiner Tiefe nie recht erkannt hat. Für ihn bleibt die Frage der Sprache letzten Endes nur eine Frage der Vokabeln und der technischen Ausdrucksweise: Wie sage ich's meinem Kinde? Ihr Ort ist für ihn nicht die biblische Exegese oder Dogmatik, sondern die praktische Theologie.[77]

Die Frage Lessings, die der Theologie der Neuzeit bis auf diesen Tag so schwer zu schaffen macht: wie die historische Distanz, der »garstige Graben« der 1900 Jahre zwischen der Offenbarung einst und der Verkündigung heute zu überwinden sei, hat Barth nie ernsthaft tangiert. Er sieht in ihr nur eine unechte technische, keine echte geistliche oder theologische Frage. Echt ist die Lessingfrage für ihn nur, insofern sie die Fluchtbewegung des Menschen verrät, durch die er sich, wie Adam und Eva im Garten Eden, vor der »im vollen Gang begriffenen Selbstvergegenwärtigung und Selbstvermittlung Jesu Christi« zu verbergen und in Sicherheit zu bringen sucht: »In einem anderen als diesem Sinn ist die Lessingfrage, die Frage der geschichtlichen Distanz, *kein* echtes Problem . . . Sie ist das Produkt der Angst vor der Wahrheit.«[78]

Fraglos würde ohne Karl Barth und seine Theologie heute in Deutschland, und nicht nur in Deutschland, anders gepredigt werden. Aber die Wirkung der Theologie Barths auf die Verkündigung der Kirche ist zwiespältig gewesen. Auf der einen Seite würde heute ohne sie nicht so rein, biblisch und zentral gepredigt, auf der anderen Seite aber auch nicht so erschreckend korrekt, langweilig richtig und weltabgewandt. Barth hat die kirchliche Verkündigung zwar aus der Defensive in die Offensive geführt, aber er hat sie nicht gleichzeitig mit den für die Offensive ausreichenden Waffen versehen. Der Akzent hat bei ihm immer stärker auf der Identität als auf der Variabilität der Verkündigung gelegen; die Frage der Vergegenwärtigung der christlichen Botschaft für den modernen Menschen ist ihm nie ein Gegenstand besonderen theologischen Nachdenkens gewesen.

Die Folge war, daß »kirchliche Restauration« und »Offenbarungspositivismus« in Barths Theologie und in der von ihm beeinflußten Bekennenden Kirche mehr und mehr die Übermacht gewannen. Daß dieser Vorwurf ausgerechnet von seinem bedeutendsten Schüler, Dietrich Bonhoeffer, erhoben wurde, mußte Barth besonders treffen. Bonhoeffer schreibt in seinen Aufzeichnungen aus der Haft: »Barth hat als erster Theologe – und das bleibt sein großes Verdienst – die Kritik der Religion begonnen, aber er hat dann an ihre Stelle eine positivistische Offenbarungslehre gesetzt, wo es dann heißt: ›friß, Vogel, oder stirb‹.«[79] Ganz ähnlich hatte schon Paul Tillich einige Jahre zuvor, 1936, von seinem Beobachtungsposten in Amerika aus geschrieben: »Die Entwicklung der deutschen Bekenntniskirche in den beiden letzten Jahren hat bewiesen: der Großinquisitor ist im Begriff, seinen Einzug in sie zu halten, und zwar in dem starken, aber engen Panzer des Barthschen Supranaturalismus.«[80] Ob man es nun »Offenbarungspositivismus« oder »Supranaturalismus« nennt – was diese Kritiker Barth vorwerfen, ist, daß er die Wahrheiten der christlichen Offenbarung einfach nur präsentiert, ohne ihre Beziehung zum Leben in der mündigen Welt deutlich zu machen.[81]

Aber dies ist nicht erst eine Fehlentwicklung der Barthschen Theologie gewesen, vielmehr steckte der Keim dazu bereits in ihrem Ansatz. Geboren ist diese Theologie, wie wir von Barth selbst immer wieder gehört haben, aus der »Predigtnot der Pfarrer«. Damit aber hat sie von Anfang an den Charakter einer »Pastorentheologie« in sich getragen, der mehr an der Richtigkeit als an der Richtung der Verkündigung gelegen war. Zwar hat die Bekennende Kirche mit dieser Pastorentheologie den Kirchenkampf im Dritten Reich bestanden, aber auch das wäre kaum gelungen, wenn ihr nicht gleichsam als Kraftfutter jene pietistische Gemeindefrömmigkeit beigemischt worden wäre, die sie selbst einst als »Verwischung der Distanzen«, »romantische Unmittelbarkeit« und »Mystik« getadelt hatte. Durch dieses Bündnis ist freilich der Pietismus selbst ruiniert worden: aus seiner Sehnsucht nach dem »reinen Herzen« wurde die Sorge um die »reine Lehre«.

So ist aus der Wiederentdeckung der Offenbarung Gottes nach dem Ersten Weltkrieg spätestens seit dem Zweiten Weltkrieg wieder ein kirchliches System geworden und aus dem Erschrekken über den unendlichen Abstand zwischen Gott und Mensch die Sorge um die Orthodoxie. Barth hat zwar auch innerhalb der Orthodoxie kräftig ummöbliert, aber aufs Ganze gesehen hat er doch mehr zur Stärkung als zur Auflösung der kirchlichen Orthodoxie beigetragen und mehr zur Vertiefung als zur Aufhebung der Kluft zwischen Christentum und Welt. Barth ist nicht schuldlos an dem Entstehen jener esoterischen Theologensprache, die heute kaum noch ein Nichttheologe versteht. Bei Barth selbst wird dies alles immer wieder aufgelockert und auch zum Leben gebracht durch seine religiöse Genialität. Manche seiner Schüler aber erwecken den Eindruck, als ob sie im Garten Eden unter dem Baum der Erkenntnis sitzen und sich gegenseitig die Früchte zeigen, die sie gepflückt haben, lieblich anzusehen und gut zu essen, derweil Adam und Eva im Schweiße ihres Angesichts das Gemüse für den Wochenmarkt ziehen.

Es hat nach dem Zweiten Weltkrieg ein Ereignis gegeben, bei dem sowohl Barths theologische Haltung als auch die Kritik an ihr schlaglichtartig zum Ausdruck kamen. Das geschah im Zusammenhang mit der ersten Weltkirchenkonferenz in Amsterdam im Jahre 1948. Barth hatte auf ihr den einleitenden Vortrag über das Gesamtthema der Konferenz zu halten: ›Die Unordnung der Welt und der Heilsplan Gottes‹. Gleich in der Einleitung kehrte er das Thema um, »von hinten nach vorn«: Nicht »unten« soll die Konferenz einsetzen, nicht bei der »Unordnung der Welt« und auch nicht bei den Überlegungen und Maßnahmen, mit denen man dieser Unordnung zu begegnen gedenkt, sondern »oben«, bei »Gottes Heilsplan«, bei »seinem schon gekommenen, schon siegreichen, schon in aller Majestät aufgerichteten Reich«, bei »Jesus Christus, der der Sünde und dem Tod, dem Teufel und der Hölle ihre Macht schon genommen, Gottes Recht und das Recht des Menschen in seiner Person schon zu Ehren gebracht hat«. Wieder ist es das urzeitliche Perfektum, das hier bei Barth alles regiert. Es treibt ihn zur Kritik: »Ich sehe merkwürdigerweise gerade über dem uns hier vorgelegten Material so etwas wie einen tiefen Trauerschatten.« Es gibt ihm seinen sieghaften Schwung: »Laßt uns aus diesem Trauerschatten heraustreten!« Aber es hebt ihn auch gefährlich hoch über die Erde hinaus: »Wir dürfen Gottes Zeugen sein. Seine Advokaten, Ingenieure, Manager, Statistiker und Verwaltungsdirektoren zu sein, hat er uns nicht berufen.«[82]

Nach der Konferenz in Amsterdam gab es eine scharfe Kontroverse zwischen Karl Barth und dem amerikanischen Theologen Reinhold Niebuhr. Niebuhrs Kritik an Barths Vortrag war auf den Ton gestimmt: Wir sind Menschen und nicht Gott. Er erinnerte an den Ausgangspunkt, den die Theologie Barths einstmals genommen hatte. Sie hatte begonnen mit der Mahnung, daß Gott im Himmel und der Mensch auf Erden sei. Inzwischen hat sich das Rad um 180 Grad gedreht: »Sie ist nun in Gefahr, eine Krone ohne Kreuz anzubieten, einen Triumph ohne Kampf, einen Glauben, der die Verworrenheit menschlicher Existenz mehr ignoriert als verwandelt.« Die Folge ist, daß sie die Beziehungen des Menschseins überfliegt, daß sie sich durch eine vorzeitige Flucht den konkreten Schwierigkeiten und tragischen Entscheidungen entzieht, daß sie den Christen den Sinn für ihre geschichtliche Verantwortung raubt, daß sie sie – bei aller berechtigten Erinnerung an Gottes endlichen Sieg und aller berechtigten Warnung vor dem Vertrauen auf die eigene Kraft – vergessen läßt, daß sie Gottes Mitarbeiter sein sollen. »Der christliche Glaube weiß einen Weg durch dieses Leid hindurch, aber keinen an ihm vorbei.«[83] Was Niebuhr Barth hier vorwirft, ist genau das, was wir als die Geschichtslosigkeit seiner Theologie beklagt haben.

Barth hatte in Amsterdam gefragt, wie wir auf den »grämlichen Gedanken« kommen könnten, »unsere evangelistische Beziehung zu den modernen Menschen darauf zu begründen, daß wir uns in Tabellenform über ihre verruchten Axiome verständigen: als ob es uns erlaubt wäre, diese Weltleute von heute anders zu betrachten als unter dem Gesichtspunkt, daß Jesus

Christus auch für sie gestorben und auferstanden, auch ihr göttlicher Bruder und Erlöser geworden ist«. Jetzt fragte Niebuhr zurück: »Ist damit gemeint, daß der Apostel Paulus kein Recht hatte, das Sehnen der Zeit nach dem ›unbekannten Gott‹ zu analysieren und seine Bedeutung für die Botschaft zu prüfen? Wenn zum Beispiel Mr. Julian Huxley ein Buch schreibt mit dem Titel ›Der Mensch in der modernen Welt‹, ... hat da der Apologet lediglich Mr. Huxley zu versichern, daß Christus auch für ihn gestorben ist, obwohl Mr. Huxley in seinem augenblicklichen Glaubensstand möglicherweise gar nicht verstehen kann, warum überhaupt Jemand für uns sterben mußte?«[84]

Trotz aller gegenseitigen Versicherung geht es Barth in der Theologie doch nicht um einen echten Dialog, sondern seine Theologie ist ebenso monologisch wie die Offenbarung Gottes, von der sie handelt. Was dieser Theologie des Wortes Gottes fehlt, ist der Bezug des Wortes Gottes auf die Situation, sowohl auf die konkrete Existenz des einzelnen Menschen als auch auf die geschichtliche Entwicklung der ganzen Welt, und damit die Korrelation von menschlicher Frage und göttlicher Antwort. Dieser Theologie der Zuwendung Gottes zum Menschen fehlt die Zuwendung zum konkreten Menschen. Barth rezitiert nur die Worte der Heiligen Schrift und gibt ihnen mit seinem Pathos einen Schwung in die Gegenwart hinein, aber er übersetzt sie nicht wirklich in unsere Gegenwart.

Überrascht von der Wirkung seines ›Römerbriefes‹, hatte Barth einst geschrieben: »Blicke ich auf meinem Weg zurück, so komme ich mir vor wie einer, der, in einem dunklen Kirchturm sich treppaufwärts tastend, unvermutet statt des Geländers ein Seil ergriffen, das ein Glockenseil war, und nun zu seinem Schrecken hören mußte, wie die große Glocke über ihm soeben und nicht nur für ihn bemerkbar angeschlagen hatte.«[85] Inzwischen ist aus dem Anschlagen der einen Glocke ein trinitarisches Glockenspiel geworden, ein volltönendes Geläut der Dreieinigkeit von der Liebe Gottes zur Ehre Gottes. Aber dieses göttliche Glockenspiel tönt über eine immer gottloser werdende Erde. Gott ist im Himmel, und der Mensch ist auf der Erde – während sich dieser Abstand in Barths Theologie verringert hat, hat er sich in der Wirklichkeit gleichzeitig vergrößert. Droben im Himmel tönt das ewige Glockenspiel der Dreieinigkeit, unten auf der Erde aber fragen immer mehr Menschen: Wo bist du, Gott?

Fünftes Kapitel
Vom Jenseits zum Diesseits

Bilanz der Neuzeit

Luther fragte einst am Ende des Mittelalters: »Wie kriege ich einen gnädigen Gott?« Das war zunächst die ganz persönliche Frage eines einzelnen, einsamen Augustinermönches, aber mit dieser ganz persönlichen Frage sprach der einzelne, einsame Augustinermönch die entscheidende Frage seiner Zeit aus. Wer von uns fragt heute aber noch im Ernst, ob Gott ihm gnädig sei? Die meisten Zeitgenossen – und wer, ob Christ oder Nichtchrist, ist hier kein Zeitgenosse? – bangen nicht mehr um ihr Heil im Jenseits, sondern um ihr Wohl im Diesseits; nicht ihr ewiges Seelenheil, sondern ihr zeitliches Schicksal steht für sie auf dem Spiel. Und wenn sie überhaupt noch ein Interesse an Gott haben, dann dies, daß Gott nicht in einem Jenseits, im »Himmel« existiere, sondern daß er sich in der Welt, in ihrem Leben zeige: Gnädig, ewig und allmächtig? – *hier und jetzt* soll er vor allem sein! Und so fragen wir denn am Ende der Neuzeit, sofern wir überhaupt noch nach Gott fragen, anders als am Ende des Mittelalters; wir fragen nicht mehr nach dem gnädigen Gott, wir fragen nach Gott schlechthin: Wo bist du, Gott?

Längst schon hat diese Frage eine Antwort erhalten:

»Habt ihr nicht von jenem tollen Menschen gehört, der am hellen Vormittage eine Laterne anzündete, auf den Markt lief und unaufhörlich schrie: ›Ich suche Gott! Ich suche Gott!‹ – Da dort gerade viele von denen zusammenstanden, welche nicht an Gott glaubten, so erregte er ein großes Gelächter. Ist er denn verloren gegangen? sagte der eine. Hat er sich verlaufen wie ein Kind? sagte der andere. Oder hält er sich versteckt? Fürchtet er sich vor uns? Ist er zu Schiff gegangen? ausgewandert? – so schrien und lachten sie durcheinander. Der tolle Mensch sprang mitten unter sie und durchbohrte sie mit seinen Blicken. ›Wohin ist Gott?‹ rief er, ›ich will es euch sagen! *Wir haben ihn getötet* – ihr und ich! Wir alle sind seine Mörder! Aber wie haben wir dies gemacht? Wie vermochten wir das Meer auszutrinken? Wer gab uns den Schwamm, um den ganzen Horizont wegzuwischen? Was taten wir, als wir diese Erde von ihrer Sonne losketteten? Wohin bewegt sie sich nun? Wohin bewegen wir uns?

Fort von allen Sonnen? Stürzen wir nicht fortwährend? Und rückwärts, seitwärts, vorwärts, nach allen Seiten? Gibt es noch ein Oben und ein Unten? Irren wir nicht wie durch ein unendliches Nichts? Haucht uns nicht der leere Raum an? Ist es nicht kälter geworden? Kommt nicht immerfort die Nacht und mehr Nacht? Müssen nicht Laternen am Vormittage angezündet werden? Hören wir noch nichts von dem Lärm der Totengräber, welche Gott begraben? Riechen wir noch nichts von der göttlichen Verwesung? – auch Götter verwesen! Gott ist tot! Gott bleibt tot! Und wir haben ihn getötet! Wie trösten wir uns, die Mörder aller Mörder! Das Heiligste und Mächtigste, was die Welt bisher besaß, es ist unter unsern Messern verblutet – wer wischt dies Blut von uns ab? Mit welchem Wasser könnten wir uns reinigen? Welche Sühnefeiern, welche heiligen Spiele werden wir erfinden müssen? Ist nicht die Größe dieser Tat zu groß für uns? Müssen wir nicht selber zu Göttern werden, um nur ihrer würdig zu erscheinen? Es gab nie eine größere Tat – und wer nur immer nach uns geboren wird, gehört um dieser Tat willen in eine höhere Geschichte, als alle Geschichte bisher war!‹ – Hier schwieg der tolle Mensch und sah wieder seine Zuhörer an: auch sie schwiegen und blickten befremdet auf ihn. Endlich warf er seine Laterne auf den Boden, daß sie in Stücke sprang und erlosch. ›Ich komme zu früh‹, sagte er dann, ›ich bin noch nicht an der Zeit. Dies ungeheure Ereignis ist noch unterwegs und wandert – es ist noch nicht bis zu den Ohren der Menschen gedrungen. Blitz und Donner brauchen Zeit, das Licht der Gestirne braucht Zeit, Taten brauchen Zeit, auch nachdem sie getan sind, um gesehn und gehört zu werden. Diese Tat ist ihnen immer noch ferner als die fernsten Gestirne – *und doch haben sie dieselbe getan!*‹ Man erzählt noch, daß der tolle Mensch desselbigen Tages in verschiedene Kirchen eingedrungen sei und darin sein *Requiem aeternam deo* angestimmt habe. Hinausgeführt und zur Rede gesetzt, habe er immer nur dies entgegnet: ›Was sind denn diese Kirchen noch, wenn sie nicht die Grüfte und Grabmäler Gottes sind?‹«[1]

Das ist der bekannte Abschnitt aus Friedrich Nietzsches ›Fröhlicher Wissenschaft‹, den er ›Der tolle Mensch‹ überschrieben hat. Schonungslos reißt Nietzsche hier die Nebelschwaden von unserer religiösen Wirklichkeit und enthüllt die unheimliche Situation, in der wir leben. Darum gehört dieser Abschnitt unbedingt in einen Rechenschaftsbericht über die protestantische Theologie in unserem Jahrhundert hinein.

Nietzsches berühmte Todeserklärung Gottes hat eine Art Vorläufer gehabt. Das ist Jean Pauls in den letzten Jahren immer häufiger zitierte ›Rede des toten Christus vom Weltgebäude herab, daß kein Gott sei‹². Man hat sie mit Recht eine »Apokalypse des Atheismus« genannt. Darin heißt es: »Jetzo sank eine hohe edle Gestalt mit einem unvergänglichen Schmerz aus der Höhe auf den Altar hernieder, und alle Toten riefen: ›Christus! ist kein Gott?‹ Er antwortete: ›Es ist keiner... Ich ging durch die Welten, ich stieg in die Sonnen und flog mit den Milchstraßen durch die Wüsten des Himmels; aber es ist kein Gott. Ich stieg herab, so weit das Sein seine Schatten wirft, und schauete in den Abgrund und rief: ›Vater, wo bist du?‹ Aber ich hörte nur den ewigen Sturm, den niemand regiert, und der schimmernde Regenbogen aus Westen stand ohne eine Sonne, die ihn schuf, über dem Abgrunde und tropfte hinunter. Und als ich aufblickte zur unermeßlichen Welt nach dem göttlichen Auge, starrte sie mich mit einer leeren bodenlosen Augenhöhle an; und die Ewigkeit lag auf dem Chaos und zernagte es und wiederkäuete sich... und alles wurde leer. Da kamen schrecklich für das Herz, die gestorbenen Kinder, die im Gottesacker erwacht waren, in den Tempel und warfen sich vor die hohe Gestalt am Altare und sagten: ›Jesus! haben wir keinen Vater?‹ – Und er antwortete mit strömenden Tränen: ›Wir sind alle Waisen, ich und ihr, wir sind ohne Vater.‹ ... So hob er groß wie der höchste Endliche die Augen empor gegen das Nichts und gegen die leere Unermeßlichkeit und sagte: ›Starres, stummes Nichts! Kalte, ewige Notwendigkeit! Wahnsinniger Zufall! ... Wie ist jeder so allein in der weiten Leichengruft des All! Ich bin nur neben mir – O Vater! o Vater! Wo ist deine unendliche Brust, daß ich an ihr ruhe? – Ach wenn jedes Ich sein eigner Vater und Schöpfer ist, warum kann es nicht auch sein eigener Würgengel sein?‹«

Jean Paul leitet seine ›Rede des toten Christus‹ mit den Worten ein: »Wenn einmal mein Herz so unglücklich und ausgestorben wäre, daß ihm alle Gefühle, die das Dasein Gottes bejahen, zerstört wären: so würd' ich mich mit diesem meinem Aufsatz erschüttern und – er würde mich heilen und mir meine Gefühle wiedergeben.« Darum ist die ›Rede des toten Christus‹ bei Jean Paul auch nur ein Traum, ein atheistischer Alptraum, und aus diesem Traum gibt es am Ende ein freudiges Erwachen: »Meine Seele weinte vor Freude, daß sie wieder Gott anbeten konnte –

und die Freude und das Weinen und der Glaube an ihn waren das Gebet. Und als ich aufstand, glimmte die Sonne tief hinter den vollen, purpurnen Kornähren...«

Für Jean Paul ist der Atheismus nur erst eine bedrohliche Möglichkeit, für Nietzsche ist er bereits eine Wirklichkeit. Er zieht gleichsam die *Bilanz der Neuzeit*: Gott ist tot – das ist für ihn das »größte neuere Ereignis« der Geschichte. Man kann sich dieses Ereignis gar nicht universal und durchgreifend genug vorstellen. Nietzsches Todeserklärung Gottes bedeutet nicht nur, daß der Glaube an Gott geschwunden und die Frage nach ihm verstummt ist, sondern daß in einer unaufhaltsamen Bewegung *vom Jenseits zum Diesseits* hin alle Metaphysik überhaupt ans Ende gelangt ist.

Diese alles bloß Christliche und Religiöse übersteigende universale Deutung des Nietzscheschen Satzes »Gott ist tot« hat Martin Heidegger in seinen ›Holzwegen‹ gegeben.[3] Nach ihm beschreibt Nietzsches Wort vom Tode Gottes das Geschick der abendländischen Metaphysik, wie sie seit Plato gedacht wurde: als Unterscheidung zwischen einer sinnlichen und einer übersinnlichen Welt, wobei die übersinnliche Welt als die eigentlich wirkliche und wahre galt, die die sinnliche trug und bestimmte und ihr so den Horizont setzte. Zwar denkt Nietzsche, wenn er vom Tode Gottes redet, zunächst an den christlichen Gott, zugleich aber gebraucht er den Namen Gottes zur Bezeichnung der übersinnlichen Welt überhaupt, der Welt der Ideale, Maße und Werte, des Wahren, Guten und Schönen, die das Ziel bezeichnen, das über dem irdischen Leben wie das Licht der Sonne steht, und es dergestalt von oben und außen her bestimmen. Wenn Nietzsche nun verkündet, daß Gott tot sei, so bedeutet dies nicht nur, daß es keinen Gott mehr gibt, sondern daß das Grundgefüge des Seienden im ganzen erschüttert ist: Die übersinnliche Welt, die bisher als die eigentlich wirkliche und wirksame gegolten hat, ist unwirklich und unwirksam geworden, sie hat ihre Kraft verloren und spendet kein Leben mehr; alle Metaphysik ist zu Ende.

Es ist also nicht so, daß der Mensch, übermütig geworden, sich einfach an die Stelle Gottes gesetzt hätte. Das ist zu kurz und zu christlich-apologetisch gedacht. Vielmehr sieht sich der Mensch in dem Augenblick, in dem die übersinnliche Welt, die bisher die Maße, Ziele und Werte für das irdische Leben gesetzt hat, kraftlos und leblos geworden ist, unversehens vor die Aufgabe gestellt, die Herrschaft über die Erde zu übernehmen. Seine

Autonomie ist eine Art Notwehr. Jetzt muß er, das Subjekt, die Welt als Objekt seiner Erkenntnis und Planung unterwerfen; er muß ihr von sich aus die Werte, Maße und Ziele setzen und ihr so das Licht geben, das ihr bisher von oben geleuchtet hat. Und eben dies führt zur totalen Säkularisierung der Welt. Ihre Folge ist der Atheismus.

Wie eine Lawine ist die *Säkularisierung*, die Verweltlichung der Welt, in der Neuzeit über alle Lebensbereiche gegangen. Es ist der größte und umfassendste Säkularisierungsprozeß, der je in der Geschichte des Christentums, ja in der gesamten Religionsgeschichte überhaupt stattgefunden hat. In unseren Tagen erfüllt sich, was im Ursprung der Neuzeit angelegt war: Die Säkularisierung ist weithin zur Vollendung gelangt und zum selbstverständlichen Kennzeichen unseres gesamten Lebens und Daseins geworden.

Sie begann, spätestens, im 17. Jahrhundert, im Zeitalter der Religionskriege. Der Streit zwischen den Konfessionen zwang zu der Frage, was den Konfessionen jenseits ihres Streites so gemeinsam sei, daß man darauf die Wahrheit gründen könne. Dies Fragen nach einem unumstrittenen Grund der Wahrheit führte auf die allen gemeinsame und für alle gleich verbindliche menschliche Vernunft. Diese Vernunft wurde dann im Laufe der Zeit ihrer selbst immer sicherer und gegenüber den Ansprüchen der Theologie und Kirche immer selbständiger. Immer mehr befreite sie sich von der kirchlichen und theologischen Vormundschaft; immer mehr nahm sie für sich, als ihr Werk, in Anspruch, was bis dahin als Offenbarung Gottes und darum als allein dem Glauben zugänglich gegolten hatte. Und ihre Erfolge schienen ihre Ansprüche glänzend zu rechtfertigen.

Beginn und Vollendung des Emanzipationsprozesses in Richtung auf die Autonomie der menschlichen Vernunft und damit auf die Säkularisierung der Welt hin lassen sich durch je ein zeitgenössisches Zitat charakterisieren. Das Zitat, das den *Beginn* dieses Prozesses charakterisiert, stammt von dem holländischen Rechtsgelehrten Hugo Grotius. Er hat zu Anfang des 17. Jahrhunderts ein großes Werk über das Völkerrecht verfaßt, das erste seiner Art. Darin sagt er, daß das Recht Gültigkeit besitze – »*etsi Deus non daretur*«. Auch wenn es Gott nicht gäbe! Für Grotius gab es Gott noch, aber er wird bei ihm bereits aus der Welt hinausgedrängt. Staat und Recht leben nach ihren eigenen, das heißt der Vernunft der Menschen entspringenden Gesetzen; sie sind sich selbst Gesetz. Damit ist der Autonomie des Menschen die Bahn gebrochen. Damit ist der Säkularismus im Entwurf da: die in sich geschlossene Welt, die sich nicht mehr als Schöpfung Gottes versteht und ihr Leben und Gesetz vom Schöpfer empfängt, sondern die ihre Wahrheit und Rechtfertigung in sich selbst trägt.

Diesen Entwurf hat dann die Aufklärung ausgearbeitet. In ihr hat sich nach Kants berühmter Definition »der Ausgang des Menschen aus seiner selbstverschuldeten Unmündigkeit« vollzogen; immer mehr hat der Mensch, wie Kant es von ihm forderte, gelernt, »sich seines Verstandes ohne Leitung eines anderen zu bedienen«. In unseren Tagen aber ist diese Bewegung auf die Autonomie des Menschen hin zur Vollendung gelangt. Die metaphysischen Sockel sind überall gestürzt: Wissenschaft, Politik, Gesellschaft, Wirtschaft, Recht, Kunst und Moral verstehen sich aus sich selbst und folgen ihren eigenen Gesetzen. Es gibt keine ausgesparten Räume mehr, in denen es nach irgendwelchen anderen, »metaphysischen« oder »göttlichen«, Gesetzen zuginge. Der Mensch kommt ohne die Arbeitshypothese »Gott« aus; er wird mit der Welt und seinem Leben auch ohne Gott fertig. Er hat befolgt, was Zarathustra ihm geraten hatte: Er hat sich von allen »Hinterwelten« abgekehrt und ist der Erde treu geblieben; er hat die Bindung an alle jenseitigen Mächte gelöst und sich fest ins Diesseits eingehaust.

In demselben Maße, in dem der Mensch mündig geworden ist, ist die Welt aus einer Welt Gottes zu einer Welt des Menschen geworden. Und der Mensch ist auch durchaus bereit, für diese seine Welt die volle Verantwortung zu übernehmen, nicht nur für ihre einzelnen Teile, sondern auch für ihre Gesamtheit, für ihren Fortgang und ihren Sinn. Bei der Erfüllung dieser Aufgabe entfaltet er einen großen Ernst, eine strenge Disziplin, eine helle Wachsamkeit und eine hohe Verantwortung. Auf jeden Fall zeichnen ihn diese Tugenden mehr aus als die moralischen Schäden und Schwächen, die kirchliche und weltliche Moralprediger in Kanzelreden und Aufrufen an ihm zu beklagen pflegen. Freilich hat seine Sittlichkeit sich gewandelt: Früher war der Mensch *vor* einer ihm gegebenen Ordnung verantwortlich, und er mußte darauf bedacht sein, diese Ordnung so zu erhalten, wie sie ihm überkommen war; heute ist der Mensch *für* die Ordnung seiner Welt verantwortlich, und er muß darauf bedacht sein, je und je die neue Ordnung zu schaffen, die nötig ist, um die Welt in ihrem Bestand zu erhalten. Mit einer unbeirrten, durch nichts abgelenkten, fast verbissenen Treue hält der Mensch an der Erde fest und sucht sie vor der möglichen Katastrophe zu bewahren. Hieß es für ihn früher: »Extra *ecclesiam* nulla salus« – außerhalb der Kirche ist kein Heil, so heißt es für ihn heute: »Extra *mundum* nulla salus« – außerhalb der Welt gibt es kein Heil.

Das Fazit dieser Entwicklung hat Werner Heisenberg in dem einen knappen Satz zusammengefaßt: »*Zum ersten Mal in der Geschichte der Menschheit steht der Mensch überall nur sich selbst gegenüber.*«[4] Das ist das zweite Zitat, welches die *Vollendung* der Bewegung auf die Autonomie des Menschen hin kennzeichnet. »Etsi Deus non daretur« – so hat es einst begonnen; »der Mensch steht überall nur sich selbst gegenüber« – so vollendet es sich heute unter uns.

Die Konsequenz dieser totalen Säkularisierung ist der *Atheismus*. Verweltlichung der Welt und Verdrängung Gottes aus der Welt sind *ein* Vorgang: Indem der Mensch sich die Welt als Gegenstand vorstellt und handhabt, wird sie unter seinen Händen – bis zurück zu den frühesten Anfängen der Geschichte und bis hinauf zu den fernsten Örtern des Universums – weltlich, endlich, gottleer. Es ergeht dem neuzeitlichen Menschen wie weiland König Midas. Wie sich diesem alles, was er anrührte, in Gold verwandelte, so wird dem neuzeitlichen Menschen alles, was er anrührt, was er bearbeitet, erkennt und erfährt – die Natur, die Geschichte, das Leben der Seele, das Innere wie das Äußere – zur »Welt«. Es ist eine Welt, die sich so völlig aus sich selbst versteht, daß in ihr kein Platz mehr zu sein scheint für Gott. Immer unverhüllter tritt in unseren Tagen die Tatsache hervor, daß menschliches Leben augenscheinlich rein immanent aus sich selbst verstanden und gelebt werden kann, daß es sich darstellen und begreifen kann, ohne von der Frage nach Gott überhaupt noch berührt, geschweige denn beunruhigt zu werden. Es ist, als hätten wir keine praktische Erfahrungsgrundlage mehr für das, was Schleiermacher einst – in einer zwar unzureichenden Definition von Religion – als die »schlechthinnige Abhängigkeit« des Menschen bezeichnet hat. Wenn es uns zum Beispiel nicht mehr so wie früheren Generationen gelingt, das Erntedankfest zu feiern, dann liegt dies nicht nur an unserer Undankbarkeit, sondern auch daran, daß wir Kunstdünger haben. Bertrand Russell hat diesen Tatbestand in einem Bonmot einmal etwa so ausgedrückt: Fischer mit Segelbooten glaubten leichter an Gott als Fischer mit Motorbooten.[5] Der zunehmenden Machbarkeit aller Dinge durch den Menschen entspricht eine zunehmende Abwesenheit Gottes in der Welt. Je mehr es dem Menschen gelingt, sich der Welt zu bemächtigen, desto mehr breitet sich das Bewußtsein der Abwesenheit Gottes in der Welt aus, und umgekehrt: je weiter sich das Bewußtsein der Abwesenheit Gottes in der Welt ausbreitet, desto mehr sieht sich der Mensch veranlaßt, die Welt in seinen Besitz und seine Verantwortung zu nehmen.

Nietzsches Position scheint bereits überholt zu sein. Er hatte noch sagen können, daß die ungeheuere Nachricht vom Tode Gottes noch unterwegs sei und wandere, daß sie noch nicht bis zu den Ohren der Menschen gedrungen sei. Inzwischen jedoch ist sie längst bis zu den Ohren der Menschen gedrungen, inzwischen haben sich die Menschen an sie gewöhnt. Während der Atheismus früher die Angelegenheit einer kleinen avantgardistischen Gruppe war, ist er heute zu einer Massenerscheinung geworden. Er bildet nicht mehr nur die abstrakt-intellektuelle Konzeption einiger Weniger, sondern bezeichnet die existentielle Lebenshaltung und Mentalität Unzähliger; er wird nicht mehr nur von einer Minderheit theoretisch bedacht, sondern von der Mehrheit bedenkenlos praktiziert. Aber obwohl er so scheinbar oberflächlicher geworden ist, hat er sich gerade dadurch zugleich tiefer verankert. Der Atheismus bestimmt das geistige und seelische Klima unserer Zeit; er liegt in der Luft, die wir täglich atmen. Er bildet nicht mehr eine Negation, sondern eine eigene Position. Man gelangt heute nicht mehr, womöglich durch schwere innere Kämpfe oder in riskanten gesellschaftlichen Auseinandersetzungen, zum Atheismus hin, sondern man geht bereits wie selbstverständlich von ihm aus. Unser heutiger westlicher Atheismus ist von Nietzsches leidenschaftlicher Bestreitung Gottes ebenso weit entfernt wie die heutigen östlichen Atheisten von den leidenschaftlichen Gottesleugnern bei Dostojewskij. Man bemüht sich schon gar nicht mehr um eine Widerlegung Gottes, sondern befindet sich bereits jenseits des Gottesproblems. Der Atheismus selbst ist in unseren Tagen säkularisiert worden.

So sieht die Bilanz der Neuzeit aus, mit der sich die Theologie heute konfrontiert sieht. Angesichts dieser Bilanz hat sie ihr Reden von Gott neu zu verantworten, wenn anders die Kirchen nicht wirklich Grüfte und Grabmäler Gottes werden sollen. Fortan gibt es kein verantwortungsvolles Reden von Gott mehr, das sich nicht von Anfang bis Ende das, was Nietzsche das »größte neuere Ereignis« der Geschichte nennt, in seinem ganzen Ernst und mit seiner ganzen Wucht gegenwärtig hält. Ehrliche Theologie ist künftig nur noch Wand an Wand mit dem Atheismus möglich.

Natürlich spielt sich auch das Leben in der Neuzeit nicht ohne Religion ab. Aber mit der wachsenden Bewegung auf die Autonomie des Menschen hin ist die Tendenz verbunden, die Religion immer mehr an den Rand des Lebens zu drängen. Man duldet sie höchstens noch als eine Ergänzung der Wirklichkeit durch Gott. Wie einen goldenen Rahmen legt man die Religion um die dunkle, unheimliche Landschaft der Welt, um ihren Anblick auf diese Weise ein wenig erträglicher zu gestalten. Man läßt die Welt ihren Lauf nehmen, man überläßt das Leben seinen eigenen Gesetzen, an seinem Rande aber errichtet man eine stille, windgeschützte Provinz, und dorthin flüchtet man sich, um nach wie vor den Aufschwung in ein unberührtes Jenseits zu versuchen. Doch solch frommes Tun hat keinen Bezug mehr zu dem weiten Bereich der säkularen Wirklichkeit, in dem sich der intensivste Teil des Lebens der meisten Menschen heute abspielt. Dieser religiöse »Provinzialismus« erinnert an den Versuch, inmitten eines reinen Industriegeländes noch einen kleinen Schrebergarten aufrechtzuerhalten. Eine Zeitlang mag das gelingen, aber doch nur so lange, als es dem Besitzer des Industriegeländes gefällt. Sobald er danach greift, ist es mit dieser religiösen Schrebergarten-Existenz vorbei.

So droht der christliche Glaube durch die Säkularisierung in eine gefährliche Schizophrenie getrieben zu werden, in die Aufspaltung der einen Wirklichkeit in zwei Wirklichkeiten: in die Wirklichkeit Gottes und die Wirklichkeit der Welt. Viktor von Weizsäcker hat diese drohende Spaltung auf die Doppelfrage gebracht: »Wo kommt die Wissenschaft hin, welche zuläßt, daß ein Gott zwischen unsere Experimente fährt – wo aber kommt der religiöse Mensch hin, der in dem Augenblick, da er sein Laboratorium betritt, mit Hut und Stock auch seinen Gott an den Nagel hängt?«[6] Die gefährliche Spaltung, die Viktor von Weizsäcker hier andeutet, betrifft nicht nur die Naturwissenschaft, überhaupt nicht nur die Wissenschaft, sondern das gesamte Leben. Die alte Gefahr, die das Christentum von je begleitet hat: daß einer im Herzen ein Christ und mit dem Kopf ein Heide ist, hat mit der totalen Säkularisierung einen unüberbietbaren Höhepunkt erreicht. Damit aber scheint die Theologie in ein ausweglos Dilemma zu geraten. Wenn Theologie Rede von Gott heißt, dann muß sie notwendigerweise universal sein, das heißt, sie muß die Herrschaft Gottes über die ganze Welt bezeugen, wenn sie nicht ungehorsam gegen das Erste Gebot sein will. Wie aber ist das noch möglich? Wie kann man in der weltlich gewordenen Welt noch von Gott reden? Wie kann man in der weltlich gewordenen Welt noch Christ sein? Wie kann man in einer solchen Welt überhaupt noch »religiös« sein? Das ist die Frage, die die totale Säkularisierung an das Christentum stellt. Hier liegt die eigentliche Herausforderung an den Glauben und die Theologie in unserer Zeit.

Intellektuelle Redlichkeit

Dem Problem der totalen Säkularisierung haben sich viele protestantische Theologen in den letzten Jahren ehrlich gestellt, allen voran Friedrich Gogarten und Dietrich Bonhoeffer.

Was den Stil und die Situation ihres Denkens betrifft, so sind beide Theologen sehr verschieden. Gogarten ist der typische Universitätstheologe, ein strenger Systematiker von einer bohrenden, geradezu vergewaltigenden Denkkraft, der alles aus einem einzigen Punkt unnachgiebig entfaltet. Er hat seit dem letzten Kriege ein Buch nach dem anderen veröffentlicht, jedes in den Bahnen derselben Problematik kreisend. Auch Bonhoeffer war gewiß ein akademischer Theologe und Systematiker von hohen Graden, aber bei ihm scheint überall stärker der persönliche Erlebnisuntergrund hindurch. Er hat mit unerbittlicher Kompromißlosigkeit am Kirchenkampf teilgenommen, hat darüber sein akademisches Lehramt verloren, ist in die illegale Theologenausbildung der Bekennenden Kirche gegangen und schließlich als Soldat politischer Verschwörer geworden. Seine letzten, entscheidend neuen theologischen Gedanken hat er im Gefängnis niedergeschrieben, kein ausgereiftes Werk mehr, sondern Ansätze, Fragmente und Entwürfe nur, aber vielleicht gerade darum von einer besonders eindringlichen, unmittelbaren Überzeugungskraft. Sie wirken wie prophetische Signale, manchmal fast wie ein einziger Schrei, besiegelt durch das Martyrium. Deswegen sollten sich Bonhoeffers Freunde und Verehrer auch hüten, seine letzten Aufzeichnungen aus der Haft allzu eng mit dem verknüpfen zu wollen, was er vorher gedacht und geschrieben hat, und aus dem Ganzen womöglich ein theologisches System zu machen und seinen Urheber, je nach Geschmack, als Heiligen oder als Kirchenlehrer zu kanonisieren. Wohl gibt es von Anfang bis Ende durchgehende Linien in dem Lebenswerk Bonhoeffers, aber es läßt sich auf keinen theologischen Generalnenner bringen. Ebensowenig freilich ist es einer unbußfertigen Behördenkirchlichkeit erlaubt, das Martyrium Bonhoeffers zwar für sich zu vereinnahmen, sich von seinen Aussagen aber dispensiert zu fühlen. Nur wer Bonhoeffers Worte verstanden hat, vermag auch seinen Tod richtig zu deuten.

Trotz der Verschiedenheit im Stil und teilweise auch im Inhalt ihres Denkens gehören Gogarten und Bonhoeffer eng zusammen. Sie sind beide von denselben Fragen getrieben und zu denselben Einsichten unterwegs. Beider Denken kreist um dieselbe Problematik: die Konfrontation des christlichen Glaubens mit der veränderten Wirklichkeit der weltlich gewordenen Welt. Gogarten formuliert die Aufgabe so: »Es ist nötig geworden, die Frage nach dem christlichen Glauben auf eine ganz neue Weise zu stellen – nämlich angesichts der tatsächlich vollzogenen Säkularisierung der ganzen menschlichen Existenz.«[7] Und Bonhoeffer schreibt: »Was mich unablässig bewegt, ist die Frage, was das Christentum oder auch wer Christus heute eigentlich für uns ist ... Die Frage heißt: Christus und die mündig gewordene Welt.«[8] Von Gogartens und Bonhoeffers theologischen Bemühungen gilt, was Heidegger einmal in seinen ›Holzwegen‹ sagt: »Dort, wo die Vollendung der Neuzeit die Rücksichtslosigkeit der ihr eigenen Größe erlangt, wird allein die zukünftige Geschichte vorbereitet.«[9]

Was Gogarten und Bonhoeffer zur Konfrontation des christlichen Glaubens mit der gewandelten Wirklichkeit der Welt treibt, ist ihr Respekt vor dem Gebot der intellektuellen Redlichkeit. Intellektuell redlich sein heißt, sein Denken im Einvernehmen halten mit der Wirklichkeit. Unsere Wirklichkeit aber ist nun einmal durch die Tatsache bestimmt, daß die Säkularisierung, die seit dem Beginn der Neuzeit in Gang gekommen ist, heute unser gesamtes Leben ergriffen hat: »Wer das nicht wahr haben will, will in einer Welt leben, die es nicht mehr gibt.«[10] Das Gebot der intellektuellen Redlichkeit resultiert aus der Erschließung der Autonomie der menschlichen Vernunft in der Neuzeit. Inwieweit sie auch eine Forderung des christlichen Glaubens bildet, kann erst eine tiefere theologische Erfassung des Säkularisierungsprozesses erweisen.

Eine ehrliche Auseinandersetzung des christlichen Glaubens mit der totalen Säkularisierung erscheint Gogarten und Bonhoeffer um so dringender, als die Säkularisierung schwere, lebensbedrohliche Fragen aufwirft, die sowohl den Glauben als auch die Welt selbst betreffen. Der Glaube droht durch die Säkularisierung zu verkümmern, indem er, im Schema einer privaten Moral befangen, nur noch nach dem individuellen Seelenheil des Einzelnen fragt und die Kirche sich entsprechend immer weiter aus der Welt zurückzieht. Die Welt aber wird durch die Säkularisierung in ihrem Bestande bedroht, indem mit jedem Tage fraglicher wird, ob der Mensch der von ihm in der Neuzeit übernommenen Aufgabe, Herr seiner selbst und der Welt zu sein, mit seinem Ethos und Pathos gewachsen ist. Diese doppelte Bedrohung – des Glaubens und der Welt – wirft die Frage nach der möglichen Begrenzung der Säkularisierung auf, ob es irgend etwas in der Welt gibt, was ihrem Zugriff entzogen ist, ob sie sich überhaupt eingrenzen und beschränken läßt und wo die Grenze, falls es sie gibt, zu ziehen ist. Die Frage nach der Grenze aber führt weiter zu der Frage nach dem Sinn der Säkularisierung; denn ich kann nur etwas begrenzen, dessen Sinn ich erkannt habe. Und so suchen Gogarten und Bonhoeffer denn die Säkularisierung nicht nur besser zu verstehen, als die Theologie sie bisher verstanden hat, sondern auch besser, als diese sich selbst verstanden hat. Sie appellieren gleichsam von einer sich falsch verstehenden Säkularisierung an eine sich richtig verstehende Säkularisierung. Hand in Hand geht bei ihnen damit das Bemühen, den christlichen Glauben so zu verstehen, daß er sich nicht mehr ängstlich an der gewandelten Wirklichkeit der Welt vorbeizuschleichen braucht.

Indem Gogarten und Bonhoeffer die Säkularisierung im Lichte des christlichen Glaubens und den christlichen Glauben im Lichte der Säkularisierung neu und besser zu verstehen suchen, führen sie die Theologie wieder heraus in die freie Luft der geistigen Auseinandersetzung mit der Welt. Dabei fühlen sie sich wieder ganz zurückgeworfen auf die Anfänge des Verstehens der überlieferten christlichen Vokabeln und Begriffe, zugleich aber auch geleitet durch die Ahnung von etwas völlig Neuem und Umwälzendem in ihnen. Die Mündigkeit der menschlichen Vernunft und die sich daraus ergebende Verweltlichung der Welt werden von Gogarten und Bonhoeffer unvoreingenommen anerkannt. Sie wehren sich nicht gegen sie nach der Weise jener falschen theologischen Apologetik, die dem Glauben krampfhaft vorzubehalten trachtet, was dieser selbst längst der Vernunft zu treuen Händen überantwortet hat, und die, wie benommen durch die Aussichtslosigkeit dieses Unternehmens, sich nur noch tiefer darein verrennt. Sie sehen in der Entwicklung der Neuzeit auch nicht nach der Weise traditioneller katholischer oder protestantischer Geschichtsschreibung einen Abfall des Menschen von Gott oder Christus, mit dem Ergebnis, daß diese Entwicklung selbst sich entsprechend in immer stärkerem Maße als antichristlich empfunden hat. Schließlich suchen sie auch nicht in romantischer Sehnsucht den Weg zurück in ein erträumtes Mittelalter. Sie nehmen vielmehr die Mündigkeit der menschlichen Vernunft und die sich daraus ergebende Verweltlichung der Welt als das, was sie sind: als das Ergebnis eines notwendigen Geschichtsprozesses. Aus ihm gibt es keinen Weg heraus, wenigstens nicht durch den Verzicht auf intellektuelle Redlichkeit – höchstens durch Umkehr und Buße. Umkehr und Buße aber sind etwas ganz anderes: Sie führen nicht aus der Wirklichkeit heraus, sondern in die Wirklichkeit hinein. Darum haben Gogarten und Bonhoeffer, indem sie sich radikal und selbstlos auf die veränderte Wirklichkeit der Welt eingelassen haben, in der Theologie auch mehr als nur einen Denkprozeß entfacht, nämlich eine Bußbewegung: eine Umkehr im Denken. Eines ist hier nicht ohne das andere: Es gibt keine intellektuelle Redlichkeit ohne Umkehr und Buße. Auch hier gilt das Wort: »Wer sein Leben verliert, der wird es gewinnen.« Ob Gogarten und Bonhoeffer durch ihre Umkehr im Denken auch die Wirklichkeit der Welt auf neue Weise gewonnen haben, das werden wir sehen müssen.

Das Ende der Religion

Wie von Gogarten und Bonhoeffer wird die Mündigkeit der Welt heute von vielen protestantischen Theologen, wenigstens von den gegenwartsnahen und aufrichtigen unter ihnen, als ein feststehendes, durch keinerlei christliche Kunstgriffe mehr rückgängig zu machendes geschichtliches Faktum anerkannt. Innerhalb dieses Gesamtchores aber nimmt Dietrich Bonhoeffer nun eine besondere, eigenständige Stellung ein: Radikaler als alle anderen, auch als Gogarten, spitzt er die Analyse der geschichtlichen Situation auf das Phänomen der Religion zu und gelangt so zu seiner berühmten These vom *Ende der Religion*. Dabei knüpft er an seinen Lehrer Karl Barth an, bei dem er zwar nie studiert hat, von dem er aber, wie er gesteht, jede Zeile gelesen hat. Er nimmt seine Kritik der Religion mit ihrer radikalen Unterscheidung zwischen menschlicher Religion und göttlicher Offenbarung auf, geht aber über sie noch entscheidend hinaus. Während Barth mit seiner Kritik der Religion weithin im Dogmatischen, Grundsätzlich-Theologischen bleibt, zieht Bonhoeffer aus ihr die praktischen Konsequenzen, indem er sie in Beziehung zur konkreten geschichtlichen Situation setzt. Auch hier macht er die Probe aufs Exempel durch die Konfrontation des christlichen Glaubens mit der gewandelten Wirklichkeit der Welt. Dabei mischt sich bei ihm in die theologische Erkenntnis die praktische Erfahrung, wie er sie etwa als Verschwörer in der Zusammenarbeit mit Politikern, Offizieren und Diplomaten und als Gefangener im Umgang mit seinen Bewachern und Mithäftlingen im Militär- und Gestapogefängnis gemacht hat. Und so gelangt er zu dem folgenden radikalen Urteil: »Die Zeit, in der man alles den Menschen durch Worte – seien es theologische oder fromme Worte – sagen könnte, ist vorüber; ebenso die Zeit der Innerlichkeit und des Gewissens, und das heißt eben die Zeit der Religion überhaupt. Wir gehen einer völlig religionslosen Zeit entgegen; die Menschen können einfach, so wie sie nun einmal sind, nicht mehr religiös sein.«[11]

Als Beispiel dafür, daß die Menschen bereits »wirklich radikal religionslos« sind, führt Bonhoeffer unter anderem den Zweiten Weltkrieg an: Er hat im Unterschied zum Ersten Weltkrieg, ja zu allen bisherigen Kriegen keinerlei religiöse Reaktion mehr hervorgerufen. Auch die westliche Gestalt des Christentums kann nur noch als »Vorstufe einer völligen Religionslosigkeit« angesehen werden. Bonhoeffer hält die einmal gewonnene Säkularität und damit den Zustand der Religionslosigkeit für so endgültig, daß er auch nicht mehr die heute weitverbreitete Ansicht teilt, der moderne Mensch schaffe sich für den Verlust der überkommenen Religion immer sogleich irgendeinen Religionsersatz: »Götzendienst setzt voraus, daß Menschen überhaupt noch etwas anbeten. Wir beten aber gar nichts mehr an, nicht einmal Götzen. Darin sind wir wirklich Nihilisten.«[12]

In der Religion sieht Bonhoeffer nur eine geschichtlich bedingte und daher vergängliche Ausdrucksform des Christentums. Sie ist wie ein Gewand, das die christliche Offenbarung bisher, zu Recht oder zu Unrecht, getragen hat, das jetzt aber endgültig verschlissen ist. Dieses Gewand hat zu den verschiedenen Zeiten verschieden ausgesehen. Zwar gibt Bonhoeffer nirgendwo eine präzise, zusammenfassende Definition dessen, was er unter »Religion« versteht; die einzelnen Aussagen jedoch, die er darüber macht, gehen alle so sehr in *eine* Richtung, daß sich aus ihnen mühelos wenigstens ein ungefähres Bild herstellen läßt. Dieses Bild ist fraglos einseitig und nicht ohne polemisch-karikierende Züge. Es läßt sich mit den Stichworten umreißen: »metaphysisch«, »individualistisch«, »anthropozentrisch«, »pietistisch«, »mystisch« – oder: Jenseits und Diesseits – Deus ex machina – ewiges Seelenheil – Erlösung im Jenseits. Fügt man diese verschiedenen Stichworte zusammen, so ergibt sich aus ihnen genau das Bild jener abendländischen transzendentalen Metaphysik, deren Ende Nietzsche, nach Heideggers Deutung, angekündigt hat. Das entscheidende Charakteristikum aller »Religion« ist für Bonhoeffer das Denken in zwei Räumen: In einer oberen, jenseitigen Welt existiert Gott, in einer unteren, diesseitigen der Mensch. Gott greift von oben wie der Deus ex machina in der antiken Tragödie in die untere, diesseitige Welt ein, und der Mensch sehnt sich aus der unteren, diesseitigen Welt heraus nach der oberen, jenseitigen, nach der Erlösung in einem besseren Jenseits. Diesem metaphysischen Denken in zwei Räumen entspricht als Voraussetzung die Annahme eines religiösen Apriori, das heißt die Ausstattung des Menschen mit einer religiösen Anlage und damit die Begründung der Religion in der Struktur des menschlichen Geisteslebens.

Solange es das Christentum gibt, hat es in Symbiose mit dieser »Religion« gelebt. Jetzt aber ist die Zeit der Religion zu Ende, ein religiöses Apriori gibt es nicht. In demselben Maße, in dem die Autonomie der menschlichen Vernunft und mit ihr die Säkularisierung der Welt in der Neuzeit vordrang, wurde Gott aus der Welt zurückgedrängt. In einer Art Gegenbewegung dazu hat nun aber das Christentum seinerseits versucht, weiterhin befangen in dem Denken in zwei Räumen, ängstlich einen Raum für Gott und die Religion in der Welt oder gegen die Welt auszusparen. Durch den Rückzug auf die sogenannten »*letzten Fragen« der Erkenntnis und des Lebens* meint man der mündig gewordenen Welt beweisen zu können, daß sie ohne den Vormund »Gott« nicht zu leben vermöge. Und so sucht man denn nach »Notausgängen« für Gott aus dem für ihn immer enger werdenden Lebensraum.

Um die Existenz Gottes vor der immer stärker andrängenden wissenschaftlichen *Erkenntnis* zu retten, sucht man in der kausalbestimmten Weltkontinuität Risse und Sprünge zu entdecken, in denen man Gott noch unterbringen kann; man späht danach aus, wo es im Bereich der wissenschaftlichen Forschung noch Lücken gibt, und diese Lücken füllt man dann mit Gott aus. So setzt man Gott mit dem Noch-nicht-Erforschten gleich. Was aber heißt dies anderes, als daß man Gott als »Lückenbüßer« der unvollkommenen menschlichen Erkenntnis figurieren läßt? Das aber ist ein für Gott ebenso unwürdiger wie hoffnungsloser Rettungsversuch. Mit der Anwendung dieses Gottesbeweises hat die Religion ihren Prozeß bereits verloren. Denn da es nun einmal im Wesen der menschlichen Erkenntnis liegt, daß sie sich nie zufriedengibt, sondern ständig über sich selbst hinaus in das noch Unbekannte, Unerforschte, Unerklärte greift, befindet sich Gott »auf einem fortgesetzten Rückzug« und gerät zwangsläufig in immer größere Raumnot. Je weiter die Wissenschaft ihre Grenzen hinausschiebt, desto mehr »verliert Gott an Boden«. Hat er einst den ganzen Dom der Welt ausgefüllt, so ist er jetzt gleichsam in die Apsis zurückgedrängt oder hat sich gar auf den Altar geflüchtet und haust dort wie der Geist irgendeiner heidnischen Religion.

Gott als wissenschaftliche, aber auch als politische, künstlerische oder moralische Arbeitshypothese ist überwunden, man muß sie fallen lassen. »Ein erbaulicher Naturwissenschaftler, Mediziner etc. ist ein Zwitter.«[13] Das ist Bonhoeffer, als er im Gefängnis Carl Friedrich von Weizsäckers Buch ›Zum Weltbild der Physik‹ las, von neuem aufgegangen, und es klingt fast wie ein Echo und eine Bestätigung nach zwanzig Jahren, wenn Carl Friedrich von Weizsäcker in den von ihm 1959/61 an der Universität Glasgow gehaltenen Gifford Lectures sagt: »Heutige Wissenschaftler können sich unter einer religiösen Deutung der Naturgesetze höchstens eine hinzugebrachte Privatmeinung des eigenen Denkens vorstellen, vermutlich mythischen Charakters, ganz gewiß ohne jeden logisch zwingenden Zusammenhang mit dem Begriff des Naturgesetzes selbst. Kein guter Wille und kein religiöser Eifer kann diese Entwicklung rückgängig machen.«[14]

Der andere Versuch der christlichen Apologeten, die Unentbehrlichkeit Gottes nachzuweisen, besteht in dem Hinweis auf die sogenannten »*letzten Fragen*« *des Lebens*. Nachdem Gott aus der Öffentlichkeit der menschlichen Existenz verdrängt worden ist, möchte man ihn wenigstens noch im Bereich des Persönlichen, Innerlichen, Privaten festhalten und ihm hier einen Raum aussparen. Man erinnert den Menschen an seine Grenzen – an Krankheit, Leid, Not, Sorge, Sünde, Schuld und Tod – und sucht ihm an solchen Grenzsituationen zu demonstrieren, daß er hier aus eigener Kraft nicht durchkomme, sondern auf Gott, Kirche und Pfarrer angewiesen sei. So werden die »Kammerdienergeheimnisse« – der Bereich des Intimen vom Gebet bis zur Sexualität – zum »Jagdgebiet der modernen Seelsorger«. Bonhoeffer vergleicht ihr Tun mit dem der »übelsten Asphaltjournalisten«: wie diese die Intimitäten anderer Leute ans Licht ziehen, um sie gesellschaftlich, finanziell oder politisch zu ruinieren, so jene, um sie »religiös zu erpressen«. Dieses »Hinter-den-Sünden-der-Menschen-Herschnüffeln« bezeichnet Bonhoeffer als »pfäffisch«; ihm gilt seine ganze Verachtung. Aber dieselbe unkeusche, pfäffische Sündenschnüffelei findet er auch bei den »säkularisierten Ablegern der christlichen Theologie«, bei den Existenzphilosophen und Psychotherapeuten, und so trifft sie derselbe Spott wie die christlichen Theologen: »Wo Gesundheit, Kraft, Sicherheit, Einfachheit ist, dort wittern sie eine süße Frucht, an der sie nagen oder in die sie ihre verderblichen Eier legen.« Sie suchen dem sicheren, zufriedenen, glücklichen Menschen einzureden, daß er in Wirklichkeit unglücklich und verzweifelt sei und das nur nicht wahrhaben wolle; sie legen es darauf an, ihn in innere Verzweiflung zu treiben, und wenn ihnen das gelungen ist, dann haben sie gewonnenes Spiel – »das ist säkularisierter Methodismus«.

So sucht man »ein paar Unglückliche in ihrer schwachen Stunde zu überfallen« und sie »religiös zu vergewaltigen«. Gegen diese »Ausnutzung menschlicher Schwäche« wehrt sich Bonhoeffers aristokratisches Stilgefühl. Er sieht darin nur eine »Revolution von unten«, einen »Aufruhr der Minderwertigkeit«: Es ist, als ob man »mit der Erscheinung eines Hochgestellten erst dadurch fertig wird, daß man sich den Betreffenden in der Badewanne vorstellt«, als ob man »ein schönes Haus erst kennte, wenn man die Spinnweben im letzten Keller gefunden« hat, als ob man »ein gutes Theaterstück erst recht würdigen könne, wenn man gesehen hat, wie sich die Schauspieler hinter den Kulissen aufführen«[15].

Aber können sich die christlichen und säkularisierten Methodisten nicht auf das Evangelium berufen, auf seinen zentralen Inhalt? Hat nicht Jesus selbst gesagt, daß nicht die Starken des Arztes bedürften, sondern die Kranken, und daß er gekommen sei, Sünder selig zu machen? Auf diesen Einwand lautet Bonhoeffers Antwort: »Wenn Jesus Sünder selig machte, so waren das wirkliche Sünder, aber Jesus machte nicht aus jedem Menschen zuerst einmal einen Sünder. Er rief sie von ihrer Sünde fort, aber nicht in ihre Sünde hinein … Niemals hat Jesus die Gesundheit, die Kraft, das Glück eines Menschen an sich in Frage gestellt und wie eine faule Frucht angesehen; warum hätte er sonst Kranke gesund gemacht, Schwachen die Kraft wiedergegeben?«[16]

Bonhoeffer ist von der Kraft des Gesunden, Diesseitigen, Weltlichen, Einfach-Natürlichen viel zu durchdrungen, als daß er dem pfäffischen, unkeuschen Methodismus, ob christlich oder säkularisiert, ob von Theologen, Existenzphilosophen oder Psychotherapeuten praktiziert, in der mündig gewordenen Welt noch eine Chance zu geben vermöchte. Wen erreicht er denn schon? Nur einige »letzte Ritter«, »ein paar intellektuell Unredliche«, »eine kleine Zahl von Degenerierten« – »solche, die sich selbst für das Wichtigste auf der Welt halten und sich daher gern mit sich selbst beschäftigen«. Aber man soll sich nicht einbilden, den normalen, gesunden Durchschnittsbürger, den »einfachen Mann, der sein tägliches Leben in Arbeit und Familie und gewiß auch mit allerlei Seitensprüngen zubringt«, durch die Erinnerung an die Grenzen seiner Existenz von seinem Angewiesensein auf Gott überzeugen und so bei ihm »religiös landen« zu können. Der säkulare Mensch kommt durch – auch ohne Gott. Wenn er aber durchgekommen ist und die Grenzsituation sich auf irgendeine, sogenannte »natürliche« Weise gelöst hat, dann hat sich der Glaube an Gott wieder einmal als überflüssig erwiesen, »dann ist das Latein der Theologen am Ende«[17]. Da es nun einmal im Wesen der Säkularisierung liegt, daß sie an keinem Punkte haltmacht, sondern immer weiterdrängt und sich der ganzen Welt zu bemächtigen trachtet, treibt sie Gott auch aus den heimlichen Schlupfwinkeln der privaten menschlichen Existenz heraus und erobert schließlich auch die letzten religiösen Enklaven, wenn sie sie nicht einfach stehen und verkümmern läßt.

Die ganze Attacke der christlichen Apologetik auf die Mündigkeit der Welt, ob sie nun mit den »letzten Fragen« der Erkenntnis oder des Lebens arbeitet, hält Bonhoeffer für sinnlos, unvornehm und unchristlich: »Sinnlos – weil sie mir wie der Versuch erscheint, einen zum Mann gewordenen Menschen in seine Pubertätszeit zurückzuversetzen, das heißt ihn von lauter Dingen abhängig zu machen, von denen er faktisch nicht mehr abhängig ist, ihn in Probleme hineinzustoßen, die für ihn faktisch nicht mehr Probleme sind. Unvornehm – weil hier ein Ausnutzen der Schwäche eines Menschen zu ihm fremden, von ihm nicht frei bejahten Zwecken versucht wird. Unchristlich – weil

Christus mit einer bestimmten Stufe der Religiosität des Menschen, das heißt mit einem menschlichen Gesetz verwechselt wird.«[18]

Es sind verschiedene Motive, die in Bonhoeffers Parteinahme für die Religionslosen und gegen die christlichen Apologeten zusammenfließen: seine intellektuelle Redlichkeit, seine Einsicht in die geschichtliche Situation, seine Anerkennung der Mündigkeit der Welt, sein Respekt vor der Freiheit des anderen, seine Vorliebe für das Einfache und Gesunde, sein Abscheu vor allem bloßen frommen Gerede, sein ausgeprägtes Stilgefühl und seine Überzeugung von der herrscherlichen Kraft des Wortes Gottes, das auf keine Bundesgenossen angewiesen ist. All dies hat er einmal in einem Brief zusammengefaßt und dabei zugleich seine theologische Absicht positiv präzisiert: »Ich will darauf hinaus, daß man Gott nicht noch an irgendeiner allerletzten heimlichen Stelle hineinschmuggelt, sondern daß man die Mündigkeit der Welt und des Menschen einfach anerkennt, daß man den Menschen in seiner Weltlichkeit nicht ›madig macht‹, sondern ihn an seiner stärksten Stelle mit Gott konfrontiert, daß man auf alle pfäffischen Kniffe verzichtet und nicht in Psychotherapie oder Existenzphilosophie einen Wegbereiter Gottes sieht. Dem Wort Gottes ist die Zudringlichkeit aller dieser Menschen viel zu unaristokratisch, um sich mit ihnen zu verbünden. Es verbündet sich nicht mit dem Aufruhr des Mißtrauens, dem Aufruhr von unten. Sondern es regiert.«[19]

Ob nun wirklich, wie Bonhoeffer behauptet, das Ende der Religion gekommen ist und wir einer völlig religionslosen Zeit entgegengehen, darüber wird man vorsichtiger urteilen müssen, als Bonhoeffer es tut. Diese Frage ist noch nicht entschieden. Und auch darüber wird die protestantische Theologie, nachdem Karl Barth hier zuerst einmal tabula rasa gemacht hat, noch einmal neu und gründlich nachdenken müssen, ob es denn nun wirklich nicht so etwas wie ein religiöses Apriori gibt, oder wie man sonst die Frage nach dem »Anknüpfungspunkt«, dem »Vorverständnis«, der »Ansprechbarkeit« auf seiten des Menschen ausdrücken mag. Darin aber ist Bonhoeffer uneingeschränkt zuzustimmen, daß wir uns in bezug auf die Religion in einer völlig neuen Situation befinden. Gerhard Ebeling hat recht, wenn er in seiner kongenialen Interpretation der Theologie Bonhoeffers im Blick auf die vollendete Säkularisierung von einem »Novum ohne jede Parallele« innerhalb der gesamten Religionsgeschichte spricht.[20] Das Neue unserer religionsgeschichtlichen Situation besteht darin, daß heute nicht nur die Auflösung einer einzelnen Religion und damit, wie früher auch, der Übergang von einer alten zu einer neuen Religion, sondern die Zersetzung der Religion im Kern stattfindet. In unseren Tagen ist wirklich etwas endgültig zu Ende gegangen. So, wie es war, wird es niemals wieder sein. Die Religion als Ergänzung der Wirklichkeit durch Gott, als eine besondere Provinz am Rande des Lebens, ist ein für allemal vorüber. Es kündigt sich etwas Neues an, das wir höchstens erst ahnen, von dem wir uns aber noch keine Vorstellung machen können. Nur dies wird man bereits sagen können, daß es entweder überhaupt keine Religion mehr geben oder aber daß die Religion eine die ganze Wirklichkeit des Lebens angehende und bestimmende Macht sein wird.

Was zu diesem Urteil berechtigt, ist die Tatsache, daß zwischen der totalen Säkularisierung und dem christlichen Glauben ein ursächlicher, und zwar sowohl genetischer als auch prinzipieller Zusammenhang besteht. Das von Bonhoeffer behauptete Ende der Religion, ja selbst der von Jean Paul geträumte und von Nietzsche verkündete »Tod Gottes« sind nur die letzte Konsequenz der mit dem christlichen Gottesglauben selbst gegebenen Entgötterung der Welt. Damit stehen wir vor der entscheidenden Erkenntnis, die heute jedes theologische Nachdenken über die Säkularisierung, das nicht nur Klage oder Anklage sein will, bestimmt. Hier liegt zugleich die in unserer Thematik verborgene Peripetie. Die totale Säkularisierung hat den christlichen Glauben in der Neuzeit nicht einfach von außen wie ein fremdes Verhängnis überfallen, vielmehr ist in ihr nur zur Vollstreckung gelangt, was im christlichen Glauben selbst ursprünglich und wesenhaft in bezug auf sein Verhältnis zur Welt angelegt war.

Der Mensch zwischen Gott und Welt

An dieser Stelle greift die große systematische Arbeit Friedrich Gogartens ein. Er hat wie kein anderer die Selbständigkeit des Menschen und die Weltlichkeit der Welt zum Gegenstand seines theologischen Nachdenkens gemacht. Seine entscheidende, von ihm in immer neuen Variationen wiederholte These lautet: Die Säkularisierung hat ihren Ansatz im christlichen Glauben selbst; ohne den christlichen Glauben wäre die Welt, wie sie heute ist, nicht möglich gewesen. Die Säkularisierung ist »eine nachchristliche, das heißt durch den christlichen Glauben hervorgerufene Erscheinung«; sie ist, »ganz gleich, was in der Neuzeit aus ihr geworden ist, eine legitime Folge des christlichen Glaubens«, »der erste gewaltige Ansatz zu einer Gestaltung der Welt und ihrer Wirklichkeit aus den Kräften des christlichen Glaubens«[21]. Darum: wer im vermeintlichen Interesse des Glaubens die Säkularisierung aufzuhalten trachtet, der handelt gegen den Glauben. Aber eben darum ist die Säkularisierung auch eine Aufgabe für den Glauben.

Um diesen *Zusammenhang zwischen Säkularisierung und christlichem Glauben* kreist Gogartens gesamtes theologisches Denken. Bei seiner Deutung dieses Zusammenhanges geht er von dem zentralen Punkt aller protestantischen, speziell lutherischen Theologie aus: von der Rechtfertigung des Menschen vor Gott allein durch den Glauben. Wenn wir das Stichwort »Rechtfertigung« hören, dann denken wir an das persönliche Verhältnis des Einzelnen zu Gott, an sein ewiges Schicksal, an sein Heil im Jenseits, und wir fragen uns, ob es etwas Verborgeneres, Weltabgewandteres, Privateres geben könne als dies und ob sich nicht gerade hierin jene individualistische Sehnsucht nach der Erlösung in einer besseren jenseitigen Welt ausdrücke, die für Bonhoeffer das Kennzeichen aller sogenannten »Religion« ist. Gogarten aber zeigt nun gerade, wie in diesem verborgenen, privaten, scheinbar so weltabgewandten und individualistischen Akt der Rechtfertigung ein völlig neues Verhältnis des Menschen zur Welt mitgesetzt ist, und seine theologische Leidenschaft besteht darin, dieses neue Verhältnis des Menschen zur Welt aus dem Kernpunkt der Rechtfertigung mit unerbittlich logischer Konsequenz zu entfalten. Das Thema seiner Theologie lautet daher nicht: »Der Mensch vor Gott«, sondern »Der Mensch zwischen Gott und Welt«.

Die Existenz des Menschen ist entscheidend dadurch bestimmt, daß er zwischen Gott und der Welt steht. Er ist nicht Mensch ohne Gott, aber ebensowenig ist er Mensch ohne die Welt. Er gehört *zu* Gott, aber er gehört *in* die Welt. Die eigentümliche, schwere Problematik seines Daseins besteht darin, daß er zu beiden, zu Gott und zur Welt, das rechte Verhältnis gewinnt und also richtig zwischen Gott und der Welt steht. Das Verhältnis ist dann richtig, wenn ihm Gott Gott und die Welt Welt ist. Seine große Gefährdung besteht aber ständig darin, daß er Gott und die Welt miteinander verwechselt und daß ihm so Gott zur Welt und die Welt zum Gott wird.[22]

Gogarten zieht die Luthersche Rechtfertigungslehre gedanklich bis zur äußersten Konsequenz aus: er treibt *Rechtfertigungslehre im Weltaspekt*. Rechtfertigung und Schöpfung gehören für ihn unzertrennlich zusammen. Die Rechtfertigung des Menschen vor Gott und die Erkenntnis der Welt als Gottes Schöpfung sind für ihn ein und derselbe Akt. Eben darin gewinnt der Mensch sein Heil, daß er sich selbst und damit die Welt wieder als das versteht, was sie ursprünglich und wesenhaft sind, nämlich als Schöpfung Gottes. Daß die Theologie Rechtfertigung und Schöpfung nicht in dieser Weise zusammengehalten, sondern sie voneinander getrennt hat, darin sieht Gogarten eine der verhängnisvollsten theologischen Entwicklungen der Neuzeit. Darum war es möglich, daß die Theologie den genuin christlichen Ansatz im Säkularisierungsprozeß verkannt und sich gegen ihn gesträubt hat.[23]

Säkularisierung und christlicher Glaube hängen nicht nur so miteinander zusammen, daß die Säkularisierung nur ein geistesgeschichtliches Nebenprodukt des Christentums bildete, wie es deren viele im Laufe seiner Geschichte hervorgebracht hat, vielmehr ergibt sich die Säkularisierung ursprünglich und unvermittelt aus dem Zentrum der christlichen Offenbarung selbst. Die Mündigkeit des Menschen und die Weltlichkeit der Welt sind, so überraschend dies klingen mag, eine unmittelbare Folge der Tatsache, daß Jesus Christus der »Sohn« ist und daß er als der Sohn den »Vater« offenbart hat. Freilich muß man, um dies zu erkennen, die Gottessohnschaft Jesu in der rechten Weise verstehen, nämlich nicht metaphysisch, wie es das altkirchliche Christusdogma mit Hilfe der griechischen Philosophie getan hat, sondern geschichtlich, wie es dem Denken der Bibel und der historischen Methode der Neuzeit entspricht. Schon im irdisch-menschlichen Bereich ist die Sohnschaft nicht in erster Linie eine kausal-naturhafte, sondern eine personal-geschichtliche Kategorie: Sohn ist einer nur durch und aus dem Vater – aber eben dies ist noch nicht mit der Feststellung der leiblichen Abstammung begriffen, sondern erst damit, daß einer um seinen Vater weiß und sich in solchem Wissen um den Vater als Sohn erkennt. Entsprechend interpretiert Gogarten auch die Gottessohnschaft Jesu nicht mit der kausal-naturhaften Kategorie der »Zeugung«, sondern mit der personal-geschichtlichen Kategorie der »Sendung«: Der Vater sendet, und der Sohn gehorcht. Das aber bedeutet: Jesus ist der Sohn nicht auf Grund einer besonderen physischen Abstammung und Beschaffenheit, sondern auf Grund eines bestimmten geschichtlichen Verhaltens. Er ist der Sohn, weil er Gott ganz und gar seinen Vater sein läßt. Jesus »hat nichts von sich selber«, aber gerade indem er nichts von sich selber hat, hat er alles von Gott, und eben damit erweist er sich als der Sohn. Indem er sich aber als der Sohn erweist, verkündigt und offenbart er Gott als Vater – denn: Sohn ist einer nur durch und aus dem Vater. So sind Vaterschaft und Sohnschaft in Jesu Sohnsein eine einzige lebendige Bewegung.

Kraft der Offenbarung des Vaters durch den Sohn wird der Mensch in ein neues Verhältnis zu Gott und zur Welt versetzt. Hierin liegt für Gogarten das entscheidende, alle nachträgliche Menschheitsgeschichte bestimmende Ereignis: damit wird die jahrtausendealte mythische Weltordnung abgelöst. Das Wesen dieser uralten mythischen Weltordnung sieht Gogarten darin, daß der Kosmos als von ewigen Urkräften begründet und durchherrscht verstanden wurde. Sie bildeten das Gesetz, das die Welt und das Leben in der rechten Ordnung erhielt. Der Mensch wußte sich von diesen Mächten abhängig und fügte sich scheu in ihr ewiges Walten; der Kosmos galt ihm als gut, göttlich und heilig. Damit aber verehrte der Mensch die Urkräfte des Kosmos, obwohl sie welthafte Mächte waren, als göttlich, und so geschah das, was die Bibel als die Ursünde des Menschen bezeichnet: statt des Schöpfers verehrte er das Geschöpf. Die Folge war, daß der Kosmos sich gegen Gott verschloß, der Mensch aber in diesem gegen Gott verschlossenen Kosmos eingeschlossen war. Statt aus Gott lebte er aus der Welt. Gewiß nahm der vorchristliche Mensch auch Distanz zum Kosmos, indem er ihn zum Gegenstand seiner Reflexion machte. Aber das entscheidende Problem, das sich ihm dabei stellte, war wiederum, wie er sich mit seinem Denken und Handeln in das Walten der ewigen Weltordnung einfügen könne. So zerbrach der Mensch auch durch die Reflexion seine Umschlossenheit durch den Kosmos nicht. Er blieb auch in ihr der von der Welt Umschlossene.[24]

Erst durch den christlichen Glauben wird der Mensch endgültig aus seinem Umschlossensein durch die Welt befreit. Indem Jesus Christus dem Menschen einen neuen Zugang zum Vater eröffnet, zerbricht er den ehernen Ring des Kosmos, der ihn umschlossen hält. Durch seine gehorsame Sohnschaft stellt er unsere verlorene Sohnschaft wieder her. Darum wird Christus in der Bibel der »Erstgeborene unter vielen Brüdern« genannt. Er ist das erste Glied eines neuen Geschlechtes von Söhnen.

In dem Begriff der »*Sohnschaft*« hat der Mensch nach Gogarten das tiefste Wissen um sich selbst erreicht; damit ist der Mensch endgültig zu sich selbst gekommen. Im Sohnsein liegt für Gogarten beides beschlossen: ein neues Verhältnis zu Gott und ein neues Verhältnis zur Welt. Der Mensch ist jetzt wieder das geworden, was er nach Gottes ewigem Schöpferwillen sein soll: *Sohn des Vaters* und *Herr über die Welt.* Und damit steht er richtig zwischen Gott und der Welt: Gott ist ihm Gott, und die Welt ist ihm Welt.

Gott ist ihm Gott – das heißt, daß der Mensch sein Leben jetzt nicht mehr aus der Welt, sondern von Gott empfängt, und zwar empfängt er von Gott nicht nur dies oder das, was er gerade zum Leben braucht, sondern sich selbst ganz, sein Sein als Person. Darin erweist er sich als der Sohn, daß er sich in vorbehaltlosem Vertrauen mit seinem ganzen Wesen auf den verläßt, der sich ihm als Vater erschlossen hat, daß er sich mit allem, was er ist, hat und kann, dem Vater verdankt. Und damit ist er wieder Gottes Geschöpf, damit ist er wieder ganz und heil oder, wie Paulus und im Anschluß an Paulus Luther sagt, »gerecht vor Gott«: »Das ist die rechte und höchste Ehre, mit der der Sohn den Vater zu ehren vermag, daß er von Herzen sein Sohn ist.«[25]

Indem aber Gott dem Menschen wieder zu Gott geworden ist, ist ihm die Welt zugleich wieder zur Welt geworden. Mit seiner Sohnschaft hat sich sein Verhältnis zur Welt von Grund auf gewandelt. Er ist jetzt nicht mehr ein Teil der Welt, nicht mehr der von der Welt Umschlossene, der die in ihr waltenden Mächte angstvoll verehrt, sondern er steht der Welt jetzt in *Freiheit* gegenüber. Die Welt ist für ihn fortan nicht mehr ein Gegenstand göttlicher Verehrung, sondern das Feld vernunftgemäßer Betätigung. Als Sohn des Vaters ist er Erbe, und als Erbe ist er Herr über die Welt. Wie ein Sohn, wenn er mündig geworden ist, von seinem Vater das Erbe übertragen bekommt, so wird dem Menschen von Gott die Welt als Erbe übertragen. Als der Mündiggesprochene hat er die Welt in selbständiger Verantwortung zu verwalten.

Für den neuen Umgang des Menschen mit der Welt gilt als Leitfaden das Wort des Apostels Paulus: »Alles ist erlaubt.« (1. Korinther 6, 12) Diese drei Worte bilden für Gogarten einen der bedeutungsvollsten Sätze des ganzen Neuen Testaments; er sieht in ihm den verborgenen Keim und Ausgangspunkt einer umfassenden, durch nichts aufzuhaltenden weltgeschichtlichen Bewegung: »So geringfügig der äußere Anlaß war, der Paulus diesen Satz: ›Alles ist erlaubt‹ aussprechen ließ, es ist nichtsdestoweniger eins der mächtigsten Worte, die je gesprochen sind.

Denn weil mit ihm ein völlig neues Verhältnis des Menschen zur Welt erschlossen wurde, hat es das Angesicht der Welt von Grund auf verwandelt. Es ist mit ihm der Grund gelegt für die Herrschaft über die Welt und ihre Kräfte, die der menschliche Geist später gewinnen sollte.«[26]

»Alles ist erlaubt« – damit ist die *Profanität* der Welt proklamiert. Damit ist die Unterscheidung zwischen sakraler und profaner Sphäre aufgehoben; damit ist der ganze Raum des Lebens und der Welt dem freien Tun des Menschen überantwortet. Wenn dem Menschen »alles erlaubt ist«, dann kann es in der Welt keine ausgegrenzten frommen Bezirke, keine abgesonderten religiösen Provinzen, keine bestimmten heiligenden Handlungen mehr geben, überhaupt nichts, was eine herausgehobene Beziehung zu Gott besäße und daher imstande wäre, dem Menschen das göttliche Heil zu vermitteln. Vielmehr ist dann alles profan und in die freie Verfügung des Menschen gegeben.

Das heißt jedoch nicht, daß es in seine Beliebigkeit gestellt wäre! Jenes von Gogarten zitierte Pauluswort »Alles ist erlaubt« geht weiter: » – aber nicht alles ist zuträglich«. Das besagt, daß Unterschiede gemacht werden müssen, denn die Welt will in Ordnung gehalten sein. Aber diese Unterschiede sind nicht eine Sache des Glaubens, sondern der *Vernunft*. Mit seiner Vernunft hat der Mensch darüber zu entscheiden, was jeweils zuträglich ist und was nicht, damit die Welt in Ordnung bleibt. Für alles weltliche Tun des Menschen, auch des Christen, gelten nach Gogarten dieselben Unterschiede von Leben und Tod, Heiligem und Unheiligem, Gutem und Bösem, Nützlichem und Unnützlichem, Sachlichem und Unsachlichem, wie sie in der Welt vorhanden sind und die Vernunft sie je und je zu erkennen vermag. So ist alles weltliche Tun des Menschen der Vernunft überantwortet, und zwar ist es gerade der Glaube, der das weltliche Tun der Vernunft überantwortet, damit es in seinem rein weltlichen Charakter bewahrt wird, der Glaube selbst aber reiner Glaube bleibt.

Der Sinn der Herrschaft des Menschen über die Welt ist es nicht, die Welt zu erlösen; er soll sich nicht anheischig machen, mit seinem Tun das Heil der Welt zu schaffen. Das Heil kommt immer nur von Gott, und der Mensch kann es immer nur so haben, daß er es im Glauben empfängt. Gott hat den Menschen nicht zum Heiland der Welt bestellt, sondern zu ihrem Hüter, daß er mit seinen Werken die Welt in ihrem Welt-sein hüte, auf daß die Welt Welt bleibe. In Gogartens Sinn können wir sagen: Der Politiker soll Ordnung schaffen und nicht das Reich Gottes errichten; der

Arzt soll den Leib heilen und nicht die Seele retten; der Richter soll Recht sprechen und nicht das Jüngste Gericht vollstrecken; der Historiker soll erforschen, wie es gewesen ist, und nicht den Willen Gottes ergründen. Wenn Gogarten im Blick auf die Verantwortung des Menschen für die Welt so streng auf die Unterscheidung zwischen »Glauben« und »Werken« sieht, dann tut er dies nicht, um die Existenz des Menschen in zwei Teile zu zerlegen: hier Christ – dort Mensch. Vielmehr will er das Tun des Menschen nur auf sein rechtes Maß zurückführen, daß es wirklich irdisch-weltliches Tun bleibt und so weder zu einem religiösen Anspruch an Gott noch an die Welt wird.

So gelingt es Gogarten, aus dem innersten Kernpunkt des christlichen Glaubens, der Rechtfertigung des Menschen vor Gott, ein neues Verhältnis des Menschen zur Welt zu begründen. Damit hat er wieder zusammengefügt, was die Theologie der Neuzeit nach seiner Ansicht zum Schaden des Glaubens und der Welt voneinander getrennt hatte: Rechtfertigung und Schöpfung. Daß Gogarten die gewöhnliche christliche Vokabel »Kindschaft« nicht ausreicht, um das neue, im Glauben erschlossene Verhältnis des Menschen zu Gott und zur Welt zu beschreiben, kann man verstehen. Sie ist zu niedlich und zu naiv. Sie legt den Akzent zu einseitig auf die bloße kindliche Ergebenheit in das väterliche Walten Gottes und macht nicht genug deutlich, daß es sich bei allem vorbehaltlosen Vertrauen, das auch der Sohn hat, um Mündigkeit, Selbständigkeit, Freiheit, Verantwortung, Entscheidung und Herrschaft handelt. Und eben um diesen »männlichen«, »königlichen« Charakter der Verantwortung des Menschen für die Welt gegen alle falsche christliche Naivität und Kindlichkeit zu betonen, spricht Gogarten statt von »Kindschaft« von »Sohnschaft«: »Es ist der Sohn, nicht das Kind, sondern der erwachsene Mann, der vor Gott, dem Vater, sein Verhältnis zur Welt, zu deren Herrn ihn Gott geschaffen hat, verantworten muß.«[27]

Säkularisierung und christlicher Glaube

»Gott befreit uns aus den Händen der Götter ... durch Gott wurde die Welt entgöttert« – auf diesen knappen Satz bringt Carl Friedrich von Weizsäcker, indem er Gogarten in seiner Deutung der Säkularisierung folgt[28], die Wende, die sich mit dem Eintritt des Christentums in die Welt vollzogen hat. Es ist damit ein geschichtlicher Prozeß in Gang gekommen, der seitdem immer weitergewirkt hat, der auch heute noch wirkt und dessen Folgen noch nicht von ferne abzusehen sind. Der Kern dieses Prozesses besteht darin, daß sich mit der Entgötterung der Welt durch Gott das Verhältnis des Menschen zur Welt bis in den letzten Grund gewandelt hat: Der Mensch ist der Welt gegenüber selbständig geworden und hat sie in seine Verantwortung genommen. Gogarten setzt als Motto über diese neue Freiheit des Menschen das Wort des Apostels Paulus: »Alles ist euer: es sei die Welt oder das Leben oder der Tod, es sei das Gegenwärtige oder das Zukünftige«. (1. Korinther 3, 23) Indem sich aber das Verhältnis des Menschen zur Welt gewandelt hat, hat sich zugleich auch die Welt selbst verwandelt: Aus der mythischen Welt ist sie zu einer geschichtlichen geworden, aus einem Gegenstand göttlicher Verehrung zum Herrschaftsgebiet der menschlichen Vernunft. Damit aber war der Säkularisierung der Welt und der Autonomie der menschlichen Vernunft und mit ihnen der Beherrschung und Gestaltung der Welt durch die moderne Wissenschaft und Technik die Bahn gebrochen. Alles, was hernach geschah, war Auswirkung und Folge des einen Ereignisses, das am Anfang stand: der Entgötterung der Welt durch Gott in der Christusoffenbarung.

Im Vergleich zu der Revolution, die sich damit vollzogen hat, hält Gogarten alle anderen Veränderungen, die die Welt erlebt hat, für »geringfügig« und »partiell«. Denn diese sind alle, mögen sie auch noch so welterschütternd gewesen sein, in und an der Welt geschehen, durch jene aber ist die Welt selbst eine andere geworden. Die Welt hat durch sie gleichsam eine neue »Verfassung« erhalten. Zwar haben auch schon die Griechen, bevor der christliche Glaube in die Welt kam, Distanz zur Welt genommen und Philosophie und Wissenschaft gekannt, trotz aller Aufklärung aber haben sie die religiöse Verehrung der Welt nie ganz abgelegt. Erst der christliche Glaube hat hier eine radikale Abkehr vollzogen und damit wirklich eine »neue Weltzeit«, einen »neuen Äon« heraufgeführt, so daß wir unsere Zeitrechnung mit Recht daran orientieren und zwischen der Zeit vor und nach Christus unterscheiden.[29]

Aber nicht sofort haben sich die Mündigkeit des Menschen und die Säkularisierung der Welt, die von Anfang an potentiell mit dem christlichen Glauben gegeben waren, in der abendländischen Geschichte verwirklicht. Zunächst gab es sogar, und zwar schon sehr bald nach dem Apostel Paulus, einen Rückschlag. Im Mittelalter wiederholte sich in christlicher Gestalt, was vorher in heidnischer Form dagewesen war: Die hierarchisch-sakramentale Welt des Mittelalters umschloß wieder als ganze, einheitliche Welt den Menschen und nahm ihm seine Selbständigkeit. Martin Luther ist es dann gewesen, der diese mehr als ein Jahrtausend umspannende einheitliche mittelalterliche Welt zerbrach, indem er das, was von Anfang an im christlichen Glauben in bezug auf das Verhältnis des Menschen zur Welt angelegt war, aktualisierte. Er mußte es tun, wenn er wirklich, wie er behauptete, das reine Evangelium wiederentdeckt hatte; denn eben dieses Evangelium enthielt ja die Freiheit des Menschen von der Welt. Gogarten meint, daß Luther damit vor einer ganz neuen Aufgabe gestanden habe, wie sie so noch niemals, nicht einmal zur Zeit des Neuen Testaments, gesehen worden sei.[30]

Luther bewältigte diese Aufgabe durch seine *Unterscheidung der zwei Reiche*, des Reiches Gottes und des Reiches der Welt. Mit dieser Unterscheidung will er sicherstellen, daß Gott im Reich der Welt alle Dinge der Vernunft des Menschen unterworfen hat. Gogarten zitiert zahlreiche Belegstellen aus Luthers Schriften dafür. Hier nur zwei Beispiele: »Im weltlichen Reich muß man aus der Vernunft handeln, denn Gott hat der Vernunft unterworfen solch zeitlich Regiment und leiblich Wesen und nicht den Heiligen Geist vom Himmel dazu gesandt . . . Darum lehret auch Gott in der Heiligen Schrift nicht, wie man Häuser bauen, Kleider machen, heiraten, kriegen, schiffen und dergleichen tun soll; denn da ist das natürlich Licht genugsam zu.« Luther kann sogar so weit gehen und behaupten: »Gott braucht keine Christen für das weltliche Regiment. Deshalb ist es nicht nötig, daß der Kaiser heilig ist; er braucht für die Regierung kein Christ zu sein. Es genügt für den Kaiser, daß er Vernunft besitzt. Geradeso erhält Gott der Herr auch das Reich der Türken und Tataren.«[31]

In diesen Sätzen sagt Luther jeweils ein Doppeltes aus: Einmal, daß der Mensch die Dinge dieser Welt gemäß seiner Vernunft zu besorgen hat; zum anderen, daß Gott es ist, der auf diese Weise sein weltliches Regiment führt. Das bedeutet, daß der Mensch Herr über die Welt ist, daß er diese Herrschaft über die Welt aber im Auftrag Gottes, als sein Sohn, ausübt. Damit hat Luther, als Konsequenz des christlichen Glaubens, die Säkularisierung der Ordnungen des irdischen Lebens vollzogen oder zumindest ein beträchtliches Stück vorangetrieben. Man überlege nur einmal, was der eine von uns so leicht und häufig hingesagte Satz Luthers: »Ein Christenmensch ist ein freier Herr über alle Dinge und niemand untertan« für die Kultur, Politik, Gesellschaft, Wirtschaft, Wissenschaft und Kunst bedeutet! Gogarten hat recht, wenn er feststellt: »Hier muß alles anders werden, als es je vorher war« – und auch, wenn er fortfährt: »Wie es denn auch tatsächlich in den Jahrhunderten seit der Reformation anders geworden ist.«[32]

Dabei ging es Luther selbst gar nicht um die Autonomie der menschlichen Vernunft; an ihr war er überhaupt nicht interessiert. Sein Interesse galt ausschließlich dem Evangelium; ihm ging es allein darum, daß das Evangelium Evangelium blieb. Nur deshalb hat er das Reich der Welt der Vernunft des Menschen überantwortet. Aber damit hat er nun eben doch, ob er wollte oder nicht, das Tor zur Neuzeit aufgestoßen und der autonomen Kultur mit ihrem ganzen Reichtum an weltgestaltenden Kräften den Weg bereitet.

Es kam anders, als Luther gedacht und gewollt hatte. Für Luther war die Mündigkeit des Menschen und mit ihr die Säkularisierung der Welt eine Konsequenz des christlichen Glaubens und der in ihm erschlossenen Freiheit des Menschen für Gott. Der Kern des jetzt anhebenden Säkularisierungsprozesses der Neuzeit dagegen besteht darin, daß sich die Freiheit des Menschen der Welt gegenüber von dem christlichen Glauben und der Freiheit für Gott löst: Der neuzeitliche Mensch trägt die Verantwortung für die Welt nicht mehr vor Gott dem Schöpfer, sondern vor sich selbst. Das bedeutet jedoch nicht, daß die Säkularisierung damit aufhörte! Zwar gibt es den christlichen Glauben nicht ohne die Säkularisierung, wohl aber gibt es die Säkularisierung, nachdem sie erst einmal durch den Glauben in Gang gesetzt ist, weiterhin auch ohne den Glauben. Denn damit ist ja eine echte, dem menschlichen Wesen innewohnende Möglichkeit erschlossen, und so kann die Freiheit des Menschen auch ohne den Glauben, aus ihrer eigenen Kraft weiterbestehen.

Der Säkularisierungsprozeß der Neuzeit trägt somit einen »ambivalenten« Charakter: Die Welt, die durch ihn entsteht, ist nicht mehr eigentlich christlich, aber sie ist auch nicht völlig unchristlich. Carl Friedrich von Weizsäcker macht diese »Ambivalenz« der modernen Welt einmal an einem Bilde sehr gut deutlich: Ein säkularisiertes Kloster ist noch dasselbe Gebäude wie zuvor; seine Räume haben noch dieselbe Struktur: Mönchszellen, Refektorium, Kapelle – aber sie werden jetzt zu anderen

Zwecken gebraucht. Genauso zeigt auch die moderne Welt noch einen christlichen Grundriß; sie bildet gleichsam eine »Negativkopie« der alten christlichen Welt. Die Zeichnung, die ihr zugrunde liegt, ist noch dieselbe – nur die Farben haben sich verändert: Schwarz hat sich in Weiß, Weiß in Schwarz verwandelt. Daran liegt es auch, daß die Begriffe, in denen wir die Säkularisierung beschreiben, alle »zweideutig« klingen.[33]

Die »Sohnschaft« des Menschen bleibt weiter bestehen, aber seine Sohnschaft erscheint jetzt, losgelöst vom Glauben, in anderer Gestalt. Zwar bleibt der neuzeitliche Mensch der »Erbe der Welt« – was wäre er mehr als dies? –, aber er ergreift das ihm verliehene Erbe jetzt als seinen eigenen Besitz, ohne sich noch in irgendeiner Weise an den »Vater« gebunden zu fühlen. Er genügt sich selbst, er ist autark. Er ist jetzt nicht mehr der auf Gott Angewiesene, eher erscheint jetzt Gott als der auf ihn Angewiesene. Nur von daher ist es zu verstehen, wie rasch sich das säkulare Denken in der Neuzeit in ein atheistisches Denken verwandeln konnte. Zwar wollte Hegel nichts anderes, als den Wegen des göttlichen Geistes nachdenken – aber was wäre der göttliche Geist ohne Hegel! Und Ludwig Feuerbach zieht aus Hegels Verwegenheit die letzte Konsequenz: Der Mensch schafft Gott nach seinem Bilde.

Auch die »Freiheit« hört, losgelöst vom christlichen Glauben und damit von ihrem Ursprung, in der Neuzeit nicht auf zu bestehen. Zwar ist der Mensch grundsätzlich frei von der Welt, aber er läßt sich mitsamt seiner Freiheit von der Welt wieder gefangennehmen. Seine Herrschaft über die Welt bringt ihn in die Abhängigkeit der in ihr waltenden Mächte, die er selbst durch seinen Geist entbunden hat. So droht der Mensch mit seiner Freiheit für Gott seine Freiheit überhaupt zu verlieren. Wie schwach fundiert und widerstandslos der Freiheitsgedanke in der Neuzeit ist, zeigt sich jedesmal, wenn er wirklichen geschichtlichen Belastungsproben ausgesetzt wird. Und heute gar geht die letzte Epoche der Neuzeit, die einst mit einem so hochgemuten Glauben an die Freiheit begonnen hat, in einem von Angst erfüllten Zweifel an der Freiheit zu Ende.

Gogarten fällt hier kein moralisches Urteil, sondern ein theologisches oder höchstens ein historisches. Mit der Erteilung moralischer Prädikate ist in Gogartens Augen überhaupt nichts getan. Alle frommen »Abfall«-Theorien greifen zu kurz. In dem ganzen Prozeß der Säkularisierung erkennt Gogarten fast so etwas wie eine tragische Zwangsläufigkeit. Ganz sicher ist für ihn auch Schuld darin enthalten, sogar sehr viel Schuld. Aber dem Menschen ist in der Neuzeit beinahe nichts anderes übriggeblieben, als den Weg zu gehen, den er gegangen ist, nachdem er erst einmal selbst die Verantwortung für die Welt übernommen hatte. Zum Wesen der Welt gehört ihre sinnhafte Einheit und Ganzheit, und ihre Einheit und Ganzheit und damit ihren Sinn hat die Welt darin, daß sie Gottes Schöpfung ist. Was aber, wenn der Mensch nun nicht mehr glaubt, daß Gott der Schöpfer Himmels und der Erde ist? Dann kann doch die Einheit und Ganzheit der Welt nicht einfach aufhören, denn das würde ja bedeuten, daß die Welt ins Chaos, in die Sinnlosigkeit sänke! Dann muß eben Prometheus hinauf in den Himmel! Dann muß eben er, der Mensch, Gott sein! Dann muß *er* die Verantwortung für die Einheit und Ganzheit der Welt, für ihre Ordnung und Zukunft übernehmen. Dann muß *er* mit seinem Denken, Planen und Schaffen, mit allem, was er an Leben und Geist besitzt, mit den letzten und höchsten Gedanken, deren er fähig ist, der Welt von sich aus einen Sinn zu geben suchen, um so die Welt vor sich selbst zu rechtfertigen. Und er kann dies nicht anders tun, als daß er das Vollkommene denkt, und er kann nicht eher damit aufhören, als bis er die Geschichte zu Ende gebracht und die Welt zu einem in sich geschlossenen Kosmos gemacht hat. An diesem Streben nach der vollkommenen Welt aber geht er, der Mensch selbst, zugrunde. Denn die Konsequenz der Perfektion ist die Preisgabe der Humanität. Wo immer der Mensch versucht, eine perfekte Welt zu bauen, dort mißbraucht er den Menschen als sein Mittel und Werkzeug, als Sklaven der von ihm geplanten Welt.

So wird der Mensch, nachdem er aufgehört hat, sich selbst und die Welt als Gottes Geschöpf zu verstehen, ohne Aufhören vorangetrieben, »in ein titanisches Streben ohne Halt und Ende«. Kaum daß er das Ideal erreicht glaubt, muß er schon wieder aufbrechen. Mit jeder Sinngebung gerät er nur tiefer in die Sinnlosigkeit hinein. Der Mensch, der die Verantwortung für die Welt statt vor Gott vor sich selbst übernimmt, hat sich übernommen: »Wie will er, der aus sich selbst leben muß, die unendliche grenzenlose Welt mit seinem Leben und Sinn erfüllen! Die Sinnlosigkeit wird nur größer mit jedem Tropfen seines Blutes und Geistes, den er an sie verwendet ... Dieser Mensch lebt aus der schauerlichen Lüge einer Verantwortung, die keine ist und auch bei dem größten Ernst keine sein kann, weil sie leer ist. Denn eine Verantwortung, die nicht Antwort ist, die also nicht geschieht im Hören, und zwar im gehorchenden Hören eines Wortes, durch das sie aufgerufen wurde, ist leer, ist ein Phantom. Wo man aus ihr lebt – und der Mensch der Neuzeit lebt in immer stärkerem Maße aus dieser Verantwortung –, lebt man aus dem Leeren ins Leere, aus dem Nichts ins Nichts. Wo das auf die Dauer geschieht, wird es eines Tages sichtbar, und *dann* werden es wohl alle merken.«[34]

An der Verfehlung des christlichen Sinns der Säkularisierung und damit an dem »Unglück der Neuzeit« sind Theologie und Kirche nicht ohne Schuld. In der Aufdeckung dieser Schuld hat Gogartens Deutung der Säkularisierung ihre polemische Spitze: Sie richtet sich nicht, wie sonst üblich, gegen den Herrschaftsanspruch der Wissenschaft, sondern gegen das Unvermögen der Theologie. Kirche und Theologie haben den Säkularisierungsprozeß der Neuzeit nicht begriffen, sondern nach wie vor von einer einheitlichen Welt geträumt. Darum haben sie die Aufgabe, die ihnen die Säkularisierung stellte, trotz des richtigen Ansatzes bei Luther nicht selbstlos genug wahrgenommen, sondern sich in falscher Weise gegen sie zu behaupten versucht, indem sie der Vernunft, ohne Recht und Titel, vorzuenthalten trachteten, was dieser von Gott selbst längst zu treuen Händen übergeben war. Es ist, als hätten sie dem Menschen die Freiheit nicht gegönnt, die ihm der christliche Glaube erschlossen hatte und auf die er in vollem Umfang einen Anspruch besaß: Er sollte Kind des Vaters bleiben, nicht sein Sohn sein. So hat der neuzeitliche Mensch, von der Theologie und Kirche im Stich gelassen, seine Freiheit mißverstanden und sie ohne den Glauben, ja gegen den Glauben verwirklicht. Theologie und Kirche aber haben sich, wie es in solchen Fällen zu gehen pflegt, benommen von der Aussichtslosigkeit ihres Unternehmens, nur noch tiefer in den falschen Weg verrannt – »und so nahm das Unglück seinen Lauf«[35].

So ist die Säkularisierung in der Neuzeit schief gelaufen. Völlig legitim in ihrem Ansatz, hat sie sich weithin in falscher Weise verwirklicht. Gogarten unterscheidet daher zwischen zwei Arten der Säkularisierung. Das Unterscheidungsmerkmal bildet für ihn die Frage, ob die Säkularisierung an den christlichen Glauben gebunden bleibt, die Entgötterung der Welt also durch die Christusoffenbarung kommt oder ob die Säkularisierung sich vom christlichen Glauben löst und die Entgötterung der Welt also durch den Menschen geschieht. Im ersten Falle spricht Gogarten von »*Säkularisierung*«, im zweiten von »*Säkularismus*«. Der Säkularismus ist also eine »Entartung der Säkularisierung«.

Der »Säkularismus« kann in zwei verschiedenen Formen auftreten. Einmal in der Form der *Heilslehre* oder *Ideologie*. Da sucht der Mensch, offen oder verborgen, der Welt von sich aus einen Sinn zu geben, ihre Einheit und Ganzheit wiederherzustellen und ihr so das Heil zu bringen. Er begnügt sich nicht damit, nur einen Teilaspekt der Welt zu bieten, sondern er erhebt diesen Teilaspekt, bewußt oder unbewußt, zu einer Totalbestimmung der Welt. Alle Erscheinungen des Lebens werden unter ein letztes Thema subsumiert, und das gibt man dann als eine einheitliche Weltformel aus, welche das Leben der ganzen Welt und damit auch das des Einzelnen sinngebend trägt. Es gibt kaum etwas in der Welt, das noch nicht in dieser Weise zum Sinnträger des einzelnen Lebens und der ganzen Geschichte erklärt worden wäre. Die Folge ist immer, daß man eine vollkommene Welt zu schaffen sucht und den Menschen, statt ihn zu erlösen, wie man vorgibt, nur noch tiefer knechtet, indem man ihn, den Unvollkommenen, zum Sklaven eines ihm fremden Systems macht.

Die andere Form des »Säkularismus« ist der *Nihilismus*. Müde geworden durch die ständigen Sinnverfehlungen, denen er sich ausgesetzt sieht, hält der Mensch alle Fragen, die das Ganze der Welt betreffen, für unnütz und verzichtet schließlich auf jegliche Sinngebung, Einheit und Ganzheit der Welt. Er resigniert oder stürzt in Verzweiflung. An dieser Stelle aber droht die zweite Form des Säkularismus wieder in die erste umzuschlagen. Der Sinnlosigkeit des Nichts ausgeliefert, greift der Mensch, um wenigstens irgendeinen Halt, und sei es auch nur einen Pseudo-Halt, zu haben, nach der nächstbesten Ideologie, die am Markte steht, und unterwirft sich ihr.

Angesichts dieser doppelten Gefahr der Säkularisierung, entweder in die Ideologie abzuleiten oder aber beim Nihilismus zu enden, fällt dem christlichen Glauben die Aufgabe zu, die Säkularisierung vor ihrer Entartung zum Säkularismus zu schützen. Der Glaube löst diese Aufgabe nicht dadurch, daß er die Säkularisierung durch eine neue Verchristlichung der Welt rückgängig macht, sondern daß er ihr dazu verhilft, in der Säkularität zu bleiben: »Christlicher Glaube und Kultur haben nicht so miteinander zu tun, daß diese verchristlicht werden müßte. Sondern gerade umgekehrt: christlicher Glaube tut das Seine, damit die Kultur säkular bleibt.«[36]

Den besten Testfall dafür, ob und wie weit es dem christlichen Glauben mit seiner Verantwortung für die Säkularisierung ernst ist, bietet sein Verhältnis zur *modernen Wissenschaft*; denn diese bildet die reinste und glaubensloseste Spitze der neuzeitlichen Säkularisierung. Das Verhältnis zwischen Glaube und Wissenschaft ist für Gogarten dann richtig bestimmt, wenn der Glaube Glaube und die Wissenschaft Wissenschaft bleibt. Aber eben die Möglichkeit dazu bietet nach Gogartens Überzeugung allein der christliche Glaube.

Die Reinheit des Glaubens bewährt sich in der entschlossenen Anerkennung der Glaubenslosigkeit der Wissenschaft. An diesem Punkte entscheidet es sich wie nirgendwo sonst, ob es dem christlichen Glauben wirklich ernst damit ist, nur Glaube zu sein und alles irdisch-menschliche Tun rückhaltlos der Vernunft preiszugeben. Wenn der christliche Schöpfungsglaube wirklich Glaube an Gott den Schöpfer ist und nicht nur eine weltanschauliche Deutung der Welt, dann gibt er die kausale Erforschung und Beherrschung der Welt durch die moderne Wissenschaft frei, dann kann es für ihn auf diesem Felde nicht das geringste geben, was ihm zur Begründung dienen könnte und darum der kausalen Betrachtung entzogen werden müßte. Jeder Konflikt, der hier auftauchte, wäre ein Zeichen dafür, daß der Glaube gegen die wissenschaftliche Erforschung und Beherrschung der Welt durch die Vernunft noch einen versteckten Vorbehalt hat und also noch von Weltanschauungselementen durchsetzt ist.

Die Reinheit der Wissenschaft hat sich entsprechend der Reinheit des Glaubens darin zu erweisen, daß sie im Säkularen bleibt, daß sie es aushält, »daß die Welt nur Welt ist«. Ihre Aufgabe ist es, die ihr erfahrungsgemäß zugängliche Wirklichkeit der Welt Teilchen um Teilchen, Stück um Stück zu erforschen. Aber sie würde unwiderstehlich in die Spezialisierung geraten und schließlich der »Idiotisierung« anheimfallen, wenn sie nicht bei jeder noch so bedeutungslosen Erscheinung und bei jedem noch so geringfügigen Ereignis danach fragte, welchen Sinn sie im Ganzen der Welt haben. Doch nur eben fragend, nur eben auf die »teilhafte Ganzheit« von diesem oder jenem gerichtet, kann die Wissenschaft ihre Verantwortung für das Ganze des Seienden, der Welt und des Menschen, wahrnehmen. Ihr Wissen von der Ganzheit der Welt kann immer nur ein fragendes und darum im Nichtwissen bleibendes Wissen sein. Über dieses »fragende Nichtwissen« kommt die Wissenschaft nicht hinaus, wenn sie die ihr gesteckte Grenze nicht überschreiten will. Darum muß die Wissenschaft immer wieder bereit sein, ihr Wissen von der Welt, das sie zu besitzen meint, rückhaltlos der Prüfung preiszugeben. Sonst hört sie auf, Wissenschaft zu sein, und wird zur Weltanschauung.

Aber das heißt nun nicht etwa, daß der christliche Glaube eine Antwort auf das fragende Nichtwissen der Wissenschaft bereit hätte, wenigstens nicht in dem Sinne, daß er zu der Wissenschaft die Weltanschauung lieferte, die diese selbst nicht zu geben vermag. Die Aufgabe des Glaubens ist es nicht, die Lücke, die die Wissenschaft grundsätzlich läßt oder doch wenigstens lassen sollte, nun seinerseits mit einem christlichen Deckel zu schließen; vielmehr hat der Glaube gerade umgekehrt die Wissenschaft an ihre grundsätzliche Offenheit und damit an ihre Säkularität zu erinnern. Sonst würde aus dem Glauben an Gott als den Schöpfer der Welt eine »christliche Weltanschauung«. Das aber wäre die verhängnisvollste Utopisierung, die sich denken läßt. Mit ihr würde der christliche Glaube, statt die Säkularisierung vor der Entartung zum Säkularismus zu bewahren, selbst zum »christlichen Säkularismus« entarten.

Will man das Verhältnis von Glaube und Wissenschaft auf eine kurze Formel bringen, so kann man in Gogartens Sinn sagen: Wissenschaft ist glaubenslos, oder sie ist nicht Wissenschaft; aber nur, wo Glaube ist, kann die Wissenschaft glaubenslos sein.[37] Über dieses dialektische Verhältnis zwischen Glaube und Wissenschaft kommen wir nicht hinaus. Seit der Entstehung der Säkularisierung, und das heißt im Grunde seit dem Eintritt des christlichen Glaubens in die Welt, ist die Einheit von Wissen und Glauben ein für allemal aufgerissen und durch keinen noch so geschickten Griff von seiten des Glaubens oder von seiten des Wissens zurückzugewinnen. Seitdem können Wissen und Glauben nicht mehr in der Einheit, sondern nur noch in der Zweiheit, richtiger, in einem unterschiedenen Beieinander existieren. Weder darf der Glaube sich das Wissen unterwerfen, noch darf das Wissen sich anheischig machen, den Glauben zu beseitigen. Vielmehr müssen Wissen und Glaube wie Gesetz und Evangelium bis zum Jüngsten Gericht unvermischt, aber ungetrennt bleiben: »Ihre Einheit ist die Sache Gottes, ihre Zweiheit die des Menschen ... Nur in dieser dialektischen Einheit bleibt das Wissen Wissen und der Glaube Glaube, und sind doch beide, gebunden aneinander, aber jedes frei für sich, Erkenntnis der Einen Wahrheit.«[38]

Wenn der Säkularisierungsprozeß der Neuzeit, direkt oder indirekt, seinen Ansatz im christlichen Glauben hat, dann ist es sinnlos, zur Abwehr seiner Folgen nach dem »reinen Evangelium« zu rufen. Denn damit würde man ja gerade nach jener Kraft rufen, die diesen Prozeß in Gang gesetzt hat, und so nur noch tiefer in das vermeintliche Unheil hineingeraten. In Wahrheit meint man ja auch gar nicht das Evangelium, sondern das Gesetz: Man möchte der Welt am liebsten wieder eine religiöse Verfassung geben und so, wenn auch unbewußt, die alte mythische Welt auf christliche Weise wiederholen. Wer ehrlich nach dem Evangelium ruft, der führt nicht hinter die Autonomie des Menschen zurück, sondern mitten in sie hinein. Damit aber taucht für Gogarten die entscheidende Aufgabe der Theologie und Kirche in unserer Zeit auf: »Es ist nötig geworden, die Frage nach dem christlichen Glauben auf eine ganz neue Weise zu stellen.«[39]

Zu demselben Ergebnis gelangt Carl Friedrich von Weizsäcker. Auch er hält die »Ambivalenz« der modernen Welt für unvermeidlich. Er sieht sie am klarsten beschrieben in Jesu Gleichnis von dem Unkraut unter dem Weizen, die beide miteinander wachsen und erst am Ende der Zeiten voneinander geschieden werden. Daraus ergibt sich auch für ihn als entscheidende Aufgabe der Theologie und Kirche in unserer Zeit, die Säkularisierung nicht zu beseitigen, sondern sie mit offenen Augen zu erkennen und in ehrlicher Konfrontation mit ihr die Neuinterpretation des christlichen Glaubens, die längst im Gange ist, fortzusetzen.[40]

Die Frage lautet also nicht: Wie können wir die Säkularisierung, die unser geschichtliches Schicksal ist, mit Hilfe des Evangeliums rückgängig machen? Die Frage lautet vielmehr: Wie können wir das Evangelium so sagen, daß es der Säkularisierung, die unser geschichtliches Schicksal ist, gerecht wird und den Menschen in der Säkularität trifft? An dieser Stelle aber liegt nun wiederum der Impuls für Bonhoeffers theologische Bemühungen.

Bonhoeffer hat nicht nur akademisch-theologisch über den vielzitierten »modernen« oder »säkularen« Menschen nachgedacht, sondern er hat im Gefängnis tagtäglich Umgang mit ihm gehabt, mehr noch, er hat in brüderlicher Solidarität mit ihm gelebt. Über die Erfahrungen und Erkenntnisse, die er dabei gewonnen hat, schreibt er in seinen Briefen: »Ich komme bestimmt nicht als ›homo religiosus‹ von hier heraus! – ganz im Gegenteil, mein Mißtrauen und meine Angst vor der ›Religiosität‹ sind hier noch größer geworden als je ... Oft frage ich mich, warum mich ein ›christlicher Instinkt‹ häufig mehr zu den Religionslosen als zu den Religiösen zieht, und zwar durchaus nicht in der Absicht der Missionierung, sondern ich möchte fast sagen ›brüderlich‹. Während ich mich den Religiösen gegenüber oft scheue, den Namen Gottes zu nennen, weil er mir hier irgendwie falsch zu klingen scheint und ich mir selbst etwas unehrlich vorkomme (besonders schlimm ist es, wenn die anderen in religiöser Terminologie zu reden anfangen, dann verstumme ich fast völlig, und es wird mir irgendwie schwül und unbehaglich) –, kann ich den Religionslosen gegenüber gelegentlich ganz ruhig und wie selbstverständlich Gott nennen.«[41]

Was Bonhoeffer hier als seine persönliche Erfahrung im Umgang mit den Religionslosen mitteilt, entspricht genau der Situation, in der sich die Kirche heute mit ihrer Verkündigung befindet. Gerhard Ebeling sagt einmal, »daß nicht der Gläubige, sondern der Ungläubige das Kriterium der Verständlichkeit der Predigt« zu sein habe, und Werner Jetter fügt hinzu: »Das brennendste Problem der Predigt ist der Mensch, der sie nicht hört.«[42] Die Kirche aber verhält sich heute gerade umgekehrt: Für sie ist weithin nur noch die gläubige Gemeinde Maßstab und Adresse ihrer Verkündigung. Die Folge ist, daß die kirchliche Verkündigung in eine Fremdsprachlichkeit hineingeraten ist, die mit dem echten Ärgernis des Evangeliums nichts mehr zu tun hat, weil dieses unter der Decke der fremden, unverständlichen Sprache überhaupt nicht erst vernommen wird. Der echte Glaube aber droht aus Scham und Liebe zu verstummen – oder er fängt an, ganz neu zu stammeln, nicht indem er nur nach neuen Wörtern, nach einer zeitgemäßen Ausdrucksweise sucht, sondern indem er fragt, was christlicher Glaube eigentlich überhaupt heißt, und so das Wort Gottes noch einmal neu und von vorn zu verstehen beginnt. Das Symptom hierfür aber bildet eben jene merkwürdige instinktive Nähe des Glaubenden zu den Religionslosen, die wir nicht nur bei Bonhoeffer, sondern auch sonst heute bei Christen in wachsendem Maße beobachten.

Die Nähe zu dem heutigen Menschen und damit die Frage, wie ihm das Evangelium zu verkündigen sei, damit er es wirklich verstehe, ist Dietrich Bonhoeffer, im Unterschied zu seinem Lehrer Karl Barth, von jeher wichtig gewesen. Bereits 1937 schreibt er im Vorwort zu seinem Buch ›Nachfolge‹, einer Auslegung der Bergpredigt: »Es ist doch nicht nur die Schuld der anderen, wenn sie unsere Predigt, die ja gewiß ganz allein Christuspredigt sein will, hart und schwer finden, weil sie belastet ist mit Formeln und Begriffen, die ihnen fremd sind. Es ist doch nicht wahr, daß jedes Wort, das sich heute gegen unsere Predigt richtet, schon eine Absage an Christus, Antichristentum ist. Wollen wir wirklich die Gemeinschaft mit denen verleugnen, deren es heute eine große Zahl gibt, die zu unserer Predigt kommen, sie hören wollen und doch immer wieder betrübt bekennen müssen, daß wir ihnen den Zugang zu Jesus zu schwer machen?«[43] Wenn das, was Bonhoeffer hier schreibt, ein Programm sein soll, dann hat er in dem Buch, das dem Vorwort folgt, dieses Programm nicht durchgeführt. Es erscheint, gemessen an Bonhoeffers späteren radikalen Gedanken während seiner Haft, merkwürdig konservativ. Aber auch sonst bleibt Bonhoeffers eigene Verkündigung, soweit sie uns erhalten ist, weit hinter der Radikalität zurück, mit der er gleichzeitig grundsätzlich über die Aufgabe der Verkündigung der Kirche nachgedacht und geschrieben hat. Doch das beweist nur, wie überwältigend neu für ihn selbst die theologischen Gedanken gewesen sind, die ihn im Gefängnis überfallen haben, wie sie – trotz mancher Verbindungslinien zu seinem früheren Leben – einen neuen Ansatz, eine letzte, äußerste Stufe in seinem Leben und Denken bezeichnen. Bonhoeffers ganzes Nachdenken über die Situation der Kirche und des Christentums ist jetzt auf die Frage konzentriert, wie das Evangelium für den mündigen Menschen der sich vollendenden Neuzeit neu zu interpretieren sei. Ihr gilt sein ungeteiltes theologisches Interesse.

Gleich in dem ersten Brief an seinen Freund Eberhard Bethge, in dem Bonhoeffer ausführlicher seine Gedanken zur gegenwärtigen theologischen und kirchlichen Situation mitteilt, finden sich fast schlagwortartig beinahe alle entscheidenden Aussagen. Stellt man die betreffenden Sätze zusammen, so erhält man so etwas wie ein Programm seines theologischen Nachdenkens oder, richtiger, eine Auffächerung des Problemkomplexes, um den seine Gedanken von jetzt an unaufhörlich kreisen: »Was mich unablässig bewegt, ist die Frage, was das Christentum oder auch wer Christus heute für uns eigentlich ist . . . Wir gehen einer völlig religionslosen Zeit entgegen . . . Was bedeutet das für das ›Christentum‹? . . . Wie kann Christus der Herr auch der Religionslosen werden? Gibt es religionslose Christen? . . . Was ist ein religionsloses Christentum? ... Die zu beantwortenden Fragen wären doch: was bedeutet eine Kirche, eine Gemeinde, eine Predigt, eine Liturgie, ein christliches Leben in einer religionslosen Welt? Wie sprechen wir von Gott – ohne Religion? ... Wie sprechen wir ›weltlich‹ von ›Gott‹, wie sind wir ›religionslos-weltlich‹ Christen, wie sind wir ekklesia, Herausgerufene, ohne uns religiös als Bevorzugte zu verstehen, sondern vielmehr als ganz zur Welt Gehörige? Christus ist dann nicht mehr Gegenstand der Religion, sondern etwas ganz anderes, wirklich Herr der Welt. Aber was heißt das? ... Wie dieses religionslose Christentum aussieht, welche Gestalt es annimmt, darüber denke ich nun viel nach... Vielleicht wird hier gerade uns in der Mitte zwischen Osten und Westen eine wichtige Aufgabe zufallen.«[44]

Die Richtung, in der nach Bonhoeffers Meinung die Lösung aller dieser Fragen zu suchen ist, wird von ihm gekennzeichnet durch das Stichwort »*nicht-religiöse Interpretation*« der biblischen Begriffe. Diese Lösung entspricht genau Bonhoeffers Analyse der heutigen geschichtlichen Situation: Wenn die Zeit der Religion zu Ende ist, wenn die Menschen, so wie sie nun einmal sind, nicht mehr religiös sein können, dann muß die Antwort der Theologie auf diese Religionslosigkeit darin bestehen, daß sie die überlieferten biblischen Begriffe zwar nicht einfach preisgibt, daß sie sie aber nicht-religiös zu interpretieren sucht.

Aber was heißt das: »nicht-religiöse Interpretation der biblischen Begriffe«, »weltliches Reden von Gott«, »religionslose Verkündigung des Evangeliums«, »religionsloses Christentum«? In immer neuen Ansätzen versucht Bonhoeffer sich an das Problem heranzuarbeiten und es zu durchdringen. Dabei bekennt er selbst immer wieder, daß er noch ganz am Anfang stehe und mehr die Größe der Aufgabe sehe, als daß er schon ihre Lösung wüßte: »Es ist noch alles sehr im Anfang und es leitet mich, wie meist, mehr der Instinkt für kommende Fragen, als daß ich über sie schon Klarheit hätte.«[45] Hinzu kommt, daß Bonhoeffer im Gefängnis das konkrete Gegenüber fehlte, mit dem er sich in unmittelbarem Gespräch hätte austauschen können. Er war allein darauf angewiesen, sich in Briefen auszusprechen, aber jedesmal, wenn er ansetzt, um auszuführen, was er eigentlich meint, wird er im Schreiben unterbrochen: »Was bedeutet in der Religionslosigkeit der Kultus und das Gebet? ... Ich muß heute abbrechen.« (30. 4. 44) »Ich denke augenblicklich darüber nach, wie die Begriffe Buße, Glaube, Rechtfertigung, Wiedergeburt, Heilung ›weltlich‹ umzuinterpretieren sind. Ich werde Dir weiter darüber schreiben.« (5. 5. 44) »Menschen werden faktisch auch ohne Gott mit diesen Fragen fertig ... Genug davon; ich werde gerade einmal wieder gestört.« (25. 5. 44) »Die Mündigkeit der Welt ist kein Anlaß zu Polemik und Apologetik ... Ich breche ab und schreibe morgen weiter.« (8. 6. 44) »Du siehst, es sind immer wieder ähnliche Gedanken, die mich umtreiben. Nun muß ich sie im einzelnen neutestamentlich belegen. Das folgt etwas später.« (27. 6. 44) »Jesus nimmt das ganze menschliche Leben in all seinen Erscheinungen für sich und das Reich Gottes in Anspruch. Gerade jetzt muß ich natürlich unterbrochen werden! Laß mich nur schnell nochmal das Thema, um das es mir geht, formulieren: die Inanspruchnahme der mündig gewordenen Welt durch Jesus Christus. Ich kann heute nicht weiterschreiben ... Also, Fortsetzung folgt!« (30. 6. 44) »So, nun wäre es an der Zeit, konkret über die weltliche Interpretation der biblischen Begriffe zu sprechen. Aber es ist zu heiß!« (8. 7. 44) Daß Bonhoeffer sein Nachdenken über die nicht-religiöse Interpretation der biblischen Begriffe nicht zu Ende gebracht hat, lag aber nicht nur an der Ungunst der Verhältnisse, sondern war auch in der Sache begründet: Die weltliche Interpretation der Bibel kann man nicht entweder haben oder nicht haben, sondern man kann sich nur immer wieder neu um sie bemühen. Und gerade die Unabgeschlossenheit der Bonhoefferschen Gedanken hat den Impuls dazu noch gesteigert. Bonhoeffer hat der Theologie keine gebrauchsfertige Interpretationsformel hinterlassen, aber er hat für ihre Interpretation der Bibel die Richtung gewiesen. Und die Richtung ist erkennbar.

Die nicht-religiöse Interpretation sucht Ernst zu machen mit der Menschwerdung Gottes in Jesus Christus. Johannes 1,14 bildet für Bonhoeffer den Schlüssel für seine weltliche Interpretation der biblischen Begriffe: »Das Wort ward Fleisch und wohnte unter uns.« Dabei setzt Bonhoeffer den Akzent jedoch stark auf die Niedrigkeit Gottes in seiner Offenbarung, auf die Passion. Von hier aus gelingt es ihm, eine »paradoxe Konformität« zwischen der Gotteserkenntnis des christlichen Glaubens und der Religionslosigkeit des modernen Menschen herauszuarbeiten. Die durch die Bewegung zur Autonomie sich vollziehende Verdrängung Gottes aus der Welt hat für Bonhoeffer eine überraschende Entsprechung in der Christusoffenbarung. Das Wesen der neuzeitlichen Autonomie besteht darin, daß Gott immer weiter aus der Welt verdrängt wird und der Mensch schließlich »ohne Gott« lebt. Und eben dieses »ohne Gott« wird von der biblischen Botschaft bestätigt! Genau derselbe Vorgang vollzieht sich auch in der Christusoffenbarung: Christus muß in der Welt leiden und wird schließlich ganz aus ihr hinausgedrängt, ans Kreuz. Das Leitwort der neuzeitlichen Autonomie: »Etsi Deus non daretur« – auch wenn es Gott nicht gäbe – wird in paradoxer Weise bestätigt durch das Wort Christi am Kreuz: »Mein Gott, mein Gott, warum hast du mich verlassen?« So besteht für Bonhoeffer eine eigentümliche Entsprechung zwischen der Wirklichkeitserkenntnis, wie die intellektuelle Redlichkeit des autonomen Menschen sie fordert, und der Gotteserkenntnis, wie der christliche Glaube sie am Christusgeschehen abliest. Der christliche Glaube versteht die mündige Welt besser und tiefer, als diese sich selbst versteht; umgekehrt hat aber auch die Entwicklung zur Mündigkeit der Welt mit der falschen Gottesvorstellung der »Religion« aufgeräumt und den Blick freigemacht für den Gott der Bibel, der gerade durch seine Ohnmacht in der Welt Macht und Raum gewinnt. Damit ist der entscheidende Unterschied des christlichen Glaubens zu allen Religionen aufgedeckt. Die Religion weist den Menschen in seiner Not an die Allmacht Gottes, der wie ein Deus ex machina von oben her in die Welt eingreift. Der christliche Glaube hingegen verkündigt die Anwesenheit des niedrigen Gottes in der Welt, er weist den Menschen an die Ohnmacht und das Leiden Gottes: »Nur der leidende Gott kann helfen.«[46]

Bonhoeffers Forderung der nicht-religiösen oder weltlichen Interpretation der biblischen Begriffe bedeutet also alles andere als eine ängstliche Anpassung des Christentums an die verweltlichte, religionslose Welt. Sie leitet sich vielmehr gerade aus dem Grund und der Mitte der christlichen Botschaft her. Nicht-religiöse Interpretation heißt für Bonhoeffer christologische Interpretation. Ihr Grundzug ist die »theologia crucis«, die Kreuzestheologie. Gott selbst hat die Gottverlassenheit des Menschen in der Welt durchlitten und auf sich genommen. Das gibt dem Christenleben seine verbindliche Gestalt. In der Existenz wird die weltliche Interpretation der Bibel deutlicher als in der Spekulation. Im Grunde läßt sie sich nicht definieren, sondern nur praktizieren.

Das Leben des Christen spielt sich nicht in einer besonderen religiösen Provinz ab, sondern in der profanen Welt. Wie Gott in die Welt hineingegangen ist und in ihr gelitten hat, so sollen auch die Christen in die Welt hineingehen und in ihr »weltlich« leben und leiden. Indem sie das tun, nehmen sie an dem Leiden

Gottes in der Welt teil. Die Erfahrung der Transzendenz verwirklicht sich nicht »religiös« in dem Verhältnis zu Gott als zu dem denkbar höchsten und besten Wesen, sondern sie verwirklicht sich »weltlich« im Dasein für andere – genau so, wie »Gott in Menschengestalt« erschienen ist, wie Jesus »der Mensch für andere« war. So zieht die Menschwerdung Gottes die Menschwerdung des Menschen nach sich. Der christliche Glaube schafft keinen Übermenschen – das tut die Religion –, sondern er bringt diesen Menschen, wie er ist, zur Erfüllung seiner irdisch-menschlichen und eben damit seiner göttlichen Bestimmung. Das Christentum fügt zu dem Menschsein nicht etwas hinzu, sondern setzt es in Kraft: »Christsein heißt nicht in einer bestimmten Weise religiös sein, sondern es heißt Menschsein, nicht einen Menschentypus, sondern den Menschen schafft Christus in uns. Nicht der religiöse Akt macht den Christen, sondern die Teilnahme am Leiden Gottes im weltlichen Leben... Jesus ruft nicht zu einer neuen Religion, sondern zum Leben.«[47] Gerhard Ebeling bringt das Verhältnis von Menschsein und Christsein bei Bonhoeffer daher richtig auf die knappe Formel: »Der Christ ist der identifizierte Mensch.«[48]

In die theologischen Aussagen über die Identität des Christseins mit dem Menschsein spielen auch die persönlichen Erfahrungen mit hinein, die Bonhoeffer in seiner »Tätigkeit auf dem weltlichen Sektor«, wie er seine politische Verschwörertätigkeit nennt, gemacht hat. So schreibt er bereits im Juni 1942 von einer Reise nach Italien und Rom, die er zusammen mit Hans von Dohnanyi unternommen hat: »Ich spüre, wie in mir der Widerstand gegen alles ›Religiöse‹ wächst. Oft bis zu einem instinktiven Abscheu – was sicher auch nicht gut ist. Ich bin keine religiöse Natur. Aber an Gott, an Christus muß ich immerfort denken, an Echtheit, an Leben, an Freiheit und Barmherzigkeit liegt mir sehr viel. Nur sind mir die religiösen Einkleidungen so unbehaglich. Das sind alles gar keine neuen Gedanken und Einsichten, aber da ich glaube, daß mir jetzt hier ein Knoten platzen soll, lasse ich den Dingen ihren Lauf und setze mich nicht zur Wehr. In diesem Sinne verstehe ich eben auch meine jetzige Tätigkeit auf dem weltlichen Sektor.«[49] Und es klingt wie ein Fazit der damals begonnenen Erfahrungen, wenn Bonhoeffer zwei Jahre später aus der Haft schreibt: »Ich habe in den letzten Jahren mehr und mehr die tiefe Diesseitigkeit des Christentums kennen und verstehen gelernt. Nicht ein ›homo religiosus‹, sondern ein Mensch schlechthin ist der Christ, wie Jesus – im Unterschied wohl zu Johannes dem Täufer – Mensch war.«[50]

Besonders deutlich wird die Identifizierung des Menschseins durch das Christsein bei Bonhoeffer an einem persönlichen Erlebnis, das er – übrigens einen Tag nach dem gescheiterten Aufstand des 20. Juli – in einem Brief schildert. Da erinnert er sich an ein Gespräch, das er vor dreizehn Jahren mit einem französischen Pfarrer geführt hat. Die beiden jungen Männer hatten sich die Frage vorgelegt, »was sie mit ihrem Leben eigentlich wollten«. Der französische Pfarrer wollte »ein Heiliger werden«. Das beeindruckte Bonhoeffer damals sehr. Trotzdem widersprach er und sagte von sich: »Ich möchte glauben lernen.« Aber auch unter dem »glauben lernen« verstand er damals so etwas wie »ein heiliges Leben führen«. Später hat er dann erfahren, daß man erst in der vollen Diesseitigkeit des Lebens glauben lernt, »wenn man völlig darauf verzichtet hat, aus sich selbst etwas zu machen – sei es einen Heiligen oder einen bekehrten Sünder oder einen Kirchenmann, einen Gerechten oder Ungerechten, einen Kranken oder einen Gesunden –, und dies nenne ich Diesseitigkeit, nämlich in der Fülle der Aufgaben, Fragen, Erfolge und Mißerfolge, Erfahrungen und Ratlosigkeiten leben«. Und Bonhoeffer schließt: »– und ich denke, das ist Glaube; und so wird man ein Mensch, ein Christ.«[51]

Bonhoeffers nicht-religiöse Interpretation der biblischen Begriffe bildet Zug um Zug das genaue Gegenbild zu dem, was er als das Wesen der »Religion« beschrieben hat. Bestand das Kennzeichen der Religion vor allem in der Annahme zweier Welten, einer oberen jenseitigen und einer unteren diesseitigen, und dementsprechend in der individualistischen Sorge um das persönliche Seelenheil, in der Sehnsucht nach der Erlösung in einem besseren Jenseits, so betont die nicht-religiöse Interpretation der Bibel hingegen die tiefe *Diesseitigkeit* des Christentums. Damit meint Bonhoeffer ausdrücklich nicht »die platte und banale Diesseitigkeit der Aufgeklärten, der Betriebsamen, der Bequemen oder der Lasziven, sondern die tiefe Diesseitigkeit, die voller Zucht ist und in der die Erkenntnis des Todes und der Auferstehung immer gegenwärtig ist«. Den Grund dieser Diesseitigkeit bildet nicht irgendein Naturalismus, Pantheismus oder sonstiger philosophischer Immanenzglaube, sondern wiederum allein die Offenbarung Gottes in Jesus Christus, seine Menschwerdung. Weil Gott selbst nicht im Jenseits geblieben, sondern ins Diesseits gekommen ist, darum soll der Mensch ihm nicht an den Grenzen des Diesseits zum Jenseits, sondern in der Mitte des Diesseits begegnen: Eben darum setzt Bonhoeffer so pointiert das »Diesseits« dem »Jenseits« entgegen, die »Mitte« der »Grenze«, das »Leben« der »Religion«. Das heißt nicht, daß die Transzendenz Gottes in die Immanenz aufgelöst wird, aber das heißt, daß die Transzendenz Gottes nur in der Immanenz der Welt erfahren wird. Das Transzendente, das unser Leben übersteigt, darf nicht oberhalb oder jenseits der Welt gesucht werden, sondern allein inmitten des Diesseits: »Gott ist mitten in unserem Leben jenseitig. Die Kirche steht nicht dort, wo das menschliche Vermögen versagt, an den Grenzen, sondern mitten im Dorf.«[52]

Darum ist das Christentum für Bonhoeffer auch nicht eine »Erlösungsreligion« im landläufigen Sinn des Wortes, wobei das Schwergewicht auf das Jenseits der Todesgrenze fällt. Die christliche Auferstehungshoffnung unterscheidet sich vielmehr von allen außerchristlichen Erlösungsmythen darin, daß sie dem Menschen nicht immer noch eine letzte Ausflucht ins Ewige gestattet, sondern ihn, schärfer noch als das Alte Testament, an sein Leben auf der Erde verweist. Zwar löst die christliche Auferstehungshoffnung auch die Todesfrage, aber nur um zum vollen Leben zu befreien, welches dann freilich auch am Tode keine Grenze mehr hat. So entwertet sie das Diesseits nicht, sondern gibt ihm erst vom »Letzten« her seinen rechten »vorletzten« Sinn.[53]

Mit dieser Ausweitung der christlichen Botschaft auf die Welt, und zwar auf die diesseitige, nicht auf die jenseitige, glaubt Bonhoeffer nicht nur dem Anspruch der Bibel gerecht zu werden, sondern auch genau in unsere gegenwärtige säkulare Situation zu treffen. Er ist der Meinung, daß uns die individualistische Frage nach dem persönlichen Seelenheil heute fast völlig entschwunden sei und daß es für uns wichtigere Dinge gebe als diese Frage. Er ist sich zwar darüber klar, daß dies »ziemlich ungeheuerlich klingt«, aber er hält es im Grunde sogar für biblisch. Im Alten Testament gibt es die Frage nach dem Seelenheil überhaupt nicht, und im Neuen Testament ist das Reich Gottes auf Erden der Mittelpunkt von allem: »Nicht um das Jenseits, sondern um diese Welt, wie sie geschaffen, erhalten, in Gesetze gefaßt, versöhnt und erneuert wird, geht es doch. Was über diese Welt hinaus ist, will im Evangelium *für* diese Welt da sein.«[54]

Natürlich darf sich der Christ aus allem Kampf und Leid der Welt heraus auch nach der Ewigkeit sehnen und sich auf sie freuen – Bonhoeffer selbst hat das von Herzen getan, und er hatte Anlaß dazu. Überhaupt soll man sich hüten, das Diesseits in falscher Weise gegen das Jenseits auszuspielen, wie manche Interpreten Bonhoeffers es tun, und so das Christentum schließlich in bloßer sittlicher Bewährung und Mitmenschlichkeit aufgehen zu lassen. Damit ist Bonhoeffers Polemik einseitig überspitzt. Wogegen er sich wendet, ist das »Selig, nur selig« einer falschen christlichen Frömmigkeit, die das Diesseits fast fast völlig vom Jenseits hat verschlingen lassen und damit das Verhältnis des Christentums zur Welt so gründlich verdorben hat, daß es von Grund auf einer Erneuerung bedarf. Was Bonhoeffer überdies nicht leiden kann, ist die geschmacklose Vermischung von Diesseits und Jenseits, die beides zugleich haben will, den Genuß irdischen Glücks und die Sehnsucht nach dem ewigen Heil: »Daß ein Mensch in den Armen seiner Frau sich nach dem Jenseits sehnen soll, das ist milde gesagt eine Geschmacklosigkeit und jedenfalls nicht Gottes Wille. Wenn es Gott gefällt, uns ein überwältigendes irdisches Glück genießen zu lassen, dann soll man nicht frömmer sein als Gott und dieses Glück ... durch eine wildgewordene religiöse Phantasie wurmstichig werden lassen.« Gegen diese geschmacklose Vermischung von Diesseits und Jenseits, von irdischem Wohl und ewigem Heil protestieren, wie auch sonst häufig bei Bonhoeffer, sein Sinn für Ordnung, sein Gefühl für Stil und sein seelsorgerischer Takt: »Ich glaube, wir sollen Gott in unserem *Leben* und in dem, was er uns an Gutem gibt, so lieben und solches Vertrauen zu ihm fassen, daß wir, wenn die Zeit kommt und da ist – aber wirklich auch erst dann! – auch mit Liebe, Vertrauen und Freude zu ihm gehen ... Es ist Übermut, alles auf einmal haben zu wollen, das Glück der Ehe und das Kreuz und das himmlische Jerusalem, in dem nicht Mann und Frau ist.«[55]

Mit allem, was Bonhoeffer über die weltliche, nicht-religiöse Interpretation der Bibel – über die Menschlichkeit des Christseins und die Weltlichkeit des Christentums – sagt, ist eine grundlegende Erkenntnis vollzogen. Sie besteht in der Überwindung des traditionellen christlichen *Denkens in zwei Räumen*. Den entscheidenden Schritt dazu hat Bonhoeffer bereits in der ›Ethik‹ getan, seinem letzten theologischen Werk, an dem er bis zu seiner Verhaftung gearbeitet hat und das unvollendet geblieben ist.

Wie ein »Koloß« hat sich dem, der nach dem Inhalt und der Gestalt des Christlichen in der Welt fragte, durch Jahrhunderte ein falsches theologisches Raumdenken hindernd entgegengestellt.[56] Ihm lag, bewußt oder unbewußt, die Vorstellung zugrunde, daß in der Welt zwei Räume existieren, die nebeneinander stehen und miteinander konkurrieren: der eine göttlich, heilig, übernatürlich, offenbarungsgemäß und christlich, der andere weltlich, profan, natürlich, vernünftig und unchristlich. Diese Aufteilung des Wirklichkeitsganzen in einen sakralen und einen profanen Bezirk führte zu einer entsprechenden Aufspaltung des menschlichen Lebens in eine geistliche und eine weltliche Existenz. Entweder der Mensch will Christus ohne die Welt: das ist der Mönch des Mittelalters, oder er will die Welt ohne Christus: das ist der Kulturprotestant des 19. Jahrhunderts. Oder aber er will in beiden Räumen zugleich stehen und wird damit »der Mensch des ewigen Konflikts«.

Entgegen dieser traditionellen christlichen Aufspaltung der Existenz des Menschen und der Wirklichkeit der Welt in zwei Bereiche besteht Bonhoeffers entscheidender neuer theologischer Ansatz in der Erkenntnis, daß es für den christlichen Glauben nicht zwei Wirklichkeiten, sondern nur *eine* Wirklichkeit gibt. Zu dieser Erkenntnis gelangt Bonhoeffer nicht durch die Anpassung des christlichen Glaubens an die weltlich gewordene Welt, sondern von seinem christologischen Ansatz her: In Jesus Christus ist die Wirklichkeit Gottes in die Wirklichkeit der Welt eingegangen, so daß in ihm beide Wirklichkeiten, die Wirklichkeit Gottes und die Wirklichkeit der Welt, *eine* Wirklichkeit bilden: die Gotteswirklichkeit in der Weltwirklichkeit. Fortan gibt es nicht mehr zwei verschiedene Wirklichkeitsträume, sondern nur noch den »einen Raum der Christusverwirklichung«, in dem die Wirklichkeit Gottes und die Wirklichkeit der Welt miteinander vereinigt sind. Hier erweist Bonhoeffer sich als getreuer Schüler Karl Barths. Er kann ähnlich wie Barth in einem triumphalen heilsgeschichtlichen Perfektum davon reden, daß die Wirklichkeit der Welt von der Wirklichkeit Gottes immer schon »umschlossen«, »getragen«, »angenommen«, »besessen«, »innegehabt«, »versöhnt«, »geliebt«, »in sie hineingezogen« und »in ihr zusammengefaßt« sei – »das ist das Geheimnis der Offenbarung Gottes in dem Menschen Jesus Christus«: »Nur von dieser Mitte her und auf diese Mitte hin geht die Bewegung der Geschichte.« Bei Bonhoeffer herrscht also dieselbe »christologische Konzentration« wie bei Barth. Aber die Konsequenz, die er aus ihr zieht, geht in eine andere Richtung, und in diese andere Richtung hat Barth Bonhoeffer immer etwas verständnislos und kopfschüttelnd nachgeblickt. Während Barth vom Himmel fasziniert ist, ist Bonhoeffer von der Welt engagiert. Zwar hält Bonhoeffer streng an der in Jesus Christus begründeten Einheit von Gotteswirklichkeit und Weltwirklichkeit fest, aber der Akzent liegt bei ihm doch auf der Erfahrung der Weltwirklichkeit durch den Glauben. Die Wirklichkeit Gottes erschließt sich nur dem, der sich ganz in die Wirklichkeit der Welt hineinstellt. Es gibt das Christliche nicht anders als im Weltlichen, das Übernatürliche nur im Natürlichen, das Heilige nur im Profanen, das Offenbarungsmäßige nur im Vernünftigen. Das heißt nicht, daß beide Seiten jeweils miteinander identisch wären, sondern das heißt, daß beide Seiten jeweils gegeneinander polemisieren, aber gerade in der Polemik ihre Zusammengehörigkeit erweisen: Das Sakrale widerspricht dem Profanen und bewahrt es davor, daß es sich verselbständigt, und das Profane widerspricht dem Sakralen und bewahrt es ebenfalls davor, daß es sich unabhängig macht. Dabei wird der Akzent der Polemik das eine Mal mehr auf dieser, das andere Mal mehr auf jener Seite zu liegen haben. Heute hat – das ist Bonhoeffers Überzeugung und Tendenz – der polemische Gebrauch des Christlichen gegen das Weltliche, wie zur Zeit Luthers, »im Namen einer besseren Weltlichkeit« zu geschehen. Es gibt keine wirkliche Weltlichkeit außerhalb der Wirklichkeit Jesu Christi – aber es gibt auch kein wirkliches Christsein außerhalb der Wirklichkeit der Welt! Wer sich zur Wirklichkeit Jesu Christi als der Offenbarung Gottes bekennt, der bekennt sich »im selben Atemzug« zur Wirklichkeit der Welt.

Die Überwindung des falschen Raumdenkens hat empfindliche Konsequenzen für den sogenannten »Raum der Kirche« in der Welt. Die erste Aufgabe der Kirche ist es nicht, etwas für sich selbst zu sein, also eine religiöse Organisation zu bilden, die den Menschen ein frommes Leben ermöglicht, sondern die erste Aufgabe der Kirche ist es, für die Welt da zu sein. Ihr Mandat an die Welt aber erfüllt die Kirche nicht damit, daß sie der Welt ein Stück ihres Bereiches streitig macht und sich so einen eigenen Raum, einen »Sektor«, aus ihr herausschneidet, sondern daß sie der Welt dazu verhilft, Welt zu sein und Welt zu bleiben. Andernfalls wird die Kirche zu einer »Religionsgesellschaft, die in eigener Sache kämpft«, und hört auf, analog der Menschwerdung Christi, Kirche Gottes und der Welt zu sein.

Dietrich Bonhoeffer war davon überzeugt, daß es einer gewandelten Kirche eines Tages wieder gelingen werde, Gott in der weltlich gewordenen Welt so zur Sprache zu bringen, daß die Wirklichkeit der Welt dadurch getroffen und erneuert wird. Wie kaum ein anderer hat er die Tiefe des Übergangs erkannt, in dem sich das Christentum heute befindet. Wie kaum ein anderer hat er aber auch auf die Erneuerung der christlichen Verkündigung gehofft. Beides, Erkenntnis und Hoffnung, hat er nirgends so deutlich ausgesprochen wie in den Gedanken, die er zum Tauftag eines Patenkindes im Mai 1944 im Gefängnis niedergeschrieben hat.[57] Was Bonhoeffer hier sagt, erreicht fast die Kraft eines Prophetenwortes.

Zunächst fixiert Bonhoeffer noch einmal die Situation, in der sich die Kirche mit ihrer Verkündigung befindet: »Wir sind wieder ganz auf die Anfänge des Verstehens zurückgeworfen. Was Versöhnung und Erlösung, was Wiedergeburt und Heiliger Geist, was Feindesliebe, Kreuz und Auferstehung, was Leben in Christus und Nachfolge Christi heißt, das alles ist so schwer und so fern, daß wir es kaum mehr wagen, davon zu sprechen. In den überlieferten Worten und Handlungen ahnen wir etwas ganz Neues und Umwälzendes, ohne es noch fassen und aussprechen zu können.« Darin erblickt Bonhoeffer die Schuld der Kirche: Weil die Kirche in diesen Jahren nur um ihre Selbsterhaltung gekämpft hat, als wäre sie ein Selbstzweck, ist sie unfähig, Träger des neuen versöhnenden und erlösenden Wortes für die Menschen und für die Welt zu sein. Bonhoeffer übt damit auch unausgesprochen Kritik an der von Barths Theologie gespeisten Bekennenden Kirche, von der er einst erklärt hatte, daß, wer sich wissentlich von ihr trenne, sich vom ewigen Heil scheide. Während der Zeit des Übergangs kann das Christsein nur in zweierlei bestehen: »im Beten und im Tun des Gerechten unter den Menschen«. Aber eben aus diesem Beten und Tun des Gerechten wird das Christentum erneuert werden. Bonhoeffer sagt seinem Patenkinde voraus, daß, bis es groß sei, sich die Gestalt der Kirche sehr verändert haben werde, und er warnt die Kirche davor, den Prozeß der Umschmelzung durch eine vorzeitige neue organisatorische Machtentfaltung beschleunigen zu wollen; dadurch würde sie im Gegenteil ihre Umkehr und Läuterung nur unnötig verzögern. Und dann folgt am Ende ein fast eschatologischer Ausblick Bonhoeffers in die Zukunft: »Es ist nicht unsere Sache, den Tag vorauszusagen – aber der Tag wird kommen –, an dem wieder Menschen berufen werden, das Wort Gottes so auszusprechen, daß sich die Welt darunter verändert und erneuert. Es wird eine neue Sprache sein, vielleicht ganz unreligiös, aber befreiend und erlösend, wie die Sprache Jesu, daß sich die Menschen über sie entsetzen und doch von ihrer Gewalt überwunden werden.« Was Bonhoeffer hier als die zukünftige Gestalt der christlichen Verkündigung schildert, ist die Realisierung der weltlichen

Interpretation der Bibel. Aber als fürchtete er, daß seine Hoffnung auf die Erneuerung der Verkündigung der Kirche als Utopie mißverstanden werden könnte, lenkt er zum Schluß noch einmal von der Zukunft zurück in die Gegenwart: »Bis dahin wird die Sache der Christen eine stille und verborgene sein; aber es wird Menschen geben, die beten und das Gerechte tun und auf Gottes Zeit warten. Möchtest Du zu ihnen gehören …«

Bonhoeffer hat die Erneuerung der christlichen Verkündigung, die er erhofft hatte, nicht erlebt. Und auch wir haben sie bis auf diesen Tag nicht erlebt. Bonhoeffers Patenkind ist längst konfirmiert und erwachsen, aber die Kirche hat ihre Gestalt noch nicht verändert und erneuert. Zu einem großen Teil kämpft sie nach wie vor um ihre Selbsterhaltung, als wäre sie ein Selbstzweck. Es ist nach dem Kriege genau das eingetreten, wovor Bonhoeffer die Kirche gewarnt hatte: Durch eine vorzeitige neue organisatorische Machtentfaltung hat sie ihre Umkehr und Läuterung verzögert.

Bonhoeffers Lebenswerk ist Fragment geblieben. In einem Brief an seinen Vater spricht er einmal selbst davon. Er vergleicht darin das Leben der Generation seines Vaters mit dem seiner eigenen: in der Generation des Vaters habe sich das Leben im Beruflichen und Persönlichen noch zu einem ausgeglichenen und erfüllten Ganzen entfalten können, während das seine und das seiner Altersgenossen unvollendet und fragmentarisch geblieben sei. Doch dann fährt er fort: »Aber gerade das Fragment kann ja auch wieder auf eine menschlich nicht mehr zu leistende höhere Vollendung hinweisen. Daran muß ich besonders beim Tode so vieler meiner besten ehemaligen Schüler denken. Wenn auch die Gewalt der äußeren Ereignisse unser Leben in Bruchstücke schlägt, wie die Bomben unsere Häuser, so soll doch möglichst noch sichtbar bleiben, wie das Ganze geplant und gedacht war, und mindestens wird immer noch zu erkennen sein, aus welchem Material hier gebaut wurde oder werden sollte.«[58]

Dieses Wort hat sich an Bonhoeffer selbst erfüllt. Obgleich sein Werk Fragment geblieben ist, läßt es erkennen, wie das Ganze gedacht war und aus welchem Material hier gebaut werden sollte. Es ist auf eine höhere Weise vollendet worden, auf eine Weise, die nicht mehr nur menschlich geleistet werden kann. Bonhoeffer hat das, was er wollte – die Erneuerung der christlichen Verkündigung durch die nicht-religiöse, weltliche Interpretation der biblischen Begriffe –, nicht zu Ende *gedacht*, aber er hat sie zu Ende *gelebt*, er ist sie gleichsam *gestorben*. Und mehr kann ein Mensch nicht tun.

Bonhoeffer ist Märtyrer geworden, freilich ein Märtyrer neuer Art, ein nicht-religiöser Märtyrer. Er hat nicht unmittelbar für den christlichen Glauben gelitten, sondern dafür, daß er gegen einen ungerechten und unmenschlichen Staat für das Recht und die Menschlichkeit eingetreten ist. Als er bei einem Rundgang im Gefängnishof in Tegel von einem Mitgefangenen gefragt wurde, wie er es als Christ und Theologe verantworten könne, am aktiven Widerstand gegen Hitler teilzunehmen, da antwortete er, so gut es in der Kürze der Zeit und unter den Augen der Aufseher ging, mit einem Bild: Wenn ein betrunkener Autofahrer mit hoher Geschwindigkeit den Kurfürstendamm herunterrase, könne es nicht seine, des Pfarrers, einzige oder vornehmliche Aufgabe sein, die Opfer des Wahnsinnigen zu beerdigen und deren Angehörige zu trösten; wichtiger sei es, dem Betrunkenen das Steuer zu entreißen.[59] Und ein andermal: »Die Kirche darf nur gregorianisch singen, wenn sie zu gleicher Zeit für Juden und Kommunisten schreit.« (In anderer Überlieferung: »Nur wer für die Juden schreit, darf auch gregorianisch singen.«) Darum ist Bonhoeffer ein politischer Verschwörer geworden. Aber gerade damit ist er »ein Zeuge Jesu Christi unter seinen Brüdern« gewesen, wie es auf der Gedenktafel in der Kirche von Flossenbürg heißt. Bonhoeffer hat für seine Person erfüllt, was nach seinen Worten den Menschen allein zu tun übrigbleibt, bis Gottes Zeit kommt: Er hat das Gerechte unter den Menschen getan und er hat gebetet. Der ehemalige Lagerarzt des Konzentrationslagers Flossenbürg berichtet über Bonhoeffers Tod: »Am Morgen etwa zwischen 5 und 6 Uhr wurden die Gefangenen, darunter Admiral Canaris, General Oster, General Thomas und Reichsgerichtsrat Sack aus den Zellen geführt und die kriegsgerichtlichen Urteile verlesen. Durch die halbgeöffnete Tür eines Zimmers im Barackenbau sah ich vor Ablegung der Häftlingskleidung Pastor Bonhoeffer in innigem Gebet mit seinem Herrgott knien. Die hingebungsvolle und erhörungsgewisse Art des Gebetes dieses außerordentlich sympathischen Mannes hat mich auf das Tiefste erschüttert. Auch an der Richtstätte selbst verrichtete er noch ein kurzes Gebet und bestieg dann mutig und gefaßt die Treppe zum Galgen. Ich habe in meiner fast 50jährigen ärztlichen Tätigkeit kaum je einen Mann so gottergeben sterben sehen.«[60]

Friedrich Gogarten und Dietrich Bonhoeffer haben Fragen aufgeworfen und Positionen fixiert, hinter die die Theologie nicht wieder zurückweichen kann, wenn sie die Aufgabe der Verkündigung in unserer Zeit nicht verfehlen will. Aber sie sind nur zwei Stimmen, freilich zwei führende Stimmen aus einem großen Chor von Theologen und Nichttheologen in vielen Kirchen und Ländern. Wie verschieden diese im einzelnen auch sind, so gehen sie doch alle von demselben Punkt aus und weisen in dieselbe Richtung. Sie stellen sich alle der totalen Säkularisierung als der entscheidenden Herausforderung an das Christentum in unserer Zeit. Die einzig zureichende Antwort auf diese Herausforderung sehen sie darin, die Säkularisierung nicht rückgängig zu machen, sondern den christlichen Glauben in der weltlich gewordenen Welt so zu bezeugen, daß die Wirklichkeit Gottes und die Wirklichkeit der Welt im Glauben als *eine* Wirklichkeit beieinander sind.

Damit stehen wir vor der entscheidenden *Wende*, die sich nach dem Zweiten Weltkrieg im Christentum angebahnt hat. Hat die Theologie nach dem Ersten Weltkrieg die Gottheit Gottes wiederentdeckt, so nach dem Zweiten Weltkrieg die Weltlichkeit der Welt. Das Neue, für viele fromme Christen noch Befremdliche und Ungewohnte besteht darin, daß wir das unheilvolle schizophrene Denken in zwei Räumen – die Aufspaltung der einen Wirklichkeit in ein Diesseits und ein Jenseits, in Weltgeschichte und Heilsgeschichte, in oben und unten, in profan und sakral, in eine Feiertagswelt des Glaubens und eine Alltagswelt des Wissens und Erkennens – zu überwinden beginnen. Langsam fangen wir an zu lernen, daß es nur *eine* Wirklichkeit gibt, auch für die Christen. Das heißt nicht, daß Gott einfach ein Stück der Weltwirklichkeit wäre, aber das heißt, daß wir von der Wirklichkeit Gottes und von der Wirklichkeit der Welt nicht in einer beziehungslosen Addition reden können, sondern immer nur so, daß wir die Wirklichkeit Gottes in Hinsicht auf die Wirklichkeit der Welt aussagen. Entweder betrifft das, was der christliche Glaube sagt, diese unsere Wirklichkeit, oder der christliche Glaube sagt uns überhaupt nichts.

Die Überwindung des traditionellen platonisch-christlichen Denkschemas in zwei Räumen und die damit verbundene Wiederentdeckung der ursprünglichen Weltlichkeit des christlichen Glaubens sind nicht die Folge einer Anpassung des Christentums an die Säkularisierung, sondern die Frucht einer tieferen Erkenntnis der Christusoffenbarung, wozu die Säkularisierung allerdings einen Anstoß gegeben hat. Indem sich heute die totale Säkularisierung und eine tiefere Erkenntnis der Christusoffenbarung begegnen, tut sich für die Theologie ein neues Tor zur Welt auf. Wie ein Haus dadurch weiter und größer wird, daß man die Wände in ihm niederreißt, so beginnt auch Gott in unseren Tagen dadurch weiter und größer zu werden, daß die Theologie die Mauern und Wände, die sie zwischen Gott und der Welt gezogen hat, niederzureißen beginnt. Damit kommt der jahrzehntelange Rückzug der Theologie, wenigstens in ihren vorderen Reihen, in unseren Tagen zum Stehen.

Diese Wende in der Theologie ist nicht auf den Protestantismus beschränkt, sie zeichnet sich in allen Konfessionen ab. Es handelt sich um einen Vorgang von ökumenischer Weite. Daher laufen die entscheidenden theologischen Trennungslinien heute nicht mehr zwischen den einzelnen Kirchen und Konfessionen, sondern sie gehen mitten durch sie hindurch. Die Frage, an der sich die Geister scheiden, ist die, ob man die Verweltlichung der Welt ernst nimmt und also bereit ist, Gott vor der weltlich gewordenen Welt neu zu verantworten und damit auf eine Weise von ihm zu reden, daß auch die Zeitgenossen es wieder als eine Rede von Gott verstehen, oder ob man die Verweltlichung der Welt mißachtet und damit auf eine Weise von Gott redet, daß die Zeitgenossen es nicht mehr als eine Rede von Gott vernehmen und also ihrem Unglauben überlassen bleiben. Worauf es ankommt, ist, daß es der Theologie gelingt, Gott auf solche Weise neu zur Sprache zu bringen, daß darin zugleich die Wirklichkeit der Welt neu zur Sprache kommt, anders ausgedrückt, die Wirklichkeit Gottes so zu bezeugen, daß dadurch die Wirklichkeit der Welt durchleuchtet, erhellt und erfüllt wird.

Wie also sieht die Verwirklichung des »Christlichen« in der weltlich gewordenen Welt und damit die Antwort der Theologie und Kirche auf die Herausforderung der totalen Säkularisierung aus? Nicht: Fertigwerden mit der Wirklichkeit der Welt ohne Gott – das ist (nach Gogarten) der falsche Weg des »Säkularismus«; aber auch nicht: Ergänzung der Wirklichkeit der Welt durch Gott – das ist (nach Bonhoeffer) der falsche Weg der »Religion«; sondern: Aushalten der ganzen Wirklichkeit der Welt vor Gott – das ist (nach Gogarten und Bonhoeffer) der Weg des Glaubens.[61] Darin besteht der Beweis des Geistes und der Kraft – der einzige Gottesbeweis, der in der weltlich gewordenen Welt noch zugelassen ist, wenn überhaupt je ein anderer zugelassen war.

Würde den Christen dieser »Gottesbeweis« gelingen, so würden sie damit zugleich eine Sehnsucht vieler Gegner des Christentums in der Neuzeit stillen, die ihnen selbst unbewußt gewesen ist. In ihren Angriffen gegen Gott steckt gewiß viel Unglaube, Hochmut, Stolz und Haß. Aber es ist auch eine Sehnsucht darin verborgen, die Sehnsucht nach einem größeren Gott – nach einem Gott, der nicht nur in vergänglichen Vorstellungen, Bildern und Begriffen aufgeht, der nicht in den Rissen, Sprüngen und Lücken unserer menschlichen Erkenntnis wohnt, der uns nicht nur an den Randzonen und Grenzen des Lebens begegnet und über eine christliche Enklave, über ein paar verbuchte Hektar »Kirchenland« herrscht, sondern der größer, weiter, freier, souveräner, universaler, furchtbarer und fruchtbarer ist, der sich ständig neue Ausdrucksformen und Chiffren schafft, der uns mitten im Leben begegnet, der auch jenseits der Mauern der Kirchen wohnt und die ganze Welt erfüllt.

Glaube und Unglaube streiten angesichts der totalen Säkularisierung zuletzt nicht um Gott, sondern um die Welt: wer von beiden die Wirklichkeit der Welt in der rechten Weise wahrnimmt. Dies »Wahrnehmen« ist nicht nur im kognitiven Sinne zu verstehen, als ein Akt der Erkenntnis, sondern zugleich im Sinne eines »Wahrmachens«. Gerhard Ebeling zeigt dies an einem Vergleich: Wer ein Amt oder eine Gelegenheit wahrnimmt, erkennt nicht nur, was für Möglichkeiten in diesem Amt oder in dieser Gelegenheit stecken, sondern er macht sie auch wahr, er macht von ihnen Gebrauch, indem er sich selbst dabei zum Einsatz bringt.[62] In dieser Weise geht es im christlichen Glauben um das Wahrnehmen von Wirklichkeit.

Aber damit sind nicht alle Probleme, die die totale Säkularisierung stellt, schon im Handumdrehen gelöst, sondern damit fangen die Probleme überhaupt erst an. Damit stehen wir erst vor den eigentlichen Fragen, die die protestantische Theologie nach dem Zweiten Weltkrieg in Atem gehalten haben. Die erste von ihnen lautet: »Was sollen wir nun tun?«

Sechstes Kapitel
Die beiden Reiche

Kirche und Politik

18./19. Oktober 1945 – in Stuttgart ist der neugebildete Rat der
Evangelischen Kirche in Deutschland zu einer seiner ersten
Sitzungen versammelt. Unerwartet ist zu dieser Tagung auch
eine offizielle Delegation des Ökumenischen Rates der Kirchen
erschienen, um nach den langen Jahren der Trennung zum
ersten Male wieder die Verbindung mit der evangelischen Christenheit in Deutschland aufzunehmen. Es ist eine große Stunde,
fast ein dramatischer Augenblick: Der von den Nationalsoziali-
sten heraufbeschworene Krieg ist noch keine sechs Monate vorüber, da suchen die Kirchen schon wieder die Gemeinschaft
miteinander. Es kommt zu einer bewegenden Aussprache. Be-
eindruckt von der brüderlichen Geste der anderen, gibt der
Rat jene Erklärung ab, die als sogenanntes ›Stuttgarter Schuldbekenntnis‹ in die Geschichte eingegangen ist: »Mit großem
Schmerz sagen wir: Durch uns ist unendliches Leid über viele
Völker und Länder gebracht worden. Was wir unseren Gemeinden oft bezeugt haben, das sprechen wir jetzt im Namen
der ganzen Kirche aus: Wohl haben wir lange Jahre hindurch im Namen Jesu Christi gegen den Geist gekämpft,
der im nationalsozialistischen Gewaltregiment seinen furcht-
baren Ausdruck gefunden hat; aber wir klagen uns an, daß
wir nicht mutiger bekannt, nicht treuer gebetet, nicht fröhlicher
geglaubt und nicht brennender geliebt haben.«
     Aber nicht nur von Versäumnis und Schuld der Vergan-
genheit ist in der Stuttgarter Erklärung die Rede, sondern
mehr noch von der Hoffnung auf eine neue Zukunft: »Nun
soll in unseren Kirchen ein neuer Anfang gemacht werden ...
Wir hoffen zu dem Gott der Gnade und Barmherzigkeit,
daß er unsere Kirchen als sein Werkzeug brauchen und ihnen
Vollmacht geben wird, sein Wort zu verkünden und seinem
Willen Gehorsam zu schaffen bei uns selbst und bei unserem
ganzen Volk. Wir hoffen zu Gott, daß durch den gemeinsamen Dienst der Kirchen dem Geist der Gewalt und Vergel-
tung, der heute von neuem mächtig werden will, in aller
Welt gesteuert werde und der Geist des Friedens und der Liebe

zur Herrschaft komme, in dem allein die gequälte Menschheit Genesung finden kann.«

Das ›Stuttgarter Schuldbekenntnis‹ ist bis auf den heutigen Tag viel kritisiert worden; man hat es politisch unklug und würdelos genannt. In Wahrheit jedoch ist es ein weiser und würdiger Akt gewesen, einer der weisesten und würdigsten in unserer an weisen und würdigen Akten nicht gerade reichen deutschen Nachkriegsgeschichte. Darum gehört es auch in einen Rechenschaftsbericht über die protestantische Theologie in unserem Jahrhundert unbedingt hinein.

Aber wenn die vom Rat der Evangelischen Kirche in Stuttgart abgegebene Erklärung mehr sein sollte als eine Gefühlsaufwallung des Augenblicks und eine pathetische Proklamation, dann enthielt sie ein Versprechen, das eingelöst sein wollte. Dieses Versprechen bezog sich auf die Mitverantwortung der Kirche für die Erhaltung und Gestaltung der Welt, auf ihre Sorge nicht nur um das ewige Heil, sondern auch um das irdische Wohl der Menschen. Hier hatte vor allem die Schuld der Kirche und Theologie in der Vergangenheit gelegen, die man in Stuttgart bekannt hatte. Hier galt es darum vor allem, einen neuen Anfang zu machen.

Lange Zeit hatte die Kirche sich in ihrer Verkündigung vornehmlich an die Innerlichkeit des Menschen gewandt. Sie sorgte sich um seine Seele und suchte sie durch Trost, Mahnung und Erbauung auf das ewige Heil vorzubereiten. Daß der Mensch auch einen Leib hat und immer in konkreten geschichtlichen Bindungen und bestimmten sozialen und politischen Verhältnissen existiert, daß es in der Welt nicht nur Personen, sondern auch Sachen und Institutionen gibt, war ihr dabei fast völlig aus dem Blick gerückt. Die Sorge um das leibliche Wohl des Menschen überließ sie weithin dem Staat. Das gute theologische Gewissen verschaffte sie sich dabei durch die Berufung auf Luthers Lehre von den zwei Reichen mit ihrer strengen Unterscheidung zwischen dem Reich Gottes und dem Reich der Welt und damit zwischen Kirche und Staat, zwischen christlicher Privatmoral und bürgerlicher Amtsmoral. Aber gerade diese fast völlige Trennung zwischen den beiden Reichen hatte zur Folge, daß zwischen Kirche und Staat ein gutes Einvernehmen herrschte, eine Art Symphonie, wie sie in der Verbindung von »Thron und Altar« ihren sichtbaren Ausdruck fand, wobei der Thron wohlgemerkt an erster Stelle stand. Wenn der Hofprediger zu Beginn des Gottesdienstes aus der Sakristei heraustrat, verneigte er sich zunächst in Richtung Hofloge und schritt dann zum Altar. Und im Hofbericht war hinterher zu lesen: »Die Allerhöchsten Herrschaften haben sich in den Dom begeben, um dem Höchsten zu dienen.« Die Kirche diente dem Obrigkeitsstaat als moralische Anstalt; Pfarrhaus und Gendarmerie waren gute Nachbarn. Und wenn die Behauptung, daß die Kirche die Waffen gesegnet habe, auch ein freidenkerisches Schlagwort ist, so stimmt es doch, daß sich die Regierungen im Kriegsfall auf die Kirchen im allgemeinen verlassen konnten. Auf seiten der Bürger entsprach diesem engen Bündnis von Kirche und Staat jene passive, Gott und dem Landesherrn ergebene Haltung, die man mit Recht als »Untertanengehorsam« karikiert hat. Das war im katholischen Bayern nicht anders als im protestantischen Preußen. Schon darum muß man fragen, ob es recht war, nach dem letzten Kriege Luther als »Hauptschuldigen« hierfür einzustufen.

Aus dieser theologischen und politischen Tradition ist es zu erklären, daß die Kirchen den sogenannten »nationalen Aufbruch« des Jahres 1933 zunächst freudig begrüßt haben. Und auch als es dann sehr bald anders kam, hat doch auch die Bekennende Kirche noch in erster Linie für die Reinheit der Lehre und die Eigenständigkeit der Kirche gekämpft und erst in zweiter, wenn nicht gar dritter oder vierter Linie gegen das allgemeine Unrecht Widerstand geleistet, das der totalitäre Staat den Menschen zufügte. Dies wurde von vielen Christen als ein Versagen empfunden. Sie hatten das Gefühl, daß die Kirche im Dritten Reich zwar für ihre Selbsterhaltung gekämpft, daß sie die Menschen dabei aber weithin im Stich gelassen habe. Und das hatte ihrem Gewissen einen Stachel eingedrückt.

Anfang der fünfziger Jahre fand in einer Evangelischen Akademie eine Tagung über das Thema »Wiederbewaffnung und Wiedervereinigung« statt. Im Laufe des Tagungsgespräches erklärte der Leiter der Akademie: »Wir sind nicht für die Wiederbewaffnung, wir sind nur nicht gegen sie, und darum reden wir den Staat in dieser Sache nicht an.« Aber da sprang ein Pfarrer auf und rief leidenschaftlich in den Saal hinein: »Wir haben schon einmal geschwiegen, wo wir hätten reden müssen. Das darf nicht wieder vorkommen!« So ist es fraglos mit ein Ertrag des Kirchenkampfes im Dritten Reich, wenn die Kirche neu erkannt hat, daß sie auch für die Dinge dieser Welt verantwortlich ist und sie in ihre Fürsorge und Obhut zu nehmen hat.

Damit aber wurde der Theologie ein gewaltiges neues Arbeits-
pensum aufgebürdet. Damit rückte das Schwergewicht ihrer
Arbeit, falls man überhaupt so trennen darf, für eine Zeitlang
von der Dogmatik mit ihrer Frage: Was sollen wir glauben? auf
die Ethik mit ihrer Frage: Was sollen wir tun? Es ging um das,
was man die »politische Predigt« oder auch den »politischen
Gottesdienst« der Kirche genannt hat. Geleitet war das neue
politisch-ethische Fragen der Theologie von der Erkenntnis der
Totalität der Herrschaft Gottes und der Universalität seiner
Liebe: Wenn Gott wirklich der Schöpfer, Erhalter und Erlöser
der Welt ist, dann kann es keinen Bereich des Lebens geben, der
der Hoheitszone Gottes entzogen wäre. Dann ist es vorbei mit
der fast völligen Trennung zwischen Gott und Welt, zwischen
Kirche und Staat, zwischen christlicher Privatmoral und bürgerlicher Amtsmoral. Dann gilt es damit Ernst zu machen, daß
Gott der Herr auch in der Politik ist, daß die Gebote und Verheißungen der Bibel auch für das politische Handeln gelten und
daß die christliche Liebe ein Politikum ersten Ranges bildet.

Welche Wandlung sich hier in der protestantischen Theologie
angebahnt hat und welche Problematik damit auf sie zugekom-
men ist, läßt sich an dem Gleichnis vom barmherzigen Samariter anschaulich machen. Daß der Samariter dem unter die Räuber
Gefallenen die Wunden verbindet, ihn in die Herberge führt und
dort der Fürsorge des Wirts übergibt, das hatte die Kirche alle-
zeit verstanden, dem hatte sie durch Jahrhunderte nachzueifern
gesucht – vom Johanniter-Orden bis zur Diakonissenschwestern-
schaft, vom Suppentöpfchen der Fabrikantengattin für die
kranke Arbeiterfrau bis zu den Anstalten der Inneren Mission.
Aber nehmen wir einmal an, jener Samariter hätte ein öffentliches
Amt bekleidet, er wäre etwa, wenn es das gegeben hätte, Ratsherr
in Jericho oder Landtagsabgeordneter in Jerusalem gewesen.
Dann wäre sein »christlicher Auftrag« durch das, was er bis dahin
getan hatte, noch nicht erfüllt gewesen. Dann hätte er noch mehr
und anderes tun müssen. Dann hätte er eine polizeiliche Durch-
kämmung des ganzen Gebietes veranlassen müssen, dabei hätte
unter Umständen von der Waffe Gebrauch gemacht werden
müssen, es wäre zu Verhaftungen, Verurteilungen oder gar
Hinrichtungen gekommen – und dies alles wäre im Gehorsam
gegen dasselbe Liebesgebot geschehen, in dessen Erfüllung der
Samariter dem Überfallenen zunächst seine private, persönliche
Hilfe geleistet hatte. Darin zeigt sich das Neue, das der Theologie
nach dem Kriege so wichtig geworden ist: daß das christliche

Liebesgebot nicht nur im privaten, sondern auch im öffentlichen Bereich des Lebens zu gelten hat. Aber eben damit fängt auch die theologische Problematik an: Wie kann man das christliche Liebesgebot im öffentlichen Leben zur Geltung bringen? Wie kann man politisches Handeln christlich begründen? Wie kann man aus christlichem Glauben Politik treiben? Das ist die Frage, die der protestantischen Theologie und Kirche spätestens seit dem Ende des Zweiten Weltkrieges so schwer zu schaffen gemacht hat.

Wie der christliche Glaube in der Ich-Du-Beziehung, in dem personalen Verhältnis zu dem einzelnen Nächsten, zu bewähren ist, darüber herrscht weithin Übereinstimmung. Hier ist das Erkennen leichter als das Handeln. Schwierig aber wird es, und die theologischen Auseinandersetzungen brechen auf, wenn es sich um die *über*persönlichen Lebensbereiche wie Politik, Wirtschaft, Technik, Wissenschaft, Recht, Kunst usw. handelt. Kein ernst zu nehmender Theologe denkt heute mehr daran, diese überpersönlichen Lebensbereiche gemäß dem alten Schema der Trennung zwischen Gott und Welt, Kirche und Staat, Privatmoral und Amtsmoral aus dem Herrschaftsbereich Gottes auszuklammern. Die Meinungen aber gehen auseinander, und die theologischen und politischen Köpfe werden heiß, wenn es sich um die Frage handelt, in welcher *Form* die Herrschaft Gottes in diesen überpersönlichen Lebensbereichen zur Geltung zu bringen ist, in welcher Beziehung mithin die Gebote und Verheißungen der Bibel zu unserer menschlich-geschichtlichen Wirklichkeit stehen und wie demnach in der konkreten politischen Situation die sogenannte »christliche Entscheidung« auszusehen hat.

Wie hier in der theologischen Auseinandersetzung trotz aller Übereinstimmung im Grundsätzlichen die konkreten politischen Ratschläge und Entscheidungen völlig verschieden ausfallen können, zeigt folgendes Beispiel: Auf der bereits erwähnten Akademietagung über das Thema »Wiederbewaffnung und Wiedervereinigung« zogen beide Seiten, die Gegner und die Befürworter der Wiederbewaffnung, zur theologischen Begründung ihres Standpunktes das Gleichnis vom barmherzigen Samariter heran. Beide verglichen den unter die Räuber Gefallenen mit den 18 Millionen Menschen in Mitteldeutschland, denen geholfen werden müsse. Aber beide zogen genau entgegengesetzte Konsequenzen daraus. Die einen sagten: »Und ihr wollt erst nach Jerusalem laufen, um Polizeiverstärkung zu holen!«, worauf die anderen erwiderten: »Aber was sollen wir denn tun, denn die Räuber liegen ja noch hinterm Busch?« Der Differenzpunkt ist deutlich: Einig war man sich über die christliche Motivation des politischen Handelns: die Liebe gebietet es uns!, uneinig aber über die Form der Verwirklichung, wie denn nun die christliche Liebe in der konkreten Situation politisch zu praktizieren sei. Wir können auch sagen: einig war man sich in der »Grundsatzentscheidung«, uneinig in den »Ermessenserwägungen«. Mit den Ermessenserwägungen aber kommt das politische Kalkül ins Spiel; da gilt es, die irdisch-menschliche Wirklichkeit zu interpretieren und die Bedingungen einzukalkulieren, unter denen die Gebote und Verheißungen Gottes in der konkreten politischen Situation zur Anwendung gebracht werden sollen.

Aus diesem Grunde haben die Theologen und Kirchenmänner nach dem Kriege auf dem politisch-ethischen Felde so verschiedene Antworten und Ratschläge gegeben. Prüft man diese verschiedenen Antworten und Ratschläge aber auf ihren theologischen Kern, so lassen sie sich alle auf zwei Grundformen zurückführen. Zuletzt trifft man immer auf jenen grundsätzlichen theologischen Gegensatz, den man mit den Schlagworten zu bezeichnen pflegt: *»Königsherrschaft Christi«* oder *»Zwei Reiche«*. Dabei steht die Königsherrschaft Christi in der reformierten Tradition, die Lehre von den zwei Reichen in der lutherischen. Hier an diesem Punkt – und nicht mehr wie einst in der Abendmahlslehre – liegt heute die entscheidende Divergenz zwischen den beiden evangelischen Konfessionen. Das Merkmal der Unterscheidung ist die Frage, ob und inwieweit der Christ bei seiner politischen Entscheidung die Struktur der gefallenen Welt zu berücksichtigen hat, richtiger, ob und inwieweit Gott selbst in der Art und Weise, wie er seinen Willen durchsetzt, auf die Struktur der gefallenen Welt Rücksicht nimmt und ob es demnach nur eine oder zwei Herrschaftsweisen Gottes gibt: darum entweder Königsherrschaft Christi oder Lehre von den zwei Reichen.

Die Königsherrschaft Christi

Königsherrschaft Christi – das heißt: Wie es nur *einen* Willen Gottes gibt, so gibt es auch nur *eine* Weise, wie Gott seinen Willen in der Welt durchsetzt. Das ist seine in Jesus Christus begründete Herrschaft, in der von Ewigkeit her alles beschlossen, zusammengefaßt und wiederhergestellt ist, was es im Himmel und auf Erden gibt, und in die daher auch der Staat gehört. Damit besteht hier von vornherein eine reale Verbindung zwischen dem Reich Gottes und dem irdischen Staat.

Am einseitigsten, radikalsten, großartigsten und geistreichsten hat Karl Barth den christozentrischen Standpunkt in der politischen Ethik vertreten. Zum erstenmal hat er die politisch-ethischen Konsequenzen aus seinem christozentrischen Ansatz mitten im Kirchenkampf 1938 in seiner Studie ›Rechtfertigung und Recht‹ gezogen. Unmittelbar nach dem Zweiten Weltkrieg erregte dann seine Schrift ›Christengemeinde und Bürgergemeinde‹ großes Aufsehen und rief vor allem den lauten Widerspruch der deutschen Lutheraner hervor, die wie einst ihre Vorfahren vor 400 Jahren die »Schweizer Stimme« in der Theologie nicht gern vernahmen. Hinzu kommen die einschlägigen Partien innerhalb der ›Kirchlichen Dogmatik‹ und vor allem natürlich die vielfältigen Äußerungen Barths zu aktuellen politischen Fragen, die wegen ihrer schockierenden Mischung aus theologischer Unbefangenheit und politischer Unbedachtsamkeit die Gemüter der deutschen Bundesbürger jedesmal heftig zu erregen pflegten.

Den theologischen Ansatz für das politische Unheil, das über Deutschland gekommen ist, sucht Barth bei den Reformatoren, insonderheit bei Martin Luther. In der reformatorischen Theologie sieht er eine gefährliche »Lücke« klaffen. Sie besteht darin, daß Luther keine ausreichende christologische Begründung des menschlichen Rechts und der politischen Gewalt gibt. Bei Luther ist die Lehre von der Rechtfertigung des Sünders allein aus Glauben zwar allbeherrschend, aber er zieht aus ihr keine Konsequenzen für die politische Ethik. Statt zwischen der von Gott in Jesus Christus vollzogenen Rechtfertigung des Sünders und dem menschlichen Recht eine innere Beziehung herzustellen und so die göttliche Rechtfertigung zur alleinigen Quelle und Norm auch des menschlichen Rechts zu machen, hat Luther zwischen beiden eine gefährliche Scheidung vollzogen und das Reich Christi und die Reiche der Welt, die Kirche und den Staat nebeneinandergestellt, so daß sich das Leben der Christen in zwei Bereichen abspielt: im »geistlichen«, in dem das Evangelium regiert, und im »weltlichen«, in dem das Gesetz herrscht.[1]

Diese Scheidung Luthers zwischen Evangelium und Gesetz, zwischen Reich Gottes und Reich der Welt hat nach Barths Ansicht für das deutsche Volk unheilvolle geschichtliche Folgen gehabt. Sie hat seinem ohnehin schon gefährdeten politischen

Weg eine noch stärkere Neigung zum Bösen, Dunklen hin gegeben. Denn sie hat dazu geführt, daß der Staat aus dem Herrschaftsbereich Gottes entlassen wurde, die Kirche aber gleichzeitig der politischen Abstinenz verfiel und daß dadurch am Ende das natürliche Heidentum wieder ungebrochen dastand. Ihren Höhepunkt hat diese Entwicklung im Nationalsozialismus gefunden. Allen Ernstes führt Karl Barth die »nationalsozialistische Form der nihilistischen Revolution« und den Aufstand des »deutschen Heidentums« auf die reformatorische Lehre von den zwei Reichen zurück und zieht auf diese Weise eine geistesgeschichtliche Linie von Martin Luther zu Adolf Hitler. Im Dezember 1939 schreibt er in einem Brief nach Frankreich: »Das deutsche Volk leidet an der Erbschaft des größten christlichen Deutschen, an dem Irrtum Martin Luthers hinsichtlich des Verhältnisses von Gesetz und Evangelium, von weltlicher und geistlicher Ordnung und Macht, durch den sein natürliches Heidentum nicht sowohl begrenzt und beschränkt als vielmehr verklärt, bestätigt und bestärkt worden ist.« Und noch deutlicher äußerte er sich zwei Monate darauf – im Februar 1940 – in einem Brief nach Holland: »Das Luthertum hat dem deutschen Heidentum gewissermaßen Luft verschafft, ihm – mit seiner Absonderung der Schöpfung und des Gesetzes vom Evangelium – so etwas wie einen eigenen sakralen Raum zugewiesen. Es kann der deutsche Heide die lutherische Lehre von der Autorität des Staates als christliche Rechtfertigung des Nationalsozialismus gebrauchen und es kann der christliche Deutsche sich durch dieselbe Lehre zur Anerkennung des Nationalsozialismus eingeladen fühlen.«[2]

Ob Barth mit seiner scharfen Kritik an Luther recht hat oder nicht, ob er Luthers Lehre von den zwei Reichen in ihrer eigentlichen Absicht überhaupt erkannt hat, wird sich noch zeigen müssen. Hier geht es zunächst darum, Barths eigene Position zu erfassen. Barth ist hier wie überall in seiner Theologie auf Einheit aus, auf die christologisch begründete Einheit der ganzen Welt. In diese christologische Einheit bezieht er auch den Staat ein: »Wir befinden uns, wenn das Neue Testament vom Staate redet, auch von dieser Seite gesehen grundsätzlich im *christologischen* Bereich.«[3]

Das theologische Paradigma für das Verhältnis von Kirche und Staat bildet für Barth die Begegnung zwischen *Jesus und Pilatus*. In ihr sieht er »in nuce«, wie »in einem Hohlspiegel«, alles beisammen, was vom Evangelium her zum Bereich des

Staates zu sagen ist. Das klingt überraschend, denn Pilatus erweist sich doch gerade als ein höchst ungerechter menschlicher Richter. In seiner Person versagt sich der Staat doch gerade dem Recht und wird zur »Räuberhöhle«, zum »Gangsterstaat«, zu einer »unverantwortlichen Bande«. Und doch: indem er statt Barrabas Jesus zur Kreuzigung ausliefert, wird Pilatus zum »Mittelsmann«, zum »Exekutor des Neuen Testaments«, zum »unfreiwilligen Vollstrecker und Verkündiger der göttlichen Rechtfertigung«, zum »Gründer der Kirche aus Juden und Heiden«. So zeigt sich gerade in diesem »kritischsten Fall« der Weltgeschichte, wie die Rechtsordnung des irdischen Staates etwas mit der Erlösungsordnung des Reiches Gottes zu tun hat, wie eng beide miteinander verbunden sind. »Pontius Pilatus gehört nun einmal nicht nur ins Credo, sondern wirklich in dessen zweiten Artikel!«[4]

Also nicht von hinten, von der Schöpfung oder vom Sündenfall her, sondern von vorn, von Christus, von der Erlösung, vom Reich Gottes her blickt Barth auf den Staat: Nicht ein »Produkt der Sünde« ist der Staat, sondern eine »Ordnung der göttlichen Gnade«; nicht mit einem »allgemeinen Schöpfer- und Regierergott« haben wir es in seinem Bereich zu tun, sondern mit dem »Vater Jesu Christi«. So findet von seiten der Christengemeinde ein »eigentümliches Fensteraufreißen« nach der Seite des Staates hin statt. Nicht, daß der Staat eine Vorwegnahme des Reiches Gottes oder eine Wiederholung der Kirche wäre! Der Staat ist durchaus eine eigene, menschliche Ordnung mit einer »relativ selbständigen Substanz, Würde, Funktion und Zielsetzung«. Aber eben in dieser relativen Selbständigkeit gehört der Staat auf die Seite Jesu Christi, unter seine Herrschaft. Er besitzt keine eigengesetzliche Existenz, sondern hat seinen Ort und Dienst im Heilsplan Gottes. Er soll die Menschen vor dem Einbruch des Chaos schützen und unter ihnen eine relative, vorläufige Ordnung aufrichten, um ihnen auf diese Weise Zeit zu geben – »Zeit für die Verkündigung des Evangeliums, Zeit zur Buße, Zeit zum Glauben«. So steht der Staat wohl »außerhalb der Kirche, aber nicht außerhalb des Herrschaftskreises Jesu Christi – ein Exponent dieses seines Reiches«[5].

Entsprechend beschreibt Barth »Christengemeinde« und »Bürgergemeinde« als zwei konzentrische Kreise, von denen die Christengemeinde den inneren, engeren, die Bürgergemeinde den äußeren, weiteren bildet. Beide Kreise haben als gemeinsame Mitte das von der Christengemeinde verkündigte Reich Gottes.

Barths ganzes Interesse richtet sich nun darauf, die Beziehungen beider Kreise zu ihrer gemeinsamen Mitte und damit zueinander herauszuarbeiten. Das Licht fällt von dem göttlichen Reich *herab* auf die irdische Kirche und von dort *hinüber* zum irdischen Staat und reflektiert sich darin. Hier stehen wir im Zentrum der Barthschen politischen Ethik, hier erschließt sich uns ihr inneres Geflecht. Wie in Barths Dogmatik herrscht auch in seiner Ethik das Analogieprinzip; auch für sie gilt die theologische Regieanweisung: wie im Himmel also auch auf Erden.

Der Staat ist eine eigene, menschliche, vergängliche Größe, und darum kommt eine einfache und absolute *Gleichung* zwischen ihm und der Kirche respektive dem Reich Gottes nicht in Frage. Andererseits aber hat der Staat keine Eigengesetzlichkeit und selbständige Natur, und darum kommt auch eine einfache und absolute *Ungleichung* zwischen ihm und der Kirche respektive dem Reiche Gottes nicht in Frage. Was übrigbleibt, ist somit auch hier wiederum das *Gleichnis*, die Analogie: »Die Gerechtigkeit des Staates in christlicher Sicht ist seine Existenz als ein Gleichnis, eine Entsprechung, ein Analogon zu dem in der Kirche geglaubten und von der Kirche verkündigten Reich Gottes.«

Indem der Staat mit der Kirche das Zentrum gemeinsam hat, ist er gleichnis*fähig*, das heißt fähig, die christliche Wahrheit und Wirklichkeit im Spiegelbild zu reflektieren. Weil aber dieses Spiegelbild nicht selbstverständlich ist, sondern immer wieder gestört wird, ist der Staat zugleich gleichnis*bedürftig*, das heißt bedürftig, immer wieder an die christliche Wahrheit und Wirklichkeit erinnert zu werden. Und hier liegt die politische Mitverantwortung der Christengemeinde. Sie hat durch ihre Verkündigung und Existenz den Staat »an Gottes Reich zu erinnern«, damit er zu seinem Spiegelbild und Gleichnis werde und so zur Erfüllung seiner Bestimmung gelange. Damit ist der Christengemeinde kein politisches System oder Programm an die Hand gegeben, aber damit ist die »Richtung und Linie« ihres politischen Unterscheidens, Urteilens, Wollens und Wählens bestimmt. Sie wird im politischen Bereich ihre Entscheidungen immer so fällen, daß durch sie der Zusammenhang des Staates mit der göttlichen Heils- und Gnadenordnung erleuchtet und nicht verdunkelt wird. Sie wird unter den sich jeweils bietenden politischen Möglichkeiten immer diejenigen auswählen, in denen ein Gleichnis und Spiegelbild dessen sichtbar wird, was den Inhalt ihres Bekenntnisses bildet. Kurzum, sie wird immer darauf bedacht sein, »daß die Gestalt und Wirklichkeit des Staates inmitten der Vergänglichkeit dieser Welt auf das Reich Gottes hin und nicht von ihm weg weise . . ., daß die menschliche Politik die göttliche nicht kreuze, sondern daß sie ihr in ihrer ganzen Entfernung von jener parallel gehe«[6].

Wie dieses christlich-politische Unterscheiden, Urteilen, Wollen und Wählen im einzelnen aussieht, dafür gibt Barth eine Reihe von Beispielen, sehr konkrete Beispiele, die das Prinzip der Analogie auf die Spitze treiben: Weil Gott *Mensch* und des Menschen Nächster geworden ist, darum nimmt sich die Christengemeinde im politischen Raum in erster Linie des *Menschen* und nicht irgendeiner Sache an. – Weil Gott in Jesus Christus sein ursprüngliches *Recht* auf den Menschen aufgerichtet hat, darum steht die Christengemeinde immer für den *Recht*sstaat ein, gegen jede Anarchie und Tyrannei. – Weil der Menschensohn gekommen ist, zu suchen und zu retten, was *verloren* ist, darum setzt sich die Christengemeinde für die Schwachen, Bedrohten und Armen ein und kämpft für die *soziale* Gerechtigkeit. – Weil die Christen zur *Freiheit* der Kinder Gottes berufen sind, darum bejahen sie die *Freiheit* und Mündigkeit der Bürger als das Grundrecht jeder staatlichen Ordnung. – Weil die Christen auf Grund der *einen* Taufe unter dem *einen* Herrn in *einem* Geist leben, darum treten sie für die *Gleichheit* aller unmündigen Bürger ein. – Weil aber der eine Heilige Geist *verschiedene* Gaben gibt, darum wacht die Christengemeinde im politischen Bereich zugleich über die *Trennung* der verschiedenen Gewalten in gesetzgebende, vollziehende und richterliche. – Weil Gott sich in seiner Offenbarung *enthüllt* hat und sein *Licht* in Jesus Christus *aufgeleuchtet* ist, darum ist die Christengemeinde eine entschiedene Gegnerin aller *Geheim*politik und *Geheim*diplomatie. – Weil sich die Christengemeinde durch das *freie Wort Gottes* begründet und genährt sieht, darum vertraut sie auch im politischen Raum dem *freien menschlichen Wort* und darum ist sie gegen alle Kontrolle und Zensur der öffentlichen Meinungsäußerung. Und so weiter, und so weiter.[7]

Menschlichkeit, Recht, Freiheit, Gleichheit, Verantwortung, Gewaltenteilung, soziale Gerechtigkeit – betrachtet man diese Analogien, die Barth zwischen dem Reich Gottes und dem irdischen Staat aufdeckt, so verraten sie schon auf den ersten Blick eine auffallende Neigung zur *Demokratie*. Und Barth leugnet diese Neigung auch keineswegs. Die »Phrase« von der gleichen Nähe oder Ferne aller möglichen Staatsformen zum Evangelium hält er für falsch. Natürlich kann man in einer Demokratie zur

Hölle fahren und unter einer Pöbelherrschaft oder Diktatur selig werden – »es ist aber nicht wahr, daß man als Christ ebenso ernstlich die Pöbelherrschaft oder die Diktatur bejahen, wollen, erstreben kann wie die Demokratie«. Barth hält es für keinen Zufall, daß sich ausgerechnet im Bereich der christlichen Kirche die demokratische Staatsform herausgebildet hat. Er bringt diese Entwicklung mit dem intimsten und zentralsten Punkt des christlichen Glaubens in Zusammenhang, von dem man am wenigsten annehmen würde, daß gerade er zur Demokratie geführt habe: das ist die Mahnung zur Fürbitte für die Obrigkeit. Das Gebet für die Obrigkeit bedeutet nicht fromme Ergebung und blinden Gehorsam, sondern es durchbricht gerade das Schema eines rein passiven Untertanenstandes und verlangt nach tätiger Mitarbeit und Mitverantwortung. Denn man kann nur für die Erhaltung des Staates beten, wenn man auch bereit ist, sich in eigener Person mit allen Konsequenzen dafür einzusetzen, bis hin zu der Konsequenz, den Staat zu ersetzen, wenn er kein Rechtsstaat mehr ist.

So gelangt Barth gerade von seinem streng christozentrischen Ansatz aus zu dem Ergebnis, daß das christlich-politische Entscheiden und Handeln eine besondere Tendenz zur demokratischen Staatsform habe: »Es gibt schon eine Affinität zwischen der Christengemeinde und der Bürgergemeinde der freien Völker!« Auf den Vorwurf, daß er allzu ungeschützt eine theologische Begründung der Demokratie gebe, hat Barth in einer Diskussion nach dem Kriege folgendermaßen geantwortet: »Ich verstehe nicht, warum man Angst hat oder böse wird, wenn ich gelegentlich etwas von Demokratie sage in der ›Schweizer Stimme‹. Vielleicht wäre man nicht böse, wenn ich gesagt hätte, das Evangelium gehöre in einen richtig autoritären Staat, mit Ordnung und allem anderen, wenn ich vielleicht konservative Anschauungen entwickelt hätte, statt daß ich deutlich, ja freiheitlich spreche. Es gibt eine besondere Polemik gegen mich, die sich um das Wort ›Demokratie‹ dreht. Nun hänge ich nicht an diesem Wort; aber ich würde seinen Inhalt für eine Gestalt des Gesetzes halten, an dem ich Lust haben könnte ... Das könnte vielleicht sogar Evangelium sein.«[8]

Man kann fragen, ob bei dieser Ableitung der Demokratie aus dem Evangelium nicht vielleicht der Theologe Karl Barth dem Schweizer Karl Barth hörig geworden sei und gewissermaßen die drei Schweizer Urkantone in eine allzu große Nähe zur christlichen Trinität gerückt habe. Aber dieser Hinweis auf die mögliche biographische Herkunft und Färbung der Barthschen Gedanken reicht nicht aus. Hinter ihnen steht auch eine sachliche dogmatische Voraussetzung: das ist Barths bekannte Vorordnung des Evangeliums vor dem Gesetz, die nicht nur für seine Lust an der Demokratie, sondern für seine gesamte politische Ethik maßgebend ist. Wenn nach Barths berühmter Definition das Gesetz Gottes nichts anderes ist als »die notwendige Form des Evangeliums, dessen Inhalt die Gnade ist«, dann kann man nicht mehr so scheiden, daß im »weltlichen« Bereich des Staates das Gesetz herrscht und im »geistlichen« Bereich der Kirche das Evangelium, sondern dann begründet und bestimmt das Evangelium die Existenz in beiden Bereichen. Was Barth auf diese Weise erreicht, ist die gegenseitige Zuordnung von Kirche und Staat, von Gottesreich und Weltreich. Damit hat er eine jahrhundertelange theologische und politische Verkehrung aufgehoben. Damit hat er den Staat davor bewahrt, zu einer immer wieder ideologisch verklärten »Schöpfungsordnung« zu werden, die neben der Gnadenordnung Gottes hergeht und ihren eigenen Gesetzen folgt, als gäbe es keine christliche Offenbarung und Erlösung und damit keinen einheitlichen heilsgeschichtlichen Horizont der Welt, in dem auch der Staat steht.

Die große Gefahr bei Barth liegt aber nun darin, daß, wie auch sonst in seiner Theologie, aus der von ihm innig erstrebten Einheit ein Einerlei wird. Die Vorordnung des Evangeliums vor dem Gesetz bewahrt den Staat zwar vor dem Abgleiten in die Eigengesetzlichkeit und vor dem Rückfall in das natürliche Heidentum, umgekehrt aber beschwört sie auch die Gefahr herauf, daß das Evangelium zu einer Art Verfassung des Weltreiches wird und unmittelbar in eine bestimmte politische Ordnung einmündet. Auf diese Gefahr deuten die Analogien hin, die Barth zwischen dem Reich Gottes und dem irdischen Staat feststellt.

Skeptisch gegen diese Analogien sollte uns schon die Tatsache stimmen, daß man aus den jeweiligen christologischen Voraussetzungen ganz verschiedene, sogar entgegengesetzte politische Konsequenzen konstruieren kann. Dafür führt Helmut Thielicke zwei amüsante, fast boshafte Beispiele an: Barth zieht aus der christologischen Voraussetzung, daß Gott sich in Jesus Christus offenbart hat, die politische Konsequenz, daß die Christengemeinde eine Gegnerin aller Geheimpolitik und -diplomatie sei – ebensogut aber könnte man aus dem »Messiasgeheimnis«, das heißt aus der Tatsache, daß Jesus seine messianische Würde geheimgehalten wissen wollte, die entgegengesetzte politische Konsequenz ziehen, nämlich daß die Christengemeinde sich für strenge Geheimhaltung in der Politik und Diplomatie einzusetzen habe. Oder: Barth zieht aus der Tatsache, daß die Christengemeinde auf Grund der einen Taufe unter dem einen Herrn in einem Geist lebe, politische Folgerungen, die in Richtung auf eine demokratische Staatsform liegen – ebensogut aber könnte man aus derselben christologischen Voraussetzung die Formel »Ein Volk – ein Reich – ein Führer« ableiten.[9]

Aber die formalistische Übertreibung und Gekünsteltheit einzelner Analogien verrät nur einen tiefer gelegenen grundsätzlichen Fehler, nämlich jene Geschichtslosigkeit, die wir als den Hauptschaden der ganzen Barthschen Theologie erkannt haben. In der politischen Ethik zeigt sie sich darin, daß Barth bei der Beschreibung des christlich-politischen Entscheidens und Handelns fast keine Rücksicht auf die Struktur der Welt nimmt, daß er auch hier einfach vom Himmel auf die Erde herabfährt und, fast ohne den Fuß zu heben, die Schwelle vom Reich Gottes zum irdischen Staat überschreitet. Daher spielt die Frage, in welcher Form und Gestalt das Liebesgebot des »ganz anderen« Reiches Gottes in dieser Welt zu verwirklichen sei, bei ihm so gut wie gar keine Rolle. Aber gerade darauf richtet sich das Hauptinteresse der Lutherschen Lehre von den zwei Reichen.

Luther denkt nicht daran, das Reich der Welt vom Reiche Gottes zu scheiden und den Staat aus der Hoheitszone Gottes zu entlassen. Wohl ist der Staat nur das Reich »zur Linken Gottes«, aber auch zur Linken Gottes steht der Staat unter Gottes Herrschaft. Um die beiden Reiche, das Reich Gottes und das Reich der Welt, beieinander zu halten, verklammert Luther sie auf zweifache Weise. Einmal *objektiv* dadurch, daß er dem Staat als göttlicher Erhaltungsordnung seinen Ort im Heilsplan Gottes anweist. Auch Luther blickt auf den Staat vom Reiche Gottes aus und bestimmt von dorther sein Wesen und Ziel. In fast wörtlicher Übereinstimmung mit Barth kann er sagen, daß es die Aufgabe des Staates sei, dem Bösen in der Welt zu wehren und so physisch Zeit und Raum zu schaffen für die Predigt des Evangeliums, damit die Menschen ihr heilsgeschichtliches Ziel erreichen. *Subjektiv* sind die beiden Reiche bei Luther dadurch verklammert, daß auch die Amtspersonen, die die Ordnungen im Reich der Welt handhaben, unter dem aus dem Reich Gottes stammenden Gesetz der Liebe stehen, und dieses Gesetz gilt unbegrenzt, es bestimmt nicht nur die Motivation, sondern auch den Inhalt des politischen Handelns.

Bis hierher hätte Barth Luther unbedenklich folgen können, so weit herrscht auch bei Luther eine Einheit zwischen dem Reich Gottes und dem Reich der Welt. Aber Luthers vornehmliches theologisches Interesse ist nicht auf die Einheit der beiden Reiche, sondern auf ihre Unterscheidung gerichtet. Die Notwendigkeit zur Unterscheidung ergibt sich für ihn aus der Frage, in welchem Bereich unseres Daseins die Liebe konkret geübt werden soll. Und eben hier gewinnt die Struktur der Welt für Luther ihren entscheidenden Einfluß auf die Gestalt des christlichen Handelns: im persönlichen Bereich sieht die Liebe anders aus als im Bereich des Amtes und Berufes. Dort muß sie sich in »reiner« Gestalt durchsetzen, hier kann sie es nur gebrochen in Verbindung mit der Macht tun. Aber wohlgemerkt: hier wie dort ist es dieselbe Liebe, sie äußert sich nur hier und dort verschieden.

Die Frage aber ist nun, ob Luthers theologisches Interesse nicht so einseitig von der Problematik der Struktur der Welt und damit von der Unterscheidung zwischen den beiden Reichen in Anspruch genommen wird, daß ihm ihre Einheit trotz der doppelten Verklammerung auseinanderzubrechen droht. Und eben das ist der Grund, warum sich in unserer Zeit, angeführt von Karl Barth, eine so heftige Kritik an Luthers Lehre von den zwei Reichen entzündet hat. Diese Kritik ist um so verständlicher, als die historische Situation damals eine andere war als heute. Am Ende des Mittelalters drohte die Gefahr einer *klerikalen Vermischung* der beiden Reiche, und schon darum mußte das theologische Interesse vornehmlich auf ihre *Unterscheidung* gerichtet sein. Nach allem jedoch, was wir erlebt haben und noch erleben, droht unserer Zeit die *säkulare Zerreißung* der beiden Reiche, und daher hat sich unser theologisches Interesse vornehmlich auf ihre *Einheit* zu richten. Dennoch können wir auch heute Luthers Lehre von den zwei Reichen nicht aufgeben, weil in ihr Strukturgesetze dieser Welt zur Geltung gebracht werden, die nicht nur zeitbedingt sind, sondern zu allen Zeiten gelten. Wir müssen sie freilich für unsere Zeit umdenken und revidieren. Und eben das hat Helmut Thielicke getan.

Thielickes politische Ethik stellt den umfassendsten Versuch dar, Luthers Lehre von den zwei Reichen für unsere Zeit so umzudenken, daß »bei einer Revision des Zeitgebundenen die Grundstruktur der reformatorischen Theologie gleichwohl nicht angetastet wird, sondern in immer neuer Leuchtkraft zur Erscheinung kommt«[10]. Und so ist Thielicke nach dem Zweiten Weltkrieg in Theorie und Praxis zum profiliertesten Vertreter einer modifizierten Zwei-Reiche-Lehre geworden.

Christliche Interpretation der Wirklichkeit

Nach Barths ›Kirchlicher Dogmatik‹ bildet Thielickes ›Theologische Ethik‹ das bisher umfangreichste systematisch-theologische Werk in unserem Jahrhundert. Zwanzig Jahre, von Kriegsende bis 1964, hat der Hamburger Dogmatiker, der sich selbst gern einen »Ethiker« oder einen »Lehrer der Ethik« nennt, daran gearbeitet, und wenn er es auch nicht wie Barth auf über achttausend Seiten gebracht hat, so doch immerhin auf über dreitausend. Schon dieser äußere Umfang charakterisiert den Inhalt des Werkes. Mag das dargebotene Material auch stellenweise überufern, mag der Verfasser sich auch manchmal durch seine Freude an üppigen Bildern und zugespitzten Formulierungen zu einer allzu großen Breite verführen lassen, so ist die Fülle des Stoffes doch durch die theologische Absicht geboten, die dahinter steht. Thielicke will Antwort geben auf die heute immer wieder von Christen und Nichtchristen gestellte Frage: »Was sollen wir tun?« Er sieht diese spezielle Frage aber eingebettet in die ungleich umfassendere: »Wie haben wir die Wirklichkeit zu verstehen, innerhalb deren wir zu handeln haben?« Die Wirklichkeit jedoch ist unendlich reich und mannigfaltig – schon deshalb konnten es kaum weniger als dreitausend Seiten werden, wenn die theologische Absicht einigermaßen erfüllt werden sollte.

Leitfaden für das Verstehen der Wirklichkeit im Hinblick auf das christliche Handeln ist für Thielicke die Lehre von der Rechtfertigung des Menschen vor Gott allein durch den Glauben. Damit erweist sich Thielickes Ethik bereits in ihrem Ansatz als eine bewußt lutherische Ethik: Die dem Menschen im Akt der Rechtfertigung widerfahrene Liebe Gottes treibt ihn dazu, nun auch seinerseits Liebe zu üben. Das lenkt den Blick einseitig auf die »Motivation« des christlichen Handelns, und das klingt wieder gefährlich nach bloßer Innerlichkeit und Gesinnung. »Motivation« aber ist nicht nur einfach als »Gesinnung« zu verstehen, sondern meint ein »neues Existieren«: Der Christ in einen neuen

»motus«, in eine Liebesbewegung hineingerissen, die Gott selbst entfacht hat, und erst dadurch wird er einer neuen Gesinnung fähig. Es geht hier nach dem bekannten Wort Augustins: »Dilige et fac quod vis!« – Liebe und dann tu, was du willst! Streng genommen lehrt eine christliche Ethik also nicht, was wir tun sollen, sondern was wir tun *dürfen*. Ihr Thema ist die »Freiheit eines Christenmenschen«, ihr Prinzip die »Dialektik von Freiheit und Bindung«. »Sie zeigt uns, wie der verlorene Sohn lebt, nachdem er die Knechtschaft der Fremde verlassen hat und nachdem er über die Gesetzes-Tugend des daheimgebliebenen Bruders hinausgewachsen ist.«[11]

So bildet die Rechtfertigung des Menschen vor Gott allein durch den Glauben das »Herzstück« aller theologischen Ethik. Aber Thielicke will nicht nur das »Herz« beobachten und gleichsam »theologische Kardiologie« treiben, sondern er fragt sogleich weiter: »Was bedeutet die ›Rechtfertigung allein aus Gnaden‹ nun für die Existenz, vor allem in den Ordnungen: in einer Ehe, in der Politik, im gesellschaftlichen Miteinander, im Konkurrenzkampf der Wirtschaft, bei der Auseinandersetzung von Unternehmern und Gewerkschaften und so weiter?« Damit will Thielicke nachholen, was Luther seiner Meinung nach versäumt hat. Er will dafür sorgen, daß das Herz das Blut in die Glieder des *ganzen* Körpers pumpt und so der ganze Blutkreislauf zum theologischen Thema wird. Ohne Bild oder sogleich wieder in einem anderen Bilde ausgedrückt: Thielicke will die reformatorische Rechtfertigungslehre »durch alle Fälle der Grammatik unserer Existenz durchdeklinieren«[12]. Seine Ethik ist in jeder ihrer Partien *angewandte Rechtfertigungslehre*.

Thielicke ist beherrscht von einem geradezu leidenschaftlichen Willen zur Konkretion des christlichen Glaubens. Die »eigentliche ethische Problematik« besteht für ihn darin, daß der Mensch nie als abstraktes Wesen existiert, sondern daß er sich immer »in Situation« befindet. »In Situation« – das heißt: Der Mensch steht *vor Gott*, aber er steht vor Gott *in der Welt*. Unser Verhältnis zu Gott aktualisiert sich immer in unserem Verhältnis zur Welt. Die Welt ist immer dabei, wenn von Gott die Rede ist, oder es ist eben nicht von Gott die Rede.

Und so begibt sich Thielicke »auf die Fährte des Konkreten«. Er sucht den Menschen in seiner »Situation« auf: als einen, der einen Beruf hat, der in einem komplexen Wirklichkeitsgeflecht gefangen ist, der in einer unübersehbaren Vielfalt von Lebensbeziehungen steht, der sich in der ständigen Begegnung mit Menschen und Dingen befindet, der in unzählige überpersönliche Schuldzusammenhänge verwoben ist, der als Akteur in tausend Spielen mitspielt, die er nicht selbst inszeniert hat, der in ein System von verschiedenen, sich überschneidenden Ordnungen eingefügt ist, der sich von der Eigengesetzlichkeit der überindividuellen Lebensbereiche bedroht sieht – also der Mensch als Ehegatte, Familienvater, Junggeselle, Politiker, Kaufmann, Unternehmer, Richter, Künstler, Offizier, Gewerkschaftsführer, also der Mensch, sofern er in einer bestimmten Zeit lebt, sofern er aus einem bestimmten gesellschaftlichen Milieu stammt, sofern er bestimmte Erbanlagen mitbringt. Gestalten von so äußerster Verschiedenheit wie Macchiavelli und Bodelschwingh, Hegel und Kierkegaard, Bismarck und Hitler treten auf. Thielicke macht Ernst mit dem, was die sogenannte »existentiale Theologie« heute so gern betont: daß der Mensch ein »geschichtliches« Wesen ist, daß er »in der Welt existiert« und daß sich sein Leben »in Begegnung« vollzieht. Aber während diese Begriffe sonst weithin leer und abstrakt bleiben, füllt Thielicke sie mit prallem, konkretem Lebensinhalt. Das macht: Thielicke geht nicht den deduktiven Weg von oben nach unten, sondern den induktiven von unten nach oben. Er setzt beim Detail der konkreten Wirklichkeit ein und fragt von dort nach den Grundsätzen zurück, um sie im Akt solchen Zurückfragens neu zu gewinnen.[13]

Mit Recht bezeichnet Thielicke seine ›Theologische Ethik‹ als eine »*christliche Interpretation der menschlich-geschichtlichen Wirklichkeit*«. Er nimmt für sie die heute so häufig zitierte, aber so selten beherzigte These vom »weltlichen Christentum« in Anspruch: »Ich möchte die christlichen Dogmen aus dem Jenseits und auch aus dem Ghetto der Kirche auf die Erde holen helfen, dorthin also, wo der Mensch in seiner Weltlichkeit lebt.« Auf diesem Wege hofft Thielicke auch in ein neues Gespräch mit den Nichtchristen zu gelangen. Wenn man zu ihnen von Himmel und Hölle spricht, so hören sie nicht zu, aber wenn es um so weltliche Gegenstände wie Ehe, Staat, Gesellschaft, Wirtschaft, Kunst und Recht geht, dann horchen sie auf, denn das geht sie an, das kommt auch in ihrem Leben vor.[14]

Ihre methodische Ausprägung findet Thielickes Bemühung um die weltliche Konkretion des christlichen Glaubens in der Darstellung sogenannter »*Modellfälle*«. Diese Modellfälle sollen nicht als Beispiele zur Illustration dienen, sondern sie sollen, der theologischen Absicht entsprechend, »am konkreten Detail das ganze komplizierte Gewebe der Wirklichkeit sichtbar machen«[15].

Nirgendwo aber zeigt sich der »Druck der Wirklichkeit« auf den Menschen so stark wie in der *Grenz- und Konfliktsituation*. Und so wird die Analyse der Grenz- und Konfliktsituation bei Thielicke zur methodischen »Achse des Ganzen«. Es ist bei ihm die Rede von den Konfliktsituationen in der politischen Untergrundbewegung, vom Widerstand gegen die Tyrannis des totalitären Staates, vom Konflikt zwischen Leben und Leben im Konzentrationslager, vom Stehlen angesichts des Todes, von der illegalen Judenhilfe, von der Grenzsituation und Artistik des Seiltänzers, von der Arbeitswelt des rationalisierten Betriebes, vom Wahrheitsanspruch der Höflichkeit, von der diplomatischen Verschleierung der Wahrheit gegenüber dem politischen Gegner, von der ärztlichen Offenheit gegenüber dem Sterbenden, vom Problem der Steuerehrlichkeit, von der Wahrheitsdroge und dem Lügendetektor, vom wirtschaftlichen Konkurrenzkampf, von der Gewerkschaft als Modell für das moderne Gruppenproblem.

Bei alledem handelt es sich nicht um eine allgemeine Lebensphänomenologie, vielmehr faßt Thielicke den Begriff der »Grenzsituation« streng theologisch. Zwar stammt der Ausdruck selbst von Karl Jaspers, Thielicke aber überträgt ihn – und das ist wieder typisch für ihn – aus der Sphäre der individuellen Existenz, in der er bei Jaspers erscheint, auf das Ganze der Welt. Dabei läßt er sich von der Bibel leiten: Die äußersten Grenzen der Welt liegen darin, daß sie auf der einen Seite von Gott geschaffen und bestimmt ist, daß sie auf der anderen Seite aber von Gott abgefallen ist und ihre göttliche Bestimmung verfehlt hat, daß Gott sie aber dennoch nicht lassen, sondern an ihr wieder zu seinem Recht kommen und sie zu ihrer ursprünglichen Bestimmung zurückführen will. So sind die beiden äußersten Grenzen der Welt ihr Anfang und ihr Ende, Schöpfung und Jüngster Tag. Und eben diese allgemeine Grenzsituation der Welt ist es, die sich für Thielicke in jeder einzelnen Grenzsituation widerspiegelt.

Das aber bedeutet, daß der »Druck der Wirklichkeit«, der in der Grenz- und Konfliktsituation spürbar wird, *eschatologisch* bedingt ist. Er stammt nicht nur aus einer zeitbedingten Ungunst der Verhältnisse, sondern rührt daher, daß sich in der Erlösungstat Jesu Christi, in seinem Leben, Sterben und Auferstehen, die eschatologische Wende der Geschichte bereits vollzogen hat und der »neue Äon« schon »mitten unter uns« ist, aber der »alte Äon« daneben noch weiterläuft. Die Wiederkunft Christi und damit die endgültige Erlösung der Welt stehen noch aus. Das versetzt uns zum »alten Äon« in ein Verhältnis der Kontinuität und der Diskontinuität. Die Kontinuität besteht darin, daß mit dem Anbruch des Reiches Gottes in Jesus Christus die Ordnungen dieser Welt noch nicht schlagartig außer Kraft gesetzt sind, sondern noch eine relative Eigengesetzlichkeit besitzen und wir daher noch in einem bestimmten Verhältnis zu ihnen stehen. Die Diskontinuität hingegen zeigt sich darin, daß auf dieser alten vergehenden Welt schon das Störfeuer der neuen kommenden Welt liegt und ständig in sie hineinfunkt, daß wir darum also nicht mehr in einer Nacht leben, in der alle Katzen grau sind, sondern bereits im Zwielicht des anbrechenden Tages Gottes, in dem die Konturen sich scharf abzuheben beginnen. Der für die Existenz des Christen zuständige Lebensbereich ist also weder der alte Äon an sich noch der neue Äon an sich, sondern das Spannungsfeld zwischen den beiden Äonen. Hinter uns haben wir das Paradies und vor uns den Jüngsten Tag. Ins Paradies können wir nicht zurück, denn davor steht der Cherub mit dem flammenden Schwert. Der Jüngste Tag aber ist noch nicht angebrochen; es ist noch nicht erschienen, was wir sein werden. So leben wir in einem Interim, in einem weltumfassenden Übergang. Und eben dies ist die für die christliche Ethik zuständige Zone. In dem Spannungsfeld zwischen den beiden Äonen, zwischen dem Schon-jetzt und dem Noch-nicht des Reiches Gottes, einen »modus vivendi« zu finden, ist ihre Aufgabe. Ihr Thema ist das »Wandern zwischen beiden Welten«.

Aus dem eschatologischen Charakter der Ethik und der durch ihn bedingten Modell-Methode ergibt sich, was eine theologische Ethik zu leisten vermag und was nicht. Sie vermag keine Moral- oder Tugendlehre zu entwerfen, die, von einigen feststehenden Grundsätzen geleitet, von Fall zu Fall handfeste Weisungen für das christliche Handeln gibt. Eine solche gesetzlich-kasuistische Auffassung der Ethik würde nicht nur die bedrängende Fülle des geschichtlichen Augenblicks überfliegen, sondern zugleich auch die Spannung zwischen den beiden Äonen in ein unerlaubtes Gleichgewicht bringen. Wie sich die Spannung zwischen Gottheit und Menschheit in der Person Jesu Christi nicht in einer dogmatischen Formel ausgleichen läßt, so läßt sich auch keine ethische Formel finden für die Einheit der christlichen Existenz im Reich Gottes und im Reich der Welt. Eine solche Formel würde nur die Illusion erwecken, daß es in dem Spannungsfeld zwischen den beiden Äonen eine eindeutig auszumachende »richtige« Gestalt des Handelns gibt. Eine theologische Ethik kann immer nur zeigen, »›um was es geht‹, um was es *letztlich* geht«. Sie kann zur Klärung der Situation beitragen, indem sie ihre Pointe herausarbeitet; sie kann die Entscheidung intensivieren, indem sie ihre Gehalte zerlegt, und sie kann vielleicht sogar Lösungen anbieten. Aber niemals kann sie selber Entscheidungen fällen und Lösungen darbieten und dergestalt ein Rezeptbuch des christlichen Handelns liefern.[16]

Das Äußerste, was eine christliche Ethik zu leisten vermag, ist, daß sie eine ungefähre »Fahrrinne« markiert. Aber auch dies vermag sie immer nur indirekt zu tun, indem sie auf die rechts oder links drohenden Untiefen hinweist. Die Gebote Gottes üben dabei so etwas wie die Funktion einer Magnetnadel aus: sie zeigen die Richtung an. Aber gerade mit dem Bilde der Magnetnadel macht Thielicke noch einmal deutlich, wie unmöglich es ist, der Bibel fertige, unmittelbar verwendbare Normen zu entnehmen. Auch der Besitz eines Kompasses und die Beachtung seiner Magnetnadel entbinden ja nicht von der genauen Kenntnis des zu durchfahrenden Gebietes mit Hilfe von Seekarten oder Lotsen. Und schließlich wird auch innerhalb einer so ausgemachten Fahrrinne noch immer eine beträchtliche Navigationsbreite bleiben.[17]

Die Lehre von den zwei Reichen

Übertragen wir das, was Thielicke grundsätzlich über die Aufgabe und die Methode einer theologischen Ethik sagt, auf den speziellen Bereich der *politischen Ethik*, so bedeutet dies, daß die theologische Ethik auch hier keine politische Tugendlehre aufzustellen vermag, die in Form einer vorgängigen Belehrung angibt, wie die richtige Lösung auszusehen hat und welche Mittel erlaubt sind, um sie zu erreichen. Sie kann auch hier nur eine ungefähre Fahrrinne markieren, indem sie auf die drohenden Untiefen hinweist.

Unter diesem Gesichtspunkt scheidet Thielicke zwei politische Verhaltensweisen aus, weil sie nicht im heilsgeschichtlichen »Schema« der Welt bleiben: den schwärmerischen Radikalismus und den indifferenten Konservativismus.

Das Wesen des politischen *Radikalismus* besteht darin, daß er den gegebenen Weltzustand schwärmerisch überfliegt. Er ist vorweggenommene Eschatologie. Er versucht die radikalen Lebensgesetze, wie die Bergpredigt sie für das Reich Gottes entwirft, schon jetzt unmittelbar auf diesen Äon zu übertragen und verleugnet damit unsere heilsgeschichtliche Situation, daß wir in einem Interim, im Spannungsfeld zwischen den beiden Äonen leben. Durch eine revolutionäre, das Schema der Welt sprengende Tat sucht der Radikalismus sich vom Druck der Wirklichkeit zu befreien und die Erlösung der Welt durch Gott aus eigener Kraft vorwegzunehmen. Die Folge ist, daß er die Welt, statt ihrem gottgewollten Bestande zu dienen, in eine nur noch größere Unordnung stürzt und so das Chaos heraufbeschwört. Der Grund dafür liegt, wie Thielicke immer wieder ausdrücklich betont, nicht darin, daß die Bergpredigt zu weltfremd ist, als daß sie sich in der Welt realisieren ließe, sondern daß die Welt zu »Reich-Gottes-fremd« ist, als daß die Bergpredigt unmittelbar als ihre politische Verfassung übernommen werden könnte.

Der falsche *Konservativismus* bildet das genaue Gegenstück zu dem eben beschriebenen Radikalismus. Während der Radikalismus sich über den gegebenen Weltzustand hinwegsetzt, betreibt der Konservativismus dessen unerlaubte Verlängerung. Sein Blick haftet so einseitig an der Eigengesetzlichkeit der bestehenden Welt, daß er sich dadurch die Aussicht auf ihr heilsgeschichtliches Ziel völlig verstellt. Der falsche Konservativismus versinkt gleichsam in der gefallenen Schöpfung. Er nimmt die Weltzustände so hin, wie sie nun einmal sind, indem er sie in kurzschlüssiger Vereinfachung, unter Überspringen der Zwischenursachen, der menschlichen Sünde und Schuld, als ein Produkt der göttlichen Fügung deutet, den Profit als »Segen«, die Misere als »Prüfung« Gottes. Die Folge ist die Privatisierung der Nächstenliebe und die politische Apathie.

Die richtige Gestalt des politisch-ethischen Handelns, die dem Schema der Welt entspricht, bildet für Thielicke der *Kompromiß*. Der Kompromiß stellt sich auf die heilsgeschichtliche Situation der Welt ein: Er macht Ernst mit dem »Nicht-mehr« des Reiches dieser Welt und dem »Noch-nicht« des kommenden Reiches Gottes. Er orientiert sich bereits an den Lebensgesetzen des neuen Äons, entrichtet aber dem alten Äon noch seinen Tribut. Wohl zielt auch der Kompromiß auf die Erfüllung des Liebesgebotes des Reiches Gottes, aber er berücksichtigt, daß sich das Liebesgebot des Reiches Gottes in den Strukturgesetzen dieser Welt bricht. Und so sucht er jeweils den Ausgleich zwischen den absoluten Forderungen Gottes und dem, was die Struktur der gefallenen Welt mit der Eigengesetzlichkeit ihrer Ordnungen, mit ihren sich überschneidenden Pflichtenkollisionen und ihren technischen Spielregeln zuläßt. Das verleiht jeder politisch-ethischen Entscheidung den Charakter eines unauflöslichen »mixtum compositum« aus grundsätzlichen Entscheidungen und Ermessenserwägungen. Und eben daraus ergibt sich für das politische Handeln die Gestalt des Kompromisses.

Die Kompromißgestalt des menschlichen politischen Handelns entspricht dem Kompromiß, den Gott selbst mit der Welt geschlossen hat, indem er sich ihrem Wesen »akkomodierte«, um sie im Rahmen der ihr nach dem Sündenfall verbliebenen Möglichkeiten bis an den Jüngsten Tag zu erhalten. Das große von Thielicke immer wieder angeführte Beispiel für die geduldige »Akkomodation« Gottes an die gefallene Welt bildet die sogenannte *»noachitische Ordnung«*. Der Ausdruck »noachitische Ordnung« weist zurück auf den Bund, den Gott mit Noah nach der Sintflut geschlossen hat. Die Pointe dieses Bundes besteht darin, daß Gott zusagt, seine Schöpfung künftig zu erhalten, daß er sich aber, um dieses Ziel zu erreichen, gleichsam auf den Boden der vom Menschen geschaffenen Tatsachen stellt und die in der gefallenen Schöpfung vorhandenen Mittel wie Tötung und Gewalt zum Zwecke ihrer Erhaltung einsetzt. Das bedeutet nicht, daß Gott die Kampfgesetze dieser Welt gutheißt, aber daß er sie duldet und in seine Ordnung einbaut: Gott wendet die Gewalt an, um die Gewalt niederzuhalten; er benutzt das Töten, um das Töten einzudämmen; er gebraucht den Egoismus des Staates, um die Egoismen der Einzelnen und der Gruppen in Schach zu halten. Fortan ist alle politische Herrschaft in der Welt an das Prinzip der Gewalt gebunden und also mit Furcht, Zwang, Strafe, Kampf, Ungleichheit, Selbstbehauptung und Interessenegoismus verknüpft. Der Friede dieser Welt ist immer ein »bewaffneter Friede« und daher ein »Friede der Angst«. Aber eben durch diese Anpassung des Gesetzes Gottes an die gefallene Welt bewahrt Gott diese davor, an sich selbst zugrunde zu gehen. Es handelt sich also um eine Art »höherer Homöopathie«: Gott verbirgt seinen »eigentlichen« Willen unter dem »fremden« Werk der Akkomodation. Er erhält die Welt trotz ihrer Sünde mit Hilfe ihrer Sünde und gönnt ihr auf diese Weise noch Zeit. Das bedeutet aber, daß alle politischen Ordnungen in dieser Welt nur »Notordnungen« sind. Sie sind nicht einlinig aus der Schöpfung Gottes abzuleiten, aber auch nicht einlinig aus dem Sündenfall der Welt, vielmehr sind sie durch beides bestimmt:

Sie haben ihre Herkunft und Gestalt aus der gefallenen Welt, aber sie richten sich zugleich gegen die ihr einwohnende zerstörerische Kraft und dienen so der Erhaltung der Schöpfung.[18]

Der »noachitische Bund« spielt in Thielickes politischer Ethik eine beherrschende Rolle. Er bildet für ihn den anschaulichsten Modellfall dafür, daß, analog zur Art der göttlichen Welterhaltung, alles politische Handeln in der Welt den Charakter des Kompromisses trägt. Der Kompromißgedanke steht bei Thielicke fast an derselben Stelle, die bei Barth das Analogieprinzip einnimmt.[19] Aber so sehr Thielicke betont, daß wir in unserem politischen Handeln weder faktisch noch prinzipiell jemals über den Kompromiß hinausgelangen, so sehr warnt er vor dem, was er den »Kompromißgeist« nennt. Der Kompromißgeist vergottet die Kampfgesetze dieser Welt und macht aus der Not eine Tugend. Er spricht: »Weil denn der Wald der Welt voller Wölfe ist, so laßt uns mit den Wölfen heulen!« und bewegt sich entsprechend leichtfertig und unbekümmert auf dem Boden der Kompromisse. Oder er interpretiert den Kompromiß tragisch als ein notwendiges Lebensgesetz, womöglich als Gesetz des Sündigen-Müssens, dem wir zwangsläufig unterworfen sind. Der Kompromiß aber ist niemals nur unser Schicksal, sondern immer auch unsere Schuld. Er weist zurück auf die überpersönliche Schuld dieses Äons, in die wir verstrickt sind. Daß die Welt so ist, wie sie ist, dafür sind wir mitverantwortlich. Darum darf der Politiker in seinem Gewissen nicht über dem Kompromiß zur Ruhe kommen, sondern muß sich stets der Aporie aller verwendeten Welt-Mittel und damit der Fragwürdigkeit aller Kompromisse bewußt bleiben. Er darf die Spannung zwischen den beiden Äonen nicht in eine zeitlose Gleichgewichtslage bringen, indem er den Kompromiß als die Resultante in einem Parallelogramm der Kräfte, als das endgültige Fazit aus zwei Extremen betrachtet und so allgemeingültige, überzeitliche Regeln und Maximen aufstellt, nach denen er dann beruhigt leben und handeln kann. Das hieße vergessen, daß das Kompromißgesetz »heilsgeschichtlich lokalisiert« ist, daß es nicht dem »eigentlichen« Willen Gottes entspricht, sondern nur der Ausdruck seiner Geduld mit uns im Interim dieser Welt ist. Ein »Quentchen« Wissen darum, daß die Welt, und damit der Kompromiß, im tiefsten Grunde nicht »in Ordnung« ist, muß in allem unserem Handeln anwesend sein. Dieses Wissen bildet das »Salz« in unseren politischen Leidenschaften. Es ist wie die »Gaze in der Wunde«, die die Wunde offenhält und sie davor bewahrt, sich zu schließen. Weil der Kompromiß nicht eine Entschuldigung, sondern ein Ausdruck unserer Schuld ist, bedarf er der Vergebung. In der Gewißheit der Vergebung aber kann der Christ auch wirklich leben und politisch handeln. Hier gilt das Wort Luthers an Melanchthon: »Pecca fortiter, sed fortius fide!« – Sündige tapfer, aber glaube tapferer!

Das Wissen um die Fragwürdigkeit des Kompromisses realisiert sich im quantitativen Abwägen der Mittel. Wer weiß, daß der Kompromiß nicht unter das Stichwort »Tragik«, sondern »Schuld« gehört, und nur ein Ausdruck der göttlichen Geduld mit der gefallenen Welt ist, bedient sich in seinem politischen Handeln der in der Welt vorhandenen Mittel nicht hemmungslos, sondern unterscheidet jedesmal sorgsam zwischen dem kleineren und dem größeren Übel, zwischen verwerflichen und weniger verwerflichen Mitteln, zwischen besseren und schlechteren Möglichkeiten. Dabei ist er sich dessen bewußt, daß auch die quantitativ beste Lösung niemals die Erlösung des Reiches Gottes bedeutet, sondern immer in der Vorläufigkeit dieser Welt bleibt und darum der Vergebung bedarf. Vielleicht unterscheidet sich der christliche Politiker von dem nichtchristlichen überhaupt nur dadurch, daß er um die Schuld weiß und unter der Vergebung lebt.

Thielickes Darlegung seiner eigenen politischen Ethik ist durchzogen von einer kritischen Auseinandersetzung mit Luthers Lehre von den zwei Reichen.[20] Eben darum haben wir ihn als den »profiliertesten Vertreter einer *modifizierten* Zwei-Reiche-Lehre« bezeichnet. Worin besteht bei ihm nun die Modifikation? Thielicke selbst meint, daß seine »kritischen Anfragen« an Luthers Zwei-Reiche-Lehre sich weniger auf ihr Prinzip als auf die bei Luther vorliegende Form bezögen, aber er begnügt sich doch nicht nur mit einer Revision ihres zeitgeschichtlichen Gewandes, sondern er revidiert auch die Konzeption selbst.

Bei Luther liegt der Akzent auf der Differenz zwischen dem Reich Gottes und den politischen Ordnungen dieser Welt. Sein theologisches Augenmerk ist auf die Tatsache gerichtet, daß die Art und Weise, wie das christliche Liebesgebot zu erfüllen ist, mitbestimmt wird durch die Sphäre, in der dies geschieht. Sonst kann es sich ereignen, daß die christliche Liebe wie ein Gift in der Welt wirkt und statt zur Erhaltung zur Zerstörung ihrer Ordnungen führt. Eben darum betont Luther die *Unterscheidung* zwischen den beiden Reichen und die daraus sich erge-

bende *Brechung* des christlichen Liebesgebotes in den Strukturgesetzen dieser Welt. Diesem theologischen Motiv und Ansatz
Luthers stimmt Thielicke zu. Darin gibt er Luther vor Barth
recht.

Thielickes kritische Frage an Luther aber lautet nun, ob dieser
in seiner eigenen Zwei-Reiche-Lehre genügend Sicherungen
dafür eingebaut habe, daß die beiden Reiche nicht völlig aus-
einanderklaffen und auf diese Weise aus ihrer Unterscheidung
ungewollt eine Trennung wird. Geleitet von seinem Interesse
an der Unterscheidung zwischen den beiden Reichen, kann
Luther stellenweise so ungeschützt von ihnen reden, daß sie
fast wie zwei verschiedene Bereiche erscheinen, die räumlich
und zeitlich nebeneinander liegen. Für die Existenz der Christen
bedeutet dies, daß sie scheinbar gleichzeitig in zwei Sphären zu
existieren haben, die unter völlig verschiedenen Gesetzen zu
stehen scheinen, mit der Folge, daß sie das eine Mal alle Merkmale einer christlichen Existenz, das andere Mal alle Merkmale
einer weltlichen Existenz an sich tragen. Mehr noch, die Grenze
zwischen den beiden Reichen scheint mitten durch sie hindurch-
zugehen und sie in zwei voneinander völlig isolierte Personen
zu zerteilen: in Christenmenschen und Weltmenschen respektive
in Privatpersonen und Amtspersonen.

Nun konnte sich Luther eine solche objektive Aufteilung vielleicht noch leisten, weil die beiden Reiche zu seiner Zeit immer
noch subjektiv dadurch zusammengebunden blieben, daß sich die
weltlichen Obrigkeitsträger als Christen verstanden und bereit
waren, sich von der Kirche auch im politischen Bereich auf ihren
Glauben anreden zu lassen. In dem Maße aber, in dem diese christliche Substanz schwand, mußte die Unterscheidung zwischen den
beiden Reichen zur Trennung führen, mit der gefährlichen Folge,
daß der Staat sich als eine weltliche Tabu-Zone verstand, wobei er
sich das Recht zu seiner Eigenständigkeit eben aus Luthers Zwei-
Reiche-Lehre holen zu können meinte. Daß diese Emanzipation
des Staates mit Hilfe der Theologie so leicht möglich wurde, verrät aber nun doch, daß die Art und Weise, wie Luther die beiden
Reiche sachlich miteinander verklammert hatte, nicht ausreichte.
Und darum kommen wir um das Urteil nicht herum, daß die im
Laufe der Geschichte zutage getretenen Mängel der Lutherschen
Zwei-Reiche-Lehre nicht nur historisch, sondern auch theolo-
gisch bedingt sind.

Den Hauptmangel der Lutherschen Zwei-Reiche-Lehre erblickt Thielicke darin, daß das eschatologische Moment in ihr

nicht kräftig genug zur Wirkung kommt. Was ihr abgeht, ist das Bewußtsein, daß wir in dem Spannungsfeld zwischen den beiden Äonen leben und daß der neue Äon bereits in den alten hineindrängt und ihn in Frage stellt, oder, in einem der von Thielicke geliebten militärischen Bilder ausgedrückt, daß die kommende Welt schon dauernd in die gegenwärtige hineinfunkt und sie stört. Trotz der bekannten kritischen Urteile Luthers über die Welt kann man sagen, daß ihm die Welt noch nicht fragwürdig genug ist. Das heißt: die Fragwürdigkeit der Welt ist bei ihm nicht genügend eschatologisch begründet. Die Tatsache der bereits vollzogenen Infragestellung des alten Äons durch den neuen tritt hinter der Anerkennung der noch vorhandenen Eigengesetzlichkeit des alten Äons zurück. Und so kann sich derselbe Luther, der so kritisch über die Welt urteilt und der sich so innig nach dem »lieben Jüngsten Tag« sehnt, merkwürdig rasch damit abfinden, daß die beiden Reiche nun einmal nebeneinander stehen und daß dasselbe göttliche Liebesgebot in dem einen Reich anders praktiziert werden muß als in dem anderen. Daß die Brechung des Liebesgebotes des Reiches Gottes in den Ordnungen dieser Welt auch ein Krankheitssymptom dieser Welt darstellt und ein Zeichen der göttlichen Geduld mit ihr ist, wird bei Luther zu wenig spürbar. Allzu rasch identifiziert er die vorhandenen politischen und sozialen Ordnungen mit dem Willen Gottes; was ihm fehlt, ist die Distanz zu ihnen und ihr kritisches Infragestellen. Die christliche Liebe hat bei Luther vornehmlich »beflügelnde« Kraft, das heißt, sie versichert den Amtsträgern, daß sie auch in den weltlichen Ordnungen das Gebot Gottes erfüllen und ein gutes Gewissen haben können; aber sie hat zu wenig »kritisch-dynamische« Kraft, das heißt, sie treibt die Amtsträger nicht genügend an, im Lichte des kommenden Reiches Gottes die Fragwürdigkeit der von ihnen verwalteten Ordnungen zu erkennen und die gegenwärtigen Zustände schon jetzt zu verändern.

Aus alledem ergibt sich jene bekannte Kritik, die man, wenn auch nicht an Luther selbst, so doch an der politischen Haltung des Luthertums geübt hat und die auf Grund der Erfahrungen des Kirchenkampfes im Dritten Reich in unseren Tagen neu entflammt ist: »doppelte Moral«, »Konservativismus«, »quietistische Distanz«, »Untertanengehorsam«, »politische Naivität«.

Aber genügt nun schon die Modifikation, die Thielicke an Luthers Lehre von den zwei Reichen vorgenommen hat? Richtet sich seine Kritik an ihr nicht auch noch in gewisser Weise, wenn auch sicher in vermindertem Maße, gegen ihn selbst? Die Schwäche der Lutherschen Zwei-Reiche-Lehre besteht nach Thielickes Urteil darin, daß das eschatologische Motiv aller christlichen Theologie in ihr nicht kräftig genug zur Wirkung kommt. Das ist bei Thielicke fraglos anders. Seine politische Ethik ist von Anfang bis Ende auf die heilsgeschichtliche Situation eingestellt, daß wir im Spannungsfeld zwischen den beiden Äonen leben, daß ihre Überschneidung mitten durch uns hindurchgeht. Daß der Mensch nach Luthers Rechtfertigungslehre »ein Gerechter und Sünder zugleich« ist, bildet für Thielicke nicht nur eine individuelle Bestimmtheit, sondern spiegelt eben diese »äonische Situation« wider. Und so bleibt Thielicke, weil er das eschatologische Moment in der Ethik stärker betont, vor dem Fehler Luthers bewahrt, daß er die beiden Reiche allzu harmonisch nebeneinanderordnet, daß er sich mit der Brechung des christlichen Liebesgebotes in den Strukturgesetzen dieser Welt allzu schnell abfindet und die vorhandenen weltlichen Ordnungen allzu kritiklos hinnimmt.

Thielicke hat wirklich das getan, was Luther seiner Meinung nach versäumt hat: Er hat die Rechtfertigungslehre vom Herzen aus durch den Blutkreislauf des ganzen Körpers gepumpt und so auch jene Glieder belebt, die bei Luther noch leblos und klamm geblieben waren. Eben das verleiht, verbunden mit der Modell-Methode, seiner theologischen Ethik ihre große Wirklichkeitsnähe. Dadurch erreicht der christliche Glaube bei ihm eine weltliche Konkretion, wie man sie sich weltlicher und konkreter kaum denken kann. Was »weltliches Christentum« heißt, das hat Thielicke in seiner Ethik vorgemacht. Er greift wirklich hinein ins volle Menschenleben, nichts Menschliches ist ihm fremd. Er holt die Dogmen aus dem Jenseits und aus dem Ghetto der Kirche herab auf die Erde. Er exemplifiziert den christlichen Glauben am konkreten Detail der Wirklichkeit. Er tut, was Gogarten und Bonhoeffer gefordert haben: Er versucht, die ganze Wirklichkeit der Welt vor Gott im Glauben zu bestehen.

Aber hat Thielicke dabei dem »Druck der Wirklichkeit« nicht vielleicht doch zu sehr nachgegeben? Verräterisch ist die beherrschende Stellung, die die sogenannte »noachitische Ordnung« in seiner politischen Ethik einnimmt. Sie bildet für ihn den großen Modellfall der geduldigen Akkomodation Gottes an die gefallene Welt, an der sich alles politische Handeln zu orientieren hat. Aber neben dieser »geduldigen« gibt es noch eine andere, »gnädige« Akkomodation Gottes an die Welt, von der Thielicke selbst auch spricht: das ist Gottes Offenbarung in Jesus Christus. Warum hat Thielicke sie nicht stärker zum beherrschenden Modellfall seiner politischen Ethik gemacht? Noah oder Christus – das ist hier die Frage. In Thielickes Ethik scheint das Urbild Noah manchmal bestimmender zu sein als das Urbild Christus. Das aber bedeutet, daß auch Thielicke noch, obwohl er den eschatologischen Charakter der christlichen Ethik kräftig betont, sein Gesicht stärker der gefallenen Welt zukehrt als dem kommenden Reiche Gottes. Darum müssen wir an Thielicke, wenn auch mit geringerer Dringlichkeit, dieselben Fragen stellen, die er an Luther richtet: ob er das politische Handeln nicht zu sehr der gegenwärtigen Weltsituation anpaßt, ob die christliche Liebe bei ihm »kritisch« genug ist, ob sie die vorhandenen Ordnungen und Zustände nicht zu sehr nur zu erhalten anstatt sie zu bessern trachtet, ob es genügt, die menschlich-geschichtliche Wirklichkeit nur zu interpretieren, anstatt sie zu verändern – kurzum, ob in Thielickes ›Theologischer Ethik‹ die christliche *Hoffnung* und damit die notwendige Umpolung des Bewußtseins der Christenheit in Richtung *Zukunft* kräftig genug zur Geltung kommt.

Wie stark hier heute allgemein ein Mangel in der gegenwärtigen Theologie empfunden wird, zeigt das sonst kaum erklärbare Echo, das das Buch von Jürgen Moltmann über die ›Theologie der Hoffnung‹ ausgelöst hat. Zwar handelt es sich bei diesem Buch nicht ausgesprochen um eine politische Ethik, aber das, was Moltmann über die christliche Hoffnung schreibt, betrifft doch gerade auch das Kernproblem jeder christlich-politischen Ethik.

Theologie der Hoffnung

Zusage, Zuspruch, Verheißung, Hoffnung, Erwartung, Sendung, Unruhe, Offenheit, Bereitschaft, Elastizität, Triebkraft, Aufbruch, Auszug, Wanderung, Veränderung, Wandlung – alle diese Ausdrücke sind von derselben Art und Farbe; sie deuten alle eine Bewegung an, und diese Bewegung weist nach vorn: in Richtung Zukunft. Damit verrät schon das Vokabular, das Moltmann bevorzugt, den Standort seines Denkens oder, richtiger, nicht seinen Standort, sondern vielmehr seine Bewegung, ja seinen Schwung. Die entscheidende Dimension alles christlichen Glaubens ist für Moltmann die *Zukunft*. Als gäbe es für ihn keine andere Zeitform, keine Vergangenheit, kaum eine Gegenwart, reißt er alles, was ist, aus der Ruhe des Seins in die Bewegung des Werdens. Gleich auf den ersten Seiten seines Buches findet sich der programmatische Satz: »Es gibt nur ein wirkliches Problem der christlichen Theologie: das Problem der Zukunft.«[21]

Dieser Vorrang der Zukunft vor allen anderen Zeitformen ergibt sich für Moltmann nicht aus dem allgemeinen Charakter der Geschichte – nämlich daß der Mensch als geschichtliches Wesen immer auf Zukunft aus ist und die Geschichte eine unbegrenzte Fülle von Zukunftsmöglichkeiten in ihrem Schoße birgt –, sondern er gründet in der Besonderheit der Geschichte Jesu Christi. Genauer, es handelt sich um die Zukunft Jesu Christi selbst, noch genauer, um die Zukunft, die in seiner Auferweckung angelegt ist. Die Auferweckung Jesu ist kein abgeschlossenes Ereignis der Vergangenheit, sondern sie hat ein Geschehen ausgelöst, das sich weiterentfaltet und in die Zukunft weist. Diese Zukunftsaussicht aber ist nicht unbegrenzt, sondern sie findet ihre Erfüllung in jenem Ereignis, das die Bibel als die »Wiederkunft« Christi bezeichnet. Die Geschichte streckt sich also von der Auferstehung zur Wiederkunft Christi hin, und eben das gibt allem, was in ihr geschieht, seine unumkehrbare Gerichtetheit auf die Zukunft. Darum treibt der Christ nicht »mit dem Rücken zur Zukunft« durch die Geschichte, den Blick zurück auf den unwandelbaren, alles künftige Geschehen bestimmenden Ursprung gerichtet, sondern er geht mit dem Gesicht zur Zukunft durch die Geschichte, den Blick nach vorn auf die verheißene, noch ausstehende Erfüllung gerichtet.

Mit dieser Ausrichtung der Geschichte auf die Zukunft gewinnt die *Eschatologie* für Moltmann eine alles beherrschende Stellung innerhalb der Theologie. Die Wiederentdeckung der zentralen Bedeutung der Eschatologie für die Verkündigung Jesu und für das Urchristentum war, wie wir gesehen haben, eines der wichtigsten theologischen Ereignisse am Ende des 19. Jahrhunderts gewesen. Freilich hatte die Theologie aus dieser historischen Entdeckung nicht sofort die theologischen Konsequenzen gezogen: »Die sogenannte ›konsequente Eschatologie‹ war niemals wirklich konsequent.« Nun ist Moltmann gewiß nicht der erste, der das Versäumte nachholt – das haben vor ihm schon andere getan. Aber niemand hat bisher so konsequent wie er die Eschatologie vom Ende der Dogmatik, wo sie »wie ein loser Anhang in apokrypher Unwesentlichkeit verkam«, an ihren Anfang gerückt. Bei Moltmann wird die Eschatologie aus der »Lehre von den letzten Dingen«, die am Ende aller Geschichte und Dogmatik kommen, gleichsam zur »Lehre von den ersten Dingen«, mit denen alles beginnt und die alles bestimmen: »Das Eschatologische ist nicht etwas *am* Christentum, sondern es ist schlechterdings das Medium des christlichen Glaubens.« Das Christentum ist eine »Erwartungsreligion«, es ist nicht »welt-flüchtig«, sondern »zukunftssüchtig«. Dabei legt Moltmann ent-scheidenden Wert darauf, daß nicht nur die Existenz des einzel-nen Menschen, womöglich nur sein Selbstverständnis, von Got-tes Zukunft bestimmt ist, sondern daß die ganze Geschichte, ja der ganze Kosmos in den »endzeitlichen« Prozeß, der mit der Auferweckung Jesu begonnen hat und bis zu seiner Wieder-kunft reicht, hineingezogen ist. Darin sieht er die bleibende Be-deutung der spätjüdischen Apokalyptik mit ihrer Erwartung des nahen Weltendes, in der auch Jesus gelebt hat. Durch die Apo-kalyptik wird die Eschatologie »zum universalen Horizont der Theologie überhaupt«[22].

Darum trägt Moltmanns Buch den bezeichnenden Titel ›Theologie der Hoffnung.‹ Dieser Titel besagt nicht, daß der Verfasser nur eine theologische Monographie über die christliche Tugend der Hoffnung schreiben wollte, sondern daß er die ganze Theologie von diesem Gesichtspunkt aus entwerfen will. Die Hoffnung ist für Moltmann das Ein und Alles in der Theolo-gie, sie bildet das »Fundament« und die »Triebfeder« alles theolo-gischen Denkens. Die bekannte Anselmsche Definition der Theologie als »fides quaerens intellectum« – Glaube, der nach Erkenntnis trachtet – wandelt Moltmann um in »spes quaerens intellectum« – Hoffnung, die nach Erkenntnis trachtet – und den entsprechenden Anselmschen Satz »Credo, ut intelligam« – ich glaube, damit ich erkenne – in »Spero, ut intelligam« – ich hoffe, damit ich erkenne. Die Hoffnung ist es, die das Denken des Glaubens »mobilisiert«, sein Bedenken des Menschseins so gut wie das der Geschichte und der Gesellschaft. Sie wird »zum Querulanten im Denken, zur Triebkraft, zur Unruhe und zur Qual des Denkens«. Alle theologischen Sätze sind »Hoffnungs-sätze«, und alle theologischen Begriffe sind »Vorgriffe«: Sie »hinken nicht hinter der Wirklichkeit her und schauen nicht auf sie mit den Nachtaugen der Eule der Minerva, sondern sie er-leuchten die Wirklichkeit, indem sie ihr Zukunft vorweisen«. Und wie das Denken treibt die Hoffnung auch die Liebe an, daß

sie mit »schöpferischer, erfinderischer Phantasie« ständig dem
gegenwärtigen Weltzustand vorweg ist. »Sie provoziert und
produziert ständig ein antizipierendes Denken der Liebe zum
Menschen und zur Erde«; sie erweckt »Erfindungsgabe und
Elastizität im Sichverwandeln, im Aufbrechen aus dem Alten
und im Sicheinstellen auf das Neue«. In diesem Zusammenhang fällt bei Moltmann der entscheidende, an Karl Marx
erinnernde Satz, der zwar Thielicke nicht ausdrücklich nennt,
der aber auch seine Ethik kritisch mitbetrifft: »Für den Theologen geht es nicht darum, die Welt, die Geschichte und das
Menschsein nur anders zu *interpretieren*, sondern sie in der Erwartung göttlicher Veränderung zu *verändern*.«[23]

Damit gesellt sich bei Moltmann zur »Zukunft« und zur
»Hoffnung« als dritter verwandter Begriff die *Sendung*. Moltmann fordert eine »Hermeneutik der christlichen Sendung«,
das heißt eine »sendungsgeschichtliche Auslegung der biblischen
Zeugnisse«: Die Christenheit hat ihre Hoffnung auf die Zukunft auch »öffentlich« zu verantworten, indem sie die neuen
Möglichkeiten, Aussichten und Ziele in den Blick faßt, die
die Auferstehung Jesu Christi dem Menschen und der Welt
eröffnet, und die politischen und sozialen Verhältnisse entsprechend umgestaltet. Dem Prinzip der Hoffnung hat die »Praxis
einer umgestaltenden Sendung« zu entsprechen. Unter diesem
Aspekt entwirft Moltmann eine »allgemeine ethische Feldtheorie
der christlichen Hoffnung«[24].

Den Leitfaden seiner Ethik der Hoffnung bildet der Gedanke
der »*Exodusgemeinde*« – der »Gemeinde des Auszugs«. Zur Erklärung dieses Ausdrucks verweist Moltmann auf die Worte
des Hebräerbriefes: »So lasset uns nun zu Jesus hinausgehen
aus dem Lager und seine Schmach tragen. Denn wir haben hier
keine bleibende Stadt, sondern die zukünftige suchen wir«.
(13,13–14) In diesen zwei Bibelversen ist im Kern das ganze
ethische Programm Moltmanns enthalten. Die Christen werden
davor gewarnt, sich in der Gesellschaft als eine »anpassungs-
fähige Gruppe« zu verhalten und die vorfindlichen Verhältnisse
kritiklos hinzunehmen. Sie sollen der Menschheit nicht dienen,
damit die Welt bleibe, was sie ist, sondern »damit sie sich verwandle und werde, was ihr verheißen ist«. »Kirche für die
Welt« heißt »Kirche für das Reich Gottes« und damit für die
Erneuerung der Welt. Und eben darum hat der Exodus, der
Auszug der Gemeinde aus dem »Lager« zu geschehen! Die
Christenheit darf ihre Hoffnung auf die Zukunft nicht für sich

behalten, sondern sie muß sie der ganzen Gesellschaft vermitteln. In »praktischem Widerstand und schöpferischer Neugestaltung« muß sie im Hinblick auf das heilsgeschichtliche Ziel der Welt das Bestehende in Frage stellen und dem Kommenden dienen. Damit gerät sie in eine »konfliktgeladene, aber fruchtbare Partnerschaft« zur Gesellschaft. Sie bildet eine »beständige Unruhe« in ihr, mehr noch, sie ist »wie ein in die Welt hinausgesandter Pfeil ins Zukünftige«. »Sie überholt das Vorfindliche in Richtung auf das erwartete Neue und sucht nach Gelegenheiten, der verheißenen Zukunft immer besser zu entsprechen.« Dabei hat sie es nicht nur mit Personen zu tun und also mit individueller Rettung, sondern immer auch mit Verhältnissen und also mit sozialer Erneuerung: sie »ist auf andere Institutionen aus«. Auf diese Weise betätigt die Christenheit die »andere Seite« der Versöhnung mit Gott, die in der Geschichte der Kirche immer zu kurz gekommen ist: »Verwirklichung des Rechtes«, »Humanisierung des Menschen«, »Sozialisierung der Menschheit«, »Frieden der ganzen Schöpfung«. So gibt die Christenheit aus dem »geöffneten Vorraum ihrer Hoffnung« neue Impulse für die Gestaltung des öffentlichen, gesellschaftlichen und politischen Lebens der Menschen.[25]

Moltmann führt uns, wie es der Apokalyptiker Art ist, auf einen sehr hohen Berg, zeigt uns von dort die Zukunft bis zu ihren höchsten Gipfeln am äußersten Horizont und fordert uns dann auf, diese Gipfel zu erklimmen. Aber um dies tun zu können, müssen wir zunächst hinunter ins Tal, und im Tal regnet es, und die Straßen sind schlecht. Überdies brauchen wir dazu Karten, Kompaß, Bergführer, Seile und Steigeisen; aber auch wenn wir dies alles haben, bleibt der Aufstieg beschwerlich und ungewiß, und wir kommen nur mühsam voran. Das soll bedeuten: Moltmann weist alles christlich-politische Handeln in den eschatologischen Horizont; damit richtet er es auf die Zukunft und erfüllt es mit der Kraft der Hoffnung und dem Bewußtsein der Sendung. Und daran tut er recht. Wenn die Christen wirklich an die Auferstehung Jesu Christi von den Toten glauben, dann können sie sich nicht damit begnügen, diese Welt nur so zu erhalten, wie sie nun einmal ist, sondern dann müssen sie sie auch bereits verändern und erneuern, und zwar nicht nur die Personen, sondern auch die Verhältnisse. Das ist das echte Pathos, das bei Moltmann durch die Pathetik seiner Sprache spürbar wird. Aber Moltmann entwirft nur ein Programm, wenn man den Impuls, den er gibt, überhaupt schon ein Programm nennen kann. Die Frage nach dem Wie des christlich-politischen Handelns läßt er völlig außer acht. Sobald Moltmann jedoch genötigt wäre zu sagen, was denn nun in der konkreten geschichtlichen Situation zu tun ist, sähe er sich demselben Druck der Wirklichkeit ausgesetzt wie Helmut Thielicke. Dann müßte auch er von seinem Berg herunter ins Tal und die Situation analysieren, die Wirklichkeit interpretieren, Ermessenserwägungen anstellen und sich auf Kompromisse einlassen.

Wir befinden uns hier vor dem entscheidenden Streitpunkt in den heftigen theologischen und politischen Auseinandersetzungen, die die Einheit der evangelischen Kirche und Theologie nach dem Zweiten Weltkrieg bis zum Zerreißen strapaziert haben. Es geht um die Frage, wie weit das politische Handeln der Christen schon von den Lebensgesetzen des Reiches Gottes bestimmt sein soll und wie weit es noch an die Strukturgesetze dieser Welt gebunden bleibt. *Einig* ist man sich darüber, daß wir uns zum alten Äon in einem Verhältnis sowohl der Kontinuität als auch der Diskontinuität befinden und daß sich das Liebesgebot des Reiches Gottes darum immer in den vorhandenen Ordnungen dieser Welt bricht. Auch wer die Polizei nur mit Gummiknüppeln bewaffnen möchte, rechnet mit einer solchen Brechung des christlichen Liebesgebotes. *Uneinig* aber ist man sich über die Proportion zwischen Kontinuität und Diskontinuität und damit über den Grad des Brechungswinkels. Hier setzen die theologischen und politischen Differenzen ein. Dabei werden die einen immer schon stärker auf die Lebensgesetze des Reiches Gottes und damit auf die Diskontinuität des alten Äons blicken und also Gefahr laufen, dem Druck der Wirklichkeit zu entweichen und die konkrete politische Situation schwärmerisch zu überfliegen; und wenn sie Theologen sind, werden sie sich hüten müssen, daß die Politiker sie nicht als wirklichkeitsferne Doktrinäre und Utopisten verdächtigen, die, ohne ein Mandat, von außen her in das politische Geschäft hineinreden. Die anderen hingegen werden immer noch stärker auf die Strukturgesetze dieser Welt und damit auf die Kontinuität des alten Äons blicken und also Gefahr laufen, dem Druck der Wirklichkeit zu erliegen und in der konkreten politischen Situation pragmatisch zu versinken; und wenn sie Politiker sind, werden sie sich hüten müssen, daß die Theologen sie nicht als gesinnungslose Taktiker und Opportunisten verdächtigen, die bei ihrem politischen Geschäft ihren Glauben verleugnen. Alle, Theologen und Politiker miteinander, aber werden sich von dem Philosophen Karl Jaspers daran erinnern lassen müssen, daß die politische Situation heute mehr denn je »die Neugeburt des Menschen« verlangt und daß es die Aufgabe der Theologen ist, das ewige Ansinnen an den Menschen mit neuem Ernst zu wiederholen: »wie er sich wandeln muß von Grund auf«. Und Jaspers fügt hinzu: »Alle Chancen der Kirchen liegen in der Bibel, wenn sie diese im Bewußtsein der Weltwende heute wieder ursprünglich zum Sprechen zu bringen vermögen.«[26]

Das führt uns unmittelbar zu dem anderen Bedenken, das wir gegen Moltmann, aber nicht nur gegen ihn, sondern gegen jede allzu eilige, kritiklose Wiederholung der urchristlichen Eschatologie hegen. Es steht außer jedem Zweifel, daß die Eschatologie, und zwar verbunden mit stark apokalyptischen Vorstellungen, für die Urgemeinde eine zentrale Bedeutung gehabt hat. Für die ersten Christen bedeutete die Eschatologie aber mehr als nur ein wichtiges theologisches Lehrstück, für sie war sie eine lebendige Glaubensüberzeugung, die unmittelbar im religiösen Erlebnisgrund wurzelte. Sie sind morgens wirklich mit dem Gedanken aufgewacht: »*Heute* könnte es geschehen, daß Er kommt!« Wer von uns aber tut das noch? Wer rechnet in seinem Leben noch ernsthaft mit einem nahen Ende der Welt? Abgesehen von einigen abseitigen Sekten tun das keine Kirche und kein Christ mehr. Täten sie es wirklich noch, dann müßte schon die äußere Gestalt ihres Lebens völlig anders aussehen. Darum mutet uns das heutige laute Reden der Theologen von der Eschatologie ähnlich abstrakt und theoretisch an – als bloße »Kathedereschatologie«, wie es einmal einen »Kathedersozialismus« gegeben hat.

Gewiß hat die Wiederentdeckung der urchristlichen Eschatologie zur Wiederentdeckung der *Zukunft* als der entscheidenden Dimension des christlichen Glaubens geführt. Aber das Reden von der Zukunft wird von manchen Theologen heute so übertrieben, daß es verdächtig wirkt. Fast sieht es so aus, als sei an die Stelle, die früher das Jenseits eingenommen hat, heute die Zukunft getreten. Die Vertikale ist umgeklappt in die Horizontale: flüchtete man früher vor dem Druck der Wirklichkeit nach »oben«, so heute nach »vorn«. Aber ob die Flucht nun nach oben oder nach vorn geschieht, in beiden Richtungen wird der Erweis der Wahrheit Gottes – räumlich oder zeitlich – in eine unbestimmte Ferne gerückt. Und so bleibt die Frage des Zeitgenossen, wo Gott denn nun hier und heute sei, nach wie vor ohne Antwort.

Das führt zu der zweiten Frage, die die protestantische Theologie nach dem Kriege in Atem gehalten und fast zerspalten hat. Sie rührt unmittelbar an den Kern der christlichen Botschaft: an die Offenbarung Gottes in Jesus Christus. Hatten wir die erste Frage in Anlehnung an ein Bibelwort formuliert: »Was sollen wir nun tun?«, so können wir jetzt, ebenfalls im Anschluß an ein Bibelwort, sagen: »Was dünket euch um Christus?«

Der »garstige Graben« der Geschichte

Christlicher Glaube ist Glaube an Jesus Christus – was sollte er auch anderes sein? Eben darauf weist die Wortverbindung »christlicher Glaube« hin. Sie zeigt an, daß der christliche Glaube nicht eine immer und überall in der Welt vorhandene Möglichkeit ist, nur die besondere Spezies eines allgemeinen, zeitlos gültigen Glaubensbegriffes, sondern daß er seinen einmaligen Ursprung und bleibenden Grund in einem bestimmten Ereignis der Geschichte hat, der Offenbarung Gottes in der Erscheinung Jesu Christi. Darum nennt Schleiermacher das Christentum eine »positive historische Religion«, das heißt, es hat zur Voraussetzung eine konkrete Person und ein konkretes Buch: Jesus Christus und die Bibel.

Auf göttliche Offenbarung in auserwählten Personen und heiligen Büchern berufen sich auch andere Religionen, das Christentum aber tut es in einer besonderen, einzigartigen Weise. Die christliche Offenbarung versteht sich nicht als die Enthüllung und Mitteilung ewiger Sinngehalte und allgemeingültiger, zeitloser Seinswahrheiten, etwa eines neuen Gottesgedankens oder der Idee der Liebe, auch nicht als die Entbindung einer religiösen Erfahrung oder als die Kundmachung eines kirchlichen Dogmas, sondern sie bezieht sich streng auf ein konkretes geschichtliches Ereignis, genauer, auf das Geschick einer konkreten geschichtlichen Person. Man kann die christliche Wahrheit nicht losgelöst von dieser Person haben, indem man ihre Botschaft in die Gegenwart übernimmt, die Person selbst aber in der Vergangenheit stehen läßt, so wie man eine Nuß aufknackt, ihren Kern herausschält und die Schalen liegen läßt – vielmehr besteht die Botschaft eben in dem Geschick dieser Person, in ihrem Geborenwerden, Leben, Lehren, Sterben und Auferstehen. Der christliche Glaube gründet seine Gewißheit auf konkrete Ereignisse der Geschichte. Die von ihm verkündete Wahrheit besteht in der »Torheit«, daß Gott in dem Menschen Jesus von Nazareth geredet und gehandelt hat.

Die Offenbarung Gottes in Jesus Christus gilt als abschließend, endgültig, unüberbietbar, universal. Mag Gott sich auch sonst noch auf mancherlei andere Weise, an anderen Orten und zu anderen Zeiten offenbart haben und noch offenbaren: durch Sibyllen, Propheten, Priester, Weisheitslehrer, Künstler oder Dichter – entscheidend hat er es durch Jesus Christus getan. Darum bezeichnet die Theologie das Christusgeschehen als »eschatologisches« Geschehen. Dieses Wort soll besagen, daß das, was mit und an dem Christus geschah, ein »Letztes« in der Weltgeschichte ist, über das hinaus es nichts »Letzteres«, Größeres mehr gibt. In ihm hat Gott endgültig und ein für allemal zur Welt »geredet«: Jesus Christus ist das »Wort Gottes« an die ganze Menschheit.

Aber gerade damit sind wir nicht an ein abgeschlossenes Ereignis der Vergangenheit gewiesen, das sich auf die Jahre 1 bis 30 in Palästina beschränkt, sondern auf ein »fortwährendes« Geschehen, das in die Gegenwart hineinreicht und auch die Zukunft bestimmt. Obwohl es sich bei der Christusoffenbarung um ein einmaliges historisches Ereignis der Vergangenheit handelt, besitzt es doch absolute, gegenwartsbestimmende Bedeutung und hat fortdauernde Gegenwärtigkeit: Was einmal geschehen ist, ist ein für allemal geschehen und soll daher immer wieder geschehen.

Die Tatsache, daß Gott sich in Jesus Christus offenbart hat, weist den Glauben und die Theologie an die *Bibel*, denn sie enthält die uns erhaltenen Zeugnisse dieser Offenbarung. Darum wird die Bibel »Heilige Schrift« genannt, und darum ist alle Theologie, wenigstens alle protestantische Theologie, in ihrem Wesen Auslegung der Heiligen Schrift. Die Bibel ist Quelle und Kanon des Glaubens und Lebens der Kirche. »Sola scriptura« – allein die Schrift, fügt Luther hinzu. Aber wohlgemerkt: nicht weil Jesus Christus in der *Bibel* steht, hat er für uns Bedeutung, sondern umgekehrt, die Bibel hat für uns Bedeutung, weil *Jesus Christus* in ihr steht. Das Neue Testament empfängt seine Autorität von Christus her, und das Alte Testament wiederum hat die seine geliehen vom Neuen.

Die Bibel als das Zeugnis von der Offenbarung Gottes ist eine historische Größe – wir aber leben und glauben heute: Wie kann das, was vor zweitausend und mehr Jahren geschehen und geschrieben ist, für uns heute Bedeutung gewinnen, und zwar nicht nur im Sinne historischer Nachwirkung, sondern existentieller Betroffenheit? Wie kann eine historische Überlieferung, und handelte es sich bei ihr auch um ein Wort Gottes, von uns heute neu als Anrede Gottes vernommen werden? Wie kann, was einstmals geschehen ist, heute wieder geschehen? Wie kann aus dem *factum esse* ein *fieri* werden?

Damit stellt sich das Problem der Wiederholung der Offenbarung, richtiger, ihrer *Vergegenwärtigung*: Es geht darum, das Präteritum zu präsentieren, das heißt die Offenbarung aus der Vergangenheit in die Gegenwart zu holen, ihr Wesen ins Anwesen zu bringen. Vor diesem Problem steht jeder Pfarrer, wenn er am Sonntagmorgen auf die Kanzel tritt. Er steht dort vor der Aufgabe, ein Ereignis der Vergangenheit, nämlich die Offenbarung, die die Bibel bezeugt, so zu vergegenwärtigen, daß sie von den Hörern als Anrede an sie vernommen wird. Er muß dabei jedesmal jene historische Distanz von fast zweitausend Jahren bewältigen, die Lessing den »garstigen Graben« der Geschichte genannt hat. Dieses Ziel ist dort erreicht, wo sich derselbe Vorgang, der sich einst in der Synagoge von Nazareth ereignet hat, heute am Sonntagmorgen in irgendeiner Dorf- oder Stadtkirche wieder ereignet und es wiederum heißt: »Heute ist dies Wort der Schrift erfüllt vor euren Ohren.« Aber wie ist das möglich? Wie kann aus geschehener, historisch bezeugter und damit mittelbarer Offenbarung geschehende, gegenwärtig wirkende, unmittelbare Offenbarung werden?

Der Theologie fällt damit die Aufgabe des »*Übersetzens*« zu: Sie muß das biblische Zeugnis von der Offenbarung Gottes aus der Vergangenheit in die Gegenwart übersetzen. Bei diesem Übersetzen handelt es sich um ein Doppeltes: Die Theologie muß die biblische Botschaft *über*setzen, das heißt, sie muß mit ihr auch wirklich vom jenseitigen ans diesseitige Ufer gelangen; und die Theologie muß die biblische Botschaft über*setzen*, das heißt, sie muß auch wirklich die ganze Botschaft ans diesseitige Ufer bringen und darf unterwegs nichts von ihr verlieren.

So gleicht die Arbeit der Theologie einem Bogen, der sich von den biblischen Texten bis zur jeweiligen Auslegung spannt. Mit diesem Bogen verhält es sich nicht anders als mit jedem Brückenbogen, der auf zwei Pfeilern ruht. Der eine Pfeiler steht in der Vergangenheit, und alles kommt darauf an, daß der Brückenbogen dort auch wirklich sicher aufruht, das heißt, daß die Bezeugung der biblischen Offenbarung klar herausgearbeitet und auf ihre Verläßlichkeit geprüft wird. Die biblischen Aussagen über Jesus Christus unterliegen derselben Pflicht und Problematik historischer Bewahrheitung wie jedes andere geschichtliche Ereignis. Der andere Pfeiler des Brückenbogens steht in der Gegenwart, und wiederum kommt alles darauf an, daß der Bogen hier auch wirklich auftrifft, das heißt, daß die Vergegenwärtigung der biblischen Offenbarung so geschieht, daß sie mich in meiner Existenz »angeht« und ich mein Leben in ihrem Lichte neu verstehe. Das Verstehen der Offenbarung Gottes ist dort ans Ziel gelangt, wo unser Auslegen des Bibeltextes umschlägt in das Ausgelegtwerden unserer Existenz und Welt durch den Text und sich für uns wiederholt, was einstmals den ersten Zeugen widerfahren ist: die Begegnung mit der Wirklichkeit Gottes in der Wirklichkeit ihres Lebens und ihrer Welt.

Die Frage nach der Vergegenwärtigung der Offenbarung zielt auf die *Wirklichkeit* der Offenbarung: Was ist das für eine Wirklichkeit, auf die sich der Glaube richtet, wenn er an die Offenbarung Gottes in Jesus Christus glaubt? Göttliches und Menschliches ist in ihr in einer eigentümlichen Weise verknotet. Der christliche Glaube bezieht sich *zugleich* auf ein bestimmtes Ereignis der Geschichte und auf ein Handeln Gottes. Jesus Christus ist als der verehrte himmlische Herr *zugleich* eine irdisch-menschliche Person: der Gottessohn vom Himmel ist der Zimmermannssohn aus Nazareth. Und die Bibel begegnet als das von Menschen aufgezeichnete und überlieferte Zeugnis von der Offenbarung Gottes *zugleich* als Menschenwort und Gotteswort. Wie ist dieses Zugleich zu verstehen? Wie ist die hier waltende Einheit von göttlicher und menschlicher Wirklichkeit zu denken? In dieser Frage findet das Problem der Vergegenwärtigung der Offenbarung seine entscheidende Zuspitzung. Von ihrer richtigen oder falschen Beantwortung hängt es ab, ob die christliche Offenbarung verstanden wird und ihre Vergegenwärtigung gelingt.

Seit den Tagen der Alten Kirche hat die Theologie die Wirklichkeit der christlichen Offenbarung und ihrer Überlieferung mit den aus der Antike übernommenen begrifflichen Mitteln des *metaphysischen* Denkens zu erfassen oder, wohl richtiger, zu umschreiben versucht. Dem Geschehen, auf das sich der christliche Glaube gründet, wurde eine grundsätzlich andere Seinsqualität zugeschrieben als jeglichem sonstigen Geschehen in der Welt. Die Offenbarung Gottes wurde als ein besonderer Bereich von aller übrigen Geschichte unterschieden und ihr gegenüber isoliert. Als das spezifische Kennzeichen dieser so aus der profanen Weltgeschichte ausgesonderten göttlichen Offenbarungsgeschichte galt ihre Wunderhaftigkeit, die die sonst in der Natur und Geschichte geltenden Gesetze auf Schritt und Tritt durchbrach.

Hinter diesem sogenannten *Supranaturalismus* stand eine bestimmte Weltanschauung. Das war das aus der griechischen Philosophie übernommene und über das Mittelalter bis in die Neuzeit hineinreichende Schema eines kosmischen Dualismus, nach dem sich zwei verschiedene, substanzhaft gedachte Welten gegenüberstehen: die obere und die untere, die übernatürliche und die natürliche, die geistige und die physische, die göttliche und die irdisch-menschliche. Mit Hilfe dieses metaphysischen Dualismus hatte die Alte Kirche das Christusdogma geschaffen und das Geheimnis der Person Jesu Christi in der Form der Zweinaturenlehre als »wahrer Gott« und »wahrer Mensch« zu beschreiben versucht. Und mit Hilfe eben dieses metaphysischen Dualismus hatte die altprotestantische Orthodoxie später, analog zum Zweinaturendogma, die Lehre von der Verbalinspiration herausgebildet und die Bibel auf Grund ihrer wunderhaften Entstehung durch göttlich inspiriertes Diktat aus der allgemeinen Literaturgeschichte ausgegrenzt.

Aber die philosophischen Grundlagen des theologischen Supranaturalismus waren spätestens seit dem Beginn der Neuzeit ins Wanken geraten. Die große Macht, die diese Erschütterung bewirkt hatte, war das *geschichtliche Verstehen*, die Begründung der *historisch-kritischen Methode*. Mit ihr ist die Geschichte zum Schicksal der Theologie geworden. Die historische Problematik berührt nicht nur Einzelfragen der Überlieferung der christlichen Offenbarung, etwa ob ein Wort wirklich von Jesus gesprochen oder ein Brief wirklich von Paulus geschrieben ist, sondern sie betrifft das Wesen der christlichen Offenbarung selbst. Sie fragt, was das für eine Wirklichkeit ist, auf die sich der christliche Glaube gründet.

Die radikale und universale Macht des geschichtlichen Denkens ist eine Folge des Säkularisierungsprozesses der Neuzeit. Der Kern des neuzeitlichen Säkularisierungsprozesses liegt, wie wir gesehen haben, darin, daß die Vorstellung von einer jenseitigen göttlichen Überwelt, die von oben her schaffend und sinngebend in die untere diesseitige Welt eingreift, kraftlos wird und vergeht. Fortan existiert der Mensch nicht mehr auf zwei Ebenen, einer unteren und einer oberen, zwischen denen er je nach Situation wechseln kann, sondern nur noch auf *einer* Ebene: auf dem Erdboden dieser Welt. Und eben dies ist auch die Grunderfahrung des geschichtlichen Verstehens. Säkularisierung und Historisierung sind daher im Grunde Wechselbegriffe. Die Verweltlichung der Welt bedeutet ihre totale Vergeschichtlichung, die radikale Historisierung des Menschen, der

Welt und des Denkens des Menschen über die Welt. Das Kennzeichen des geschichtlichen Verstehens besteht darin, daß es die ganze Welt als Geschichte betrachtet und in die Verantwortung des Menschen übergibt, so daß sie seine, des Menschen, Welt wird.

Es handelt sich bei der historisch-kritischen Forschung also nicht nur um eine neue fachwissenschaftliche Methode, sondern um eine neue Totalansicht des menschlichen Lebens. Ernst Troeltsch sagt: »›Rein historisch‹ bedeutet eine ganze Weltanschauung«, und er vergleicht die historische Methode mit einem »Sauerteig«, der alles durchdringt. Alles Leben wird jetzt in die »Richtung einer strömenden Bewegung« gerissen (J. G. Droysen), alle Wirklichkeit wird jetzt geschichtliche Wirklichkeit. Als wirklich gilt nur noch, was geschichtlich zu verstehen ist. Entweder ist etwas Geschichte, oder es ist überhaupt nicht – ein Drittes gibt es nicht.

Mit dem Aufkommen des geschichtlichen Denkens ist die bis in die Antike zurückreichende Epoche des metaphysischen Denkens zu Ende und damit auch der mit den Mitteln dieses Denkens unternommene Versuch, das christliche Offenbarungsgeschehen als etwas Besonderes, völlig Andersartiges zu begreifen und es als einen exterritorialen Bereich, als eine sturmfreie Zone aus der übrigen Natur und Geschichte auszugrenzen. Das geschichtliche Denken setzt jeglichem Supranaturalismus ein Ende. Einmal in Gang gekommen, macht es vor nichts halt, sondern zieht auch jene Ereignisse und Zeugnisse, die nach christlichem Glauben die Offenbarung Gottes an die Menschheit enthalten, in die allgemeine Geschichte hinein und unterwirft sie der historisch-kritischen Forschung. Es duldet keine ausgesparten Räume mehr, in denen es nach anderen Gesetzen als geschichtlichen, seien es metaphysische oder theologische, zuginge; es läßt keine »Übernatur« und keine »Übergeschichte« gelten, sondern reißt alles hinein in den einen breiten Strom des geschichtlichen Werdens und Vergehens. Auch gegenüber der christlichen Offenbarung und ihrer Überlieferung hält es an dem strengen Entweder–Oder fest: Entweder ist etwas Geschichte, oder es ist überhaupt nicht – ein Drittes gibt es nicht.

Damit aber ist die Grundlage alles christlichen Glaubens und Lebens in der Neuzeit ins Wanken geraten; damit droht die bis dahin geltende Autorität Jesu Christi und der Bibel von innen her aufgelöst zu werden. Die christliche Offenbarung ist jetzt nicht mehr das aller Geschichte entnommene und alle Geschichte bestimmende »absolute«, »eschatologische« Ereignis, sondern eine geschichtliche Erscheinung unter vielen im großen Zusammenhang der allgemeinen Religionsgeschichte. Jesus Christus selbst ist jetzt ein Religionsstifter in einer Reihe mit anderen und die Bibel nicht mehr ein von Gott inspiriertes, irrtumsfreies Buch, das eines Tages fertig auf dem Altar von Jerusalem gelegen hat, sondern eine von Menschen geschriebene religiöse Urkunde und daher zu lesen, zu verstehen und nach denselben Methoden auszulegen wie andere menschliche Urkunden auch.

Von allen Erschütterungen, die den christlichen Glauben treffen konnten, mußte dies die schwerste sein, denn durch sie scheint dem Glauben selbst sein Grund entzogen zu werden. An das Bekenntnis: »Der Herr hat geredet« hängt sich jetzt die kritische Frage: »– hat er geredet?« Und statt die Heilige Schrift mit Vollmacht auszulegen, besteht das Geschäft der Theologie jetzt zu einem guten Teil darin, ihre Vollmacht zu solcher Auslegung zu begründen und zu verteidigen.

So bildet die Frage nach dem Verhältnis von *Offenbarung und Geschichte* das zentrale theologische Problem der Gegenwart. Ging es im Mittelalter vornehmlich um die Frage nach dem Verhältnis von Glauben und Denken, so ist der Neuzeit offensichtlich die Frage nach dem Verhältnis von Glaube und Geschichte aufgegeben. Die großen Schwierigkeiten, mit denen die christliche Verkündigung heute zu kämpfen hat, hängen alle in irgendeiner Weise mit dieser Frage zusammen. Wenn das Verkündigen und Glauben für die Christen heute schwerer geworden ist, dann darum, weil das Verstehen der christlichen Offenbarung infolge des radikalen geschichtlichen Denkens schwerer geworden ist. Die Ablösung des metaphysischen Wirklichkeitsverständnisses durch das geschichtliche verlangt eine Umformung des christlichen Denkens, deren Richtung und Ausmaß wir nur erst ahnen. Angesichts dieses Wandels ist die Frage nach der Möglichkeit des christlichen Glaubens ganz neu zu stellen.

Kein Wunder, daß es über der Geschichtsproblematik zwischen der wissenschaftlichen Theologie und der sogenannten »gläubigen« Gemeinde heute zu schweren Spannungen und Auseinandersetzungen gekommen ist. Angesichts dieser Spannungen und Auseinandersetzungen erscheinen die in den ersten anderthalb Jahrzehnten nach dem Kriege geführten Kämpfe um die Fragen der politischen Ethik fast nebensächlich und schon vergessen. Manchmal sieht es fast so aus, als sollten die verschiedenen Auffassungen von der Autorität der Bibel zu einer neuen

Kirchenspaltung führen. Dennoch darf sich die Theologie dieser Auseinandersetzung nicht entziehen, nicht nur, weil sich das Rad der Geschichte nicht zurückdrehen und darum die Entstehung des historisch-kritischen Denkens ebensowenig rückgängig machen läßt wie etwa die Entdeckung der Atomenergie, sondern weil es sich hier um ein Problem handelt, das dem christlichen Glauben von seinem Ursprung und Wesen her eingestiftet ist. Denn wenn der christliche Glaube wirklich seinen Grund und Halt in einem bestimmten Ereignis der Geschichte hat, dann darf er die historisch-kritische Erforschung dieses Ereignisses und seiner geschichtlichen Überlieferung nicht nur dulden, sondern dann muß er sie sogar fordern – als Erweis der Geschichtlichkeit der von ihm geglaubten Offenbarung. Und wenn die Säkularisierung wirklich eine legitime Folge des christlichen Glaubens ist, dann muß es auch das geschichtliche Denken sein; dann ist das geschichtliche Denken nicht von außen an den christlichen Glauben herangetragen, sondern dann verlangt in ihm der christliche Glaube selbst sein Recht, und dann hat der neuzeitliche Mensch für sein geschichtliches Denken den christlichen Glauben auf seiner Seite. Das eigensinnig-fromme Festhalten am supranaturalistischen Denken ist in Wahrheit gar nicht so »christlich«, wie es sich gebärdet. Vielmehr verrät sich gerade in ihm noch das alte religiöse Schema der vorchristlichen Welt mit seiner Unterscheidung zwischen sakraler und profaner Sphäre, zwischen kultisch reinen und kultisch unreinen Bezirken. Aber eben diese Unterscheidung ist durch die mit der Christusoffenbarung proklamierte Freiheit des Menschen und Profanität der Welt aufgehoben worden. Dieselbe Proklamation der Freiheit des Menschen und der Profanität der Welt aber, die einst die kultischen Unterschiede aufgehoben hat, verlangt heute, daß es in der Geschichte keine irgendwie gearteten Sonderbereiche gibt, daß vielmehr alles in ihr von derselben geschichtlichen Art und Wirklichkeit ist.

Aber wie ist dann die Wirklichkeit der christlichen Offenbarung zu denken? Wie ist die in ihr waltende Einheit von göttlicher und menschlicher Wirklichkeit zu verstehen? Wie ist sie *neu* zu verstehen, nachdem das traditionelle metaphysische Wirklichkeitsverständnis durch das geschichtliche abgelöst ist? Wie kann die christliche Botschaft geschichtlich verstanden werden und dennoch verbindlich und gewiß sein? Wie kann es das geben: die Kunde von einem Ereignis, das in der Vergangenheit geschehen ist und das dennoch Gegenwärtigkeit besitzt und mich unmittelbar angeht? Kurzum, wie ist das christliche Reden von der Offenbarung Gottes noch zu verantworten, wenn nur Geschichtliches wirklich ist?

Glauben und Verstehen

Kein anderer Theologe hat sich in unserer Zeit der Aufgabe, die christliche Botschaft im Horizont des geschichtlichen Denkens neu zu verstehen, mit so zäher Unerbittlichkeit und resoluter Wahrhaftigkeit und zugleich mit einem so umfassenden Reichtum an theologischem, historischem, philologischem, philosophischem und religionsgeschichtlichem Wissen gestellt wie Rudolf Bultmann in Marburg. Von Beruf Neutestamentler, ist Bultmann zugleich ein ebenso profunder Exeget wie hervorragender Systematiker. Die heute überall schmerzhaft empfundene Spannung zwischen exegetischer und dogmatischer Theologie scheint in seiner Person konzentriert – und überwunden zu sein. Zusammen mit Karl Barth und Paul Tillich gehört Rudolf Bultmann zu den drei wirklich Großen in der protestantischen Theologie des 20. Jahrhunderts, die das theologische Denken entscheidend vorangetrieben und jeweils in ihrer Art Epoche gemacht haben.

Bultmann steht an dem Schnittpunkt der beiden entscheidenden theologischen Entwicklungslinien des 19. und 20. Jahrhunderts: in ihm begegnen sich die liberale und die dialektische Theologie. Wie Karl Barth kommt Rudolf Bultmann von der liberalen Theologie her; er ist wie dieser alter »Marburger«. Aber während Barth seine theologische Vergangenheit wie ein Kleid meinte abstreifen zu können und die historisch-kritische Fragestellung der liberalen Theologie kurzweg abschnitt, hat Bultmann sich ihr sein Leben lang verpflichtet gefühlt: »Wir, die wir von der liberalen Theologie herkommen, hätten keine Theologen werden oder bleiben können, wenn uns in der liberalen Theologie nicht der Ernst der radikalen Wahrhaftigkeit begegnet wäre; wir empfanden die Arbeit der orthodoxen Universitätstheologie aller Schattierungen als einen Kompromißbetrieb, in dem wir nur innerlich gebrochene Existenzen hätten sein können… Hier war – das empfanden wir – die Atmosphäre der Wahrhaftigkeit, in der wir allein atmen konnten.«[1]

Gleichzeitig aber gehört Bultmann zusammen mit Barth, Gogarten, Brunner, Thurneysen und all den anderen in die große Wende der protestantischen Theologie nach dem Ersten Weltkrieg hinein. Was ihn mit den übrigen Vertretern der dialektischen Theologie verbindet, ist die von ihnen mit Leidenschaft verfochtene Wiederentdeckung der Gottheit Gottes: daß Gott Gott ist und daß die Theologie daher von Gott und seiner Offenbarung und nicht vom Menschen und seiner Frömmigkeit zu handeln hat; daß die Offenbarung Gottes ihren Grund allein in sich selbst trägt und keine irgendwie geartete Bemühung des Menschen zu ihr hinreicht. Es gibt keine direkte Erkenntnis Gottes: Kein menschliches Fühlen, Forschen und Erleben, keine philosophische Spekulation und keine historische Wissenschaft können die Offenbarung Gottes erfassen und dem Glauben sein Fundament legen. Niemals ist dem Menschen der Glaube von sich aus möglich, sondern immer nur als seine Antwort auf das zuvor an ihn ergangene Wort Gottes in dem ihm Gottes Gericht und Gnade gepredigt wird. Und für dieses Wort gibt es außerhalb des Glaubens keine Garantien.

Das zeigt, was in der Polemik gegen Bultmann heute so häufig vergessen wird: daß er wie Barth von der liberalen Theologie herkommt, daß aber auch er die liberale Theologie nach dem Ersten Weltkrieg hinter sich gelassen und zusammen mit den anderen die große theologische Wende vollzogen hat. Diese theologische Wende ist für ihn bestimmender geworden als seine Herkunft aus der liberalen Theologie. Wahrscheinlich hat Bultmann die ursprüngliche Intention der dialektischen Theologie sogar reiner bewahrt als Barth selbst.

Auf dem Boden des Neuansatzes der dialektischen Theologie hat Bultmann die von der liberalen Theologie hinterlassene historisch-kritische Fragestellung für die Theologie und Kirche unserer Zeit aufzuarbeiten gesucht. Theologisch wichtig ist für ihn dabei die gleichzeitig wiederentdeckte reformatorische Theologie geworden, methodisch wichtig Heideggers philosophische Existenzanalyse. Damit haben wir die wichtigsten Bausteine der Bultmannschen Theologie beisammen: die historische Kritik der liberalen Theologie, die strenge Bezogenheit von Offenbarung, Wort und Glaube in der dialektischen Theologie, die Rechtfertigungslehre der reformatorischen Theologie und die Heideggersche Existenzphilosophie. Aber Bultmann hat diese verschiedenen historischen, theologischen und philosophischen Elemente nicht einfach nur aufgenommen und miteinander vermischt, sondern er hat sie mit äußerst systematischer Kraft und Konsequenz zu einem Eigenen, Ganzen und Neuen zusammengedacht. Die theologische Absicht, die ihn dabei geleitet hat, heißt: *Glauben und Verstehen*.

›Glauben und Verstehen‹ – diesen Titel, den vier Aufsatzbände Bultmanns tragen, könnte man über sein gesamtes theologisches Lebenswerk setzen. Er selbst will seine Theologie verstanden wissen als »Parallele zur paulinisch-lutherischen Lehre von der Rechtfertigung ohne des Gesetzes Werk allein durch den Glauben«, als »ihre konsequente Durchführung für das Gebiet des Erkennens«. Wie der Mensch sich vor Gott auf kein sittlich gutes Handeln berufen kann, so auch auf kein objektives Wissen, Denken und Erkennen: »Es gibt keinen Unterschied zwischen der Sicherheit auf der Basis von guten Werken und der Sicherheit, die auf objektivierendem Wissen beruht.« Und wie es keine aus der Welt ausgegrenzten heiligen Bezirke, geweihte Personen und Gotteshäuser gibt, so auch keine aus der Geschichte ausgesonderten wunderhaften, sichtbar göttlichen Ereignisse, auf die sich der Glaube gründen kann. Vielmehr ist das ganze Gefüge der Natur und Geschichte profan, und nur im Licht des verkündeten Wortes erhält das, was in ihnen geschieht, den Charakter von Gottes Handeln für den Glaubenden. Wie Luther will Bultmann dem Menschen alles falsche Sicherheitsverlangen zerschlagen: Wer glaubt, geht in die »Finsternis« und steht in einem »Vakuum«. Er kann sich an nichts anderes als an das gepredigte Bibelwort halten, und dieses Wort ist als Gottes Wort nicht ausweisbar: »Völlig zufällig, völlig kontingent, völlig als ein Ereignis tritt das Wort in unsere Welt hinein. Keine Garantie ist da, auf die hin geglaubt werden könnte. Keine Berufung hat Platz auf den Glauben anderer, sei es Paulus, sei es Luther. Ja, für uns selbst kann der Glaube nie ein Standpunkt sein, woraufhin wir uns einrichten, sondern stets neue Tat, neuer Gehorsam. Stets wieder unsicher, sobald wir als Menschen uns umsehen und fragen; stets unsicher, sobald wir über ihn reflektieren, sobald wir über ihn reden. Stets sicher nur als der Glaube an die Sünden vergebende Gnade Gottes, die mich rechtfertigt, wenn es ihm gefällt.«[2] Wenn ein Theologe heute an dem »Sola fide« der reformatorischen Rechtfertigungslehre festhält, dann ist es Rudolf Bultmann: Es geht ihm um den Glauben, allein um den Glauben, und wiederum um den Glauben allein an das Wort.

Aber das heißt nun nicht, daß der Glaube blinde Unterwerfung unter ein Dogma oder die Annahme von Absurditäten bedeutete. Der Predigthörer soll die Wahrheiten des Neuen Testaments nicht nach der Methode »Friß, Vogel, oder stirb!« einfach wie Pillen schlucken und dann entweder innerlich an ihnen sterben oder sie ebenso rasch wieder ausscheiden (was in jedem Fall das Bessere wäre!) – vielmehr geht es um Glauben und *Verstehen*: »Glaube und Unglaube sind nicht blinder, willkürlicher Entschluß, sondern verstehendes Ja oder Nein.« Das Evangelium verlangt vom Menschen eine Glaubensentscheidung; eine echte Glaubensentscheidung aber kann der Mensch nur treffen, wenn er das, wofür oder wogegen er sich entscheiden soll, verstanden hat. »Wäre es anders, wäre Glaube Glaube an ein unverständliches X, so wäre er eine durch eigenen Entschluß begründete Bewegung, ein rein willkürlich-zufälliges Geschehen; er wäre der Anfang der Werkgerechtigkeit.«[3] Wer, unter Aufopferung seines Verstandes und seiner Vernunft, vor der göttlichen Offenbarung geistig kapitulieren und sie als ein absurdes, unverständliches Ereignis hinnehmen zu müssen meint, verstößt nicht nur gegen das Gebot der intellektuellen Redlichkeit, sondern auch gegen das Wesen des Glaubens; er erniedrigt den Glauben zu einem verdienstlichen intellektuellen Werk und verkehrt ihn damit in sein Gegenteil. Weil es Bultmann allein um den Glauben geht, eben darum geht es ihm auch um das Verstehen. Der Glaube ist Glaube an das Wort, und das Wort trägt den Charakter der Anrede; darum muß es dem Menschen so entgegengebracht werden, daß er es verstehen kann.

Aber diese Forderung der Verstehbarkeit des Wortes Gottes bedeutet nicht, daß Bultmann das Evangelium rational erklären und auf diese Weise für den modernen Menschen annehmbar machen will. Vielmehr will er nur die falschen, unechten Anstöße an ihm beseitigen und seinen echten, wirklichen Anstoß freilegen und in den Blickpunkt bringen. Dieser echte, wirkliche Anstoß des Evangeliums besteht in der Paradoxie, daß Gott in einem Ereignis der Geschichte gehandelt hat, daß er in Jesus Christus die Sünde vergibt. An und für sich ist für den Verstand hieran gar nichts anstößig und paradox: Was Vergebung ist, kann jeder verstehen, wenn er will. Aber daß Gott wirklich vergeben hat und daß er dies in Jesus Christus, in einem Ereignis der Geschichte, getan hat, das ist nicht einzusehen, das verlangt von dem Menschen eine Entscheidung des Glaubens. Aber eben zu dieser Entscheidung des Glaubens kann es nur kommen, wenn der Mensch die christliche Botschaft wirklich verstanden hat. Nur dann begegnet ihm ihr wirklicher Anstoß.[4]

Mit dem Begriffspaar »Glauben und Verstehen« ist die theologische Absicht Bultmanns, die entscheidende Thematik seiner theologischen Lebensarbeit zutreffend bezeichnet: Er möchte, unter den veränderten Bedingungen des geschichtlichen Denkens der Neuzeit, die christliche Botschaft so auslegen, daß der Bezug zur Geschichte *und* der Bezug zu Gott gleicherweise unabgeschwächt zur Geltung kommen. Es ist bewundernswert, aber zugleich auch beinahe etwas beängstigend, wie Bultmann sein ganzes Leben hindurch so gut wie unverändert derselbe geblieben ist. Dem entspricht auch der äußere Ablauf seines Lebens: 1884 in Oldenburg geboren, ist er seit 1921 ununterbrochen bis zu seiner Emeritierung Professor für Neues Testament in Marburg gewesen. Dies alles zusammen verleiht Bultmanns Werk eine imposante Einheitlichkeit, zugleich aber gibt es ihm auch etwas Starres, Monolithisches – nicht ganz zu Unrecht hat Karl Jaspers Bultmann mit einem »unerschütterlichen Granitblock« verglichen.[5] Während Barth erst durch eine langjährige Entwicklung zu dem geworden ist, der er am Ende ist, steht Bultmann bereits in seinen ersten Schriften fast vollendet vor uns da. In seinen folgenden Arbeiten hat er eigentlich nur ausgeführt und zu immer größerer Klarheit gebracht, was bei ihm von Anfang an schon im Ansatz so gut wie fertig da war.

Über den Kreis der Fachgenossen hinaus ist Bultmanns Leistung erst nach dem Zweiten Weltkrieg richtig bekannt geworden. Aber dann ist sein Name auch sogleich in aller Leute Mund geraten. Was ihn in der Öffentlichkeit so bekannt gemacht hat, war eigentlich nur ein einziger Vortrag. Er trug den Titel ›Neues Testament und Mythologie‹. Bultmann hatte ihn am 4. Juni 1941 auf der Tagung der »Gesellschaft für Evangelische Theologie« in Alpirsbach gehalten; noch im selben Jahr war er, kaum fünfzig Seiten stark, im Druck erschienen. Zunächst war es um diese Schrift verhältnismäßig still geblieben. Die Kirche hatte damals andere Sorgen, sie mußte um die Reinheit ihrer Lehre und um ihre Selbsterhaltung kämpfen. Sie interessierte sich wohl für die Botschaft des Neuen Testaments, aber nicht für seine Mythologie. Zudem standen die meisten Pfarrer und Theologen an der Front. Nach dem Kriege aber hat Bultmanns Aufsatz über die Entmythologisierung des Neuen Testaments eine solche öffentliche Diskussion entfacht, wie es seit Harnacks ›Wesen des Christentums‹ und Barths ›Römerbrief‹ kein theologisches Buch mehr getan hatte. Bultmann hat die deutsche Theologie nach dem Zweiten Weltkrieg ähnlich stark beeinflußt wie Karl Barth nach dem Ende des Ersten, ja nach dem Urteil des Amerikaners

J. M. Robinson gelten seine Anregungen und Gedanken in der ganzen Welt als der wichtigste theologische Beitrag Deutschlands nach dem Kriege.[6] Dabei ist es eigentlich erstaunlich, daß ausgerechnet Bultmanns Entmythologisierungsschrift eine solche Wirkung ausgeübt, ja einen solchen Schock ausgelöst hat, denn in ihr stand kaum etwas, was Bultmann nicht auch vorher schon gesagt hatte. Mindestens den Theologen hätte alles wohlbekannt sein können.

Ganz gewiß hat das ebenso eingängige wie unglückliche Schlagwort von der »*Entmythologisierung des Neuen Testaments*« dazu beigetragen, daß Bultmanns Schrift ein solches Aufsehen erregte. Auch Gogarten hält das Wort »Entmythologisierung« nicht gerade für glücklich, dennoch meint er es wegen seiner alarmierenden Wirkung nicht genug preisen zu können – »denn der Kirchenschlaf ist tief«[7]. Aber die eigentliche Ursache für die große Wirkung von Bultmanns Schrift lag doch tiefer, und nicht in jenem Schlagwort. Es ist eine programmatische Schrift, beinahe so etwas wie ein »Manifest«. Bultmann hat in ihr eine vergessene, aber unerledigte Fragestellung wieder aufgegriffen und in die öffentliche Diskussion gebracht.

Wie eine gewaltige Flut war die dialektische Theologie über das Problem der Geschichte hinweggegangen, als hätte es nicht zweihundert Jahre lang eine historisch-kritische Arbeit an der Bibel und an den Ursprüngen des Christentums gegeben, als hätten Gotthold Ephraim Lessing, Johann Salomo Semler, Ferdinand Christian Baur, David Friedrich Strauß, Julius Wellhausen, Johannes Weiß, Albert Schweitzer, Adolf von Harnack und alle die anderen niemals gelebt und gedacht. Aber der Versuch der dialektischen und konfessionellen Theologen, das Geschichtsproblem gleichsam in einem Amoklauf dogmatisch zu überrennen, ist gescheitert. Allen dogmatischen Radikallösungen und antihistorischen Reaktionserscheinungen zum Trotz hat es sich wieder durchgesetzt. Spätestens seit Bultmanns Entmythologisierungsschrift befinden wir uns wieder mitten im Strudel der theologischen Geschichtsproblematik.

Bultmann hat eine Beunruhigung ausgesprochen, die uns alle umtreibt, sofern wir wirklich Menschen des 20. Jahrhunderts sind. Das wird auch von seinen Kritikern, wenigstens von den ernsthaften und aufrichtigen unter ihnen, vorbehaltlos anerkannt. Bonhoeffer hat Bultmanns Schrift schon im Sommer 1942 in einem Brief mit den Worten begrüßt: »Bultmann hat die Katze aus dem Sack gelassen, nicht nur für sich, sondern für sehr viele (die liberale Katze aus dem Bekenntnissack), und darüber freue ich mich. Er hat gewagt zu sagen, was viele in sich verdrängen (ich schließe mich ein), ohne es überwunden zu haben. Er hat damit der intellektuellen Sauberkeit und Redlichkeit einen Dienst geleistet. Der Glaubenspharisäismus, der nun dagegen von vielen Brüdern aufgeboten wird, ist mir fatal. Nun muß Rede und Antwort gestanden werden.« Freilich fährt Bonhoeffer dann fort: »Aber das Fenster muß dann auch wieder geschlossen werden. Sonst erkälten sich die Anfälligen zu leicht.«[8] Ähnlich beginnt Julius Schniewind seine ›Antwort an Rudolf Bultmann‹ mit der Feststellung: »Bultmanns Aufsatz behandelt eine Frage, deren Ernst kein Prediger verkennen kann ... Sein Anliegen der Entmythologisierung teilt Bultmann mit jedem rechten Prediger.« Und Helmut Thielicke schreibt in seiner Entgegnung auf Bultmann: »Es ist der drastischste Appell an das Gewissen der Theologie, der seit langem ergangen ist.«[9]

Von einigen Kirchenleitungen, manchen Theologen und vielen Gemeindegliedern ist Bultmanns Schrift jedoch nicht als Appell an ihr Gewissen empfunden worden, sondern als das Werk eines Zerstörers des Glaubens und der Kirche. »Der ernste, fromme und gelehrte Mann hat sich damit auf seine alten Tage viel Beschwer auf den Hals gezogen«, meint der bekannte, theologisch hochgebildete Stuttgarter Rechtsanwalt Otto Küster.[10] Pietistische Pamphletisten sprechen in Broschüren und Postwurfsendungen von »Neorationalismus«, »Demontage der Christusbotschaft« und »Blutvergiftung«. Schwerer wiegt, daß selbst die Generalsynode der Vereinigten Evangelisch-Lutherischen Kirche Deutschlands im Jahre 1952 dicht davor gestanden hat, Bultmanns Theologie öffentlich zu verurteilen. Daß damals der Hamburger Landesbischof Volkmar Herntrich zu nächtlicher Stunde auf die Kanzel der Marienkirche in Flensburg gestiegen ist und die Synode beschworen hat, von solchem Tun abzulassen, sollte ihm unvergessen bleiben. Diejenigen, die sich über Bultmann und seine Theologie entsetzen, verraten damit nur, daß sie, bewußt oder unbewußt, ihre Augen vor einer Wirklichkeit verschließen, die in Wahrheit ihre eigene ist, die sie nur mit mehr oder weniger Erfolg bisher verdrängt haben.

Dabei geht es Bultmann gar nicht nur um den vielzitierten »modernen Menschen«, auch nicht nur um die intellektuelle Redlichkeit, ihn bewegen auch nicht in erster Linie seelsorgerliche und missionarische Anliegen, er will den Leuten nicht aufs Maul schauen – vielmehr ist es der christliche Glaube selbst, dem er zu seinem Recht verhelfen will. Friedrich Gogarten, der Bultmann in dem Streit um die Entmythologisierung die klügste Schützenhilfe geleistet hat, schreibt mit Recht: »Man würde dem, worum es in diesem Streit geht, nicht von ferne gerecht, wenn man meinte, es käme dabei nur darauf an, dem heutigen Denken zu seinem Recht zu verhelfen. Es geht um sehr viel mehr. Es ist der christliche Glaube selbst, der sein Recht verlangt; um seinetwillen muß der Streit geführt werden.«[11] Und so hat Rudolf Bultmann denn den theologischen Streit geführt: allein für den Glauben, für den Glauben allein an das Wort.

Das Programm der Entmythologisierung

In seinem Entmythologisierungsaufsatz hat Bultmann mit äußerster Präzision und Klarheit zusammengefaßt und auf einen bestimmten Punkt zugespitzt, was die Thematik seiner ganzen Lebensarbeit bildete: das Glauben und Verstehen der christlichen Botschaft im Horizont des neuzeitlichen geschichtlichen Denkens. Bultmann will das Wort der Bibel für den modernen Menschen so verständlich machen, daß er es als Anrede Gottes vernehmen kann. Was den Anredecharakter des Wortes der Bibel heute jedoch verdeckt und damit seine Verständlichkeit verdunkelt und also den Glauben erschwert, ja verfälscht, wenn nicht gar unmöglich macht, ist der tiefgreifende Unterschied, der zwischen der neutestamentlichen Vorstellungswelt und der unseren besteht: unser Weltbild ist unwiderruflich durch die Wissenschaft und Technik bestimmt, das Weltbild des Neuen Testaments dagegen ist ein mythisches.

Das Neue Testament stellt sich die Welt in drei Stockwerken vor: oben der Himmel, unten die Hölle und in der Mitte dazwischen die Erde als Kampfplatz zwischen himmlischen und dämonischen Mächten, zwischen Gott und Satan. Und auch von seinem eigentlichen Inhalt, dem Heilsgeschehen, redet das Neue Testament in mythologischer Sprache. Es verkündigt Christus als ein präexistentes Gotteswesen, das auf Erden als ein Mensch erscheint, Wunder vollbringt, Dämonen austreibt, zur Sühne für die Sünden der Menschen am Kreuz stirbt, am dritten Tage aufersteht, in die Himmelswelt zurückkehrt und in Kürze auf den Wolken des Himmels wiederkommen wird, um durch kosmische Katastrophen, durch Totenauferstehung und Gericht hindurch einen neuen Himmel und eine neue Erde heraufzuführen. Das alles ist mythologische Rede, aus Elementen geformt, die aus der zeitgenössischen Mythologie der spätjüdischen Apokalyptik und des gnostischen Erlösungsmythos stammen.

Für uns besitzen alle diese mythologischen Vorstellungen des Neuen Testaments keine Glaubhaftigkeit mehr. Sie sind, nach einem Bilde Otto Küsters, wie eine Währung, die nicht mehr kurant ist, die höchstens noch von einigen Sammlern und Liebhabern angenommen wird.[12] Wer dennoch ihre gläubige Hinnahme fordert, verfälscht den Glauben zu einem bloßen Fürwahrhalten von mirakulösen Dingen und erniedrigt ihn damit zu einem verdienstlichen Werk. Für uns ist das mythische Weltbild ein für allemal vergangen, und ein vergangenes mythisches Weltbild kann man in unserer unwiderruflich durch die Wissenschaft geformten Denk- und Lebenswelt nicht repristinieren und sich durch einfachen Entschluß aneignen.

Hart und unerbittlich, fast monoton hämmert Bultmann sein »Erledigt«: *Erledigt* sind die Geschichten von der Höllen- und Himmelfahrt Christi – *erledigt* ist die Vorstellung von einer unter kosmischen Katastrophen hereinbrechenden Endzeit – *erledigt* ist die Erwartung des auf den Wolken des Himmels kommenden Menschensohnes – *erledigt* sind die Wunder als bloße Wunder – *erledigt* ist der Geister- und Dämonenglaube (»Die Blumhardtschen Geschichten sind mir ein Greuel«). »Man kann nicht elektrisches Licht und Radioapparat benutzen, in Krankheitsfällen moderne medizinische und klinische Mittel in Anspruch nehmen und gleichzeitig an die Geister- und Wunderwelt des Neuen Testaments glauben. Und wer meint, es für seine Person tun zu können, muß sich klar machen, daß er, wenn er das für die Haltung christlichen Glaubens erklärt, damit die christliche Verkündigung in der Gegenwart unverständlich und unmöglich macht.«[13] Die Tatsache, daß sich das Weltbild der Naturwissenschaft selbst in einem radikalen Wandel befindet, hat daran nichts geändert. Der von manchen Theologen heute unternommene Versuch, den Wunderglauben des Neuen Testaments mit dem Hinweis auf die Relativierung des Kausalgesetzes durch die Erkenntnisse der modernen Atomphysik zu retten, wird von Bultmann mit Recht als »naiv« zurückgewiesen: »Als ob mit dieser Relativierung das Tor für das Eingreifen jenseitiger Mächte geöffnet worden wäre!«[14]

Aber stärker noch als aus dem naturwissenschaftlichen Weltbild erwächst für Bultmann die Kritik an den mythologischen

Vorstellungen des Neuen Testaments aus dem *Selbstverständnis* des modernen Menschen. Der Mensch versteht sich heute nicht mehr als ein dualistisches Wesen, das jederzeit dem Zugriff übernatürlicher Mächte offensteht, sondern als ein einheitliches, in sich geschlossenes Wesen, das sich selbst sein Denken, Wollen und Empfinden zuschreibt. Er versteht daher nicht mehr, was das Neue Testament über das Wesen und Schicksal des Menschen aussagt. Wie vorher das »Erledigt«, so kehrt jetzt das »Unverständlich« bei Bultmann unerbittlich wieder: *Unverständlich* ist für den modernen Menschen die Vorstellung von dem göttlichen Geist als einem übernatürlichen Etwas, das in das Gefüge der natürlichen Kräfte eindringt – *unverständlich* ist für ihn die Deutung des Todes als einer Strafe für die Sünde, verursacht durch einen Ahnherrn – *unverständlich* ist für ihn die Lehre von der stellvertretenden Genugtuung durch das Sterben Christi am Kreuz – *unverständlich* ist für ihn die Auferstehung Christi als ein Ereignis, durch das eine Lebensmacht entbunden ist, die man sich durch Sakramente aneignen kann – *unverständlich* ist für ihn die Erwartung, in die himmlische Lichtwelt versetzt und dort mit einem neuen, geistlichen Leib überkleidet zu werden. Ja, dies alles ist für den modernen Menschen nicht nur unverständlich, es ist nichtssagend für ihn. Niemand rechnet heute mehr damit, daß der Lauf der Natur und Geschichte durch das direkte Eingreifen transzendenter Mächte durchbrochen wird, und erst recht kann niemand mehr verstehen, inwiefern der Sinn seines Lebens dadurch entschieden werden soll.

So stehen das *Weltbild* und das *Selbstverständnis* des modernen Menschen und die mythologische Vorstellungswelt des Neuen Testaments miteinander im Widerspruch. Wie ist dieser Widerspruch aufzulösen? Die entscheidende Frage lautet: Ist die Wahrheit, die das Neue Testament enthält, so wesensmäßig an die mythologischen Vorstellungen gebunden, daß sie mit ihnen vergangen ist, oder gilt diese Wahrheit auch heute noch, nachdem sich ihre mythologische Begrifflichkeit als zeitbedingt erwiesen hat? Und wenn die Wahrheit des Neuen Testaments noch gilt, wie verhalten sich dann Evangelium und Mythos zueinander? Wie sind dann die neutestamentlichen Zeugnisse auszulegen und zu verstehen?

Ein Weg scheidet für Bultmann aus, weil er nach seiner Überzeugung dem Wesen der neutestamentlichen Botschaft nicht gerecht wird: das ist das kritische Reduktionsverfahren der liberalen Theologie. Diese hatte die Botschaft des Neuen Testaments auf bestimmte religiöse und sittliche Grundgedanken, entweder auf eine religiös motivierte idealistische Ethik oder auf eine mystisch gefärbte Religiosität und Frömmigkeit reduziert. Jesus hatte dabei entweder nur pädagogische Bedeutung als Lehrer und Vorbild oder religiös-soziologische als einigendes Kulthaupt und Symbol. Gegen diese kritische Reduktionsmethode der liberalen Theologie macht Bultmann mit aller Schärfe geltend, daß das Neue Testament von einem *Ereignis* redet, durch das Gott das Heil der Welt gewirkt hat. Das Heil ist an die geschichtliche Person Jesu gebunden, die Person selbst ist das entscheidende Heilsereignis. Darum: wer die Person ausscheidet, der scheidet auch die Botschaft aus.

Durch kritische Auswahl oder Abstriche also ist die Verkündigung des Neuen Testaments nicht zu retten. Man kann das mythische Weltbild entweder nur als ganzes annehmen oder als ganzes verwerfen. Seine Annahme kommt in unserer Zeit aus den dargelegten Gründen nicht mehr in Frage, also bleibt nur die zweite Möglichkeit: »Soll die Verkündigung des Neuen Testaments ihre Gültigkeit behalten, so gibt es gar keinen anderen Weg, als sie zu entmythologisieren.«[15] Die Entscheidung darüber, ob dieser Weg gangbar ist und die Verkündigung des Neuen Testaments somit ihre Gültigkeit behält, hängt davon ab, ob es gelingt, das Heilsgeschehen und die Person Jesu Christi, die im Neuen Testament als mythisches Geschehen und mythische Person aufgefaßt sind, auch ohne Mythos darzustellen und damit die Wahrheit der neutestamentlichen Botschaft so aufzudecken, daß sie auch für den nicht mythologisch denkenden Menschen unserer Tage verständlich und glaubhaft wird.

Die Notwendigkeit, das Neue Testament zu entmythologisieren, ergibt sich für Bultmann nicht erst aus dem Weltbild und dem Selbstverständnis des modernen Menschen, sondern auch schon aus dem Wesen des Mythos und aus dem Neuen Testament selbst. Bultmann beschreibt das Wesen des *Mythos* folgendermaßen: Im Mythos wird der Mensch inne, daß die Welt, in der er lebt, voll von Rätseln und Geheimnissen ist, daß er nicht Herr über die Welt und sein Leben ist, sondern von Mächten abhängig, die jenseits des Bekannten, Verfügbaren, Kontrollierbaren walten und seinem Dasein Grund, Grenze und Ziel setzen. Aber nun spricht der Mythos von diesen Mächten auf eine unzureichende und ungenügende Weise. Er objektiviert das Jenseits zum Diesseits: er redet vom Unweltlichen weltlich, vom Göttlichen menschlich; die Götter erscheinen als menschliche Wesen

und ihre Handlungen als menschliche Aktionen, nur in über-
menschlicher Größe. Aber eben damit hemmt und verdeckt der
Mythos selbst seine eigentliche Absicht. Denn eigentlich will der
Mythos ja gerade kein objektives, über die Welt verfügendes
Bild von der Welt geben, sondern gerade umgekehrt aussspre-
chen, wie der Mensch sich selbst in der Welt als von unverfügbaren Mächten abhängig versteht. So liegt das Motiv zur Kritik
des Mythos bereits im Mythos selbst. Der Mythos will nicht
kosmologisch, sondern anthropologisch – besser: »existential«
interpretiert werden, das heißt, er will nicht auf seinen objektivierenden Vorstellungsgehalt, sondern auf das in ihm sich aus-
sprechende Existenzverständnis des Menschen hin befragt
werden.

Zum anderen ergibt sich für Bultmann die Notwendigkeit der
Entmythologisierung aus dem *Neuen Testament* selbst. Durch die
neutestamentlichen Zeugnisse zieht sich ein eigentümlicher Widerspruch: Einerseits gilt die Sünde als fremdes Verhängnis, andererseits gilt sie als persönliche Schuld; einerseits wird der
Mensch als ein kosmisches Wesen verstanden, dessen Schicksal
durch objektive Mächte und Geschehnisse bestimmt ist, andererseits wird er als selbständiges Ich angeredet, das sich zu entscheiden hat; einerseits liegt das ewige Leben als ein wunderhaftes
Gut in der Zukunft, andererseits wird es schon jetzt in der Gegenwart durch den Glauben gewonnen. Damit fordert auch das
Neue Testament selbst bereits zur Kritik des Mythos heraus und
rechtfertigt das Unternehmen der Entmythologisierung.

Der Ansatz zur Kritik des Mythos, der im Mythos und im
Neuen Testament selbst liegt, zeigt bereits den Weg zu ihrer
Durchführung. Das Verfahren der Entmythologisierung wird
von Bultmann auf die knappe Formel gebracht: Der Mythos ist
nicht kritisch zu eliminieren, sondern existential zu interpretieren. Das
heißt: Bultmann will die mythologischen Vorstellungen des
Neuen Testaments nicht kurzerhand ausscheiden, um auf diese
Weise einen »christlichen Rest«, gleichsam »evangelium purum«,
reine Glaubenssubstanz zurückzubehalten, sondern er will sie auf
das Existenzverständnis hin befragen, das sich in ihnen ausspricht.
Es geht also nicht darum, die Bibel teilweise oder ganz zu verwerfen, sondern sie nur von ihrer vergangenen Weltanschauung
zu befreien, und dies soll nicht dadurch geschehen, daß man die
mythologischen Vorstellungen aus ihr entfernt, sondern daß
man die tiefere Bedeutung aufdeckt, die in und hinter ihnen liegt,
und so die eigentliche Intention des Mythos selbst zur Geltung

bringt. Die Entmythologisierung ist also »kein Subtraktionsverfahren, sondern eine hermeneutische Methode«, eine »Deutungsmethode«. Entmythologisierung heißt »existentiale Interpretation«! »Ich nenne eine solche Interpretation ... existentiale Interpretation, da sie, bewegt von der Existenzfrage des Interpreten, nach dem in der Geschichte jeweils wirksamen Existenzverständnis fragt.«[16]

Diese positive Absicht der Entmythologisierung, die durch den negativen Klang des Wortes selbst so leicht verdeckt wird, gilt es festzuhalten und zu betonen. Darum sollte man vielleicht überhaupt grundsätzlich lieber statt von »Entmythologisierung« von »existentialer Interpretation« reden. Es geht nicht in erster Linie um die negative Absicht, die mythologischen Aussagen des Neuen Testaments zu kritisieren, sondern um die positive Absicht, das in ihnen enthaltene Existenzverständnis herauszuarbeiten. Eben darin besteht die Kritik des Mythos. Die existentiale Interpretation ist dann ans Ziel gelangt, wenn es ihr klarzumachen gelingt, daß dem Menschen im Neuen Testament ein Verständnis seiner selbst eröffnet wird, das ihn vor eine echte Entscheidung stellt.

Mit der Entmythologisierung respektive existentialen Interpretation will Bultmann den Theologen kein Rezept liefern, das sich im Handumdrehen lernen und verwirklichen ließe. Er ist sich vielmehr darüber im klaren, daß es sich hier um eine »schwere und umfassende Aufgabe« handelt, »die überhaupt nicht einem Einzelnen obliegen kann, sondern von einer theologischen Generation eine Fülle von Zeit und Kraft fordert«[17]. Damit ist, wie in anderen Geisteswissenschaften heute auch, eine bestimmte Aufgabe in den Mittelpunkt der Theologie gerückt und zu ihrem beherrschenden Begriff geworden: die Hermeneutik, die Kunst des Verstehens. Der Bultmannschüler Ernst Fuchs bezeichnet sie als »Sprachlehre des christlichen Glaubens«.

Die hermeneutische Methode

Die Methode des Verstehens wird in jeder Wissenschaft jeweils durch ihren Gegenstand bestimmt. Das gilt auch für die Theologie: »Die Interpretation der biblischen Schriften unterliegt nicht anderen Bedingungen des Verstehens als jede andere Literatur.«[18] Der Gegenstand der Theologie sind die biblischen Zeugnisse von der Offenbarung Gottes. Da die christliche Offenbarung ausdrücklich den Anspruch erhebt, daß sie in einem Ereignis der Geschichte stattgefunden hat, können die Zeugnisse von diesem Ereignis nicht auf andere Weise interpretiert werden als andere historische Zeugnisse auch. Es gibt keine sakrale Spezialmethode für die Auslegung des Neuen Testaments. Alles Reden von einer besonderen »theologischen« oder »pneumatischen« Exegese ist unsachgemäß: »Theologisch ist dabei zunächst gar nichts. Theologisch wird die Arbeit des Exegeten nicht durch seine Voraussetzungen und seine Methode, sondern durch ihren Gegenstand, das Neue Testament... Sein Hören als Forscher ist profan, heilig ist nur das Wort, das geschrieben steht.«[19]

Wer die Bibel interpretieren will, braucht wie jeder Interpret ein entsprechendes geistiges Handwerkszeug, das heißt eine seinem Text angemessene Begrifflichkeit. Da die Bibel Aussagen über Gott und damit über die menschliche Existenz macht, muß es eine Begrifflichkeit sein, in der von der menschlichen Existenz sachgemäß und methodisch geredet wird. Diese die Interpretation leitende Begrifflichkeit zu gewinnen, ist nicht die Aufgabe der Theologie, sondern der Philosophie. Damit taucht die Frage nach der »richtigen« Philosophie auf. Für Bultmanns theologische Absicht stellt sie sich so: »Welche heutige Philosophie bietet die angemessensten Vorstellungen zum Verständnis der menschlichen Existenz?« Die »richtige« Philosophie ist für Bultmann ganz einfach »diejenige philosophische Arbeit, die sich bemüht, das mit der menschlichen Existenz gegebene Existenzverständnis in angemessener Begrifflichkeit zu entwickeln«[20].

Eben diese »richtige« Philosophie meint Bultmann bei Martin Heidegger gefunden zu haben. Zu seinen Füßen hat er sich, obgleich selbst schon Professor, noch einmal als Hörer gesetzt, als dieser zwei Jahre nach ihm nach Marburg berufen worden war. Über seiner Arbeit als Interpret des Neuen Testaments ist Bultmann zum Schüler Heideggers geworden. Er hat Heideggers Philosophie nicht etwa deshalb gewählt, weil sie die besten Anknüpfungsmöglichkeiten für die Theologie bot oder eine besondere Nähe zum christlichen Glauben aufwies, sondern weil sie nach seiner Ansicht die menschliche Existenz sachlich und begrifflich am angemessensten auslegte – und von der menschlichen Existenz ist ja im Neuen Testament die Rede. Bultmann hat gegenüber Heidegger gleichsam den Ratschlag des Apostels Paulus befolgt: »Was wahr-

haftig ist, was ehrbar, was gerecht ist, dem denket nach!«
(Philipper 4,8)

Aber nur die Klärung der Begriffe will Bultmann von Heidegger übernehmen, keinerlei Inhalte. Die Existenzphilosophie spielt für ihn die Rolle einer rein *formalen* Disziplin; sie deckt nur die Strukturen menschlichen Daseins auf, völlig neutral gegenüber jedem Material und jeglichem Inhalt, weder gläubig noch ungläubig, weder christlich noch atheistisch. Sie beschreibt rein phänomenologisch, was es an Existenz*strukturen* gibt, aber sie verkündet kein materiales Existenz*ideal*. Sie schreibt dem Menschen nicht vor: »*So* sollst du existieren!«, sie sagt ihm nur: »Du sollst *existieren*!« – »wenn nicht das schon zuviel gesagt ist und es besser heißen müßte: sie zeigt ihm, was Existieren heißt.« Die konkreten Begegnungen und Ereignisse des persönlichen Lebens werden dabei ebensowenig in Betracht gezogen wie die Beziehung zwischen Mensch und Gott. Aber gerade wegen dieser völligen Neutralität scheint Bultmann die Existenzphilosophie die angemessene Begrifflichkeit für die Auslegung der Bibel zu bieten: »Indem die Existenzphilosophie die Frage nach meiner eigenen Existenz nicht beantwortet, legt sie meine eigene Existenz in meine persönliche Verantwortung, und indem sie das tut, macht sie mich offen für das Wort der Bibel.«[21]

Die Existenzphilosophie zeigt, daß das Sein des Menschen im Unterschied zu allem anderen Sein nicht einfach den Charakter von Vorhandensein hat, sondern, sofern es wahres menschliches Sein ist, im Vollzug des Existierens besteht. Sie ruft den Menschen aus seiner »Uneigentlichkeit«, in der er sich mit Hilfe fremder Mittel und Mächte zu sichern sucht und sich dadurch zu verlieren droht, heraus und fordert ihn auf, seine Existenz verantwortlich zu übernehmen und so im Existieren zu seiner »Eigentlichkeit« zu gelangen, indem er sich jeweils im konkreten Hier und Jetzt verwirklicht. Damit hat Heidegger ein vertieftes Verständnis der Geschichte gewonnen, und eben dieses vertiefte Geschichtsverständnis Heideggers ist Bultmann für seine Interpretation der Bibel wichtig geworden.

Um das Neue, Besondere des Heideggerschen Geschichtsverständnisses zu begreifen, müssen wir es abheben von dem positivistischen Geschichtsverständnis des sogenannten »Historismus«. Das Kennzeichen des positivistischen Historismus besteht darin, daß es die Texte und Denkmäler der Geschichte als »Quellen« benutzt und aus ihnen ein Bild der Vergangenheit zu rekonstruieren sucht. Er »befindet« und »stellt fest«; ihm ist an den Fakten und Daten, an dem objektiven Geschehensein eines historischen Ereignisses und seiner möglichst genauen protokollarischen Erfassung gelegen. Fast könnte man sagen: er gibt eine Photographie von der Geschichte. Damit aber bleibt das beschriebene Ereignis in der historischen Distanz, und seine Bedeutung für unsere gegenwärtige Existenz wird nicht erkennbar. Hegels bekanntes Wort über die Philosophie auf die Historie übertragend, könnte man sagen: »Wenn die Historie ihr Grau in Grau malt, dann ist eine Gestalt des Lebens alt geworden, und mit Grau in Grau läßt sie sich nicht verjüngen, sondern nur erkennen.«[22] Zu diesem Wort hat der Göttinger Historiker Reinhard Wittram einen anschaulichen Kommentar geliefert, wenn er schreibt: »Mir erscheinen die großen geschichtlichen Begebenheiten der Vergangenheit immer als gefrorene Katarakte: in der Kälte des entflohenen Lebens erstarrte Bilder, die uns in Distanz halten ... Wir frieren im Anschauen der Größe gefallener Reiche, untergegangener Kulturen, ausgebrannter Leidenschaften, toter Gehirne ... Wenn wir das ernstnehmen, kann es uns durchfahren, daß wir Historiker ein sonderbares Geschäft treiben: wir hausen in den Totenstädten, umfangen die Schatten, zensieren die Abgeschiedenen.«[23] Das gilt auch von dem Umgang mit den Zeugnissen der Bibel, wenn sie nur in der Weise des »Historismus« betrachtet werden!

Hinter dem »Historismus« steht ein bestimmtes Verhältnis des Menschen zur Welt: er ist ein Spezialfall der allgemeinen Herrschaft des *Subjekt-Objekt-Schemas* in der Neuzeit. Seit der Renaissance, spätestens aber seit Descartes, also seit etwa dreihundert Jahren, bewegt sich unser Denken, zumal das der Geschichtswissenschaft, in diesem Schema. Das Wesen der Neuzeit und ihres Denkens besteht darin, daß ihr die Welt zum Bilde wird. Heidegger hat dies auf den knappen Satz gebracht: »Der Grundvorgang der Neuzeit ist die Eroberung der Welt als Bild.«[24] Damit hat sich eine tiefe Wandlung im Verhältnis des Menschen zur Welt angebahnt: der Mensch wird zum Subjekt und die Welt zu seinem Objekt. Statt sich von der Wirklichkeit *er*greifen zu lassen, sucht der Mensch sie zu *be*greifen. Er befindet sich im »Angriff« auf die Welt, und entsprechend wird die Welt für ihn zum »Gegenstand«. Damit aber ist der Mensch aus seiner Existenz herausgesprungen. Ob er die Welt als Gegenstand so oder so beschreibt, ob sein »Weltbild« idealistisch oder materialistisch ausfällt, ist ziemlich gleichgültig – auf jeden Fall hat er es unter Absehen von seiner eigenen Existenz entworfen.[25]

Heideggers entscheidende Leistung für das geschichtliche Verstehen besteht darin, daß er es aus dem traditionellen Schema des Subjekt-Objekt-Denkens befreit hat. Wenn das Sein des Menschen im Unterschied zu allem anderen Sein nicht einfach den Charakter von Vorhandensein hat, sondern im Vollzug des Existierens besteht, dann bedeutet dies, daß eine historische Quelle nicht nur Vorhandenes, sogenannte »Tatsachen«, überliefert, sondern daß sich in ihr jeweils eine Möglichkeit menschlicher Existenz ausspricht: »Das zentrale Thema der Historie ist je die *Möglichkeit* der dagewesenen Existenz.«[26] Demzufolge heißt »geschichtlich verstehen« nicht nur Vorhandenes feststellen: wie es einmal gewesen ist, sondern es heißt, eben jene Möglichkeiten vergangenen menschlichen Seins zum Bewußtsein bringen und sie als Möglichkeiten eigenen Sein-Könnens vergegenwärtigen. Der letzte Grund für die Beschäftigung mit der Geschichte ist nicht der, vergangene Ereignisse zu rekonstruieren, sondern sich der Möglichkeiten menschlicher Existenz bewußt zu werden. Damit aber steht der Mensch nicht mehr als das Subjekt in distanzierendem Denken der Geschichte als dem Objekt gegenüber und *be*greift sie, sondern er läßt sich von ihr *er*greifen und in sie hineinziehen als ein Teil von ihr. Sein Verstehen der Geschichte vollzieht sich in einer Begegnung mit der Geschichte, bei der seine eigene Existenz auf dem Spiel steht. Er erfährt die Geschichte als sein Geschick. So deckt die Existenzphilosophie dem Menschen die Geschichte als die *Geschichtlichkeit* seines eigenen Daseins auf: Indem der Mensch sich verstehend zur Geschichte verhält, verhält er sich zugleich verstehend zu sich selbst. Das Maß des Verstehens einer geschichtlichen Tatsache oder Quelle hängt mithin an dem Maß der Erschlossenheit für die eigene Existenz. Geschichtsauslegung und Selbstauslegung müssen einander korrespondieren.

Bultmann hat dieses Geschichtsverständnis keineswegs erst in seinem Entmythologisierungsaufsatz auf die Interpretation der Bibel angewandt. Die erste zusammenfassende Darstellung der Art, wie er Geschichte verstanden wissen will, hat er schon 1926 in dem Einleitungskapitel seines Jesus-Buches gegeben, wo er von der »Art der Betrachtung« spricht. Hier finden sich bereits die wichtigsten Grundgedanken seiner ganzen Hermeneutik: Der Mensch kann die Geschichte, wenn er ihr Wesentliches erfassen will, nicht einfach als etwas Vorhandenes betrachten wie seine Umwelt oder die Natur. Er ist selbst ein Stück Geschichte, und daher wendet er sich, wenn er sich der Geschichte zukehrt, einem Zusammenhang zu, in den er selbst mit seinem Sein verflochten ist. Mit jedem Wort über die Geschichte sagt er in gewisser Weise zugleich etwas über sich selbst aus. Der rechte Umgang mit der Geschichte ist daher ein »*Dialog*« mit der Geschichte. Diesen Dialog führt der Mensch nicht als neutraler Beobachter, sondern als einer, der sich selbst bewegt weiß von den geschichtlichen Mächten und darum bereit ist, den »Anspruch« der Geschichte zu hören: Er möchte durch »Befragen« der Geschichte etwas darüber erfahren, wie er selbst seine Existenz auffassen soll. Dann aber führt die Beschäftigung mit der Geschichte nicht »zur Bereicherung eines zeitlosen Wissens«, sondern »zu einer Begegnung mit der Geschichte«, welche selbst wieder ein geschichtlicher Vorgang ist. Und der Ertrag besteht dann nicht in einem Kennenlernen von bisher unbekannten Tatsachen, sondern in einem Verstehen, das eine persönliche Entscheidung verlangt.[27]

Was Bultmann in der Einleitung zu seinem Jesus-Buch über die »Art der Betrachtung« der Geschichte und Botschaft Jesu schreibt, erinnert in frappanter Weise an das, was Barth im Vorwort zur zweiten Auflage seines ›Römerbriefes‹ über den Umgang mit dem Bibeltext sagt: Er will dem Text der Bibel *nach*denken und sich so lange mit ihm auseinandersetzen, »bis die Mauer ... transparent wird, bis Paulus dort *redet* und der Mensch ... hier *hört*, bis das Gespräch zwischen Urkunde und Leser ganz auf die *Sache* konzentriert ist«[28]. Ganz ähnliche Gedanken hat Barth auch in der Einleitung zu seiner ›Protestantischen Theologie im 19. Jahrhundert‹ geäußert. Er warnt hier ausdrücklich vor der Haltung des bloßen Zuschauers, der die Geschichte wie ein Naturwissenschaftler betrachtet und sich mit der reinen Beobachtung und Feststellung objektiver Tatsachen, mit der reinen Schau begnügt: er sieht von der Geschichte als solcher gar nichts. Wirkliches Verstehen der Geschichte vollzieht sich nur in einem »begegnenden Handeln«, bei dem »wir selbst in bestimmter Bewegung begriffen sind«: »Geschichte erkennen wir überall nur, wenn und indem etwas an uns und für uns geschieht, vielleicht auch gegen uns geschieht, nur wenn und indem uns ein Geschehen ... so angeht, daß wir dabei sind, daß wir an ihm beteiligt sind ... Wir erkennen Geschichte, indem uns ein fremdes Handeln irgendwie zur Frage wird, auf die unser eigenes Handeln irgendwie Antwort zu geben hat.«[29] Besser läßt sich nicht beschreiben, was existentiale Interpretation der Geschichte heißt. Schade nur, daß Barth all dies vergessen zu haben schien, als er sich mit Bultmanns existentialer Interpretation des Neuen Testaments auseinandersetzte! Da bezeichnet er das schwere Problem des geschichtlichen Verstehens leichthin als eine »cura posterior« und bagatellisiert es zu der Frage: »Wie sage ich's meinem Kinde?«

Daß es sich bei dem geschichtlichen Verstehen nicht nur um eine Frage der Technik und Methode handelt, sondern daß dabei die Existenz des Menschen mit im Spiele ist, ja auf dem Spiel steht, macht Bultmann an einigen Beispielen der zwischenmenschlichen Beziehungen deutlich: »Es kann mir mitgeteilt werden, daß sich meine Mutter heimlich ein Opfer auferlegt hat, um mir eine Freude zu verschaffen oder mir meinen Beruf zu ermöglichen. Ich habe das nicht verstanden im bloßen Konstatieren, sondern nur, wenn ich auf Grund der Mitteilung mein Verhältnis zu meiner Mutter, mich selbst also, neu erfasse.« Oder: »Ein junger Mann, der seine (künftige) Braut durch die Auskunft eines Detektivbüros kennenlernen wollte, wird sie in ihrem personalen Sein überhaupt nicht kennenlernen, weil sich dieses nicht dem objektivierenden Sehen, sondern nur der existentiellen Begegnung erschließt.«[30]

Wohl handelt es sich bei der Begegnung mit der Geschichte um Texte und Quellen und also um Fakten und Ereignisse der Vergangenheit.[31] Aber ich kann diese Texte und Quellen, diese Fakten und Ereignisse der Vergangenheit nicht so verstehen, daß ich sie im Schema des Subjekt-Objekt-Denkens unter Aussparung meiner eigenen Existenz betrachte, sondern nur so, daß ich mich ihnen unter Preisgabe meiner eigenen Existenz erschließe und sie als meine Möglichkeiten übernehme. Immer handelt es sich bei der Begegnung mit der Geschichte und geschichtlichen Texten um Lebensvollzug und Entscheidung.

Das gilt auch von den Texten der Bibel und von den Ereignissen, Personen und Dingen, von denen sie berichten: »Man kann nicht jemandem sagen, was Tod und Leben, was Sünde und Gnade ist, wie man ihm mitteilen kann, daß es fleischfressende Pflanzen gibt oder Fischsorten, die lebendige Junge zur Welt bringen. Vielmehr: reden wir zu jemandem über Tod und Leben, Sünde und Gnade, so reden wir zu ihm von seinem eigenen Leben, zu dem dies alles gehört, so gut wie Licht und Dunkel, Liebe und Freundschaft zu ihm gehören ... Im Text werden mir dann nicht vorfindliche und bis dahin unbekannte Dinge bekannt gemacht, sondern es werden mir Möglichkeiten meiner selbst erschlossen, die ich nur verstehen kann, soweit ich für meine Möglichkeiten erschlossen bin und mich erschließen lassen will. Ich kann das Gesagte nicht einfach als Mitteilung akzeptieren, sondern ich verstehe nur bejahend oder verneinend ... Verstehen ist also immer zugleich Entschluß, Entscheidung.«[32] In alldem steckt weder etwas Irrationales noch etwas Unwissenschaftliches.

Aber nun ist der Mensch, der der Geschichte in einem Text begegnet, keine tabula rasa, keine unbelichtete photographische Platte, auf der sich noch keinerlei Eindrücke abgebildet haben. Er tritt vielmehr immer schon mit bestimmten Fragen an den jeweiligen Text heran. Um aber fragen zu können, muß er immer schon von einem »Woraufhin«, von einem bestimmten Interesse geleitet sein. Die Interpretation setzt ein »Lebensverhältnis« zu der Sache voraus, die im Text – direkt oder indirekt – zu Wort kommt. Wer zum Beispiel philosophische Texte interpretieren will, muß selbst von der Frage nach der Wahrheit bewegt sein: »Platon versteht nur, wer mit ihm philosophiert.« Die Subjektivität des Historikers ist also nicht auszulöschen, sie bildet vielmehr einen notwendigen Faktor objektiver historischer Erkenntnis, so daß man paradoxerweise sagen muß: »Die subjektivste Interpretation ist zugleich die objektivste.«[33]

Das vorgängige Lebensverhältnis zu der Sache, die im Text – direkt oder indirekt – zu Wort kommt, schließt immer schon ein bestimmtes Vorwissen in sich, und dieses Vorwissen ist nie neutral, sondern immer nur in einer bestimmten »Ausgelegtheit« da. Bultmann bezeichnet es als »*Vorverständnis*«[34]. Ohne solches Vorverständnis gibt es keine Kommunikation zwischen Text und Ausleger, sondern bleiben die Texte stumm. Ich muß zum Beispiel ein Vorverständnis für Dank und Pflicht, Haß und Liebe, Sünde und Vergebung, und zwar als meine eigensten Möglichkeiten, haben, wenn ich verstehen soll, was zu mir davon gesagt wird. Das gilt selbst für den Tod: »Ich weiß nicht eigentlich, was Tod und Leben sind; denn eigentlich könnte es nur gewußt werden, wenn das Leben an seinem Ende ist ... Aber doch haben wir ein eigentümliches Vorwissen darum, daß der Tod nicht ein bloßer Naturvorgang ist, ein einfaches Aufhören, sondern daß er die Probe unseres Lebens ist ... Wir wissen darum, wie man von Liebe und Freundschaft wissen kann, auch wenn man nicht Liebe gefunden hat, keinem Freund begegnet ist; wir wissen darum, wie auch der Blinde vom Licht und der Taube vom Ton weiß. Wir wissen darum – und wir wissen es doch erst eigentlich, wenn die Liebe geschenkt wird, wenn der

Freund begegnet. Aber um es eigentlich wissen zu können, ist vorausgesetzt, daß es von vornherein eine Möglichkeit des Lebens ist.«[35]

Gilt dies nun aber auch für Gott und die Bibel? Kann der Mensch auch zur *Bibel* schon im voraus in einem Lebensbezug stehen? Kann er auch von *Gott* schon ein Vorverständnis haben? Kann er schon *vor* der Offenbarung Gottes wissen, wer Gott ist? Darauf antwortet Bultmann: »Der Mensch kann sehr wohl wissen, wer Gott ist, nämlich in der Frage nach ihm.« In seinem Fragen und Suchen drückt sich bereits, bewußt oder unbewußt, eine Beziehung des Menschen zu Gott aus. Bultmann beruft sich in diesem Zusammenhang auf den bekannten Augustinischen Satz: »Tu nos fecisti ad te, et cor nostrum inquietum est, donec requiescat in te« – Du hast uns auf dich hin geschaffen, und unser Herz ist unruhig, bis es Ruhe findet in dir. Dieses Wort Augustins bildet für Bultmann den »klassischen Ausdruck« für die Tatsache, daß der Mensch auch vor der Offenbarung Gottes schon in einer Beziehung zu Gott steht: Wäre es anders, wäre der Mensch nicht schon in dieser Weise von der Gottesfrage bewegt, so würde er in keiner Offenbarung Gottes Gott als Gott erkennen.[36]

Die bereits vor der Offenbarung Gottes bestehende Beziehung des Menschen zu Gott kann sich in verschiedener Gestalt ausdrücken. Sie braucht keineswegs nur in der direkten, wörtlich ausgesprochenen Frage des Menschen nach Gott zu bestehen, sondern kann auch als Frage nach dem »Glück«, nach dem »Heil«, nach dem »Sinn« der Welt und der Geschichte erscheinen. In jedem Fall aber ist es immer die Frage des Menschen nach sich selbst, nach der *Eigentlichkeit* seines Daseins. Der Mensch weiß, daß er in allem Jetzigen und Augenblicklichen noch nicht eigentlich er selbst ist, daß er noch nicht ist und hat, was er sein und haben möchte. Und darum ist er immer auf die Zukunft gerichtet, immer unterwegs zu seiner vor ihm liegenden Eigentlichkeit. Indem das Leben des Menschen so, bewußt oder unbewußt, von der Frage nach seiner eigenen Existenz bewegt wird, wird es, bewußt oder unbewußt, von der Frage nach Gott bewegt: »Die Frage nach Gott und die Frage nach mir selbst sind identisch.«[37]

Damit hat Bultmann zugleich die Frage nach dem sogenannten »Anknüpfungspunkt« der Offenbarung Gottes beantwortet. Dieser besteht nicht in einem »religiösen« Organ oder in irgendeiner sonstigen besonderen Fähigkeit und Empfänglichkeit des Menschen für das Wort Gottes, sondern: »Der Mensch in seiner Existenz, als ganzer, ist der Anknüpfungspunkt.« Die Existenz des Menschen als ganze aber ist zusammengefaßt in der Frage nach seiner Eigentlichkeit. Die Frage nach der Eigentlichkeit des Menschen bildet für Bultmann somit den Anknüpfungspunkt für die göttliche Offenbarung.[38]

Nun aber ist auch die Frage nach der Eigentlichkeit des Menschen nie in reiner Form da, sondern immer schon in einer bestimmten Gestalt, in irgendeiner »Ausgelegtheit«: in einem Gottesbegriff, in einer Religion, in einer Weltanschauung, Ethik oder Philosophie. Damit aber hat der Mensch die Frage nach sich selbst und damit nach Gott bereits selbst beantwortet, aber eben darum sind auch alle seine Antworten auf die Frage nach Gott und nach sich selbst »Illusionen«. Er setzt sich mit ihnen in Widerspruch zu Gott. Und deshalb kann Bultmann auch sagen: Der Anknüpfungspunkt der Offenbarung Gottes ist der Widerspruch des Menschen gegen Gott. Aber gerade daß der Mensch im Widerspruch zu Gott steht, weist darauf hin, daß er bereits in einem Verhältnis zu Gott steht; denn auch ein verkehrtes Verhältnis ist ein Verhältnis.

Der Begriff des »Vorverständnisses« macht es Bultmann möglich, an dem total transzendentalen Charakter der Offenbarung Gottes, an ihrer radikalen Jenseitigkeit und Unverfügbarkeit festzuhalten und dennoch nicht die Kontinuität der geschichtlichen Existenz des Menschen durch die göttliche Offenbarung wie durch ein Naturereignis zerreißen zu lassen. Das Kontinuum dabei bildet das Selbst des Menschen, richtiger, seine Bestimmung zum Selbst, die sich in der Frage nach seiner Eigentlichkeit ausdrückt und die selbst noch in seiner Verirrung, ja Verlorenheit wirksam ist. In der Begegnung mit der Offenbarung in Jesus Christus wird das Vorverständnis des Menschen von Gott ins Bewußtsein gehoben, kritisch aufs Spiel gesetzt, negativ seiner Verkehrtheit überführt und positiv zur Erfüllung gebracht.

Damit haben wir die sachgemäße Begrifflichkeit Bultmanns für die Interpretation der Bibel als eines geschichtlichen Dokumentes beschrieben und können uns nun dem Vollzug der Entmythologisierung respektive der existentialen Interpretation des Neuen Testaments zuwenden.

Bultmann setzt, wenn er die Botschaft des Neuen Testaments entfaltet, – seinem Geschichtsverständnis entsprechend – nicht beim Christusgeschehen ein und schildert dies als ein objektiv konstatierbares Heilsdrama, um aus ihm dann bestimmte Folgerungen für das Geschick des Menschen und der Welt zu ziehen, sondern er nimmt seinen Ausgangspunkt beim *Existenzverständnis* des Neuen Testaments. Da die Bibel ein geschichtliches Dokument ist, geht er an sie, wie an andere geschichtliche Texte, mit der Frage heran: »Wie wird die menschliche Existenz in der Bibel verstanden?«[39]

Das Neue Testament kennt zwei verschiedene Existenzweisen des Menschen: die ungläubige, nichterlöste und die glaubende, erlöste Existenz. Beide Existenzweisen sind dadurch bestimmt, daß der Mensch stets auf die Zukunft gerichtet ist, daß er gewinnen will, was er eigentlich ist. Und er will seine Eigentlichkeit nicht nur gewinnen, er *soll* sie auch gewinnen! Eben darin besteht seine Geschichtlichkeit. Die Frage ist nur, auf welche Weise der Mensch zu seiner Eigentlichkeit zu gelangen sucht und ob er sie damit gewinnt oder verfehlt.

Der *ungläubige, nichterlöste* Mensch lebt aus dem Vorhandenen, Sichtbaren, Verfügbaren. Er sucht die Zukunft und damit seine Eigentlichkeit dadurch zu gewinnen, daß er sie sich selbst schafft und also über sie verfügt. Er will sich nicht als Gottes Geschöpf verstehen; er möchte sich sein Leben selbst sichern, sei es durch die Güter der Welt oder durch große sittliche Leistungen. Damit aber befindet er sich in einem verhängnisvollen Irrtum. Denn in Wahrheit *ist* der Mensch nicht gesichert, und darum verliert er sein Leben gerade dadurch, daß er es zu sichern sucht. Indem er sich an das Sichtbare, Verfügbare hängt, hängt er sich an das, was vergänglich ist, und so ist sein Leben der Vergänglichkeit und dem Tode verfallen. Wer aus dem Verfügbaren lebt, begibt sich in die Abhängigkeit von ihm. Er gerät in die Knechtschaft der Angst; es ist die Angst, daß ihm sein Leben entgleitet. Aber je stärker ihn diese Angst ergreift, desto fester klammert er sich an sich und das Seine. Hinter diesem Streben des Menschen steht sein berechtigter Wunsch, seine Eigentlichkeit zu gewinnen; der Fehler liegt nur darin, daß er sie aus eigener Macht zu gewinnen trachtet und sich deshalb vor der wahren Zukunft verschließt. Eben diese Eigenmächtigkeit des Menschen nennt die Bibel seine Sünde. Bultmann charakterisiert sie, im Anschluß an Paulus, als das »Sich-rühmen« des Menschen. Es besteht darin, daß sich der Mensch als Mensch behaupten will und sich damit zu Gott macht.[40]

Der *glaubende, erlöste* Mensch gibt alle selbstgeschaffenen Sicherungen preis und lebt aus dem Unsichtbaren, Unverfügbaren. Er versteht sich als Gottes Geschöpf und läßt sich sein Leben schenken. In dieser »radikalen Hingabe an Gott, die alles von Gott, nichts von sich erwartet«, wird der Mensch frei von sich selbst. Ein solches echtes Leben in Freiheit wird nur möglich durch den Glauben an Gottes Gnade, das heißt aus dem Vertrauen, daß gerade das Unsichtbare, Unbekannte, Unverfügbare dem Menschen als Liebe begegnet und ihm eine Zukunft eröffnet, die nicht Tod, sondern Leben bedeutet. So existieren heißt »*eschatologisch existieren*«, heißt ein »neues Geschöpf« sein. Unter »Eschatologie« versteht Bultmann nicht einen endzeitlichen, katastrophalen Weltuntergang, sondern das Ende der Welt, das schon jetzt im Glauben Ereignis wird. Der Glaubende lebt in kritischer Distanz zur Welt. Hingegeben an Gott, ist er frei und gelöst von allem weltlich Verfügbaren. Diese Haltung bezeichnet Bultmann als »*Entweltlichung*«. Damit ist keine innerweltliche Askese gemeint, auch kein pietistischer Rückzug aus der Welt, sondern jene paradoxe Freiheit von der Welt, kraft deren der Mensch in der Welt bleibt, sich aber in der Welt als ein Empfangender versteht und also die Dinge der Welt so hat, als hätte er sie nicht.[41]

Aber wie vollzieht sich nun der Übergang von der einen Existenz zur anderen? Das Neue Testament behauptet, daß der Glaube an Gottes Gnade Glaube an Christus sei und daß das neue Existenzverständnis daher erst infolge eines bestimmten Ereignisses in der Geschichte, nämlich des Christusgeschehens, möglich sei. Aber hier erhebt sich nun die Frage, ob nicht eben diese Behauptung des Neuen Testaments ein »mythologischer Rest« sei, der eliminiert werden müsse. Ist das christliche Existenzverständnis nicht auch ohne Christus vollziehbar? Hat das Neue Testament nicht nur ein Seinsverständnis, eben das allgemeine natürliche Seinsverständnis des Menschen, zum erstenmal entdeckt, zwar noch unklar und verhüllt im Gewande der Mythologie, und hat dann die Philosophie nicht nur dieses Seinsverständnis, indem sie seine mythologische Hülle abstreifte, klarer und konsequenter herausgearbeitet und so die Theologie ein für allemal überholt? Sagt nicht vor allem Martin Heidegger, nur in profaner philosophischer Gestalt, dasselbe über den

Menschen, was das Neue Testament in theologischer Form über ihn sagt? Darauf antwortet Bultmann unerschrocken: »Wenn man gelegentlich beanstandet hat, daß ich das Neue Testament mit Kategorien der Heideggerschen Existenzphilosophie interpretiere, so macht man sich – fürchte ich – blind für das faktisch bestehende Problem. Ich meine, man sollte lieber darüber erschrecken, daß die Philosophie von sich aus schon sieht, was das Neue Testament sagt.«[42]

Die Frage, ob Theologie und Philosophie nicht im Grunde dasselbe über die Existenz des Menschen sagen, wird von Bultmann mit »Ja und Nein!« beantwortet.[43] Theologie und Philosophie stimmen überein und gehen auseinander. Sie stimmen darin überein, daß es beiden um die wahre »Natur« des Menschen geht, das heißt, daß der Mensch immer nur das werden kann und soll, was er schon ist. Auch der christliche Glaube ist nicht eine »mysteriöse supranaturale Qualität«, sondern »die Haltung echter Menschlichkeit«, und die christliche Liebe ist keine »mysteriöse supranaturale Praktik«, sondern »das natürliche Verhalten des Menschen«. Wenn das Neue Testament die Existenz des Menschen in Glaube und Liebe als »neue Schöpfung« versteht, dann meint es damit nicht eine übernatürliche, sondern nur die wieder zu sich selbst gebrachte schöpfungsgemäße eigentliche Existenz des Menschen: »Es ist nicht ein anderes Licht in Jesus erschienen, als es in der Schöpfung immer schon leuchtete. Der Mensch lernt sich im Lichte der Erlösungsoffenbarung nicht anders verstehen, als er sich immer schon verstehen sollte angesichts der Offenbarung in Schöpfung und Gesetz, nämlich als Gottes Geschöpf.«[44] Die Frage aber ist nun, wie diese natürliche eigentliche Existenz des Menschen verwirklicht werden kann. Und erst an diesem Punkt gehen Philosophie und Theologie auseinander.

Die *Philosophie* meint, daß es zur Freilegung der »natürlichen« Haltung des Menschen keiner göttlichen Offenbarung, sondern nur menschlicher Besinnung bedürfe. Auch sie setzt voraus, daß der Mensch sich in irgendeinem Grade verloren und verirrt hat, aber sie vertritt die Meinung, daß das Wissen um seine Eigentlichkeit den Menschen ihrer auch schon mächtig mache, nach der Weise: Du kannst, denn du sollst! Sie hält eine »prinzipielle« Möglichkeit schon für eine »faktische« und sieht die Situation des Menschen daher nicht als verzweifelt an. Die Verfallenheit des Menschen erstreckt sich nicht bis auf sein Selbst, und so bleibt der Mensch fähig, seine Situation zu durchschauen und sich ihr durch Besinnung und Entschluß zu entziehen.

Das *Neue Testament* behauptet dagegen, daß dem Menschen seine wahre Natur nicht zur Verfügung stehe, selbst wenn er um sie wisse. Jede Bewegung des Menschen ist eine Bewegung in der Verfallenheit, weil sie bestimmt ist durch seine Eigenmächtigkeit. Der Mensch ist nicht nur dann eigenmächtig, wenn er statt aus der Hingabe seiner selbst aus dem Verfügen über das Verfügbare lebt; er ist es auch, wenn er die Hingabe seiner selbst als eine Möglichkeit seiner Existenz erkannt hat und sie nun als ein verfügbares Ziel verwirklichen zu können meint. Auch in solchem Streben, ja selbst in seinem Wissen um seine Verfallenheit, bleibt er der Alte, der durch seine eigene Vergangenheit, das heißt der durch sich selbst und seinen Willen Bestimmte. Gerade das Wissen um seine Geschichtlichkeit, und das heißt um seine Verantwortlichkeit für die Zukunft, weckt in ihm den Wahn, über die Zukunft verfügen zu können, und endet so in einem Selbstwiderspruch. In dem Aufweis dieser Verstrickung des Menschen erreicht das Reden des Neuen Testaments von der Sünde seine eigentliche Zuspitzung. Wer dieses Reden des Neuen Testaments von der Sünde des Menschen für eine mythologische Rede hält, beweist damit nur seine Blindheit gegenüber der Sünde und also seine eigene radikale Verfallenheit.[45]

So gipfelt die Einsicht in die wahre Situation des Menschen in der Frage, wie der Mensch von sich selbst befreit werden kann. Anders ist das wahre Leben für ihn keine faktische Möglichkeit. Aber solche Befreiung des Menschen kann nicht durch ihn selbst, sondern nur von außen her geschehen. Nur die Liebe Gottes vermag den Menschen von sich selbst zu befreien und ihn zu einem Leben im Glauben und in der Liebe zu führen. Aber die Liebe Gottes darf nicht ein Wunschbild, nicht eine Idee des Menschen sein, denn das würde ja wieder nur bedeuten, daß sie aus seinem Eigenen, aus seinem Verfügenwollen stamme, sondern sie muß als *Tat Gottes* offenbar werden. »Nur wer schon geliebt ist, kann lieben; nur wem Vertrauen geschenkt ist, kann vertrauen; nur wer Hingabe erfahren hat, kann sich hingeben.« Und eben das ist der Sinn des neutestamentlichen Christusgeschehens: »Es besagt, daß da, wo der Mensch nicht handeln kann, Gott für ihn handelt, für ihn gehandelt hat.« Das in Christus sich ereignende Geschehen ist die Offenbarung der Liebe Gottes, die dem Menschen ein

Leben der Hingabe im Glauben und in der Liebe ermöglicht und ihn so von sich selbst zu sich selbst befreit.

Damit ist der entscheidende Punkt bezeichnet, an dem sich das Neue Testament von der Philosophie, der christliche Glaube vom »natürlichen« Seinsverständnis unterscheidet: »Das Neue Testament redet und der christliche Glaube weiß von einer Tat Gottes, welche die Hingabe, welche den Glauben, welche die Liebe, welche das eigentliche Leben des Menschen erst möglich macht.«[46] Was Bultmann mit Hilfe der existentialen Interpretation als Botschaft des Neuen Testaments gewinnt, ist gute paulinisch-lutherische Rechtfertigungslehre, ausgelegt für den Menschen der Gegenwart. Wenn in unserer Zeit ein Theologe das reformatorische Rechtfertigungsbekenntnis durchgehalten hat, dann ist es Rudolf Bultmann gewesen.

Aber nun wird die befreiende Tat Gottes, die Offenbarung seiner Liebe in Jesus Christus, im Neuen Testament als ein mythisches Geschehen dargestellt. Doch auch hier gibt das Neue Testament selbst wieder die Möglichkeit zur Entmythologisierung an die Hand. Im Unterschied zu den gleichzeitigen hellenistischen Kulten sind im Neuen Testament »Historisches und Mythisches eigentümlich verschlungen«: Die mythische Gestalt des Gottessohnes vom Himmel ist zugleich ein bestimmter historischer Mensch, dessen Vater und Mutter man kennt, der Mensch Jesus von Nazareth. Diese Verschlingung des Mythischen und des Historischen liefert Bultmann den Schlüssel zu seiner entmythologisierenden Interpretation. Die mythologische Rede des Neuen Testaments hat für ihn den Sinn, die »Bedeutsamkeit« der historischen Gestalt Jesu und seiner Geschichte als Heilsgestalt und Heilsgeschehen zum Ausdruck zu bringen.[47]

Das Heilsgeschehen ist bei Bultmann ganz und gar auf *Kreuz und Auferstehung Christi* konzentriert.[48] Indem Bultmann zeigt, wie sich in ihnen Historisches und Mythisches verschlingen, erschließt er ihren heilsgeschichtlichen Sinn. Das *Kreuz* Christi ist ein datierbares historisches Ereignis der Vergangenheit wie irgendein anderes auch. Aber eben dieses datierbare historische Ereignis der Vergangenheit wird durch die mythologische Rede »in kosmische Dimensionen emporgehoben« und damit in seiner Bedeutung als Heilsereignis enthüllt: es gilt als das »eschatologische« Geschehen, das der alten Welt ein Ende gesetzt und ihr Geschick ein für allemal gewendet hat. Als eschatologisches Geschehen aber ist es nicht mehr ein historisches Ereignis der Vergangenheit, sondern ständige Gegenwart für uns: »An das

Kreuz Christi glauben, heißt nicht, auf einen mythischen Vorgang blicken, der sich außerhalb unser und unserer Welt vollzogen hat, auf ein objektiv anschaubares Ereignis, das Gott als uns zugute geschehen anrechnet; sondern an das Kreuz glauben, heißt, das Kreuz Christi als das eigene übernehmen, heißt, sich mit Christus kreuzigen lassen.« Wer das tut, der lebt nicht mehr aus dem Verfügbaren, sondern ist frei von sich selbst und seiner Verhaftung an die Welt.

Unlöslich mit dem Kreuz ist die *Auferstehung* Christi verbunden. Die Rede des Neuen Testaments von der Auferstehung Christi ist nichts anderes als »der Ausdruck der Bedeutsamkeit des Kreuzes«. Sie besagt eben dies, daß der Kreuzestod Jesu nicht als »ein menschliches Sterben« ins Auge zu fassen ist, sondern als »das befreiende Gericht Gottes«, durch das er der Welt das Heil gebracht und die Möglichkeit zu echtem Leben geschaffen hat. Dann aber ist die Auferstehung Jesu nicht ein »beglaubigendes Mirakel«, das im nachhinein – durch die Rückkehr eines Toten in das diesseitige Leben – den Glauben an das Kreuz sichert, sondern dann ist die Auferstehung Jesu selbst Gegenstand des Glaubens. Kreuz und Auferstehung bilden eine Einheit und sind Ursprung und Gegenstand eines und desselben Glaubens: »Der Auferstehungsglaube ist nichts anderes als der Glaube an das Kreuz als Heilsereignis, an das Kreuz als Kreuz Christi.« Karfreitag und Ostern fallen bei Bultmann auf einen Tag.

Aber wie gelange ich nun dazu, daß ich den Tod Jesu nicht nur als ein menschliches Sterben ansehe, sondern an ihn als an das Heilsereignis glaube, das auch mein Geschick gewendet hat, und also das Kreuz Christi als das meine übernehme? Diese Frage, wie es zur Erfassung der »Bedeutsamkeit« des Christusereignisses kommt, ist identisch mit der anderen, wie es zu seiner »Vergegenwärtigung« kommt. Bultmanns immer wiederholte Antwort darauf lautet: »Christus, der Gekreuzigte und Auferstandene, begegnet uns im Wort der Verkündigung, nirgends anders ... Im Erklingen des Wortes werden Kreuz und Auferstehung Gegenwart ... Im gepredigten Wort und nur in ihm begegnet der Auferstandene.« An die Auferstehung Christi glauben heißt für Bultmann also nichts anderes als an das Wort glauben, das mir hier und jetzt verkündigt wird: »Der verstehende Glaube an das Wort der Verkündigung ist der echte Osterglaube.«[49]

Bultmanns Kritiker haben seine Interpretation der Auferstehung Christi so gedeutet, daß Christus bei ihm in den Glauben und in die Verkündigung seiner Jünger, das heißt in das Kerygma auferstanden sei. Bultmann ist auch bereit, diese Deutung zu akzeptieren, vorausgesetzt, daß sie richtig verstanden wird, nämlich »daß Jesus im Kerygma wirklich gegenwärtig ist, daß es *sein* Wort ist, das den Hörer im Kerygma trifft«. Damit werden alle Spekulationen über die Seinsweise des Auferstandenen gegenstandslos: Christus ist im Kerygma präsent – das genügt als Antwort auf die Frage nach dem Wie, Wo und Wohin seiner Auferstehung. »An den im Kerygma präsenten Christus glauben, ist der Sinn des Osterglaubens.«[50]

Der Begriff »*Kerygma*«, schon vorher aus dem Neuen Testament und auch in der Theologie bekannt, wird bei Bultmann zum Inbegriff seines theologischen Denkens. Kerygma heißt übersetzt »Heroldsruf«, »Botschaft«, »Proklamation«, »Zeugnis«, »Predigt« – das Wort soll ausdrücken, daß die neutestamentliche Verkündigung durch die gegenwärtige Predigt zur persönlichen Anrede Gottes an mich wird, die mich hier und heute in meinem Gewissen als Entscheidungsruf trifft. Dabei sind Inhalt und Vollzug des Kerygmas identisch: Der Inhalt des Kerygmas ist das Christusereignis, und eben dieses Christusereignis vollzieht sich hier und jetzt in der Predigt. Wo das Wort von Christus verkündigt wird, dort ist das Christusgeschehen gegenwärtig, nicht als zeitlose Wahrheit, sondern als hier und jetzt sich ereignend. Damit wird die Predigt selbst zum eschatologischen Ereignis: »Die Predigt ist selbst Offenbarung und redet nicht nur von ihr.«[51]

Das ganze Offenbarungsgeschehen ist bei Bultmann auf das Kerygma konzentriert. Was in der Bibel eine Kette von Ereignissen bildet, eine lange Linie aus Vergangenheit, Gegenwart und Zukunft, von der Schöpfung der Welt über die Erwählung Israels bis zum Geborenwerden, Leben, Sterben und Auferstehen Christi und von dort an wiederum über Himmelfahrt und Pfingsten bis zum Jüngsten Tag – das alles ist bei Bultmann in dem einen Punkt des Jetzt, das heißt in dem in diesem Augenblick erklingenden Wort der Predigt komprimiert. Bei Bultmann fallen nicht nur Karfreitag und Ostern, sondern dazu auch Advent, Weihnachten, Himmelfahrt, Pfingsten und Totensonntag auf einen Tag. Und dieser eine Tag ist das Heute der Verkündigung. Der ganze Ereignischarakter der Offenbarung geht bei Bultmann in dem Ereignis der Predigt auf. Die Predigt gehört zum Heilsgeschehen hinzu, sie selbst *ist* das Heilsgeschehen. Hinter sie gibt es keinen Weg zurück zu einem von ihr ablösbaren Heilsfaktum, sei es zu einem sogenannten »historischen

Jesus« oder zu einem apokalyptischen Weltdrama. Bultmanns Theologie ist ganz und gar Worttheologie. Nicht zu Unrecht hat man sie als »Kerygma-Theologie« charakterisiert.

Dem Begriff des »Kerygmas« korrespondiert bei Bultmann der Begriff des »Selbstverständnisses«. Das Offenbarungshandeln Gottes, das uns im Kerygma begegnet, verleiht uns ein neues Verständnis unser selbst. Das bedeutet nicht, daß die Verkündigung eine magische Verwandlung unseres Lebens bewirkt oder die Beziehung zu Gott unserer Existenz in den anderen Lebensbezügen gleichsam als etwas Angestücktes, Aufgesetztes hinzufügt, sondern das bedeutet, daß die Verkündigung uns über uns selbst die Augen öffnet und wir uns im Licht des göttlichen Offenbarungshandelns in unseren konkreten existentiellen Lebensbeziehungen neu verstehen. Darum bezeichnet Bultmann den Glauben als ein neues »Existenz-« oder »Selbstverständnis«.

Hier erst zeigt sich, was die existentiale Interpretation zu leisten vermag. Sie ist ein Weg, der einzig mögliche Weg, auf dem sich die Wahrheit der christlichen Glaubensaussagen erweisen läßt. Auch die Theologie kann ja nicht nach Belieben irgendwelche Sätze in die Luft stellen, sondern sie muß ihre Wahrheit als sinnvoll erweisen. Das kann sie jedoch nicht, wie etwa die Naturwissenschaft, tun, indem sie ihre Wahrheiten der objektiven Nachprüfbarkeit unterzieht, sondern nur, indem sie ihren Bezug zur Wirklichkeit und ihre Bedeutsamkeit für die Existenz aufdeckt. Die Theologie muß zeigen, inwiefern der Mensch durch den Glauben realiter ein neues Verständnis seiner selbst in der Welt gewinnt.

Das aber hat entscheidende Konsequenzen für die Redeweise der Theologie. Der Gegenstand der Theologie ist Gott. Von Gott aber kann man nicht »direkt« reden, das heißt in allgemeinen Sätzen und Wahrheiten, die von der konkreten existentiellen Situation des Redenden oder Angeredeten absehen, sondern immer nur »indirekt«, das heißt in Sätzen und Wahrheiten, die zur konkreten existentiellen Situation des Redenden oder Angeredeten in Bezug stehen. Alle theologischen Aussagen sind wahr und gültig nur als existentielle Aussagen; alle Mitteilungen über Gott und seine Offenbarung wollen »in die Existenz gefaßt« sein. Der Mensch ist immer der Durchgangspunkt der göttlichen Wahrheit. Darum wird Bultmann nicht müde zu betonen, daß man von Gott und seinem Handeln nur reden könne, wenn man zugleich vom Menschen und seiner Existenz rede: »Will man von Gott reden, so muß man offenbar von sich selbst reden.« In diesem

Sinne ist Bultmann bereit, die Behauptung seiner Kritiker, er verwandle die Theologie in Anthropologie, zu übernehmen: »Ich stelle die Theologie als Anthropologie dar, – was nichts anderes meint, als daß ich die theologischen Aussagen als Aussagen über die Existenz beziehungsweise in die Existenz fasse.«[52]

Aber wird das Handeln Gottes auf diese Weise nicht jeder objektiven Wirklichkeit entkleidet und in die Sphäre der Subjektivität hineingezogen? Werden Gott und der Glaube an ihn damit nicht zu einem bloßen inneren Erlebnis, zu einem inneren seelischen Vorgang? Das ist der übliche theologische Einwand, den man gegen Bultmanns existentiale Interpretation erhebt. Helmut Thielicke spricht nur für viele andere, wenn er schreibt: »Es ereignet sich keine außermenschliche Wirklichkeit, sondern es ereignet sich ›Bewußtsein‹.«[53] Mit diesem Satz werden die Schatten Schleiermachers, ja Feuerbachs beschworen.

Aber in dieses theologisch-philosophische Geschlechtsregister gehört Bultmann nicht hinein. Die Behauptung, daß er mit der existentialen Interpretation die Transzendenz Gottes und die Objektivität seiner Offenbarung auflöse, greift zu kurz. Bultmann will Offenbarungstheologe im strengsten Sinne des Wortes sein. Auch als existentialer Interpret des Neuen Testament hält er unbedingt an der Transzendenz Gottes fest: der Gottesglaube »versteht Welt und Leben von einer jenseits ihrer liegenden Realität aus«[54]. Auch für die existentiale Interpretation bleibt das Handeln Gottes unverrückbar der menschlichen Existenz vorgegeben: Jesus Christus ist nicht eine zeitlose Idee oder ein ewiges Kultsymbol, sondern Ereignis, Faktum, Person, Geschehen, eben das Ereignis, in dem das entscheidende Heilshandeln Gottes ein für allemal stattgefunden hat. Zwar schreibt Bultmann: »Jesus Christus begegnet dem Menschen nirgends anders als im Kerygma«, aber er fährt dann fort: »Das Kerygma verkündigt nicht allgemeine Wahrheiten, eine zeitlose Idee, sei es eine Gottes- oder eine Erlöser-Idee, sondern ein geschichtliches Faktum.« Klar und eindeutig erklärt er: »Die Offenbarung besteht in nichts anderem als in dem Faktum Jesus Christus.«[55] So zäh hält Bultmann an dem Ereignischarakter der Offenbarung als einer »Tat Gottes« fest, daß er sogar den Verdacht, damit einen »mythologischen Rest« stehen zu lassen, auf sich nimmt.

Der Auffassung von der Offenbarung als einer einmaligen vorgegebenen Tat Gottes entspricht Bultmanns Auffassung vom Glauben des Menschen. Hartnäckig beharrt er darauf, daß der Glaube nicht in einer menschlichen Haltung oder Eigenschaft gründet, sondern auf einen außerhalb seiner selbst liegenden Gegenstand gerichtet ist; nur in diesem hat er seinen Grund und Halt: »Der Glaube *ist* gar nicht Glaube als menschliche Haltung, als geistige Funktion, als frommer Gemütszustand, als numinoses Gefühl und dergleichen. Er ist *Glaube* nur als Glaube *an*, nämlich an seinen Gegenstand, an Gott in der Offenbarung.« Der Glaube entsteht nicht durch eine Art Selbstentzündung, sondern durch eine Begegnung, durch die Begegnung mit einem geschichtlichen Ereignis, dem Christusgeschehen. Darum ist er »nichts als einfaches Hören«, als »Antwort auf einen Anruf«, »Antwort auf die in einer bestimmten Offenbarung Gottes erklingende Frage an den Menschen«, und deshalb: »kein Ergebnis der Entwicklung auf dem Felde der Religionsgeschichte, keine Blüte im Garten des menschlichen Geistes, sondern eine fremde Pflanze, von jenseits her in die menschliche Welt gebracht, und nur so und nur deshalb eine Haltung, die mit der jenseitigen Welt verbindet«[56]. In alledem verrät sich Bultmanns lebenslange Verbundenheit mit der dialektischen Theologie. Schleiermacher ist nicht der große Schatten, den er beschwört, sondern den er bekämpft. Von Feuerbachs Verdacht aber ist Bultmann nicht mehr bedroht als jeder andere Theologe.

Bultmann behauptet nicht, daß Gott außerhalb des Glaubens nicht *wirklich* sei, sondern daß er außerhalb des Glaubens nicht *erkennbar* sei. Aber eben darauf richtet sich nun freilich sein ganzes Interesse. Mit Nachdruck betont er, daß allein der Glaube Gottes Handeln zu erkennen vermöge und daß darum vom Handeln Gottes allein in Beziehung auf die menschliche Existenz geredet werden könne. Eben diese Beziehung des Handelns Gottes auf die Existenz des Menschen zum Ausdruck zu bringen und so die Offenbarung Gottes aus der Vergangenheit in die Gegenwart zu holen, ist das Ziel von Bultmanns Entmythologisierung respektive existentialer Interpretation. Sie will ausdrücklich nach dem Wort Melanchthons verfahren: »Christus erkennen, heißt seine Wohltaten erkennen, nicht seine Naturen und die Weisen seiner Inkarnation betrachten.« Oder nach dem Worte Wilhelm Herrmanns: »Von Gott können wir nicht sagen, wie er an sich ist, sondern nur, was er an uns tut.«[57] Aber Bultmann kann sich noch höheren Ortes berufen. Der johanneische Christus spricht: »Lasse dich ein auf den Willen dessen, der mich gesandt hat, alsdann wirst du innewerden, ob diese Lehre von Gott sei oder ob ich von mir selbst rede«. (Johannes 7,17) Luther hat denselben Sachverhalt in immer neuen Wendungen so ausgedrückt: Glaubst du, so hast du; glaubst du nicht, so hast du nicht – jeder hat immer gerade so viel von Gott, wie er glaubt! Das heißt nicht, daß Gott und seine Offenbarung für Bultmann oder gar für die Bibel und die Reformatoren nicht auch außerhalb des Glaubensaktes wirklich seien, aber daß sie für mich nur wirklich und wirksam werden durch die Verkündigung und den Glauben.

Ein alter Satz lautet: Gott erkennen, heißt Gott erleiden. Leiden bedeutet verändert, verwandelt werden. Und eben darum geht es, wenn Bultmann den Glauben ein »neues Selbstverständnis« nennt: nicht um die Änderung einer Meinung, nicht um einen Bewußtseinsakt, sondern um »eine Bewegung der Existenz«[58], bewirkt durch die Begegnung mit dem Handeln Gottes in der Verkündigung der Kirche.

Aber das neue Selbstverständnis ist nicht, nachdem es einmal erschlossen und angeeignet ist, ein immerwährender Besitz des Menschen, vielmehr muß es in der ständig neuen Begegnung mit dem Worte Gottes ständig neu vollzogen werden: »›Gottes Güte ist alle Morgen neu‹ – gewiß, aber ich weiß von ihr nur – nämlich im echten Sinne –, wenn ich sie jeden Morgen neu erkenne; denn als zeitlose Wahrheit hat der Satz keinen Sinn. Das bedeutet aber auch, daß ich selbst nur als jeden Morgen Neuer – durch sie mich erneuern Lassender – von ihr wissen kann.«[59]

Die existentiale Interpretation wirft das ganze Gewicht der Offenbarung Gottes in die gegenwärtige Verkündigung hinein. Das Wort der Verkündigung ist der Grund des Glaubens, es ist sein einziger Grund. Der Hörer des Wortes darf sich nicht umschauen nach irgendeiner anderen Begründung für die Wahrheit der göttlichen Offenbarung, sei es nach einem historischen Jesus, nach einem kosmischen Vorgang, nach irgendwelchen bestätigenden Mirakeln oder seelischen Erlebnissen. Der Glaube ist an das Wort und die Verkündigung gewiesen, an sie allein. Für das Wort aber gibt es keine andere Legitimation und keine andere Basis als eben das Wort selbst.

Bultmann wiederholt deshalb immer aufs neue, daß der Glaube nicht hinter das Kerygma zurückfragen dürfe, um sich auf diese Weise der historischen Zuverlässigkeit und damit der Legitimation seines Anspruches zu versichern. Es scheint, als ob er gar nicht genug Worte finden könne, um die Verkehrtheit dieses Versuches zu geißeln: »Es wäre eine Verirrung, wollte man zurückfragen nach dem historischen Ursprung der Verkündigung, als ob dieser ihr Recht erweisen könnte. Das würde bedeuten:

den Glauben an Gottes Wort durch historische Untersuchung begründen zu wollen. Das Wort der Verkündigung begegnet als Gottes Wort, demgegenüber wir nicht die Legitimationsfrage stellen können, sondern das uns nur fragt, ob wir es glauben wollen oder nicht.« Oder: »Die etwaige Rückfrage nach der Berechtigung des Anspruchs der Verkündigung ist schon ihre Ablehnung; sie muß verwandelt werden in die Frage, die der Fragende an sich selbst zu richten hat, ob er die Herrschaft Christi anerkennen will, die seinem Selbstverständnis die Entscheidungsfrage stellt.«[60]

Darum ist für Bultmann auch die Frage nach dem historischen Grund des Kerygmas in der Person und Botschaft Jesu selbst ohne Bedeutung. Er sieht keinerlei Anlaß, sie zu stellen. Mehr noch, er hat nur ein polemisches Interesse an ihr, er verbietet sie: »Man darf nicht hinter das Kerygma zurückgehen, es als ›Quelle‹ benutzend, um einen ›historischen Jesus‹ mit seinem ›Messiasbewußtsein‹, seiner ›Innerlichkeit‹ oder seinem ›Heroismus‹ zu rekonstruieren. Das wäre gerade der ›Christus nach dem Fleisch‹, der vergangen ist. Nicht der historische Jesus, sondern Jesus Christus, der Gepredigte, ist der Herr.«[61] Der Glaube hat es allein mit dem Kerygma zu tun und erweist sich gerade darin als Glaube, daß er an das Kerygma trotz seiner historischen Nichtausweisbarkeit glaubt. Für die Wahrheit des Kerygmas gibt es nur ein einziges Kriterium, nämlich dies, daß uns das Wort, das uns mit dem Anspruch, Offenbarung Gottes zu sein, begegnet, vor die Entscheidung stellt, wie wir uns selbst verstehen wollen: ob wir aus eigener Vernunft und Kraft unser Leben gewinnen wollen oder aus Gottes Gnade.

Das ist Bultmanns Programm der Entmythologisierung; so sieht die existentiale Interpretation aus. Am Ende erhebt sich die Frage, ob nun nicht doch ein »mythologischer Rest« geblieben ist. Bultmann selbst stellt sich die Frage, und er gibt darauf die Antwort: »Wer es schon Mythologie nennt, wenn von Gottes Tun die Rede ist, für den gewiß.«[62] Aber das ist nun keine Mythologie im alten Sinne mehr. Das entscheidende Kennzeichen dieser Mythologie bestand darin, daß sie das Göttlich-Transzendente als eine objektive Welt vorstellte, die oberhalb oder jenseits unserer Welt lag und von dort her, unter ständiger Zerreißung der natürlichen und geschichtlichen Kontinuität, in unsere Welt eingriff. Auch das Neue Testament beschreibt das Geschehen der Offenbarung Gottes weithin in diesen Vorstellungen. Der Säkularisierungsprozeß der Neuzeit aber hat dieses »Weltbild« zerstört, und so mußte die Frage auftauchen, ob damit nicht auch die Botschaft des Neuen Testaments »erledigt« sei. Eben das ist Bultmanns Frage und Problem. Mit der Entmythologisierung des Neuen Testaments im Sinne der existentialen Interpretation hat Bultmann sich der Herausforderung des christlichen Glaubens durch das geschichtliche Denken der Neuzeit gestellt. Mit ihrer Hilfe deutet er das Verhältnis von Jenseits und Diesseits, von Heilsgeschichte und Weltgeschichte neu. Er will Ernst machen mit dem geschichtlichen Denken und dennoch nicht die Offenbarung Gottes preisgeben. Die Methode der existentialen Interpretation bildet für ihn das Mittel, um das Zugleich der Beziehung des Glaubens zur Geschichte und zu Gott festzuhalten.

Die Offenbarung Gottes ist nicht ein mirakelhaftes, übernatürliches Geschehen, das als etwas total Andersartiges, völlig Verschiedenes aus aller übrigen Geschichte ausgegrenzt ist, sondern es ist ein geschichtliches Geschehen in Raum und Zeit. Aber eben als dieses historisch feststellbare geschichtliche Geschehen in Raum und Zeit ist es das Offenbarungshandeln Gottes, durch das er das Heil der Welt schafft. Jesus Christus, der ein geschichtlicher Mensch von Fleisch und Blut war und das ganze Geschick eines Menschen in dieser Welt durchlebt hat, ist das eschatologische Ereignis, das jeweils hier und jetzt in der Verkündigung der Kirche gegenwärtig wird. Damit behauptet Bultmann »die paradoxe Identität des innerweltlichen Geschehens mit dem Handeln des jenseitigen Gottes«. Das göttliche Handeln findet nicht »zwischen« den weltlichen Ereignissen, sondern »*in*« ihnen statt. Vor uns liegt der Lauf der Welt mit seinen natürlichen und geschichtlichen Begebenheiten: für unsere Augen und Ohren ist daran nichts Göttliches wahrzunehmen. Der Glaubende aber erkennt in ihnen das verborgene Handeln Gottes, freilich nur dann, wenn er sich in dieses Handeln hineinziehen läßt und seine eigene Existenz dadurch neu versteht.[63]

Das Göttlich-Transzendente überlagert hier nicht mehr die sichtbar-diesseitige Welt als eine »höhere« Sphäre, in die der Fromme sich jeweils in einem »religiösen« Akt hinaufschwingt, sondern es liegt in eben dieser sichtbar-diesseitigen Welt verborgen; und der Glaubende gelangt nicht zu ihm hin, indem er diese Welt verläßt, sondern indem er in ihr bleibt, diese Welt ihm aber transparent wird und er in seinen existentiellen Lebensbezügen seine Beziehung zu Gott wahrnimmt. Anders ist der Gottesgedanke für den modernen, geschichtlich denkenden Menschen nicht mehr vollziehbar. Die Gedanken seines Entmythologisierungsaufsatzes weiterführend, hat Bultmann in den letzten Jahren mit Nachdruck betont: »Nur der Gottesgedanke, der im Bedingten das Unbedingte, im Diesseitigen das Jenseitige, im Gegenwärtigen das Transzendente finden, suchen und finden kann, als Möglichkeit der Begegnung, ist für den modernen Menschen möglich.«[64]

Bultmann hat sich damit nicht dem Denken des modernen Menschen angepaßt, sondern er hat damit die eigentliche Intention des Neuen Testaments, gleichsam das Christliche am Christentum, zur Geltung gebracht. Das Neue Testament behauptet die Gegenwart des jenseitigen Gottes in der Geschichte, wie der Prolog des Johannesevangeliums es ausdrückt: »Das Wort ward Fleisch.« Mit eben diesem Zitat schließt Bultmanns Aufsatz über die Entmythologisierung des Neuen Testaments.

Bleibt bei Bultmann also ein »mythologischer Rest«? Nicht ein mythologischer Rest, aber die Paradoxie der göttlichen Offenbarung, wie das Neue Testament sie behauptet. Und eben diese Paradoxie der göttlichen Offenbarung hat Bultmann mit seiner Entmythologisierung des Neuen Testaments zum Ausdruck bringen wollen. Wenigstens ist dies seine theologische Absicht gewesen. Die Frage ist, ob er sie voll durchgeführt hat.

Kerygma und Geschichte

Niemand wird bestreiten können, daß der hermeneutische Bogen bei Bultmann in der Gegenwart auftrifft. Gegenwärtiger und existentieller als bei ihm geht es nimmer. Man kann nur staunen angesichts der Konsequenz seines Versuches, das Handeln Gottes auf die Existenz des Menschen zu beziehen und so die Offenbarung aus der Vergangenheit in die Gegenwart zu bringen. Die Frage ist nur, ob Bultmann auch wirklich die *ganze* Botschaft der Bibel herübergebracht oder ob er unterwegs nicht etwas von ihr verloren hat.

Der erste Eindruck ist, daß in Bultmanns Theologie eine rückhaltlose Konzentration aller Aussagen der Bibel auf die Existenz des Menschen vollzogen ist und daß diese rückhaltlose Konzentration eine radikale Abstraktion der biblischen Botschaft zur Folge gehabt hat. Der Verdacht liegt nahe, daß eben darin, sowohl positiv als auch negativ, die Auswirkung des Existentialismus des frühen Heidegger zu suchen ist.

Grundsätzlich läßt sich nichts dagegen einwenden, daß Bultmann sich bei seiner Auslegung des Neuen Testaments der existenzphilosophischen Begrifflichkeit bedient. Keine Theologie kann darauf verzichten, philosophische Kategorien und Begriffe zu Hilfe zu nehmen, wenn sie die ihr aufgetragene christliche Wahrheit ausdrücken will. Karl Barth schreibt einmal über die Abhängigkeit jedes Theologen von der Philosophie: »Wir alle tragen irgendeine solche Brille... wir brauchen irgendeinen Schlüssel, irgendeinen Denkschematismus als Vehikel, um ›mitzukommen‹«; auch speziell Bultmann gegenüber gibt er zu: »›Philosophische Brocken‹ schwimmen in der theologischen Sprache von uns Allen.«[65] Augustin hat platonisch, Thomas von Aquino aristotelisch geredet; Luther war mehr Neu-, Calvin mehr Alt-Platoniker; die Theologie des 19. Jahrhunderts hat weithin in Hegelschen Kategorien gedacht, und Gogarten, Brunner und andere haben sich der Ich-Du-Philosophie Ferdinand Ebners bedient. Warum sollte Bultmann nicht das Recht haben, »heideggerisch« zu reden?

Gefährlich wird es immer erst dann, wenn die Theologie ihre Freiheit an die Philosophie verliert, wenn sie sich von ihr das Gesetz des Denkens und Sagens vorschreiben läßt. Dann kann es geschehen, daß die geliehenen philosophischen Begriffe und Kategorien aus Dienern zu Herren werden, daß sie das christliche Kerygma umklammern und es seines Gehaltes entleeren. Und eben diese kritische Frage müssen wir an Bultmanns existentiale Interpretation des Neuen Testaments richten: Hält die Philosophie hier den christlichen Glauben so fest umschlossen, daß sie ihn zu erdrücken droht? Anders gefragt: Hat Bultmann die von ihm beabsichtigte rein *formale* Bindung an Heideggers philosophische Existenzanalyse durchgehalten, oder ist aus dieser formalen Bindung unbemerkt eine *prinzipielle* geworden? Und hat das existenzphilosophische Vorverständnis bei Bultmann somit zu einer unerlaubten Verkürzung der christlichen Botschaft geführt?

Was Bultmann mit seinem existenzphilosophischen Ansatz gewinnt, haben wir gesehen: Keinem anderen Theologen gelingt es wie ihm, das Christusgeschehen, das vor zweitausend Jahren stattgefunden hat, auf die Existenz des Menschen zu beziehen und es so über den »garstigen Graben« der Geschichte hinweg in die Gegenwart zu holen. Aber geht diese radikale Vergegenwärtigung der christlichen Botschaft bei ihm nicht auf Kosten des Inhalts? Zum mindesten wird man sagen müssen, daß bei Bultmann eine »*anthropologische Engführung*« stattgefunden hat, so wie wir bei Barth, gerade umgekehrt, eine »christologische Engführung« festgestellt haben. Diese anthropologische Verengung der christlichen Botschaft bei Bultmann aber hat ihren Grund fraglos in seinem existenzphilosophischen Vorverständnis.

Vor allem *eine* These Heideggers hat sich bei Bultmann verengend ausgewirkt: die Behauptung vom ontologischen Vorrang der Möglichkeit vor der Wirklichkeit und damit die Verlegung aller Geschichte in die Geschichtlichkeit der menschlichen Existenz. Indem Heidegger, wie schon Dilthey, den Ursprung aller Geschichte in die Geschichtlichkeit des Menschen hineinverlegt, kehrt er das bis dahin zwischen beiden geltende Verhältnis in sein Gegenteil um. Jetzt gründet die Geschichtlichkeit des Menschen nicht mehr in der Erfahrung der Wirklichkeit als Geschichte, sondern jetzt gründet umgekehrt die Möglichkeit zur Geschichte in der Geschichtlichkeit des menschlichen Daseins.

Aber mit einem einfachen Entweder-oder kommt man hier nicht durch. Man kann nicht sagen: entweder Geschichte als vorgegebene Wirklichkeit oder Geschichte als Möglichkeit der menschlichen Existenz. Es herrscht hier nicht ein einfaches Entweder-oder, sondern ein dialektisches Sowohl-als-auch: Der Mensch würde die Geschichte nicht als Wirklichkeit erfahren, wenn sie ihm nicht als seine eigene Möglichkeit begegnete; umgekehrt aber würde ihm die Geschichte nicht als seine eigene Möglichkeit begegnen, wenn er sie nicht als eine vorgegebene Wirklichkeit erführe. Jürgen Moltmann hat dieses Doppelverhältnis des Menschen zur Geschichte respektive der Geschichte zum Menschen auf die knappe Formel gebracht: Der Mensch »*ist* nicht nur geschichtlich, sondern er *hat* auch Geschichte«; die Geschichte begegnet ihm »im Modus des Seins und des Habens«[66]. Immer ist die Geschichte dem Menschen auch schon als wirklich und geschehen vorgegeben; immer sind seinem Dasein die Horizonte schon gezogen. Eben diese Seite der Geschichtserfahrung aber ist es, die bei Heidegger durch seine ontologische Vorordnung der Möglichkeit vor der Wirklichkeit zu kurz kommt.

Indem Bultmann diese Umkehrung von Möglichkeit und Wirklichkeit von Heidegger übernimmt, tritt bei ihm notwendigerweise eine anthropologische Verengung der christlichen Botschaft ein. Die existentiale Interpretation zieht alles, die Wirklichkeit Gottes wie die Wirklichkeit der Welt, in die menschliche Existenz hinein. Daß dies nicht die Auflösung der Offenbarung Gottes in die Subjektivität des Menschen bedeutet, haben wir gesehen. Gegen diesen allgemeinen Vorwurf seiner theologischen Kritiker ist Bultmann gefeit. Der Charakter der Christusoffenbarung als einer außerhalb und jenseits des Menschen liegenden Tat Gottes wird bei ihm nicht angetastet. Was bei Bultmann jedoch zu kurz kommt, ist die kosmische Weite dieser Offenbarung, ihr Bezug sowohl auf die Existenz des einzelnen Menschen als auch auf das Schicksal der ganzen Welt.

Die Bibel schreibt gleichsam Universalgeschichte. In ihr wird die Offenbarung Gottes als ein universales Geschehen geschildert, das einen Anfang und ein Ziel hat, das Schöpfung, Versöhnung und Erlösung umfaßt, das von der Erschaffung der Welt bis zu ihrer Vollendung am Ende der Zeit reicht und in dem es daher Vergangenheit, Gegenwart und Zukunft gibt. Von alledem ist bei Bultmann nichts oder so gut wie nichts übriggeblieben, von der ganzen langen Linie nur ein einziger Punkt: jener Augenblick in der Gegenwart, in dem er einzelne Menschen im Glauben das Leben als Geschenk der göttlichen Gnade ergreift und darin den Sinn und das Ziel der Geschichte erfährt. Bultmanns Buch ›Geschichte und Eschatologie‹, in dem er nach dem Sinn der Geschichte fragt, endet mit den bezeichnenden Sätzen: »Der Sinn der Geschichte liegt je in der Gegenwart ... Derjenige, der klagt: ›Ich kann keinen Sinn in der Geschichte sehen und darum ist mein Leben, das in die Geschichte hineinverflochten ist, sinnlos‹, muß aufgerufen werden: ›Schau nicht um dich in die Universalgeschichte; vielmehr mußt du in deine eigene persönliche Geschichte blicken. Je in deiner Gegenwart liegt der Sinn der Geschichte, und du kannst ihn nicht als Zuschauer sehen, sondern nur in deinen verantwortlichen Entscheidungen. In jedem Augenblick schlummert die Möglichkeit, der eschatologische Augenblick zu sein. Du mußt ihn erwecken.‹«[67]

Das alles ist gewiß richtig, aber als Interpretation der biblischen Eschatologie reicht es nicht aus. Es bedeutet die totale *Privatisierung* ihres kosmischen Universalismus in einer rein punktuell verstandenen individuellen Existenz. Bultmann selbst schreibt: »Eschatologie hat gänzlich ihren Sinn als Ziel der Geschichte verloren und ist im Grunde als Ziel des individuellen Seins verstanden.«[68] Damit ist aus Gottes »großem Drama« ein »existentialistisches Kammerspiel« geworden.[69] In ihm kreist alles nur noch um das Selbstverständnis des Menschen. Das Kerygma, das das Handeln Gottes an der Welt bezeugt, ist zum

Entscheidungsruf verkürzt, der den Menschen in seiner Existenz trifft, um ihn aus der Uneigentlichkeit in die Eigentlichkeit zu führen. Die Zukunft Gottes ist auf die Zukunft des Menschen reduziert, und die Vergangenheit wird nur noch als Folie oder Modell der von uns in der augenblicklichen Gegenwart zu treffenden Entscheidung verstanden.[70]

Hand in Hand mit der Privatisierung der Eschatologie geht bei Bultmann die *Spiritualisierung* der christlichen Existenz. Es scheint kein Zufall zu sein, daß die letzte seiner ›Marburger Predigten‹ mit einem Zitat von Tersteegen schließt: »Ins Heiligtum, ins Dunkle kehr' ich ein. Herr, rede du, laß mich ganz stille sein.«[71] Auch sonst ist in diesen Predigten viel von der Stille, vom Frieden und vom Zur-Ruhe-Kommen der Seele die Rede. Das ist guter pietistischer Spiritualismus, wie er zur mystischen Tradition des Abendlandes gehört und von Augustin bis zu Adolf von Harnack reicht. Hier ist der Blick auf das eigene Selbst gerichtet; was fehlt, ist das Bedenken der ganzen Welt als Welt Gottes. Aber wiederum fragt Jürgen Moltmann mit Recht: »Ist überhaupt ein Selbstverständnis des Menschen denkbar, das nicht durch das Verhältnis zur Welt, zur Geschichte, zur Gesellschaft bestimmt ist?«[72] Selbstverständnis und Weltverständnis müssen miteinander korrespondieren und in Korrelation zueinander stehen. Der Mensch kann sich selbst immer nur als einen verstehen, der in einer bestimmten Situation lebt und damit in einer vielfältigen, schier unübersehbaren Weise in die Welt verflochten ist, in die Familie, in den Staat, in die Gesellschaft, in die Kirche, in das 20. Jahrhundert.

Bultmanns überspitzter Personalismus hat eine totale Abstraktion der menschlichen Existenz von ihren Weltbezügen zur Folge. Hatten wir den Denkstil des jungen Barth mit dem gleichzeitigen Expressionismus in der Kunst verglichen, so können wir Bultmann unter die Abstrakten einreihen.[73] Daß Gott nicht nur von Person zu Person redet, sondern an der Welt als ganzer handelt, daß die Person wiederum ein Mensch ist, der nicht nur einen Kopf, sondern auch ein Herz und einen Leib hat, und daß es in der Welt nicht nur Personen gibt, sondern auch Sachen, Tiere und Pflanzen, Sonne und Sterne, Berge und Seen – das alles kommt in Bultmanns Theologie zu kurz. Es ist zwar da, aber es wird aus dem Glauben entlassen und bleibt damit sich selbst überlassen. Es bleibt theologisch unbeachtet. Wie es bei Bultmann für den Glauben nur Geschichtlichkeit, aber keine Geschichte gibt, so auch nur Geschöpflichkeit, aber keine Schöpfung.

Damit aber droht eine neue Schizophrenie, nicht mehr zwischen oben und unten, sondern zwischen hier und dort: hier der Mensch, der sich als Gottes Geschöpf versteht – dort die Welt, die einen in sich geschlossenen Wirkungszusammenhang bildet und der objektiven Betrachtungsweise überlassen bleibt. Eine solche Spaltung aber verbietet sich von beiden Seiten. Carl Friedrich von Weizsäcker schreibt dazu: »Eine Spaltung von Existenz und Natur, so etwa, daß die Existenz das Feld des christlichen Glaubens, die Natur das Feld der exakten Wissenschaft wäre, weist sowohl dem Glauben wie der Wissenschaft ein zu enges, ein eigentlich so gar nicht vorhandenes Feld zu.«[74]

Doch nun läßt sich nicht leugnen, daß die Bibel von dem Handeln Gottes an der Welt als ganzer, von ihrer Schöpfung, Versöhnung und Erlösung, in mythologischen Vorstellungen spricht. Aber wie sollte sie auch anders davon sprechen? Auch Bultmann kommt ja um die mythologische Sprache nicht ganz herum. Was ist zum Beispiel sein häufiges Reden vom »Handeln Gottes« denn anderes als eine mythologische Redeweise? Mit Recht schreibt Otto Küster: »Mit diesen beiden Worten ist eine ganze mythische Welt konstituiert.«[75] Gefährlich wird es erst, wenn die mythologischen Vorstellungen objektiviert und verdinglicht werden, wenn der Mythos nicht als Chiffreschrift genommen, sondern mit der in ihm ausgedrückten Sache identifiziert wird. Das geschieht zum Beispiel, wenn man die Gottessohnschaft Jesu physisch versteht und so eine irdisch-menschliche Familiensituation in das innere Leben der Gottheit hineinträgt. Damit wird Gott zu einem innerweltlichen Phänomen gemacht, und gleichzeitig wird vom Glauben des Menschen Unmögliches gefordert. Eine solche Identifikation der mythologischen Chiffreschrift mit der in ihr ausgedrückten Sache verbietet schon das Zweite Gebot: »Du sollst dir von Gott kein Bild oder Gleichnis machen.« Darum hat Bultmann mit seiner Entmythologisierung recht, und auch damit, daß er den Mythos nicht kritisch eliminiert, sondern existential interpretiert.

Aber das darf nun doch nicht heißen, daß wir die mythologische Sprache als solche abwerfen können. Ohne den Mythos würde der Glaube sprachlos, oder auf sein Reden von Gott senkte sich das trübe Grau eines faden Intellektualismus. Es könnte sein, daß die teilweise groben Anthropomorphismen, in denen die Bibel von Gott redet, der Wirklichkeit Gottes gerechter werden als eine subtile philosophische Spekulation oder eine von allen mythologischen Bildern und Vorstellungen gereinigte existentiale Interpretation. Dem widerspricht nicht, daß wir uns der Uneigentlichkeit aller mythologischen Vorstellungen bewußt bleiben müssen, daß der Mythos daher kritisch interpretiert und der in ihm verborgene Sinngehalt aufgedeckt sein will und daß dies nur mit Hilfe der philosophischen und theologischen Reflexion möglich ist.

Wir befinden uns hier auf einer schmalen Gratwanderung. Aber es gibt eine unbestechliche Probe aufs Exempel: Ob die mythologische Redeweise der Bibel vom Handeln Gottes an der Welt als ganzer in ihrem Chiffrecharakter erkannt und dennoch in ihrer Bedeutsamkeit beibehalten wird, erweist sich an der Art und Weise, wie die Christen ihre Sendung in der Welt wahrnehmen: ob sie das Schicksal der ganzen Welt als Welt Gottes bedenken und bereit sind, es in ihre Verantwortung zu nehmen. Die existentiale Interpretation des Mythos ist notwendig – aber nicht nur, wie bei Bultmann, in Hinsicht auf die private Existenz des Einzelnen, sondern in Hinsicht auf die öffentliche Zukunft der ganzen Welt. Selbstverständnis und Weltverständnis müssen aufeinander bezogen sein. Auch die weltweiten Aussagen der Bibel müssen durch das enge Nadelöhr des Rechtfertigungsbekenntnisses gebracht werden, aber sie müssen auch wirklich durch es hindurchgehen. Wo nur Weltverständnis ohne neues Selbstverständnis ist, dort gilt das Wort der Bibel: »Was hülfe es dem Menschen, so er die ganze Welt gewönne und nähme doch Schaden an seiner Seele?«; wo umgekehrt nur Selbstverständnis ohne neues Weltverständnis ist, dort lebt der Mensch wie in einem gläsernen Kubus, in dessen Wänden sich immer wieder nur sein Selbst spiegelt.

Wir stellen noch einmal fest: Der hermeneutische Bogen trifft bei Bultmann in der Gegenwart auf; die Vergegenwärtigung der christlichen Botschaft gelingt. Die Gefahr aber ist, daß der Pfeiler, der in der Gegenwart steht, bei Bultmann überlastet wird, während seine Basis in der Welt zugleich zu schmal ist. Er droht zusammenzubrechen und damit gleichzeitig den anderen Pfeiler, der in der Vergangenheit steht, aus dem Boden zu heben. Ohne Bild ausgedrückt: Die rückhaltlose Verlagerung des ganzen Gewichtes der christlichen Offenbarung in die Existenz des Menschen hinein droht der Offenbarung ihren Rückhalt im Grund der Geschichte zu nehmen.

Wir haben immer wieder gesehen, wie bestimmt Bultmann daran festhält, daß Gott sich in einem Ereignis der Geschichte offenbart hat und daß das Christusgeschehen darum nicht eine

Idee und ein Symbol, sondern Ereignis, Faktum und Geschehen ist. Wenn wir aber genauer nachfragen, was sich denn nun eigentlich ereignet habe und geschehen sei, so bleiben Bultmanns Antworten darauf merkwürdig unergiebig, spröde, ja polemisch abweisend. Als geschichtlicher Grund der Offenbarung Gottes genügt ihm das bloße gestaltlose »Daß« des Gekommenseins Jesu: »Damit Jesus als eschatologisches Phänomen verstanden werde, bedarf es nur dessen, daß das Daß seines Gekommenseins verkündigt werde.« – »Es braucht inhaltlich von Jesus nichts gelehrt zu werden als dieses Daß, das in seinem historischen Leben seinen Anfang nahm und in der Predigt der Gemeinde weiter Ereignis wird.«[76] Mit dieser Beschränkung der Offenbarung auf die bloße Faktizität ihres Geschehenseins hängt auch Bultmanns Vorliebe für Paulus und das Johannesevangelium zusammen, für Paulus, der schreibt, daß er den »Christus nach dem Fleisch« nicht mehr kenne (2 Korinther 5,16), für das Johannesevangelium, weil in ihm die Offenbarung – wenigstens nach Bultmanns Interpretation – ganz und gar nur auf das bloße gestaltlose »Daß« des Gekommenseins Jesu als des »Offenbarers« konzentriert ist: Jesus offenbart als der Offenbarer Gottes nichts anderes, als daß er der Offenbarer ist.[77] Bultmann bevorzugt also das Johannesevangelium, nicht obwohl, sondern *weil* es so unhistorisch ist.

Woher rührt diese ahistorische, ja antihistorische Haltung Bultmanns, seine Sprödigkeit gegenüber jeder genaueren Beschreibung des Christusgeschehens und damit seine völlige Desinteressiertheit am historischen Jesus?

Es ist einmal seine historische Skepsis, die sich darin auswirkt: »Ich bin der Meinung, daß wir vom Leben und von der Persönlichkeit Jesu so gut wie nichts mehr wissen können.«[78] Diese Skepsis Bultmanns entspricht durchaus dem Ergebnis der historisch-kritischen Erforschung des Neuen Testaments, vor allem ihrer formgeschichtlichen Methode: Da uns die gesamte Überlieferung von Jesus nur in den neutestamentlichen Zeugnissen der Urgemeinde vorliegt, diese Zeugnisse aber vom ersten Augenblick ihrer Entstehung an vom Glauben, Leben und Verkündigen der Urgemeinde geformt sind, läßt sich aus ihnen kein zuverlässiges Bild vom historischen Jesus gewinnen. Der Charakter Jesu, ein anschauliches Bild seiner Persönlichkeit und seines Lebens ist für uns daraus nicht mehr zu erkennen. Nur mit Phantasie ließe sich ein solches Bild rekonstruieren.[79]

Aber diese historische Skepsis begründet doch nur zum Teil Bultmanns Bescheidung mit dem bloßen Daß des Gekommenseins Jesu. Das magere *historische* Ergebnis kommt Bultmanns *theologischem* Interesse in willkommener Weise entgegen; Bultmann macht aus der historischen Not eine theologische Tugend. In seiner historischen Kritik am Neuen Testament ist er bestimmt durch seinen reformatorisch-theologischen Denkansatz: Der Glaube darf sich auf kein »Werk«, in diesem Fall auf kein Ergebnis der historischen Forschung stützen, sondern muß sich allein an das ihm verkündigte Wort halten. Das gibt der historischen Kritik bei Bultmann von vornherein einen rein negativen Sinn. Ihre Aufgabe besteht nicht darin, festzustellen, wie es gewesen ist, sondern wie es nicht gewesen ist, um dem Glauben auf diese Weise alle historischen Krücken wegzuschlagen. Weil die historische Forschung in der ganzen Geschichte nichts für den Glauben irgendwie Relevantes finden *darf*, darum *findet* sie auch nichts in ihr: »Mit einer großen Frage endigt hier die Forschung – und *soll* sie endigen!«[80] Dem entspricht es, daß Bultmanns eigenes Jesus-Buch im Grunde »ein Buch von Jesus ohne Jesus« ist[81] und daß in seiner ›Theologie des Neuen Testaments‹ die Verkündigung Jesu in eine Art jüdisches Vorkapitel verwiesen wird, so daß sie nicht als eigentlicher Inhalt, sondern nur als Voraussetzung der neutestamentlichen Botschaft erscheint.

In diesem kritischen Radikalismus Bultmanns kreuzt sich das Pathos der dialektischen Theologie, die behauptet, daß es in der ganzen Welt nichts gibt, woraus der Glaube eine direkte Erkenntnis Gottes gewinnen könne, mit dem Ergebnis der formgeschichtlichen Forschung, die nachweist, daß die Evangelien keine historischen Berichte, sondern Glaubenszeugnisse sind. Offenbarung, Wort, Verkündigung und Glaube bilden bei Bultmann in ihrer strengen gegenseitigen Bezogenheit solch einen geschlossenen Zirkel, daß kein historisches Bedenken in ihn einzudringen oder ihn gar aufzubrechen vermöchte. Weil Bultmann den Glauben allein an das verkündigte Wort bindet, kann er sich gegenüber der tatsächlich geschehenen Geschichte gleichgültig zeigen, und weil er das ganze Gewicht der Offenbarung in die Gegenwart wirft, kann er sich im Blick auf die Vergangenheit mit dem bloßen Daß des Geschehenseins begnügen und noch desinteressiert hinzufügen: »– es möge gewesen sein, wie es wolle«[82]. Fast triumphierend stellt Bultmann fest: »Ich habe mich in meinem kritischen Radikalismus noch nie unbehaglich gefühlt, sondern ganz behaglich. Ich habe aber vielfach den Eindruck, daß meine konservativen Kollegen im Neuen Testament sich recht unbehaglich fühlen; denn ich sehe sie immer bei Rettungsarbeiten begriffen. Ich lasse es ruhig brennen; denn ich sehe, daß das, was da verbrennt, alle die Phantasiebilder der Leben-Jesu-Theologie sind, und daß es der ›Christus nach dem Fleisch‹ selbst ist. Aber der ›Christus nach dem Fleisch‹ geht uns nichts an; wie es in Jesu Herzen ausgesehen hat, weiß ich nicht und will ich nicht wissen.«[83] Das ist ein Triumphlied der historischen Kritik und des Glaubens in einem.

Aber dieses Miteinander von historischer Kritik und Glauben führt bei Bultmann doch nun zu einer gefährlichen »*Zweigleisigkeit*«. Auf der einen Seite wird das Christusgeschehen historisch-kritisch entleert bis auf einen gestaltlosen Rest der bloßen Historizität der Person Jesu – auf der anderen Seite wird dasselbe Christusgeschehen kerygmatisch bis an den Rand gefüllt als das eschatologische Ereignis, durch das Gott das Heil der Welt gewirkt hat. Auf der einen Seite hat Bultmann wie kaum ein anderer das Neue Testament historisch-kritisch durchforscht, so daß fast kein Stein auf dem anderen geblieben ist – auf der anderen Seite behauptet derselbe Bultmann, daß der Prediger, wenn er die Kanzel besteige, die Bibel nicht anders vor sich liegen habe denn als »das gedruckte, vom Himmel gefallene Buch«, und daß ihn alles, was er historisch-kritisch über ihre Entstehung wisse, in diesem Moment nichts angehe.[84]

Dieser »*Methodendualismus*« führt, wenn auch nicht zu einer doppelten Wahrheit, so doch zu einer gefährlichen Doppelung der Gestalt Jesu in einen »historischen Jesus« und einen »kerygmatischen Christus«, wobei Bultmann zudem noch ausdrücklich sagt, daß uns nicht der eine im anderen begegne. Dieser Doppelung der Gestalt Jesu entspricht auf seiten des Christen eine ähnliche Doppelexistenz: Eben noch hat er den kerygmatischen Christus historisch-kritisch bis auf die bloße Historizität seiner Person entkleidet, da befindet er sich schon mit einem Salto mortale mitten im Glauben an den kerygmatischen Christus. Oder mit einem anderen Bilde: »Hat er sich eben noch in der Arktis befunden, in der die Vergangenheit zu Eis erstarrte, so sieht er sich plötzlich an die Tropensonne versetzt, die alles Eis der Vergangenheit in Bedeutsamkeit umschmilzt... Nachdem er den Text historisch-kritisch beerdigt hat, soll er ihn existential wieder auferwecken.«[85]

Dieser Methodendualismus birgt die Gefahr in sich, daß der hermeneutische Bogen bei Bultmann gleich in seinem Ansatz, bei dem Übergang vom historischen Jesus zum kerygmatischen Christus, zu zerbrechen droht. Wo ein so geringes Interesse an der Frage nach dem geschichtlichen Grund der Verkündigung von Jesus Christus in der Verkündigung und Person Jesu selbst besteht, wo das Christusgeschehen nur »einen minutiösen Brückenkopf im Niemandsland des Historischen« bildet [86] und wo »es gewesen sein möge, wie es wolle« – dort droht der Zusammenhang zwischen dem irdischen Jesus und dem gepredigten Christus zu zerreißen und ihre Identität trotz aller gegenteiligen Beteuerungen unglaubwürdig zu werden: Warum kann die Voraussetzung des christlichen Kerygmas dann nicht auch eine Idee oder ein Mythos sein? Wenn man das Kerygma so stark von der Geschichte Jesu ablöst und die historische Kenntnis dieser Geschichte für theologisch so bedeutungslos erklärt, wie Bultmann es tut, besteht die Gefahr, daß das Kerygma zu einer allgemeinen, zeitlosen Wahrheit wird und die Berufung auf die Geschichte zu einem rein formalen Akt. Nicht zu Unrecht scheint Barth daher aus dem entmythologisierten Neuen Testament Bultmanns »ein scharfes Gerüchlein von Doketismus« entgegenzusteigen. [87]

Die drohende Enthistorisierung des Kerygmas führt noch zu einer weiteren Konsequenz: Durch die völlige Abstraktion alles Historisch-Konkreten, Lebendig-Leiblichen, Anschaulich-Wahrnehmbaren droht das Christusgeschehen bei Bultmann seinen Charakter als Gabe und Evangelium zu verlieren. Was übrigbleibt, ist eine nackte Heilstatsache, die nur noch das Wesen von Faktizität besitzt. Es ist das »inhaltsleere Paradox« [88], *daß* Gott in diesem Jesus gehandelt hat. *Was* er eigentlich getan hat und *wie* er es getan hat, wird nicht gesagt. Barth schreibt angesichts dieser bei Bultmann nur noch behaupteten Tatsächlichkeit der Christusoffenbarung: »Ich meine gerade an der Stelle – bei aller hohen Verborgenheit und Unaufweisbarkeit solches Geschehens – Konturen, Farben, eine Person und ihr Werk zu sehen, wo nach Bultmann Dunkel und Schweigen herrscht, nur die Behauptung, daß es sich da um Gottes Heilstat handle, Raum haben dürfte.« [89]

In Bultmann steckt etwas von einem spätmittelalterlichen »Nominalisten«: Gott, in seiner unumschränkten Allmacht, hat es gefallen, ein winziges Stück Geschehen aus der allgemeinen Weltgeschichte auszuwählen und daran den Namen »Offenbarung« zu heften, und an dieses so als göttliche Offenbarung nominierte Geschehen hat der Mensch nun auf Gedeih und Verderb zu glauben. Es ist seltsam, wie derselbe Bultmann, der sonst so große Mühe an das Deuten und Verstehen der christlichen Botschaft wendet, das Heilsgeschehen selbst wie einen erratischen Block fast völlig ungedeutet und unverstanden stehen läßt.

Herrscht bei Bultmann damit aber nicht derselbe Offenbarungs-positivismus wie in der Orthodoxie, nur daß an die Stelle solcher »mirakulösen« Dinge wie Jungfrauengeburt, Wunder, leeres Grab und Himmelfahrt das pure Daß des Gekommenseins Jesu getreten ist? Wird damit nicht jener Glaube an ein »unverständliches X« gefordert, den Bultmann doch eigentlich gerade überwinden will? Heißt es dann nicht bei Bultmann genauso wie bei Barth: »Friß, Vogel, oder stirb!«? Otto Küster schreibt zu Bultmanns nominalistischer Auffassung der Offenbarung Gottes in Jesus Christus: »Daß wir uns mit dem reinen Daß seines Gelebthabens zu bescheiden hätten, wollen wir Bultmann nicht glauben. Es soll nicht unsere Hypothese sein, daß Gott einen Menschen *beliebigen Wesens* zum Opfer angenommen habe, daß am Ende auch Paulus Christus hätte werden können, daß auch das Leiden des Schächers zur Rechten oder gar desjenigen zur Linken hätte genugtun können, daß die wesenlose bare Kontingenz gewaltet habe, so daß also ein beliebiges Subjekt, ein beliebiger dazu erhobener Mensch vor uns stünde und *daneben* die ihm zugefallene, aber nicht in seine Person eingegangene Rolle, das leibhaftige Wort zu sein.«[90]

Wie kann eine »bloße Heilstatsache«, ein »inhaltsleeres Paradox« mich nicht nur *zum* Glauben rufen, sondern den Glauben auch in mir *hervor*rufen? Und darauf kommt es doch wohl an, wenn das Christusgeschehen nicht nur Anspruch und Gesetz, sondern Gabe und Evangelium sein soll und der Glaube entsprechend nicht Leistung und Werk, sondern Loslassen und Vertrauen. Nicht zufällig betont Bultmann an dem neutestamentlichen Glaubensbegriff so stark die Seite der Entscheidung und des Gehorsams. Was darin anklingt, ist nicht so sehr der Ruf Jesu in die Nachfolge als vielmehr der Ruf Heideggers in die Eigentlichkeit. Das legt auf die ganze Theologie Bultmanns einen großen Ernst, aber es verleiht ihr auch einen Zug von Schwermut und Melancholie. In diesem Urteil über Bultmanns Theologie stimmen zwei sonst so entgegengesetzte Geister wie der Philosoph Karl Jaspers und der Theologe Karl Barth überein. Jaspers schreibt: »Nicht Grimm und nicht Heiterkeit, aber etwas von Eigensinn und Trübheit umfängt den Leser.«[91] Und Karl Barth: »Ich weiß nicht, wieviel heutigen Menschen Bultmann und seine Schüler mit ihrer existentialen Interpretation zu einem *freudigen* Verständnis des Evangeliums geholfen haben. Ich frage nicht danach und will gerne das Beste hoffen. Wie ich für meine Person mich durch das so interpretierte Kerygma zur Theologie, zur

Predigt oder auch nur zum Glauben gerufen finden würde, stelle ich mir freilich nur mühsam vor.«[92]

Immer gelangt die Theologie an den Punkt, wo sie »erzählen« muß. Und es ist immer dieselbe Geschichte, die sie dann erzählt: Es ist die Geschichte Jesu von Nazareth, sein Weg vom Jordan bis Gethsemane und Golgatha. Sie hat diese Geschichte freilich jeweils anders zu erzählen, nämlich immer so, daß sie zur Antwort auf die Frage der jeweiligen Zeit wird, daß die Geschichte, die da geschehen ist, den Menschen hilft, ihre eigene Geschichte zu bestehen. Das entspricht dem Charakter der neutestamentlichen Evangelien: Sie verkündigen nicht nur, sondern sie erzählen immer auch zugleich; sie tun das eine im anderen. Und eben diese »erzählende« Seite am Evangelium ist es, die in Bultmanns »Entmythologisierung« zu kurz kommt. An dieser Stelle hat daher die Kritik eingehakt. Diese Kritik ist nicht von außen gekommen, sondern hat in Bultmanns eigener Schule eingesetzt. Sie hat zur Wiederentdeckung des »historischen Jesus« geführt. Mit ihr hat der jüngste Abschnitt der protestantischen Theologie des 20. Jahrhunderts begonnen.

Achtes Kapitel
Die Wiederentdeckung des historischen Jesus

Das »nachbultmannsche Zeitalter«

Als Ernst Käsemann – damals Professor für Neues Testament in Göttingen – 1952 in einem Referat die »Probleme der neutestamentlichen Arbeit in Deutschland« benennt, da beschreibt er unter anderem auch den folgenden Tatbestand: »Das ganze Neue Testament behauptet, daß die Jünger zu Ostern nicht irgendein Himmelswesen, geschweige denn einen abstrakten Sachverhalt wie dogmatische Lehrsätze, sondern eben Jesus erkennen. Der seit Ostern geglaubte und verkündigte Christus steht also in einer Kontinuität mit dem sogenannten historischen Jesus, ohne welche Glaube und Verkündigung nach der Meinung der Urchristenheit sinnlos wären. Dieser Kontinuität inne und gewiß zu werden, ist eine unaufgebbare theologische Notwendigkeit. Eine Theologie, die darauf aus historischer Skepsis oder seltsamer Dogmatik verzichten wollte, verdiente ihren Namen nicht.«[1]

An die damit bezeichnete theologische Aufgabe hat Käsemann sich alsbald selbst gemacht. Bereits ein Jahr später, im Oktober 1953, hält er auf der Tagung »alter Marburger« – dem jährlichen Treffen der Bultmann-Freunde und -Schüler mit ihrem Lehrer – einen Vortrag über das Thema ›Das Problem des historischen Jesus‹. Im Jahr darauf erscheint dieser Vortrag als Aufsatz. Er hat, zunächst noch verborgen, das »nachbultmannsche Zeitalter« eingeleitet. Seinen Ausgangs- und Kernpunkt bildet das Problem des historischen Jesus, und zwar immer noch auf dem Hintergrund der anhaltenden Frage nach dem Verhältnis von Offenbarung und Geschichte, wobei der Akzent jetzt jedoch stärker auf die Geschichte rückt.

Im Rückblick auf die Anfänge der von ihm eingeleiteten neuen Fragestellung schreibt Käsemann zehn Jahre später: »Mein Aufsatz über den historischen Jesus wollte das Gespräch im Kreise der Schüler Bultmanns wiederbeleben und möglichst eine gewisse Selbstkorrektur des Lehrers veranlassen, dessen historische Skepsis mir an dieser Stelle übertrieben, dessen theologische Folgerungen aus dieser Skepsis mir gefährlich erschienen.«[2] Das erste ist Käsemann gelungen, das zweite nicht. Unter seinen Mitschülern hat er das Gespräch in der Tat kräftig belebt, den Lehrer selbst jedoch hat er nicht zu einer Selbstkorrektur zu bewegen vermocht.

Angeregt durch Käsemanns Aufsatz, ist es in den letzten Jahren über die »neue Frage« nach dem historischen Jesus zu einer umfangreichen Diskussion gekommen, so daß das Problem der Entmythologisierung darüber in den Hintergrund geraten ist. Die Schüler Bultmanns haben sich gegen ihren Lehrer gewandt, der Lehrer gegen seine Schüler, die Schüler teilweise wieder gegeneinander, und alle zusammen wiederum sind von außen heftig angegriffen worden. Käsemann spricht von einem »weltweiten Buschkrieg«, in den die theologische Diskussion entartet sei, und er fügt die tragisch-pessimistisch getönte Frage an: »Können wir unser Handwerk anders als in dem Wissen treiben, daß die Füße derer, die uns heraustragen werden, schon längst und jederzeit vor der Tür stehen?«[3] In der Tat ist inzwischen eine neue theologische Generation herangewachsen: die Schüler der Schüler Bultmanns, und diese haben sich teilweise auch wieder gegen ihre Lehrer gekehrt und sind eigene, wenn auch nicht in jedem Fall neue Wege gegangen.

Über den Ausgang dieses jüngsten Abschnittes der protestantischen Theologie läßt sich noch nichts Endgültiges ausmachen: Die Gesprächslage ist zur Zeit noch völlig offen, ja sie erscheint beinahe verworren. Zudem haben sich in den letzten Jahren die Fragen so differenziert und die Probleme so verfeinert, daß sie dem Nichtfachmann kaum noch verständlich erscheinen. Wenn Käsemann meint, die theologische Problematik sei heute so schwierig geworden, daß ein Drittel der Theologiestudenten ihr nicht mehr zu folgen vermöge und daher nicht auf die Universität gehöre[4] – was sollen dann erst die Nichttheologen sagen, zu deren Heil und Wohl dieses ganze Nachdenken und Diskutieren doch angeblich geschieht?

Wichtig für das Verständnis der Wiederentdeckung des historischen Jesus ist es, daß diese in Bultmanns eigener Schule eingesetzt hat. Sie ist zum größten Teil an Namen geknüpft, die als Bultmann-Schüler bekannt sind. Wir nennen – neben Ernst Käsemann – nur Günther Bornkamm, Gerhard Ebeling, Ernst Fuchs, Hans Conzelmann und Herbert Braun. Nicht, daß sich hier, wie man behauptet hat, ein »Aufstand« der Schüler gegen ihren Meister vollzogen hätte! Nach wie vor weiß man sich von seiner Fragestellung geleitet, von seinen Forschungsergebnissen und Methoden. Darauf weist auch unsere Bezeichnung »nach-

bultmannsches Zeitalter« hin: Sie zeigt an, daß auch der neueste Abschnitt der protestantischen Theologie nach wie vor von dem Namen des großen Lehrers bestimmt bleibt. Nicht ein Aufstand, sondern ein »Kurswechsel« hat stattgefunden. Die Schüler haben bei bleibender grundsätzlicher Zustimmung den Ansatz ihres Lehrers kritisch weitergedacht und sind über seine Position in eine neue Richtung hinausgeschritten – nach Käsemann ein Beweis dafür, »daß es dem Lehrer gelungen ist, jenen sokratischen Hebammendienst zu leisten, der zur Wahrheit und Freiheit führt«[5].

Den Anlaß zu dem »Kurswechsel« der Schüler gab die Erkenntnis, daß Bultmanns Formel vom bloßen gestaltlosen »Daß« des Gekommenseins Jesu nicht ausreiche, um den Inhalt des Kerygmas und den Grund des Glaubens zu bezeichnen und das Evangelium als »christlich« zu identifizieren. »Wir mußten über das ›Daß‹ hinaus« – das ist das eigentliche »Indiz« der neuen Fragestellung.[6] Die Notwendigkeit aber, über das »Daß« hinauszugelangen, mußte zu einem neuen Fragen nach dem »historischen Jesus« führen. Das Motiv dieses Fragens war nicht, wie Bultmann früher seine »konservativen Kollegen im Neuen Testament« und später seine Schüler verdächtigt, der Wunsch, das Kerygma und den Glauben daran historisch zu legitimieren. Eine solche historische Legitimation wird von allen Bultmann-Schülern ausdrücklich abgelehnt; Käsemann bezeichnet sie kurzweg als »blasphemisch« und »absurd«[7]. Die Frage nach dem historischen Jesus kommt nicht einfach nur, wie Bultmann immer wieder vermutet, aus dem Sicherheitsbedürfnis des menschlichen Herzens; vielmehr handelt es sich bei ihr um ein Problem, das mit der Sache und der Eigenart des christlichen Glaubens selbst gegeben ist: Der christliche Glaube bezieht sich auf ein bestimmtes Ereignis der Geschichte, auf das Christusgeschehen. Dieses Christusgeschehen wird uns allein im Neuen Testament überliefert. Die neutestamentliche Überlieferung aber hat ihren »Sitz im Leben« der Urgemeinde; sie ist ganz und gar von dem Glauben der ersten Christen an Jesus als den Christus bestimmt. Alles, was von Jesu Wort und Tat berichtet wird, wird von seiner Auferstehung her berichtet; es liegt bereits im Licht des Osterglaubens. Dieses Licht glänzt so hell, ja grell, daß die Umrisse der irdischen Gestalt Jesu in ihm zu verschwimmen drohen. Daraus aber ergibt sich unumgänglich die Frage: Hat der Glaube an Christus Anhalt an der Gestalt und Verkündigung Jesu selbst, oder geht er nur auf den Glauben und die Verkündigung der ersten Gemeinde zurück?

Das Problem konzentriert sich auf den Übergang von der Verkündigung Jesu zu der Verkündigung von Jesus. Fraglos besteht zwischen beiden eine tiefe Differenz, verursacht durch die schroffe Diskontinuität, die Tod und Auferstehung Jesu bedeuten. Wer diesen Bruch nicht ernst nimmt, nimmt den Tod als wirkliches Ende und die Auferstehung als wirklichen Neuanfang nicht ernst. Die Frage aber ist, wie und in welcher Weise sich in dieser Diskontinuität die Kontinuität erhalten hat und also ein geschichtlicher Zusammenhang zwischen Jesus von Nazareth und der Verkündigung der Urgemeinde besteht. Es kommt darauf an, das Verhältnis der Verkündigung Jesu zur Botschaft vom Gekreuzigten und Auferstandenen neu und besser zu verstehen als bisher. Der Satz, daß die christliche Botschaft auf dem Osterglauben der Jünger beruhe, darf nicht dahin verabsolutiert werden, daß jede Beziehung zum irdischen Jesus völlig abgeschnitten wird und seine Gestalt und Verkündigung damit der geschichtlichen Belanglosigkeit anheimfallen. Aus diesem Grunde fragen die Schüler Bultmanns, entgegen dem ausdrücklichen Verbot ihres Lehrers, über das Kerygma der Urgemeinde hinaus oder richtiger durch es hindurch nach dem historischen Jesus. Sie stellen damit eine historische Frage von eminent theologischer Bedeutung. Hinter ihr steht ein historisch-theologisches Gesamtinteresse: Es geht um das *theologische* Ziel, die Identität zwischen dem irdischen Jesus und dem erhöhten Christus festzuhalten; dieses theologische Ziel aber läßt sich nur durch den *historischen* Nachweis erreichen, daß das Kerygma von Christus »in nuce« schon im Wort und in der Tat Jesu enthalten ist. Beides gehört zusammen, das Historische hat theologische Relevanz. Zwar wird der Glaube nicht durch die historische Forschung begründet, aber er bleibt von ihr auch nicht unberührt.

Das Recht zur Rückfrage nach dem historischen Jesus gibt das Kerygma selbst. Ja, es gibt uns nicht nur das Recht dazu, es legt uns sogar die Pflicht auf. Das Kerygma nennt Jesus ausdrücklich als sein Kriterium, und es spricht von diesem Kriterium als von einer historischen Erscheinung: das verlangt, daß der Name Jesus, der im Kerygma genannt wird, nicht eine bloße Vokabel, eine zufällige, nichtssagende Chiffre bleibt, sondern als historische Person in Erscheinung tritt. Günther Bornkamm *fragt*: »Wie sollte gerade der Glaube sich mit bloßer Überlieferung zufrieden geben können, und wäre es die in den Evangelien niedergeschriebene? Er muß sie durchbrechen und hinter sie zurückfragen, um der Sache selbst ansichtig zu werden.« Und Gerhard

Ebeling: »Es hat sich das seltsame Dogma verbreitet, man dürfe über die Zeugnisse des Neuen Testaments nicht zurückfragen nach dem historischen Jesus. Wer will denn das verbieten?« Günther Bornkamm *antwortet*: »Es kann ja ernstlich keine Rede davon sein, daß die Evangelien und ihre Überlieferung uns die Frage nach dem historischen Jesus verbieten. Sie erlauben nicht nur, sie fordern diese Bemühung.« Und Gerhard Ebeling: »Hier Verbotstafeln aufrichten oder das Kerygma von vornherein als durch solches Fragen nicht tangierbar erklären, hieße dem Kerygma unterstellen, daß es die Nennung Jesu nicht ernst meine und daß es das Licht verständlicher Rede scheue, indem der Name Jesus dunkel bleiben soll.«[8]

Die Frage nach dem historischen Jesus stammt nicht aus der aller Wissenschaft zugrunde liegenden Neugier, sondern sie kommt aus einem Lebensinteresse des christlichen Glaubens. Dieser muß aufs höchste daran interessiert sein, daß das Kerygma nicht ein religiöses Produkt der Urgemeinde ist, sondern seinen Grund in einer konkreten geschichtlichen Person hat, daß also eine Kontinuität zwischen dem historischen Jesus und dem von der Urgemeinde verkündigten Christus besteht und mithin der Glaube an Christus Anhalt an Jesus selbst hat und mit Recht bekennt: Jesus – Christus. Fehlte dieser Zusammenhang, dann drohte ein gefährlicher Doketismus, dann würde am Anfang des Christentums an der Stelle des geschichtlichen Faktums ein Mythos, an der Stelle des irdischen Nazareners ein gnostisches Himmelswesen stehen. Das beweist: die Frage nach dem historischen Jesus ist nicht eine Frage, die man unter anderen auch stellen kann, sondern mit dieser Frage steht der Grund und Inhalt des christlichen Glaubens in Frage. Unerbittlich deckt Ebeling die Konsequenzen auf, die hier dem Glauben drohen: »Würde die historische Jesus-Forschung tatsächlich nachweisen, daß der Glaube an Jesus keinen Anhalt hat an Jesus selbst, so wäre dies das Ende der Christologie.« Und: »Hätte Jesus nicht gelebt oder würde sich der Glaube an ihn als ein Mißverständnis dessen erweisen, worum es dem historischen Jesus zu tun war, so würde offenbar dem christlichen Glauben der Boden entzogen. Er würde, indem er den Anhalt am historischen Jesus verliert, vielleicht nicht schlechthin gegenstandslos, aber er würde doch den Gegenstand los, den die christliche Verkündigung stets als den zentralen Glaubensgegenstand ausgegeben hat.«[9] Gegenüber dieser drohenden Gefahr genügt es nicht, sich auf das lediglich behauptete »Daß« des Gekommenseins Jesu zurückzuziehen; vielmehr muß das »Daß« zum »Wer«, »Wie« und »Was« verbreitert werden. Diese Verbreiterung kann aber nur auf historischem Wege geschehen.

Anlaß zu einer solchen historischen Verbreiterung des »Daß« gibt schon die einfache Tatsache, daß das Neue Testament *Evangelien* enthält – ein Argument, auf das Käsemann immer wieder hinweist.[10] Diese Tatsache ist um so bemerkenswerter, als in der gesamten übrigen neutestamentlichen Literatur, vorab in den Briefen des Apostels Paulus, die zeitlich bekanntlich vor der Abfassung der Evangelien liegen, alles Geschehen so sehr auf die Heilsbedeutung des Sterbens und Auferstehens Christi konzentriert wird, daß die Historie Jesu im Vergleich dazu fast auf ein Nichts »zusammengeschrumpft« ist und nur noch als ein »Schatten« erscheint. Dennoch sind die Evangelien im Neuen Testament vorhanden, und sie verkündigen nicht nur, sondern sie erzählen auch: sie bieten das Christuskerygma im Rahmen des irdischen Lebens Jesu. Obwohl auch sie ganz gewiß die Vergangenheit im Rückblick von Ostern her erzählen und deuten, zeigen sie sich dennoch an der vorösterlichen Geschichte Jesu interessiert und lassen sie zu Worte kommen. Selbst Bultmanns vielberufener Kronzeuge Johannes, bei dem die Historie so ausgehöhlt ist, daß sie fast nur noch als eine »Projektion der Gegenwart in die Vergangenheit hinein« erscheint, hält die Evangelienform augenscheinlich dennoch für die seiner theologischen Absicht angemessene literarische Gestalt und beschreibt die Geschichte des erhöhten Herrn entsprechend als die Geschichte des irdischen Jesus. Die Literaturgattung der Evangelien hat theologische Relevanz: sie bedeutet »die Absage an den Mythos«[11]. Indem die Evangelien erzählen, bekunden sie, daß der Glaube nicht an sich selbst hängt, sondern an etwas Vorgegebenem, und daß dieses Vorgegebene eine Geschichte ist, eben die Geschichte Jesu von Nazareth. Damit ist ausgedrückt: Gott hat gehandelt, ehe wir gläubig wurden! Die Literaturform der »Evangelien« macht deutlich, daß es sich bei dem von ihnen überlieferten Geschehen um »Evangelium« handelt.

Also auf der ganzen Linie Wiederentdeckung des historischen Jesus! Aber das heißt nun nicht, daß man die Unmöglichkeiten der ehemaligen Leben-Jesu-Forschung der liberalen Theologie mit einem Male wieder für Möglichkeiten erklärt und aus den Evangelien ein »Leben Jesu« zu rekonstruieren sucht, um die auf diese Weise gewonnene historische Rekonstruktion unmittelbar und naiv zur Grundlage gegenwärtigen Glaubens zu machen. Vielmehr bleibt es trotz der Neubesinnung auf die Frage nach dem historischen Jesus, die mit Käsemanns Aufsatz eingesetzt hat, dabei, daß wir Jesus allein im Kerygma und also allein im Glauben begegnen. Worin sich die neue Fragestellung sowohl von der alten Leben-Jesu-Forschung als auch von Bultmanns einseitiger existentialer Interpretation unterscheidet, läßt sich an einem Vers des Neuen Testaments verdeutlichen: »Als aber die Zeit erfüllt war, sandte Gott seinen Sohn, geboren von einem Weibe und unter das Gesetz getan, auf daß er die unter dem Gesetz erlöste, damit wir die Sohnschaft empfingen.« (Galater 4,4) Die liberale Leben-Jesu-Forschung richtete ihr Interesse auf die erste Hälfte dieses Satzes, auf die »Geschichte«: ihr genügte der historisch sichere Nachweis der Tatsächlichkeit des berichteten Geschehens. Bultmann hingegen konzentriert sein ganzes Interesse auf die zweite Hälfte jenes Satzes, auf das »Kerygma«: ihm lag alles an der existentialen Interpretation des Geschehenen, an der Verkündigung der »Wohltaten Christi«. Die Neubesinnung auf die Frage nach dem historischen Jesus, die in unseren Tagen stattfindet, nimmt beide Hälften des Satzes zusammen: sie sieht ihre Aufgabe darin, im Kerygma die Geschichte und in der Geschichte das Kerygma zu suchen.[12] Für die Erfüllung dieser Aufgabe hat Willi Marxsen die wichtige Regel aufgestellt: »Das Historische ... kann nicht am Christologischen vorbei erfragt werden, sondern immer nur durch das Christologische hindurch.«[13]

Damit ist der Weg gewiesen: Wir haben bei dem Kerygma der Urgemeinde, wie es uns im Neuen Testament, vor allem in den Evangelien, überliefert ist, als dem uns zunächst erreichbaren letzten historischen Datum einzusetzen. Wir dürfen aber nicht dabei stehen bleiben, sondern müssen versuchen, in exakter kritischer Einzelforschung den Weg von dort zu Jesus selbst zurückzugehen, um auf diese Weise inmitten der Diskontinuität, die Kreuz und Auferstehung Jesu bedeuten, die Kontinuität zwischen dem historischen Jesus und dem kerygmatischen Christus aufzuzeigen. Der Weg führt also vom unkritischen Maximum der urchristlichen Gemeindetheologie zum kritisch gesicherten Minimum der historischen Jesus-Forschung. Auf diesem Wege befinden wir uns jedoch keinen Augenblick außerhalb des Kerygmas. Der Sinn der neuen Frage nach dem historischen Jesus »ist nicht der, hinter das Wort der Verkündigung zurückzufragen, sondern, im Gegenteil, in dieses Wort tiefer hineinzufragen«[14].

Dem neuen theologischen Bemühen um die Frage nach dem historischen Jesus kommt die neuere historische Forschung entgegen. Zumal die formgeschichtliche Forschung ist seit ihren Anfängen nach dem Ersten Weltkrieg weitergegangen und hat neue, festere Einsichten gewonnen: Das historisch gesicherte Gut der neutestamentlichen Jesus-Überlieferung hebt sich für uns heute schärfer ab; neben ihren kerygmatischen Tendenzen treten ihre historisierenden wieder stärker hervor. Das bekannte Argument, daß es angesichts der Absicht und des Umfangs der neutestamentlichen Überlieferung unmöglich sei, eine Biographie Jesu zu schreiben, hat nach wie vor sein volles Recht. Es wird aber ergänzt durch die Erkenntnis, daß es augenscheinlich dem historischen Tatbestand entspricht, wenn die Evangelien vornehmlich über das Endgeschick Jesu berichten und sein Leben davor in seiner Wanderpredigt und Wundertätigkeit aufgehen lassen. Damit scheint das, was an der Geschichte Jesu wesentlich war, auch wirklich auf uns gekommen zu sein.[15]

So sind die Skepsis und die Resignation gegenüber der Frage, ob wir aus den Evangelien noch etwas Zuverlässiges über den historischen Jesus erfahren können, geringer geworden. Bultmann schrieb einst in seinem Jesus-Buch: »Ich bin der Meinung, daß wir vom Leben und von der Persönlichkeit Jesu so gut wie nichts mehr wissen können«, heute lesen wir dagegen in Günther Bornkamms Jesus-Buch: »Die Evangelien geben uns kein Recht zu Resignation und Skepsis. Vielmehr lassen sie, wenn auch in völlig anderer Art als Chroniken und Geschichtsdarstellungen sonst, die geschichtliche Gestalt Jesu in unmittelbarer Mächtigkeit vor uns sichtbar werden. Zu deutlich ist, was die Evangelien über Jesu Botschaft, seine Taten und seine Geschichte berichten, noch immer gekennzeichnet durch eine Echtheit, eine Frische und eine auch vom Osterglauben der Gemeinde nicht bewältigte Besonderheit, die unmittelbar auf die irdische Gestalt Jesu zurückweisen.« Und Ernst Käsemann fährt, nachdem er die ganze Problematik und Schwierigkeit der historischen Jesus-Forschung unumwunden dargelegt hat, fort: »Umgekehrt kann ich allerdings auch nicht zugeben, daß angesichts dieses Sachverhaltes Resignation und Skepsis das letzte Wort behalten und zum Desinteressement am irdischen Jesus führen dürften . . . Worum es mir geht, ist der Aufweis, daß aus dem Dunkel der Historie Jesu charakteristische Züge seiner Verkündigung verhältnismäßig scharf erkennbar heraustreten und die Urchristenheit ihre eigene Botschaft damit vereinte.«[16]

Vom kerygmatischen Christus zum historischen Jesus

Viele Theologen haben in diesen Jahren versucht, einen neuen Weg durch das Kerygma hindurch zum historischen Jesus zu bahnen, vornehmlich Bultmann-Schüler. Obwohl jeder von ihnen dabei eine eigene Richtung eingeschlagen hat, ist es doch, trotz vieler Unterschiede und Nuancierungen im einzelnen, in einer für die theologische Wissenschaft erstaunlichen Übereinstimmung geschehen. Wir haben diese neue Jesus-Forschung hier nicht in ihrer ganzen Breite darzulegen und alle ihre einzelnen Wege mit ihren teilweise sehr diffizilen historischen Begründungen nachzuzeichnen. Wir können uns mit einigen Modellfällen begnügen und an ihnen das, was wir bisher grundsätzlich über den Ansatz der neuen Frage nach dem historischen Jesus und die Methode ihrer Beantwortung gesagt haben, konkret demonstrieren.

Wir beginnen mit Ernst Käsemann.[17] Als Kriterium, an dem die historische Echtheit jeder neutestamentlichen Jesus-Überlieferung zu prüfen ist, stellt er den strengen methodischen Grundsatz auf: Mit einem historisch sicheren Boden ist nur dort zu rechnen, wo eine Tradition weder aus der jüdischen Umwelt noch aus dem Gedankengut der Urchristenheit abgeleitet werden kann. Von diesem Grundsatz geleitet, unternimmt Käsemann es, die »Eigenart der Sendung Jesu« herauszuarbeiten.

Er beginnt mit den bekannten Antithesen der Bergpredigt: »Ihr habt gehört, daß zu den Alten gesagt ist – *ich* aber sage euch.« (Matthäus 5, 21 ff.) Diese Worte gehören zum »Erstaunlichsten in den Evangelien überhaupt«: ihre Unerhörtheit bezeugt ihre Echtheit. Mit dem Satz: »Ich aber sage euch« beansprucht Jesus eine Autorität, die über der des Moses steht. Dazu gibt es auf jüdischem Boden keine Parallelen und kann es keine geben. Denn der Jude, der solche Vollmacht beansprucht, hat sich aus dem Verband des Judentums gelöst. Mag Jesus auch als Rabbi oder Prophet aufgetreten sein, so hat er mit seinem Anspruch doch die Vollmacht jedes Rabbi und Propheten überschritten, denn beide standen nach jüdischem Glauben unter der Autorität des Moses. Käsemann folgert daher: Die einzige Kategorie, die seinem Anspruch gerecht wird, ist die des Messias, auch wenn er sie selbst nicht benutzt oder gefordert hat.

Dasselbe gilt von Jesu Auseinandersetzung mit dem jüdischen Reinheitsgesetz. Den vielen Geboten der äußeren kultischen Reinheit von Gegenständen stellt Jesus die eine Forderung der inneren Reinheit des menschlichen Herzens entgegen: »Was zum Munde eingeht, das macht den Menschen nicht unrein ... Was aber zum Munde herausgeht, das kommt aus dem Herzen, und das macht den Menschen unrein.« (Matthäus 15,1 ff.) Damit geht Jesus nicht nur wieder mit einer unerhörten Souveränität an dem Wortlaut des jüdischen Gesetzes und der Autorität des Moses vorüber, sondern damit hebt er das gesamte antike Kultwesen mit seiner Unterscheidung zwischen rein und unrein, zwischen sakral und profan aus den Angeln.

Während die Lehrtätigkeit der jüdischen Rabbiner durch die theologische Reflexion und die Bindung an die Schrift bestimmt war, verrät Jesu Verkündigung – vor allem in seinen Gleichnissen – eine Unmittelbarkeit der Anschauung, wie sie nicht zum Bilde des Rabbi, sondern des Weisheitslehrers gehört. Aber diese Beobachtung gewinnt ihre volle Bedeutung erst auf dem Hintergrund eines zweiten, wichtigeren Sachverhaltes: Jesus hat sich zweifellos als »inspiriert« verstanden. Das beweist unter anderem sein eigentümlicher Gebrauch der Vokabel »Amen«. Auch im zeitgenössischen Judentum wurde das Wort »Amen« verwendet, aber da stand es, wie heute bei uns, am Ende, als Antwort auf ein vorangegangenes Gebet oder eine Schriftlesung, und nur ein anderer konnte »Amen« sagen. Bei Jesus hingegen steht das Wort am Anfang, und er sagt es selbst: »Amen, ich sage euch.« Daraus spricht »eine höchste und unmittelbare Gewißheit, wie sie durch Inspiration vermittelt wird«. Und wieder heißt es bei Käsemann von Jesus: »Gleichgültig, ob er die Vokabel verwandt hat oder nicht, er muß sich als Werkzeug des lebendigen Gottesgeistes verstanden haben, den das Judentum von der Endzeit erwartete.«

Die angeführten Beispiele zeigen, daß Käsemann die Eigenart des irdischen Jesus in seiner Predigt erblickt; Jesu Predigt aber wiederum sieht er von seinem eschatologischen Selbstverständnis bestimmt: Mit Jesu Wort bricht sich das Reich Gottes auf Erden Bahn und stellt die Menschen in die Entscheidung, ob sie es annehmen wollen oder nicht. Auf diese eschatologische

Ausrichtung der Botschaft Jesu weisen vor allem auch seine Gleichnisse hin. Sie verkünden keine allgemeinen religiösen oder moralischen Wahrheiten, sondern sagen konkret den Anbruch des Reiches Gottes an: »daß Gott dem Menschen in Gnade und Forderung nahegekommen sei«. Aber Jesus *lehrte* nicht nur die Vaterschaft Gottes und die Kindschaft des Menschen, sondern, wie Käsemann ausdrücklich sagt: »Er *brachte* und *lebte* die Freiheit der Kinder Gottes«; in Jesu Botschaft ist Gott dem Menschen in Gnade und Forderung *»nahegekommen«*. Damit ist Käsemann entscheidend über die liberale Leben-Jesu-Forschung hinausgelangt. Für ihn handelt es sich bei der Botschaft Jesu nicht nur um eine sittlich-religiöse Lehre, sondern um ein eschatologisches Geschehen und entsprechend bei Jesus selbst nicht nur um ein Verkünden, sondern um ein Verhalten.

Das führt unmittelbar zu unserem zweiten Modellfall – zu Ernst Fuchs.[18] Fuchs legte noch weit größeres Gewicht auf das »Verhalten« Jesu, als Käsemann es tut. Für ihn bildet Jesu Verhalten den »eigentlichen Rahmen seiner Verkündigung«, den Schlüssel zu seiner Botschaft. Streng genommen kann man seiner Meinung nach eigentlich gar nicht von einer Predigt Jesu sprechen; was uns überliefert ist, sind nur Einzelworte und Gleichnisse. Alle diese Worte Jesu sind im Grunde ein »Selbstzeugnis«: sie spiegeln eine Entscheidung wider, die er getroffen hat. Diese Entscheidung betrifft das Gottesverhältnis des Menschen und besteht in Jesu Entschluß, aus seinen eigenen eschatologischen Erfahrungen »die Konsequenzen zu ziehen und hier, auf Erden, mit dem nur im Himmel offenbaren Werk Gottes zu beginnen«. Dem entspricht Jesu Verhalten. Es handelt sich um »ein wahrhaft kühnes Unternehmen«: Jesus wagt es, sich als ein »Mensch ohne Amt« an Gottes Stelle zu setzen und in seinem eigenen Verhalten Gottes Willen kurzerhand als einen gnädigen geltend zu machen. »Sein Verhalten ist weder das eines Propheten noch das eines Weisheitslehrers, sondern das Verhalten eines Menschen, der es wagt, an Gottes Stelle zu handeln, indem er Sünder in seine Nähe zieht, die ohne ihn vor Gott fliehen müssen.«

Fuchs beruft sich bei dieser Beziehung zwischen Jesu Verhalten und Jesu Verkündigung zum Beispiel auf das Gleichnis vom verlorenen Sohn (Lukas 15). Entscheidend für das Verständnis des Gleichnisses ist der Anlaß, aus dem heraus Jesus es erzählt. Er erzählt es als Antwort auf den Vorwurf der Pharisäer und Schriftgelehrten, daß er mit Zöllnern und Sündern das

Mahl halte. Damit hat Jesus das Verständnis des Gleichnisses »durch einen Akt der Güte vorgegeben«: Nicht das Gleichnis erklärt Jesu Verhalten, sondern Jesu Verhalten erklärt das Gleichnis. Er wagt es, den Willen Gottes als einen gnädigen Willen kundzutun, und eben dies ist an seinem Verhalten gegenüber den Zöllnern und Sündern, an seiner Mahlgemeinschaft mit ihnen, abzulesen. Sein Wort ist nur das Echo seiner zuvor getroffenen Entscheidung.

So ist für Fuchs Jesu Verhalten »ein Verhalten der Liebe« und sein Wort »der Liebe Wort«. Durch sein Verhalten und sein Wort verspricht Jesus sich seinen Jüngern als »Pfand für die Geschichte der Liebe«. Die Liebe kommt nicht von der Forderung der Liebe, sondern die Liebe kommt gleichsam von selbst, das heißt die Liebe kommt von der Liebe. Jesus ermutigt seine Jünger zur Liebe, indem er alles an das Wort setzt, das das Wort der Liebe ist. Um dieser kühnen Tat willen ist er vor den Toren der ja durchaus nicht gottlosen Stadt Jerusalem hingerichtet worden. Über das Bild, das Fuchs von dem historischen Jesus gibt, könnte man als Motto das Wort des vierten Evangelisten setzen: »Wie er die Seinen geliebt hatte, so liebte er sie bis ans Ende.« (Johannes 13, 1)

An derselben zentralen Stelle, an der in Fuchs' Bild vom historischen Jesus die Liebe steht, steht bei Gerhard Ebeling der Glaube.[19] Hinter Ebelings Rückfrage nach dem historischen Jesus verbirgt sich eine bestimmte Auffassung von der Geschichte und ihrer Wirklichkeit. Sein Geschichtsverständnis ist nicht am positivistischen Tatsachenbegriff orientiert, sondern am »Wortgeschehen« und damit an der »Sprachlichkeit der Wirklichkeit«. Ebeling fragt nicht nach den *bruta facta*: Was ist passiert? Welche Fakten haben sich ereignet, und wie sind sie zu erklären? Sondern er fragt: Was ist zur Sprache gekommen? »Wenn man es mit Jesus zu tun bekommt, bekommt man es nicht mit puren Fakten, sondern mit lauter Wort zu tun.« Das heißt nicht, daß in Jesu Geschichte unablässig geredet wird, sondern daß in dem Geschehen selbst etwas zur Sprache kommt, daß die geschichtliche Wirklichkeit den Charakter der Aussage und Anrede trägt und uns daher als »Wort« begegnet. Die Aufgabe, die mit dem Stichwort »historischer Jesus« gestellt ist, besteht für Ebeling mithin darin, »das zur Sprache kommen zu lassen, was in Jesus zur Sprache gekommen ist«.

Was in Jesus zur Sprache gekommen ist, ist aber eben der Glaube. Er bildet das »schlechthin Entscheidende und Bestimmende« in Jesu Verhalten; er ist der »Skopus, in den in erstaunlicher Übereinstimmung alle Linien zusammenlaufen«. Alles, was Jesus gesagt und getan hat, läßt sich auf diesen einen Nenner bringen: Jesus ist der »Zeuge des Glaubens«. In dieser Einheit der Überlieferung erblickt Ebeling zugleich den Beweis für ihre historische Echtheit. Dem kritischen Bedenken, ob Jesus nicht vielleicht in Wirklichkeit ein ganz anderer gewesen ist als der, an den die Urgemeinde später geglaubt hat und an den wir heute glauben, begegnet Ebeling mit folgender Argumentation: Während sonst in historischen Erscheinungen eine komplexe Vielfalt und eine Diskrepanz zwischen Person und Werk herrscht, bildet Jesus eine »eigentümliche Ausnahme«. Bei ihm konzentriert sich alles, Verkündigung und Verhalten, Person und Werk, auf einen einzigen Punkt: auf das Zur-Sprache-Kommen des Glaubens. Diese Konzentration aller Linien der Überlieferung von Jesus im Zur-Sprache-Kommen des Glaubens erscheint Ebeling »einfach überzeugend«: sie muß sich in der Existenz Jesu und nicht in der Phantasie der Urgemeinde ereignet haben. Eben diese Konzentration ist es auch gewesen, die alles biographische und psychologische Detail überflüssig gemacht hat. Gerade in der einseitigen Beschränkung der Überlieferung von Jesus als auf den Bringer des Glaubens hat sich das echte Bild Jesu selbst durchgesetzt.

Der Glaube kommt in Jesus nicht darin zur Sprache, daß er von seinem eigenen Glauben redet, indem er etwa sein Gottesbewußtsein schildert, sondern darin, daß er durch den Einsatz seines eigenen Glaubens in anderen Glauben erweckt und hervorruft. Dieser Glaube ist nicht Glaube an seine Person, aber er ist von seiner Person auch nicht zu trennen. Er entsteht dadurch, daß Jesus da ist. Wo Jesus auftritt, dort erweckt er Glauben. Nichts zeigt dies so deutlich wie die Heilungsgeschichten in den Evangelien: Von Jesus geht etwas aus, was die Kranken veranlaßt, ihn mit der Bitte um Heilung anzugehen, und er heilt sie dadurch, daß er sie zum Glauben ermutigt und ihnen zuspricht: »Dein Glaube hat dich gerettet!« Indem der Glaube durch Jesus erweckter Glaube ist, ist er auf ihn bezogener Glaube. Das aber weist auf Jesu Vollmacht zurück. Denn Glauben herauszufordern und zu erwecken vermag nur eine mit Vollmacht ausgestattete Person. In diesem Sinne erweist sich Jesus als der »Zeuge des Glaubens«. Der Glaube ist nicht nur eine Forderung von ihm, sondern er ist seine entscheidende Gabe. Er ist das »Zum-Ziel-Kommen« dessen, was in Jesus zur Sprache gekommen ist. Darum: »Wer glaubt, ist bei dem historischen Jesus« – »Der historische Jesus ist der Jesus des Glaubens.«

Ebeling legt besonderen Wert auf die Feststellung, daß mit der Auferstehung nichts Neues zu Jesus hinzugekommen ist. Es handelt sich Ostern nicht um die Mitteilung neuer zusätzlicher Offenbarungen, sondern allein um das Offenbarwerden Jesu selbst. Der nachösterliche Glaube ist nichts anderes als »das rechte Verstehen des vorösterlichen Jesus«. Jetzt tritt Jesus als der in Erscheinung, der er wirklich ist: als Zeuge des Glaubens. Man erkennt den Zeugen des Glaubens aber nur, indem man ihm sein Zeugnis abnimmt und selber ein Glaubender wird. An Jesus glauben und an den Auferstandenen glauben ist also ein und dasselbe. Jesus wird durch die Auferstehung nicht zum »Gegenstand« des Glaubens, sondern als »Zeuge des Glaubens« zum »Grund des Glaubens«. An Jesus glauben heißt: auf ihn hin an Gott glauben.

Damit ist nach Ebeling die Kontinuität zwischen dem historischen Jesus und dem Christus des Glaubens erwiesen. Sie gründet in dem Glauben Jesu, welcher Glauben erweckt. Ebeling drückt dies mit einem Wort des Hebräerbriefes so aus: Jesus ist der »Anfänger und Vollender des Glaubens« (Hebräer 12,2).

Die von uns angeführten Beispiele ließen sich noch durch eine Reihe anderer vermehren. Aber dadurch würden wir kaum einen entscheidend neuen Gesichtspunkt gewinnen. Denn sowohl im Ansatz als auch in der Methode und im Ergebnis stimmen alle, die heute die Frage nach dem historischen Jesus neu stellen, im wesentlichen überein. Sie nehmen alle ihren Ausgangspunkt beim urchristlichen Kerygma und untersuchen es darauf hin, inwiefern durch die Verkündigung der Urgemeinde von Christus noch die Gestalt und Verkündigung Jesu selbst erkennbar hindurchscheinen. Dabei gelangen sie zu demselben Ergebnis.[20]

Niemand denkt heute mehr daran, Jesus nur als Vorbild und Lehrer, als Verkündiger der Botschaft vom Gottesreich in dem Sinne zu nehmen, daß sich der Botschafter von der Botschaft ablösen ließe und die Botschaft als eine allgemeine, zeitlose Wahrheit Kraft und Gültigkeit besäße. Vielmehr sehen alle Jesu Person und Botschaft, sein Verkündigen und sein Verhalten als eine Einheit an. Jesu Predigt ist unauflöslich mit seiner Person und ihrem Geschick verknüpft. Was beide zu einer solchen Einheit verbindet, ist die eschatologische Ausrichtung der Sendung Jesu. Jesus selbst ist zwar nicht das Reich Gottes, aber die Nähe des Reiches Gottes steht mit seinem eigenen Auftreten in engstem Zusammenhang. Denn er ist es, der die Nähe des Reiches Gottes ankündigt, und durch diese Ankündigung ist er selbst, seine Person, der entscheidende Faktor in dem Geschehen, das jetzt in Gang gekommen ist. So sind die eschatologischen Aussagen nicht vom Selbstbewußtsein Jesu zu trennen. Die Ankündigung der nahen Gottesherrschaft ist es, die Jesu Verkündigung und Verhalten jene Unmittelbarkeit und Vollmacht gibt, welche ihn von jedem Propheten und Rabbi unterscheiden.

Andererseits aber denkt nun niemand daran, Jesu Verkündigung und Verhalten, seine Botschaft und Person aus seiner »Messianität« oder »Gottessohnschaft« als einem vorgegebenen Glaubens- und Vorstellungsgefüge zu entwickeln. Beispielhaft dafür ist der Aufbau von Günther Bornkamms Jesus-Buch, der ersten Monographie eines Bultmann-Schülers über Jesus von Nazareth, dreißig Jahre nach Bultmanns eigenem Jesus-Buch. In diesem Buch wird die Frage des Messiasbewußtseins Jesu, die in der alten liberalen Leben-Jesu-Forschung eine zentrale Rolle spielte und meistens am Anfang stand, erst am Ende abgehandelt.[21] Diese Anordnung des Stoffes entspricht genau der Eigenart des Verkündigens und Verhaltens Jesu selbst. Sie macht deutlich, daß Jesus seine Würde nicht zu einem eigenen, vorgängigen Thema seiner Verkündigung gemacht und seine Sendung nicht von einem vorgegebenen Amt her legitimiert hat. Jesus hat keinen der vielen Hoheitstitel, die ihm von der späteren Tradition in den Mund gelegt worden sind, selbst gebraucht, weder den des Messias noch den des Menschensohnes oder des Gottessohnes. Auch sein Zug nach Jerusalem beweist nicht, daß er sich als »Messias designatus« verstanden hat.

Aber das gilt für die neue Jesus-Forschung nun keineswegs als ein negatives, sondern als ein höchst positives Ergebnis. Denn gerade die Tatsache, daß Jesus nicht Anspruch auf Messianität erhoben oder sonst irgendeinen Titel für sich gebraucht hat, ist außerordentlich charakteristisch für ihn und bestätigt die Echtheit des historischen Bildes seiner Erscheinung. Eben damit unterscheidet Jesus sich sowohl von der Erwartung seiner jüdischen Umwelt als auch von der Verkündigung der urchristlichen Gemeinde. Jesus hat nicht über sein Selbstbewußtsein geredet, sondern er hat einfach »das in der Gegenwart Nötige getan«[22]. Er hat nicht seine Person, sondern seinen Auftrag in den Mittelpunkt seiner Predigt gerückt; er hat verkündigt, wozu er sich von Gott berufen wußte, und sich entsprechend verhalten. Das »Messianische« seines Wesens liegt »*in* seinem Wort und seiner Tat und der Unmittelbarkeit seiner geschichtlichen Erscheinung«[23].

Angesichts dieses Bildes vom historischen Jesus ist die einst von der liberalen Leben-Jesu-Forschung so wichtig genommene Frage nach dem messianischen Selbstbewußtsein Jesu und nach den Würdetiteln, die er für sich in Anspruch genommen hat, historisch und theologisch gleicherweise bedeutungslos geworden. Heute können zwei so verschiedene Theologen wie der konservative Lutheraner Paul Althaus und der kritische Bultmann-Schüler Ernst Käsemann hierüber fast gleich urteilen. Paul Althaus schreibt: »Was liegt denn daran, ob man diese Fragen mit Ja oder Nein beantwortet, wenn doch alle, die hier verschieden urteilen, darin eins sind, daß Jesus gewiß war, ›daß sich an der Stellung zu ihm das Schicksal entscheidet‹ (Bultmann) ... Der Gehalt des Anspruchs ist nicht an die Inanspruchnahme der Titel gebunden.« Und Ernst Käsemann: »Die einzige Kategorie, die seinem Anspruch gerecht wird, ist völlig unabhängig davon, ob er sie selber benutzt und gefordert hat oder nicht, diejenige, welche seine Jünger ihm denn auch beigemessen haben, nämlich die des Messias.« Mit beiden stimmt im tiefsten Grunde auch Rudolf Bultmann überein, wenn er schreibt: »Hat er sich als Messias gewußt oder nicht, das bleibt sich gleich. Es würde ja nur bedeuten, daß er den Entscheidungscharakter seines Wirkens durch eine zeitgeschichtliche jüdische Vorstellung zum Bewußtsein gebracht hat. Aber freilich impliziert sein Entscheidungsruf eine Christologie, freilich weder als metaphysische Spekulation über ein Himmelswesen noch als ein Charakterbild seiner Persönlichkeit mit einem etwaigen Messiasbewußtsein, sondern eine Christologie, welche Verkündigung, Anrede ist. Nennt ihn die Urgemeinde den Messias, so bringt sie in ihrer Weise zum Ausdruck, daß sie ihn verstanden hat.«[24]

Damit können wir eine erste Zwischenbilanz ziehen: Das von Bultmann behauptete »Daß« des Gekommenseins Jesu läßt sich historisch so verbreitern, daß aus dem Dunkel der Geschichte die charakteristischen Züge seiner Verkündigung und Gestalt erkennbar hervortreten. Das neutestamentliche Christus-Kerygma ist »in nuce« im Wort und im Tun Jesu enthalten. Das bedeutet: Das Kerygma der ersten Gemeinde hängt nicht in der Luft, sondern hat seinen Grund in der Geschichte Jesu selbst. Zwischen dem historischen Jesus und dem kerygmatischen

Christus besteht eine Kontinuität; der irdische Jesus und der erhöhte Christus sind identisch. Das aber heißt, daß der Glaube an Christus Anhalt an Jesus selbst hat. Am Anfang des Christentums steht nicht ein Mythos oder eine Idee, nicht ein Kulthaupt oder ein Symbol, sondern eine Person und ihr Geschick. *Das Kerygma beginnt mit Jesus von Nazareth.*

Um die zwischen dem historischen Jesus und dem kerygmatischen Christus vorhandene Kontinuität zu kennzeichnen, spricht Conzelmann beim historischen Jesus von einer »indirekten Christologie«, Ebeling von einer »impliziten Christologie«, andere wiederum von einer »Christologie in nuce«; wir haben seinerzeit dafür den Ausdruck »Christologie im Vollzug« vorgeschlagen. Aber eben an dieser Stelle sind die jüngsten Auseinandersetzungen innerhalb der Bultmannschule selbst aufgebrochen. Sie haben sich an der Frage entzündet, wie das Verhältnis zwischen indirekter und direkter beziehungsweise impliziter und expliziter Christologie näher zu bestimmen sei. Diese Frage ist gleichbedeutend mit der anderen, welcher Rang dem Ostergeschehen, durch das aus der indirekten die direkte respektive aus der impliziten die explizite Christologie wird, bei der Bildung des urchristlichen Kerygmas zukommt.

Als Käsemann 1954 mit seinem Aufsatz die neue Diskussion über das Problem des historischen Jesus eröffnete, wollte er nur dafür eintreten, daß das Ostergeschehen nicht den ausschließlichen Grund des neutestamentlichen Kerygmas bilde. Der irdische Jesus ist für ihn wohl ein sehr wichtiges, aber nicht das einzige Kriterium des urchristlichen Kerygmas. Und so schrieb er zehn Jahre später: »Die Reduktion des Evangeliums auf den historischen Jesus lag nicht entfernt in meiner Absicht, als ich in die Auseinandersetzung mit dem Lehrer eintrat. Ich würde sie für einen Rückfall ins Judenchristentum ebionitischer Prägung halten.«[25] Für Käsemann ist der irdische Jesus nur einer der Faktoren, die das urchristliche Kerygma begründet haben. Neben ihn treten mit Ostern noch andere, die in dieser Weise beim historischen Jesus noch nicht vorhanden sind. Entsprechend ist das urchristliche Kerygma nicht nur vom historischen Jesus her zu interpretieren, sondern umgekehrt auch der historische Jesus vom urchristlichen Kerygma her – wie es denn ja auch im Neuen Testament geschieht.

Bei Fuchs und Ebeling dagegen ist das Pendel zur anderen Seite hin ausgeschlagen. Zwar schreibt Ernst Fuchs in der Vorrede zu seiner Aufsatzsammlung ›Zur Frage nach dem historischen Jesus«: »Interpretierten wir früher den historischen Jesus mit Hilfe des urchristlichen Kerygmas, so interpretieren wir heute dieses Kerygma mit Hilfe des historischen Jesus – beide Richtungen der Interpretation ergänzen sich.«[26] Aber es läßt sich nun doch nicht übersehen, daß bei Fuchs wie bei Ebeling die Interpretation fast ausschließlich in Richtung vom historischen Jesus zum urchristlichen Kerygma hin geschieht. Übereinstimmend vertreten Fuchs und Ebeling die Meinung, daß die Frage nach dem historischen Jesus den »hermeneutischen Schlüssel« zur Christologie bilde. Der historische Jesus ist das »Kriterium der Christologie«: das Kerygma darf nur zur Sprache bringen, was in Jesus selbst zur Sprache gekommen ist. Das bedeutet, daß die Aufgabe der Christologie nur darin bestehen kann, das interpretierend weiterzugeben, was im historischen Jesus selbst, in seiner Botschaft und seinem Geschick, enthalten ist: »Es darf auch in christologischer Hinsicht nichts über Jesus ausgesagt werden, was nicht im historischen Jesus selbst begründet ist und sich nicht darauf beschränkt, auszusagen, wer der historische Jesus ist.«[27] Was keinen Bezug zum historischen Jesus hat, das kann fortan auch keinen Raum in der Christologie haben. Diese strenge Reduktion des Kerygmas auf den historischen Jesus hat erhebliche Konsequenzen für die Interpretation des Christusdogmas, und Ebeling scheut sich auch keineswegs, diese Konsequenzen zu ziehen: Entweder müssen wir die dogmatischen Aussagen über Christus auf das reduzieren, was wir über Jesus auszusagen historisch verantworten können, oder wir müssen die dogmatischen Aussagen über Christus so interpretieren, daß sie zu den historisch zu verantwortenden nicht in Widerspruch treten: »Das ›vere homo‹ (wahrer Mensch) muß nun so verstanden werden, daß es sich in den Grenzen des Historischen – und das heißt zugleich des historisch Möglichen – hält. Und das ›vere Deus‹ (wahrer Gott) muß so verstanden werden, daß es das eben bestimmte Verständnis des ›vere homo‹ nicht aufhebt.«[28] Hier bleibt kein Raum mehr dafür, daß mit dem Ostergeschehen neue, das Kerygma begründende Fakten hinzugetreten sind. Konstitutiv für das urchristliche Kerygma ist ausschließlich der historische Jesus.

Die verschiedenen Standpunkte in der Frage nach der Bedeutung des historischen Jesus für das urchristliche Kerygma haben, wie sich in den letzten Jahren je länger desto mehr gezeigt hat, erhebliche theologische Konsequenzen. Indem Käsemann neben dem historischen Jesus auch dem Ostergeschehen bei der Bildung des urchristlichen Kerygmas Raum gibt, gewinnt er zugleich neuen Raum für die kosmische Weite der göttlichen Erlösung. Daß Gott wieder zu seinem Recht an seiner Schöpfung kommen will, daß sein Handeln nicht nur dem einzelnen Menschen, sondern der ganzen Welt gilt, daß es nicht nur auf ein neues Selbstverständnis des Menschen, sondern auf die Herrschaft Christi über den Kosmos zielt, daß die Gemeinde sich entsprechend als das neue Gottesvolk versteht und ihre Sendung in der Welt wahrnimmt – das alles tritt bei dem Bultmannschüler Ernst Käsemann heute aufs neue zutage. Gleichzeitig gewinnt damit für ihn die bisher fast nur als spätjüdische Vergeltungslehre verachtete »Apokalyptik« als kosmischer Rahmen des Evangeliums neue theologische Bedeutung und wird zur »Mutter aller christlichen Theologie«[29]. Darüber geht heute der theologische Streit. Apokalyptik oder Anthropologie – das ist die Frage.

Bei Fuchs und Ebeling ist die Gefahr der »anthropologischen Engführung«, die wir bei ihrem Lehrer Bultmann festgestellt haben, nicht überwunden. Wenn der historische Jesus das ausschließliche Kriterium des urchristlichen Kerygmas bildet, wenn die Verkündigung dieses historischen Jesus vornehmlich auf ein neues Selbstverständnis des Menschen zielt, wenn *an* Jesus glauben daher kaum etwas anderes heißt als *wie* Jesus glauben, dann droht die mit der Auferstehung Jesu begründete kosmische Dimension der christlichen Botschaft verlorenzugehen, dann spielt Jesus als »Anfänger und Vollender des Glaubens« nur noch in dem Sinne eine Rolle, daß er ein neues Glaubens- und Existenzverständnis in die Welt gebracht hat.

Die Position von Ebeling und Fuchs erscheint jedoch noch gemäßigt im Vergleich zu der radikalen existentialen Interpretation des urchristlichen Kerygmas, wie sie der Mainzer Neutestamentler Herbert Braun unternommen hat. Braun hat mit ihr denn auch den größten theologischen Sturm der letzten Jahre ausgelöst.

Das glaubende Selbstverständnis

Auch Herbert Braun will sich nicht mit dem bloßen Daß des Gekommenseins Jesu begnügen, sondern fragt nach dem Was, nach dem Inhalt der Verkündigung Jesu. Diesen Inhalt erblickt er in einem Zwiefachen[30]: Jesus hat die Tora, das jüdische Gesetz, bis zur Undurchführbarkeit verschärft; gleichzeitig aber hat er das mit der Erfüllung der Forderung Gottes im Judentum verbundene Lohnstreben durchgestrichen und das göttliche Heil gerade denen zugesprochen, die keine religiösen und sittlichen Leistungen aufzuweisen hatten: Gott freut sich gerade über die Umkehr der Verlorenen. So stehen in Jesu Predigt die radikale Verschärfung der Forderung Gottes und die ebenso radikale Steigerung der Gnade Gottes paradoxerweise nebeneinander. Dieses Paradox von radikaler Forderung und radikaler Gnade, von radikalem »Ich soll« und radikalem »Ich darf« ist für Braun das Charakteristische an der Verkündigung des historischen Jesus, das unerhört Neue an ihr, das für jüdische Ohren so anstößig klang. Es ist nicht dadurch zustande gekommen, daß zwei ursprünglich nicht aufeinander bezogene Traditionsschichten zufällig zusammengetroffen sind, sondern es »gehört als typisch in das Leben des historischen Jesus«.

Aber die Radikalisierung der Forderung Gottes erscheint in der Verkündigung Jesu nun nicht als ein System von Vorschriften und die Radikalisierung der Gnade Gottes nicht als eine durchsystematisierte Gnadenlehre, vielmehr ist für das Tun und Lehren Jesu gerade die »Systemlosigkeit« charakteristisch. Auf diese Systemlosigkeit legt Braun von vornherein den größten Wert. Denn sie zeigt an, daß es sich sowohl bei der von Jesus ausgesprochenen Forderung als auch bei der von ihm zugesprochenen Gnade Gottes nicht um allgemeine, einsichtige Wahrheiten handelt, sondern um »Erweisungen«, die den einzelnen durch die Verkündigung zugewendet werden: Jesu Lehren und Tun ist »ein jedem einzelnen zugewendetes *Geschehen*«. Daraus folgert Braun, daß »schon der irdische Jesus in das Evangelium hineingehört«.

Indem Braun die paradoxe, ereignishafte Einheit von radikaler Forderung und radikaler Gnade Gottes als das Wesentliche an Jesus erfaßt, das auf den historischen Jesus selbst zurückgeht, meint er den »Kanon im Kanon« des Neuen Testaments gefunden zu haben. Mit Hilfe dieses Kanons untersucht er die drei großen Überlieferungsblöcke des Neuen Testaments – die drei ersten Evangelien (Synoptiker), Paulus und Johannes – auf ihren christologischen Gehalt.[31]

In allen drei Überlieferungsblöcken treffen wir auf eine Fülle von verschiedenen Würdenamen und Hoheitstiteln Jesu. Was bedeuten sie? Es sind »österliche Hoheitstitel«. Mit ihnen wollten die ersten Gemeinden bezeugen, daß Jesus nicht im Tode geblieben ist, und das heißt für Braun, daß das Wesentliche und

Neue an Jesu Verkündigung trotz der Katastrophe des Karfreitags weiterhin, ja nun erst recht Gültigkeit besitzt. Die Titel bringen das »im Leben Jesu enthaltene Novum« zum Ausdruck, die Bedeutsamkeit dessen, was Jesus von Nazareth vertreten hat: die paradoxe Einheit von radikaler Forderung und radikaler Gnade, von strengem Ernst und schrankenloser Annahme. Zugleich zeigen sie an, daß es sich hier nicht um allgemeine, zeitlose Wahrheiten handelt, sondern um ein Geschehen, »analog dem, was einst um Jesus von Nazareth geschah«. Das ist es, was die verschiedenen österlichen Hoheitstitel festhalten wollen.

Im einzelnen aber sind diese Titel völlig verschieden. Ihre völlige Verschiedenheit rührt daher, daß die ersten christlichen Gemeinden keine Neuschöpfung vollzogen, sondern sich einer vorgegebenen Terminologie bedient haben. Sie haben die in ihrer jeweiligen Umwelt vorgefundenen religiösen und politischen Würdetitel aufgegriffen und auf Jesus von Nazareth übertragen. So hat die Urgemeinde die Bedeutsamkeit Jesu in jüdischer Terminologie ausgedrückt und ihn vor allem als »Messias« und »Menschensohn« bezeichnet. Auf hellenistischem Boden ist dieser Prozeß dann – unter »wahrnehmbarem Würdezuwachs« – weitergegangen: Hier wird Jesus als »Gottes Sohn«, »Herr«, »Retter«, »Logos«, »Gott« verehrt. Dabei sind die Titel »auswechselbar«, die »Nomenklatur« ist völlig verschieden. Das zeigt an, daß es sich bei den christologischen Titeln im Neuen Testament nur um »Chiffren« und »Signalements« handelt, um die christologische »Verschlüsselung« eines durchgehenden »Grundphänomens«. Dieses durchgehende Grundphänomen ist das glaubende Selbstverständnis, die überall gleiche Einschätzung der Situation des Menschen vor Gott: der Mensch ist der Verlorene, dem dennoch das Ja Gottes gilt. Und so kommt Herbert Braun zu seinem ebenso berühmt wie berüchtigt gewordenen Satz: »Die Anthropologie ist die Konstante; die Christologie dagegen ist die Variable.«[32] Das bedeutet: das glaubende Selbstverständnis des Menschen geht konstant durch das ganze Neue Testament hindurch, während seine christologische Verschlüsselung jeweils wechselt.

Die Konstante – das glaubende Selbstverständnis – geht auf das »Widerfahrnis« zurück, das Menschen in der Begegnung mit Jesus von Nazareth gehabt haben. In der Begegnung mit ihm ist ihnen die paradoxe Einheit von radikaler Forderung und radikaler Gnade, von »Ich soll« und »Ich darf« aufgegangen und damit »das Ja Gottes, das Jesus von Nazareth mit den Menschen lebt«.

Dieses Ja Gottes ist dann zwar in den weiteren Etappen der Entwicklung in zunehmendem Maße christologisch-metaphysisch »verschlüsselt« worden, aber es ist doch immer dieses Ja gemeint, wenn in den weiteren Stadien der Entwicklung unter verschiedenen christologischen Chiffren vom Glauben an Jesus die Rede ist. Dabei legt Braun jedoch Wert darauf, daß es sich bei dieser Konstante des glaubenden Selbstverständnisses nur um eine »faktische« Kontinuität handelt, nicht um eine historisch vermittelte. Eine historisch kontinuierliche Tradition vom irdischen Jesus über die palästinensische Urgemeinde zu Paulus und zum johanneischen Kreise läßt sich nach Brauns Ansicht nicht nachweisen. Um eine solche historisch vermittelte Tradition als einende Klammer annehmen zu können, weichen die Nomenklaturen zu weit voneinander ab. Historische Forschung kann nur feststellen: »Der historische Jesus, Paulus und das johanneische Schrifttum, sie *lehren* – in sehr verschiedener Form – das gleiche über die Lage des Menschen vor Gott.«[33]

Anders ergeht es dem Glaubenden, der sich selbst in der genannten Weise versteht und dieses sein Selbstverständnis auf Jesus zurückführt und ihn deshalb »Christus«, »Menschensohn«, »Gottessohn«, »Herr« und so weiter nennt. Hier handelt es sich nicht um ein historisches Urteil, sondern um ein Bekenntnis des Glaubens. Der Bekennende, der die verschiedenen christologischen Titel und Vorstellungsweisen auf Jesus von Nazareth bezieht, tut dies in einem doppelten Wissen. Er weiß einmal, daß er sein glaubendes Selbstverständnis nicht von sich selbst hat, sondern daß es ihm von außerhalb seiner selbst widerfährt; und er weiß zum anderen, daß das, was ihm so von außerhalb seiner selbst widerfährt, gleich ist mit dem, was sich einst um Jesus von Nazareth begeben hat. Aber noch einmal: die Kontinuität, die sich in dieser Beziehung der christologischen Titel auf Jesus von Nazareth ausdrückt, ist für Braun keine historisch vermittelte, sondern eine faktische, eine im Glauben erfahrene und bekannte.

Braun wird nicht müde zu betonen, daß »das Ja Gottes, das Jesus mit den Menschen lebt«, ein »unerwartbares«, »nur durch das Jenseits des Menschen zustande kommendes«, »den Menschen haltendes Geschehen« und das glaubende Selbstverständnis entsprechend ein »Begebnis«, »Ereignis« und »Widerfahrnis« ist. Dennoch drängt sich unabweisbar die Frage auf, ob das neutestamentliche Kerygma, wenn man als seine Konstante das glaubende Selbstverständnis des Menschen faßt, nicht zu einer Idee wird.

Braun selbst wirft diese Frage auf: »Ist dann das wesentliche Christianum, die neutestamentliche Konstante des glaubenden Selbstverständnisses, doch eine *Idee*? ... Läuft die neutestamentliche Konstante des glaubenden Selbstverständnisses auf die *Idee* der Verlorenheit des Menschen, auf die *Idee* des Gehaltenseins durch das jenseitige Wunder hinaus?« Braun verneint das. Er will das glaubende Selbstverständnis des Neuen Testaments nicht als eine ewige Wahrheit verstanden wissen, die, nachdem sie einmal zur Kenntnis gebracht ist, auch weiterhin theoretisch einleuchtet und damit für alle Zeiten Gültigkeit besitzt. Vielmehr wiederholt er immer aufs neue, daß das glaubende Selbstverständnis des Neuen Testaments dem Menschen *widerfährt*, daß es ihm von außerhalb seiner selbst zukommt und darum an den immer neuen Vollzug seines Verkündigtwerdens gebunden bleibt. Es gehört zu »jener dritten Kategorie von Phänomenen, welche, wie mein Verhältnis zu meinem Vater, zu meiner Frau, zu meinem Freund, weder unter die Idee noch unter das Tradierte fallen: es sind Phänomene, die sich begeben und erst in ihrem Sichbegeben gültig und bindend werden.« In diesem Sinne ist es gemeint, wenn Braun schreibt: »Das glaubende Selbstverständnis des Neuen Testaments ist ein je und je sich vollziehendes Begebnis und Ereignis.«[34]

Dieses Begebnis und Ereignis bleibt an den Namen Jesus gebunden. Es findet überall dort statt, wo das »Ich soll« und »Ich darf« verkündigt wird und durch die Verkündigung sich neu ereignet. Überall dort aber, wo dieses »Ich soll« und »Ich darf« durch die Verkündigung sich neu ereignet, »da ist Jesus«, denn da ist »ein Geschehen analog dem, was damals historisch um Jesus von Nazareth sich ereignet hat«. »Jesus geschieht je in meinem ›Ich darf‹ und ›Ich soll‹«, und Jesus will »je und je geschehen«[35].

Braun bleibt nicht bei der Frage nach dem historischen Jesus stehen, sondern er weitet, völlig konsequent, die Frage nach dem historischen Jesus zur Frage nach Gott aus: wer Gott ist, wo und wie wir ihn heute erfahren, wo und wie Gott heute »geschieht«. Er stellt diese Frage am Ende seines Aufsatzes über ›Die Problematik einer Theologie des Neuen Testaments‹. Die Antwort, die er dort gibt, umfaßt nur eine knappe Druckseite. Diese eine knappe Druckseite ist es vor allem gewesen, die das scharfe Verdammungsurteil über Braun und seine Theologie ausgelöst hat. Aber wer das, was Braun dort schreibt, recht verstehen und gerecht beurteilen will, muß es im Zusammenhang mit dem ganzen Aufsatz lesen. Er wird dann nicht leugnen können, daß Braun eine Problematik aufzudecken gewagt hat, die im Neuen Testament zweifellos vorhanden ist und um die niemand herumkommt, der das Neue Testament wirklich für unsere Zeit auslegen will.

Braun stellt fest, daß die Aussagen, die die Autoren des Neuen Testaments über das Heil des Menschen, über seine Stellung zu Gott machen, so unterschiedlich sind, daß sie sich nicht miteinander in Einklang bringen lassen[36]: Die *Christologie* ist »nicht auf einen einheitlichen Nenner zu bringen«, die *Soteriologie*, das heißt die Frage nach dem Heil des Menschen, findet »keine einhellige Antwort«, die Stellung zum göttlichen *Gesetz* bietet »eine oszillierende Farbenskala«, die *Eschatologie* ist »voll starker Spannungen« und die *Sakramentslehre* »nicht einheitlich«. Braun warnt davor, diese »Disparatheit« der neutestamentlichen Aussagen zu rasch und zu kurzschlüssig in einer höheren Einheit aufzuheben. Dazu sind die Gegensätze zu stark und die Schwierigkeiten, die sich hier unserem Verstehen bieten, zu groß.

Um dies nachzuweisen, geht Braun die fünf eben genannten zentralen theologischen Themenkreise des Neuen Testaments durch[37]: Die *Christologie* hat zur Voraussetzung, daß es einen Messias oder Kyrios gibt – diese »religiöse Vorgabe« vermögen wir heute weltanschaulich nicht mehr zu leisten. In der *Soteriologie* wird das Endheil entweder diesseitig als »mühefreies Leben auf der erneuerten Erde« oder jenseitig als »unirdischer Zustand in der lokalen Sphäre Gottes« vorgestellt – diese Vorstellung des ewigen Lebens als einer »verlängerten Spielart« des irdischen Lebens ist für uns »in ihrer Naivität weder glaubhaft noch erstrebenswert«. Die Auffassung vom göttlichen *Gesetz* ist von der durchgehenden Voraussetzung beherrscht, daß Gott verbindliche Weisungen erlassen hat, die eben darum verbindlich sind, weil Gott sie erlassen hat – diese »naive Heteronomie liegt uns fern und ist uns unerschwinglich«. Die *Eschatologie* setzt eine »existierende Gottheit« voraus, die den Geschichtslauf lenkt, die Anfang und Ende setzt – diese »naive Hinnahme« Gottes als einer »Gegebenheit« ist für uns weltanschaulich nicht mehr nachvollziehbar. Die neutestamentliche *Sakramentslehre* schließlich stellt sich das Heil »dinglich« vor und nimmt das Kommen der Gottheit »zeithaft und gegenständlich« – auf den Boden dieses »naiven Gottesgedankens« können wir uns nicht mehr stellen.

In allen fünf angeschnittenen Vorstellungskreisen zielen die Schwierigkeiten, die sich unserem Verstehen bieten, auf einen gemeinsamen Punkt – auf das »objektivierende Denken«, das in den Aussagen über Gott vom Menschen absieht: »Die Welt Gottes gilt hier als eine an sich existierende, an einem bestimmten Ort, zu einem bestimmten Zeitpunkt vorhandene oder vorhanden sein werdende Gegebenheit.« Aber eben diese Betrachtung Gottes als einer »an und für sich existierenden Größe« bedeutet eine vom Menschen zu leistende »Vorgabe«, die wir nicht mehr zu leisten vermögen. Braun schließt seine Darlegung der »Disparatheit« der neutestamentlichen Aussagen mit der Feststellung: »Sich dies alles klarmachen heißt zugleich, die Unmöglichkeit dieser Betrachtung und dieses Gottesgedankens für uns erkennen.«

Aber nun enthält das Neue Testament zugleich Aussagen, die die eben gezeigte Konzeption sprengen, indem sie das objektivgegenständliche Denken über Gott und seine Welt überwinden. Braun zeigt dies an denselben zentralen theologischen Gegenständen[38]: In der *Christologie* wird Jesus nicht nur in naiver Gegenständlichkeit vorgestellt, sondern Jesus »geschieht« auch in meinem »Ich darf« und »Ich soll«, und zwar »im Rahmen der Mitmenschlichkeit«. Für die *Soteriologie* bedeutet dies, daß das Endheil »von den Höhen einer metaphysischen sogenannten Welt Gottes« herabgeholt und »auf den profanen Boden rechter Mitmenschlichkeit« gestellt wird: in dieser Mitmenschlichkeit und nicht in einem über dem Menschen liegenden Bereich ist das Heil Gottes zu finden. In der Lehre vom *Gesetz* gibt es beträchtliche Ansätze, die die Heteronomie durchstoßen: Da deckt Gott nicht mehr als äußere Autorität den Inhalt einer Weisung, sondern da ist Gott »der Ausdruck für das Phänomen gewissensmäßigen, getrosten, überzeugten Handeln-könnens« – auf Gottes Weisung handeln heißt gewissensmäßig, getrost und überzeugt handeln können. In der *Eschatologie* birgt gerade die urchristliche Naherwartung, die Hoffnung auf den unmittelbar bevorstehenden Anbruch des Reiches Gottes, ein Moment in sich, das alles objektive Denken über Gott durchstößt; die Naherwartung signalisiert, daß die jeweilige Verkündigung des Gefordert- und Gehaltenseins des Menschen unwiederbringliche Einmaligkeit und letzte Gültigkeit besitzt: Gott ist überall dort, »wo der Augenblick in seiner Gefülltheit genommen und gelebt wird«. Auch in dem, was das Neue Testament über die *Sakramente* sagt, wird das dinglich-gegenständliche Denken »vielerorts durchbrochen«, aber das geschieht hier doch nicht mit derselben Eindeutigkeit wie bei den vier anderen genannten Themenkreisen, so daß »wagende Interpretation« feststellen muß: Die im Neuen Testament wahrnehmbare Sakramentalisierung widerstrebt dem personalen »Ich darf« und »Ich soll« und damit dem nichtgegenständlichen Gottesgedanken.

Die »Disparatheit« der neutestamentlichen Aussagen weist nach Braun auf eine tiefer liegende Problematik hin: In ihr wirkt sich das widersprüchliche Reden des Neuen Testaments von Gott aus. Auf der einen Seite wird Gott im Neuen Testament als dinglich und gegeben vorgestellt, auf der anderen Seite als nicht-dinglich und nicht-gegeben. Die Vergegenständlichung Gottes entspricht nicht dem »eigentlichen Trend« des Neuen Testaments, aber es läßt sich nicht bestreiten, daß Gott und seine Welt im Neuen Testament auch als Gegenstand und Sache aufgefaßt werden.

Was aber ist dann letztlich im Sinn des Neuen Testaments Gott? Als was wird Gott dann im Neuen Testament verstanden? Zunächst gibt Braun eine negative Antwort auf diese Frage[39]: »Jedenfalls nicht als der für sich Existierende, nicht als eine Spezies, die unter dieser Vokabel erfaßbar wäre.« Aber dann fährt er positiv fort: »Gott heißt das Woher meines Umgetriebenseins.« Damit nun niemand auf den Gedanken verfalle, daß es sich hier um das »unruhige Herz« (»cor inquietum«) Augustins oder um den »unruhigen Treiber« (»inquietus actor«) Luthers handeln könne, fügt Braun ausdrücklich hinzu, daß dieses mein Umgetriebensein mir allein vom Mitmenschen her zukomme. Für Braun geht die neutestamentliche Theologie auf in der Bestimmung der menschlichen Existenz durch das unbedingte »Ich darf« und »Ich soll«, durch Geborgensein und Pflicht. Geborgensein und Pflicht aber kommen mir nicht zu »aus dem Weltall«, sondern allein vom anderen, vom Mitmenschen her, wie auch das Wort der Verkündigung und die Tat der Liebe mich allein vom Mitmenschen her erreichen. Und so kann Braun genauer definieren: »Gott ist das Woher meines Geborgen- und meines Verpflichtetseins vom Mitmenschen her.« Für Braun ist Gott mithin »eine bestimmte Art der Mitmenschlichkeit«: »Gott ist dort, wo ich in Pflicht genommen, wo ich engagiert bin; engagiert im unbedingten ›Ich darf‹ und ›Ich soll‹.« Das aber heißt dann: »Der Mensch als Mensch, der Mensch in seiner Mitmenschlichkeit, impliziert Gott.« Es ist nur folgerichtig von Braun, wenn er von hier aus die Frage stellt, ob es den Atheisten überhaupt gebe. Im Grunde gibt es ihn für Braun nicht und kann es ihn für ihn nicht geben: »Denn«, so fragt Braun, »enthält nicht jede Mitmenschlichkeit bereits etwas von der dem Neuen Testament so am Herzen liegenden Verklammerung zwischen dem ›Ich darf‹ und ›Ich soll‹?«

Die Existenz Gottes

Braun meint für seine »Theologie« das Neue Testament auf seiner Seite zu haben, zwar nicht in seiner Ganzheit, aber doch in seinen entscheidenden, für uns gültigen Aussagen. Er meint mit seiner radikalen existentialen Interpretation des Neuen Testaments nichts anderes zu tun, als den »eigentlichen Trend« dessen, was das Neue Testament selbst über Gott und den Menschen sagt, für unsere Zeit zur Geltung zu bringen. Aber diese Meinung teilen viele andere Theologen und vor allem Nichttheologen nicht. Während man bei Bultmann trotz aller Entmythologisierung noch den unzerstörbaren Kern des Evangeliums erkennen zu können meinte, schien sich bei Braun auch dieser noch existential aufgelöst zu haben. Und so hat sich gegen ihn in den letzten Jahren fast so etwas wie eine kirchlich-theologische Einheitsfront gebildet, in der Lutheraner und Reformierte, Hochkirchler und Barthianer, Liturgiker und Pietisten, Oberkirchenräte und Professoren, ihrer sonstigen theologischen, kirchenpolitischen und berufsständischen Gegensätze nicht achtend, in einer seltsamen Waffenbrüderschaft zusammenstehen – ein in der Theologiegeschichte nicht nur der letzten Jahre ungewöhnlicher Anblick.

In der Reaktion auf die existentiale Theologie scheint sich vor allem Barths Schule, deren Ende mancher schon gekommen wähnte, neu belebt und wieder gefunden zu haben. Lange Zeit vornehmlich von den politisch-ethischen Fragen der Nachkriegsjahre in Anspruch genommen und dadurch auch in mancherlei kirchenpolitische Händel verstrickt, zudem von Anfang an nicht so selbständig wie die Bultmannschule, beginnen sich Barths Schüler in unseren Tagen neu zu formieren.

Die umfassendste Auseinandersetzung mit der existentialen Theologie hat Helmut Gollwitzer geführt. Seine Kritik beschränkt sich keineswegs auf Herbert Braun, aber da dieser die äußerste Spitze der existentialen Theologie bildet, richtet sich auch die Spitze von Gollwitzers Kritik vor allen Dingen gegen ihn.

Gollwitzer läßt es bei seinem Urteil über Brauns Theologie an Deutlichkeit nicht fehlen. Ohne Beschönigung stellt er fest: »Es handelt sich um die Auflösung der Theologie in Humanismus, der sich von anderen Humanismen nur durch seine andere philosophische Fundierung und Terminologie unterscheidet.«[40] Das Subjekt-Objekt-Schema wird nach Gollwitzers Meinung von Braun dadurch »überwunden«, daß er sich auf den einen Pol der Begegnung zwischen Gott und Mensch, auf die menschliche Existenz, zurückzieht und in ihn alles hineinnimmt, was die Bibel über die Beziehung des Menschen zu Gott aussagt. Darüber wird der andere Pol der Begegnung, die Existenz Gottes, verflüchtigt. Die biblischen Begriffe, die sämtlich die Beziehung zwischen Mensch und Gott beschreiben, werden umgedeutet zu »Beschreibungen einer Haltung, die sich real nur mehr zwischen Mensch und Mitmensch, nicht aber (oder doch nur verbal) zwischen Mensch und Gott bewegt«. Darüber verliert die christliche Verkündigung ihren Inhalt – die Geschichte Jesu Christi. Der christliche Glaube wird zur »Gläubigkeit des Daseins«, zur »gläubigen Haltung«. Für diese gläubige Haltung ist »Gott« nur noch »der selbst im Dunkel bleibende Bezugspunkt«, »jenes unbekannte X, das in den Grunderfahrungen des Menschseins, der Erfahrung des Gefordertseins und der Erfahrung des Lebendürfens trotz Schuld, als Bezugspunkt mitgesetzt ist«[41].

Bei Braun bleibt nach Gollwitzers Meinung von der christlichen Botschaft nicht mehr als eine »Idee vom Menschen« übrig, die ihre jeweilige Aktualisierung im Ereignis des Verkündigt- und Angenommenwerdens erfährt. Die neutestamentlichen Autoren samt dem historischen Jesus sind nur noch die »Initiatoren« oder »Entdecker« einer bestimmten menschlichen Erlebnismöglichkeit. Alles was das Neue Testament über Gott und Christus lehrt, dient nur als »Vehikel und Hilfsmittel«, um den Menschen dazu zu bringen, daß er in seinem Leben die paradoxe Einheit von radikaler Forderung und radikaler Gnade, von »Ich soll« und »Ich darf« erfährt. Wer Jesus gewesen ist, ob er überhaupt gelebt hat, kann Braun im Grunde gleichgültig sein. Auch die Vokabel »Gott« wird von ihm nur noch in einem »unechten« Sinn gebraucht; er könnte auch ohne sie auskommen. »Gott und Jesus sind aufgelöst in einen Humanismus, für den Neues Testament und Verkündigung höchstens anamnetische Funktion haben können.«[42]

Die negative Kritik, die Gollwitzer an Brauns Theologie übt, steht auf dem Hintergrund seines eigenen positiven Standpunktes, daß die Theologie nicht nur »indirekt« von Gott reden darf, indem sie von der menschlichen Existenz redet, sondern daß sie es auch »direkt« tun muß, indem sie von Gott selbst spricht, von Gott in seiner selbständigen und unabhängigen Wirklichkeit, in seiner eigenen Initiative und Aktivität. Es geht Gollwitzer in seiner Auseinandersetzung mit Herbert Braun letzten Endes um den Sinn der Theologie als Rede von Gott. Die entscheidende Frage ist für ihn dabei, ob und inwiefern die Theologie sagen kann, »daß Gott ist«. Darum hat er seinem Buch, in dem er sich mit der existentialen Theologie auseinandersetzt, den Titel gegeben: ›Die Existenz Gottes im Bekenntnis des Glaubens‹.

Gollwitzer räumt Braun gegenüber ein, daß man von der *Existenz Gottes* nicht im Sinne unserer sonstigen Ist-Sätze sprechen kann. Alle Aussagen, die Gott als ein Seiendes neben anderem Seienden einreihen und ihn damit wie einen Gegenstand behandeln, über den man neutrale Feststellungen treffen kann, sind theologisch illegitim. Theologisch legitim sind allein solche Aussagen über Gott, in denen der Mensch zugleich ein Bekenntnis von sich selbst ablegt, also Urteilssätze und in diesem Sinne Glaubenssätze. Darum kann der Forderung einer nicht-gegenständlichen Rede von Gott nicht einfach widersprochen werden. Gollwitzer teilt die Absage des neuzeitlichen Atheismus an einen »an sich existierenden Gott«. Er beruft sich dabei auf den bekannten Satz aus Bonhoeffers Habilitationsschrift: »Einen Gott, den ›es gibt‹, gibt es nicht« und auf Rosenstock-Huessys oft wiederholte Mahnung, daß man von Gott eigentlich nur im Vokativ reden könne.

Aber alle diese Negationen eines falschen Redens von der Existenz Gottes haben die Position zur Voraussetzung, daß Gott »ist«. Es fragt sich nur, wie dieses »Ist« verstanden wird. Hier arbeitet Gollwitzer nun seinerseits in Antwort auf Braun die Eigenart des biblischen Redens von Gott heraus. Dem Versuch Brauns, in der Art, wie die Bibel von Gott redet, zwei verschiedene Stränge zu unterscheiden und den einen von ihnen auszuschließen, stellt Gollwitzer seine eigene Behauptung entgegen, daß alles Reden der Bibel von Gott einen »gemeinsamen Horizont« habe und daß dieser Horizont »theistisch« sei: »Die ganze Bibel ist theistisch, wenn Worte noch irgendeinen Sinn haben, sie ist es sogar in einem unerhört gesteigerten Maße ... Hier wird der Theismus ernst; hier wird das Wort ›Gott‹ ein unersetzliches, unverzichtbares Wort.«[43] Der Ernst des biblischen Theismus gründet darin, daß Gott sich offenbart und sich in einer lebendigen, konkreten Geschichte zum Partner des Menschen macht. Es handelt sich bei den biblischen Texten mithin um die Zeugnisse einer *Begegnung* zwischen Gott und Mensch; aber eben die Begegnung setzt voraus, daß Gott der Gegenüberstehende ist, der spricht, handelt und will, der mit nichts Irdisch-Menschlichem Identische, der, wie Barth sagt, »Ganz-Andere«. Von Gott aus handelt es sich bei dieser Begegnung um Befehl und Verheißung, und das verlangt vom Menschen wiederum entsprechende Verhaltensweisen. Gollwitzer beschreibt sie als »Vertrauen, Gehorsam, Empfang des Urteils, Schuldbekenntnis, Beten, Fragen, Danken und Loben«. Den Testfall bildet das Gebet: Wo Gott nicht im Gegenüber zum Menschen bleibt, dort wird der Unterschied zwischen Gebet und Meditation fließend, dort löst sich der theologische Sinn des Gebetes in den philosophischen Sinn der Selbstbesinnung auf.

Die Bibel redet in »härtester«, »massivster Gegenständlichkeit« von Gott, aber sie tut dies nicht, um Gott zu objektivieren; vielmehr will sie gerade mit ihrer scheinbar gegenständlichen Rede Gott jedem menschlichen Zugriff der Vorstellung und Einordnung entziehen. Die biblischen Autoren »stellen sich Gott nicht vor, sondern sie hören ihn«. Sollte aber einem von ihnen da und dort wirklich der Fehler objektivierenden Redens von Gott unterlaufen sein, so kann man nach Gollwitzers Urteil nicht gleich wie Braun von der Konkurrenz zweier verschiedener Tendenzen in der Bibel sprechen, einer gegenständlichen, dinglichen und einer nicht-gegenständlichen, nicht-dinglichen Rede von Gott: »In dieses Schema fügen sich die alt- und neutestamentlichen Autoren nicht ein, es ist an sie herangetragen.«[44] Das Reden der biblischen Autoren von Gott hat einen »gemeinsamen Horizont«.

Dieser gemeinsame Horizont der biblischen Gottesverkündigung verlangt nach Gollwitzer von der Theologie auch die Aussage, daß Gott »ist«. Das Interesse, das Gollwitzer an dieser Aussage über die Existenz Gottes hat, ist nicht spekulativer, sondern soteriologischer Art: es geht ihm dabei letztlich um das Heil des Menschen. »Die Gnade darf kein Postulat sein«[45] – darum ist der Glaube aufs höchste an den Aussagen über die Existenz Gottes interessiert. Und darum muß die Theologie nicht nur sagen, »daß Gott ist«, sondern auch, »wer Gott an und für sich ist« und »was er zuvor in sich selber ist«. Theologische Ist-Sätze dieser Art – über die Trinität, die Person, die Eigenschaften Gottes – dürfen nicht von vornherein als metaphysische Spekulationen verdächtigt werden. Sie bezeichnen vielmehr den »terminus a quo der göttlichen Barmherzigkeit«, nämlich daß das Heil des Menschen seinen Grund außerhalb seiner selbst in Gott hat. Ohne solche Ist-Sätze verlören alle Aussagen über die Beziehung des Menschen zu Gott ihren ontologischen Halt. »Das Evangelische am Evangelium« hängt für Gollwitzer aufs engste damit zusammen, daß gesagt werden darf und muß: *Gott ist.*

Der zwischen Gollwitzer und Braun bestehende theologische Gegensatz kann nicht besser charakterisiert werden als durch die Worte, mit denen ihre beiden Arbeiten enden. Während Herbert Brauns Aufsatz über ›Die Problematik einer Theologie des Neuen Testaments‹ mit den Worten »Ich darf« und »Ich soll« schließt, endet Gollwitzers Buch über ›Die Existenz Gottes im Bekenntnis des Glaubens‹ mit dem Ruf: »Er ist!«

Braun hat sich durch Gollwitzers scharfe Kritik in seiner radikalen existentialen Interpretation des Neuen Testaments nicht beirren lassen. In der Festschrift zu Rudolf Bultmanns achtzigstem Geburtstag hat er Gollwitzer seinerseits wieder geantwortet und dabei seinen eigenen theologischen Standpunkt noch deutlicher dargelegt.[46] Es geht ihm nach wie vor darum, wo und wie wir Gott heute »merken«, wo und wie Gott heute »geschieht«. Herausgefordert durch Gollwitzers Betonung der Existenz Gottes vor und außerhalb unserer eigenen Existenz, sucht Braun nun seinerseits noch deutlicher zu zeigen, wie wir die Existenz Gottes allein innerhalb unserer eigenen Existenz erfahren und also abgesehen von unserer Existenz überhaupt nicht von der Existenz Gottes sprechen können. Auf eine vereinfachende Formel gebracht, könnte man sagen: Gollwitzer ist an der *Person* Gottes interessiert, daß sie vor und außerhalb der Welt ist, Braun hingegen an dem *Ort* Gottes, daß er in der Welt liegt. Er bleibt, wenn er von Gott redet, entschlossen »in dem diesseitigen Rahmen«, und er hält diesen Rahmen »für naturgesetzlich und historisch geschlossen«. Er sucht Gott nicht als eine gegenständliche Person oben, außerhalb der Welt, sondern er fängt, wenn er Gott finden will, unten bei den Texten des Neuen Testaments an, und diese Texte sind Menschenworte und werden erst im Verstehen für uns zu Gottes Wort.

Wie es zugeht, wenn er als »verstehender Schüler« das Neue Testament liest und ihm dabei in seiner Existenz das »Ich soll« und »Ich darf« aufgeht und in diesem Vorgang für ihn Gott »geschieht«, beschreibt Braun an einer Stelle sehr persönlich und ebenso schlicht wie überzeugend folgendermaßen: »Bei einem solchen Hören und Lesen kann es geschehen, daß ich gewissensmäßig merke: das und das soll ich tun, das und das soll ich lassen. Ich werde dann sagen: hier liegt ein mich unbedingt angehendes Soll vor, Gott will es. Wenn ich mich mit den neutestamentlichen Texten weiter beschäftige und dabei wach lebe, werde ich merken: dies ›ich soll‹ kann ich nicht angemessen tun. Und es kann geschehen, daß mir unter dem Text und wohl nie ganz ohne Zusammenhang mit dem, was Mitmenschen an mir tun und mir sagen, in Scham und Freude klar wird: ich soll trotzdem, obwohl ich so bin, und dies mein Leben gelingt in einer mir selber unfaßlichen Weise, die mich sehr bescheiden und sehr dankbar macht. Ich werde dann sagen: Gott ermächtigt mich. ›Ich soll‹ und ›Ich darf‹ geschieht, und damit geschieht Gott, im Hören und Tun des Wortes.« Der Vorwurf Gollwitzers, daß mit einer solchen Auslegung des Neuen Testaments die Theologie in Humanismus aufgelöst werde, schreckt Braun nicht. Er antwortet darauf: »Man sage statt ›Humanismus‹ ›Liebe‹, die von dem ›Ich darf‹ lebt, dann sitzen wir dem Neuen Testament mitten im Schoße.«[47]

Braun ist daran gelegen, daß es keine vorwegnehmende Gewißheit von der Existenz Gottes gibt, derart, daß ich zunächst in einem Akt der Vorwegnahme anerkenne, daß Gott ist, daß er, den naturgeschichtlich und historisch geschlossenen Horizont durchbrechend, in die Welt eingreift und in der Bibel redet. Dadurch wird der Glaube an eine »Vorgabe« gebunden, die er selbst zu leisten hat. Durch die Leistung einer solchen Vorgabe aber wird der Glaube in seiner Gewißheit nicht befestigt: »Wird mir ein Sollen dadurch dringlich, daß ich höre, ein jenseitiger Gott will das? Trägt ein Trost mich dadurch, daß ich versichert bekomme, er stamme von einem jenseitigen Gott?« Vielmehr kann ich der Existenz Gottes nur gewiß werden, indem ich mich auf die Texte der Bibel, wie sie mir als Menschenwort von Mitmenschen her begegnen, einlasse und durch sie mein Gefordert- und Gehaltensein in der Welt erfahre und Gott sich mir so in meiner Existenz erweist. Braun erhärtet dies an zwei von Gollwitzer gestellten Testfragen: am Bittgebet und an der Absolutheit der Erscheinung Jesu.

Braun bestreitet das *Bittgebet* keineswegs[48], aber er macht darauf aufmerksam, daß es sich auch in der Breite der außerbiblischen Religionswelt finde und daß hier kein spezifischer Unterschied zwischen dem Neuen Testament und der außerchristlichen Antike bestehe. Man erwartet etwa eine Krankenheilung als direkten Eingriff des Numen in diese Welt, ob es sich nun um Christus oder um Asklepios handelt. Wir dagegen fassen unser Beten heute anders auf: »Es ersetzt nicht den Arzt, sondern es begleitet seine Kunst.« Dabei braucht sich der Arzt nicht als Werkzeug Gottes zu verstehen, und wenn er es tut, so hat dies keinen Einfluß auf seine von einer rein immanent verstandenen Wissenschaft gesteuerten Maßnahmen. In weltanschaulicher Beziehung entspricht unser Beten nicht mehr den Aussagen des Neuen Testaments: Der Gott, der von jenseits unmittelbar in die Welt eingreift, ist ersetzt durch den Gott, der in der Welt mittelbar durch Menschen und Dinge wirkt. Überdies erinnert Braun daran, daß das Neue Testament als höchstes Gebet dasjenige lehre, in dem der Mensch sich gehorsam in Gottes Willen schicke. Damit ist bereits im Neuen Testament selbst die Überleitung vom Gebet zu Meditation gegeben.

Was den *Absolutheitsanspruch* der Erscheinung Jesu betrifft[49], so weigert sich Braun, einen solchen Anspruch von vornherein zu konzedieren. Der Weg der Vergewisserung führt für ihn auch hier wieder in genau umgekehrter Richtung: »Ich soll hören und mich von dem Gehörten mitnehmen lassen. Und dann wird man ja sehen.« Von sich persönlich kann Braun nur bekennen: »Mir hat die Breite der jüdischen und hellenistischen Religionswelt bisher nichts geboten, was mich im Gewissen kräftiger bände, als das Wort des Neuen Testaments.« Braun ist der Meinung, daß auch die Zeugen des Neuen Testaments auf keinem anderen Wege zu ihrer Gewißheit gelangt seien: »Die Menschen hören Jesus, sie hören Paulus und sie werden zur urteilenden Stellungnahme des Gewissens aufgerufen. Beugen sie sich verstehend dem gehörten Inhalt, dann ist Trost und Mahnung zur Stelle, dann sagen sie, Gott ist da. Dann hören sie in den Worten Jesu und der Apostel das Bindende des ›Ich darf‹ und ›Ich soll‹, dann hören sie im Menschenwort Gottes Wort.« Verhielte es sich anders, würde der Glaube an Jesus nicht durch das Hören der Botschaft zustandekommen, sondern durch eine vorweg geleistete Anerkennung des Anspruchs, so müßte der Hörer im voraus leisten, was gerade die Begegnung mit dem Wort erst schafft.

Daß Brauns radikale existentiale Interpretation des Neuen Testaments viel Widerspruch, ja Empörung, zumal bei der sogenannten »gläubigen Gemeinde« ausgelöst hat, kann man verstehen. Aber ein Recht, Braun zu widersprechen oder sich gar über ihn zu empören, hat nur, wer wie er bereit ist, sich der ganzen schwierigen Problematik heutigen Verstehens des Neuen

Testaments auszusetzen. Braun stellt sich als Interpret des Neuen Testaments dem Problem der totalen Säkularisierung; er sucht das Neue Testament ehrlich und tapfer angesichts jener Situation auszulegen, die Dietrich Bonhoeffer als »das Ende der Religion« charakterisiert hat.

Im 19. und auch noch im beginnenden 20. Jahrhundert ging der Streit der Theologen vordergründig nicht um Gott, sondern um Jesus. Die Existenz Gottes wurde allgemein noch als selbstverständlich vorausgesetzt; die Frage war immer nur, wie dieser allgemeine Gott sich offenbare, inwiefern seine Offenbarung an ein bestimmtes Ereignis der Geschichte, an die besondere Person Jesu Christi, geknüpft sei. Es herrschte ein »universaler Theismus«, der das Leben und Denken der Menschen, vor allem in ihrer Beziehung zur Geschichte bestimmte. In diesen allgemeingültigen weltanschaulichen Grund war auch alle Christologie eingebettet. Das hat sich grundlegend geändert. Der universale Theismus, ohnehin schon ein weltanschauliches Restprodukt des christlichen Abendlandes, hat in unseren Tagen auch noch seinen letzten Rest an Kraft verloren. Damit hat zugleich die Christologie ihre bisher als selbstverständlich vorausgesetzte weltanschauliche Grundlage eingebüßt. Wie aber kann dann das Neue Testament verstanden und Jesus als Christus gedacht werden? Das ist die Frage, um die es heute bei der Auslegung des Neuen Testaments und damit in der Christologie geht. Eben dieser Frage hat sich Herbert Braun gestellt. Aber genau genommen versucht er das Neue Testament eigentlich nicht zu interpretieren, sondern es für seine ungläubigen Zeitgenossen zu retten. Er möchte zeigen, inwiefern das Neue Testament trotz aller religiösen und weltanschaulichen Verluste für sie noch ein bedeutungsvolles Buch sein kann. Deshalb unterzieht er die Christologie einer existentialen Radikalkur. Wie der Kapitän eines in Seenot geratenen Schiffes allen Ballast über Bord werfen läßt, damit es, sei es auch unter Verlust der Ladung, schwimmen bleibt, so wirft auch Herbert Braun in der Christologie allen traditionellen und weltanschaulichen Ballast über Bord, damit wenigstens der Glaube der Menschen gerettet werde.

Braun führt Bultmanns existentiale Interpretation des Neuen Testaments konsequent zu Ende. Bultmann hat sich einst mit guten Gründen gegen den kritischen Einwand gewehrt, daß er bei seiner Entmythologisierung vor Gott haltmache. Braun tut dies nicht mehr. Bei ihm, so kann man sagen, wird auch Gott entmythologisiert. Dabei ist Brauns Motiv durchaus legitim: Er sucht dem Zeitgenossen zu zeigen, wie Gott hier und jetzt »geschieht«. Dabei blickt er, wie es sich für den Theologen geziemt, gleichzeitig auf Gott und den Menschen. Um *Gottes* willen will er alles vermeiden, was Gott zu einem fernen, fremden Ding, zu einer gegenständlichen Person, zu einer objektiven Gegebenheit machen könnte. Um des *Menschen* willen will er alles vermeiden, was diesen daran hindern könnte, das Evangelium als persönliche Anrede und als Ruf zur eigenen Lebensentscheidung zu vernehmen. Beides gehört zusammen.

Aber Braun gerät nun seinerseits in die Gefahr, Gott zu einem Existential zu machen. Bei ihm führt die Wiederentdeckung des historischen Jesus nicht zu einer Korrektur, sondern zu einer Radikalisierung der Position Rudolf Bultmanns. Die Bedeutung Jesu beschränkt sich bei ihm darauf, daß die paradoxe Einheit von radikaler Forderung und radikaler Gnade von Jesus zum erstenmal erfaßt und verkündigt worden ist. Dieses neue Existenzverständnis bildet, bei wechselnder christologischer Verschlüsselung, das durch das ganze Neue Testament hindurchgehende anthropologische Grundphänomen, und dementsprechend bezeichnet Braun die Anthropologie als die Konstante, die Christologie hingegen als die Variable im Neuen Testament. Damit aber droht sich die christliche Botschaft in eine Idee zu verflüchtigen: Jesus ist nur noch der »auslösende Faktor« und Christus nur noch die »mythologische Chiffre« eines neuen Existenz- und Weltverständnisses – wobei noch zu fragen wäre, ob dieses Existenz- und Weltverständnis denn nun tatsächlich so einmalig und neu ist, wie Braun behauptet. Daß die Konstante der Anthropologie und die Variable der Christologie ihre gemeinsame Konstante in der Christuszugehörigkeit der Glaubenden haben, wird übersehen. Zu Recht schreibt Ernst Käsemann: »Mit einer Auskunft darüber, wer als prima causa den Glauben ausgelöst habe, gebe ich mich nicht zufrieden... Das Prädikat ›christlich‹ wird mir dann zu einem durch die Tradition vorgegebenen, im Grunde nur historischen Firmenschild, wobei ›historisch‹ eben den Ausgang einer Ideengeschichte bezeichnet, selbst wenn in dieser Geschichte unentwegt gepredigt wird.«[50] Braun selbst wehrt sich zwar, wie wir immer wieder gesehen haben, energisch dagegen, daß das glaubende Selbstverständnis des Neuen Testaments nur eine Idee sei; immer aufs neue beteuert er, daß sich das Paradox des radikalen »Ich darf« und »Ich soll« in der Verkündigung »ereigne« und daß überall dort, wo es sich ereignet, Jesus »geschehe«. Aber es ist schlechterdings nicht einzu-

sehen, warum sich ausgerechnet das neutestamentliche Selbstverständnis, wenn es sich nun schon »ereignet«, anders ereignen
soll als irgendein Selbstverständnis des Menschen, und warum
Jesus nicht entbehrlich werden soll, nachdem er einmal die
Initialzündung zu diesem Selbstverständnis gegeben beziehungsweise sich selbst in es verwandelt hat. Käsemann fährt an
der eben zitierten Stelle fort: »Den Anruf und die Aufforderung
zur Entscheidung vernehme ich auch aus anderen Ideengeschich-
ten –«, und er fügt hinzu: »– und die größte Faszination der Predigt strahlt heute für den größten Teil der Menschheit doch wohl
nicht das Christentum, sondern der Marxismus aus«.

Daß das neutestamentliche Kerygma nicht anonym ist, sondern sich auf einen konkreten Namen beruft und darum eine
konkrete Geschichte zum Inhalt hat, davon kann bei Braun keine
Rede mehr sein. Ihm kommt es nur darauf an, daß das neutestamentliche Selbstverständnis richtig ist und den heutigen Menschen überzeugt. Von wem es stammt und wer es in Gang gebracht hat, ist letzten Endes gleichgültig. Damit aber geht die
Existenz Gottes im glaubenden Selbstverständnis des Menschen
auf, und die Theologie verwandelt sich in Anthropologie. »Ich
darf« und »Ich soll« – das kann an und für sich genommen gute
paulinisch-lutherische Rechtfertigungslehre sein, aber indem
Braun es allein an der Mitmenschlichkeit verifiziert, verfälscht er
das Evangelium durch eine einseitige ethische Betrachtungsweise.

Brauns Rettungsversuch des Neuen Testaments ist ein ver-
zweifeltes Unternehmen und ein hochinteressantes Experiment
zugleich. Er zeigt, was vom Evangelium übrigbleibt, wenn Gott
tot ist und Jesus nicht gelebt hat beziehungsweise ein ganz anderer gewesen ist als der, an den wir bisher mit den biblischen Zeugen geglaubt haben. Braun rettet das Evangelium um den Preis
des Evangeliums. Warum aber rettet er es überhaupt? Weil er
selbst ein Glaubender ist!

Gottes Geschichte in der Geschichte

Zu der gleichen Zeit, da Herbert Braun das Neue Testament
durch eine letzte Radikalisierung der existentialen Interpretation
Bultmanns zu retten trachtete, versuchte Wolfhart Pannenberg
es auf die genau entgegengesetzte Weise, nämlich durch eine

totale Umkehrung der Position Bultmanns. Er schien sich vorgenommen zu haben, Bultmann auf den Kopf zu stellen und Zug um Zug das Gegenteil von dem zu behaupten, was Bultmann gesagt hatte. Dem Erweis Gottes aus der Existenz stellte er den Erweis Gottes aus der Geschichte entgegen. Hieß Bultmanns geistiger Stammvater Sören Kierkegaard, so heißt Pannenbergs Georg Wilhelm Friedrich Hegel.

Pannenbergs erster gegen die existentiale Theologie gerichteter Aufsatz trägt den Titel ›Heilsgeschehen und Geschichte‹ (1959) und beginnt mit den Sätzen: »Geschichte ist der umfassendste Horizont christlicher Theologie. Alle theologischen Fragen und Antworten haben ihren Sinn nur innerhalb des Rahmens der Geschichte, die Gott mit der Menschheit und durch sie mit der ganzen Schöpfung hat, auf eine Zukunft hin, die vor der Welt noch verborgen, in Jesus Christus jedoch schon offenbart ist.«[51] Diese Sätze enthalten »in nuce« Pannenbergs theologisches Programm. Pannenberg will einen universalhistorischen Entwurf liefern, in dem er die Selbstoffenbarung Gottes von der Erschaffung der Welt bis zu ihrer Vollendung schildert und die Geschichte in ihrer Einheit als Geschichte Gottes erweist. Wie die Alte Kirche einst für ihr Zeugnis von der Universalität des Vaters Jesu Christi die griechische Philosophie in Anspruch genommen hat, so möchte Pannenberg die Universalität des biblischen Gottes durch die unbeschränkte Ausdehnung der historischen Forschung erweisen und auf diese Weise den christlichen Glauben für unsere Zeit geistig bewähren.

Mit Pannenberg und seinen gleichaltrigen, fast gleichsemestrigen Freunden meldete sich die »dritte Generation« zu Wort. Sie trat mit dem Anspruch auf, die überkommenen theologischen Probleme, in denen sich die Väter und Vorväter augenscheinlich festgefahren hatten, in einer umfassenden Theologie der Geschichte zu bewältigen. Theologen und Nichttheologen horchten auf, manchen schienen Glaube und Kirche schon gerettet. Man bedenke: Während andere den »Tod Gottes« und den »Verlust der Mitte« beklagten und sich ängstlich auf eine private christliche Restexistenz zurückzogen, behauptete hier eine Gruppe von Theologen, daß die ganze Geschichte eine Geschichte Gottes sei, und sie behauptete dies nicht nur, sondern sie meinte es auch historisch nachweisen zu können. Wenn dieser Nachweis gelang, dann schien Gott gerettet, dann war der marxistische Atheismus mit seinen eigenen Waffen geschlagen.

Unterdessen ist es um Pannenberg und seinen Freundeskreis

schon wieder stiller geworden. Ihr universalgeschichtlicher Entwurf scheint das Schicksal aller derartigen Konzeptionen zu teilen. Sie tauchen naturgemäß jeweils am Ende einer Epoche auf und tragen damit selbst schon den Keim des Endes in sich. Unwillkürlich erinnert man sich an die Worte Hegels: »Wenn die Philosophie ihr Grau in Grau malt, dann ist eine Gestalt des Lebens alt geworden, und mit Grau in Grau läßt sie sich nicht verjüngen, sondern nur erkennen; die Eule der Minerva beginnt erst mit der einbrechenden Dämmerung ihren Flug.«[52] Andererseits aber läßt sich gerade jetzt, nachdem der erste Lärm um Pannenberg und seine Freunde verhallt und ihr universalgeschichtlicher Entwurf auf sein rechtes Maß zurückgeführt ist, auch das Richtige und Gute an ihm gerechter und besser beurteilen.

Pannenberg kämpft in einer doppelten Frontstellung: Einmal richtet er sich gegen die existentiale Theologie Bultmanns und Gogartens und ihrer Schüler, zum anderen gegen die heilsgeschichtliche Theologie in ihren verschiedenen Schattierungen. Beiden wirft er vor, daß sie sich der Bedrohung des christlichen Glaubens von seiten der historisch-kritischen Forschung durch eine Fluchtbewegung zu entziehen suchten. Die heilsgeschichtliche Theologie flüchtet sich vor der historisch-kritischen Flut in den vermeintlich sicheren Hafen einer »Übergeschichte«. Da der christliche Glaube aber nun einmal seinem Ursprung und Wesen nach auf die Geschichte bezogen ist, kann er sich unmöglich auf ein »sturmfreies Gebiet« retten – »bei Strafe des Verlustes seines geschichtlichen Grundes«.

Die existentiale Theologie hingegen zieht sich vor der Bedrohung des Glaubens durch die objektiv-wissenschaftliche Geschichtsforschung auf die »Bedeutsamkeit« der Geschichte und die »Geschichtlichkeit« des Einzelnen zurück. Gegen sie richtet sich Pannenbergs Kritik vor allem. In der existentialen Interpretation des Neuen Testaments sieht er eine Folge der heute überall drohenden Auflösung der Geschichte in die Geschichtlichkeit der individuellen menschlichen Existenz, und diese wiederum steht für ihn auf dem allgemeinen geistesgeschichtlichen Hintergrund der Neuzeit. In dem Maße, in dem der Mensch mit der allgemeinen anthropozentrischen Wende der Aufklärung an die Stelle Gottes tritt, wird er zum Träger der Geschichte und reißt sie in seine Subjektivität hinein. Fortan gilt alles geschichtliche Geschehen nur noch als eine Lebensäußerung des Menschen. Die »letzte Spitze« dieses radikalen Humanismus bildet »die Emanzipation der Geschichtlichkeit von der Geschichte«, wie sie uns bei Dilthey, Heidegger, Bultmann, Gogarten und anderen begegnet. Indem sie den Ursprung der Geschichte in die Geschichtlichkeit des Menschen hineinverlegen, kehren sie das zwischen beiden waltende Verhältnis in sein Gegenteil um. Das hat die zwiefache Folge, daß die Wirklichkeit der Geschichte entmächtigt wird und daß ihre Einheit in eine Vielzahl menschlicher Einzelaspekte zersplittert. Pannenberg befürchtet, daß der nächste Schritt auf diesem Wege »die Verkümmerung des historischen Bewußtseins« überhaupt, jedenfalls aber des universalhistorischen Interesses sein werde.

Wie aber kommt die Theologie aus diesem Dilemma zwischen einer bloß existentiell verstandenen »Geschichtlichkeit« und einer übergeschichtlich verstandenen »Heilsgeschichte« heraus? Auf die Dauer kann sie sich bei der von beiden Seiten vollzogenen Scheidung zwischen geschichtlicher Forschung und christlichem Glauben, zwischen historischer Methode und biblischer Geschichte nicht beruhigen. Auf diesen Punkt richtet sich Pannenbergs eigentliches theologisches Interesse: Wenn die Offenbarung Gottes in einem geschichtlichen Geschehen der Vergangenheit beschlossen liegt, dann kann es zu ihr nun einmal keinen anderen sicheren Zugang geben als den der historischen Forschung, und dann muß die Wahrheit des Historikers auch »irgendwie auf die der Gottesgeschichte bezogen sein.«[53] Und so will Pannenberg, entgegen dem Reden der einen von »Übergeschichte«, »Urgeschichte« oder »Heilsgeschichte« und der anderen von bloßer »Geschichtlichkeit« und »geschichtlicher Existenz«, von der faktisch geschehenen Geschichte ausgehen und damit an die Priorität der geschichtlichen Wirklichkeit *vor* allem Glauben und Verstehen des Menschen erinnern. Er will die »Sprache der Tatsachen« reden lassen, um die Geschichte in ihrer Einheit als Gottes Geschichte zu erweisen.

Die Konzeption einer Einheit der Geschichte erfordert nach Pannenberg zwei Voraussetzungen. Die erste ist, daß die Einheit der Geschichte *transzendent* begründet ist. Die Geschichte besteht aus lauter kontingenten, zeitlichen Ereignissen, und diese »Kontingenz« der Geschichte, das heißt ihr zeitlicher Ereignischarakter, darf durch nichts beeinträchtigt werden; zugleich aber waltet zwischen den einzelnen kontingenten Ereignissen ein universaler Sinnzusammenhang. Wenn nun der Geschichte Kontingenz und Sinnzusammenhang zugleich eignen, so kann es nur einen einzigen möglichen Grund dafür geben. Und das ist eben der, daß die Geschichte transzendent begründet ist:

Gott ist es, der in der Kontingenz des Geschehenen wirkt und darin zugleich seine Kontinuität stiftet. Das hat zur Konsequenz, daß es ohne den Gottesgedanken keine Einheit der Geschichte gibt und daß auch der Historiker, der die Einheit der Geschichte denken will, ohne den Gottesgedanken nicht auskommt. Pannenberg scheut sich denn auch keineswegs, diese anstößige Konsequenz zu ziehen: »Da nur der Gottesgedanke es ermöglicht, die Einheit der Geschichte in Wahrung der Eigenart des Geschichtlichen zu denken, sollte er eigentlich dem Historiker unentbehrlich sein.«[54]

Die zweite Voraussetzung der Konzeption einer Einheit der Geschichte ist, daß die Geschichte am *Ende* ist. Nur von ihrem Ende her können wir die Geschichte als ganze in ihrer sinnvollen Einheit erfassen. Sonst liegt immer noch Zukunft vor uns, und die Zukunft ist für uns unberechenbar. Inwiefern aber können wir schon einen Zugang zum Ende der Geschichte haben, wenn wir doch noch mitten darin stehen? Darauf antwortet Pannenberg: In Jesus Christus ist die Vollendung der Geschichte bereits eingetreten. »Im Geschick Jesu Christi ist nach dem Zeugnis des Neuen Testament das Ende nicht nur im voraus erschaut, sondern im voraus ereignet worden. Denn: An ihm ist mit der Auferstehung von den Toten bereits geschehen, was allen anderen Menschen noch bevorsteht.«[55] Diese Deutung des »Geschickes« und der »Auferweckung« Jesu ist durch das prophetische Geschichtsverständnis Israels, vor allem aber durch die spätjüdische Apokalyptik bestimmt. Die spätjüdische Apokalyptik, sonst von den Theologen meist als ein Konglomerat krauser, phantastischer Zukunftsvisionen beiseitegeschoben, spielt in Pannenbergs universalhistorischem Entwurf eine zentrale Rolle. Sie konzipiert eine universale Geschichte, in der Gott sich in seinen Geschichtstaten fortschreitend offenbart und erst am Ende endgültig als der eine, einzige Gott in Erscheinung tritt, so daß das Wesen Gottes, obwohl von Ewigkeit zu Ewigkeit dasselbe, in der Zeit eine Geschichte hat. Erst im Licht dieser prophetisch-apokalyptischen Enderwartung wird die Auferweckung Jesu in ihrer Bedeutung als »Vorausereignis des Endes« erkennbar. Schon die Tatsache, daß die Jünger das ihnen Ostern widerfahrene Ereignis als »Auferstehung von den Toten« deuteten, war allein im Horizont der apokalyptischen Erwartung einer endzeitlichen Totenauferstehung möglich.

Nun erst, von ihrem in Christus »vorwegereigneten Ende« her, ist die Geschichte als Ganzes erkennbar. In einer Art

Rückschlußverfahren sucht Pannenberg die Selbstoffenbarung Gottes »indirekt«, »im Spiegel seiner Geschichtstaten«, zu erkennen und so die Einheit der Geschichte als Gottes Geschichte aufzuzeigen. Jetzt erst wird der Zusammenhang zwischen Altem und Neuem Testament deutlich. Die Grundlage dafür bildet bei Pannenberg das bekannte Schema von Weissagung und Erfüllung. Gegen dieses Schema pflegt man einzuwenden, daß die Aufeinanderbeziehung von Weissagung und Erfüllung in der Bibel vielfach gekünstelt sei und geschichtlich meist nicht stimme. Pannenberg rettet sich vor diesem historisch-kritischen Einwand mit dem theologischen Argument, daß die alttestamentlichen Verheißungen von Gott nur anders erfüllt worden seien, als ihre ersten Empfänger sie verstanden hätten. Allein im Rahmen der Verheißungsgeschichte Gottes mit Israel ist das Geschick Jesu für uns verständlich; nur in ihrem Licht erweist sich Jesus als die Offenbarung Gottes: In dem Geschick Jesu von Nazareth hat der Gott Israels endgültig seine Gottheit erwiesen und ist als der eine Gott für alle Menschen offenbar geworden. Für die Auslegung der Bibel ergibt sich daraus, daß ihre Texte nicht auf die in ihnen beschlossenen Existenzmöglichkeiten zu befragen sind, sondern auf den historischen Ort, den sie im Kontext der Geschichte Gottes einnehmen. Das »Damals« und das »Heute« sind so aufeinander zu beziehen, daß sie als »Momente in die Einheit eines beide umgreifenden Geschichtszusammenhanges eingehen«[56].

Pannenbergs universale Theologie der Geschichte unterscheidet sich von der herkömmlichen heilsgeschichtlichen Theologie dadurch, »daß sie prinzipiell historisch verifizierbar sein will«. Die Geschichtsoffenbarung Gottes ist »jedem, der Augen hat zu sehen, offen«; die Ereignisse, in denen Gott seine Gottheit erweist, sind innerhalb ihres Geschichtszusammenhanges »selbstevident«. Man kann die »Sprache der Tatsachen«, in denen Gott seine Gottheit erwiesen hat, wahrnehmen, ohne daß ihnen etwas hinzugefügt werden müßte: kein besonderes Wort der Deutung, keine »zusätzliche Vervollkommnung des Menschen«, die über seine »normale Erkenntnisausstattung hinausginge«, vor allem keine Inspiration durch den Heiligen Geist. »Man muß keineswegs den Glauben schon mitbringen, um in der Geschichte Israels und Jesu Christi die Offenbarung Gottes zu finden.« Zwar wird der Glaube nicht überflüssig, aber der Glaube hat eine Voraussetzung; seine Voraussetzung ist die historische Kenntnis der Tatsachen, in denen Gott seine Gottheit offenbart hat, und die historische Kenntnis dieser Tatsachen ist eine Sache der Vernunft. Der Einwand, daß viele Menschen, ja sogar die meisten »die offen zutage liegende Wahrheit« offensichtlich nicht sehen, gilt für Pannenberg nicht. Er antwortet darauf: »Daß es seltsamerweise Verblendete gibt, ... entbindet die Theologie und die Verkündigung nicht davon, die schlichte und keineswegs übernatürliche Wahrheit der Offenbarung Gottes im Geschick Jesu Christi zu behaupten und aufzuweisen. Die Theologie hat gar keinen Anlaß, dem Standpunkt der Verblendung das Prädikat und die Würde der allgemeinen vernünftigen Wahrheit zuzubilligen.«[57]

Damit ist von Pannenberg nicht nur der Theologe, sondern auch der Historiker für die Erkenntnis der Offenbarung Gottes in Pflicht genommen. Wenn der Offenbarungscharakter des Heilsgeschehens in dem Geschehen selbst, so wie es sich dem Historiker darbietet, beschlossen liegt und nicht etwa erst durch den Glauben in die Ereignisse hineingesehen wird, dann »wird man auch nicht *prinzipiell* von der Hand weisen dürfen, daß eine historische Erforschung dieses Geschehens auch seinen Offenbarungscharakter entdecken könnte und müßte«. Pannenberg will tatsächlich dem Historiker die »Beweislast« dafür zumuten, daß sich in Jesus von Nazareth Gott offenbart hat. Wohl wissend, was er damit tut, fügt er hinzu: »Diese Zumutung, die noch vor wenigen Jahrzehnten im Zeitalter einer positivistischen Wissenschaftstheorie nur ein Skandal gewesen wäre, ist in der Tat kaum zu umgehen.«[58]

Selbst die Auferstehung Jesu muß vom Historiker, wenn er Vernunft besitzt und Augen hat zu sehen, als historische Tatsache erkannt werden. Das Postulat der grundsätzlichen Gleichartigkeit alles geschichtlichen Geschehens, das man als Hauptargument gegen die Historizität der Auferstehung Jesu vorzubringen pflegt, steht nach Pannenbergs Urteil »auf bemerkenswert schwachen Füßen«. Denn, so folgert er, wenn nur Gleichartiges als historisch möglich gilt, dann kann es überhaupt nichts Neues in der Geschichte geben.[59] Aber hier hat Pannenberg nicht nur die Geschichtswissenschaft, sondern auch die Bibel gegen sich. Denn alles Neue, das sich in der Geschichte ereignet, mag es auch noch so neu sein, verbleibt im Horizont des Todes; eben dieser Todeshorizont aber wird durch die Auferstehung Jesu durchbrochen: darum ist ihre »Neuheit« eine völlig andere und mit den »Neuheiten« der Geschichte sonst überhaupt nicht zu vergleichen. Wir müssen also feststellen, daß Pannenberg weder den Tod als wirkliches Ende des Lebens noch die Auferweckung als wirklichen Anfang eines neuen Lebens im Sinne der Bibel ernst nimmt. Aber damit befinden wir uns bereits in der Kritik an Pannenbergs universalem geschichtstheologischen Entwurf.

Pannenberg, so könnte man sagen, nimmt eine mittlere Position zwischen Karl Barth auf der einen und Rudolf Bultmann auf der anderen Seite ein. Während Barth oben, in der Ewigkeit, im Himmel anhebt und Bultmann unten, beim Kerygma, in der Existenz einsetzt, faßt Pannenberg festen Fuß in der geschehenen Geschichte. Sein Motiv dafür ist ebenso eindeutig wie berechtigt. Er will der ›Offenbarung als Geschichte‹ zu ihrem Recht verhelfen – eben diesen Titel trägt denn auch seine profilierteste Schrift. Darum wendet er sich gegen die heilsgeschichtliche Theologie alter Schule, die durch ihre Flucht in die »Übergeschichte« die Verbindung der Offenbarung Gottes zur wirklichen Geschichte abschneidet, mehr aber noch gegen die Kerygmatheologie neuer Schule, die das einmalige konkrete Geschehen der Offenbarung Gottes in die Verkündigung der Kirche und das Selbstverständnis des Menschen auflöst. Als Korrektiv gegen diese beiden Gefahren zur Rechten und zur Linken hat Pannenbergs Geschichtstheologie ihr relatives Recht. Um aber wirklich die Rolle einer echten »Vermittlungstheologie« spielen zu können, ist in ihr selbst wieder das Pendel zu sehr nach einer Seite hin ausgeschlagen.

In Pannenbergs Theologie der Geschichte geschieht genau das, wovor Bultmann so sehr gewarnt hat: Hier wird über das Kerygma hinaus nach der Geschichte zurückgefragt, um auf diese Weise den Glauben durch das Wissen zu begründen. Fast unwillig schließt Conzelmann seine kurze Auseinandersetzung mit Pannenberg: »Behauptung hin oder her, das Unternehmen läuft auf einen neuen Versuch hinaus, den Glauben durch historische Fakten zu begründen. Ich verstehe nur nicht, warum man das nicht wahrhaben will. Aus einem letzten Respekt vor Lessing – oder einer letzten Angst vor Bultmann?«[60]

Durch seine »Hypostasierung der historischen Erkenntnis« verdirbt Pannenberg sowohl den Glauben als auch die Verkündigung. Die Verkündigung wird zum »Vehikel der Verlautbarung«[61], zur Information über *Gewesenes*, von dem ich nicht recht weiß, was es mir *sein* soll, und der Glaube entsprechend zu einem »Akzidenz«, zu einem bloßen Anhängsel des historischen Erkennens.

Und was gewinnt Pannenberg durch diese Beschränkung? Wenn er doch wenigstens eine große, gewaltige, meinetwegen auch vergewaltigende Geschichtsschau gäbe, die, in der Ferne der Ewigkeit anhebend, wie einst bei Hegel bis an sein Katheder in Berlin, so jetzt bei Pannenberg bis an sein Katheder in Mainz reichte! Aber Pannenberg gelangt mit seinem universalhistorischen Entwurf im Grunde nur bis zur Auferweckung Jesu. Von dort an gibt er nur noch einige sporadische Notizen zur Geschichte. Dadurch bleibt sein Reden von dem »Vorwegereignis« des Endes der Geschichte merkwürdig abstrakt. Pannenberg erinnert an einen Architekten, der den Grundriß eines Hauses vorlegt, den Schlüssel überreicht und versichert, der Bau sei fertig, während die Bauarbeiter noch nicht einmal mit dem Ausschachten der Fundamente begonnen haben. Auf Pannenbergs Theologie der Geschichte trifft der Satz Gottfried Benns zu: »Wer Geschichte sagt, hat der Gegenwart nichts zu sagen.« Gottes »Wesenheit« bleibt in den »Ge-wesenheiten« der Geschichte stecken.[62]

Geschichte und Existenz

Die offene theologische Frage ist heute die nach dem rechten Verhältnis von *Geschichte und Existenz*. Diese Frage ist mit der christlichen Offenbarung gegeben, welche den Anspruch erhebt, daß sie in einem bestimmten Ereignis der Vergangenheit stattgefunden hat und dennoch die gegenwärtige Existenz des Menschen »angeht«. Angesichts dieser Frage haben sich in den letzten Jahren innerhalb der Bultmannschule selbst starke Widersprüche entzündet, so daß man fast versucht ist, von einer Bultmannschen »Rechten« und »Linken« zu sprechen. Auf der »rechten« Seite, mit Anschluß wenn auch nicht gerade an Pannenberg, so doch an Moltmann, steht Ernst Käsemann, auf der »linken«, mit Anschluß an Camus, Herbert Braun. Dazwischen bewegen sich, teils mehr nach »rechts«, teils mehr nach »links« neigend, Männer wie Günther Bornkamm, Gerhard Ebeling, Ernst Fuchs und Hans Conzelmann. So erscheint das theologische Feld heute stark aufgefächert. Walter Künneth hat fraglos recht, wenn er in seinem Buch ›Glauben an Jesus?‹ feststellt: »Die Begegnung zwischen Christologie und moderner Existenz ist noch nicht an das Ende gekommen«[63] – wobei man freilich sofort hinzufügen muß, daß Künneth selbst diese Begegnung nicht vorangebracht hat.

»Geschichtstheologie« oder »Existenztheologie« – das ist, auf eine vereinfachende Formel gebracht[64], die Grundfrage, die die Auseinandersetzung in der protestantischen Theologie gegenwärtig bestimmt und sie sicher auch noch in den nächsten Jahren bestimmen wird. Damit aber ist die Theologie heute wieder von ihrer ureigensten Sache in Anspruch genommen: Der Streit der Theologen wird heute nicht um dies oder jenes geführt, sondern es geht tatsächlich um Gott, nicht ob ein Gott sei – das ist schon immer eine langweilige Frage gewesen –, sondern wo Gott ist, wie er geschieht, auf welche Weise wir ihn erfahren können, auf welche Weise wir von ihm zu reden haben. Manfred Mezger hat den neuralgischen Punkt genau getroffen, wenn er in einer Predigt zur Eröffnung der hessen-nassauischen Synode am 11. November 1963 die Frage gestellt hat: »Wo ist Gott? Wo kann ich sehen, hören, merken, lernen, daß Gott geschieht? Das heißt: An welchem Vorgang kann mir aufgehen, was mit der Gott-Vokabel gemeint ist?«[65]

Angesichts der Fragwürdigkeit aller bisherigen Rede von Gott ist die existentiale Theologie in die Rede von der Existenz des Menschen ausgewichen. Nicht daß sie Gott und Mensch verwechselte oder gar die Existenz Gottes leugnete, aber sie sucht die Existenz Gottes, vor aller Beschreibung seiner Ge-wesenheiten und allen Definitionen seiner Wesenheit, an der Existenz des Menschen zu erweisen. Am eindeutigsten hat dies vielleicht Brauns Mainzer Fakultätskollege Manfred Mezger getan: »Wer ohne ein Geschehen, ohne einen Vorgang zwischen Mensch und Mensch, in dieser unserer Welt, von Gott spricht, sagt nichts; höchstens eine Vokabel. Dieser Vokabel ist durch keine pathetische Überhöhung, durch keinen Appell an heilige Empfindungen aufzuhelfen... ›Du sagst immer ‚Gott‘. Wo ist er denn anzutreffen, damit ich verstehe, was du meinst?‹« Gott wird für Mezger sagbar »in der Bewegung menschlichen Verhaltens«. Wie das aussieht, hat er in einer Art »Kinderkatechismus« für Theologen einmal folgendermaßen erklärt: »Fragt man: ›Woher kommt's, daß du dich so verhältst?‹, so lautet die Antwort: ›Von dem, der mich dazu treibt.‹ Wie macht er das? ›Er sagt mir durch Wort und Predigt, was ich soll und darf.‹ Was sagt er denn? ›Er sagt mir, wo ich bin und wohin mein Weg geht.‹ Und wohin denn? ›Zum Nebenmenschen.‹ Er, der Nächste, als Ausweis meines Verhaltens, ist

Zeuge dafür, daß ich mich nicht aus mir selber verstehe, sondern aus dem Ruf, der durch diesen Menschen an mich ergeht, mich fordert, mich beschenkt, gegebenenfalls mich auch reizt, ärgert oder sich mir versagt. Aber es geschieht so oder es geschieht überhaupt nichts – als Vokabeln.«[66]

Die Bewahrheitung Gottes ereignet sich auf keine andere Weise, als sich sonst Wahrheit in der Welt als wahr erweist: indem sie mir einleuchtet und mich überwältigend trifft, so daß mir eigentlich keine Wahl bleibt. Zuerst geschieht die Erweisung der Wahrheit in meiner Existenz, erst dann folgt wie von selbst ihre Definition oder Benennung. In seinem großen Plädoyer für die existentiale Theologie vor der lutherischen Fakultät in Erlangen sagt Mezger: »Keine Aufschrift bestätigt die Wahrheit, vielmehr bestätigt allemal die Wahrheit die Aufschrift. Das heißt: was die Wahrheit für einen ›Namen‹ hat, ist mir vollständig gleichgültig, wenn sie wirklich wahr ist. Ich glaube nicht deshalb oder daraufhin, weil oder daß es im Buche der Wahrheit steht. Was heißt: ›Buch der Wahrheit‹? Erst will ich hören, darnach wird man's ja merken, ob's wahr ist. Alsdann nenne ich das Buch ein ›Buch der Wahrheit‹, wenn das Wort in mir Glauben und Vertrauen gewirkt *hat*. Ich glaube auch nicht daraufhin oder deshalb, daß oder weil einer ›Christus‹ heißt. Christus ist zunächst nichts weiter als eine Vokabel ... Erweist sich aber sein Wort an mir als eine überwältigende Wahrheit, der ich einfach nicht ausweichen kann, so nenne ich ihn: meinen Herrn.« Mezgers Plädoyer für die existentiale Theologie gipfelt in dem Satz: »Niemals und nirgends rettet das Historische, sondern allein das Konkrete.«[67]

Aber die Frage ist, ob nicht gerade »das Konkrete« in der existentialen Theologie weithin verlorenzugehen droht, und zwar sowohl in der Geschichte als auch in der Existenz. Die existentiale Theologie ist auf »Ungegenständlichkeit« und »Personalität« aus, sie will ganz und gar »Worttheologie« sein. Das Wort aber hat zur Voraussetzung das Ereignis und das Ding. Die existentiale Theologie redet von der Bedeutsamkeit des Kreuzes, aber sie vergißt, daß zunächst einmal jemand am Holz des Kreuzes gehangen haben muß, bevor man von seiner Bedeutsamkeit reden kann. Und die existentiale Theologie spricht von der Geschichtlichkeit der menschlichen Existenz, aber sie vergißt, daß der Mensch zunächst einmal eine Geschichte haben muß, bevor man von seiner Geschichtlichkeit sprechen kann. Die Folge ist, daß ausgerechnet diejenige Theologie, die im

Namen der Wirklichkeit der modernen Welt aufgebrochen ist, die Wirklichkeit der Welt weithin aus dem Auge verloren und sich selbst überlassen hat.

Das führt zu der Frage, ob nicht auch der »Existentialismus« in der Theologie Ausdruck und Gipfel einer Entwicklung ist, die, mit der Neuzeit einsetzend und sich immer mehr steigernd, in unseren Tagen sich überschlägt oder, mit Hegel gesprochen, »aufgehoben« wird. Getrieben von der Sorge, daß das Nichts das Sein heimsucht und verschlingt, fragt der Mensch in der Neuzeit in immer radikalerer Zuspitzung nach seiner eigenen Existenz: Was ist der Mensch? Wer bin ich selbst? und reißt so alles hinein in seine Subjektivität. Das hat fraglos zu einer Konzentration aller Erscheinungen des Lebens auf das punctum mathematicum der menschlichen Existenz und damit zu einer Verdichtung und Intensivierung ihrer Lebensbezüge geführt. Es ist dadurch gleichsam »die Quintessenz« des menschlichen Daseins herausdestilliert worden. Gleichzeitig aber hat uns diese Konzentration auf die menschliche Existenz einen Verlust an »Wirklichkeit« eingetragen, indem sie uns vom Leibhaft-Gestalteten, Konkret-Geschichtlichen, Lebensvoll-Wirklichen abgezogen hat – denn das »Abstrakte« bedeutet ja das »Abgezogene«. Ein »Sog der Abstraktion«, eine Bewegung »von der Leiblichkeit weg zur Chiffre« hat sich vollzogen.[68] Darüber sind uns die Namen, Bilder und Melodien verlorengegangen, und an ihre Stelle sind die Zeichen, Chiffren und Rhythmen getreten. Es ist, als ob sich, speziell in der Verdrängung des Bildes durch das Wort, das geschichtliche Schicksal des Protestantismus in unseren Tagen erfüllte. Auch hier ist wiederum an Gottfried Benn zu erinnern:

Ob Rosen, ob Schnee, ob Meere,
was alles erblühte, verblich,
er gibt nur zwei Dinge: die Leere
und das gezeichnete Ich.

»Die Leere und das gezeichnete Ich« – an dieser »Entwirklichung« und diesem »Solipsismus« hat in ihrer Weise auch die protestantische Theologie teil. Das rückt drei scheinbar so verschiedene Größen wie den Pietismus, die liberale Theologie und die Existenztheologie in eine überraschende Nähe zueinander. Dem Pietismus geht es um die Bekehrung des Individuums, der liberalen Theologie, etwa Harnack, um Gott und die Seele, die Seele und ihren Gott, der Existenztheologie, etwa Bultmann, um die Eigentlichkeit der Existenz oder Herbert Braun um die Paradoxie des »Ich darf« und »Ich soll«. Was allen drei Richtungen gemeinsam ist, ist die Gefahr der Befangenheit in der Subjektivität und damit ein drohender Verlust an Wirklichkeit. Diese Gefahr wird zwar dadurch gemildert, daß jede der drei Richtungen auch ihr »Objektives« hat: im Pietismus sind es die »großen Taten Gottes«, in der liberalen Theologie die Ergebnisse der historisch-kritischen Forschung, in der Existenztheologie das Kerygma beziehungsweise die Existentialien – aber dieses Objektive ist doch in keinem Falle mächtig genug, um die Gefahr der Befangenheit in der Subjektivität und den drohenden Verlust an Wirklichkeit wirksam zu bannen.

Worauf es in der Zukunft ankommen wird, ist, daß es der protestantischen Theologie gelingt, die Wirklichkeit der Welt wieder in die Wirklichkeit des Glaubens einzubeziehen. In diese Zukunft aber ist Paul Tillich schon ein gutes Stück Weges hineingeschritten.

Neuntes Kapitel
Die Wirklichkeit Gottes in der Wirklichkeit der Welt

Der dritte Weg

Alles Nachdenken über die gegenwärtige Aufgabe der Theologie, über die Wirkungslosigkeit der christlichen Verkündigung und die Notwendigkeit ihrer Erneuerung endet heute zuletzt immer vor derselben Frage: Wie verhält sich die Wirklichkeit, die die Offenbarung erschließt, zu der Wirklichkeit, die wir erkennen und erleben, der Glaube zum Denken, das Gebet zur Arbeit, die Religion zur Kultur, kurzum Gott zur Welt? Wie können wir die Wirklichkeit Gottes in der Wirklichkeit der Welt so erfahren und bezeugen, daß sie nicht als ein fremdes Gesetz erscheint, das uns von außen oder von oben aufgezwungen werden soll, sondern als etwas, das uns unmittelbar und unbedingt angeht und mitten unter uns geschieht? Die entscheidende Frage an die Theologie und Kirche ist heute, wie der Glaube *wirklich* wird und wie die Botschaft des Glaubens den Menschen *glaubwürdig* gesagt werden kann. Beide Fragen fallen zusammen: die Frage nach der Glaubwürdigkeit des christlichen Glaubens ist die Frage nach seiner Wirklichkeit. Und genau das ist die Frage, der sich Paul Tillich gestellt und der seine ganze Lebensarbeit gegolten hat.

Als Paul Tillich 1933 als erster nichtsemitischer deutscher Hochschullehrer abgesetzt wurde und nach Amerika emigrierte, war seine Gestalt dem deutschen Protestantismus für lange Zeit entrückt. Den Jüngeren ist er dadurch beinahe ein Unbekannter geblieben. Nichts kennzeichnet diese Entfernung Tillichs von der protestantischen Theologie in Deutschland so sehr wie die Tatsache, daß seine Werke und Schriften nach dem Kriege aus dem Englischen ins Deutsche übersetzt werden mußten. Doch es hat nicht lange gedauert, bis Tillich zu neuer Wirkung gelangte. Und heute sieht es fast so aus, als sollte sich seine Neu- und Wiederentdeckung, zumal bei der jüngeren Generation, zu einem der bedeutendsten theologischen Ereignisse der Nachkriegszeit in Deutschland ausweiten.

Paul Johannes Tillich ist im Jahre 1886 geboren. In demselben Jahr starb Leopold von Ranke, wurden Karl Barth, Oskar Kokoschka und Gottfried Benn geboren, ein Jahr zuvor Niels

Bohr, drei Jahre zuvor Karl Jaspers und Walter Gropius, fünf Jahre zuvor Béla Bartók. Alle diese Namen wirken wie Zeichen; jeder von ihnen bezeichnet für sich ein Ende und einen Anfang. Miteinander repräsentieren sie den Übergang, mehr noch, den Bruch der Zeiten, der unser Zeitalter charakterisiert. Und eben dieses Gefühl, »einer Generation zwischen zwei Perioden der Geschichte« anzugehören und damit in einem weltweiten Bruch und Übergang zu leben, ist es, das Tillichs Denken und Arbeiten sein Leben lang bestimmt hat: »Wir stehen in der Mitte einer Weltrevolution, die jeden Bereich der menschlichen Existenz ergreift und uns eine neue Deutung des Lebens und der Welt aufdrängt« – »Das einzige, was wir für uns hoffen können, ist, eine Brücke zwischen den Zeiten zu sein.«[1]

Dieses Gefühl, am Ende eines Alten und am Anfang eines Neuen zu stehen, verbindet Paul Tillich mit Karl Barth, Emil Brunner, Karl Jaspers und vielen anderen seiner Generation. Es ist das Bewußtsein des Beginns des »20. Jahrhunderts«. Für Europa datiert Tillich den Beginn des 20. Jahrhunderts auf den August 1914 mit dem Ausbruch des Ersten Weltkrieges, für Amerika ein halbes Menschenalter später auf den November 1929 mit dem Ausbruch der großen Wirtschaftskrise; für die ganze Menschheit aber bilden für ihn die beiden Weltkriege den »radikalen Wendepunkt zwischen zwei Geschichtsperioden«. So führt sich das 20. Jahrhundert zunächst als das *Zeitalter der Weltkriege*« ein. Die Weltkriege sind ein Teil der »Weltrevolution«, die alle Gebiete des menschlichen Lebens in allen Teilen der Erde erfaßt hat. Diese »Stürme unserer Zeit« sind keine Zufälligkeit, verursacht von einigen bösen Menschen, sondern sie sind eine »strukturelle Notwendigkeit«, hervorgebracht durch die Strukturen und Tendenzen der bürgerlichen Gesellschaft des 19. und 20. Jahrhunderts.[2]

Was Tillich im Ersten Weltkrieg – vier Jahre als Militärpfarrer an der Westfront – erlebt hat, ist der Zusammenbruch der bürgerlichen Kultur und des Lebensstils des 19. Jahrhunderts und mit ihnen der idealistischen Philosophie und der liberalen Theologie: »Das vierjährige Erleben des Krieges riß den Abgrund für mich und meine ganze Generation so auf, daß er sich nie mehr schließen konnte.« Tillich meint für dieses Erleben sogar ein genaues Datum angeben zu können. Er erinnert sich an eine Nacht vor Verdun, in der er im Trommelfeuer zwischen den Sterbenden umherirrte und schließlich erschöpft zwischen den Toten einschlief. »Als ich erwachte, sagte ich mir: ›Das ist das

Ende der idealistischen Seite meines Denkens!« In dieser Stunde begriff ich, daß der Idealismus zerbrochen war.«[3]

An die Stelle des idealistischen Strebens des 19. Jahrhunderts trat die Existenz in Verzweiflung und Angst im 20. Jahrhundert, an die Stelle des Bewußtseins eines ständigen Fortschritts das Gefühl einer permanenten Krise. So zeichnet Tillich das Bild des »Menschen des 20. Jahrhunderts«: »Er hat nicht nur eine Reihe schwerster Katastrophen hinter sich, er lebt auch weiter in einer Situation, die mit möglichen Katastrophen geladen ist. Statt von Fortschritt spricht er von Krise ... Er hat das Nichtsein erlebt, das wie ein drohender Ozean alles Seiende umspült. Er hat sein Schicksal erlebt mit seinen plötzlichen, unberechenbaren Einbrüchen in alles, was sicher schien, in seinem Leben und in dem Leben der Völker. Er hat den Tod erlebt als das Sterben Unzähliger, denen die Natur ein volleres Leben versprochen hatte, und er hat den Tod erlebt als stündliche Bedrohung seines eigenen Seins. Er hat Schuld erlebt, unvorstellbar in ihren Ausmaßen für menschliche Phantasie, und er hat erlebt, daß er selbst unentschuldbar ist, wenn er auch nur durch Schweigen schuldig geworden ist ... Er hat gelernt zu zweifeln, nicht nur an den Urteilen der anderen, sondern auch an dem, was ihm selbst das Sicherste war. Da ist keine Festung des Glaubens geblieben, in die nicht Elemente des Zweifels eingedrungen sind. Und wenn die Frage in ihm auftaucht, welches der Sinn seines Seins ist, dann tut sich ein Abgrund vor ihm auf, in den zu blicken nur der Mutigste wagt: der Abgrund der Sinnlosigkeit.«[4]

Damit ist Tillich das lebenslang anhaltende Thema seines Nachdenkens gegeben: Die Geschichte wird für ihn durch die persönliche, intensive Begegnung mit ihr in zwei Weltkriegen zum »Zentralproblem« seiner Theologie und Philosophie, und zwar nicht nur in der Enge der historisch-kritischen Fragestellung, sondern in der Weite der *Frage nach dem Sinn und Wesen aller geschichtlichen Wirklichkeit* überhaupt: »Die Situation forderte sowohl Deutung als auch Gestaltung.«[5]

Trotz der beherrschenden Rolle, die die Ontologie, die Lehre vom Sein, bei ihm spielt, ist Tillichs Weltauffassung, seine Anschauung von der Natur und dem menschlichen Leben, durch und durch geschichtlich. Seine Ontologie ist nicht, wie sonst üblich, statisch, sondern *existential-dynamisch*: Alles Wesen will zur Existenz kommen, will eingehen in Zeit und Schicksal. Damit hält sich Tillich bewußt in der Tradition der biblischen Religion. Die Wahrheit steht nicht, wie bei Plato, als ein ewiger, unbeweglicher Ideenhimmel über uns, sondern sie geht in die Zeit ein. Idee und Existenz sind nicht voneinander zu trennen. Auch die Wahrheit steht, wie die Existenz, im Schicksal; darum kann die Wahrheit nur erkennen, wer selbst im Schicksal steht. »Der Logos ist aufzunehmen in den Kairos, die Wahrheit in das Schicksal der Existenz... An keinem Punkte ist nur Logos oder nur Kairos.« Alles Erkennen der Wahrheit trägt daher Geschichts- und Entscheidungscharakter; jeder Erkenntnisakt ist eine geschichtliche Tat. Da die Wahrheit in der Geschichte geschieht, ist sie nie ein für allemal da, nie endgültig, nie fertig, nie allgemein, sondern sie bleibt immer offen, treibt immer über sich selbst hinaus zu neuer konkreter Verwirklichung, fordert immer neues Wagnis unter dem Gebot und der Verheißung des jeweiligen geschichtlichen Augenblicks. Anders enthüllt sich dem Menschen als endlichem, geschichtlich-bedingtem, an die Erde gebundenem Wesen keine Wahrheit.[6]

Das gilt nicht nur für die Philosophie, sondern auch für die Theologie. Auch die Wahrheit der Theologie steht im Schicksal, auch die christliche Wahrheit ist gültig immer nur als geschichtliche Wahrheit. Damit ist von vornherein in der Grundierung des Wahrheitsbegriffes ein entscheidender Unterschied zwischen Tillich und Barth gegeben. Während Karl Barth in die Höhe empor zum Himmel schaut und dem ewigen Spiel der Trinität lauscht, blickt Paul Tillich hinab in die Tiefe der Wirklichkeit und wird gefangengenommen von dem ständigen Wechselspiel der Geschichte; und während Barth sich Zeit seines Lebens darum bemüht hat, die Identität, die Reinheit und Unveränderlichkeit der christlichen Botschaft zu bewahren, richtet sich Tillichs Streben von Anfang an auf die Variabilität, darauf, diese Botschaft nun zwar nicht zu verändern, sie aber neu zu deuten und in die veränderte Situation unserer Zeit und Welt zu übersetzen.

Was Tillich zum unablässigen, bohrenden Denken antreibt, ist einmal der Eros, die Liebe zur Wahrheit, die sich in unserer Zeit in neuer Gestalt zu verwirklichen trachtet; zum anderen aber ist es die Agape, die Liebe zum Menschen, zumal zu dem, der von der christlichen Verkündigung nicht mehr getroffen wird, der zwar autonom, aber in seiner Autonomie unsicher geworden ist und sich in der gewandelten Welt nicht mehr zurechtfindet, der die Dimension der Tiefe und damit des Unbedingten, Religiösen verloren hat, der nur noch produziert, weil Produktion möglich ist, und nicht mehr nach dem Sinn fragt, der nur noch Restbestände einer Weltanschauung oder überhaupt keine mehr besitzt, der keinen Mut zum Sein mehr hat und zu verzweifeln droht, wenn er sich nicht wieder einer fremden Autorität unterwirft oder aber gegenüber der Wahrheitsfrage völlig indifferent wird. Diesem »modernen« Menschen gilt Tillichs besondere Liebe, ihn sucht er mit seinem Wort zu erreichen. Ihm möchte er wieder Mut zum Glauben machen, indem er ihn von der verborgenen Macht des Glaubens in ihm selbst überzeugt, um ihn so wieder zu versöhnen mit Gott, mit sich selbst und der Welt. »Heilung« ist daher für Tillich das Wort, das die wichtigste Seite der christlichen Erlösung für unsere Zeit ausdrückt.

Daß die Kirche dies alles in ihrer landläufigen Verkündigung nicht selbstlos, mutig und wahrhaftig genug tut, sondern im selbstsicheren Besitz ihrer ererbten Wahrheit alte Begriffe und Formeln rezitiert und so den Menschen unserer Tage zwingt, sich immer erst ins 16. Jahrhundert oder in die Jahre 1–30 nach Christus zurückzuversetzen – das ist ein Vorwurf, der in Tillichs Büchern, Schriften und Vorträgen immer wieder auftaucht: »Die kirchliche und in einem großen Ausmaß auch die biblische Terminologie sind weit entfernt von der Wirklichkeit unserer geschichtlichen Situation. Wenn sie trotzdem mit jener priesterlichen Arroganz gebraucht werden, die das biblische Wort uns wiedergibt und es dem Zuhörer überläßt, von ihm ergriffen zu werden oder nicht, hört es gewißlich auf, ›Gottes Wort‹ zu sein, und wird mit Recht überhört. Und der Geistliche, der sich als Märtyrer einer göttlichen Erfolglosigkeit fühlt und sogar sich an dieser Erfolglosigkeit berauscht, macht sich schuldig durch Mangel an Gegenwärtigkeit.«[7]

Die Folge ist, daß die durchschnittliche Predigt die Menschen unserer Tage nicht mehr erreicht. Weil das Wort, das die Kirche empfangen hat, im Munde der Prediger verzerrt wird, stößt es in den Ohren der Zuhörer auf Widerstand. Es wird wohl gehört – »aber es hat seine Stimme verloren«. Die Menschen vernehmen die Worte, die einstmals gesprochen worden sind, nicht mehr so, daß sie zu ihnen in ihre Situation und aus der Tiefe ihrer Situation sprechen. Selbst die zentralsten Inhalte der Bibel und der kirchlichen Tradition, wie Gott, Christus, Kirche und Offenbarung, sind heute unter Theologen und Nichttheologen fragwürdig geworden. Darum kann man sie dem Menschen der Gegenwart nicht mehr direkt verkündigen. Wo die Kirche dies dennoch versucht, dort nimmt sie die Lage des Menschen in der Gegenwart nicht ernst und muß es sich gefallen lassen, gerade von den ernsthaftesten unter ihnen abgewiesen zu werden. Die Abweisung der kirchlichen Verkündigung kann so leidenschaftlich geschehen, daß man geradezu nach einem Wort Gottes verlangt *gegen* das, was die Kirche, unter Berufung auf die Bibel, als Gottes Wort ausgibt. Solange die berufenen Vertreter der kirchlichen Verkündigung diese Situation nicht einsehen, hält Tillich ihre Arbeit für »gänzlich hoffnungslos«[8].

Der Wert jeglicher Theologie entscheidet sich für Tillich daran, was sie für die Predigt leistet. Daher hat das Problem der *Sprache* für ihn Zeit seines Lebens eine große Rolle gespielt. In einem Vortrag hat er einmal die Devise ausgegeben: »Begriffe mußt du retten, ehe du Seelen retten kannst.«[9] Die Testfrage muß in jedem Falle sein, ob uns ein überlieferter religiöser Begriff noch etwas zu sagen hat oder nicht: Gott und Christus, Geist und Kirche, Sünde und Vergebung, Glaube, Liebe und Hoffnung, ewiges Leben und Reich Gottes – bei jedem dieser Worte müssen wir uns fragen, ob es an die Tiefe unseres Seins rührt, ob es uns noch etwas zu sagen hat, was uns unbedingt angeht, und uns dann entscheiden, ob wir es aufgeben oder zu neuem Leben erwecken wollen. Angesichts der fast völligen Sinnentleerung der überlieferten christlichen Worte und Begriffe hat Tillich einmal den Vorschlag gemacht, die Kirche möge ein dreißigjähriges Schweigegebot über alle ihre religiösen Urworte verhängen. Aber dieser Vorschlag war, wie er selbst sagt, mehr symbolisch als wörtlich gemeint. In der Praxis wird der Theologie nichts anderes übrigbleiben, als die überkommenen biblischen Worte und Begriffe jeweils so verständlich wie möglich zu interpretieren und, wo dies gar nicht mehr geht, sie durch andere zu ersetzen. Dazu muß sie eine neue Sprache ausbilden und sich ein neues begriffliches Werkzeug schaffen, nicht um die religiöse Ursprache der Bibel und der Liturgie durch eine moderne zu ersetzen – solche Versuche sind noch immer kläglich gescheitert –, sondern um sie gerade auf diesem Wege zurückzuerobern und ihre alten Worte und Symbole für unsere gegenwärtige Situation neu verständlich zu machen.[10] In seinen eigenen ›Religiösen Reden‹ hat Paul Tillich dafür ein Beispiel gegeben, das auf eine zukünftige christliche Aussageform hinweist.

Im Hinblick auf Tillichs Bemühung um eine neue theologische Sprache und Begrifflichkeit könnte man seine 1933 erzwungene Emigration in die Vereinigten Staaten fast als ein Zeichen göttlicher Vorsehung betrachten. Denn sie hat ihn, der ganz und gar in der Tradition des abendländischen, speziell des deutschen Denkens und Sagens wurzelte, genötigt, das, was er bis dahin überaus differenziert gedacht und gesagt hatte, in eine ihm fremde Sprache umzugießen und es so noch einmal neu, klarer und einfacher zu denken und zu sagen. Tillich selbst hat seine Emigration so angesehen; er schreibt im Rückblick auf sie: »Der Wechsel von Land und Kontinent, die Katastrophe der Welt, in der ich 47 Jahre lang gedacht und gearbeitet hatte, der Verlust des leidlich gemeisterten Werkzeugs der eigenen Sprache, die neuen Erlebnisse in einer Kultur, die mir bis dahin unbekannt war – all das ergab Wandlungen zunächst des Ausdrucks und dann bis zu einem gewissen Grade auch des Inhalts meines Denkens ... Der Geist der englischen Sprache forderte die Klärung mancher Zweideutigkeiten meines Denkens, die durch die mystische Unbestimmtheit des klassischen philosophischen Deutsch verdeckt wurden; die wechselseitige Abhängigkeit von Theorie und Praxis in der angelsächsischen Kultur, sowohl der religiösen als auch der profanen, befreite mich aus der Verzauberung durch jene Art des abstrakten Idealismus, der das System um des Systems willen genießt.«[11]

Worum es Tillich bei seinem ständigen Bemühen um eine neue theologische Sprache und Begrifflichkeit geht, hat er einmal in einem Gespräch mit seinem Freunde Fedor Stepun auf charmante Weise zum Ausdruck gebracht. »Von den Engländern hat man gesagt«, so meinte Stepun, »daß, wenn sie ›Gott‹ sagen, sie ›Kattun‹ meinen. Von Ihnen, Herr Tillich, möchte man behaupten, daß, wenn Sie ›Kattun‹ sagen, Sie ›Gott‹ meinen. Warum sagen Sie nicht lieber gleich Gott?« Tillich gab zur Antwort: »Solange die Menschen das Wort Gott nicht mehr verstehen, werde ich Kattun sagen, vorausgesetzt, sie verstehen, daß ich ihnen etwas von Gott sagen will.«[12]

Es geht Tillich darum, »die überwältigende Macht des Wortes ›Gott‹ neu zu verstehen und zu formulieren« – einmal im Hinblick auf die Menschen, die sich unter dem Namen »Gott« kaum noch etwas vorstellen können, zum anderen im Hinblick auf Gott, daß sein Name nicht mißbraucht werde. Man könnte sagen, daß Tillichs gesamte Theologie um das Erste und Zweite Gebot kreist: Sie streitet für die Gottheit Gottes – wider den Mißbrauch seines Namens. Darum spricht Tillich, wenn er von Gott redet, lieber vom »Sein-Selbst«, von der »Macht des Seins«, vom »Grund und Sinn des Seins« oder auch von der »Tiefe«, vom »Absoluten« und »Unbedingten«: »Nicht als wäre dies ein

Ersatzbegriff, sondern es ist ein Schlüssel, um die verschlossene Tür zu dem Sanktissimum des Namens ›Gott‹ sich und anderen zu öffnen, und dann den Schlüssel fortzuwerfen.«[13]

Manche freilich erkennen nicht mehr, daß Tillich zu ihnen von Gott reden will. Ihnen scheint durch die Art und Weise, wie er sich ausdrückt, die Sache der christlichen Botschaft so maskiert und entstellt zu werden, daß sie sie nicht mehr zu vernehmen meinen. Tillich selbst wehrt sich energisch gegen jede derartige Unterstellung und Kritik: »Ich kann keine Kritik als fruchtbar ansehen, die behauptet, ich hätte die Substanz der christlichen Botschaft preisgegeben, nur deshalb, weil ich eine Terminologie benutze, die sich bewußt von der biblischen oder kirchlichen Sprache entfernt. Ohne solche Neuformulierung würde ich es für überflüssig halten, ein theologisches System zu entwickeln.«[14]

Es handelt sich für Tillich nicht darum, die christliche Botschaft aus einem falsch verstandenen missionarischen Interesse heraus durch die Auswechslung einiger Begriffe und Vokabeln dem säkularisierten Menschen unserer Tage genehmer zu machen und das Evangelium zu einem niedrigeren Kurs abzugeben. Vielmehr steht für ihn, fast mehr noch als das Heil der Menschen, das Wesen der Wahrheit auf dem Spiel. Da die Wahrheit immer in der Zeit geschieht und der Logos niemals ohne einen entsprechenden Kairos ist, befindet sich die Theologie ständig in der Spannung zwischen zwei Polen: zwischen der ewigen Wahrheit ihres Gegenstandes auf der einen Seite und der jeweiligen Zeitsituation auf der anderen. Eine rechte Theologie muß immer zwei Grundbedingungen erfüllen: Sie muß der Wahrheit der christlichen Botschaft Ausdruck verleihen, und dieser Ausdruck muß der jeweiligen Situation angemessen sein. Zur »Situation« rechnet Tillich das Ganze des schöpferischen Selbstverständnisses des Menschen in einer bestimmten Zeit, die Summe der wissenschaftlichen, künstlerischen, wirtschaftlichen, politischen, sozialen, sittlichen Formen, in denen das Selbstverständnis einer Generation seinen Ausdruck findet.[15]

So wird die Aufgabe der Theologie von Tillich als »*Mittlerdienst*« bezeichnet: »Mittlerdienst zwischen dem ewigen Kriterium der Wahrheit, wie sie im Bilde Jesu als des Christus anschaubar ist, und den wechselnden Erfahrungen von Individuen und Gruppen, ihren sich ändernden Fragestellungen und ihren Kategorien zur Wahrnehmung der Wirklichkeit. Wird die Mittleraufgabe der Theologie abgelehnt, wird die Theologie selber abgelehnt. Denn das Wort Theo-logie schließt als solches die Vermittlung ein, nämlich zwischen dem Mysterium, welches theos ist, und dem Verstehen, welches logos ist.«[16]

Damit bringt Tillich den Ausdruck »Vermittlungstheologie«, der seit Barths scharfem »Nein!« gegen jedes vermittelnde »Und« fast ein Scheltwort geworden war, wieder zu Ehren und bezieht ihn bewußt auf sich selbst.[17] Sein ganzes Denken, Schreiben und Reden ist in besonderer Weise auf Vermittlung, Versöhnung, Wiedervereinigung und Heilung gerichtet – darum nicht analytisch, sondern synthetisch, nicht zersetzend, sondern bauend, nicht polemisch, sondern apologetisch, nicht dem Einzelnen zugewandt, sondern dem Ganzen, immer darauf bedacht, die singuläre Erscheinung mit Hilfe des Begriffs in eine systematische Ordnung zu fügen. Tillich gehört zu den großen spekulativen Geistern, die eben darum auch große Versöhner sind, zu den Systembauern, denen alle Dinge zum Besten ihres Denkens dienen müssen, für die auch das Negative nur von dem Positiven lebt, dessen Negation es ist.

Während die beiden anderen Großen in der protestantischen Theologie des 20. Jahrhunderts, Karl Barth und Rudolf Bultmann, auf eine scharfe Grenzziehung bedacht sind, sucht Tillich wieder zusammenzufügen, was die theologische Mode Jahrzehnte hindurch streng geteilt hatte. Schleiermacher hatte einst die besorgte Frage gestellt: »Soll der Knoten der Geschichte so auseinandergehen: das Christentum mit der Barbarei, und die Wissenschaft mit dem Unglauben?«[18] Leider ist der Knoten der Geschichte so auseinandergegangen, wie Schleiermacher es befürchtet hatte: Die Wissenschaft ist weithin mit dem Unglauben gegangen, aber das Christentum auch mit der Barbarei. Während die dialektische Theologie in einer unüberbrückbaren Diastase Gott und die Welt so weit auseinanderspannte, daß kaum noch ein Berührungspunkt zwischen beiden zu erkennen war, strebte die liberale Theologie, umgekehrt, eine unerlaubte Synthese zwischen Gott und der Welt an und drohte die Grenze zwischen beiden fast völlig zu verwischen. Tillichs Standort liegt genau zwischen diesen beiden Lösungen: »Meine Theologie kann verstanden werden als ein Versuch, den Konflikt zwischen diesen beiden Typen der Theologie zu überwinden. Sie will aufzeigen, daß die in diesen Bezeichnungen ausgedrückte Alternative nicht gültig ist.«[19] Das Falsche an ihnen abweisend und das Richtige aufnehmend, geht Tillich einen neuen, wie er selbst sagt, den »dritten Weg«.

Die *Synthese* ist das Ziel seiner philosophischen Theologie: »Der Weg der Synthese war mein eigener Weg. Er folgte den klassischen deutschen Philosophen von Kant bis Hegel und blieb die Triebkraft in all meinem theologischen Werk.« Inhaltlich bedeutete der Weg der Synthese für Tillich die unablässige Aufeinanderbeziehung von Christentum und Kultur: »Trotz der Tatsache, daß ich während des größten Teils meines erwachsenen Lebens ein Lehrer der Systematischen Theologie gewesen bin, hat das Problem der Religion und Kultur immer im Zentrum meiner Interessen gestanden. Die meisten meiner Schriften – einschließlich der zwei Bände der Systematischen Theologie – versuchen die Weise zu bestimmen, wie das Christentum auf die säkulare Kultur bezogen ist.«[20]

Tillich macht in der Tat die ganze Wirklichkeit zum Thema seines theologischen Nachdenkens. Da ist nichts, was für ihn nicht zum Gegenstand der Theologie werden könnte. Philosophie, Psychologie, Psychotherapie und Pädagogik, Politik, Wirtschaft, Soziologie und Technik, Literatur, Recht, Kunst und Städtebau – alles zieht Tillich heran und hinein, die ganze Fülle des Wirklichen bändigt er in die Ordnung eines umfassenden Systems. Aber es geht ihm dabei nicht nur um eine Bestandsaufnahme der Wirklichkeit, wie sie immer gewesen ist und immer sein wird, sondern um eine Deutung der gewandelten Wirklichkeit in einer neuen Konfrontation des christlichen Glaubens mit ihr.

Damit hat Tillich seinem Denken den Standort angewiesen – es ist ein *Denken auf der Grenze*: »Die Grenze ist der eigentlich fruchtbare Ort der Erkenntnis.« Und so hat Tillich auch seiner kurzen autobiographischen Skizze, mit der er sich 1936 bei seinen neuen amerikanischen Lesern und Hörern einführte, sinngemäß die Überschrift ›Auf der Grenze‹ gegeben – wobei der Begriff der »Grenze« bei Tillich immer mehr auf das Verbindende als auf das Trennende hinweist. Im Vorwort zu jener Skizze schreibt er: »Als ich die Aufforderung erhielt, die Entwicklung meiner Gedanken aus meinem Leben heraus darzustellen, entdeckte ich, daß der Begriff der Grenze geeignet ist, Symbol für meine ganze persönliche und geistige Entwicklung zu sein. Fast auf jedem Gebiet war es mein Schicksal, zwischen zwei Möglichkeiten der Existenz zu stehen, in keiner ganz zu Hause zu sein, gegen keine eine endgültige Entscheidung zu treffen.«[21]

Dem gedanklichen Stehen auf der Grenze entsprach Tillichs berufliches Schicksal. Er stammte aus einem Pfarrhaus in der

Lausitz und studierte Theologie und Philosophie in Berlin, Tübingen und Halle, legte 1909 seine theologischen Examina ab, promovierte 1910 zum Doktor der Philosophie, 1912 zum Lizentiaten der Theologie. Am Ersten Weltkrieg nahm er als Feldgeistlicher teil und habilitierte sich nach Beendigung des Krieges als Privatdozent für Theologie in Berlin. 1924 wurde er außerordentlicher Professor für systematische Theologie und Religionsphilosophie in Marburg, 1925 Professor der Religionswissenschaften an der Technischen Hochschule in Dresden und zugleich Honorarprofessor für Theologie in Leipzig. 1929 übernahm er als Nachfolger Max Schelers den Lehrstuhl für Philosophie und Soziologie in Frankfurt a. M. Bereits 1933 wegen seiner Zugehörigkeit zu den »Religiösen Sozialisten« und wegen seines Eintretens für die jüdischen Studenten gegen den Terror des NS-Studentenbundes vom Amt suspendiert, wurde er durch Vermittlung Reinhold Niebuhrs Professor am Union Theological Seminary in New York; daneben hielt er philosophische Vorlesungen an der Columbia University. Nach seiner Pensionierung im Jahre 1955 verlieh ihm die Harvard University in Cambridge/Mass. die höchste akademische Würde, die Amerika zu vergeben hat und die bisher nur ganz wenigen zuteil geworden ist: Er wurde »University Professor of Harvard«, mit der Befugnis zu lesen, was und wann er wollte. Während der letzten Jahre seines Lebens lehrte er – neben Gastvorlesungen in Europa – an der Universität in Chicago. Für Ende Februar 1966 hatte er noch einmal den Beginn einer neuen Vorlesungstätigkeit an der New School of Social Research in New York geplant; in seiner ersten Vorlesung dort wollte er über ›Die religiöse Dimension der politischen Ideen‹ sprechen. Sein Tod am 22. Oktober 1965 ist dem zuvorgekommen.

Also ein ständiger Wechsel zwischen den Fakultäten, zwischen den Kulturen, zwischen der Alten und Neuen Welt, aber kein Wechsel in der Sache – als Theologe versuchte Tillich Philosoph zu bleiben und als Philosoph Theologe: »Der ungewöhnliche Name für den Lehrstuhl, den ich vertrete, ist philosophische Theologie. Für mich paßt diese Bezeichnung besser als jede andere, da die Grenzlinie zwischen Philosophie und Theologie das Zentrum meines Denkens und Arbeitens ist« – »Gegen Pascal sage ich: der Gott Abrahams, Isaaks und Jakobs und der Gott der Philosophen ist der gleiche Gott.«[22]

Tillich war Zeit seines Lebens ein Grenzgänger – und dies nicht nur zwischen Theologie und Philosophie, sondern auch zwischen der Theologie und allen anderen Lebensgebieten –, aber er ist niemals ein Überläufer geworden, weder nach der einen noch nach der anderen Seite. Er verbindet die gläubige und die denkende Existenz in Personalunion und hält die Spannung zwischen beiden aus. Er war ganz einfach, was heute so selten geworden ist: ein *frommer Denker*. Weil sein Standort immer auf der Grenze war, hat er, etwa im Unterschied zu Karl Barth oder Rudolf Bultmann, auch nie eine theologische Schule gebildet. Tillich war kein Schulhaupt, aber ein großer Lehrer. Viele Menschen hat er mit seinen Gedanken getröstet; er war ein Seelsorger mittels des Gedankens. Uns erscheint diese Vereinigung von Glauben und Denken, von Theologie und Philosophie, von Frömmigkeit und Lehre vielfach überraschend, fremd, ja beinahe verdächtig. Im Grunde aber hat Tillich damit nur wieder an eine große Tradition des Abendlandes angeknüpft, die Jahrhunderte hindurch abgerissen, vergessen oder auch bewußt verworfen worden war.

Die Methode der Korrelation

Wer Tillichs theologisches Denken darstellen will, befindet sich scheinbar in dem Zwiespalt, ob er »draußen« am Rande, bei der Angst und den Fragen des Menschen, bei dem, was uns unbedingt angeht, bei der Religion und der Philosophie, einsetzen soll oder »drinnen« im Zentrum, bei der Offenbarung des universalen Logos in der konkreten Person Jesu als des Christus. Aber wer hier einen Zwiespalt sieht, hat Tillichs entscheidende theologische Absicht verkannt. »Vermittlung«, »Versöhnung«, »Synthese«, »dritter Weg« – das alles weist auf »Beziehung« hin. Und dem entspricht auch die Methode von Tillichs philosophischer Theologie. Er bezeichnet sie ausdrücklich als »*Methode der Korrelation*«. Gleichgültig darum, ob einer »draußen« oder »drinnen« einsetzt, immer wird er beide Aspekte aufeinander beziehen müssen.

Tillichs Methode der Korrelation beruht auf der Beziehung zwischen Gott und Mensch. Die Beziehung zwischen Gott und Mensch ist eine wechselseitige Abhängigkeit zwischen »Gott für uns« und »Wir für Gott«. Wohl ist Gott in seiner ewigen Verborgenheit unabhängig vom Menschen, in seiner Selbstoffenbarung aber tritt er zu ihm in das Verhältnis einer freien, lebendigen Gegenseitigkeit von Person zu Person. Die Begegnung zwischen Gott und Mensch bedeutet »etwas Reales für beide Seiten«: Gott handelt, der Mensch reagiert darauf, Gott reagiert seinerseits wieder und so fort. Auf diese Weise entsteht eine lebendige Wechselwirkung zwischen Gott und Mensch. Das gilt sowohl nach der Seite des religiösen Erlebens als auch nach der Seite des theologischen Erkennens.[23]

Die Wechselwirkung zwischen Gott und Mensch zeigt sich zunächst im *religiösen Erleben*.[24] Im Unterschied zu Barth statuiert Tillich keinen absoluten Gegensatz zwischen Offenbarung und Religion; für ihn ist die Religionsgeschichte kein »Hexensabbat von gespenstischen Phantasien, Götzendienst und Aberglauben«. Vielmehr gebraucht Tillich das Wort »Religion« – zum großen Erstaunen der meisten deutschen Theologen, zum geringeren der amerikanischen – durchaus positiv. Religion ist »der Name für das Empfangen der Offenbarung«. Die Offenbarung Gottes enthält stets ein objektives und ein subjektives Element, die streng voneinander abhängen und nicht voneinander getrennt werden dürfen. Das objektive Element besteht darin, daß Gott sich offenbart, das subjektive, daß der Mensch diese Offenbarung empfängt. Eines ist nicht ohne das andere. Wenn nichts objektiv geschieht, so wird nichts offenbart; wenn niemand das objektiv Geschehene empfängt, so geht die Offenbarung ins Leere und hört auf, Offenbarung zu sein. Nur wo das objektive Ereignis und die subjektive Aufnahme zusammenkommen, kann man von Offenbarung sprechen.

Die subjektive Seite der Offenbarung, den Akt der Aufnahme, nennt Tillich »*Religion*«. Ohne Religion gibt es keine Offenbarung. Wo immer das Göttliche offenbar wird, dort offenbart es sich »im Fleisch«, das heißt in einer konkreten physischen und historischen Wirklichkeit, in einer bestimmten geistigen und sozialen Lage. Wer immer göttliche Offenbarung empfängt, empfängt sie unter bestimmten Voraussetzungen und Umständen, und das heißt »gemäß seiner Religion«; und wer immer von göttlicher Offenbarung berichtet, berichtet zugleich von seiner eigenen Religion. Es gibt also keine reine Offenbarung, sondern die Offenbarung ist immer schon in bestimmter Weise durch die Religion als ihr »Gefäß« gefärbt.

Zwar geht die christliche Offenbarung nicht in der allgemeinen Religionsgeschichte auf, aber sie gehört in sie hinein. Tillich erneuert die Lehre der griechischen Kirchenväter von dem Logos, der allenthalben schon – vor und außer Christus – seinen

Samen ausgestreut, Fragen hervorgerufen und Antworten gegeben hat. Gewiß unklare Fragen und vorläufige Antworten – aber die christliche Offenbarung hätte von den Menschen nicht verstanden und aufgenommen werden können, wenn sie nicht in der Religion und Kultur der Menschen vorbereitet gewesen wäre. Sie hätte dann nicht zu den Menschen gesprochen, sondern wäre ein Fremdkörper in ihrer Geschichte geblieben. Offenbarung wäre nicht einmal eine göttliche Möglichkeit, wenn der Mensch sie nicht aufzunehmen vermöchte. Darum ist es auch gerechtfertigt, von »biblischer Religion« zu sprechen. Die Bibel ist sowohl ein Dokument für die Selbstoffenbarung Gottes als auch für die Art und Weise, wie Menschen diese Offenbarung aufgenommen haben. Dabei verhält es sich nicht so, daß einige ihrer Worte und Sätze zur »Offenbarung« und andere zur »Religion« gehören; vielmehr sind in derselben Stelle Offenbarung und Annahme der Offenbarung untrennbar verbunden: »Jede Stelle des Alten und Neuen Testaments ist zugleich Offenbarung und Religion.« Das gilt selbst von der Christusoffenbarung im engsten Sinne des Wortes. Das Ereignis, auf dem das Christentum ruht, hat zwei Seiten: das Faktum Jesus von Nazareth und die Aufnahme dieses Faktums durch die, die ihn als den Christus anerkannt haben. Das Christentum wurde nicht in dem Augenblick geboren, als der Mensch Jesus von Nazareth geboren wurde, sondern als einer seiner Jünger von ihm bekannte: »Du bist der Christus!« (Matthäus 16,16) Und es wird nur so lange leben, als es Menschen gibt, die diese Aussage wiederholen. So ist nach der Seite des religiösen Erlebens die Beziehung zwischen Gott und Mensch eine Korrelation.

Eine Korrelation ist die Beziehung zwischen Gott und Mensch nun auch nach der Seite des *Erkennens*. Sie realisiert sich in einer Wechselbeziehung zwischen Frage und Antwort. Damit stehen wir vor Tillichs eigentlicher »Methode der Korrelation«. Er definiert sie folgendermaßen: »Symbolisch gesprochen heißt das: Gott antwortet auf die Fragen des Menschen, und unter dem Eindruck von Gottes Antworten stellt der Mensch seine Fragen. Die Theologie formuliert die in der menschlichen Existenz beschlossenen Fragen, und die Theologie formuliert die in der göttlichen Selbstbekundung liegenden Antworten unter Anleitung der Fragen, die in der menschlichen Existenz liegen ... Sie gibt eine Analyse der menschlichen Situation, aus der die existentiellen Fragen hervorgehen, und sie zeigt, daß die Symbole der christlichen Botschaft die Antworten auf diese Fragen sind.«[25] So gleicht die Arbeit der Theologie einer Ellipse mit zwei Brennpunkten: der eine Brennpunkt stellt die existentielle Frage dar, der andere die theologische Antwort.

Die Antworten, die die christliche Offenbarung gibt, sind nur dann sinnvoll, wenn sie in der Korrelation mit Fragen stehen, die das Ganze der menschlichen Existenz betreffen: »Nur wer die Erschütterung der Vergänglichkeit erfahren hat, die Drohung des Nichtseins, kann verstehen, was der Gottesgedanke meint. Nur wer die tragische Zwiespältigkeit unserer geschichtlichen Existenz erfahren und den Sinn des Daseins völlig in Frage gestellt hat, kann begreifen, was das Symbol des Reiches Gottes aussagen will.«[26] Nur indem wir Fragen stellen, in denen es *um uns selbst* geht, wird uns die Offenbarung zur Antwort.

Menschsein bedeutet einen unablässigen Prozeß von Frage und Antwort: Der Mensch stellt seine Fragen und vernimmt die Antworten, die darauf gegeben worden sind, und unter dem Eindruck dieser Antworten stellt er wiederum seine Fragen. Die Grundfragen der menschlichen Existenz sind uralt. Sie sind schon sehr früh in der Geschichte der Menschheit formuliert worden – das zeigt jede Analyse des mythologischen Materials. Es sind überraschenderweise die gleichen Fragen, die auch in der frühen Kindheit jedes Menschen auftauchen. Wir erinnern uns an ein Gespräch mit Paul Tillich während seiner letzten Gastprofessur in Hamburg, im Sommer 1961. Wir saßen im obersten Stockwerk eines Hochhauses am Rande der Stadt und unterhielten uns darüber, wie sich der Mensch wandle und wie sich die kirchliche Verkündigung entsprechend zu wandeln habe und ob in unseren Tagen vielleicht das Ende der Religion gekommen sei. Da sagte Paul Tillich nach einer Pause nachdenklichen Schweigens: »Denken Sie einmal an die Menschen, die jetzt hier unter uns in diesem Hause schlafen – welche Fragen bewegen sie denn? Es sind doch immer noch dieselben Fragen, die die Menschen auch schon vor 2000 und mehr Jahren bewegt haben: die Frage nach der Schuld, nach dem Leid, nach der Liebe, nach der Gerechtigkeit in der Welt, nach dem Sinn des Lebens, nach dem Tod.«

Die Herausarbeitung der existentiellen Fragen ist, auch wenn sie vom Theologen unternommen wird, eine philosophische Aufgabe, und der Theologe bedient sich bei dieser Analyse der menschlichen Existenz des ganzen Materials, das die menschliche Selbstauslegung auf allen Kulturgebieten verfügbar gemacht hat, der Philosophie, Dichtkunst, Literatur, Psychotherapie, Soziologie usw. Eine besondere Hilfe kann ihm dabei heute der Existentialismus leisten.

Den *Existentialismus* hält Tillich für einen »natürlichen Bundesgenossen des Christentums«[27]. Wie Kant einmal gesagt hat, daß die Mathematik ein Glücksfall der menschlichen Vernunft sei, so möchte Tillich den Existentialismus einen »Glücksfall der christlichen Theologie« nennen. Er hat die wahre Situation des Menschen sowohl in der gegenwärtigen Periode wie in der Geschichte überhaupt enthüllt. Damit half er zugleich – trotz seines weithin atheistischen Charakters – »die klassische christliche Interpretation der menschlichen Existenz wiederzuentdecken«. Er drückt in Begriffen das aus, was einst der Mythos über die Situation des Menschen in religiöser Form ausgesagt hat, und kann so dazu helfen, daß die religiösen Mythen und Symbole, in denen eine Antwort auf die Frage nach der menschlichen Situation gegeben wird, in unserer Zeit wieder neu verstanden werden. Tillich meint: »Theologische Versuche in derselben Richtung würden nicht die gleiche Wirkung gehabt haben.«

Nicht nur der Hilfe der Theoretiker, sondern auch der Praktiker der Existenzforschung muß sich der Theologe bedienen, der Geistlichen, Erzieher, Psychoanalytiker und psychologischen Berater. Im Lichte des von ihnen dargebotenen Materials muß er die traditionellen religiösen Symbole und theologischen Begriffe neu interpretieren. Worte wie »Sünde« und »Gericht« zum Beispiel haben in unserer Zeit nicht an innerer Wahrheit verloren, wohl aber vermögen sie die Wahrheit, die in ihnen liegt, für unsere Zeit nicht mehr auszudrücken. Darum müssen sie mit den Einsichten in die menschliche Natur, wie sie uns der Existentialismus, einschließlich der Tiefenpsychologie, vermittelt, neu gefüllt werden. Wir müssen die Bibel »mit Augen lesen, die durch die existentialistischen Analysen geöffnet sind«. Der Existentialismus stellt in neuer und radikaler Weise die Fragen, deren Antworten für den Glauben in der Theologie gegeben sind.

Existentielle Frage und theologische Antwort sind zugleich *abhängig* und *unabhängig* voneinander.[28]

Sie sind *unabhängig* voneinander: Die in der menschlichen Existenz enthaltene Frage darf nicht aus der Antwort der Offenbarung abgeleitet werden, denn dann wäre sie ja keine echte Frage mehr. Umgekehrt kann auch die theologische Antwort nicht aus der existentiellen Frage abgeleitet werden. Die Frage erzeugt nicht die Antwort, vielmehr muß die Antwort aus dem Offenbarungsgeschehen kommen und von jenseits der menschlichen Existenz in die menschliche Situation hineingesprochen werden. Der Mensch ist die Frage, aber er ist nicht die Antwort; Gott wird nur durch Gott offenbart.

Aber zugleich sind existentielle Frage und theologische Antwort *abhängig* voneinander: Die Form der Fragen ist bereits durch das theologische System, innerhalb dessen sie auftauchen, vorgeprägt und damit schon ausgerichtet auf die Antwort. Der Theologe steht innerhalb des »theologischen Zirkels«; er hat, wenn er auf die Fragen der menschlichen Existenz zugeht, die christliche Botschaft schon gehört. Umgekehrt aber müssen die existentiellen Fragen auch die theologischen Antworten beeinflussen. Die Antworten hängen formal von der Struktur der Fragen ab, auf die sie Antworten sein sollen. Der Theologe darf die christlichen Antworten nicht wie Fremdkörper aus einer anderen Welt dem Menschen an den Kopf schleudern, sondern er muß sie in ihrer Form den zuvor gestellten Fragen anpassen, wenn sie wirklich eine Antwort und nicht nur eine sinnlose Wortkombination sein sollen. Denn wir können nun einmal keine Antwort verstehen, die nicht Antwort auf eine zuvor gestellte Frage ist, und handelte es sich dabei auch um die Antwort der göttlichen Offenbarung.

Konkret sieht der Vorgang der Korrelation, der gegenseitigen Einpassung von Frage und Antwort, bei Tillich so aus: »Wenn der Begriff Gott in Korrelation mit der in der Existenz liegenden Bedrohung durch das Nichtsein erscheint, dann muß Gott die unendliche Macht des Seins genannt werden, die der Bedrohung durch das Nichts widersteht. Wenn die Angst als das Gewahrwerden der Endlichkeit verstanden wird, dann muß Gott der unendliche Grund des Mutes genannt werden. Wenn der Begriff ›Reich Gottes‹ in Korrelation mit dem Rätsel unserer geschichtlichen Existenz erscheint, muß ›Reich Gottes‹ der Sinn, die Erfüllung und die Einheit der Geschichte genannt werden.«[29]

Wegen dieser Wechselbeziehung von Frage und Antwort nennt Tillich seine Theologie »*apologetische Theologie*«. Das ist nicht in jenem schwächlichen Sinn gemeint, daß die Theologie die Existenz Gottes mit unredlichen Mitteln zu beweisen trachtet und dabei ständig atemlos hinter ihrer Zeit herkeucht, ohne sie jemals einzuholen. Die Apologetik ist nicht eine besondere Abteilung der Theologie, sondern ein »allgegenwärtiges Element« in ihr: »Apologetische Theologie heißt: antwortende Theologie. Sie antwortet auf Fragen, die die ›Situation‹ stellt,

und sie antwortet in der Vollmacht der ewigen Botschaft und in
den Begriffen, die die ›Situation‹ liefert, um deren Fragen es sich
handelt.«[30]

Nach dieser Methode ist Paul Tillich in seiner ›Systematischen
Theologie‹ verfahren. Das Werk besteht aus fünf Teilen, deren
jeder sich in zwei Abschnitte gliedert. Der erste Abschnitt ana-
lysiert jeweils die menschliche Situation und arbeitet die existentiellen Fragen heraus, während im zweiten Abschnitt die
Symbole der christlichen Botschaft als Antworten darauf gegeben werden. So ergeben sich in Korrelation von Frage und
Antwort folgende fünf Teile: Auf die Frage nach der *Vernunft*
als Antwort die *Offenbarung* – auf die Frage nach dem *Sein* als Antwort *Gott* – auf die Frage nach der *Existenz* als Antwort der
Christus – auf die Frage nach dem *Leben* als Antwort der *Geist* –
auf die Frage nach der *Geschichte* als Antwort das *Reich Gottes*.

Die Frage nach dem Sein (der Mensch)

In Tillichs »Methode der Korrelation« und der daraus sich er-
gebenden Bestimmung der Theologie als »apologetische Theologie« drückt sich das besondere Verhältnis aus, in dem *Theologie*
und Philosophie bei ihm zueinander stehen. Die Frage nach dem
Verhältnis von Theologie und Philosophie ist für ihn die Frage
nach dem Wesen der Theologie überhaupt. Keine Theologie
kommt, wenn sie die Wahrheit über Gott für den Menschen verständlich ausdrücken will, um die Philosophie herum: »Es erfüllt
mit Erbitterung, wenn man sieht, wie Theologen, die die Begriffe des Alten und des Neuen Testaments erklären, sehr viele
Ausdrücke gebrauchen, die durch die mühsame Arbeit der
Philosophen und die Schöpferkraft des spekulativen Geistes geschaffen wurden, und dann mit billigen Vorwürfen das verwerfen, was ihre Sprache außerordentlich bereichert hat. Kein Theologe sollte als Theologe ernst genommen werden, selbst wenn er
ein großer Christ und ein großer Gelehrter ist, wenn seine Arbeit
beweist, daß er die Philosophie nicht ernst nimmt.« Der Versuch, philosophische Begriffe in der Theologie zu vermeiden,
führt zu »Selbsttäuschung« oder »Primitivität«: »Der Geistliche
einer fundamentalistischen Richtung, der zu mir sagte: ›Warum
brauchen wir Philosophie, wenn wir doch alle Wahrheit in der
Offenbarung besitzen?‹, bemerkte nicht, daß er durch eine lange

Geschichte philosophischen Denkens bestimmt war, wenn er die Worte ›Wahrheit‹ und ›Offenbarung‹ gebrauchte ... Wir können der Philosophie nicht entrinnen, weil die Wege, auf denen wir ihr entrinnen wollen, gebaut und gepflastert sind von der Philosophie selbst.«[31]

Daß Philosophie und Theologie so eng miteinander verbunden sind, liegt für Tillich in der einfachen Tatsache begründet, daß beide mit dem Sein zu tun haben. Philosophie ist für Tillich in ihrem Zentrum *Ontologie*. Sie stellt die Frage, was es bedeutet, wenn man sagt, daß etwas »*ist*«. Das ist »die einfachste, tiefste und absolut unerschöpfliche Frage«, die überhaupt gestellt werden kann. »Dieses Wort ›ist‹ verbirgt das Rätsel aller Rätsel« – um sein Geheimnis bewegt sich alle Philosophie: Sie sucht das, was sich in allem Seienden verkörpert, das »Sein-Selbst«, aufzufinden und so die Prinzipien, Strukturen und Kategorien, die allem Seienden zugrunde liegen, zu erkennen.[32]

Mit dem Sein und also mit Ontologie hat es aber auch die Theologie zu tun. Alle Aussagen, die die Theologie über Gott, die Welt und den Menschen macht, liegen innerhalb des Bereiches des Seins und enthalten daher immer notwendig ontologische Elemente. Schon die einfachste theologische Aussage, nämlich daß Gott *ist*, schließt die ontologische Frage ein und verlangt daher nach der Philosophie: »Ohne eine Philosophie, in der die ontologische Frage erscheint, wäre die christliche Theologie nicht in der Lage, das Sein Gottes denen zu erklären, die wissen möchten, in welchem Sinne man sagen kann, daß Gott *ist*.«[33]

So werden beide Brennpunkte der Ellipse, die die Theologie bildet, sowohl die existentielle Frage als auch die theologische Antwort, von Tillich mit Hilfe einer umgreifenden Lehre vom Sein dargestellt, das eine Mal in der Form der Frage, das andere Mal in der Form der Antwort.

Nichts charakterisiert den Menschen so sehr wie dies, daß er fragt – das unterscheidet ihn von allen Wesen, die wir kennen: »Der Mensch ist das Seiende, das die Frage nach dem Sein stellt.« Geboren wird die Frage des Menschen nach dem Sein aus einer Erschütterung, aus dem »ontologischen Schock«. Das Sein ist umspült und bedroht vom Ozean des Nicht-Seins. Und das ist es, was den Menschen in die Angst und ins Fragen treibt. Gepackt von dem Schock des möglichen Nicht-Seins, von seiner »Grundangst«, daß das Nicht-Sein über das Sein triumphiere, fragt der Mensch nach dem Sein. Er durchstößt mit seinem Fragen eine

Schicht der Wirklichkeit nach der anderen und schneidet schließlich durch sie alle hindurch bis auf den Grund: Warum ist Sein und nicht vielmehr Nicht-Sein? Was ist der Grund und Sinn alles Seins? Was ist der Grund und Sinn meines Seins? Warum ist überhaupt etwas da und nicht vielmehr nichts da? Wofür bin ich da? Indem der Mensch so nach dem Grund und Sinn des Seins fragt, fragt er nach der letzten Wirklichkeit, nach dem »wirklich Wirklichen«, nach dem, was ihn unbedingt angeht.[34]

Die Frage nach dem, was den Menschen unbedingt angeht, nach dem Grund und Sinn alles Seins, ist an keine soziale Schicht, an keinen materiellen oder geistigen Besitzstand gebunden. Sie ist keine Sache der intellektuellen Fixigkeit. Es gibt Studierende, die den Inhalt der hundert bedeutendsten Bücher der Weltgeschichte in sich aufgenommen und dennoch niemals die Frage nach dem gestellt haben, was den Menschen unbedingt angeht, und es gibt ungebildete Arbeiter, die Tag für Tag eine mechanische Arbeit verrichten, und denen sich eines Tages die Frage stellt: Welchen Sinn hat es, daß ich diese Arbeit tue? Was bedeutet sie für mein Leben? Was ist überhaupt der Sinn meines Lebens?[35]

Der Mensch fragt nach dem Sein, weil er eine »Mischung aus Sein und Nicht-Sein« ist: Er hat teil am Sein und ist zugleich von ihm getrennt. Darin offenbart sich seine *Endlichkeit*. Die Endlichkeit ist die »fundamentale Eigenschaft« aller menschlichen Existenz; sie bestimmt ihren Inhalt und ihre Gestalt.[36] Tillich macht dies einmal in einer seiner ›Religiösen Reden‹ an einem Erlebnis aus seiner Jugend deutlich: Als er sich vor seiner Konfirmation ein Bibelwort auszusuchen hatte, das er, wie üblich, bei seiner Einsegnung aufsagen sollte, da wählte er sich das Wort: »Kommet her zu mir alle, die ihr mühselig und beladen seid!« Mit Erstaunen und ein wenig Ironie fragte man ihn, warum er sich gerade dieses Wort als Konfirmationsspruch gewählt habe, denn er verlebte eine glückliche Kindheit und hatte, äußerlich gesehen, weder »Mühsal« noch »Last«. Er konnte damals auf diese Frage nicht antworten und fühlte sich ein wenig verlegen, dennoch hatte er das Gefühl, im Innersten recht zu haben: »Und ich hatte wirklich recht, wie jedes Kind, das von diesen Worten unmittelbar angesprochen wird und wie jeder Erwachsene, für den sie während seines ganzen Lebens in allem äußeren und inneren Schicksal Bedeutung besitzen. Diese Worte Jesu sind allumfassend und passen für jeden Menschen und jede menschliche Situation.«[37]

Der Mensch existiert auf der Grenze zwischen Endlichkeit und Unendlichkeit, er hat, im Unterschied zu allen anderen Lebewesen, »endliche Freiheit« – das ist seine »Mühsal und Last«. Das ist es, was ihn zu einem Fragment macht, sich selbst ein Rätsel, dunkel, geheimnisvoll, verwirrend und quälend. Darin spiegeln sich sein Elend und seine Größe. Sein Elend ist, daß er endlich, unvollkommen, vergänglich und sterblich ist, seine Größe, daß er um dies alles weiß. Darum kann man füglich fragen, ob seine Größe nicht nur die Größe seines Elends sei. Er erfährt, daß er endlich ist, aber er würde es nicht erfahren, wenn er nicht etwas ahnte von der Unendlichkeit; er erfährt, daß er unvollkommen ist, aber er würde es nicht erfahren, wenn er nicht etwas ahnte von der Vollkommenheit; er erfährt, daß er vergänglich ist, aber er würde es nicht erfahren, wenn er nicht etwas ahnte von der Ewigkeit.[38] Immer noch nimmt der Mensch unbewußt Maß an der Würde seines Ursprungs und wahren Wesens. Gewiß ist es eine verlorene Würde, aber noch der Verlust weist auf den einstigen Besitz hin.

Die Trennung des Menschen vom Sein weist auf den »*Fall*« des Menschen hin.[39] Tillich deutet den Sündenfall als den Übergang des Menschen von der »*Essenz*« zur »*Existenz*«. Die Unterscheidung zwischen Essenz und Existenz, zwischen »geschaffener« und »wirklicher« Welt, bildet nach Tillichs eigenen Worten das »Rückgrat« seines ganzen theologischen Systems. Aber alles kommt darauf an, daß der Übergang des Menschen von der Essenz zur Existenz richtig gedeutet wird, nämlich nicht historisch, sondern existentiell. Er ist kein Ereignis in Raum und Zeit, nicht das erste Faktum in einem zeitlichen Sinne: »Die Vorstellung, daß der Mensch und die Natur zunächst gut waren und in einem bestimmten Zeitpunkt böse wurden, ist absurd und kann weder aus der Erfahrung noch aus der Offenbarung begründet werden.« Vielmehr ist der Übergang von der Essenz zur Existenz »die transhistorische Qualität aller Ereignisse in Raum und Zeit«, »das, was jedem Faktum Realität verleiht«: »es wird wirklich in jeder Wirklichkeit«.

Das Ergebnis des Übergangs des Menschen von der Essenz zur Existenz ist die »*Entfremdung*«.[40] Das Wesen der Entfremdung besteht darin, daß der Mensch von dem entfremdet ist, zu dem er wesenhaft gehört. Er ist vom Grund des Seins und damit von dem Ursprung und Ziel seines Lebens getrennt. Der Mensch ist nicht das, was er eigentlich sein sollte. »Existenz« und »Entfremdung« sind Synonyma: Existenz bedeutet immer Entfremdung des Menschen von seinem wahren, eigentlichen Sein und darum Bedrohung durch das Nicht-Sein und eben darum Angst und Frage nach dem Sein.

Der Zustand der Entfremdung, in dem der Mensch existiert, bedeutet eine dreifache Trennung: Getrennt vom Grund des Seins, dem Ursprung und Ziel unseres Lebens, sind wir zugleich getrennt von uns selbst und getrennt von unseren Mitmenschen. So läuft ein unheilvoller Riß durch alles Sein. Das ist es, was die Bibel »*Sünde*« nennt. Tillich kämpft gegen das übliche moralische Mißverständnis des christlichen Sündenbegriffs; Sünde ist für ihn ein »transmoralischer«, ein religiöser Begriff. Sie bezeichnet nicht nur einen sittlichen Defekt, überhaupt nicht nur ein subjektives Verhalten des Menschen, nicht nur persönliche Schuld, sondern immer auch ein tragisches Schicksal und Verhängnis, freilich ein Schicksal und Verhängnis, an dem wir handelnd teilnehmen, und darum immer auch Schuld, für die wir persönlich verantwortlich sind. Mit seiner Betonung des transmoralischen, tragischen Elements in der Sünde will Tillich den biblischen Sündenbegriff nicht fatalistisch auflösen, sondern nur deutlich machen, daß es keine Situation für den Menschen gibt, in der er nicht schuldig wird: Unter den Bedingungen der Existenz leben heißt in der Sünde leben. Obwohl Tillich meint, daß der Begriff der »Erbsünde« für uns nicht mehr verwendbar sei, hält er an seinem Inhalt fest. *Vor* aller praktischen Tat ist die Sünde ein ontologischer Stand: sie ist der »Stand der Entfremdung« des Menschen von Gott. Darum will Tillich das Wort »Sünde« auch nur im Singular gebraucht wissen und nicht im Plural, das heißt nicht zur Bezeichnung besonderer sittlicher Verfehlungen des Menschen, sondern zur Beschreibung des Zustandes seines Getrenntseins von Gott. Darum heißt Sünde für ihn einfach »Unglaube«.

Von der Entfremdung der Existenz des Menschen weiß für Tillich übrigens nicht nur der christliche Glaube etwas, von ihr ahnen wenigstens auch etwas die meisten anderen Philosophien, Weltanschauungen und Religionen, Plato und Buddha ebenso wie Karl Marx. Darum haben auch alle tieferen Religionen, Weltanschauungen und Philosophien stets einen Zug zum Tragischen, sie sind umweht von einem Hauch schwermütiger Melancholie. Ihre Schwermut und Tragik wurzelt in der Möglichkeit des Menschen, über diese Welt hinauszublicken.

Das also ist des Menschen Existenz: Er ist getrennt vom Grund des Seins, er ist seinem wahren Sein entfremdet. Aber nur weil er seinem wahren Sein entfremdet ist, kann er überhaupt nach dem Sein fragen. Gott fragt nicht, und die außermenschliche Kreatur fragt auch nicht. Denn Gott ist unendlich, jenseits der Spaltung zwischen Essenz und Existenz, und braucht darum nicht zu fragen; die außermenschliche Kreatur aber weiß nicht, daß sie endlich ist, und kann darum nicht fragen, sie harrt nur stumpf, ergeben, unbewußt. Allein der Mensch fragt, denn er allein weiß, daß er endlich ist, getrennt vom Grund des Seins und doch nicht völlig los von ihm, so gern er's vielleicht möchte.[41]

Die Macht des Seins (Gott)

Wenn der Mensch nach dem Sein fragt, so fragt er nach der Macht, die dem Nicht-Sein – der Sünde, der Schuld, der Sinnlosigkeit, der Vergänglichkeit, dem Tod – widersteht. Diese »Macht des Seins« nennt Tillich Gott. Wer also durch die Oberfläche der Wirklichkeit hindurchfragt in die Tiefe nach der letzten Wirklichkeit, nach dem Sinn und Grund alles Seins, der fragt, ob er es weiß oder nicht, nach Gott: »Der Name dieser unendlichen Tiefe und dieses unerschöpflichen Grundes alles Seins ist *Gott*. Jene Tiefe ist es, die mit dem Wort *Gott* gemeint ist. Und wenn das Wort für euch nicht viel Bedeutung besitzt, so übersetzt es und sprecht von der Tiefe in eurem Leben, vom Ursprung eures Seins, von dem, was euch unbedingt angeht, von dem, was ihr ohne irgendeinen Vorbehalt ernst nehmt. Wenn ihr das tut, werdet ihr vielleicht einiges, was ihr über Gott gelernt habt, vergessen müssen, vielleicht sogar das Wort selbst. Denn wenn ihr erkannt habt, daß Gott Tiefe bedeutet, so wißt ihr viel von ihm. Ihr könnt euch dann nicht mehr Atheisten oder Ungläubige nennen, denn ihr könnt nicht mehr denken oder sagen: ›Das Leben hat keine Tiefe‹, das Leben ist seicht, das Sein selbst ist nur Oberfläche. Nur wenn ihr das in voller Ernsthaftigkeit sagen könnt, wäret ihr Atheisten, sonst seid ihr es nicht. Wer um die Tiefe weiß, der weiß auch um Gott.«[42]

Um auszudrücken, wer Gott ist und wo der Mensch ihm begegnet, ersetzt Tillich den uns geläufigen Begriff der »Höhe« durch den Begriff der *»Tiefe«*. Das bedeutet mehr als nur eine Veränderung der Raumvorstellung. »Tiefe« bezeichnet nicht eine »Schicht« der Wirklichkeit, so daß Gott jetzt, wie früher als das »höchste Seiende«, zur Abwechslung als das »tiefste Seiende« verstanden würde, sondern »Tiefe« bezeichnet eine »Dimension« der Wirklichkeit. Der Wechsel des Bildes soll ausdrücken, daß die Wirklichkeit Gottes nicht *über* aller Wirklichkeit der Welt als ihre höchste Schicht, aber auch nicht *unter* aller Wirklichkeit der Welt als ihre tiefste Schicht zu suchen ist, sondern *in* aller Wirklichkeit der Welt, »als das wahrhaft Wirkliche in allem, das Wirklichkeit beansprucht«[43]. Wer also nach Gott fragt, darf sich nicht von der Welt abwenden und in die Höhe, in einen imaginären Himmel, blicken, sondern er muß sich gerade der Welt zuwenden und in sie tiefer hineintauchen, in seine eigene Existenz und ihre Beziehung zur Existenz der anderen Menschen. Dann begegnet ihm in der Tiefe der Wirklichkeit Gott als der Grund und Sinn alles Seins.

Der Metapher »Tiefe« entspricht bei Tillich der Begriff des »*Unbedingten*«: Wo sich mir etwas in seiner Tiefe erschließt, da erschließt es sich mir als etwas, das mich unbedingt angeht. Wie die Tiefe nicht die Existenz eines bestimmten Ortes meint, so das Unbedingte nicht die Existenz eines besonderen Wesens, vielmehr bezeichnen beide Begriffe eine mögliche Qualität alles Seienden. Immer und überall kann es geschehen, daß sich mir ein Stück endlichen Seins in seiner Tiefe erschließt und so für mich zu einem »letzten«, »unendlichen Anliegen« wird, zu »etwas, das mich unbedingt angeht«. Wann und wo immer dies geschieht, da begegnet Gott. Und so kann Tillich in endlosen Variationen wiederholen: Religion ist das, was uns letztlich und unbedingt angeht, und religiös sein heißt, nach dem letzten und unbedingten Sinn des Lebens fragen.

Indem Tillich Gott als das »Sein-Selbst« faßt, gelingt es ihm, Gott in allem Seienden aufzuzeigen, jedoch so, daß Gott das Seiende zugleich unendlich übersteigt. Tillich macht keine Aussage über Gott, die nicht zugleich eine Aussage über die Wirklichkeit ist, freilich so, daß die Aussage über die Wirklichkeit als Aussage über Gott die Wirklichkeit transzendiert. Im gleichen Gedankenzug gelingt es Tillich, mit seinem Begriff des »Unbedingten« das traditionelle Denken im Subjekt-Objekt-Schema zu überwinden. Im Akt des unbedingten Ergriffenseins wird der Mensch vom Unbedingten nicht vergewaltigt, sondern er erfährt das Unbedingte als das, was ihn unbedingt angeht – auf diese Weise sind Subjekt und Objekt im Unbedingten geeint.[44]

Aber gelingt Tillich diese enge Beziehung zwischen der Wirklichkeit Gottes und der Wirklichkeit der Welt, zwischen dem

Unbedingten und dem Bedingten, nicht nur um den Preis einer ungeheuren Abstraktion? Macht die Ontologie sein Reden von Gott nicht notwendig farblos und monoton? Gott – das »Sein als Sein«, das »Sein-Selbst«, die »Macht des Seins«, der »Grund und Sinn alles Seins«: hört sich das nicht reichlich leer und abstrakt an? Für Tillich ist das »Sein« keineswegs ein leerer und abstrakter Begriff, sondern der reichste und erfüllteste, den er sich denken kann. Er bedeutet für ihn »lebendige Kreativität«. Das Sein hat das Nicht-Sein in sich und ist daher ständig genötigt, sich selbst schöpferisch zu bejahen und so sein eigenes Nicht-Sein zu überwinden. Und das treibt das Sein heraus aus seiner Abgeschlossenheit, das gibt ihm seine schöpferische Dynamik und macht es zu einem Prozeß ständigen Werdens. Auf Gott übertragen heißt dies, daß Gott der »Lebendige« ist, der in sich selbst und in seinem Geschöpf das Nicht-Sein ständig überwindet, und darum der Grund, auf dem alles Seiende aufruht, indem es von ihm die Macht zum Sein über das Nicht-Sein empfängt.

Tillich geht hier, wie auch sonst in seiner Theologie, den »dritten Weg«: zwischen Supranaturalismus und Naturalismus, zwischen Heteronomie und Autonomie.

Zunächst zwischen *Supranaturalismus* und *Naturalismus*.[45] Der »Supranaturalismus« ist »ein Überbleibsel des hierarchischen Denkens«. Er denkt die Wirklichkeit in »Schichten« und identifiziert die höchste Schicht, die über allen anderen Schichten liegt, mit »Gott«. Auf diese Weise wird Gott zum »höchsten Seienden«. Der Superlativ zeigt an, daß Gott ein Seiendes über allem anderen Seienden ist, getrennt von allem Seienden neben, außer und über ihm, aber nun eben doch ein Seiendes unter anderem Seienden, eine Person unter anderen Personen, und damit ein Wesen, über dessen Existenz man streiten kann. Gott als das höchste Seiende ist der »unbesiegbare Tyrann«, der das Universum zu einem bestimmten Zeitpunkt ins Sein gebracht hat und es nach einem festen Plan regiert, der einigen Menschen über sich hat Mitteilungen zukommen lassen und der in den regelmäßigen Ablauf der Welt eingreift, um den Widerstand seiner ungehorsamen Kreatur zu brechen und sie an das von ihm bestimmte Ziel zu bringen – »das ist der Gott, von dem Nietzsche sagte, er müsse getötet werden, weil niemand ertragen kann, daß er zu einem bloßen Objekt absoluten Wissens und absoluter Herrschaft gemacht wird.« Aber wenn man Gott als das »höchste Seiende« denkt, dann wird nicht nur der Mensch zu einem Objekt Gottes, sondern dann wird auch Gott zu einem Objekt des Menschen. Er wird an die Subjekt-Objekt-Struktur aller Realität gebunden und auf die Ebene der rational bezweifelbaren Dinge herabgezogen, so daß der Atheismus leichtes Spiel hat. Der »Naturalismus« dagegen setzt Gott mit dem Universum gleich, er nimmt ihn nur als Namen für den schöpferischen Grund der Natur, für die Macht und den Sinn aller Wirklichkeit und zieht auf diese Weise Gott gleichfalls in die Endlichkeit hinein.

Tillich vollzieht weder wie der Supranaturalismus eine Trennung zwischen Gott und Sein noch wie der Naturalismus eine Gleichung, sondern er setzt beide zueinander in *Beziehung*. Gott wäre für ihn nicht Gott, wenn er nicht der schöpferische Grund von allem Sein wäre, die unendliche und unbedingte Macht des Seins, das Sein-Selbst; er ist weder neben noch über dem Seienden, sondern er ist jedem Seienden näher als dieses sich selbst. Wiederum ist Gott ganz und gar anders als alles Seiende, in unendlichem Abstand von ihm, aber nicht als ein anderes, höchstes, überweltliches Sein, sondern als der Grund und Sinn in allem Sein. Tillich beruft sich hierfür zu Recht auf Luther, der stets mit großer Intensität die Allgegenwart Gottes in allen Lebensprozessen und dabei gleichzeitig seine totale Jenseitigkeit betont hat: Gott ist »zugleich in einem jeglichen Körnlein ganz und gar und dennoch in allen und über allen und außer allen Kreaturen«. Tillich drückt dasselbe in seiner philosophischen Sprache so aus: »Gott ist, symbolisch gesprochen, die Dimension des Unbedingten in Sein und Sinn, gegenwärtig in allem, was ist, und entfernt von allem, was ist.«

Dem dritten Weg Tillichs zwischen Supranaturalismus und Naturalismus entspricht sein dritter Weg zwischen *Heteronomie* und *Autonomie*[46], wobei freilich sofort hinzuzufügen ist, daß sein Herz der Autonomie sehr viel näher steht. Wogegen er sich wendet, ist nur die »reine«, »leere«, »formale« Autonomie, die die Frage nach dem letzten unbedingten Sinn des Lebens und der Kultur vergessen hat und darüber säkular und arrogant geworden ist; die »freischweifende Intelligenz« ist ihm Zeit seines Lebens verdächtig gewesen. Tillichs ganze Leidenschaft aber richtet sich gegen den »Großinquisitor« in der Kirche, gegen die »Heteronomie«, die der Welt Gott wie ein fremdes Joch auferlegt und sie so von außen und oben her vergewaltigt, die das Ansehen der Wahrheit befleckt und die sittliche Würde des Menschen zerstört. Ihr theologischer Ausdruck ist der Supranaturalismus, ihre Folge der religiöse oder kirchliche Terror.

Seinen eigenen Standpunkt zwischen Autonomie und Heteronomie bezeichnet Tillich als »*Theonomie*«. Der Ausdruck soll
besagen, daß Gott zwar das Gesetz und die Macht alles Lebens
ist, aber nicht außen und oben, sondern von innen her, im Sein
selbst waltend, als sein letzter Grund und Sinn. Er unterwirft
den Menschen nicht einem fremden Gesetz, sondern begegnet
ihm als das, was ihn unbedingt angeht, und bringt ihn zur Erfüllung seiner selbst.

Die Beziehung zwischen Gott und Sein bestimmt für Tillich
auch die Art und Weise, wie von Gott zu reden ist: Von Gott
kann nur in indirekten, *symbolischen* Aussagen gesprochen werden.[47] Es gibt im Grunde nur eine einzige direkte, nichtsymbolische Aussage über Gott, nämlich die Aussage, daß Gott das
»Sein-Selbst« sei. Sie bildet die Grundlage aller anderen, kon-
kreteren Aussagen über Gott. Aber alle diese anderen, konkrete-
ren Aussagen, die wir über Gott machen – über seine Person:
daß er Schöpfer, Geist und überhaupt Person ist, über seine
Eigenschaften: daß er Liebe, Barmherzigkeit, Allmacht und
Allwissenheit besitzt, über seine Handlungen: daß er die Welt
geschaffen und seinen Sohn gesandt hat – sind indirekte, symbolische Aussagen.

Religiöse Symbole sind dem Material der erfahrbaren Wirklichkeit entnommen; sie benutzen etwas Endliches, um unsere
Beziehung zum Unendlichen auszudrücken. Dadurch sind alle
religiösen Symbole in zwiefacher Weise charakterisiert: *negativ*,
indem sie über sich selbst hinaus auf etwas weisen, das unendlich
viel mehr ist als sie; *positiv*, indem sie an der Macht und dem Sinn
dessen teilhaben, auf das sie hinweisen. So wird das Endliche
im Symbol zugleich verneint und bejaht. Zum Beispiel: Gott
wird »Vater« genannt. Damit wird unser Begriff »Vater« aufgehoben: Gott ist unendlich viel mehr als alles, was unser Begriff »Vater« enthält. Zugleich aber wird unser Begriff »Vater«
damit bestätigt: Alles endliche Vatersein hat in Gott seinen
Grund; im endlichen Vatersein ist fragmentarisch vorhanden,
was in Gott vollkommen da ist.

Symbolische Aussagen über Gott sind nicht weniger wahr als
nichtsymbolische. Darum sollte man Tillichs Meinung nach
eigentlich auch niemals sagen: »Nur ein Symbol«; vielmehr
sollte man sagen: »Nichts Geringeres als ein Symbol«. Symbole
haben die Aufgabe, das Geheimnis Gottes zu schützen und ihn
davor zu bewahren, zu etwas Endlichem, Vorfindlichem, Inner-
weltlichem zu werden. Aber eben darum kommt alles darauf an,

daß die Symbole nicht wörtlich verstanden und für das Göttliche selbst genommen werden. Wer das tut, verfehlt das Symbol und entstellt die von ihm repräsentierte Wirklichkeit. »Ein Glaube, der seine Symbole wörtlich versteht, wird zum Götzenglauben... Der Glaube aber, der um den symbolischen Charakter seiner Symbole weiß, gibt Gott die Ehre, die ihm gebührt.« Das Motiv der symbolischen Rede von Gott ist also nicht eine Minderung der Realität Gottes, sondern eine leidenschaftliche Verteidigung seines Geheimnisses. Die Absicht, unsymbolisch von Gott zu reden, ist gottlos. Auch nur eine einzige nichtsymbolische Aussage über Gott gefährdet seine Transzendenz.

Symbole können nicht absichtlich erfunden und wieder entfernt werden, sondern sie »werden geboren und sterben wie lebende Wesen«. Sie entstehen im kollektiven Unbewußten einer Gruppe und vergehen in demselben Augenblick, in dem die innere Beziehung der Gruppe zu einem Symbol aufhört: dann sagt das Symbol nichts mehr aus. Das Urteil darüber, ob ein Symbol noch lebensfähig ist, steht nicht dem Theologen zu, der es zu interpretieren hat. Vielmehr vollzieht sich das Urteil darüber im Leben der Kirche: im liturgischen Bereich, in der Predigt und Unterweisung, im Handeln der Kirche gegenüber der Welt, im persönlichen Andachtsleben.

Tillichs Ansicht vom Wert des religiösen Symbols bestimmt auch sein Urteil über Bultmanns Programm der Entmythologisierung. Er bejaht es, insofern es besagt, »daß ein Symbol als Symbol und ein Mythos als Mythos verstanden werden muß«. Geschieht dies nicht, wird das Symbol oder der Mythos wörtlich verstanden, dann wird die Heiligkeit Gottes profanisiert, und das Reden von Gott erscheint den Zeitgenossen als abergläubisch, unverständlich und absurd. Tillich lehnt jedoch die Entmythologisierung ab, wenn durch sie die Mythen und Symbole als Formen religiöser Aussage überhaupt beseitigt und durch Surrogate wie Wissenschaft und Moral ersetzt werden sollen: »Es gibt keinen Ersatz für Symbole und Mythen, sie sind die Sprache des Glaubens.« Die Folge einer solchen Entmythologisierung wäre, daß die Religion ihrer Sprache beraubt und die Erfahrungen des Heiligen zum Schweigen gebracht würden.

Die enge Beziehung, die Tillich zwischen dem Sein und Gott herstellt, führt bei ihm fraglos zu einer »metaphysischen Überhöhung« des Seinsbegriffs. Das ist denn auch der Vorwurf, den der Philosoph Wilhelm Weischedel in seinem »ehrerbietigen Widerspruch« gegen Tillich erhoben hat.[48] Mit diesem Vorwurf hat Weischedel ohne Frage recht. Bei Tillich ist der allgemeine philosophische Seinsbegriff durch einen spezifisch theologischen Begriff vom Sein überlagert. Der Grund für die theologische Überhöhung des allgemeinen Seinsbegriffs bei Tillich ist deutlich: er liegt im biblischen Schöpfungsglauben. Daß Gott die Welt geschaffen hat, daß er sie aus dem Nichts geschaffen hat und daß diese Schöpfung aus dem Nichts ein immerwährender Prozeß ist, das bildet den theologischen Hintergrund für alles, was Tillich über den Lebensprozeß, über Sein und Nichtsein, über Sein und Gott sagt. Nicht anders steht es mit dem Begriff des »Unbedingten«. Er bildet nach Tillichs eigener Aussage die »abstrakte Übertragung« des Großen Gebotes aus dem Alten Testament: »Der Herr, unser Gott, ist ein einiger Gott; und du sollst Gott, deinen Herrn, lieben von ganzem Herzen, von ganzer Seele, von ganzem Gemüte und von allen deinen Kräften« (5 Mose 6,4).[49]

Damit taucht noch einmal die Frage nach dem grundsätzlichen Verhältnis von *Theologie und Philosophie* bei Tillich auf.[50] Er bestimmt ihr beiderseitiges Verhältnis folgendermaßen: »Philosophie und Theologie sind nicht getrennt, und sie sind nicht identisch, aber sie stehen in Korrelation.« Tillich nimmt das philosophische Element in die Struktur des theologischen Systems selbst hinein: einmal als den Stoff, aus dem die Fragen entwickelt werden, auf die die Theologie Antwort gibt; zum anderen als den Stoff, aus dem die Antworten geformt werden, die die Theologie erteilt. Die Philosophie vermag nicht den *Inhalt* der Antworten zu liefern; ja sie vermag nicht einmal die in der menschlichen Existenz beschlossene Frage nach Gott zu explizieren – wie sollte sie dann fähig sein, sie zu beantworten? Daß Gott die Antwort, ja schon, daß er die explizierte Frage ist, kann nicht aus der menschlichen Existenz abgeleitet, sondern muß in sie hineingesprochen werden. Aber die Form, in der dies geschieht, ist durch die Philosophie vorbestimmt, denn die Antwort hat in ihrer Form der zuvor gestellten Frage zu entsprechen – eben das verlangt Tillichs theologische Methode der Korrelation.

Dieses schiedlich-friedliche Auskommen zwischen Philosophie und Theologie wird bei Tillich dadurch ermöglicht, daß die Ontologie in beiden Disziplinen eine bestimmende Rolle spielt. Beide, Philosophie und Theologie, stellen die letzte Frage, die überhaupt gestellt werden kann: die Frage nach dem Sein. Beide stellen sie nur von verschiedenen Ausgangspunkten her und in verschiedener Haltung: Die Philosophie stellt sie »theoretisch« als Frage nach der »Gestalt des Seins an sich«, die Theologie »existentiell« als Frage nach dem »Sinn des Seins für uns« und damit als Frage nach Gott. Aber auch der Philosoph fragt, wenn er die Frage nach dem Sein stellt, nicht nur in theoretischer Distanz nach der Struktur des Seins, sondern auch in existentieller Betroffenheit nach seinem Sinn, und wenn er eine Antwort darauf gibt, wird er zu einem heimlichen oder offenen Theologen, auch wenn er es eigentlich nicht sein will. Umgekehrt kommt auch der Theologe nicht darum herum, kritisch Distanz zu nehmen und die Strukturen des Seins theoretisch zu bedenken, und wenn er dies tut, verhält er sich philosophisch. So sind Philosophie und Theologie für Tillich ebensowohl »divergent« wie »konvergent«. Sie sind divergent, insofern die Philosophie grundsätzlich theoretisch und die Theologie grundsätzlich existentiell ist, und sie sind konvergent, insofern beide zugleich sowohl theoretisch als auch existentiell sein können. Auf diese Weise kann es bei Tillich nie zu einem grundsätzlichen Konflikt zwischen Theologie und Philosophie kommen, sondern höchstens zu einem praktischen zwischen Theologen und Philosophen, und auch dies nur so, daß der Theologe und der Philosoph dann entweder auf theologischer oder auf philosophischer Ebene miteinander streiten.

Tillich drängt auch hier wieder auf den »dritten Weg«, das heißt nicht auf die Verschmelzung von Philosophie und Theologie, wohl aber auf ihre wechselseitige Ergänzung: Sie sind aufeinander angewiesen und verarmen beide, wenn sie voneinander getrennt werden. Gegen eine Philosophie, die sich von der Theologie trennt, schreibt Tillich: »Die Philosophie wird zum logischen Positivismus . . . Oder sie wird zur reinen Erkenntnistheorie, schärft ständig das Messer des Denkens, aber schneidet niemals . . . Oder sie wird zur Geschichte der Philosophie, zählt eine philosophische Meinung der Vergangenheit nach der anderen auf, hält sich selbst in vornehmer Distanz, glaubenslos und zynisch – eine Philosophie ohne existentielle Basis, ohne theologischen Grund, ohne theologische Macht.« Gegen eine Theologie, die sich von der Philosophie trennt, schreibt Tillich: »Eine solche Theologie spricht von Gott als einem Wesen neben anderen, der Struktur des Seins unterworfen wie alles Seiende, er ist das höchste Seiende, aber nicht das Sein selbst, nicht der Sinn des Seins, und er ist daher ein barmherziger Tyrann, der in seiner Macht beschränkt ist, der uns zwar sehr viel angeht, aber nicht letztlich, nicht unbedingt; dessen Existenz, zweifelhaft, wie sie ist, bewiesen werden muß wie die Existenz eines neuen chemischen Elements oder eines umstrittenen Ereignisses in der vergangenen Geschichte. Eine solche Theologie trennt den Menschen von der Natur und die Natur vom Menschen, das Selbst von seiner Welt und die Welt vom Selbst.« Das Fazit, das Tillich aus seiner Bestimmung des Verhältnisses zwischen Philosophie und Theologie zieht, lautet: »So umfassen sich Philosophie und Theologie, Religion und Erkennen wechselseitig. Und eben dies scheint mir, von der Grenze her gesehen, das wirkliche Verhältnis beider zu sein.«

Gegen diese wechselseitige Umarmung von Philosophie und Theologie hat Wilhelm Weischedel als Philosoph protestiert. Er sieht in Tillichs philosophischer Theologie die Philosophie »eindeutig unter die Botmäßigkeit der Theologie« gebracht.[51] Dieser Verdacht des Philosophen besteht zu Recht. Zwar liegt es nicht in Tillichs Absicht, die Philosophie der Theologie zu unterwerfen, aber es geschieht bei ihm gleichsam »von selbst«, weil er Christ ist und darum schon die Antwort vernommen hat, ehe er die Frage hört. Darum ist der Protest der Philosophen, Tillich verwandle die Philosophie in Theologie, berechtigter als die Klage der Theologen, daß er die Theologie in Philosophie verkehre. Philosophie und Theologie umfassen sich nach Tillichs eigenen Worten wechselseitig – aber die Theologie hat dabei die kräftigeren Arme.

Das Neue Sein (der Christus)

Wenn es für alles Reden der Theologie von Gott bestimmend ist, in welcher Situation sich der Mensch befindet und welche Fragen er stellt – wie sieht Tillich dann die Situation des Menschen heute, und wie lautet für ihn die Frage, die der Mensch stellt?

Die Angst vor dem Nicht-Sein, die den Menschen ins Fragen nach dem Sein treibt, kann in verschiedenen Formen auftreten. Tillich unterscheidet drei Typen der Angst, entsprechend den drei Richtungen, in denen das Nicht-Sein das Sein bedroht[52]:

Erstens: Das Nicht-Sein bedroht die *ontische* Selbstbejahung des Menschen: die Angst erscheint relativ als Angst vor dem *Schicksal*, absolut als Angst vor dem *Tod*.

Zweitens: Das Nicht-Sein bedroht die *sittliche* Selbstbejahung des Menschen: die Angst erscheint relativ als Angst vor *Schuld*, absolut als Angst vor ewiger *Verdammnis*.

Drittens: Das Nicht-Sein bedroht die *geistige* Selbstbejahung des Menschen: die Angst erscheint relativ als Angst vor der *Leere*, absolut als Angst vor der *Sinnlosigkeit*.

Jeder Zeit nun ordnet Tillich ihre besondere, ihr eigentümliche Angst zu, und zwar so, daß in ihr ein bestimmter Typ der Angst vorherrscht, die anderen Typen aber mit darin enthalten sind. Dabei taucht die Angst in ihrer absoluten Gestalt vor allem jeweils am Ende einer Epoche auf, in ihrer Krise, wenn die gewohnten Strukturen des Sinnes, der Macht, des Glaubens und der Ordnung zerfallen. So sieht Tillich am Ende der antiken Kultur die Drohung des ontischen Nicht-Seins und damit die Angst vor Schicksal und Tod vorherrschen, am Ende des Mittelalters die Drohung des sittlichen Nicht-Seins und damit die Angst vor Schuld und ewiger Verdammnis, am Ende des modernen Zeitalters die Drohung des geistigen Nicht-Seins und damit die Angst vor Leere und Sinnlosigkeit.

Nach Tillichs Urteil erfährt der Mensch heute – in der dritten großen Epoche der Angst, am Ende der Neuzeit – seine Situation als »Zerrissenheit und Zwiespalt, Selbstzerstörung, Sinnlosigkeit und Verzweiflung in allen Lebensbereichen«. Die entscheidende Frage, die sich für den Menschen aus dieser Erfahrung ergibt, ist nicht die Frage nach der Endlichkeit und dem Tod wie in der alten griechischen Kirche, auch nicht die Frage nach dem gnädigen Gott und der Vergebung der Sünden wie in der Reformation, auch nicht die Frage nach dem persönlichen religiösen Leben wie im Pietismus oder nach der Verchristlichung der Gesellschaft und Kultur wie in der Neuzeit – »es ist die Frage nach einer Wirklichkeit, in der die Selbstentfremdung unserer Existenz überwunden wird, nach einer Wirklichkeit der Versöhnung und Wiedervereinigung, nach schöpferischer Kraft, Sinnhaftigkeit und Hoffnung.«[53]

So sieht Tillich die Situation des modernen Menschen: Er leidet nicht unter der Sünde, sondern unter der Sinnlosigkeit seines Daseins; ihn schreckt nicht der Zorn, sondern die Abwesenheit Gottes; er verlangt nicht nach Vergebung, sondern nach Heilung und Kraft; er fragt darum nicht nach dem gnädigen, sondern nach dem wirklichen Gott. »Es ist nicht das Bild des Menschen ohne Gott... Aber es ist das Bild des Menschen, der nicht mehr weiß, daß und wie er in der Hand Gottes ist.« Die beiden Gottheiten der späten Antike – Tyche und Heimarmene, Zufall und Schicksal – scheinen nach Tillich auch heute wieder die Menschen in ihren Bann gezogen zu haben und über sie zu herrschen.[54]

Wie zu allen Zeiten geht es auch heute um die Wiedervereinigung des Menschen mit Gott. Sie bildet wie eh und je das Herzstück aller echten Religion. Aber diese Wiedervereinigung darf, wenn sie wirklich eine Antwort auf die existentielle Frage des modernen Menschen sein soll, nicht nur erscheinen als Antwort auf die enge Frage nach dem ewigen Seelenheil des Einzelnen, sondern sie muß erscheinen als Antwort auf die viel weitere, geradezu kosmische Frage nach einer neuen Schöpfung, einer neuen Wirklichkeit, einem neuen Sein.

Neues Sein – damit taucht der Seinsbegriff zum drittenmal an entscheidender Stelle bei Tillich auf. Das erstemal begegnete er uns in der Lehre vom *Menschen*: Der Mensch ist getrennt vom Grund und Sinn des Seins, er existiert im Stande der Entfremdung – darum fragt er nach dem wahren Sein. Das zweitemal begegnete er uns in der Lehre von *Gott*: Gott ist das Sein-Selbst, der Grund und Sinn des Seins, die Macht des Seins, die seinem Übergang ins Nicht-Sein widersteht – darum ist er die Antwort auf die Frage des Menschen nach dem Sein. Jetzt taucht der Seinsbegriff zum drittenmal in der Lehre von *Christus* auf: Jesus ist als der Christus die Manifestation des Neuen Seins.

In Jesus dem Christus ist das Neue Sein in einem personhaften Leben erschienen. In ihm ist der universale Logos, der in allem Seienden gegenwärtig ist, in einem individuellen Selbst konkrete Wirklichkeit geworden. Das ist das Paradox, das einzige, freilich allumfassende Paradox des Christentums. Es besteht darin, daß in Jesus Christus das wahre, wesenhafte Sein unter den Bedingungen der Existenz erschienen ist, ohne von ihnen überwältigt zu werden. Tillichs ganze Christologie läßt sich in dem einen knappen Satz des Hebräerbriefes zusammenfassen: »Versucht allenthalben gleichwie wir, jedoch ohne Sünde.« (Hebräer 4,15 b) Das bedeutet: »Unterwerfung unter die Existenz« und zugleich »Sieg über die Existenz«[55].

»Versucht allenthalben gleichwie wir«, das heißt *Unterwerfung unter die Existenz*: Jesus Christus funktioniert nicht wie ein »göttlich-menschlicher Automat«, sondern er ist, was Fleisch und Blut betrifft, wie unsereiner, ein Mensch, ein wirklicher geschichtlicher Mensch, und sein Leben daher wie das Leben irgendeines Menschen zwischen Geburt und Tod gespannt. Er ist »in die Existenz geworfen«, das heißt, er steht unter den Bedingungen der Entfremdung zwischen Gott und Mensch, er hat »endliche Freiheit«. Er ist im Urteil unsicher, vor Irrtum nicht geschützt, in seiner Macht begrenzt, den Wechselfällen des Daseins ausgesetzt. Es gibt in seinem Leben Versuchung und Angst, Armut und Mißerfolg, Gesetz und Tragik, Konflikt und Tod. Jedes Bild von Jesus Christus, in dem diese »völlige Endlichkeit des Christus« fehlt, ist unbiblisch.

»Jedoch ohne Sünde«, das heißt *Sieg über die Existenz*: Jesus Christus bleibt unter den Bedingungen der Existenz, der Entfremdung zwischen Gott und Mensch, im Unterschied zu allen anderen Menschen mit Gott verbunden. Obwohl er an den Zweideutigkeiten des Lebens teilhat, lebt er in ungebrochener Einheit mit Gott. Es gibt in ihm keine Trennung und Entfremdung, sein Leben ist in jedem Augenblick von Gott bestimmt. Er ist eins mit Gott, dem Grund und Sinn des Seins, darum ist er eins mit sich selbst und eins mit den Mitmenschen – diese dreifache Einheit hält er durch bis in den Tod. Nichts kann ihn in die Trennung treiben; er hat alle Kräfte der Entfremdung, die ihn von Gott zu trennen trachteten, besiegt. Er will kein »Götze«, kein Gott neben Gott sein: darum opfert er alles, was nur »Jesus« an ihm ist, dem auf, was er als »Christus« repräsentiert. So wird er ganz und gar transparent für das göttliche Geheimnis, bis zur Vollendung dieser Transparenz in seinem Tod. Aber es ist nicht seine sittliche Leistung, die ihn zum Christus macht, sondern sein »Sein«, die Gegenwart Gottes in ihm. Alles, was in seinem Leben geschieht – seine Worte, seine Taten, seine Leiden, sein inneres Leben –, sind nur Wirkungen dieser göttlichen Gegenwart in ihm und darum Manifestationen des Neuen Seins. Das ist der Sinn des Symbols »Sohn Gottes«: »Es ist nicht das Bild eines göttlich-menschlichen Automaten, der keine ernsthafte Versuchung kennt, keinen echten inneren Konflikt und kein tragisches Verflochtensein in die Zweideutigkeiten des Lebens. Statt dessen ist es das Bild eines personhaften Lebens, das allen Konsequenzen der existentiellen Entfremdung unterworfen ist, worin aber die Entfremdung überwunden ist und die ungebrochene Einheit mit Gott erhalten bleibt.«[56]

Jesus Christus hat unter den Bedingungen der Existenz, der Entfremdung zwischen Gott und Mensch, die Einheit mit Gott als dem Sinn und Grund alles Seins durchgehalten. Damit ist die Kluft zwischen Essenz und Existenz, zwischen wahrem und wirklichem Sein, »im Prinzip« überwunden. Prinzip heißt »Anfang« und »Kraft« – das bedeutet, daß von diesem einen Punkt, an dem die Kluft zwischen Essenz und Existenz überwunden ist, ein Prozeß der Heilung seinen Anfang genommen hat, der als erlösende Kraft in alle Existenz hineinwirkt. Der unheilvolle Riß, der sich durch alles Sein zieht und Leben von Leben, Mensch von Mensch, Ich von Ich trennt, ist geheilt und die Einheit wiederhergestellt. Und eben dies geheilte alte Sein ist das Neue Sein.[57]

Hier liegt für Tillich die Antwort des Christentums auf die existentielle Frage unserer Zeit: »Würde man mich auffordern, die christliche Botschaft für unsere Zeit in zwei Worte zusammenzufassen, so würde ich mit Paulus sagen: sie ist die Botschaft von der ›Neuen Schöpfung‹, vom Neuen Sein, von der Neuen Wirklichkeit, die mit der Erscheinung Jesu erschienen ist... Wir sollten uns nicht zu sehr um die christliche Religion beunruhigen, auch nicht um den Zustand der Kirchen, um Mitglieder und Dogmen, um Einrichtungen und Geistliche, um Predigten und Sakramente... Die Neue Schöpfung – sie ist das, was uns letztlich angeht. Sie sollte unsere unendliche Leidenschaft sein – die unendliche Leidenschaft jedes menschlichen Wesens. Darum und nur darum geht es im letzten Sinne. Damit verglichen ist alles andere, sogar die Frage, ob Religion oder keine Religion, ja, auch die Frage, ob Christentum oder kein Christentum, ganz belanglos – und letztlich ein Nichts... Es ist die reifste Frucht des christlichen Erkennens, zu begreifen, daß das Christentum als solches belanglos ist... Das Christentum verkündigt nicht das Christentum, sondern eine neue Wirklichkeit.«[58]

Gläubiger Realismus

Seine universale Deutung der Botschaft vom Neuen Sein macht Tillich zu einem wahrhaft »ökumenischen« Theologen, nicht im geographischen, organisatorischen oder gar touristischen Sinn des Wortes, sondern in seinem ursprünglichen sachlichen Sinn. Tillich sucht die »Ökumene«, das heißt die ganze Welt mit allen ihren Lebensbereichen ins Licht des Neuen Seins zu rücken und so die ihr innewohnende Tendenz zu Trennung und Spaltung zu überwinden: »Alle Unterschiede werden überschritten durch die Kraft des neuen Seins, das in allem wirkt.«[59] Darum hat es die Theologie nicht nur mit der »Religion im engeren Sinne«, mit

Glauben, Christentum und Kirche zu tun, sondern ebenso mit der »Religion im weiteren Sinne« – also mit Gesellschaft, Politik, Wissenschaft, Kultur und Kunst. In allen Erscheinungsformen des menschlichen Erlebens und Gestaltens sucht sie nach der Dimension der Tiefe, nach dem Letzten und Unbedingten, das sich darin ausdrückt, und also nach ihrem religiösen Sinn. Das führt zu dem, was Tillich »gläubiger Realismus« genannt hat.

Der Begriff »*gläubiger Realismus*« bietet Tillichs bündigste Antwort auf die heute gestellte Frage nach der Beziehung der Wirklichkeit Gottes zur Wirklichkeit der Welt: In ihm sind Gott und Welt beisammen.[60] Das Wort »Realismus« soll besagen, daß es in der Religion nicht um eine Sonder- oder Überwirklichkeit geht, sondern um diese Wirklichkeit, die uns umgibt und in der wir leben. Das Wort »gläubig« soll das Verhältnis zu dieser Wirklichkeit beschreiben: daß es darauf ankommt, nicht an der Oberfläche der Wirklichkeit haften zu bleiben, sondern in ihre Tiefe einzudringen und in ihr den göttlichen Grund und Sinn zu ergreifen, richtiger, sich von ihm ergreifen zu lassen. Der gläubige Realismus identifiziert nicht das Göttliche mit der endlichen Wirklichkeit, aber er zeigt, wie das Göttliche an der endlichen Wirklichkeit aufscheint, als ihr transzendenter Grund und Sinn: »Es ist wie ein Aufreißen der Finsternis, wenn der Blitz eine blendende Helle über alle Dinge wirft, um sie im nächsten Augenblick in tiefster Dunkelheit zurückzulassen. Wenn die Wirklichkeit so mit dem Auge des gläubigen Realismus gesehen wird, ist sie etwas Neues geworden. Ihr Grund ist sichtbar geworden in einer ekstatischen Erfahrung, die Glaube heißt. Sie ist nicht mehr selbstgenügsam, wie sie es vorher zu sein schien, sie ist transparent geworden, oder, wie gesagt werden kann, *theonom* . . . Wir werden in der Glaubenserfahrung durch das Unzugänglich-Heilige ergriffen, das der Grund unseres Seins ist und in unsere Existenz einbricht und uns richtet und heilt. Das ist Krisis und Gnade zugleich.«

Der gläubige Realismus übt Kritik an allen Formen des Supranaturalismus, der Gott in einen übernatürlichen Bereich verbannt und ihn dadurch von allem Seienden abtrennt; er drängt auf »Gegenwärtigkeit«: Die Theologie soll nicht von einem einmaligen Schöpfungsakt in der Vergangenheit sprechen, sondern die Kreatürlichkeit aller Dinge und ihre Beziehung zum schöpferischen Grund darlegen; sie soll nicht die überlieferten christologischen Probleme weitertreiben, nicht Person und Werk Christi, sondern das Neue Sein beschreiben, das in Jesus Christus in bezug auf die Natur und Geschichte sichtbar geworden ist; sie soll nicht die jüdisch-urchristliche Apokalyptik verteidigen, sondern fragen, welches der letzte Sinn ist, der allem geschichtlichen Handeln innewohnt, wie wir unsere Zeit im Lichte des Ewigen zu deuten haben. »Wort Gottes« ist nicht ein göttlicher Redeakt in der Vergangenheit, sondern zum »Wort Gottes« kann für uns jede Wirklichkeit werden, durch die hindurch das Unbedingte in unsere Gegenwart hereinbricht und uns anspricht: eine Person, ein Ding, ein gesprochenes Wort, ein geschriebener Text.

Was gläubiger Realismus heißt, ist Tillich an der modernen Kunst aufgegangen. Einmal am Expressionismus: er hat die äußere Form der Dinge zerbrochen, um ihre innere Bedeutung sichtbar werden zu lassen; zum anderen an der sogenannten »Neuen Sachlichkeit«: sie hat sich wieder stärker an die äußere Form der Dinge gehalten, aber nicht um ihrer selbst willen, sondern nur insoweit die äußere Form den inneren Gehalt der Dinge ausdrückt. Der neue Realismus in der Kunst wollte auf den Sinngehalt des Wirklichen hinweisen; und eben darum geht es auch dem gläubigen Realismus.

Mit dem gläubigen Realismus ist eine bestimmte Erkenntnishaltung gegenüber der Wirklichkeit verbunden. In ihr ist die Subjekt-Objekt-Spaltung zwischen Mensch und Wirklichkeit aufgehoben. Das Erkennen der Wirklichkeit bedeutet nicht Herrschaft, sondern Einung; es geschieht nicht in der Haltung des Abstandes, sondern der Teilhabe; es verlangt nicht Aufgliederung in Einzelheiten, sondern Sich-Erfassen-Lassen vom Ganzen. Das Erkennen ist vom Erleben nicht zu trennen. Nur auf dem Wege der Intuition erreicht man jene Tiefe der Wirklichkeit oder, richtiger, wird man von jener Tiefe der Wirklichkeit ergriffen, in der ihr göttlicher Grund und Sinn sichtbar wird.

Als Beispiel dafür berichtet Tillich folgendes Erlebnis: »Ich saß einmal mit einem großen Biologen unter einem Baum. Plötzlich rief er aus: ›Ich möchte etwas über diesen Baum wissen!‹ Er wußte alles, was die Wissenschaft über ihn zu sagen hatte. Ich fragte ihn darauf, was er meinte. Und er antwortete: ›Ich will wissen, was dieser Baum an sich bedeutet. Ich will das Leben dieses Baumes verstehen. Er ist so fremd, so unnahbar.‹« Und dann erzählt Tillich eine alte Legende: »Ein chinesischer Kaiser forderte einen berühmten Maler auf, ihm ein Bild von einem Hahn zu malen. Der Maler versprach es, aber sagte, daß es lange Zeit in Anspruch nehmen würde. Nach einem Jahr erinnerte der Kaiser ihn an sein Versprechen. Der Maler antwortete, daß er, nachdem er ein Jahr lang den Hahn studiert habe, gerade angefangen habe, die Außenseite seines Wesens zu begreifen. Nach einem weiteren Jahr versicherte der Künstler, er habe gerade angefangen, in das innere Wesen dieser Lebensform einzudringen. Und so ging es weiter, Jahr für Jahr. Schließlich, nachdem er sich zehn Jahre in die Natur des Hahnes vertieft hatte, malte er das Bild – ein Werk, das uns beschrieben wird als eine Offenbarung des göttlichen Grundes der Welt – in einem kleinsten Teil.«[61]

Das ist die Haltung, in der der gläubige Realismus die Wirklichkeit erkennt. Mit dieser Erkenntnishaltung steht Tillich nach seinen eigenen Worten in der Reihe »von Parmenides bis Hegel«. Genauer muß man von der neuplatonisch-augustinisch-mystischen Tradition des Abendlandes sprechen. Sie wird gekennzeichnet durch Namen wie Augustin, Eckhart, Paracelsus, Böhme, Goethe, Schelling. Es ist eine unmodern gewordene Tradition.

Indem Tillich an sie anknüpft, richtet er sich gegen das bloße technische »Herrschaftswissen« der Neuzeit, das sich die Dinge zu unterwerfen trachtet und dadurch die ganze Wirklichkeit zum Objekt erniedrigt, mit der Folge, daß der Mensch selbst darüber zum Objekt wird. Gleichzeitig wendet sich Tillich damit gegen die einseitige Intellektualisierung des geistigen Lebens, die die »Seele«, den vitalen und emotionalen Grund, aus dem der Mensch lebt, verdrängt hat, mit der Folge, daß der Mensch nun aufgeteilt ist in einen »blutlosen Intellekt« und eine »Vitalität ohne Geist und Sinn«. An dieser Fehlentwicklung hat auch der christliche Glaube teilgenommen.

Im Gegenschlag dazu betont Tillich wieder kräftig den ekstatischen Zug in allem Glauben: »Jesus empfand anders, desgleichen auch die frühe Kirche. Sie wußten, ohne überströmende Herzen kann nichts Großes geschehen. Sie wußten, daß eine Religion, deren Grenzen von der Vernünftigkeit bestimmt sind, eine verstümmelte Religion ist.«[62] Daß Glaube »Ekstase« ist, bedeutet nicht, daß im Glauben Sinnloses geschieht, sondern daß in ihm der tiefste Sinn der Wirklichkeit den Menschen ergreift. Das kann nie vom Menschen aus geschehen, sondern ist immer nur als ein Akt der Gnade möglich und bedeutet daher auf seiten des Menschen »Annehmen«, »Empfangen«, »Widerfahrnis«, »Ergriffenwerden«, »Erschütterung«. Der Glaube ist ein »zentraler Akt«, der den ganzen Menschen erfaßt, nicht nur seinen Kopf, sondern auch sein Herz, nicht nur seine bewußten, sondern auch seine unbewußten Schichten.[63]

Der gläubige Realismus führt bei Tillich zu einer universalen Ausweitung des *Religionsbegriffs*. Wenn das Göttliche und Unbedingte in jedem Augenblick an der Wirklichkeit erscheinen kann, als ihr transzendenter Grund und Sinn, dann hat alles in der Welt eine Beziehung zu Gott, dann gibt es keinen Raum *neben* dem Göttlichen, dann kann keine Sphäre des Lebens ohne Bezug auf etwas Unbedingtes bestehen, auf etwas, das uns unbedingt angeht. Die Religion ist nicht ein besonderer Bereich des Lebens und nicht eine spezielle Funktion des menschlichen Geistes, sondern sie ist »die Erfahrung des Elements des Unbedingten« *in* allen anderen Funktionen des menschlichen Geistes und allen anderen Bereichen des Lebens. Die Religion ist »die menschlichste aller Erfahrungen«, sie ist »überall zu Haus«, sie ist »der Grund und die Tiefe des menschlichen Geisteslebens«. Es gibt keine Funktion des menschlichen Geistes und keine Sphäre des Lebens, die nicht, mögen sie scheinbar auch noch so profan sein, eine Beziehung auf das Unbedingte und damit eine verborgene religiöse Dimension haben. Politische Ideen, weltliche Gedichte, philosophische Gedanken, wissenschaftliche Untersuchungen – »weisen sie auf etwas Unendliches und Letztes in Sinn und Sein hin, so weisen sie auf die gleiche Wirklichkeit hin, für die von der Religion im engeren Sinne das Symbol ›Gott‹ verwendet wird«. Und so kann Tillich, während sonst heute von Christen und Nichtchristen das »Ende der Religion« verkündet wird, mit optimistischer Zuversicht behaupten: »Die Religion ist wie Gott allgegenwärtig, ihre Gegenwart kann wie die Gottes vergessen, vernachlässigt, geleugnet werden. Sie ist immer wirksam, verleiht dem Leben unausschöpfliche Tiefe und jedem kulturellen Schaffen unausschöpflichen Sinn.« Oder: »Innerhalb der Geschichte ist eine Vergangenheit oder Zukunft unvorstellbar, in der der Mensch nicht nach dem Sinn seines Lebens fragte, das heißt aber, in der er ohne Religion lebte ... Er kann religiöse Symbole im engeren wörtlichen Sinn vermeiden, aber er kann nicht ohne Religion in ihrer tieferen, universellen Bedeutung existieren. Religion in diesem Sinne lebt, solange der Mensch lebt; sie kann aus der menschlichen Geschichte nicht verschwinden, denn Geschichte ohne Religion wäre nicht mehr menschliche Geschichte.«[64]

Aus dieser weiten Fassung des Religionsbegriffs ergibt sich für Tillich jene enge Beziehung zwischen *Religion und Kultur*, die für seine Theologie besonders charakteristisch ist.[65] Bereits 1920 hat er eine Schrift ›Über die Idee einer Theologie der Kultur‹

verfaßt, und seitdem hat ihn das Problem der Beziehung zwischen Religion und Kultur auch als Lehrer der systematischen Theologie nicht mehr losgelassen. Das Fazit seines Nachdenkens darüber hat er auf die knappe, von ihm oft wiederholte Formel gebracht: »Religion ist die Substanz der Kultur und Kultur die Form der Religion.« Diese Formel soll besagen, daß in der Religion der unbedingte Sinn selbst, die Substanz, gemeint ist und die Formen nur als Symbole für ihn dienen, während in der Kultur die Form, der bedingte Sinn, gemeint ist und der unbedingte Sinn, die Substanz, nur indirekt und verborgen durch die Form hindurchwirkt.

Für diese wechselseitige, unaufteilbare Beziehung zwischen Religion und Kultur führt Tillich zahlreiche Beispiele an: »Wer unter dem Eindruck ravennatischer Mosaiken oder der Deckengemälde der Sixtinischen Kapelle oder Rembrandtscher Alters-Porträts gefragt würde, ob er ein religiöses oder ein kulturelles Erlebnis habe, würde schwer eine Antwort geben können. Vielleicht wäre es sachgemäß zu sagen, daß sein Erlebnis der Form nach kulturell, der Substanz nach religiös sei. Es ist kulturell, denn es ist nicht gebunden an ein spezielles kultisches Handeln. Es ist religiös, denn es rührt an die Frage nach dem Unbedingten oder nach den Grenzen der menschlichen Existenz.« Und Tillich fährt fort: »Was von der Malerei gilt, gilt in gleicher Weise von Musik und Dichtung, es gilt von Philosophie und Wissenschaft. Und was von dem Anschauen und Erkennen der Welt gilt, das gilt ebenso von ihrer praktischen Gestaltung in Recht und Sitte, in Sittlichkeit und Erziehung, in Gemeinschaft und Staat. Wo immer im Denken und Handeln die menschliche Existenz selbst in Frage gestellt und damit transzendiert wird, wo immer unbedingter Sinn durch bedingte Sinngebung hindurchschwingt, da ist Kultur religiös.«

Tillich will weder, daß die Kultur heteronom von außen durch ein religiöses Gesetz überformt wird, noch daß sie autonom ohne jegliche Bindung an einen letzten Grund und Sinn lebt, sondern daß sie theonom in sich selbst, auf ihrem eigenen Grund ihren unbedingten göttlichen Sinn erkennt. Wo dies geschieht, wo die profanen Sphären, wie Staat, Philosophie, Wissenschaft und Künste, ohne daß sie es mit religiösen Inhalten zu tun haben, zu ihrem eigenen Grund und Sinn durchstoßen, dort sind sie nicht mehr profan, sondern gewinnen, auch ohne »kirchliche Genehmigung«, die Dimension des Religiösen. Wo dies nicht geschieht, wo die profanen Sphären ihre Beziehung zum Unbedingten bewußt abschneiden oder vergessen, dort wird das kulturelle Leben leer und geistlos. Die Religion aber wird, wenn sie sich von der Kultur trennt, »primitiv«.

In bewußtem Gegensatz zu Barth, der mindestens während seiner »dialektischen Periode« Himmel und Erde, Gott und Welt, Religion und Kultur auseinanderreißt, hat Tillich sich von Anfang seines Wirkens an bemüht, die Kluft zwischen Religion und Kultur zu überbrücken, auch wenn er sich deswegen verdächtigen lassen mußte, kein Theologe, sondern ein Kulturphilosoph zu sein, und das galt seit dem Ersten Weltkrieg, in Erinnerung an den Zusammenbruch des liberalen Kulturprotestantismus, als theologische Beleidigung. Aber Tillich steht hier bewußt gegen die reformierte Überlieferung in der »deutschlutherischen Tradition«, in einer Linie mit Luther, Schleiermacher und Hegel.

Mit alldem hat Paul Tillich die *Profanität* als ein Wesenselement des Christentums, besonders des Protestantismus wiederentdeckt. Denn wenn in der Tiefe jeder geschichtlichen Situation und Erscheinung etwas Heiliges und Unbedingtes liegt und in jedem Augenblick hindurchbrechen kann, und wenn das religiöse Denken und Handeln nur sichtbar repräsentiert, was im profanen Denken und Handeln verborgen vorhanden ist, dann ist damit die Trennung zwischen einer heiligen und einer profanen Sphäre prinzipiell aufgehoben: »Vor der Unbedingtheit des Unbedingten – religiös gesprochen: vor der Majestät Gottes – gibt es keine bevorzugte Sphäre, keine Personen, Schriften, Gemeinschaften, Einrichtungen, Handlungen, die an sich heilig sind, und ebensowenig solche, die an sich profan sind. Das profane Werk kann Heiligkeitsqualität haben und das Heilige kann profan bleiben. Der Priester ist Laie, und der Laie kann jederzeit Priester sein.« Das war für Tillich nicht nur ein Ausdruck theologischer Erkenntnis, sondern auch praktisch-persönlicher Haltung. Er bekennt von sich: »Es erschien mir unmöglich, als Prediger und Theologe etwas anderes darzustellen als einen Laien und Philosophen, der etwas von den Grenzen menschlicher Existenz zu sagen wagt. Ich beabsichtigte nicht, das Theologische in mir zu verhüllen, ich kehrte es im Gegenteil da hervor, wo es an sich verhüllt war, zum Beispiel in meiner Tätigkeit als Professor der Philosophie. Aber ich wollte nicht, daß ein besonderer theologischer Habitus sich entwickelte, der sich von der normalen Profanität abhob und seinen Träger von vornherein als ›religiös‹ kennzeichnete... Eine Gruppe von Pfarrern als Menschen anzusehen, deren Gottesglaube zu ihren Berufserfordernissen gehört, grenzte für mich immer an Gotteslästerung.«[66]

Protestantismus ist für Tillich »radikaler Laizismus«: Alles in der Welt ist »profan«, und alles Profane ist »potentiell religiös«. Die Beziehung zum Unbedingten qualifiziert jede Person, jeden Ort und jede Handlung, sie durchdringt jeden Augenblick des alltäglichen Lebens und heiligt ihn: »Das Universum ist Gottes Heiligtum. Jeder Tag ist ein Tag des Herrn, jedes Mahl ist ein Herrenmahl, jedes Werk ist die Erfüllung einer göttlichen Aufgabe, jede Freude ist eine Freude in Gott. In allen vorläufigen Anliegen ist ein letztes Anliegen gegenwärtig und heiligt es.«[67]

Aber Tillich geht noch weiter. Wenn Gott der Name ist für das, was uns unbedingt angeht, und also überall dort ist, wo man von etwas unbedingt ergriffen ist, dann kommt es zu seltsamen Vertauschungen und Verschiebungen der herkömmlichen religiösen Fronten. Dann kann es geschehen, daß Gott in der Kirche ein endliches Anliegen wird, ein Objekt unter anderen Objekten, und also nicht mehr etwas ist, das unbedingt angeht, während gleichzeitig in einer profanen oder sogar antireligiösen und antichristlichen Bewegung ein religiöses Element verborgen ist, weil man in ihr ein unendliches Anliegen hat, etwas, das unbedingt angeht, ein Heiliges in profanem Gewand.

Das war der Grund, warum sich Tillich nach dem Ersten Weltkrieg den »Religiösen Sozialisten« angeschlossen und ihre Bewegung in Deutschland mitbegründet hat. Die »Väter des europäischen religiösen Sozialismus« hatten erkannt, daß die Kirche ihr wahres Wesen verlieren und daß statt ihrer eine profane Gruppe oder Bewegung »Träger der Gnade« werden kann – »wenn auch verhüllt«. So hat Gott durch die nichtreligiöse, ja damals sogar noch atheistische Sozialdemokratie stärker gesprochen und mehr von seinem Willen kundgetan als durch das meiste kirchliche Handeln und die meiste kirchliche Frömmigkeit zur gleichen Zeit. In diesem Urteil weiß sich Tillich einig mit Karl Barth.[68]

Dieselbe Erkenntnis, die Tillich nach dem Ersten Weltkrieg zu seinem unkonventionellen Urteil über die religiöse Lage veranlaßt hat, kann uns auch heute, nach dem Zweiten Weltkrieg, helfen, unsere religiöse Situation besser zu verstehen und die Frontlinien anders zu ziehen, als die kirchliche Konvention dies fordert. Die entscheidende religiöse Trennungslinie läuft heute nicht zwischen den Christen und den Nichtchristen, sondern zwischen den Selbstsicheren und den Unruhiggewordenen, zwischen den Gleichgültigen und den Wartenden, zwischen den Zufriedenen und den Zweifelnden, zwischen denen, die fragen, und denen, die nicht mehr fragen. Dabei kann es durchaus geschehen, daß Christen und Nichtchristen miteinander auf dieselbe Seite zu stehen kommen. Es gibt Christen und Nichtchristen, die beide, je in ihrer Art, mit Gott »fertig« sind. Und es gibt Christen wie Nichtchristen, die noch keineswegs fertig sind mit Gott, die unruhig geworden sind, ob das, was sie gestern als Wahrheit über Gott vernommen haben, auch heute noch die Wahrheit über Gott ist, die suchen und forschen, ob es sich denn nun mit Gott so verhalte, wie sie bisher geglaubt beziehungsweise nicht geglaubt haben, die sich in ihrem Glauben ständig vom Unglauben und in ihrem Unglauben ständig vom Glauben bedroht fühlen und die gerade durch die Intensität ihres Fragens und Zweifelns die Lebendigkeit Gottes bezeugen.

Diese Erfahrungen hat Tillich systematisiert in seiner Unterscheidung zwischen »*manifester*« und »*latenter*«, zwischen offenbarer und verborgener Kirche. Was ihm eine solche Unterscheidung dringlich zu machen scheint, ist »die Existenz eines christlichen Humanismus außerhalb der christlichen Kirche«. Tillich gebraucht den Begriff »latente Kirche« daher nicht, wie es sonst meist in der Kirchengeschichte geschieht, zur Einengung der Kirche auf die wahrhaft Gläubigen, sondern gerade umgekehrt zu ihrer Ausweitung auf die, die scheinbar nicht mehr gläubig sind, also auch auf jene »95 Prozent«, von denen man heute lieblos zu behaupten pflegt, daß sie nur vergessen hätten, aus der Kirche auszutreten. Für sie tritt Paul Tillich ein: »Es geht nicht an, alle, die den organisierten Kirchen und überlieferten Symbolen entfremdet sind, als unkirchlich zu bezeichnen. Mein Leben in diesen Gruppen ein halbes Menschenalter lang zeigte mir, wieviel latente Kirche in ihnen ist: Erlebnis der menschlichen Grenzsituation, Frage nach dem Jenseitigen, Begrenzenden, unbedingte Hingabe für Gerechtigkeit und Liebe, Hoffnung, die mehr ist als Utopie, Anerkennung der christlichen Wertung und feinstes Empfinden für den ideologischen Mißbrauch des Christentums in Kirche und Staat. Oft schien es mir, als ob die latente Kirche, die mir in diesen Gruppen begegnete, wahrere Kirche sei als die organisierte, weil weniger in dem Pharisäismus des Besitzes der Wahrheit befangen ... Latente Kirche ist ein Begriff der Grenze, an der zu stehen Schicksal unzähliger protestantischer Menschen in unseren Tagen ist.«[69]

Jetzt aber taucht die Frage auf: Wenn alle Erscheinungen und

Dinge in der Welt, kulturelle Bewegungen so gut wie die Kirchen und latente Kirche wiederum ebensogut wie manifeste Kirche, etwas Unbedingtes, Religiöses repräsentieren, die einen nur verborgen und mittelbar, die anderen offen und unmittelbar – warum besteht dann überhaupt noch ein Unterschied?

Tillich gibt darauf zur Antwort: Weil das Reich Gottes noch nicht gekommen ist, weil Gott noch nicht alles in allem ist – »könnten wir das Heilige in jeder Wirklichkeit sehen, lebten wir im Reich Gottes.« Der Beweis dafür, daß wir noch nicht im Reich Gottes leben, ist die Tatsache, daß es, obwohl alles in der Welt eine Beziehung zum Unbedingten hat, trotzdem noch die Religion als einen besonderen Bereich in der Welt gibt. Die Religion ist für Tillich der schlagendste Beweis für den Sündenfall des Menschen. Sie hat ihren »Ursprung aus der Not«: Sie verdankt ihre Existenz der Tatsache, daß der Mensch von seinem wahren Sein getrennt ist und im Stande der Entfremdung lebt. Das Neue Sein, das in Jesus Christus erschienen ist, hat diese Trennung zwar prinzipiell, aber noch nicht faktisch aufgehoben. Und eben darum gibt es noch Religion in der Welt und damit die Spaltung: »eine religiöse Kultur neben einer weltlichen Kultur, ein Tempel neben dem Rathaus, das Abendmahl des Herrn neben dem täglichen Abendessen, das Gebet neben der Arbeit, Meditation neben Forschung, caritas neben eros«. Tillich weiß, daß diese »Dualität« niemals in Zeit und Raum, das heißt innerhalb der Geschichte überwunden werden kann. Aber es macht für ihn doch einen Unterschied aus, »ob diese Dualität in eine nicht zu überbrückende Kluft vertieft wird oder ob sie als etwas erkannt wird, das nicht sein sollte und das bruchstückhaft sozusagen durch Vorwegnahme überwunden werden kann«[70]. Tillich würde die Dualität am liebsten durch Vorwegnahme überwinden. Damit stehen wir noch einmal vor dem Grundmotiv seiner Theologie, vor dem letzten Antrieb seines ganzen theologischen Denkens.

Christlicher Universalismus

In Tillichs Theologie steckt ein starker, ja gefährlicher Impuls, den Abstand zwischen Gott und Welt zu verwischen und damit jene Kluft zwischen Religion und Kultur, Tempel und Rathaus, Gebet und Arbeit, Meditation und Forschung zwar nicht zu

schließen, aber sie nach Möglichkeit zu füllen. Sein gläubiger
Realismus drängt auf Einheit, fast auf einen neuen christlichen
Monismus hin. Tillich leidet an der Zertrennung und Entfremdung in der Welt und ist von einer unstillbaren Sehnsucht nach
der Wiedergewinnung ihrer verlorenen Einheit erfüllt. Er möchte
verbinden, vereinigen, heilen, versöhnen. Er »hungert und dürstet« nach dem einheitlichen Sinn der Welt; er sucht nach ihm,
und er findet ihn auch. Rückblickend auf seine Studienzeit in
Berlin, erinnert sich Heinz-Dietrich Wendland an Tillichs Kolleg: »Was uns faszinierte und oft geradezu hinriß, war die
Dynamik und die vereinigende Kraft seines Denkens: Das war
keine theologische Fachwissenschaft jenseits der Welt, sondern
der Versuch, jede Bewegung jener stürmischen 20er Jahre, jede
Weise menschlicher Existenz, jede Form der Gesellschaft bis in
ihre letzte Gründung im Grunde und Abgrunde des Seins zu
verfolgen und in Allen das Eine zu hören, das uns *unbedingt*
angeht.«[71]

Aber gerade damit droht der Theologie Tillichs nun auch eine
große Gefahr. Sie besteht darin, daß Tillich die christliche Offenbarung allenthalben in der Welt findet und auf diese Weise ihre
Besonderheit einebnet. Eben das ist Karl Barths lebenslang anhaltender Vorwurf gegen Paul Tillich gewesen. Schon in einer
1923 geführten Auseinandersetzung wirft er Tillich ein allzu
»großzügig geübtes Generalisieren«, einen »allzu billigen Universalismus« vor. Wenn er Tillichs Schriften lese, sehe er immer
eine »breite Glaubens- und Offenbarungswalze« über alles dahingehen, über Häuser, Menschen und Tiere, als ob es sich von
selbst verstünde, daß überall Gericht und Gnade waltet, als ob
alles einfach einbezogen ist in die Paradoxie der Christusoffenbarung. So kann man nach Barths Meinung nicht von der Offenbarung Gottes reden! In ihr geht es nicht um ein allgemeines »Es
ist« und »Es gibt«, sondern um ein einmaliges Ereignis und Geschehen, um Mitteilung und Gabe. Mit einer solchen »Theologie
des babylonischen Turmbaus« will der junge Barth nichts zu tun
haben, und noch der alte will es nicht. In seiner letzten in Basel
gehaltenen Vorlesung kommt Barth noch einmal ausdrücklich
auf Tillich zu sprechen. Er hält seine Idee einer philosophischen
Theologie oder einer theologischen Philosophie für einen »reinen Wunschtraum, ›zu schön um wahr zu sein‹«. Zwar ließe
sich nach Barths Ansicht bei einiger denkerischer Begabung und
Lust eine solche Synthese verhältnismäßig einfach vollziehen,
aber es würde damit vereinerlei und gegenseitig zum Verschwin-

den gebracht, was in dieser Welt nun einmal de iure oder doch de facto *zweierlei* ist. Und so kann Barth nur ausrufen: »Welche Lösungen! Welche Aspekte! ›Eia, wären wir da!‹«[72] Denselben Vorwurf wie der Theologe Karl Barth erhebt auch der Philosoph Wilhelm Weischedel gegen Paul Tillich. In seinem »ehrerbietigen Widerspruch« gegen Tillich hat er herausgearbeitet, wie dieser mit Hilfe seines theologisch überhöhten Seinsbegriffs Philosophie und Theologie einander so sehr annähert, daß beide in eines zu verschmelzen scheinen. Und deshalb richtet Weischedel an Tillich dieselbe Frage wie Barth: »Verschwimmt damit nicht alles ins ungeschiedene Einerlei?«[73]

In der Tat liegt etwas Unentschiedenes, Unbestimmtes, Schwebendes in Tillichs Theologie und Religiosität. Die Grenzen der Wirklichkeit Gottes und der Wirklichkeit der Welt drohen sich hier zu verwischen. Gott scheint so weltlich und die Welt so göttlich zu werden, daß beide ihre Konturen zu verlieren beginnen, Gott sein Gottsein und die Welt ihr Weltsein. So war es möglich, daß bei der jährlichen Versammlung der »American Philosophical Association« im Mai 1960 in Chikago drei prominente Philosophen in einem Symposion allen Ernstes über die Frage diskutieren konnten: ›Ist Tillich ein Atheist?‹ Zu diesem Gespräch schrieb damals die Zeitschrift ›Christian Century‹: »Das Problem, das in einer solch provozierenden Weise vorgestellt wurde, war nicht nur, ob Amerikas hervorragendster Theologe tatsächlich dem Atheismus das Wort rede, sondern ob seine Aussagen über Gott die Realität eines Wesens bestätigten, das es wert ist, zum Gegenstand religiöser Verehrung gemacht zu werden oder nicht.«[74] Tillichs Verlangen, Gott in die Welt hineinzuziehen und alles Getrennte zu versöhnen, führt bei ihm in der Tat dazu, daß Gott sein Personsein zu verlieren droht und daß die konkreten Züge seines Gesichtes zu verschwimmen beginnen. Nicht zufällig bevorzugt Tillich, wenn er von Gott spricht, das Neutrum; er sagt: »das Sein«, »das Göttliche«, »das Unbedingte«.

Aber die drohende Verwischung der Distanzen und die drohende Auflösung der Konturen ist nur die Schattenseite eines hellen Lichtes. Dieses helle Licht in Tillichs Theologie ist sein fast liebevoll-seelsorgerliches Bemühen, dem Zeitgenossen dazu zu verhelfen, daß er Gott nicht in einem Jenseits seiner Geschichte, nicht über und außerhalb der Welt, auch nicht in irgendeinem fernen, fremden Land oder in irgendeiner fernen, fremden Zeit sucht, sondern in der Wirklichkeit der Welt und seines Lebens, als ihre letzte wahre Wirklichkeit. Tillichs theologische Absicht läßt sich in dem einen Satz zusammenfassen: »Die tiefste aller Forderungen ist, daß wir lernen, von Gott so zu sprechen, daß er nicht als ein Gegenstand über allen anderen Gegenständen erscheint, nicht als ein bloßes Symbol, sondern als das wahrhaft Wirkliche in allem, das Wirklichkeit beansprucht.«[75]

Fast könnte man von den großen protestantischen Theologen des 20. Jahrhunderts sagen: An ihren Präpositionen sollt ihr sie erkennen! Stärke und Schwäche der Theologie eines jeden werden an der jeweils herrschenden Präposition offenbar. Bei Karl Barth regiert das »*Über*«: Gott ist über der Welt. Barths Stärke ist, daß er die Gottheit Gottes wiederentdeckt hat und daß er sie als Liebe entdeckt hat, die Kehrseite seiner Stärke, daß er zu hoch im Himmel ansetzt und darüber die konkrete Geschichte aus den Augen verliert. Bei Rudolf Bultmann herrscht das »*Gegenüber*«: Der Mensch steht Gott gegenüber, in der Entscheidung. Bultmanns Stärke ist, daß er das christliche Kerygma als Ruf zur existentiellen Entscheidung faßt und es damit in die Gegenwart bringt, die Kehrseite seiner Stärke, daß das Evangelium dabei seinen Bezug zur Wirklichkeit einbüßt und aus einer Gabe zu einer Forderung wird. Bei Tillich schließlich herrscht das »*In*«: Die Wirklichkeit Gottes begegnet in der Wirklichkeit der Welt, als ihre letzte, wahre Wirklichkeit. Tillichs Stärke ist, daß bei ihm Gott dem Menschen wirklich in der Welt begegnet, in allem Seienden, nicht als fremdes Gesetz, das ihm von außen oder oben aufgezwungen werden soll, sondern als etwas, das ihn unmittelbar und unbedingt angeht und das mitten unter uns geschieht; die Kehrseite seiner Stärke ist, daß Gott und Welt so ineinanderfließen, daß der Mensch vor lauter Gott nicht mehr die Welt und vor lauter Welt nicht mehr Gott erkennt. Aber wo immer die Gegenwart Gottes in der Welt und seine Nähe zum Menschen so ernst genommen wird wie bei Tillich, dort wird es nie ohne einen Anflug von Pantheismus oder Mystik abgehen.

Charakteristisch für Tillichs theologische Haltung ist, daß er sich als Text für seine Examenspredigt das Pauluswort gewählt hat: »Alles ist euer, ihr aber seid Christi, Christus aber ist Gottes.« (1 Korinther 3,23) Im Grunde ist Tillichs gesamte Theologie von Anfang bis Ende nichts anderes als eine einzige Ausführung dieses Textes: »Die ganze Welt ist euer, sagt Paulus, das ganze Leben, das gegenwärtige und das zukünftige, nicht nur Teile davon. Diese bedeutsamen Worte sprechen von wissenschaftlicher Erkenntnis und ihrer Leidenschaft, von künstlerischer

Schönheit und ihrer erregenden Kraft, von der Politik und ihrem Machtgebrauch, vom Essen und Trinken und von der Freude, die wir daran haben, von geschlechtlicher Liebe und ihrer Ekstase, vom Familienleben und seiner Wärme, von der Freundschaft und ihrer Innigkeit, von der Gerechtigkeit und ihrer Klarheit, von der Natur und ihrer Macht und Ruhe, von der durch den Menschen geschaffenen Welt, die die Natur umformt und sie verwandelt in technische Gestalten mit ihrer Faszination, von der Philosophie ... und ihrer Tiefe, in der sie die Frage nach dem Unbedingten zu stellen wagt. In all dem ist Weisheit und Macht dieser Welt, und all das ist unser. Es gehört uns, und wir gehören ihm, wir schaffen es, und es erfüllt uns.«[76]

Das Recht, solch einen weiten Kreis zu beschreiben und »alles«, die Wirklichkeit der ganzen Welt, in den christlichen Glauben und die christliche Theologie einzubeziehen, ergibt sich für Tillich allein aus dem Fortgang jenes Pauluswortes: »Ihr aber seid Christi.« In Jesus dem Christus ist das Neue Sein erschienen, und das Neue Sein ist es, das Tillich die Vollmacht zu seiner philosophischen Theologie gibt, das die stille, oft unausgesprochene Voraussetzung bildet für alles, was er über Gott und die Welt sagt, das seiner Theologie ihre christologische Einheit und ihre kosmische Universalität verleiht. Bei Tillich herrscht ein ähnlicher »christologischer Universalismus« wie bei Barth, nur daß er bei ihm tiefer in der konkreten Geschichte steckt und deshalb verborgener ist.

Als Paul Tillich nach dem Kriege zu Gastvorlesungen nach Deutschland zurückkehrte, meinte ein Theologe in einem Gespräch über ihn, seine Theologie sei wie eine »Spätfrucht« des abendländischen Geistes. Ein Jahr später rief ein anderer Theologe in derselben Stadt anläßlich eines Vortrages Tillichs emphatisch aus: »Dieser Mann ist hundert Jahre zu früh geboren!« Was ist nun richtig? Beides trifft auf Tillich zu. Er hat in seiner Theologie die Ernte des antiken und des christlichen Geistes des Abendlandes eingebracht. Aber er hat sie nicht eingeschlossen und aufbewahrt, sondern verarbeitet und in Brot verwandelt für den Menschen heute und morgen. Er hat die Vergangenheit »aufgehoben« für die Zukunft. Und die Zukunft ist in ihm stärker als die Vergangenheit, die Vision des Werdenden mächtiger als die Bestandsaufnahme des Gewesenen.

Zehntes Kapitel
Ende der protestantischen Ära?

Neue Deutung der Rechtfertigungslehre

Kein anderer protestantischer Theologe des 20. Jahrhunderts hat
über die Zukunft des Protestantismus so gründlich nachgedacht
und so ehrlich die Frage nach seinem möglichen Ende gestellt
wie Paul Tillich. Schon darum gehört Tillich an das Ende eines
Rechenschaftsberichtes über die protestantische Theologie in
unserem Jahrhundert. Er hat die wesentlichen Gedanken und
Lehren des Protestantismus konsequent zu Ende gedacht, bis zu
jenem Punkt, an dem sie sich entweder als endgültig vergangen
erweisen oder aber in eine neue Gestalt umschlagen. Was Tillich
zu solchem intensiv kritischen Nachdenken über das Schicksal
des Protestantismus bewog, war nicht das objektive Interesse des
neutralen Beobachters, sondern das persönliche Engagement des
zuinnerst Mitbetroffenen. Er hat sich Zeit seines Lebens in besonderer Weise dem Protestantismus und innerhalb des Protestantismus wiederum dem Luthertum zugehörig gefühlt.

In seiner autobiographischen Skizze, in der er 1936 – drei Jahre
nach seiner Emigration aus Deutschland –, um sich bei seinen
neuen amerikanischen Lesern und Hörern einzuführen, die Entwicklung seiner Gedanken aus seinem Leben heraus dargestellt
hat, schreibt Tillich: »Zum Luthertum gehöre ich durch Geburt,
Erziehung, religiöses Erleben und theologisches Nachdenken...
Nicht nur mein religiös-theologisches, sondern auch mein wis-
senschaftlich-philosophisches Denken drückt die lutherische
Substanz aus.« Als Elemente dieser lutherischen Substanz zählt
Tillich dann eine ganze Reihe von Dingen auf: das Bewußtsein
um die Verfallenheit der menschlichen Existenz, die Ablehnung
jeder sozialen Utopie und Fortschrittsmetaphysik, das Wissen um
den irrational-dämonischen Charakter des Lebens, die Hoch-
schätzung des mystischen Elements in der Religion, die Ablehnung puritanischer Gesetzlichkeit im individuellen und sozialen
Leben. Vor allem aber gehört zu Tillichs lutherischer Substanz
die *Rechtfertigungslehre*, die Lehre Luthers von der Rechtfertigung des Menschen vor Gott allein durch den Glauben. Sie hat
einst – unter dem Einfluß seines verehrten Lehrers Martin Kähler
in Halle – den Ausgangspunkt seines theologischen Denkens ge-

bildet und ist Zeit seines Lebens die verborgene Mitte seiner theologischen und religiösen Existenz geblieben.[1] Die Rechtfertigungslehre bildet auch die Wurzel seiner Konzeption vom Protestantismus. Alles, was Tillich über das Wesen und das Schicksal des Protestantismus sagt, hat in ihr seinen Ursprung und bleibenden Grund.

Dabei wird Tillichs Verhältnis zur reformatorischen Rechtfertigungslehre durch eine zwiefache Erfahrung bestimmt. Er ist fest davon überzeugt, daß die Sache, die die Rechtfertigungslehre meint, uns heute noch genauso angeht wie die Menschen vor vierhundert Jahren. Ebenso tief aber ist er davon durchdrungen, daß die Form, in der die Rechtfertigungslehre tradiert wird, heute für uns nicht mehr verständlich und annehmbar ist: »Dem Menschen der Gegenwart und selbst dem kirchlichen Protestanten ist dieser Begriff fremd, so fremd, daß es fast keinen Weg gibt, ihn verständlich zu machen... Was anderthalb Jahrhunderte lang in einer gar nicht fernen Vergangenheit alle Häuser und Werkstätten, alle Märkte und Dorfschenken Deutschlands erfüllte, das ist jetzt selbst den Spitzen der geistigen Bildung kaum mehr zugänglich. Ein Abbruch der Tradition ohnegleichen liegt hier vor. Wir dürfen darum auch nicht annehmen, daß es möglich sei, über diesen Abgrund hinweg einfach wieder bei der Reformation anzuknüpfen.« Deshalb scheint Tillich auch jene Wiederentdeckung der Theologie Luthers, die man mit dem Stichwort »Luther-Renaissance« bezeichnet hat, für unsere Zeit nicht auszureichen. Sie bleibt zu sehr im Rahmen einer bloß historischen Wiederholung und hat daher mehr akademisch-wissenschaftliche als praktisch-religiöse Bedeutung. Wenn die Rechtfertigungslehre für uns wirklich wieder Kraft und Bedeutung gewinnen soll, dann wird uns nichts anderes übrigbleiben, als die religiöse Wirklichkeit, die damals gemeint war und heute noch die gleiche ist, von uns aus neu zu deuten und für den Menschen der Gegenwart in neue Worte zu fassen.[2]

Es geht Tillich bei der Erneuerung der Rechtfertigungslehre nicht um ein einzelnes dogmatisches Lehrstück, sondern um den Grund alles Gottesglaubens. Denn nicht allein die Rechtfertigungslehre, alle konkreten Inhalte der christlichen Verkündigung, selbst ihre zentralsten wie Gott, Christus, Kirche und Offenbarung, sind den Menschen unserer Tage fragwürdig geworden. Daraus ergibt sich für Tillich die Aufgabe, den Gehalt der lutherischen Rechtfertigungslehre für unsere Zeit auf neue Weise mächtig werden zu lassen, aber ohne eine direkte Verkündigung der damit verbundenen konkreten religiösen Inhalte. Was uns nach Tillichs Meinung bei einer neuen Deutung der Rechtfertigungslehre zu leiten hat, ist »die Suche nach dem Gott jenseits dessen, was wir gewöhnlich ›Gott‹ nennen, die Suche nach dem Gott, der als Grund alles besondere Seiende trägt und damit auch einen Gott tragen würde, der ein besonderes Seiendes wäre«[3]. So ist die Erneuerung der Rechtfertigungslehre für Tillich identisch mit der Überwindung des Supranaturalismus beziehungsweise Theismus in der Theologie. In diesem Sinne hat er es unternommen, die reformatorische Rechtfertigungslehre für unsere Zeit neu zu deuten. Man könnte sagen, daß sich seine Denkbewegung in drei Schritten vollzieht, wobei sie jedesmal radikaler und universaler, zugleich aber auch abstrakter wird.

Tillich knüpft bei seiner *neuen Deutung der Rechtfertigungslehre*, wie seine »Methode der Korrelation« es fordert, an die »Situation« an.[4] Die Situation sieht er dadurch bestimmt, daß in unseren Tagen die autonome Kultur zusammengebrochen ist. Dieser Zusammenbruch der autonomen Kultur hat dem modernen Menschen wieder ein Verständnis für die unbedingte Bedrohtheit seiner Existenz erschlossen und ihm damit wieder ein Ohr für die Rechtfertigungslehre geöffnet. Der zentrale Inhalt der Rechtfertigungslehre besteht in der radikalen Verkündigung der »menschlichen Grenzsituation«, und eben dem entspricht die Erfahrung, die der moderne Mensch im Zusammenbruch der autonomen Kultur gemacht hat: er ist aufs neue der totalen Bedrohtheit seiner Existenz durch das Nicht-Sein innegeworden. Aus dieser Situation erwächst für ihn die Frage nach der Gewißheit im Leben: Was ist es, das unserem Leben Gewißheit gibt? Worauf können wir uns gründen? Was ist das Fundament unserer Existenz?

Das ist die Frage, auf die die Rechtfertigungslehre heute antworten muß. Ihre Antwort hat nach Tillich in einem Zwiefachen zu bestehen. Zunächst in der radikalen Anerkennung der menschlichen Grenzsituation, in dem unbedingten *Nein* gegen jeden Versuch des Menschen, sich gegen seine totale Bedrohtheit zu sichern und ihr zu entrinnen. Es gibt keine Sicherung für den Menschen – »weder durch Eintauchen in den vitalen Lebensprozeß noch durch geistige Schöpfung, noch durch Sakramente, noch durch Mystik und Askese, noch durch Rechtgläubigkeit oder intensive Frömmigkeit«. Alles, was der Mensch unternimmt, um sich Gewißheit zu verschaffen, um seinem Leben einen letzten, festen Grund zu geben, ist zum

Scheitern verurteilt. Dahinter verbirgt sich die Eigenmächtigkeit des Menschen, Relatives für absolut zu erklären und so sich selbst die Gewißheit zu verschaffen, nach der er verlangt, und also sein Leben auf sich selbst zu gründen.[5]

Dieses Nein ist aber nur die andere Seite des unbedingten *Ja* über den Menschen, das in der Rechtfertigungslehre enthalten ist: »Dennoch bejaht, bejaht durch das, was größer ist als Du, und dessen Namen Du nicht kennst. Frage jetzt nicht nach dem Namen, vielleicht wirst du ihn später finden. Versuche jetzt nicht, etwas zu tun, vielleicht wirst Du später viel tun. Trachte nach nichts, versuche nichts, beabsichtige nichts. Nimm nur dies an, daß Du bejaht bist. Wenn uns das geschieht, dann erfahren wir Gnade. Nach einer solchen Erfahrung werden wir nicht besser sein als zuvor und keinen größeren Glauben haben als zuvor. Aber alles ist verwandelt. In diesem Augenblick überwindet die Gnade die Sünde, und Versöhnung überbrückt den Abgrund der Entfremdung. Diese Erfahrung erfordert nichts; sie bedarf keiner Voraussetzung, weder einer religiösen noch einer moralischen, noch einer intellektuellen; sie bedarf nichts als nur das Annehmen.« Das unbedingte Ja zum Menschen hat seinen Grund darin, daß die Macht des Neuen Seins, die in Jesus Christus erschienen ist, von ihm Besitz ergriffen hat und ihn hält und trägt, bevor er es noch weiß, bevor er noch zu fragen, zu zweifeln und zu verzweifeln angefangen hat. Dieses Ja klingt durch alle ›Religiösen Reden‹ Tillichs wie eine Glocke, die über den Fragen, Zweifeln und Verzweiflungen des Menschen schwingt. Bedingungsloser, radikaler und universaler, als Tillich es tut, kann man die Gnade nicht verkündigen. Vom Menschen wird hier nichts verlangt: keine sittliche Anstrengung, keine intellektuelle Leistung, nicht einmal die Anerkennung eines konkreten religiösen Inhalts, nicht einmal die Kenntnis der Voraussetzung der göttlichen Gnade, nicht einmal die Nennung des Namens Gottes. Der Mensch muß nur bejahen, daß er bejaht ist: »Er muß die Bejahung bejahen.«[6]

Aber Tillich geht in seiner neuen Deutung der reformatorischen Rechtfertigungslehre noch weiter, und erst darin besteht sein entscheidender Schritt: Er wendet das Prinzip der Rechtfertigung durch den Glauben nicht nur auf das religiös-moralische, sondern auch auf das *religiös-intellektuelle* Leben an: Nicht nur der Sünder, auch der Zweifler wird durch den Glauben gerechtfertigt. Auf dem Grunde jedes ernsten Zweifels liegt nach Tillich ein Glaube verborgen, nämlich der Glaube an die Wahrheit. Wer an der Wahrheit zweifelt, bekundet eben damit seine unendliche Leidenschaft für die Wahrheit. Und so steht der Zweifler in der Wahrheit, auch wenn seine einzige Wahrheit gerade sein Mangel an Wahrheit ist, und der Skeptiker hat am Glauben teil, auch wenn sein Glaube keinen konkreten Inhalt hat. Wo die Situation des Zweifelns in ihrer äußersten Radikalität erfahren wird, dort bricht die Gewißheit durch, daß die Wahrheit, die der Zweifler sucht, und der Lebenssinn, um den der Verzweifelte ringt, nicht das Ziel, sondern die Voraussetzung alles Zweifelns und Verzweifelns ist. Darum bezeugen der Zweifler mit seinem Zweifel und der Verzweifelte mit seiner Verzweiflung, daß sie in der Wahrheit stehen und also in der Einheit mit Gott – und so sind sie in ihrem Denken »gerechtfertigt«. Tillich schließt diesen Gedankengang mit dem Satz: »So ergriff mich das Paradox, daß der, der Gott ernstlich leugnet, ihn bejaht.«[7]

Also Anwendung der Rechtfertigungslehre auch auf das *Denken*! Rechtfertigung nicht nur des Sünders, sondern auch des *Zweiflers*! Wie keine Werke der Moral den Menschen vor Gott gerecht machen, so auch keine Werke des Intellekts: Weder die Arbeit des rechten Denkens noch der Verzicht auf jedes Denken führt zu Gott. Die Offenbarung der Wahrheit kann ebensowenig zum Besitz werden wie die Vergebung der Sünden. Wie niemand sich rühmen kann, daß er die Liebe habe, so kann sich auch niemand – kein Gläubiger und keine Kirche – rühmen, daß er die Wahrheit habe. »Orthodoxie ist intellektueller Pharisäismus.«[8] Tillich kann in seiner Anwendung der Rechtfertigungslehre auf das Denken und damit in seiner Warnung vor jeder Heteronomie so weit gehen, daß er einmal sogar Pilatus preist, weil er an der Wahrheit gezweifelt hat: »Laßt mich jetzt etwas tun, was vom Standpunkt eines Christen aus ungewöhnlich ist. Ich möchte nämlich Pilatus preisen – nicht den ungerechten Richter Pilatus, sondern den Zyniker und Skeptiker –, und ebenso alle unter uns, in denen die Pilatusfrage lebendig ist. Denn auf dem Grunde jedes ernsten Zweifels und jeder Verzweiflung an der Wahrheit ist immer noch die Leidenschaft für die Wahrheit am Werk. Gebt nicht zu schnell jenen nach, die euch von der Angst um die Wahrheit befreien wollen. Laßt euch nicht zu einer Wahrheit verführen, die nicht wirklich *eure* Wahrheit ist, auch nicht, wenn der Verführer eure Kirche ist, eure Partei oder die Tradition eures Elternhauses. Wenn ihr nicht mit

Jesus gehen könnt, so geht mit Pilatus, aber geht dann auch im Ernst mit ihm!«[9]

Die Entdeckung, daß nicht nur der Sünder, sondern auch der Zweifler durch den Glauben gerechtfertigt wird, hat Tillich ein »starkes Gefühl der Befreiung« gegeben. Durch sie ist er, wie er selbst bekennt, zu einem »bewußten Protestanten« geworden, ja sie allein hat es ihm überhaupt ermöglicht, Theologe zu bleiben. Die persönlichen und theologischen Konsequenzen dieser Entdeckung waren für ihn »ungeheuer«[10].

Durch die Ausweitung der Rechtfertigung auf das Denken und damit auf den Zweifler wird das Christentum für Tillich zu einer Botschaft für alle Menschen, nicht nur für die Gläubigen, sondern auch für die Ungläubigen, für die, die am Sinn des Lebens verzweifeln und darum meinen, nicht mehr an Gott glauben zu können. Die radikale und universale Fassung der Rechtfertigungslehre macht es Tillich möglich, Gott auch dort zu vernehmen, wo der Name »Gott« nicht mehr vernommen wird. Wenn diese Deutung der Rechtfertigung stimmt, dann gibt es »keinen möglichen Atheismus«, dann ist der Atheismus eine »Unmöglichkeit« und »Illusion«. Und eben das ist es, was Paul Tillich, wie auch Karl Barth, behauptet. Gar nicht genug Paradoxien kann er häufen, um diese Konsequenz auszudrücken: Dann ist der Zweifel am Sinn des Lebens ein Ausdruck seines Sinns und das Erlebnis des Getrenntseins von Gott ein Ausdruck seiner Gegenwart; dann ist Gott in jedem Glaubensakt gegenwärtig, auch wenn der Akt des Glaubens die Leugnung Gottes einschließt; dann ist der Wunsch, daß es keinen Gott gebe, ein »echtes Element tiefer Religiosität«; dann können wir Gott nur verneinen, weil er uns dazu treibt; dann ist selbst der Protest gegen Gott noch eine verborgene Demonstration für Gott. Denn Gott selbst ist die Voraussetzung für die Frage nach Gott und für den Zweifel an ihm.[11]

Aber Tillich hat den Gedanken der Rechtfertigung für den Menschen unserer Zeit noch radikaler zugespitzt und damit noch universaler, aber zugleich auch abstrakter gefaßt. Die Angst, die unser Zeitalter beherrscht, ist die »Angst des Zweifels und der Sinnlosigkeit«: Man fürchtet, den Sinn der eigenen Existenz zu verlieren oder bereits verloren zu haben. Damit wird die wichtigste und zugleich beunruhigendste Frage an den Glauben gestellt. In Tillichs bisheriger Entfaltung der Rechtfertigungslehre, gerade auch in seiner Anwendung der

Rechtfertigung auf das Denken, war im Zweifel des Zweiflers an der Wahrheit immer noch Wahrheit und in der Verzweiflung des Verzweifelten am Sinn des Lebens immer noch Sinn vorausgesetzt. Was aber geschieht, wenn die Sinnlosigkeit absolut wird und alles in sich verschlingt, wenn das Leben so sinnlos ist wie der Tod, die Schuld so fragwürdig wie die Vollkommenheit, das Sein nicht sinnvoller als das Nichtsein? Wie kann der Glaube dann noch bestehen?

Auf diese radikale Frage hat Tillich in seinem Buch ›Der Mut zum Sein‹ (1952), zumal in seinem letzten Kapitel, eine ebenso radikale Antwort gegeben.[12] Er hat darin den Versuch unternommen, den unverständlich gewordenen Ausdruck »Glaube« durch eine Analyse des »Mutes« neu zu interpretieren. Wie Tillich einmal in einem persönlichen Gespräch bekennt, hat er dieses Buch für Menschen geschrieben, die »besessen seien vom radikalen Zweifel«; »daher der philosophische Gedankengang, die philosophische Sprache und Attitüde«[13].

Welcher Mut ist imstande, in sich das Nichtsein in der Form des Zweifels und der Sinnlosigkeit aufzunehmen? Welcher Glaube kann zusammen mit Zweifel und Sinnlosigkeit bestehen? Um diese Frage geht es hier bei Tillich. Die Antwort darauf muß innerhalb der »Situation« bleiben: sie muß den Zustand der Sinnlosigkeit als gegeben anerkennen. Sie wäre keine Antwort, wenn sie die Beseitigung dieses Zustandes verlangte – denn gerade das ist es ja, was nicht geleistet werden kann. Es muß eine Antwort sein, die dem Zweifel und der Sinnlosigkeit ins Gesicht blickt, mithin ein Mut oder Glaube, der den Zweifel und die Sinnlosigkeit aushält.

Mit der Fixierung der möglichen Antwort hat Tillich bereits die faktische Antwort gegeben: Der Mut, der der Verzweiflung ins Gesicht blickt, *ist* bereits Glaube und die Tat, die Sinnlosigkeit auf sich zu nehmen, ein sinnvoller Akt. Tillich begründet dies durch folgenden Gedankengang: In der Situation der Sinnlosigkeit ist der Sinn des Lebens auf den Zweifel am Sinn des Lebens reduziert. Aber da dieser Zweifel selbst ein Akt des Lebens ist, ist er etwas Positives – trotz seines negativen Inhalts. Jede radikale Negation lebt davon, daß sie sich selbst als einen lebendigen Akt bejahen muß, um einer radikalen Verneinung fähig zu sein. In jedem Augenblick, da wir am Sinn verzweifeln, bejaht sich der Sinn durch uns: »Das Negative lebt von dem Positiven, das es negiert.«

Die Selbstbejahung, die in jeder radikalen Negation verborgen liegt, ist keine Leistung des Menschen. Vielmehr ist sie ein Ausdruck der Selbstbejahung des Seins selbst. Der Mut zum Sein wurzelt im Grund des Seins. Tillich bezieht sich hier auf seine Ontologie. Er faßt das Sein als »Macht des Seins«. Das soll besagen, daß das Sein das Nichtsein in sich hat und es ständig überwindet. So trägt das Sein selbst den Charakter der Selbstbejahung. Und eben an dieser Selbstbejahung hat der Mensch teil. In jedem Akt des Mutes zum Sein ist die Macht des Seins selbst wirksam, ob der Mensch es erkennt oder nicht; in jedem Akt des Glaubens manifestiert sich der Grund des Seins, wie fragwürdig auch immer der konkrete Inhalt des Glaubensaktes sein mag. Es gibt keine gültigen Beweise für die Existenz Gottes, aber es gibt Akte des Mutes oder des Glaubens, in denen wir – etwa wenn wir der Verzweiflung ins Gesicht blicken oder die Sinnlosigkeit auf uns nehmen – die Macht des Seins bejahen und damit die Gegenwart Gottes in allem Seienden bezeugen. Tillich sucht die Angst des Zweifels und der Sinnlosigkeit durch eine Art Seinsmystik zu überwinden: durch die mystische Partizipation alles Seienden an dem sich selbst bejahenden Sein selbst.

Den Glauben, der ohne Berufung auf eine besondere göttliche Offenbarung den Zweifel und die Sinnlosigkeit in sich hineinnimmt, bezeichnet Tillich als »*absoluten Glauben*«. Der Ausdruck soll besagen, daß dieser Glaube keinen konkreten Inhalt mehr hat: »Er ist einfach Glaube – ungerichtet, absolut.« Er ist die bloße Erfahrung des Bejahtseins: Wer oder was bejaht, läßt sich nicht definieren, weil alle Definitionen durch den Zweifel und die Sinnlosigkeit aufgelöst sind.

Der Inhalt des absoluten Glaubens ist, wenn man hier überhaupt von einem »Inhalt« sprechen kann, der »*Gott über Gott*«, das heißt der Gott, der jenseits des Symbols »Gott« steht, der alle Vorstellungen von Gott sprengt, der keine Person ist und keinen Namen hat und sich in keinem Bilde ausdrücken läßt. Damit wird der »Theismus«, der sich Gott als ein Sein neben anderem Sein, als eine Person neben anderen Personen vorstellt, transzendiert: »Der Gott über Gott kann nicht beschrieben werden.« Deshalb ist der absolute Glaube »ohne Worte und Begriffe, ohne einen Namen, eine Kirche, einen Kult, eine Theologie – aber er bewegt sich in der Tiefe von ihnen allen«.

Mit dem, was er über den absoluten Glauben und den Gott über Gott sagt, hat Tillich ein Äußerstes zu denken gewagt, das dem Theologen nur dann zu denken erlaubt ist, wenn er dazu nicht von der Lust an der Spekulation, sondern von der Liebe zu den Mitmenschen getrieben wird. Tillich selbst hat von seinem Buch ›Der Mut zum Sein‹ bekannt, daß er den Schluß »gleichsam wie eine Nadelspitze auslaufen lasse« und daß diese Nadelspitze »stechen solle«[14].

Und sie sticht auch, die Ungläubigen sanft, die Theologen heftig. Den Nichtglaubenden will Tillich Mut zum Glauben machen, indem er ihnen zeigt, daß in ihrem Zweifel und in ihrer Verzweiflung ein Akt der Selbstbejahung enthalten ist, der nicht aus ihrem eigenen Herzen kommt, sondern in dem die Macht des Seins wirkt. Die Theologen hingegen will Tillich darauf hinweisen, daß sie angesichts des radikalen Zweifels und der totalen Sinnlosigkeit mit den rein personalen Kategorien wie »Begegnung«, »Subjekt-Objekt«, »Ich und Du« nicht auskommen, sondern »daß der Personalismus in bezug auf Gott durch eine überpersönliche Gegenwart des Göttlichen im Gleichgewicht gehalten werden muß«. Diese Forderung entspricht der paradoxen Art, wie die Bibel von Gott spricht: Gott vergibt die Sünde und ist zugleich der, der die Annahme der Vergebung im Menschen bewirkt; Gott läßt sich im Gebet als Du anreden und ist zugleich dem Menschen näher als dieser sich selbst. Paradoxien dieser Art sind es, die den Glauben immer wieder zu einem Gott über dem Gott des Theismus treiben. Daraus sollte die Kirche für ihre Verkündigung lernen. Sie soll die konkret-personalen Symbole, in denen sie von Gott spricht, nicht opfern, aber sie soll wissen und wissen lassen, daß es Symbole sind, und nach der Macht des Seins selbst in ihnen fragen.

Tillichs ›Mut zum Sein‹ ist ein mit dem Mut der Verzweiflung unternommener Rettungsversuch: Durch eine äußerste Abstraktion Gottes sucht Tillich den Glauben des Menschen zu retten. Es ist bei ihm ähnlich wie bei Herbert Braun: Die Ladung wird über Bord geworfen, damit wenigstens das Schiff schwimmen bleibt. Aber rettet Tillich auf diese Weise wirklich den Glauben? Er selbst sagt von seinem absoluten Glauben, daß er kein Ort sei, an dem man leben könne. Er ist nur eine »Nadelspitze«, ein äußerster theologischer Spitzensatz.

Die radikale und universale Ausdeutung der reformatorischen Rechtfertigungslehre gibt Paul Tillich den Schlüssel für seine Beurteilung des Protestantismus an die Hand. Aus ihr leitet er das her, was er das »*protestantische Prinzip*« nennt.[15] Mit seiner Hilfe führt Tillich den Protestantismus aus der kirchlich-konfessionellen Enge, in die er durch eigene Schuld und historisches Schicksal geraten ist, heraus und gibt ihm wieder die Weite einer umfassenden geistigen Bewegung; mit seiner Hilfe unterzieht er aber auch den Protestantismus als geschichtliche Erscheinungsform der theologischen Kritik und prüft seine Möglichkeiten und Aufgaben für die Zukunft.

Das protestantische Prinzip ist »der unfaßbare Grund im Protestantismus«, »der kritische und dynamische Quellgrund aller protestantischen Verwirklichungen«, »das letzte Kriterium jeder religiösen und geistigen Erfahrung«. Es ist der Ausdruck für die wahre Beziehung zwischen dem Unbedingten und dem Bedingten, religiös gesprochen, zwischen Gott und Mensch. In ihm offenbart sich zugleich »der Grund« unserer Existenz und »das Gericht« über unsere Existenz und damit das Ja und Nein der von der protestantischen Rechtfertigungslehre verkündigten menschlichen Grenzsituation.

Was im protestantischen Prinzip wirkt, ist der schöpferische Grund alles Seins, der nach immer neuer Verwirklichung in der Geschichte drängt, dem gleichsam ein heiliger Zwang innewohnt, sich historisch zu realisieren. Tillich legt – entgegen der sonst dem Protestantismus eigenen Tendenz zur »Vergeistigung« – Wert darauf, daß das protestantische Prinzip nicht nur eine »Idee« ist, sondern daß es sich konkret in »positiver Gestaltung« verwirklicht. Die Erscheinungsformen solcher positiven Gestaltung bezeichnet Tillich als »*Gestalten der Gnade*«. Zum Beispiel: Das Wort Gottes wird uns zwar von jenseits unseres Seins zugesprochen; wird es aber empfangen, so ist es nicht mehr nur jenseitig, sondern auch immanent und schafft eine »göttliche Struktur der Wirklichkeit«: es wirkt den Glauben als gestaltende Kraft des persönlichen Lebens oder einer Gemeinschaft und Kirche. So wählt sich die Gnade nach Tillich endliche Gestalten, daß sie an ihnen erscheine: am Menschlichen in Christus, am Worthaften der Bibel, am Materiellen des Sakraments, an der Schwäche der Kirche. Aber wohlgemerkt: die göttliche Gnade erscheint nur an einer endlichen Gestalt, sie verwandelt sich nicht in sie. Wo die endliche Gestalt in eine göttliche verwandelt wird, dort treibt man Götzendienst, und der Mensch macht sich tagtäglich Götzen.

Gegen solche Vergötzung erhebt sich dann der Protest, der dem protestantischen Prinzip einst seinen Namen gegeben hat. Es ist der »prophetische Protest« gegen jeden Versuch, irgend etwas Bedingtes für unbedingt zu erklären, irgendein Endliches ins Unendliche zu erheben, sei es eine Staatsform, eine Weltanschauung, ein Gesellschaftssystem, eine Klasse, aber auch eine Hierarchie, eine Kirche, eine Konfession, ein Dogma oder selbst die Bibel. Das protestantische Prinzip greift alle geheiligten Autoritäten, Mächte, Überlieferungen, Lehren und Institutionen an und unterwirft sie der Kritik. Es kämpft gegen jede Vergegenständlichung Gottes, es duldet keine heiligen Orte, Personen, Handlungen und Stunden: niemand kann das Göttliche an Raum und Zeit binden. In ihrem leidenschaftlichen Protest gegen jede Fixierung Gottes erreicht Tillichs Theologie fast prophetisches Pathos. Es gipfelt in dem Satz, daß es keine unbedingte Glaubenswahrheit gibt – außer der einen, daß kein Mensch sie besitzt. Als Symbol dafür hat das Christentum das Kreuz Christi: Der »Sohn Gottes« ist nicht von den Unfrommen getötet worden, weil sie gegen die göttliche Wahrheit waren, sondern von den Frommen, die die göttliche Wahrheit zu besitzen meinten. Damit bezeichnet das Kreuz das Gericht über jeden menschlichen Anspruch auf unbedingte Wahrheit und Autorität.

So verbinden sich im protestantischen Prinzip Ja und Nein, positive Gestaltung und kritischer Protest. In diesem Miteinander enthüllt sich der »zweideutige Sinn« aller Religion: Wo immer die Menschen Gott aufnehmen, dort tun sie es in religiöser Gestalt, und die religiöse Gestalt ist eine Sache des Priesters. Aber wo immer die Menschen Gott aufnehmen, dort machen sie aus ihm »unvermeidlich« einen Götzen, und dagegen erhebt sich dann der Protest des Propheten. So liegen das priesterliche und das prophetische Element, Gestaltung und Protest, miteinander im Streit und sind dennoch aufeinander angewiesen. Ihre ungelöste Spannung bildet das »ewige Problem« der Religion. Es liegt darin, daß Gott gegen*wärtig*, aber nicht gegen*ständlich* ist. Und eben das ist es, was das protestantische Prinzip mit seinem Ja und Nein ausdrückt.

Das protestantische Prinzip ist nicht an den Protestantismus als geschichtliche Erscheinung gebunden. Es ist allgemein bedeutsam, in allen Perioden der Geschichte gegenwärtig, nirgend-

wo voll ausgeschöpft, weder in der Reformation noch im Urchristentum, noch in irgendeiner christlichen Gestalt sonst. Die
Propheten Israels verkünden es, und es ist im Bilde Jesu als
des Christus anschaubar; es bildet die Grundlage der Kirchen
der Reformation, und auch dem Katholizismus ist es nicht
fremd. Ja, es bleibt nicht einmal nur auf das Christentum beschränkt, sondern zeigt sich auch in allen anderen großen Religionen, ja nicht nur in anderen Religionen, sondern in anderen
geistigen Bewegungen überhaupt. Es kann auch von profanen
Bewegungen verkündet werden, von Individuen und Gruppen,
die ohne protestantische Symbole die wahre menschliche Situation vor dem Letzten und Unbedingten ausdrücken, und wenn
es diese Bewegungen, Individuen und Gruppen besser und mit
größerer Autorität als die protestantischen Kirchen tun, dann
repräsentieren eben sie und nicht die protestantischen Kirchen
das protestantische Prinzip.

So unterscheidet Tillich zwischen dem Protestantismus als
»*Wirklichkeit*« und als »*Prinzip*«. Als geschichtliche Wirklichkeit
ist der Protestantismus begrenzt und vergänglich wie jede geschichtliche Erscheinung, als Prinzip aber ist er so unbegrenzt
und unvergänglich wie die Erfahrung des Unbedingten in der
Welt. Als geschichtliche Erscheinung ist der Protestantismus
seinem eigenen Prinzip unterworfen, und das heißt, daß sich der
Protest des protestantischen Prinzips auch gegen jeden Absolutheitsanspruch des Protestantismus richtet. Das protestantische
Prinzip ist Richter auch in Sachen des Protestantismus. Tillich
hält dies möglicherweise sogar für den Weg, wie sich das
protestantische Prinzip heute behaupten muß. Er stellt die
Frage, ob in unseren Tagen vielleicht das »*Ende der protestantischen Ära*« gekommen sei, und das ist für ihn keineswegs nur
eine rhetorische Frage.

Das nachprotestantische Zeitalter

Während Tillich die Religion im allgemeinen heute für macht-
voller hält als vor dem Ersten Weltkrieg, zum mindesten im
Fühlen und Sehnen der Menschen, sieht er die Kraft des Protestantismus zur gleichen Zeit im Abnehmen begriffen: »Der Protestantismus kämpft in der gegenwärtigen Weltlage von allen
abendländischen Religionen und Kirchen augenblicklich den

schwersten Kampf.«[16] Den Grund für diese Schwächung des Protestantismus erblickt Tillich in einem Mangel an Synchronisation: Die geschichtliche Entwicklung läuft dem Protestantismus zuwider, das Verhältnis zwischen den Zeiten und ihren Werten hat sich verkehrt. Was der Protestantismus einst bejaht hat, scheint heute unsicher geworden zu sein, und was er verneint hat, danach verlangt man heute. Freiheit des Individuums, sittliche Verantwortung des Einzelnen, persönliche Entscheidung, geistige Selbständigkeit, intellektuelle Redlichkeit, rationale Klarheit – das waren einst die Positionen des Protestantismus, für sie hat er sich eingesetzt; geistige Abhängigkeit, Unterwerfung unter fremde Autoritäten, Heteronomie, Konformität, Kollektivismus – das waren seine Negationen, dagegen kämpfte er. Heute aber sehen wir die Positionen zu Negationen und die Negationen zu Positionen werden. Wir leben in einer Zeit, in der sich mit dem allgemeinen Sinnverlust des Daseins auch jedes persönliche Leben aufzulösen droht, in der die Einzelnen von den Motiven der anderen bestimmt sind, in der jeder nur noch der andere und keiner mehr er selbst ist. Das stellt uns heute nicht so sehr vor die Aufgabe, die freie Persönlichkeit zu pflegen, als vielmehr, die Massen neu zu ordnen und also nicht mehr wie bisher dem Einzelnen, sondern dem Kollektiv sein Gesicht zu geben. Diese Lage aber schafft ein geistiges und seelisches Klima, in dem autoritäre und totalitäre Tendenzen wie von selbst gedeihen. Es ist, als seien die Menschen, zumal in der jüngeren Generation, ihrer Autonomie überdrüssig geworden, als könnten sie die furchtbare Last, sich geistig und sittlich selbständig entscheiden zu müssen, nicht mehr tragen, als wollten sie gar nicht so frei sein, wie sie frei sein könnten. Ihr Verlangen ist auf Sicherheit gerichtet; sie ziehen die Sicherheit der Freiheit vor. Deshalb suchen sie nach einer neuen Autorität, die sich in festen Lebensformen und handgreiflichen Symbolen ausdrückt. Man sehnt sich nach einer neuen kollektivistischen Ordnung; man möchte in einem sicheren Gehäuse wohnen, auch in einem sicheren Glaubensgehäuse. Diese ganze Entwicklung aber ist dem Geist des Protestantismus stracks entgegen. Darum glaubt heute auch kaum jemand mehr im Ernst daran, daß die reintegrierenden Kräfte der kommenden Gesellschaft dem großkirchlichen Protestantismus entspringen werden.

Dieselbe Situation, die für den Protestantismus ungünstig ist, verschafft dem römischen Katholizismus in unserer Zeit eine neue Chance. Der Katholizismus kommt dem Bedürfnis des

Menschen nach Sicherheit und Autorität am Ende der Neuzeit ähnlich entgegen wie der Protestantismus seinem Verlangen nach Freiheit zum Beginn der Neuzeit. Er scheint zu bieten, wonach der gegenwärtige Mensch sich sehnt: eine konsequent durchgeführte Heteronomie, Befreiung von der Last autonomer Verantwortung, ungebrochene Tradition und Autorität, uralte Lebenssubstanz. Daher übt der Katholizismus gerade auf den modernen Menschen einen »starken Zauber« aus, während sich der Protestantismus nur mühsam in der Verteidigung hält.

Was sich in der gegenwärtigen Situation zeigt, ist nicht nur eine momentane, sondern eine grundsätzliche Schwäche des Protestantismus, genauer, die Schattenseite einer Stärke, die dem Protestantismus von seinem Ursprung her anhaftet und ihm schon bald nach seiner Entstehung zur Gefahr geworden ist.[17] Tillich beschreibt diese Gefahr folgendermaßen: »Eine der frühesten Erfahrungen, die ich mit der protestantischen Predigt machte, war ihr moralischer Charakter oder, genauer, ihre Neigung, das persönliche Zentrum zu sehr zu belasten und das Verhältnis zu Gott von ständigen bewußten Entscheidungen und Erfahrungen abhängig zu machen.« Was Tillich hier als seinen Eindruck von der protestantischen Predigt schildert, läßt sich mit den Stichworten »Individualisierung«, »Intellektualisierung«, »Spiritualisierung« beschreiben. Wann immer Tillich auf die Zukunft des Protestantismus zu sprechen kommt, nennt er diese dreifache Gefahr, die im Grunde nur eine einzige ist: Sie entspringt im Zentrum des Protestantismus, an seiner stärksten Stelle, und besteht in der moralisch-intellektuellen Überforderung des Einzelnen.

Die protestantische Verkündigung konzentriert das religiöse Leben auf den individuellen Akt der Rechtfertigung, die vielen Gnaden in der einen Gnade. Sie wendet sich damit an das Zentrum der Persönlichkeit, an das Gewissen, und drängt es zur Entscheidung: Jeder protestantische Christ soll die ursprüngliche religiöse Erfahrung Martin Luthers nachvollziehen. Man fordert »den Radikalismus des heroischen Zeitalters des Protestantismus als Dauerhaltung eines jeden«. Dabei wird zugleich alles auf das Wort gestellt. An die Stelle der Sakramente und Symbole treten verständige Argumente, so daß dem Menschen kaum etwas Sichtbares bleibt, an das er sich halten kann. Das religiöse Mysterium verschwindet.

Auf diese Weise ist der Protestantismus eine »höchst intellektualisierte Religion« geworden. Das sichtbare Kennzeichen dafür bildet für Tillich der Talar des protestantischen Geistlichen. Er ist das Professorengewand des Mittelalters und symbolisiert somit die Tatsache, daß die theologischen Fakultäten die letzte Autorität innerhalb der protestantischen Kirchen bilden. Professoren aber sind in erster Linie Autoritäten nicht auf Grund ihres religiösen Charismas, sondern auf Grund ihrer Fähigkeit zu logischer und wissenschaftlicher Beweisführung.

Durch diese einseitige Betonung des intellektuellen Verstehens und des moralischen Entscheidens hat der Protestantismus eine »Theologie des Bewußtseins« herausgebildet, das heißt, die Religion wurde vornehmlich auf die Sphäre des rationalen Bewußtseins beschränkt. Die unbewußten Schichten blieben unberührt, leer und unterdrückt, in einem Zustand religiöser Verkümmerung, während die bewußten gleichzeitig durch die ständige Forderung des Verstehens und Sich-Entscheiden-Müssens überbelastet wurden. Aber die verdrängten vitalen und emotionalen Kräfte haben auf die Diktatur des rationalen Bewußtseins mit einem chaotischen und zerstörerischen Ausbruch reagiert. Die Folge ist eine Zunahme der geistigen Erkrankungen besonders in protestantischen Ländern – eine Tatsache, auf die Tillich mehrfach hinweist.

Dieser Intellektualisierung der Religion entspricht auch die Gestalt der protestantischen Kirche. Entweder hat sie dem protestantischen Prinzip organisatorische Gestalt gegeben und sich zur Hüterin der »reinen Lehre« gemacht, gefaßt in den Buchstaben der Bibel und verwaltet vom Amt der Kirche, oder sie ist im ewigen Protest gegen jeden konkreten religiösen Inhalt zu einer »fast gestaltlosen Gruppe« von Menschen geworden, »von profanen Menschen ohne sakramentale Qualität, in denen von Geschlecht zu Geschlecht das Bewußtsein um die menschliche Grenzsituation sich fortpflanzt«. Je spiritueller die protestantische Kirche wurde, desto mehr schaffte sie ein Vakuum für andere Kräfte, die nun in den freigewordenen Lebensraum eindrangen. Das Ergebnis war schließlich die völlige Profanisierung der Welt und das Ende der Religion. Wohl hat es der Protestantismus verstanden, einzelne religiöse Persönlichkeiten heranzubilden, aber er hat versagt bei der Erziehung der Massen. Heute – in der industriellen Massengesellschaft – kommt der Schaden des Protestantismus ans Licht.

Die Entscheidung über die Zukunft des Protestantismus wird davon abhängen, inwiefern er, aus der Kraft seines eigenen Prinzips, fähig sein wird, sich zu wandeln und sich der neuen

Situation anzupassen. Sicher ist für Tillich, daß das protestantische Zeitalter in seiner bisherigen Form zu Ende ist und der Protestantismus nach einer neuen Synthese suchen muß. Wie das neue kommende Zeitalter aussehen wird, läßt sich noch nicht exakt beschreiben. Nur so viel läßt sich sagen, daß es weder eine Rückkehr zum katholischen Zeitalter noch eine Wiederholung des Urchristentums, noch der Schritt zu einer neuen Form von Profanität sein wird: »Es ist etwas jenseits all dieser Formen, eine neue Form des Christentums, die erwartet und vorbereitet werden muß, aber noch nicht benannt werden kann.« Durch Nachdenken über die Forderung der Situation und über den Inhalt der christlichen Botschaft lassen sich jedoch bereits heute einige Elemente nennen, die sicher auftauchen werden. Und so wagt Tillich es, wenn auch nicht ein fertiges Bild, so doch eine erste flüchtige Skizze des »*nachprotestantischen Zeitalters*« zu geben. Er nennt dabei meistens drei Elemente als »Postulate an die Zukunft«[18].

Auch in der nachprotestantischen Ära muß auf jeden Fall das *prophetisch-protestantische Prinzip* erhalten bleiben.[19] Der Protest gegen jede Macht, die für sich absoluten oder göttlichen Charakter beansprucht, sei es ein Staat, ein Führer, eine Partei oder eine Kirche, ist heute nötiger denn je, da sich unter dem Druck des neuen Kollektivismus überall neue totalitäre Mächte und Autoritäten geltend machen. Das protestantische Prinzip darf heute aber nur die Form eines Korrektivs und nicht eines kirchengründenden Konstitutivs haben. Nachdem so lange Zeit die kritisch-trennende Gewalt des protestantischen Prinzips vorgeherrscht hat, kommt es heute darauf an, seine aufbauende und einigende Kraft zu betonen.

Das führt zu Tillichs zweitem und wichtigstem Postulat an einen zukünftigen Protestantismus, welches von der gegenwärtigen protestantischen Kirche die stärkste Änderung verlangt. Es läßt sich auf die Formel bringen: neue Gestaltwerdung durch *Sakramente* und *Symbole*.[20] Worauf es ankommt, ist, die bloße gestaltlose Verkündigung durch das Wort, die sich an den Intellekt wendet und den Willen aufruft und damit die Kirche zur Schule oder zu einem humanitären Unternehmen macht, durch lebendige und konkrete »Gestalten der Gnade« zu ergänzen. Und eben dies erhofft sich Tillich von einer Erneuerung des sakramentalen und symbolischen Denkens im Protestantismus. Sakramente und Symbole ergreifen den ganzen Menschen, nicht nur sein bewußtes, sondern auch sein unbewußtes Sein. Sie sind ein

Ausdruck dafür, daß das Sein vor dem Sollen kommt, die heilige Wirklichkeit vor der sittlichen Forderung, die Gnade vor dem Glauben, die Kirche vor der Frömmigkeit des Einzelnen – kurzum, daß das Christentum Religion und nicht Moral ist. Es ist die Gegenwart Gottes, die durch die Symbole und Sakramente repräsentiert wird. Und darum gehört für Tillich zu den Forderungen an einen zukünftigen Protestantismus auch die »Mystik«: »Ein Protestantismus, in dem Meditation und Kontemplation, Ekstase und ›mystische Vereinigung‹ keinen Raum mehr haben, hat aufgehört, Religion zu sein; er ist zu einem intellektuellen und moralischen System in traditionellen religiösen Begriffen geworden.«

Angesichts der Herausforderung, die die industrielle Massengesellschaft an die Kirchen richtet, sieht Tillich an dieser Stelle eine »Schicksalsfrage« für den Protestantismus: »Die aufgelösten Massen brauchen Symbole, die unmittelbar verständlich sind, ohne Umweg über den Intellekt.« Ob es künftig noch Protestantismus geben wird oder nicht, wird weithin davon abhängen, ob es dem Protestantismus gelingt, solche Symbole neu zu gewinnen. Dabei ist Tillich sich darüber im klaren, daß er mit dieser Forderung an das Unverfügbare rührt. Aber er traut es der göttlichen Gnade zu, daß sie sich in immer neuen Gestalten realisiert.

Die Erneuerung des sakramental-symbolischen Denkens bedeutet jedoch keine neue Trennung von sakraler und profaner Sphäre. Die *Profanität* bleibt auch für einen zukünftigen Protestantismus verbindlich. Ausdrücklich nennt Tillich daher die Profanität als sein drittes Postulat.[21] Damit bleibt auch für die nach- oder überprotestantische Ära alles das in Geltung, was Tillich über den »gläubigen Realismus«, über die »Religion« und über die Beziehung zwischen »Religion und Kultur« sagt: Es gilt, das Unbedingte im Bedingten, die Transzendenz im Diesseits zu erfahren, also die Wirklichkeit Gottes nicht über oder außerhalb der Wirklichkeit der Welt zu suchen und zu finden, sondern in der Wirklichkeit der Welt, als ihre letzte, wahre Wirklichkeit.

Prophetisch-kritisch, sakramental-mystisch, profan-universal – das sind nach Tillich die wichtigsten Strukturelemente einer neuen christlichen Frömmigkeit und Kirche: »Mit der Verwirklichung dieser Forderungen würde eine neue Ära des Christentums beginnen, die nicht unprotestantisch aber nachprotestantisch wäre.« Tillich bezeichnet dieses neue Christentum als »evangelischen Katholizismus«[22]. Der Ausdruck soll besagen, daß es sich nicht um eine Wiederholung des mittelalterlichen Katholizismus handelt, sondern um einen neuen Katholizismus, der sowohl den mittelalterlichen Katholizismus als auch den Protestantismus und den Humanismus in sich hat, aber über alle drei hinaus ist. Dabei denkt Tillich offensichtlich nicht an eine neue einheitliche Kirche, sondern vielmehr an eine ökumenische Frömmigkeit, die in allen Kirchen zu Hause ist. Darauf weist auch die Art hin, wie er sich die Verwirklichung des nachprotestantischen Christentums denkt. Sie muß von einer »avantgardistischen Gruppe« getragen sein, die, vom großkirchlichen Protestantismus relativ distanziert, in der soziologischen Form einer geschlossenen Bewegung, in einem Orden oder Bund, die Struktur des Kommenden religiös, politisch und geistig vorbereitet: »Wenn es eine solche Bewegung gäbe, würde das Ende des protestantischen Zeitalters noch nicht gekommen sein!« Der Gedanke an »eine Art Orden oder Bund« taucht bei Tillich mehrfach auf, wenn er über die Zukunft des Protestantismus nachdenkt.[23] Er mutet wie eine Mischung aus Resignation und Utopie an: als ob Tillich an eine Änderung im großen nicht mehr glaubte und darum in den kleinen Kreis flieht, wobei er vergessen zu haben scheint, daß auch der kleine Kreis der »Religiösen Sozialisten« nach dem Ersten Weltkrieg einst ohne geschichtliche Wirkung im Großen geblieben ist.

Aber selbst wenn das Ende des Protestantismus gekommen sein sollte, so würde dies nach Tillich noch nicht das Ende des protestantischen Prinzips bedeuten. Im Gegenteil, es würde gerade eine Auswirkung des protestantischen Prinzips, eine Folge seines prophetischen Protestes sein und damit die Ankündigung einer neuen Manifestation seiner Wahrheit und Macht. In diesem Sinne teilt Tillich die Ansicht Schleiermachers: »Die Reformation geht noch fort.«[24]

Der Kairos

Tillichs Nachdenken über die Zukunft des Protestantismus hat sich, die Grenzen des bloß Kirchlichen und Theologischen hinter sich lassend, immer mehr zu einer Deutung der geistigen und religiösen Situation der Menschheit im 20. Jahrhundert ausgeweitet. Immer stärker ist Tillich zu einem protestantischen Geschichtsdenker und prophetischen Deuter der Zeit geworden. Getrieben von der Liebe zu den Zeitgenossen und geleitet von seiner Methode der Korrelation, die nach der geschichtlichen »Situation« fragt, um auf sie die Antwort der ewigen Botschaft zu geben, hat er stets aufs neue über das Schicksal des Menschen in unserer Zeit nachgedacht, geredet und geschrieben. Dabei ist sein Urteil immer dunkler, kritischer und tiefer, seine Hoffnung zugleich aber immer universaler und radikaler, man kann beinahe sagen, verzweifelter geworden. Das zeigt ein Vergleich zwischen seiner Beurteilung der geistig-religiösen Situation nach dem Ersten und nach dem Zweiten Weltkrieg. Er ist zugleich höchst aufschlußreich für den Weg, den die protestantische Theologie in diesem Zeitraum genommen hat.

Leiten läßt Tillich sich bei seinen verschiedenen Deutungen der geistig-religiösen Situation nach dem Ersten und dem Zweiten Weltkrieg von seinem Begriff des »Kairos«, der den charakteristischsten Ausdruck seines protestantischen Geschichtsdenkens bildet.[25] Entsprechend dem griechischen Sprachgebrauch unterscheidet Tillich zwischen »Chronos«, der meßbaren, von der regelmäßigen Bewegung der Gestirne beherrschten Uhrzeit, und »Kairos«, dem einmaligen, vom Schicksal bestimmten geschichtlichen Augenblick, und er füllt den Begriff »Kairos« mit prophetisch-christlichem Inhalt. Kairos ist die »erfüllte Zeit«, der Augenblick, da das Ewige in das Zeitliche einbricht, es erschüttert und umwendet und es bereitet, das Ewige zu empfangen, der Augenblick, da das Bedingte sich selbst aufhebt und sich zum Organ für das Unbedingte macht. Im Kairos geschieht Krisis und Schöpfung zugleich – Krisis, indem eine alte, dämonisch gewordene Wirklichkeitsstruktur angegriffen und zerbrochen wird; Schöpfung, indem eine neue, heile Wirklichkeitsstruktur vorbereitet wird und entsteht. Das Urbild eines jeden Kairos ist für den christlichen Glauben die Erscheinung Jesu als des Christus. Sie bildet die »Mitte der Geschichte«, wo in einer konkreten Wirklichkeit das »sinngebende Prinzip« anzuschauen ist, das der ganzen Geschichte, vom Anfang bis zum Ende, ihren Sinn gibt. Was in diesem einmaligen, besonderen und universalen Kairos geschehen ist, das wiederholt sich, in »abgeleiteter Form«, in jedem Wendepunkt der Geschichte, »Zentren« von geringerer Bedeutung schaffend, von denen die Periodisierung der Geschichte ausgeht. Von jedem Kairos gilt, daß in ihm »das Reich Gottes nahe herbeigekommen ist«, denn in jedem Kairos vollzieht sich eine unwiederholbare einmalige Entscheidung für oder gegen das Unbedingte. Ein solcher Kairos braucht nicht ein Zeitalter besonderer äußerer Frömmigkeit zu sein, aber er ist ein Zeitalter, das dem Unbedingten zugewandt und geöffnet ist, durchdrungen und geleitet von dem Bewußtsein der Gegenwart des Unbedingten in allen kulturellen Formen und Funktionen, kurzum ein »theonomes Zeitalter«, bestimmt durch die unmittelbare Hinwendung zum Göttlichen und die Offenheit für das Göttliche.

Als einen solchen Kairos hat Tillich die Zeit nach dem *Ersten Weltkrieg* gedeutet und erlebt.[26] Es war »ein erfüllter geschichtlicher Augenblick«, »trächtig von schöpferischen Möglichkeiten«. Er gab Tillich und seinen Freunden den Impuls, die religiös-sozialistische Bewegung zu begründen. Der *Religiöse Sozialismus* verstand sich als »der Deutungs- und Gestaltungsversuch des Sozialismus vom Standpunkt der Theonomie, vom Kairos her«. Radikaler und revolutionärer als der politische Sozialismus wollte er die Kritik an den bestehenden Verhältnissen bis in jene Tiefe und bis zu jenem Punkt vorantreiben, wo sich vom Unbedingten her die Krisis zeigt und der Kairos ins Bewußtsein tritt. Die Hoffnung der Religiösen Sozialisten ging auf ein neues »theonomes Zeitalter«. Anlaß zu dieser Hoffnung gab ihnen der Zusammenbruch der bürgerlich-idealistischen Kultur und des Bündnisses der protestantischen Kirche mit ihr. Dadurch schien die Möglichkeit gegeben zu sein, die tiefe Kluft zwischen der sozial-politischen Revolution und der kirchlichen Tradition, überhaupt zwischen profaner Kultur und Religion zu schließen. Aber das Unternehmen mißlang. Die Geschichte hat gezeigt, daß es für einen solchen Versuch zu spät war. Auf politischem und sozialem Gebiet erwies es sich als unmöglich, den Materialismus der Arbeiterparteien zu zerbrechen: »Die alte Garde siegte über uns und über die Jugend ihrer eigenen Bewegung.« Im religiösen Bereich aber bildete sich eine »Neoorthodoxie« in der Form der dialektischen Theologie.

Haben sich die Religiösen Sozialisten also getäuscht, wenn sie glaubten, nach dem Ersten Weltkrieg einen Kairos, eine »Zeitenfülle« erlebt zu haben? Auf diese Frage gibt Tillich die paradoxe Antwort: »Wir irrten und wir irrten nicht.« Die Botschaft vom Kairos ist »immer ein Irrtum«, weil sie in unmittelbarer Nähe sieht, »was ideal betrachtet nie Wirklichkeit wird und real betrachtet sich in langen Zeiträumen erfüllt«; und die Botschaft vom Kairos ist »nie ein Irrtum«, weil, wer sie verkündigt, schon vom Kairos ergriffen und der Kairos also schon gegenwärtig ist.

Nach dem *Zweiten Weltkrieg* hat es für Tillich kein derartiges »ekstatisches Erlebnis« gegeben wie nach dem Ersten. Das

Dunkel war größer als das Licht, und an die Stelle einer »utopischen Hoffnung« trat ein »zynischer Realismus«. Aber dazu kam ein neues, entscheidendes Element: das war die »*Erfahrung des Endes*«. Tillich schreibt im Rückblick auf die Zeit nach dem Ersten Weltkrieg: »Wir sahen mehr auf den Anfang des Neuen als auf das Ende des Alten. Wir vergegenwärtigten uns nicht den Preis, den die Menschheit für das Kommen einer neuen Theonomie zu bezahlen hat, wir glaubten noch an Übergänge ohne Katastrophen. Wir sahen nicht die Möglichkeit von Endkatastrophen, wie die wahren Propheten, die Propheten der letzten Tage, sie ankündigten. Deshalb hatte unsere theonome Deutung der Geschichte einen leichten Anflug von Romantik. Dies ging zu Ende, weil das Ende selbst wie ein Blitzschlag vor unseren Augen erschien ... Herrschte nach dem Ersten Weltkrieg die Stimmung eines neuen Anfangs vor, so nach dem Zweiten Weltkrieg die Stimmung des Endes.«[27]

Was sich Tillich nach dem Zweiten Weltkrieg überall aufdrängt, ist die »*Erfahrung der Leere*«, ein Mangel an Letztgültigkeit und Unbedingtheit in allen Bereichen der menschlichen Existenz, in Sprache und Erziehung, in Politik und Philosophie, in der Entwicklung der Persönlichkeiten wie im Leben der Gemeinschaften. Den Grund für die Erfahrung des »Endes« und der »Leere« sieht Tillich in dem »Verlust der Dimension der Tiefe«.

Aber gerade damit scheint Tillich die Möglichkeit für einen neuen Kairos gekommen zu sein: Gerade das Ende kann in einen neuen Anfang umschlagen, gerade in der Leere kann eine Verheißung liegen. Die Leere kann zur »heiligen Leere« werden, zu einem Vakuum, aus dem heraus, wie einst aus dem Nichts, eine neue Schöpfung möglich wird. Die Einsicht, daß wir die Dimension der Tiefe verloren haben, kann bereits eine Wendung zu ihr hin bedeuten: »Wer versteht, daß er von dem Sinngrund seines Lebens getrennt ist, ist durch dieses Verstehen in gewissem Sinne mit ihm vereint.« Darum tut uns nichts so not wie die radikale Erkenntnis unserer religiösen Situation, ohne die Versuchung, sie durch falsche Hoffnungen und Utopien zu verdecken, uns durch ein eventuelles Anwachsen des Kirchenbesuches oder einer sonstigen Zunahme an kirchlichen Aktivitäten täuschen zu lassen. Gerade solche äußeren kirchlichen Erfolge könnten eine Bestätigung der Tatsache sein, daß uns die wahre religiöse Dimension abhanden gekommen ist. Wenn es heute, nach dem Zweiten Weltkrieg, überhaupt die Möglichkeit eines Kairos gibt, dann liegt sie in der Anerkennung des »Endes« und der »Leere«[28].

In diesem Sinne hat Tillich während seiner letzten Gastprofessur im Sommersemester 1961 in Hamburg über die »*Abwesenheit Gottes*« in unserer Zeit gepredigt: »Wir leben in einer Periode, in der Gott für uns der abwesende Gott ist.« Was ist der Grund dafür? Zunächst zählt Tillich die üblichen Gründe für die Abwesenheit Gottes auf: unser Widerstand, unsere Gleichgültigkeit, unser Mangel an Ernst, unser echter oder zynischer Zweifel. Aber die letzte gültige Antwort auf die Frage, warum Gott abwesend ist, lautet anders: »Der Grund der Abwesenheit Gottes liegt in Gott selbst. Es ist das Werk des göttlichen Geistes selbst, daß Gott unserer Sicht entrückt wird, nicht nur einzelnen Menschen, sondern auch ganzen Zeiten... Der Geist Gottes verbirgt Gott unserem Blick.« Aber eben darin, daß Gott sich vor uns verbirgt, kann die Möglichkeit für eine Peripetie und damit für einen neuen Kairos liegen: »Wenn wir Gott als den Abwesenden erfahren, *wissen* wir um ihn; wir erleben sein Nicht-bei-uns-Sein als eine leere Stelle, wie sie bleibt, wenn jemand oder etwas, das zu uns gehörte, uns verlassen hat... Und dann mag wohl der Abwesende zurückkehren und den Platz einnehmen, der ihm gehört, und die Gegenwärtigkeit des göttlichen Geistes mag wieder in unser Bewußtsein einbrechen, uns aufweckend zur Erkenntnis dessen, was wir sind, uns erschütternd und verwandelnd.«[29]

Diese Erfahrung der »Abwesenheit Gottes« muß heute der Kirche bei ihrem Verkündigen und Handeln gegenwärtig sein. Jede Religion hat zwei Richtungen: die Vertikale und die Horizontale; sie soll den ewigen Sinn verkündigen und die zeitliche Verwirklichung des ewigen Sinns. Lange Zeit hat die Religion – etwa der liberale Kulturprotestantismus in Europa oder die Social-Gospel-Bewegung in Amerika – ihre Kraft vornehmlich der Horizontalen gewidmet und die Vertikale darüber nahezu vergessen, und sie tut es, teilweise sogar erneut, bis auf diesen Tag. Sie gibt politische, ökonomische, soziale und kulturelle Ratschläge, aber sie droht darüber zu sehr ihre eigentliche Botschaft zu vergessen, das Eine, das allein not ist: das Neue Sein, das Ewige und Unbedingte. Wohl soll die Religion in unsere gegenwärtige Situation hineinsprechen, aber was sie sagt, soll eine fremde Botschaft sein; wichtiger als die Horizontale ist heute die Vertikale: »Wenn die Religion nur in der Weise zu uns spräche, wie jede Zeitung, jedes Radio, jeder Redner – wenn sie sich nur in den üblichen Gleisen der öffentlichen Meinung bewegte, würde es nicht verlohnen, ihr zuzuhören. Wenn die

Religion nur eine Zutat zu allem wäre, schwärmerische Begeisterung, etwas größere Sicherheit oder würdevolle Verbrämung von etwas, was auch sonst, mit oder ohne Religion, getan wird, dann würde sie überhaupt keine Bedeutung mehr haben, weder für die Gegenwart noch für irgendeine Zeit. Wenn die Religion aufhörte, das geistige Schwert zu sein, das alle menschliche Begeisterung, Sicherheit und Würde durchschlägt und richtet, wandelt und über sie hinausgreift, dann würde sie durch die fortschreitende Zivilisation hinweggefegt werden und sollte sobald als möglich als ein nutzloser und schädlicher Ballast verschwinden.«[30]

Die Frage, die heute gewöhnlich gestellt wird, lautet: »Was sollen wir tun?« Aber diese gewöhnliche Frage muß von der ungewöhnlichen Frage beantwortet werden: »Von wo empfangen wir etwas?« Die Menschen müssen wieder verstehen lernen, daß man nichts tun und geben kann, wenn man nichts empfangen hat. Und auch die Kirche muß dies wieder lernen, wenn sie eine Botschaft für den Menschen der Gegenwart haben will: »Die Religion ist in erster Linie eine geöffnete Hand, eine Gabe entgegenzunehmen, und erst in zweiter Linie eine tätige Hand, Gaben auszuteilen.«[31]

Wenn aber die Religion in erster Linie eine geöffnete Hand ist, Gaben entgegenzunehmen, dann muß diese Hand vor allem leer sein, dann müssen auch die Christen bereit sein, ihr ganzes Wissen von Gott, das sie zu besitzen meinen, preiszugeben und auf Gott zu warten. Aber nichts fällt den Menschen so schwer, wie auf Gott zu warten. Immer sind sie dabei, sich selbst ein Bild von Gott zu schaffen, statt darauf zu warten, wie er selber ist, und daß er kommt: »Durch nichts ist unser religiöses Leben mehr gekennzeichnet als durch diese selbstgeschaffenen Gottesbilder. Ich denke an den Theologen, der nicht auf Gott wartet, weil er ihn, in ein Lehrgebäude eingeschlossen, besitzt. Ich denke an den Theologiestudenten, der nicht auf Gott wartet, weil er ihn, in ein Buch eingeschlossen, besitzt. Ich denke an den Mann der Kirche, der nicht auf Gott wartet, weil er ihn, in eine Institution eingeschlossen, besitzt. Ich denke an den Gläubigen, der nicht auf Gott wartet, weil er ihn, in seine eigene Erfahrung eingeschlossen, besitzt. Es ist nicht leicht, dieses Nicht-Haben Gottes, dieses Warten auf Gott zu ertragen. Es ist nicht leicht, Sonntag für Sonntag zu predigen, ohne den Anspruch zu erheben, Gott zu besitzen und über ihn verfügen zu können. Es ist nicht leicht, Kindern und Heiden, Skeptikern und Atheisten Gott zu verkündigen und ihnen gleichzeitig klarzumachen, daß wir selbst Gott nicht besitzen, daß auch wir auf ihn warten. Ich bin überzeugt, daß ein großer Teil des Widerstandes gegen das Christentum daher rührt, daß die Christen, offen oder versteckt, den Anspruch erheben, Gott zu besitzen, und daher das Element der Erwartung verloren haben ... Wir sind stärker, wenn wir warten, als wenn wir besitzen.«[32]

Gott nicht besitzen, sondern auf Gott warten; auch das Christentum haben, als hätte man es nicht – das ist die Spitze der Theologie Paul Tillichs; es ist zugleich die Unruhe in der ganzen protestantischen Theologie des 20. Jahrhunderts. Weil in unserer Zeit zahlreiche Menschen – Theologen und Nichttheologen – bereit waren, ihr überliefertes Wissen von Gott mit der gewandelten Wirklichkeit der Welt zu konfrontieren, es preiszugeben und auf Gott zu warten, darum hat es in der protestantischen Theologie seit dem Ersten Weltkrieg so viel Bewegung gegeben wie, abgesehen von den Naturwissenschaften, in keiner anderen wissenschaftlichen Disziplin. Wir haben damit einen Weg betreten, von dem wir noch nicht wissen, wo er hinführt. Wenn man den Menschen am Ende des Mittelalters, die sich ähnlich nach einem neuen Reden von Gott sehnten, gesagt hätte, daß dies bei der Reformation Martin Luthers enden würde, sie hätten erschrocken die Hände über dem Kopf zusammengeschlagen und ausgerufen: »Nur das nicht!« So wird es auch uns gehen.

Alles neue Reden von Gott in unserer Zeit sind erst tastende Versuche. Aber selbst wenn es der Theologie gelänge, das Fragen unserer Zeit nach Gott neu zu beantworten, würde dies wiederum nur eine vorübergehende Antwort sein. Denn nur das Evangelium ist ewig, die Theologie aber ist zeitlich; sie muß immer neu das ewige Evangelium in die sich wandelnde Zeit hinein übersetzen. Darum wird der Dom, an dem die Theologen bauen, niemals fertig, und er darf niemals fertig werden, wenn er wirklich ein Dom sein soll, in dem Gott verkündigt und angebetet wird. Auch hier gilt: »Gott wohnt nicht in Tempeln mit Händen gemacht.« Und wiederum: »Du sollst dir von Gott kein Bild oder Gleichnis machen.« Der Schlußstein im Gewölbe darf nicht gesetzt werden, wenn der Himmel hereinschauen soll (W. v. Loewenich). Weil aber der Schlußstein, der das Gewölbe trägt und hält, nicht gesetzt werden darf, darum stürzt das Gewölbe immer wieder ein, darum ist alle Theologie immer wieder zum Scheitern verurteilt. Es ist die Größe ihres Gegenstandes, woran die Theologie scheitert. Dennoch können wir mit ihr nicht aufhören und dürfen wir mit ihr nicht aufhören. Wir müssen den Bau immer aufs neue beginnen, wir müssen immer wieder aufs neue das Unerhörte wagen, das darin besteht, daß Menschen – sündige, endliche, unvollkommene, sterbliche Menschen – es wagen, mit ihren Worten von Gott zu reden. Auch hier kann Gottes Gnade allein gutmachen, was der Mensch auf alle Fälle schlecht macht. Gott muß uns auch unsere Theologie vergeben, vielleicht nichts so sehr wie unsere Theologie.

Anmerkungen

Erstes Kapitel: Die große Wende

1 Karl Barth, Evangelische Theologie im 19. Jahrhundert; in: Theol. Studien, H. 49, Zollikon-Zürich (1957), S. 6.
2 Eduard Thurneysen, Die Anfänge; in: Antwort. Festschrift zu Karl Barths 70. Geburtstag, Zollikon-Zürich (1956), S. 831. – Karl Barth, Der Römerbrief, 9. Abdruck der neuen Bearbeitung, Zollikon-Zürich (1954), S. XIII.
3 Vgl. hierzu und zum Ganzen bes. Karl Barth, Das Wort Gottes als Aufgabe der Theologie; in: Anfänge der dialektischen Theologie I, hrsg. von Jürgen Moltmann, München (1962), S. 197ff.
4 Ebendort, S. 199.
5 Diese und die anderen Briefstellen aus dem Briefwechsel zwischen Barth und Thurneysen mitgeteilt von E. Thurneysen, a.a.O., S. 838ff.
6 Vgl. hierzu und zum folgenden Römerbrief, Vorwort zur 2. Auflage.
7 Das Wort Gottes und die Theologie. Ges. Vorträge, München (1924), S. 28.
8 Mitgeteilt von Georg Merz, Wege und Wandlungen, München (1961), S. 212.
9 Biblische Fragen, Einsichten und Ausblicke (1920); in: Anfänge der dialektischen Theologie I, S. 55ff.
10 Vgl. zum Ganzen die Vorworte zu den verschiedenen Auflagen des ›Römerbriefs‹ und Biblische Fragen, Einsichten und Ausblicke, bes. S. 55.
11 E. Thurneysen, a.a.O., S. 845.
12 Biblische Fragen, Einsichten und Ausblicke, S. 55; Römerbrief, S. XVI.
13 Römerbrief, S. V.
14 S. XII.
15 Anfänge der dialektischen Theologie I, S. 119ff.
16 Römerbrief, S. XIII.
17 S. 315.
18 S. 13, 16, 68, 88.
19 Hans Urs von Balthasar, Karl Barth, Darstellung und Deutung seiner Theologie, Köln (1951), S. 182.
20 Friedrich Gogarten, Der Zerfall des Humanismus und die Gottesfrage, Stuttgart (1937), S. 13ff.
21 Gustaf Wingren, Die Methodenfrage der Theologie, Göttingen (1957), bes. S. 114f.
22 G. C. Berkouwer, Der Triumph der Gnade in der Theologie Karl Barths, Neukirchen (1957), S. 14ff.
23 Kirchenblatt f. d. ref. Schweiz, 1940, S. 100.
24 Römerbrief, S. 295f.
25 Anfänge der dialektischen Theologie I, S. 205f.
26 Dank und Reverenz; in: Ev. Theol., 23. Jg. (1963), S. 337ff.
27 Zum folgenden: Römerbrief, S. 5f., 14, 59, 66, 72f., 86, 105, 114, 122f., 136f., 175f., 182ff., 186, 215f. – Das Wort Gottes und die Theologie. Ges. Aufsätze I, München (1924), S. 99, 205.
28 Römerbrief, S. 243.
29 Ges. Aufsätze I, S. 342. Zum folgenden: ebendort, S. 82ff.; Anfänge der dialektischen Theologie I, S. 9ff., 212ff., 216f.; Römerbrief, S. 155, 487ff.
30 Hans Urs von Balthasar, a.a.O., S. 91.
31 Paul Tillich, Kritisches und positives Paradox. Eine Auseinandersetzung mit K. Barth und F. Gogarten (1923); jetzt in: Ges. Werke VII, Stuttgart (1962), S. 216ff.; vgl. dazu P. Tillich, Kairos II (1926), Ges. Werke VI, S. 32f.

[32] Römerbrief, S. 53, 69.
[33] Ges. Aufsätze I, S. 59.
[34] Zum »Glauben«: Römerbrief, S. 9, 14, 17, 32, 68, 84ff., 126ff., 159, 207, 238f., 275, 279, 299; Anfänge der dialektischen Theologie I, S. 65f.
[35] Zur »Ethik«: Römerbrief, S. 275 und 410–459, bes. 416ff., 420, 447ff., 451, 455.
[36] Zum folgenden: Römerbrief, S. 459–475, bes. 461f., 464–469, 471–475, 476f., 486.
[37] Zum folgenden: Römerbrief, S. 25f., 112f., 145, 152, 190, 217ff., 222f., 235, 249f., 394.
[38] Zum folgenden: Römerbrief, S. 105, 162ff., 234f., 240f., 249ff., 252.
[39] Zum folgenden: Römerbrief, S. 316ff., 352, 357, 362, 371f., 375, 390; Anfänge der dialektischen Theologie I, S. 51.
[40] Zum folgenden: Römerbrief, S. 105, 317ff., 320f., 325f., 329, 359, 378; Anfänge der dialektischen Theologie I, S. 62.
[41] Karl Barth, Die protestantische Theologie im 19. Jahrhundert. Ihre Vorgeschichte und ihe Geschichte, Zollikon-Zürich (1947), S. 381.
[42] Ebendort, S. 380.
[43] Hans Urs von Balthasar, a.a.O., S. 210.
[44] Siehe dazu Agnes von Zahn-Harnack, Adolf von Harnack, Berlin (1936), S. 531ff.
[45] Abgedruckt in: Karl Barth, Theologische Fragen und Antworten. Ges. Vorträge III, Zollikon (1957), S. 7ff.
[46] Eduard Thurneysen, Abschied von ›Zwischen den Zeiten‹; in: Anfänge der dialektischen Theologie II, S. 322.
[47] Römerbrief, S. XXV.
[48] Anfänge der dialektischen Theologie II, S. 95ff.
[49] Anfänge der dialektischen Theologie II, S. 335; I, S. 319; Rudolf Bultmann, Glauben und Verstehen, Ges. Aufsätze I, Tübingen (1933), S. 2; Anfänge der dialektischen Theologie II, S. 289f.
[50] Anfänge der dialektischen Theologie I, S. 268f.; II, S. 110; Bultmann, Glauben und Verstehen I, S. 118.
[51] Friedrich Gogarten, Die religiöse Entscheidung (1921), S. 20; Anfänge der dialektischen Theologie I, S. 269f.; II, S. 281.
[52] Anfänge der dialektischen Theologie I, S. 262; II, S. 120; R. Bultmann, Glauben und Verstehen I, S. 15.
[53] So Friedrich Gogarten 1921 in einem Offenen Brief an Emil Fuchs, Anfänge der dialektischen Theologie II, S. 124.
[54] Eduard Thurneysen, Die Anfänge; in: Festschrift zu Karl Barths 70. Geburtstag, S. 858; Georg Merz, Wege und Wandlungen, S. 244.
[55] Friedrich Gogarten, Zur Geisteslage des Theologen. Noch eine Antwort an Paul Tillich; in: Tillich, Ges. Werke VII, S. 246.
[56] Anfänge der dialektischen Theologie II, S. 101ff.
[57] Zitiert von Jürgen Moltmann, Anfänge der dialektischen Theologie II, S. 94.
[58] Anfänge der dialektischen Theologie II, S. 134ff.
[59] Klaus Scholder, Neuere deutsche Geschichte und protestantische Theologie; in: Ev. Theol., 23. Jg. (1963), S. 510ff.
[60] Friedrich Gogarten, Gericht oder Skepsis. Eine Streitschrift gegen Karl Barth, Jena (1937), S. 13.
[61] Rudolf Otto, Das Heilige. Über das Irrationale in der Idee des Göttlichen und sein Verhältnis zum Rationalen, 23.–25. Aufl. München (1963), S. 102f.
[62] Ebendort, S. 119f., 122, 133.
[63] S. 21.
[64] S. 123, 126.
[65] S. 165.

⁶⁶ Vgl. dazu Heinz Zahrnt, Es begann mit Jesus von Nazareth. Die Frage nach dem historischen Jesus, 5. Aufl. Stuttgart und Berlin (1964), S. 44ff.
⁶⁷ Rudolf Bultmann, Jesus Christus und die Mythologie, Stundenbuch Nr. 47, Hamburg (1964), S. 9.
⁶⁸ Vgl. dazu Heinz Zahrnt, a.a.O., S. 79ff.
⁶⁹ Karl Holl †. Zwei Gedächtnisreden von A. von Harnack und H. Lietzmann. Bonn (1926), S. 4.
⁷⁰ Ebendort, S. 5.

Zweites Kapitel: Trennungen und Scheidungen

¹ Zum folgenden Karl Barth, Theologische Existenz heute, H. 1, München (1933), S. 3, 4f., 13, 21, 39.
² Karl Barth, Abschied von ›Zwischen den Zeiten‹; in: Anfänge der dialektischen Theologie II, S. 316.
³ So bereits am 18./19. 12. 1922 in einem Brief an E. Thurneysen.
⁴ Anfänge der dialektischen Theologie II, S. 316, 318.
⁵ Am 7. 10. 1922 an Thurneysen.
⁶ Friedrich Gogarten, Historismus; in: Zwischen den Zeiten, 2. Jg. (1924), Heft 8, S. 7ff.
⁷ Anfänge der dialektischen Theologie II, S. 315, 317.
⁸ Ebendort, S. 321ff.
⁹ Emil Brunner, Natur und Gnade, 2. Aufl. Tübingen (1935), S. 3f.
¹⁰ Emil Brunner, Die Grenzen der Humanität (1922); in: Anfänge der dialektischen Theologie I, S. 272.
¹¹ Emil Brunner, Die Mystik und das Wort, Tübingen (1924), S. 10.
¹² Emil Brunner, Natur und Gnade, S. 11f.
¹³ Ebendort, S. 10.
¹⁴ S. 43.
¹⁵ S. 59.
¹⁶ Zitiert von Wenzel Lohff, Paul Althaus; in: Theologen unserer Zeit, hrsg. von Leonhard Reinisch, München (1960), S. 65f.
¹⁷ Paul Althaus, Grundriß der Dogmatik, 1. Teil, 2. Aufl. Erlangen (1936), S. 13.
¹⁸ Ebendort, S. 28, 30.
¹⁹ S. 17f.
²⁰ Karl Barth, Nein! Antwort an Emil Brunner, Theologische Existenz heute, Nr. 14, München (1934), S. 12–13.
²¹ Ebendort, S. 57f.
²² Karl Barth, Die Not der evangelischen Kirche; in: Der Götze wackelt, hrsg. von Karl Kupisch, Berlin (1961), S. 61f.
²³ Ebendort, S. 56.

Drittes Kapitel: Siehe da, der Mensch!

¹ Emil Brunner, Autobiographische Skizze; in: Reformatio, 12. Jg. (1963), S. 642.
² Ebendort.
³ Zitiert nach Wenzel Lohff, Emil Brunner; in: Theologen unserer Zeit, München (1960), S. 42.
⁴ Autobiographische Skizze, S. 639.

⁵ Emil Brunner, Der Mensch im Widerspruch, Zürich (1937); Studienausgabe: Gott und sein Rebell. Eine theologische Anthropologie; in: Rowohlts Deutsche Enzyklopädie Nr. 62, S. 8, 10, 31 f.
⁶ Ebendort, S. 7, 14 f.
⁷ S. 40, 60 f.
⁸ Emil Brunner, Wahrheit als Begegnung, 1938, 2. Aufl. Zürich (1963), S. 165.
⁹ Ebendort, S. 164.
¹⁰ S. 167.
¹¹ S. 20 f.
¹² S. 114; vgl. Das Mißverständnis der Kirche, Stuttgart (1951), S. 15.
¹³ Das Mißverständnis der Kirche, S. 82 f.
¹⁴ Ebendort, S. 110.
¹⁵ Wahrheit als Begegnung, S. 187.
¹⁶ Das Mißverständnis der Kirche, S. 111.
¹⁷ Wahrheit als Begegnung, S. 46.

Viertes Kapitel: Gott über sich selbst

¹ Karl Barth, Die Menschlichkeit Gottes; in: Theol. Studien, H. 48, Zollikon-Zürich (1956).
² Ebendort, S. 7 f.
³ S. 4.
⁴ S. 10.
⁵ S. 10, 18, 19.
⁶ S. 22; Evangelische Theologie im 19. Jahrhundert, a. a. O., S. 3.
⁷ Kirchliche Dogmatik III/4, Vorwort. – Parergon. Karl Barth über sich selbst; in: Ev. Theol., 8. Jg. (1948/49), S. 268 ff. – Brechen und Bauen. Eine Diskussion 1947; in: Der Götze wackelt, hrsg. von Karl Kupisch, Berlin (1961), S. 112 f. – Dank und Reverenz; in: Ev. Theol., 23. Jg. (1963), S. 337 ff.
⁸ Der Götze wackelt, S. 113.
⁹ Karl Barth, Einführung in die evangelische Theologie, Zürich (1962), S. 8, 104 ff.
¹⁰ Parergon, S. 272.
¹¹ Hans Urs von Balthasar, a. a. O., S. 50.
¹² Kirchliche Dogmatik I/1, S. VIII.
¹³ Gerhard Gloege, Artikel ›Karl Barth‹, RGG I, 3. Auflage, Sp. 895. – Regin Prenter, Glauben und Erkennen bei Karl Barth; in: Kerygma und Dogma, 2. Jg. (1956), S. 178.
¹⁴ Emil Brunner, Der neue Barth; in: Zeitschr. f. Theol. u. Kirche, 48. Jg. (1951), S. 91.
¹⁵ Parergon, S. 272 f.
¹⁶ Abgedruckt in: Junge Kirche, 25. Jg. (1964), S. 702.
¹⁷ Parergon, S. 268 f.
¹⁸ Kirchliche Dogmatik III/1, S. 87 f.; vgl. I/1, S. 109, 116, 224, 234.
¹⁹ Einführung in die evangelische Theologie, S. 40.
²⁰ KD IV/3, S. 776; Dogmatik im Grundriß, Zollikon-Zürich (1946), S. 17.
²¹ KD I/2, S. 327 f.; vgl. S. 329 ff.
²² KD IV/1, S. 47; II/1, S. 499 f.; Dogmatik im Grundriß, S. 40.
²³ KD II/1, S. 499 f.
²⁴ KD I/2, S. 209 f.; Grundriß, S. 116 f.
²⁵ KD II/2, S. 56 f.; vgl. II/2, S. 198; III/4, S. 549 f.; IV/1, S. 203; Grundriß, S. 104.
²⁶ Parergon, S. 272.
²⁷ KD II/2, S. 57.

[28] KD IV/1, S. 85.

[29] KD III/1, S. 46, 63, 64, 261 f.; Grundriß, S. 43 ff., 66.

[30] Grundriß, S. 66, 73 f.; KD III/1, S. 82.

[31] KD III/1, S. 46, 82; KD IV/3, S. 155.

[32] KD III/1, S. 261 f.; KD IV/1, S. 8 f.; KD II/1, S. 18 ff.; Der Götze wackelt, S. 109.

[33] Grundriß, S. 66; KD IV/3, S. 173 f.; vgl. S. 155, 171.

[34] Grundriß, S. 67; KD III/1, S. 380.

[35] Karl Barth, Evangelium und Gesetz, 3. Aufl. München (1935); Theologische Existenz heute, H. 50 (1961), S. 6 f., 11 f., 13; KD II/2, S. 567.

[36] Hans Urs von Balthasar, a. a. O., S. 210.

[37] KD III/3, S. 59.

[38] KD I/1, S. VIII f.

[39] KD II/1, S. 80, 91, 211, 275.

[40] KD III/3, S. 211.

[41] Grundriß, S. 74.

[42] Briefwechsel zwischen Barth und Thurneysen, a. a. O., S. 107 (Brief vom 20. 3. 1924).

[43] KD III/2, S. 262; IV/2, S. 386 f.; Grundriß S. 31 f., 47 f., 59; KD III/1, S. 207 ff.; III/4, S. 166 ff.

[44] KD III/2, S. 47, 50; III/4, S. 45 f.; III/2, S. 158 ff.

[45] KD III/2, S. 162.

[46] So Barth 1947 in einer Diskussion (Der Götze wackelt, S. 119).

[47] Die Menschlichkeit Gottes, S. 16.

[48] Karl Barth, Humanismus; in: Theol. Studien, H. 28, Zollikon-Zürich (1950), S. 5, 6, 8 f., 11, 22.

[49] KD III/3, S. 98 f.

[50] Die Menschlichkeit Gottes, S. 13.

[51] Parergon, S. 272.

[52] Regin Prenter, Glauben und Erkennen bei K. Barth; in: Kerygma und Dogma, 2. Jg. (1956), S. 189.

[53] KD IV/1, S. 322 f.

[54] Grundriß, S. 122 f.

[55] KD II/2, S. 100.

[56] a. a. O., S. 187.

[57] KD II/2, S. 159.

[58] KD II/2, S. 13, 15, 98, 99; Gottes Gnadenwahl, Theol. Existenz heute, H. 47 (1936), S. 6, 19.

[59] KD II/2, 62 f., 124, 157.

[60] Ebendort, S. 53 f., 101, 133, 177, 181 f., 184, 350 f., 387 ff. Gottes Gnadenwahl, S. 20 ff.

[61] Gottes Gnadenwahl, S. 8; KD II/2, S. 96, 98 f., 99 f.

[62] KD II/2, S. 351, 358, 385; IV/1, S. 344; III/1, S. 212 f.

[63] KD II/2, S. 466 f.

[64] KD II/2, S. 355 f., 358 f., 529, 533.

[65] K. Barth, Die Menschlichkeit Gottes, S. 24; O. Weber/W. Kreck/E. Wolf, Die Predigt von der Gnadenwahl, Theol. Existenz heute, H. 28, München (1951), S. 7; K. Barth, Die Botschaft von der freien Gnade, Theol. Studien, H. 23, Zollikon-Zürich (1947), S. 6.

[66] Helmut Thielicke, Theologische Ethik I, 2. Aufl. Tübingen (1958), § 596c.

[67] Ebendort, § 583.

[68] KD III/1, S. 119; III/3, S. 375 f., 405 f., 417; IV/3, S. 203; Grundriß, S. 65.

[69] KD IV/1, S. 50; III/3, S. 419; III/1, S. 120.

[70] Hans Urs von Balthasar, a. a. O., S. 255 f., 380.

[71] H. Thielicke, a. a. O., § 596m.

[72] Gustaf Wingren, Die Methodenfrage der Theologie, Göttingen (1957), S. 53 f.

73 KD I/1, S. 83.
74 Mitgeteilt in: Junge Kirche, 25. Jg. (1964), S. 700.
75 KD I/2, S. 887.
76 Einführung in die evangelische Theologie, S. 198; KD III/4, S. 479ff.; IV/1, S. 18.
77 Die Menschlichkeit Gottes, S. 21; Einführung in die evangelische Theologie, S. 43f.,
   198.
78 KD IV/1, S. 317f., 321f.
79 Dietrich Bonhoeffer, Widerstand und Ergebung. Briefe und Aufzeichnungen aus der
   Haft, hrsg. von Eberhard Bethge, München (1951), S. 184f.; vgl. S. 179, 219, 221.
80 Paul Tillich, Auf der Grenze, Stuttgart (1962), S. 31f.
81 Vgl. Regin Prenter, Mündige Welt III, München (1960), S. 17, 21.
82 Amsterdamer Fragen und Antworten; in: Theol. Existenz heute, Neue Folge, Nr. 15,
   München (1949), S. 3f., 7.
83 Ebendort, S. 25ff., 29.
84 S. 8, 28.
85 Die Lehre vom Worte Gottes. Prolegomena zur Christlichen Dogmatik, München
   (1927), Vorwort, S. IX.

Fünftes Kapitel: Vom Jenseits zum Diesseits

1 Friedrich Nietzsche, Werke, 2. Bd., München (1955), S. 126ff.
2 Jean Paul, Sämtl. Werke, I. Abt./6. Bd., hrsg. von Kurt Schreinert, Weimar (1928),
   S. 247ff.
3 Martin Heidegger, Nietzsches Wort »Gott ist tot«; in: Holzwege, Frankfurt/Main
   (1950), S. 199ff. Vgl. dazu Rudolf Bultmann, Der Gottesgedanke und der moderne
   Mensch; in: Zeitschr. f. Theol. u. Kirche, 60. Jg. (1963), S. 335ff.
4 Werner Heisenberg in einem Münchener Vortrag 1954; abgedruckt in: Sonntagsblatt,
   Hamburg 1954, Nr. 24.
5 Zitiert nach Reinhold Niebuhr, Glaube und Geschichte. München (1951), S. 114.
6 Viktor von Weizsäcker, Am Anfang schuf Gott Himmel und Erde. Grundfragen der
   Naturphilosophie, Göttingen (1954), S. 26.
7 Friedrich Gogarten, Verhängnis und Hoffnung der Neuzeit. Die Säkularisierung als
   theologisches Problem, Stuttgart (1953), S. 103.
8 Dietrich Bonhoeffer, Widerstand und Ergebung. Briefe und Aufzeichnungen aus der
   Haft, hrsg. von Eberhard Bethge, München (1949), S. 178, 218.
9 Martin Heidegger, Holzwege, S. 103.
10 Friedrich Gogarten, Der Mensch zwischen Gott und Welt, Heidelberg (1952), S. 419.
11 Dietrich Bonhoeffer, a.a.O., S. 178.
12 Ebendort, S. 225.
13 S. 240f.; zum Ganzen: S. 181, 210f., 215f., 239ff.
14 C. F. von Weizsäcker, Die Tragweite der Wissenschaft, 1. Bd., Stuttgart (1964), S. 128.
15 Dietrich Bonhoeffer, a.a.O., S. 181f., 216ff., 230f., 233ff.
16 S. 231.
17 S. 217, 230.
18 S. 217f.
19 S. 236.
20 Gerhard Ebeling, Die »nicht-religiöse Interpretation biblischer Begriffe«; in: Zeitschr.
   f. Theol. u. Kirche, 52. Jg. (1955), S. 331.
21 Friedrich Gogarten, Was ist Christentum? Göttingen (1956), S. 73; Verhängnis und
   Hoffnung der Neuzeit, S. 8, 98f., 102; Der Mensch zwischen Gott und Welt, S. 118.

22 Friedrich Gogarten, Der Mensch zwischen Gott und Welt, S. 9 ff., 249 f.; Verhängnis und Hoffnung der Neuzeit, S. 25 ff., 71.

23 Verhängnis und Hoffnung der Neuzeit, S. 69.

24 Der Mensch zwischen Gott und Welt, S. 12 ff., 146 ff., 317; Verhängnis und Hoffnung der Neuzeit, S. 13 ff., 20 ff.; Entmythologisierung und Kirche, Stuttgart (1953), S. 25.

25 Der Mensch zwischen Gott und Welt, S. 28.

26 Verhängnis und Hoffnung der Neuzeit, S. 94.

27 Der Mensch zwischen Gott und Welt, S. 360 f.

28 C. F. von Weizsäcker, Die Tragweite der Wissenschaft, S. 93; vgl. S. 46 f., 92, 196.

29 F. Gogarten, Der Mensch zwischen Gott und Welt, S. 12 ff., 23 f., 317 ff., 419; Was ist Christentum?, S. 66 f., 73.

30 Der Mensch zwischen Gott und Welt, S. 117.

31 Luthers Werke, Weimarer Ausgabe XXX/2, S. 565; XXVII, S. 418; XIV, S. 553.

32 Der Mensch zwischen Gott und Welt, S. 231.

33 C. F. von Weizsäcker, Die Tragweite der Wissenschaft, S. 179.

34 F. Gogarten, Der Mensch zwischen Gott und Welt, S. 25, 180.

35 Ebendort, S. 158 f.

36 S. 419.

37 S. 334.

38 S. 341.

39 Verhängnis und Hoffnung der Neuzeit, S. 103.

40 C. F. von Weizsäcker, Die Tragweite der Wissenschaft, S. 197 f.

41 Widerstand und Ergebung, S. 104, 181.

42 G. Ebeling, Die »nicht-religiöse Interpretation biblischer Begriffe«, a. a. O., S. 324; W. Jetter, Elementare Predigt; in: Zeitschr. f. Theol. u. Kirche, 59. Jg. (1962), S. 346.

43 Dietrich Bonhoeffer, Die Nachfolge, 6. Aufl. München (1958), S. III.

44 Widerstand und Ergebung, S. 178 ff.

45 Ebendort, S. 215, 239.

46 S. 241 f.

47 S. 244 ff., 259 f.

48 Gerhard Ebeling, a. a. O., S. 359.

49 Dietrich Bonhoeffer, Ges. Schriften II, hrsg. von Eberhard Bethge, München (1959), S. 420 f.

50 Widerstand und Ergebung, S. 247 f.

51 Ebendort, S. 248 f.

52 S. 182, 211, 248.

53 S. 226 f.

54 S. 184.

55 S. 123 f.

56 Zum folgenden Dietrich Bonhoeffer, Ethik, hrsg. von Eberhard Bethge, München (1953), S. 60 ff.

57 Widerstand und Ergebung, S. 196 ff., bes. S. 206 ff.

58 Ebendort, S. 80.

59 Mitgeteilt von Otto Dudzus in: Begegnungen mit Dietrich Bonhoeffer. Ein Almanach, hrsg. v. W.-D. Zimmermann, München (1964), S. 66.

60 Ebendort, S. 170 f.

61 Vgl. dazu Gerhard Ebeling, a. a. O., S. 359.

62 Gerhard Ebeling, Theologie und Wirklichkeit; in: Wort und Glaube, Tübingen (1960), S. 198.

407

1 Karl Barth, Rechtfertigung und Recht; in: Theol. Studien, H. 1, 3. Aufl. Zollikon-Zürich (1948), S. 3 ff.

2 Karl Barth, Eine Schweizer Stimme 1938–1945, 2. Aufl. Zollikon-Zürich (1948), S. 113, 121 f.

3 Rechtfertigung und Recht, S. 20.

4 Rechtfertigung und Recht, S. 11–14; Dogmatik im Grundriß, S. 129 ff.

5 Rechtfertigung und Recht, S. 18–21, 27; Christengemeinde und Bürgergemeinde, Stuttgart (1946), S. 13 f.

6 Christengemeinde und Bürgergemeinde, S. 29 ff.

7 Ebendort, S. 33–43.

8 Rechtfertigung und Recht, S. 43 f.; Christengemeinde und Bürgergemeinde, S. 45 f.; Der Götze wackelt, S. 114.

9 Helmut Thielicke, Theologische Ethik I, Tübingen (1951), S. 411 f.; II/2 (1958), S. 717.

10 Helmut Thielicke, Theol. Ethik II/2, S. 452.

11 Helmut Thielicke, Einführung in die christliche Ethik, München (1963), S. 7; Theologische Ethik II/1, Tübingen (1955), S. 1 ff.

12 Einführung, S. 10 f.

13 Theol. Ethik II/2, S. 757 f.

14 Einführung, S. 12.

15 Helmut Thielicke, Theologische Ethik III, Tübingen (1964), S. X.

16 Theol. Ethik II/1, S. 1, 274.

17 Theol. Ethik I, S. 712, II/2, S. 762 f.

18 Vgl. zum Ganzen bes. Theol. Ethik I, S. 701 f.; II/1, S. 190 ff.; II/2, S. 547 ff., 572 ff.

19 Vgl. zum Ganzen Theol. Ethik II/1, S. 56 ff., 62 ff., 80 ff., 191 ff., 220 ff.

20 Zur Zwei-Reiche-Lehre bei Thielicke: Theol. Ethik I, S. 9 ff., 583–604; II/1, S. 314 ff., 371 ff., 380 f., 534 ff., 542 ff.; II/2, S. 5 ff., 295 ff., 452 ff., 551 f., 565 ff., 572 ff., 699 ff.

21 Jürgen Moltmann, Theologie der Hoffnung, München (1964), S. 12.

22 Ebendort, S. 11 f., 31, 124.

23 S. 13, 15, 29 f., 74.

24 S. 264 ff.

25 S. 280 f., 299 ff., 304 ff.

26 Karl Jaspers, Die Atombombe und die Zukunft des Menschen, München (1958), S. 356, 360.

Siebtes Kapitel: Offenbarung und Geschichte

1 Rudolf Bultmann, Die liberale Theologie und die jüngste theologische Bewegung, 1924; in: Glauben und Verstehen, Ges. Aufsätze I, Tübingen (1933), S. 2 f.

2 Rudolf Bultmann, Zum Problem der Entmythologisierung; in: Kerygma und Mythos II, hrsg. von H. W. Bartsch, Hamburg (1952), S. 207 f.; dsb., Jesus Christus und die Mythologie, Shaffer-Vorlesungen 1951, Hamburg (1958), S. 99 ff.; dsb., Welchen Sinn hat es, von Gott zu reden?, 1925; in: Glauben und Verstehen I, S. 37.

3 Rudolf Bultmann, Neues Testament und Mythologie, 1941; in: Kerygma und Mythos I, Hamburg (1951), S. 46; dsb., Der Begriff des Wortes Gottes im Neuen Testament, 1931; in: Glauben und Verstehen I, S. 282 ff.; dsb., Zur Frage der Christologie, 1927; in: Glauben und Verstehen I, S. 91 f.

4 Glauben und Verstehen I, S. 91 f.; Kerygma und Mythos II, S. 188, 190; Jesus Christus und die Mythologie, S. 41.

5 Karl Jaspers/Rudolf Bultmann, Die Frage der Entmythologisierung, München (1954), S. 113.
6 James M. Robinson, Kerygma und historischer Jesus, Zürich/Stuttgart (1960), S. 10.
7 Friedrich Gogarten, Theologie und Geschichte; in: Zeitschr. f. Theol. u. Kirche, 50. Jg. (1953), S. 340.
8 Am 25. 3. 1942 an Winfried Krause; veröffentlicht in: Bonhoeffer Auswahl, hrsg. von Richard Grunow, München (1964), S. 537.
9 Kerygma und Mythos I, S. 78, 161.
10 Otto Küster, Glauben müssen? Theologische Essays, Stuttgart (1963), S. 30.
11 Friedrich Gogarten, Entmythologisierung und Kirche, Stuttgart (1953), S. 9f.
12 Otto Küster, Glauben müssen?, S. 29.
13 Kerygma und Mythos I, S. 18, 136.
14 Kerygma und Mythos II, S. 181.
15 Kerygma und Mythos I, S. 22.
16 Kerygma und Mythos II, S. 185; Jesus Christus und die Mythologie, S. 16, 50; Zum Problem der Entmythologisierung, 1963; in: Glauben und Verstehen, Ges. Aufsätze IV, Tübingen (1965), S. 130.
17 Kerygma und Mythos I, S. 26.
18 Rudolf Bultmann, Das Problem der Hermeneutik; in: Glauben und Verstehen, Ges. Aufsätze II, 2. Aufl., Tübingen (1958), S. 232.
19 Rudolf Bultmann, Die Bedeutung der »dialektischen Theologie« für die neutestamentliche Wissenschaft, 1928; in: Glauben und Verstehen I, S. 133.
20 Jesus Christus und die Mythologie, S. 61ff.; Kerygma und Mythos II, S. 192f.
21 Kerygma und Mythos II, S. 192f.; Jesus Christus und die Mythologie, S. 64ff.
22 Friedrich Hegel, Grundlinien der Philosophie des Rechts, hrsg. von Hoffmeister, 4. Aufl., Hamburg (1956), Vorrede, S. 17.
23 Reinhard Wittram, Das Interesse an der Geschichte, Göttingen (1958), S. 15f.
24 Martin Heidegger, Die Zeit des Weltbildes; in: Holzwege, S. 87.
25 Vgl. zum ganzen Zusammenhang: Friedrich Gogarten, Verhängnis und Hoffnung der Neuzeit; vor allem: Entmythologisierung und Kirche, bes. S. 41ff.
26 Martin Heidegger, Sein und Zeit, 7. Aufl., Tübingen (1953), S. 395.
27 Rudolf Bultmann, Jesus, Tübingen (1926), Neudruck 1961, S. 7ff., 14ff.
28 Römerbrief, S. XI.
29 Protestantische Theologie im 19. Jahrhundert, S. 1ff.
30 Rudolf Bultmann, Kirche und Lehre im Neuen Testament, 1929; in: Glauben und Verstehen I, S. 159; Wissenschaft und Existenz, 1955; in: Glauben und Verstehen III, Tübingen (1960), S. 116.
31 Vgl. dazu: Zum Problem der Entmythologisierung; in: Glauben und Verstehen IV, S. 131ff.; Antwort an Ernst Käsemann, ebendort, S. 192f.
32 Die Bedeutung der »dialektischen Theologie« usw.; in: Glauben und Verstehen I, S. 126f.
33 Das Problem der Hermeneutik; in: Glauben und Verstehen II, S. 229f.; Antwort an Ernst Käsemann; in: Glauben und Verstehen IV, S. 193; Geschichte und Eschatologie, Tübingen (1958), S. 129ff.
34 Die Bedeutung der »dialektischen Theologie« usw.; in: Glauben und Verstehen I, S. 128; Das Problem der Hermeneutik; in: Glauben und Verstehen II, S. 216ff., 221, 227ff.; Geschichte und Eschatologie, S. 128.
35 Kirche und Lehre im Neuen Testament; in: Glauben und Verstehen I, S. 161; Die Bedeutung der »dialektischen Theologie« usw., Glauben und Verstehen I, S. 125f.
36 Das Problem der Hermeneutik; in: Glauben und Verstehen II, S. 232; Jesus Christus und die Mythologie, S. 59f.

[37] Jesus Christus und die Mythologie, S. 60; Die Frage der natürlichen Offenbarung, 1941; in: Glauben und Verstehen II, S. 82 ff.

[38] Anknüpfung und Widerspruch, 1946; in: Glauben und Verstehen II, S. 119 ff., 121 f.; Die Frage der natürlichen Offenbarung; in: Glauben und Verstehen II, S. 86.

[39] Jesus Christus und die Mythologie, S. 60.

[40] Kerygma und Mythos I, S. 28 f.; Geschichte und Eschatologie, S. 110, 167 f.; Die liberale Theologie und die jüngste theologische Bewegung, 1924; in: Glauben und Verstehen I, S. 19.

[41] Kerygma und Mythos I, S. 29 f.; Geschichte und Eschatologie, S. 179 ff.

[42] Kerygma und Mythos I, S. 33.

[43] Zum folgenden: Kerygma und Mythos I, S. 34 ff.

[44] Der Begriff der Offenbarung im Neuen Testament; in: Glauben und Verstehen III, S. 29.

[45] Kerygma und Mythos I, S. 37 ff.; Geschichte und Eschatologie, S. 178 ff.

[46] Kerygma und Mythos I, S. 39 f.

[47] Ebendort, S. 40 f.

[48] Zum folgenden: Kerygma und Mythos I, S. 41–46.

[49] Ebendort, S. 46 f.

[50] Rudolf Bultmann, Das Verhältnis der urchristlichen Christusbotschaft zum historischen Jesus; in: Sitzungsberichte der Heidelberger Akademie d. Wissenschaften, Philos.-hist. Klasse, Jg. 1960, 3. Abhandlung, 2. Aufl. Heidelberg (1961), S. 27.

[51] Rudolf Bultmann, Der Begriff der Offenbarung im Neuen Testament, 1929; in: Glauben und Verstehen III, S. 21.

[52] Welchen Sinn hat es, von Gott zu reden?; in: Glauben und Verstehen I, S. 26 ff.; Die liberale Theologie usw.; in: Glauben und Verstehen I, S. 25; Kerygma und Mythos II, S. 196; Antwort an J. Schniewind, Kerygma und Mythos I, S. 126.

[53] Kerygma und Mythos I, S. 166.

[54] Rudolf Bultmann, Die Krisis des Glaubens; in: Glauben und Verstehen II, S. 1.

[55] Rudolf Bultmann, Die Bedeutung des geschichtlichen Jesus für die Theologie des Paulus, 1929; in: Glauben und Verstehen I, S. 208; Begriff der Offenbarung im Neuen Testament; in: Glauben und Verstehen III, S. 18.

[56] Zur Frage der Christologie; in: Glauben und Verstehen I, S. 88 f.; Jesus Christus und die Mythologie, S. 83; in: Glauben und Verstehen II, S. 118.

[57] Kerygma und Mythos II, S. 184 f.; Die Frage der »dialektischen« Theologie, 1926; in: Anfänge der dialektischen Theologie II, S. 86 f.

[58] Heinrich Ott, Existentiale Interpretation und anonyme Christlichkeit; in: Zeit und Geschichte (Bultmann-Festschrift), Tübingen (1964), S. 376.

[59] Kerygma und Mythos II, S. 202; Jesus Christus und die Mythologie, S. 90.

[60] Kerygma und Mythos I, S. 46; Theologie des Neuen Testaments, Tübingen (1953), S. 301; vgl. Kerygma und Mythos I, S. 132; Glauben und Verstehen I, S. 37, 107, 282; III, S. 22 f.

[61] Die Bedeutung des geschichtlichen Jesus usw.; in: Glauben und Verstehen I, S. 208; vgl. Kerygma und Mythos I, S. 47, 144.

[62] Kerygma und Mythos I, S. 48.

[63] Jesus Christus und die Mythologie, S. 70 f., 79 ff.; Zum Problem der Entmythologisierung; in: Glauben und Verstehen IV, S. 136 f.; Kerygma und Mythos I, S. 48; S. 206 f.; Geschichte und Eschatologie, S. 180 ff.

[64] Rudolf Bultmann, Der Gottesgedanke und der moderne Mensch, 1963; in: Glauben und Verstehen IV, S. 125 f.; vgl. S. 120 ff.

[65] Karl Barth, Christliche Dogmatik, S. 404 ff.; dsb., Rudolf Bultmann. Ein Versuch, ihn zu verstehen; in: Theol. Studien, H. 34, Zollikon-Zürich (1952), S. 45.

[66] Jürgen Moltmann, Exegese und Eschatologie der Geschichte; in: Ev. Theol., 22. Jg. (1962), S. 45, 52 f.; dsb., Theologie der Hoffnung, S. 249.

⁶⁷ Geschichte und Eschatologie, S. 184.
⁶⁸ Geschichte und Eschatologie im Neuen Testament, 1954; in: Glauben und Verstehen III, S. 102.
⁶⁹ Rudolf Bohren, Die Krise der Predigt als Frage an die Exegese; in: Ev. Theol., 22. Jg. (1962), S. 83.
⁷⁰ Siehe dazu Ernst Käsemann, Die Anfänge christlicher Theologie; in: Zeitschr. f. Theol. u. Kirche, 57. Jg. (1960), S. 175.
⁷¹ Marburger Predigten, Tübingen (1956), S. 226.
⁷² Theologie der Hoffnung, S. 57.
⁷³ Vgl. Heinz Zahrnt, Es begann mit Jesus von Nazareth, S. 183.
⁷⁴ Carl Friedrich von Weizsäcker, Zum Weltbild der Physik, 10. Aufl. Stuttgart (1963), S. 263.
⁷⁵ Glauben müssen?, S. 149.
⁷⁶ Kerygma und Mythos I, S. 133 f.; Der Begriff des Wortes Gottes im Neuen Testament; in: Glauben und Verstehen I, S. 292; Die Bedeutung des geschichtlichen Jesus für die Theologie des Paulus; in: Glauben und Verstehen I, S. 205 ff., 211; Das Verhältnis der urchristlichen Botschaft zum historischen Jesus, S. 10.
⁷⁷ Theologie des Neuen Testaments, S. 413.
⁷⁸ Jesus, S. 11.
⁷⁹ Die Christologie des Neuen Testaments; in: Glauben und Verstehen I, S. 250 f.; Die Erforschung der synoptischen Evangelien, 3. Aufl., Berlin (1960), S. 42.
⁸⁰ Die liberale Theologie und die jüngste theologische Bewegung: Glauben und Verstehen I, S. 3.
⁸¹ So Ernst Lohmeyer in einer Rezension, zit. nach Werner Georg Kümmel, Das Neue Testament. Geschichte der Erforschung seiner Probleme, Freiburg/München (1958), S. 483.
⁸² Die Krisis des Glaubens; in: Glauben und Verstehen II, S. 16 f.
⁸³ Zur Frage der Christologie; in: Glauben und Verstehen I, S. 101.
⁸⁴ Ebendort, S. 99 f.
⁸⁵ Rudolf Bohren, Die Krise der Predigt als Frage an die Exegese, S. 73 f.
⁸⁶ Walter Künneth, Glauben an Jesus? Die Begegnung der Christologie mit der modernen Existenz, Hamburg (1962), S. 97.
⁸⁷ Karl Barth, Rudolf Bultmann usw., S. 34.
⁸⁸ N. A. Dahl, Der historische Jesus als geschichtswissenschaftliches und theologisches Problem; in: Kerygma und Dogma, 1. Jg. (1955), S. 126.
⁸⁹ Karl Barth, Rudolf Bultmann usw., S. 21.
⁹⁰ Otto Küster, Glauben müssen?, S. 116.
⁹¹ Karl Jaspers/Rudolf Bultmann, Die Frage der Entmythologisierung, S. 53.
⁹² Karl Barth, Rudolf Bultmann usw., S. 40.

Achtes Kapitel: Die Wiederentdeckung des historischen Jesus

¹ Ernst Käsemann, Probleme neutestamentlicher Arbeit in Deutschland; in: Die Freiheit des Evangeliums und die Ordnung der Gesellschaft (1952), S. 151.
² Ernst Käsemann, Sackgassen im Streit um den historischen Jesus; in: Exegetische Versuche und Besinnungen II, Göttingen (1964), S. 42.
³ Ebendort, S. 37.
⁴ Ernst Käsemann, Art. ›Theologie‹; in: Theologie für Nichttheologen, 4. Folge, Stuttgart (1965), S. 52.
⁵ Ernst Käsemann, Neutestamentliche Fragen von heute, 1957; in: Exegetische Versuche und Besinnungen II, S. 20.

⁶ Käsemann, Sackgassen, a. a. O., S. 52.

⁷ Ebendort, S. 53.

⁸ Günther Bornkamm, Jesus von Nazareth, Stuttgart (1956), S. 5, 20; Gerhard Ebeling, Jesus und Glaube, 1958; in: Wort und Glaube, Tübingen (1960), S. 207; dsb., Theologie und Verkündigung. Ein Gespräch mit Rudolf Bultmann, Tübingen (1962), S. 64.

⁹ Gerhard Ebeling, Jesus und Glaube, a. a. O., S. 208; dsb., Das Wesen des christlichen Glaubens, Tübingen (1959), S. 51.

¹⁰ Ernst Käsemann, Das Problem des historischen Jesus, 1954; in: Exegetische Versuche und Besinnungen I, Göttingen (1960), S. 192 f., 195 ff., 201 f.; dsb., Die Anfänge christlicher Theologie, 1960; in: Exegetische Versuche und Besinnungen II, S. 95; dsb., Sackgassen, a. a. O., S. 46 f.

¹¹ Günther Bornkamm, Jesus von Nazareth, S. 20.

¹² Ebendort, S. 18.

¹³ Willi Marxsen, Anfangsprobleme der Christologie, Gütersloh (1960), S. 18.

¹⁴ Gerhard Ebeling, Theologie und Verkündigung, S. 77.

¹⁵ Ulrich Wilckens, Das Offenbarungsverständnis in der Geschichte des Urchristentums; in: Offenbarung als Geschichte, hrsg. von Wolfhart Pannenberg, Göttingen (1961), S. 60.

¹⁶ Rudolf Bultmann, Jesus, S. 11; Günther Bornkamm, Jesus von Nazareth, S. 21 f.; Ernst Käsemann, Das Problem des historischen Jesus, a. a. O., S. 213.

¹⁷ Zum folgenden: Ernst Käsemann, Das Problem des historischen Jesus, a. a. O., S. 206 bis 212.

¹⁸ Zum folgenden: Ernst Fuchs, Die Frage nach dem historischen Jesus, 1956, in: Zur Frage nach dem historischen Jesus, Ges. Aufsätze II, Tübingen (1960), S. 152 ff.; dsb., Glaube und Geschichte im Blick auf die Frage nach dem historischen Jesus, 1957, ebendort, S. 168 ff.; dsb., Die Theologie des Neuen Testaments und der historische Jesus, 1960, ebendort, S. 377 ff.

¹⁹ Zum folgenden: Gerhard Ebeling, Jesus und Glaube, 1958; in: Wort und Glaube, Tübingen (1960), S. 203 ff., bes. 238 ff.; dsb., Die Frage nach dem historischen Jesus und das Problem der Christologie, 1959; ebendort, S. 300, bes. 302 ff., 308 ff., 311; dsb., Das Wesen des christlichen Glaubens, Tübingen (1959), S. 48 ff.; dsb., Theologie und Verkündigung, S. 51 ff.

²⁰ Vgl. zum folgenden Heinz Zahrnt, Es begann mit Jesus von Nazareth, S. 122 ff.

²¹ Günther Bornkamm, Jesus von Nazareth, S. 155 ff.

²² Ernst Käsemann, Das Problem des historischen Jesus, a. a. O., S. 211.

²³ Günther Bornkamm, Jesus von Nazareth, S. 163.

²⁴ Paul Althaus, Das sogenannte Kerygma und der historische Jesus, Gütersloh (1958), S. 43; Ernst Käsemann, Das Problem des historischen Jesus, a. a. O., S. 206; Rudolf Bultmann, Die Christologie des Neuen Testaments; in: Glauben und Verstehen I, S. 265 f.

²⁵ E. Käsemann, Sackgassen im Streit um den historischen Jesus, a. a. O., S. 56.

²⁶ Ernst Fuchs, Zur Frage nach dem historischen Jesus, Vorrede.

²⁷ Gerhard Ebeling, Historischer Jesus und Christologie, a. a. O., S. 311.

²⁸ Ebendort, S. 305.

²⁹ Zum Ganzen: Ernst Käsemann, Neutestamentliche Fragen von heute, 1957; in: Exegetische Versuche und Besinnungen II, S. 23 ff.; dsb., Die Anfänge christlicher Theologie, 1960, ebendort, S. 82 ff.; dsb., Zum Thema der urchristlichen Apokalyptik, 1962, ebendort, S. 105 ff.

³⁰ Zum folgenden Herbert Braun, Der Sinn der neutestamentlichen Christologie; in: Zeitschr. f. Theol. u. Kirche, 54. Jg. (1957), S. 344 ff.

³¹ Ebendort, S. 347 ff.

³² S. 368.

³³ S. 377.

³⁴ S. 371 ff.

³⁵ S. 377; dsb., Die Problematik einer Theologie des Neuen Testaments; in: Zeitschr. f. Theol. u. Kirche, 58. Jg. (1961), Beiheft 2, S. 12 ff.

³⁶ Herbert Braun, Die Problematik einer Theologie des Neuen Testaments, S. 3 ff.

³⁷ Ebendort, S. 8 ff.

³⁸ S. 12 ff.

³⁹ S. 17 f.

⁴⁰ Helmut Gollwitzer, Die Existenz Gottes im Bekenntnis des Glaubens, München (1963), S. 39.

⁴¹ Ebendort, S. 49 f.

⁴² S. 73.

⁴³ S. 32.

⁴⁴ S. 103.

⁴⁵ S. 173.

⁴⁶ Herbert Braun, Gottes Existenz und meine Geschichtlichkeit im Neuen Testament. Eine Antwort an H. Gollwitzer; in: Zeit und Geschichte. Dankgabe an Rudolf Bultmann zum 80. Geburtstag, Tübingen (1964), S. 399 ff.

⁴⁷ Ebendort, S. 407 f.

⁴⁸ S. 417 f.

⁴⁹ S. 419 ff.

⁵⁰ Ernst Käsemann, Sackgassen im Streit um den historischen Jesus, a.a.O., S. 51.

⁵¹ Wolfhart Pannenberg, Heilsgeschehen und Geschichte; in: Kerygma und Dogma, 5. Jg. (1959), S. 218.

⁵² Friedrich Hegel, Grundlinien der Philosophie des Rechts, hrsg. von Hoffmeister, 4. Aufl. Hamburg (1956), Vorrede, S. 17.

⁵³ Wolfhart Pannenberg, Heilsgeschehen und Geschichte, a.a.O., S. 259.

⁵⁴ Ebendort, S. 286.

⁵⁵ Offenbarung als Geschichte, hrsg. von Wolfhart Pannenberg, Göttingen (1961), S. 103 f.

⁵⁶ Wolfhart Pannenberg, Hermeneutik und Universalgeschichte; in: Zeitschr. f. Theol. u. Kirche, 60. Jg. (1963), S. 116.

⁵⁷ Wolfhart Pannenberg, Heilsgeschehen und Geschichte, a.a.O., S. 287; dsb., Offenbarung als Geschichte, S. 98 ff., 112 ff.

⁵⁸ Wolfhart Pannenberg, Heilsgeschehen und Geschichte, a.a.O., S. 275, 278 f.

⁵⁹ Ebendort, S. 246 ff.

⁶⁰ Hans Conzelmann, Randbemerkungen zur Lage im Neuen Testament; in: Ev. Theol., 22. Jg. (1962), S. 228.

⁶¹ Hans-Georg Geyer, Geschichte als theologisches Problem; in: Ev. Theol., 22. Jg. (1962), S. 101 f.; Lothar Steiger, Offenbarungsgeschichtliche und theologische Vernunft. Zur Theologie W. Pannenbergs; in: Zeitschr. f. Theol. u. Kirche, 59. Jg. (1962), S. 96.

⁶² Jürgen Moltmann, Theologie der Hoffnung, S. 69.

⁶³ Walter Künneth, Glauben an Jesus?, Hamburg (1962), S. 74.

⁶⁴ Martin Seils, Zur sprachphilosophischen und worttheologischen Problematik der Auseinandersetzung zwischen Existenztheologie und Geschichtstheologie; in: Neue Zeitschr. f. syst. Theol. u. Religionsphilosophie, 7. Bd. (1965), S. 1 ff.

⁶⁵ Abgedruckt in: Stimme der Gemeinde, 16. Jg. (1964), Sp. 680.

⁶⁶ Manfred Mezger, Redliche Predigt; in: Zeit und Geschichte. Dankgabe an Rudolf Bultmann zum 80. Geburtstag, Tübingen (1964), S. 426 ff.

⁶⁷ Manfred Mezger, Die geschichtliche Wahrheit als Vollmacht der Predigt; in: Ev. Theol., 22. Jg. (1962), S. 492.

⁶⁸ Heinrich Vogel, Jesus Christus und der religionslose Mensch, Berlin (1955), S. 11 f.; Heinz Zahrnt, Es begann mit Jesus von Nazareth, S. 182 ff.

[1] Paul Tillich, Ethik in einer sich wandelnden Welt, 1941; in: Der Protestantismus. Prinzip und Wirklichkeit, Stuttgart (1950), S. 196; Stürme unserer Zeit, 1943, ebendort, S. 287.

[2] Stürme unserer Zeit, a. a. O., S. 287 ff.; Das christliche Menschenbild im 20. Jahrhundert, 1955; in: Auf der Grenze. Aus dem Lebenswerk Paul Tillichs, Stuttgart (1962), S. 127 ff.

[3] Auf der Grenze, 1936; in: Auf der Grenze, S. 39; dazu Hans Fischer-Barnicol in einer Sendung des NDR am 25. 4. 1964.

[4] Das christliche Menschenbild im 20. Jahrhundert, a. a. O., S. 128 ff.

[5] Das protestantische Zeitalter, 1948; in: Der Protestantismus, S. 17 f.

[6] Philosophie und Schicksal, 1929; in: Der Protestantismus, S. 46 f. = Ges. Werke IV, S. 34 f.

[7] Gläubiger Realismus, 1929; in: Der Protestantismus, S. 121 = Ges. Werke IV, S. 104 f.

[8] Die protestantische Verkündigung und der Mensch der Gegenwart, 1929; in: Der Protestantismus, S. 241 ff., 251 f. = Ges. Werke VII, S. 70 ff., 80 f.; Das Neue Sein, Religiöse Reden II, Stuttgart (1959), 116 f.

[9] Zitiert bei William W. Bartley, Flucht ins Engagement, München (1962), S. 82.

[10] Auf der Grenze, S. 46 ff.; Die verlorene Dimension, 1958 = Ges. Werke V, S. 49 f.; Systematische Theologie II, Stuttgart (1958), S. 150 ff.; Das Ewige im Jetzt, Religiöse Reden III, Stuttgart (1964), S. 92 ff., 110 f.

[11] Das protestantische Zeitalter, a. a. O., S. 10.

[12] Mitgeteilt von Helmut Thielicke, Paul Tillich, Wanderer zwischen zwei Welten; in: Der Spannungsbogen, Festgabe für Paul Tillich zum 75. Geburtstag, Stuttgart (1961), S 20.

[13] Kritisches und positives Paradox. Eine Auseinandersetzung mit K. Barth u. F. Gogarten, 1923 = Ges. Werke VII, S. 241.

[14] Syst. Theol. II, Vorrede.

[15] Syst. Theol. I, Stuttgart (1955), S. 9 ff.

[16] Das protestantische Zeitalter, a. a. O., S. 13.

[17] Ebendort, S. 14.

[18] Sendschreiben an Lücke, Werke, Abt. I, Bd. V, S. 614.

[19] Das protestantische Zeitalter, a. a. O., S. 29.

[20] Thelogy of Culture, 1959, zitiert nach Noriyoshi Tamaru, Motive und Struktur der Theologie P. Tillichs; in: Neue Zeitschr. f. syst. Theol., 3. Bd. (1961), S. 3, 35.

[21] Auf der Grenze, S. 13.

[22] Philosophie und Theologie, 1941; in: Der Protestantismus, S. 124 = Ges. Werke V, S. 110; Biblische Religion und die Frage nach dem Sein, 1955, Ges. Werke V, S. 184.

[23] Syst. Theol. I, S. 75; Biblische Religion und die Frage nach dem Sein, Ges. Werke V, S. 154.

[24] Zum folgenden: Biblische Religion und die Frage nach dem Sein, Ges. Werke V, S. 138 ff.; Syst. Theol. I, S. 45, 135; II, S. 107 ff.; Was ist falsch an der dialektischen Theologie?, 1935; in: Ges. Werke VII, S. 256 f.

[25] Syst. Theol. I, S. 76 f.

[26] Ebendort, S. 76.

[27] Zum folgenden: Syst. Theol. II, S. 33 ff.; Religion und Kultur, 1959; in: Die verlorene Dimension, Stundenbuch 9, Hamburg (1962), S. 64 ff.; Existentialanalyse und religiöse Symbole, 1956, Ges. Werke V, S. 223 ff.; Auf der Grenze, S. 42.

[28] Syst. Theol. I, S. 79; II, S. 19 ff.

[29] Syst. Theol. I, S. 79.

[30] Ebendort, S. 12 f., 40 f.

31 Biblische Religion und die Frage nach dem Sein, Stuttgart (1956), Vorwort; Ges. Werke V, S. 140 ff.; Philosophie und Theologie, Ges. Werke V, S. 110 f.

32 Biblische Religion und die Frage nach dem Sein, Ges. Werke V, S. 140 ff., 169 f.; Syst. Theol. I, S. 26 ff.; Philosophie und Theologie, Ges. Werke V, S. 112 f.

33 Biblische Religion und die Frage nach dem Sein, Ges. Werke V, S. 182.

34 Biblische Religion und die Frage nach dem Sein, Ges. Werke V, S. 142 ff., 164; Philosophie und Theologie, Ges. Werke V, S. 112; Der Mut zum Sein, 4. Aufl. Stuttgart (1962), S. 28 ff.

35 In der Tiefe ist Wahrheit, Religiöse Reden I, Stuttgart (1952), S. 62 f.

36 Biblische Religion und die Frage nach dem Sein, Ges. Werke V, S. 145; Syst. Theol. II, S. 41; Existentialanalyse und religiöse Symbole, Ges. Werke V, S. 226 ff.; Die protestantische Verkündigung und der Mensch der Gegenwart, 1929; in: Der Protestantismus, S. 244 f. = Ges. Werke VII, S. 73 ff.

37 In der Tiefe ist Wahrheit, Religiöse Reden I, S. 104 f.

38 Ebendort, S. 76 ff., 123 ff.

39 Zum folgenden: Syst. Theol. II, S. 35–52.

40 Zum folgenden: Syst. Theol. II, S. 52–68; Biblische Religion und die Frage nach dem Sein, Ges. Werke V, S. 167 f.; In der Tiefe ist Wahrheit, Religiöse Reden I, S. 171 ff., 176 f.; Existentialanalyse und religiöse Symbole, Ges. Werke V, S. 228 ff., 233 ff.; Die Wiederentdeckung der prophetischen Tradition in der Reformation, 1950; in: Ges. Werke VII, S. 189 ff.

41 Syst. Theol. I, S. 76; II, S. 20, 29.

42 In der Tiefe ist Wahrheit, Religiöse Reden I, S. 64 f.

43 Protestantische Gestaltung, 1929; in: Der Protestantismus, S. 267 = Ges. Werke VII, S. 68.

44 Eschatologie und Geschichte, 1927, Ges. Werke VI, S. 72 f.; Wesen und Wandel des Glaubens; in: Weltperspektiven VIII, Berlin (1961), S. 19 f.

45 Zum folgenden: Syst. Theol. II, S. 11 ff.; Der Mut zum Sein, S. 131 ff.; Biblische Religion und die Frage nach dem Sein, Ges. Werke V, S. 182 f.; Wesen und Wandel des Glaubens, S. 58 f.; Gläubiger Realismus; in: Der Protestantismus, S. 122 f. = Ges. Werke IV, S. 105 f.; Die Wiederentdeckung der prophetischen Tradition in der Reformation, Ges. Werke VII, S. 177 ff.; Das Christentum und die Begegnung der Weltreligionen, 1962, Ges. Werke V, S. 52 ff.; Religion als eine Funktion des menschlichen Geistes?, 1955, Ges. Werke V, S. 38 f.; Dimensionen, Schichten und die Einheit des Seins, 1959, Ges. Werke IV, S. 125 f.

46 Zum folgenden: Auf der Grenze, S. 28 ff.; Auseinandersetzung mit Karl Barth u. Friedrich Gogarten, 1923, Ges. Werke VII, S. 240 ff.; Kairos I, 1922/1950; in: Der Protestantismus, S. 79 ff. = Ges. Werke VI, S. 21 ff.; Das protestantische Zeitalter; in: Der Protestantismus, S. 20 f.; Kairos und Utopie, 1959, Ges. Werke VI, S. 155 f.

47 Zum folgenden: Syst. Theol. II, S. 15 f., 164 f., 177 f.; Wesen und Wandel des Glaubens, S. 53 ff., 62 ff.; Recht und Bedeutung religiöser Symbole, 1961, Ges. Werke V, S. 237 ff.; Die verlorene Dimension, Ges. Werke V, S. 46 ff.; Das Wesen der religiösen Sprache, 1959, Ges. Werke V, S. 213 ff.; Religion und profane Kultur, 1946; in: Der Protestantismus, S. 98 f.

48 Wilhelm Weischedel, Paul Tillichs philosophische Theologie. Ein ehrerbietiger Widerspruch; in: Der Spannungsbogen, S. 35.

49 Syst. Theol. I, S. 19; Wesen und Wandel des Glaubens, S. 11; Kairos I, Ges. Werke VI, S. 9.

50 Zum folgenden: Syst. Theol. I, S. 26 ff., 30 ff.; Das protestantische Zeitalter; in: Der Protestantismus, S. 28 f.; Philosophie und Theologie, Ges. Werke V, S. 110 ff.; Biblische Religion und die Frage nach dem Sein, Ges. Werke V, S. 169 ff.; Auf der Grenze, S. 41.

51 W. Weischedel, a. a. O., S. 44.

52 Der Mut zum Sein, S. 33 ff.; vgl. S. 102 ff.

53 Syst. Theol. I, S. 61; vgl. Die verlorene Dimension, Ges. Werke V, S. 43 ff.; Das christliche Menschenbild im 20. Jahrhundert, 1955; in: Auf der Grenze, S. 127 ff.; Das christliche Verständnis des modernen Menschen, 1959; ebendort, S. 132 ff.

54 Das christliche Verständnis des modernen Menschen, a.a.O., S. 139; Geistige Probleme des Wiederaufbaus nach dem Kriege, 1942; in: Der Protestantismus, S. 316.

55 Zu Tillichs Christologie siehe vor allem: Syst. Theol. I, S. 22 ff., 163 ff.; II, S. 107–177; Biblische Religion und die Frage nach dem Sein, Ges. Werke V, S. 157 ff.

56 Syst. Theol. II, S. 146.

57 Syst. Theol. I, S. 61 ff.; II, S. 129 ff., 178 ff.

58 Das Neue Sein, Religiöse Reden II, S. 23 ff.; vgl. In der Tiefe ist Wahrheit, Religiöse Reden I, S. 111 ff.

59 Die protestantische Verkündigung und der Mensch der Gegenwart; in: Der Protestantismus, S. 254 = Ges. Werke VII, S. 82.

60 Zum folgenden: Gläubiger Realismus; in: Der Protestantismus, S. 104 ff., bes. S. 112 ff., 115 ff., 119 ff. = Ges. Werke IV, S. 88 ff., bes. S. 96 ff., 99 ff., 102 ff.; Protestantische Gestaltung, 1929; in: Der Protestantismus, S. 255 ff., bes. 266 ff. = Ges. Werke VII, S. 54 ff., bes. 64 ff.

61 In der Tiefe ist Wahrheit, Religiöse Reden I, S. 89 f.

62 Das Neue Sein, Religiöse Reden II, S. 53.

63 Syst. Theol. I, S. 118 ff.; Der Mut zum Sein, S. 63; Wesen und Wandel des Glaubens, S. 12 ff.; Gläubiger Realismus; in: Der Protestantismus, S. 112 ff., 115 ff. = Ges. Werke IV, S. 96 ff., 99 ff. Die Wiederentdeckung der prophetischen Tradition in der Reformation, Ges. Werke VII, S. 196 f.; Persönlichkeitsidee und Persönlichkeitsideal, 1929; in: Der Protestantismus, S. 159 ff., bes. 176 ff.

64 Ges. Werke I (Frühe Hauptwerke), Vorwort; Religion als eine Funktion des menschlichen Geistes?, Ges. Werke V, S. 37 ff.; Prinzipien des Protestantismus, 1942, Ges. Werke VII, S. 133 f.; Das Neue Sein, Religiöse Reden II, S. 149 f.; Das protestantische Zeitalter; in: Der Protestantismus, S. 15 f. = Ges. Werke VII, S. 14 f.; Die Frage nach der Zukunft der Religion 1945/46; in: Die verlorene Dimension, a.a.O., S. 92 f.

65 Auf der Grenze, S. 49 f.; Religion und profane Kultur, Der Protestantismus, S. 91 ff.; Prinzipien des Protestantismus, Ges. Werke VII, S. 68 f.; Auseinandersetzung mit Barth, Ges. Werke VII, S. 240 ff.; Syst. Theol. I, S. 50 f.

66 Auf der Grenze, S. 51 f.

67 Protestantisches Prinzip und proletarische Situation, 1931; in: Der Protestantismus, S. 222 f. = Ges. Werke VII, S. 97 f.; Religion und Kultur, in: Die verlorene Dimension, S. 58.

68 Religion und profane Kultur; in: Der Protestantismus, S. 95 f.; Protestantische Gestaltung; in: Der Protestantismus, S. 263 = Ges. Werke VII, S. 61 f.; Was ist falsch an der dialektischen Theologie?, Ges. Werke VII, S. 247 f.

69 Auf der Grenze, S. 48 f.

70 Religion und profane Kultur; in: Der Protestantismus, S. 96; Religion als eine Funktion menschlichen Geistes?, Ges. Werke V, S. 42; Religion und Kultur; in: Die verlorene Dimension, S. 58; Natur und Sakrament, 1929; in: Der Protestantismus, S. 154 = Ges. Werke VII, S. 121.

71 Heinz-Dietrich Wendland, Zu Tillichs 75. Geburtstag am 20. August 1961 im ›Sonntagsblatt‹, Hamburg.

72 Karl Barth, Antworten und Fragen an Paul Tillich; in: Tillichs Ges. Werke VII, S. 226 ff., bes. 232 ff.; dsb., Einführung in die evangelische Theologie, Zürich (1962), S. 125 f.

73 W. Weischedel, Paul Tillichs philosophische Theologie, a.a.O., S. 32 f.

74 Zitiert von Walter Hartmann in der vom Evangelischen Verlagswerk Stuttgart

herausgegebenen Sammlung der Reden und Artikel zu Paul Tillichs 75. Geburtstag, S. 44.

75 Protestantische Gestaltung; in: Der Protestantismus, S. 267 = Ges. Werke VII, S. 66.
76 Das Neue Sein, Religiöse Reden, II, S. 108.

Zehntes Kapitel: Ende der protestantischen Ära?

1 Auf der Grenze, S. 36, 53.
2 Die protestantische Verkündigung und der Mensch der Gegenwart; in: Der Protestantismus, S. 245 = Ges. Werke VII, S. 74.
3 Die Wiederentdeckung der prophetischen Tradition in der Reformation, Ges. Werke VII, S. 185.
4 Die protestantische Verkündigung und der Mensch der Gegenwart; in: Der Protestantismus, S. 241 = Ges. Werke VII, S. 70ff.
5 Ebendort, S. 244ff., bes. 248ff., 251ff. = Ges. Werke VII, S. 73ff., bes. 77ff., 80ff.
6 Ebendort, S. 253f. = Ges. Werke VII, S. 81f.; In der Tiefe ist Wahrheit, Religiöse Reden I, S. 179; Syst. Theol. II, S. 192.
7 Rechtfertigung und Zweifel, Vorträge der theol. Konferenz zu Gießen, 39. Folge, Gießen (1924), S. 24ff.; Das protestantische Zeitalter; in: Der Protestantismus, S. 15f. = Ges. Werke VII, S. 14f.; Wesen und Wandel des Glaubens, S. 25ff.
8 Das protestantische Zeitalter; in: Der Protestantismus, S. 15f. = Ges. Werke VII, S. 14f.; Auf der Grenze, S. 38.
9 Das Neue Sein, Religiöse Reden II, S. 71.
10 Das protestantische Zeitalter; in: Der Protestantismus, S. 15f = Ges. Werke VII, S. 14f.
11 Ebendort; Wesen und Wandel des Glaubens, S. 57; In der Tiefe ist Wahrheit, Religiöse Reden I, S. 48, 51, 54.
12 Zum folgenden: Der Mut zum Sein, S. 124ff.
13 Mitgeteilt von Christoph Rhein, Paul Tillich – Philosoph und Theologe. Eine Einführung in sein Denken, Stuttgart (1957), S. 111, Anm. 27.
14 Ebendort.
15 Das protestantische Zeitalter; in: Der Protestantismus, S. 12f., 17, 23ff. = Ges. Werke VII, S. 12, 16, 22ff.; Protestantische Gestaltung; in: Der Protestantismus, S. 255ff. = Ges. Werke VII, S. 54ff.; Prinzipien des Protestantismus, Ges. Werke VII, S. 133ff.; Protestantisches Prinzip und proletarische Situation: in: Der Protestantismus, S. 208ff. = Ges. Werke VII, S. 84ff.; Die Wiederentdeckung der prophetischen Tradition in der Reformation, Ges. Werke VII, S. 215; Die protestantische Verkündigung und der Mensch der Gegenwart; in: Der Protestantismus, S. 254 = Ges. Werke VII, S. 82f.; Das Ende des protestantischen Zeitalters?, 1937; in: Der Protestantismus, 276f. = Ges. Werke VII, S. 163; Ende der protestantischen Ära? I, Ges. Werke VII, S. 151f.; Wesen und Wandel des Glaubens, S. 114, 143; Das Ewige im Jetzt, Religiöse Reden III, S. 138f.
16 Das protestantische Zeitalter; in: Der Protestantismus, S. 25f., 31f. = Ges. Werke VII, S. 24f., 27f.; Ende des protestantischen Zeitalters?; in: Der Protestantismus, S. 272ff. = Ges. Werke VII, S. 159ff.; Ende der protestantischen Ära? I, Ges. Werke VII, S. 151ff., 156; Die protestantische Verkündigung und der Mensch der Gegenwart; in: Der Protestantismus, S. 243f. = Ges. Werke VII, S. 72f.; Die bleibende Bedeutung der katholischen Kirche für den Protestantismus, Ges. Werke VII, S. 124f.; Der Mut zum Sein, S. 72ff., IIIf.
17 Das protestantische Zeitalter; in: Der Protestantismus, S. 22f., 25f. = Ges. Werke VII, S. 20f., 24f.; Das Ende des protestantischen Zeitalters?; in: Der Protestantismus, S. 278f. = Ges. Werke VII, S. 264f.; Protestantisches Prinzip und proletarische Situa-

tion; in: Der Protestantismus, S. 226 f. = Ges. Werke VII, S. 101 f.; Die protestantische Verkündigung und der Mensch der Gegenwart; in: Der Protestantismus, S. 249 f. = Ges. Werke VII, S. 77 f.; Prinzipien des Protestantismus, Ges. Werke VII, S. 136; Die Wiederentdeckung der prophetischen Tradition in der Reformation, Ges. Werke VII, S. 210, 215; Persönlichkeitsidee und Persönlichkeitsideal; in: Der Protestantismus, S. 178 f.; Natur und Sakrament, 1929; in: Der Protestantismus, S. 153 ff. = Ges. Werke VII, S. 120 ff.

[18] Das protestantische Zeitalter; in: Der Protestantismus, S. 23 f., 25 f., 31 f. = Ges. Werke VII, S. 22 f., 24 f., 27 f.

[19] Das Ende des protestantischen Zeitalters?; in: Der Protestantismus, S. 281 = Ges. Werke VII, S. 167; Ende der protestantischen Ära? I, Ges. Werke VII, S. 157; Die bleibende Bedeutung der katholischen Kirche für den Protestantismus, Ges. Werke VII, S. 129.

[20] Das protestantische Zeitalter; in: Der Protestantismus, S. 241 = Ges. Werke VII, S. 23 f.; Das Ende des protestantischen Zeitalters?; in: Der Protestantismus, S. 278 ff. = Ges. Werke VII, S. 164 ff.; Ende der protestantischen Ära? I, Ges. Werke VII, S. 157; Die bleibende Bedeutung der katholischen Kirche usw., Ges. Werke VII, S. 126 ff., 131; Protestantische Gestaltung; in: Der Protestantismus, S. 271 = Ges. Werke VII, S. 69; Natur und Sakrament; in: Der Protestantismus, S. 137 ff., 155 ff. = Ges. Werke VII, S. 106 ff., 120 ff.; Die Wiederentdeckung der prophetischen Tradition, Ges. Werke VII, S. 210; In der Tiefe ist Wahrheit, Religiöse Reden I, S. 97.

[21] Das Ende des protestantischen Zeitalters?; in: Protestantismus, S. 280 = Ges. Werke VII, S. 166 f.; Ende der protestantischen Ära? I, Ges. Werke VII, S. 157 f.

[22] Ende der protestantischen Ära? I, Ges. Werke VII, S. 152, 157.

[23] Ende des protestantischen Zeitalters?; in: Der Protestantismus, S. 283 f. = Ges. Werke VII, S. 169 f.; Ende der protestantischen Ära? I, Ges. Werke VII, S. 158; Geistige Probleme des Wiederaufbaus nach dem Kriege; in: Der Protestantismus, S. 321 ff.; Auf der Grenze, S. 63.

[24] Das Zeitalter des Protestantismus in: Der Protestantismus, S. 12 = Ges. Werke VII, S. 12; Die Bedeutung der katholischen Kirche, Ges. Werke VII, S. 125.

[25] Das protestantische Zeitalter; in: Der Protestantismus, S. 20 ff. = Ges. Werke VII, S. 19 ff.; Kairos I, 1922; in: Der Protestantismus, S. 67 ff. = Ges. Werke VI, S. 9 ff.; Kairos II, 1926, Ges. Werke VI, S. 30 ff.; Kairos III, 1958, Ges. Werke VI, S. 137 ff.; Kairos und Utopie, Ges. Werke VI, S. 149 ff.; Christologie und Geschichtsdeutung, Ges. Werke VI, S. 83 ff.; Sieg in der Niederlage, 1952, Ges. Werke VI, S. 126 ff.; Ethik in einer sich wandelnden Welt; in: Der Protestantismus, S. 196 ff.; In der Tiefe ist Wahrheit, Religiöse Reden I, S. 41 ff.; Das Ewige im Jetzt, Religiöse Reden III, S. 119 ff.

[26] Das protestantische Zeitalter; in: Der Protestantismus, S. 17 ff. = Ges. Werke VII, S. 16 ff.; Kairos I; in: Der Protestantismus, S. 85 ff. = Ges. Werke VI, S. 25 ff.; Kairos III, Ges. Werke VI, S. 139; Kairos und Utopie, Ges. Werke VI, S. 149 f.; Religion und profane Kultur; in: Der Protestantismus, S. 91 f.

[27] Das protestantische Zeitalter; in: Der Protestantismus, S. 31 f. = Ges. Werke VII, S. 28; Religion und profane Kultur; in: Der Protestantismus, S. 96 f.

[28] Die verlorene Dimension, Ges. Werke V, S. 43 ff., S. 49 f.

[29] Die Gegenwärtigkeit des göttlichen Geistes; in: Auf der Grenze, S. 75 ff. = Das Ewige im Jetzt, Religiöse Reden III, S. 87 f.; vgl. ebendort, S. 98 f.

[30] Die Frage nach der Zukunft der Religion 1945/46; in: Die verlorene Dimension, Stundenbuch 9, S. 92 ff.; Die Botschaft der Religion, 1942; in: Der Protestantismus, S. 233 ff.

[31] Die Botschaft der Religion, a. a. O., S. 237.

[32] In der Tiefe ist Wahrheit, Religiöse Reden I, S. 165 f.

Personen- u. Sachregister

»Wir mögen es drehen und wenden, wie wir wollen, der Glaube an Gott bleibt angesichts der Welt, wie sie ist, eine unglaubliche Zumutung.«

Heinz Zahrnt

Heinz Zahrnt
Mutmaßungen über Gott
Die theologische Summe meines Lebens.
264 Seiten. Leinen

Wie Heinz Zahrnt mit dieser Zumutung umgegangen ist, und wie heutige Menschen mit ihr leben können, davon handelt diese theologische Autobiographie. »Ich versuche in diesem Buch, meinen theologischen Denkweg nachzuzeichnen: wie Glauben und Verstehen, religiöse Erfahrung und theologische Reflexion sich für mich spannungsvoll, oft auch widerborstig, aufeinander bezogen und wechselseitig korrigiert haben«.

Heinz Zahrnt war in seinem bald 80jährigen Leben immer beides: erfolgreicher Schriftsteller und Mann der Kirche, Theologe und Publizist. Dies konnte nicht ohne innere Konflikte abgehen – auch von ihnen handelt dieses Buch.

Der Begriff »Mutmaßungen über Gott« stammt von Nikolaus von Kues, für den Gott letztlich nicht zu erkennen ist. Der Mensch ist auf Mutmaßungen angewiesen, auf Bilder, die er sich von dem Unerkennbaren macht, und die er immer wieder korrigieren muß.

Dieser Aufgabe hat sich Heinz Zahrnt, der große alte Mann der protestantischen Theologie, unterzogen. Er beschreibt sehr persönlich, wie sich sein Gott-Bild während seines Lebens immer wieder gewandelt hat und zu welchen Ergebnissen er gelangt ist. Unmerklich liefert er damit auch eine Geschichte theologischen Denkens in unserer Zeit, mit ihren Entwicklungen, aber auch mit ihren Brüchen.

»Heinz Zahrnt hat viele Fenster und Türen im Verhältnis zwischen Kirche und Welt, zwischen Glaube und Welt aufgestoßen. Und das ist gut so. Einem Christenleben ist es nicht verheißen, stets in einem sicheren und abgesicherten Gebäude zu wohnen. Heinz Zahrnt hat keinen Grund, enttäuscht oder traurig zu sein.«

Rheinischer Merkur

Heinz Zahrnt

Geistes Gegenwart

Die Wiederkehr des heiligen Geistes. 85 Seiten. SP 165

Neben der fortschreitenden religiösen Gleichgültigkeit ist das gleichzeitige Verlangen nach unmittelbarer religiöser Erfahrung ein Kennzeichen der geistigen Situation unserer Zeit. Damit ist der heilige Geist neu zum Thema der Christenheit geworden.

Gotteswende

Christsein zwischen Atheismus und neuer Religiosität. 276 Seiten. SP 1552

»Zahrnt will Vernunft und Glaube versöhnen. Kein leichter Weg, aber ein faszinierendes Abenteuer.«
Hessischer Rundfunk

Jesus aus Nazareth

Ein Leben. 320 Seiten. SP 1141

Von Jesus von Nazareth muß man erzählen – um seinetwillen, weil er ein leibhaftiger Mensch war, und um der Zeitgenossen willen, damit sie ihn leibhaftig sehen.

»Dieses Buch müssen Sie lesen!«
Österreichischer Rundfunk

Leben als ob es Gott gibt

Statt eines Katechismus. 256 Seiten. SP 1947

»Wer Gott erkennen will, muß, wie auch sonst im Leben, auf etwas setzen, was er nicht weiß. Er muß glauben, denken und handeln, als ob es Gott gibt.«

Zahrnt erklärt in diesem Buch die vier fundamentalen Dokumente des Christentums: Schöpfungsgeschichte, Zehn Gebote, Vaterunser, Bergpredigt. Seine Absicht ist es, allen Glaubenden wie Nicht-Glaubenden eine zeitgemäße Darstellung der christlichen Religion an die Hand zu geben.

Wie kann Gott das zulassen?

Hiob – Der Mensch im Leid. 96 Seiten. SP 453

Auf die Fragen des gequälten Hiob an Gott versucht Heinz Zahrnt eine Antwort zu geben, die keine heile Welt vorgaukelt und auch nicht auf ein besseres Jenseits allein vertröstet. Er zeigt vielmehr, wie man mit dem Leid umgehen sollte, wie man es annehmen kann.